# VIE

DE

# M<sup>GR</sup> DUPANLOUP

Imprimeries réunies, **A**, rue Mignon, 2, Paris

L'Évêque d'Orléans
au Congrès de Malines.
1864

# VIE
## DE
# Mgr DUPANLOUP
### ÉVÊQUE D'ORLÉANS
MEMBRE DE L'ACADÉMIE FRANÇAISE

PAR

## M. L'ABBÉ F. LAGRANGE
CHANOINE DE NOTRE-DAME DE PARIS
VICAIRE GÉNÉRAL D'ORLÉANS

Defunctus adhuc loquitur.
( S. Paul. *ad Hebr.*, xi. 14.)

### TOME DEUXIÈME
## L'ÉVÊQUE D'ORLÉANS
PREMIÈRE PARTIE

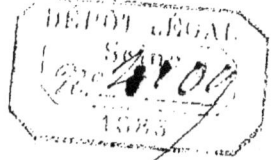

## PARIS
### LIBRAIRIE POUSSIELGUE FRÈRES
RUE CASSETTE, 15

## 1883
Droits de reproduction et de traduction réservés.

# VIE DE M{^{GR}} DUPANLOUP

## CHAPITRE PREMIER

Mgr Dupanloup évêque d'Orléans — Première année d'épiscopat
Premiers travaux dans son diocèse
1850

Le diocèse où le nouvel évêque était envoyé est, on peut le dire, un des plus beaux de France ; assez chrétien encore pour que les éléments du bien y soient nombreux, assez touché aussi, hélas ! du souffle moderne pour que le zèle y ait ample matière à s'exercer. Dans l'histoire de notre pays, Orléans n'est pas sans gloire : c'est, comme l'appellera un jour l'évêque dont le nom va devenir désormais inséparable du sien, « la ville des glorieuses délivrances », la cité de saint Aignan et de Jeanne d'Arc. Elle fut la capitale de l'un des quatre royaumes francs. Elle n'est pas moins célèbre par ses nombreux conciles dans l'histoire de notre Église. Les vieilles familles orléanaises ont gardé, avec les habitudes religieuses, la décence et la gravité des mœurs, le charme et la sûreté des relations, une générosité traditionnelle. La population est intelligente, honnête, paisible ; susceptible cependant d'enthousiasme, si on sait la soulever. Quelques parties du diocèse étaient vraiment encore excellentes ; malheureusement, la plaie du temps, l'indifférence théorique et pratique, était celle d'un trop grand nombre de paroisses ; de quelques-unes seulement on pouvait dire, par exception, que l'esprit y était positivement hostile et mauvais. Il y avait donc là à conserver et surtout à reconquérir. Le clergé participait du caractère général du pays : bon, édifiant, docile, d'une tenue digne, d'un esprit sage et modéré; trop calme peut-être, au gré d'un évêque dont le cœur était un si ardent foyer de zèle, et en outre, par le petit nombre des prêtres, insuffisant pour les quatre cents paroisses qui composent le diocèse. La détresse des presbytères et des églises était grande aussi. Pour recruter ce clergé, le Grand Séminaire, convenablement installé, sauf l'étroitesse de sa chapelle, vis-à-vis l'évêché, ne comptait pas cent élèves; et le Petit Séminaire, transporté depuis quelques années à la Chapelle-Saint-Mesmin, à six kilomètres d'Orléans, dans une situation magnifique et un local bien conçu et bien bâti, offrait un contraste plus douloureux encore entre le petit nombre des enfants et la splendeur de la maison. Comme auxiliaires, outre les prêtres de Saint-Sulpice, chargés du Grand Séminaire, une congrégation seulement, les Missionnaires de France, établis dans les bâtiments d'une ancienne communauté de clercs réguliers, près de l'église dévastée de Saint-Euverte. Les communautés de femmes étaient plus nombreuses : il y avait un Carmel, une Visitation, des Ursulines, des Sœurs de la Croix et quelques autres. Dans la ville d'Orléans, les œuvres d'hommes et de femmes ne manquaient pas, mais avaient grand besoin de se ranimer à une flamme nouvelle. L'évêché, œuvre, ainsi que le Grand Séminaire, du cardinal de Coislin, grand aumônier de France sous Louis XIV, était vaste et d'un grand goût, mais un peu délabré. Quant à la cathédrale, quoique d'un gothique moderne, sauf l'élégante abside du treizième siècle, elle est une des belles basiliques de France, et, avec ses deux tours couronnées, légères et à jour comme de la dentelle, domine en reine la cité orléanaise; mais, hélas! quel froid désert alors, et, sous cette magnificence, au dedans comme au dehors, quelle détresse! De plus, la flèche penchait et menaçait ruine.

Tel était le champ que le père de famille lui donnait à cultiver. Il succédait à un évêque éminent, à la fois écrivain, orateur et homme d'action, qui avait beaucoup fait dans son diocèse et y laissait de grands regrets. Mais le nouvel évêque était destiné à jeter un bien autre éclat sur ce siège. Ce fut par une lettre pastorale, lue dans toutes les églises le dimanche qui suivit son arrivée, qu'il se mit pour la première fois en communication avec ses diocésains: Ils virent que s'ils avaient beaucoup perdu ils retrouvaient plus encore. Fiers du talent d'écrire de leur ancien évêque, ils attendaient cette lettre pour établir une comparaison qu'ils ne croyaient pas devoir être défavorable à Mgr Fayet; ce n'était pas son style poli, châtié, ciselé, à la façon académique; mais, avec non moins de correction et plus de noblesse encore, l'âme, la flamme, l'éloquence, y éclataient. Cette lettre retentit bien au delà du diocèse et dans la société laïque non moins que dans l'Église. Quelques années après, M. de Salvandy louait devant l'Académie française « cette lettre inaugurale, digne prélude de tant d'autres grandes œuvres qui, écrites pour le sanctuaire, n'ont pu y rester renfermées. » « Il me faudrait, disait-il, faire violence à ma pensée pour ne pas dire qu'il était peu de plus belles pages. On ne peut les lire, même aujourd'hui, sans une émotion profonde. Il y a là des tableaux de ce qu'était la France, alors dans toutes les épouvantes de son anarchie et de son incertitude, des cris de tendresse pour cette patrie battue de tous les flots, des espérances en quelque sorte désespérées au milieu du naufrage de toutes les idées sociales, dont notre langue, dont l'Église, dont l'Académie pourront à jamais s'honorer. »

Ses raisons de craindre et ses raisons d'espérer, telles étaient les deux pensées développées dans cette lettre.

Ses premières raisons de craindre étaient toutes personnelles. Il écrivait sous l'empire de sentiments trop profonds pour ne pas les laisser tout d'abord déborder, lui, si accoutumé à se mettre dans le vrai des situations.

« Et d'abord, disait-il, la vérité, Mes Très Chers Frères, nous permet bien et nous commande peut-être de vous avouer que nous avons lutté autant que nous l'avons pu pour échapper à la charge formidable dont nous commençons aujourd'hui à remplir le devoir auprès de vous. Oui, nous avons senti tous nos os se briser, notre âme s'évanouir et tomber en défaillance, quand il a fallu nous résoudre à courber notre faiblesse sous le poids d'une dignité qui effrayait, qui effraye plus que jamais et consterne profondément notre âme. A ce sentiment douloureux, amer, se joignaient peut-être aussi les terreurs secrètes de notre esprit qui redoutait de voir captiver le reste de nos jours et le libre dévouement de notre humble ministère dans les chaînes sublimes, mais accablantes, de ce grand épiscopat qui condamne à faire de soi et de sa vie au Seigneur un holocauste absolu, irrévocable, universel; qui, dans le bien même, ne permet plus de rien préférer ni choisir, si ce n'est le plus grand bien, selon le bon plaisir de Dieu, le plus parfait et le plus pur; qui ne souffre dans l'immolation ni un retard, ni un partage, ni une hésitation, ni un retour; et, s'il est permis de tout dire dans l'abandon d'un premier entretien, qui ordonne de sacrifier au Seigneur ses goûts les plus légitimes, ses habitudes les plus chères, des études et des livres qui consolaient de tout, tant d'amis si anciens et si unanimes, des enfants si fidèles, des œuvres auxquelles la bénédiction de Dieu n'avait pas été refusée, et jusqu'aux plus saints et plus doux dévouements; qui, confiant à une seule âme, faible et inquiète d'elle-même, la garde et la vie de tant d'âmes à la fois, commande de ne plus travailler, de ne plus penser, de ne plus vivre, de ne plus respirer que pour elles; qui, ouvrant enfin au zèle une carrière d'interminables labeurs, ne lui laisse jamais entrevoir un lieu, un jour, une heure, où, se reposant, il pourra dire : « C'est assez ! »

Que ces sentiments fussent dans son cœur comme sur ses lèvres, toute la suite de sa vie épiscopale le prouve, car que fut-elle autre chose qu'*une carrière d'interminables labeurs*, où, en effet, *pas un jour, pas une heure, il ne put dire: C'est assez?*

A ces premières raisons de craindre s'ajoutaient les menaces du temps; il en faisait l'énergique peinture :

« Comme on voit, après les grands orages qui ébranlent le

monde, apparaître sur la surface de la terre des reptiles inconnus et des bêtes malfaisantes cachés jusque-là dans les entrailles du globe, nous avons vu tout à coup, après la tempête sociale, éclore et surgir parmi nous une génération singulière d'hommes nouveaux qui couvre aujourd'hui le sol. Il n'y a rien de sacré pour eux. Tout ce qui est souvenir, grandeur du passé, histoire, monuments, lois, coutumes des ancêtres, noble antiquité, tout cela leur est odieux et blesse leur vue. Hommes du moment, nés d'un orage, tout ce qui est de la veille, tout ce qui rappelle la sécurité leur déplaît. Nous le voyons chaque jour : Dieu, la famille, les droits paternels, la propriété, le foyer domestique, la sainteté du lien conjugal, la dignité maternelle elle-même et l'innocence du premier âge, tout ce qu'il y eut jamais de plus pur, de plus vénérable et de plus saint au cœur de l'homme, est audacieusement attaqué par cette génération nouvelle, faiblement défendu d'ailleurs ou lâchement abandonné... On leur résiste mal ; contre eux les gens de bien sont faibles ; on les voit indécis, incertains, divisés entre eux et comme paralysés ; tous les efforts sont isolés, interrompus, impuissants. Vainement les sages font entendre leur voix ; leur voix se perd comme un vain bruit dans l'air ; tout homme, toute chose, toute force, toute institution fait successivement chute et mécompte.

» Depuis tant d'années déjà que la foi et la charité chrétienne ont cessé d'éclairer, d'échauffer, d'ennoblir, de fortifier et d'unir les âmes, l'égoïsme, l'individualisme est devenu le fond de la société à laquelle est enchaînée notre vie, Aussi, toutes les fois que le vent des révolutions se lève sur elle, c'est comme au désert : il ne trouve pas de résistance. Tout est faible, tout est seul, tout est sable, tout est poussière, tout est emporté à l'aventure. En un jour, en une heure, les vallées sont à la place des montagnes, et les montagnes à la place des vallées.

» Aussi, qui ne le voit? qui ne le sent? qui ne le dit? nulle force, nul fondement, nulle fixité ne demeure ; tout est inquiet, agité, ému, tout fait pitié... O Dieu, il est donc vrai, *le monde est livré à la dispute des hommes! et l'homme, quand il se sépare de vous, ne trouve plus même ce qui lui est bon durant les jours mauvais de son pèlerinage.* Les habiles eux-mêmes ont beau faire : ceux qui voudraient ressaisir l'ordre, la vérité, la paix, s'épuisent en vains efforts, et semblent n'étreindre en leurs bras que des fantômes qui leur échappent; ils marchent, ils vont, ils viennent, ils suent; et puis, quand ils se rencontrent : « Avez-vous trouvé quelque chose? — Non, rien! Et vous? — Pas davantage. — Que faire? — Marchons toujours. — Mais, où allons-nous?

» Et voilà la marche du monde, le train des affaires, et le triomphe de la sagesse humaine! »

Hélas! quelle vérité aujourd'hui encore dans ce tableau!

Mais à ces accents attristés, le vaillant évêque faisait succéder la voix de l'espérance :

« Espérons, car il y a toujours Dieu, puissance, bonté, sagesse infinies! Toujours il peut, il veut, il sait nous sauver!

» Quoi! lui qui a pitié d'un vermisseau, lui qui a compté les cheveux de notre tête, il n'aurait pas des entrailles de miséricorde pour les nations! Oh! sans doute, il les visite quelquefois dans sa colère. On doutait de lui. On ne prononçait plus son saint nom. On blasphémait sa bonté! Oh! alors, tout à coup il se révèle, il se montre!... On n'entendait plus parler de sa puissance : il se déclare. Il juge les rois et les peuples. Il amoncelle les ruines. Il brise les plus fortes têtes contre la terre. Et les nations éperdues se prosternent le front dans la poussière.

» Mais souvent aussi il les visite dans sa miséricorde. Il fait lever la lumière de l'Orient sur leur tête; il leur envoie un éclair de sa Providence. Il met son honneur vis-à-vis de nous à ne laisser jamais sa bonté sans témoignage... Il fait les temps nouveaux, les grands siècles, les grandes époques, les grands hommes; et c'est ici un des plus beaux, des plus étonnants spectacles qu'il puisse donner à la terre quand, dans les puissantes industries de sa Droite, il saisit les chefs des nations ou les princes de l'intelligence humaine, et, s'attachant à ces natures d'élite, comme pour les féconder par une création nouvelle, opère dans leur âme des transformations inattendues, et les lance tout à coup à la recherche et à l'œuvre du salut des peuples. »

Il avait vu, du moins pour la grande loi de l'enseignement et pour la question romaine, ce spectacle, ce concert des honnêtes gens pour sauver le pays : toute sa vie il en fut frappé ; et ces paroles, *il opère dans leurs âmes des transformations inattendues*, étaient dans sa pensée une allusion et un encouragement à M. Thiers, et à d'autres.

Après ces éloquents tableaux, il montrait le grand secours qu'apporte l'Église aux peuples qui veulent se régénérer :

« Chose merveilleuse, au milieu de tant de renversements et de désastres, il reste parmi nous une autorité, une puissance qui est encore debout, c'est l'Église ! L'Église est invoquée de toutes parts ! Bon gré, mal gré, tous lui rendent hommage, et, sauf ces nouveaux Barbares, qui viendront toutefois à elle à leur tour, et qu'elle baptisera encore au jour des grandes et peut-être prochaines miséricordes du Seigneur, tous les amis, tous les défenseurs de l'ordre public, inclinés vers elle par une force mystérieuse, lui demandent de garder incorruptible la loi morale et éternelle, sans laquelle tout sera ruine et mort dans la société humaine ; et naguère nous avons vu tous les représentants de cette généreuse nation se lever avec transport et applaudir l'orateur inspiré qui proclama l'Église une mère ! »

Son âme généreuse n'eût pas été satisfaite si, après avoir remercié M. Thiers, il n'eût salué aussi son autre grand auxiliaire dans ces luttes, son noble ami, M. de Montalembert.

Tels étaient les hauts enseignements de cette lettre pastorale qui montra du premier coup aux Orléanais, dans leur nouvel évêque, un homme dont la pensée était accoutumée à habiter les sommets, et un évêque dont la voix dépasserait les limites de son diocèse, et qui, quand il parlerait à ses diocésains, aurait pour auditoire l'Église et la France.

La lettre s'achevait par des effusions pleines de tendresse, des bénédictions pour tous, sortant du plus profond de son âme, avec un accent où se révélait l'Apôtre, le Pasteur, le père.

Le premier mandement de Carême que le nouvel évêque dut publier peu de temps après était plus remarquable encore ; peut-être même est-ce le plus beau de cette série de grands mandements qui commençait. L'évêque d'Orléans s'adressait à la société française, autant qu'à son diocèse, et il disait à cette société, si ébranlée alors sur ses bases, et si inquiète de son avenir, le mot décisif qu'il y avait à lui dire : il la ramenait au point précis qui porte tout l'édifice social, et qui, raffermi, lui-même raffermit tout : LA LOI ? La loi, dont *les lois*, par le nombre et l'instabilité et la contradiction desquelles nous périssons, dérivent, tel est, aux yeux de l'éloquent évêque, ce point central, cette clef de voûte des sociétés. Qu'elle existe, et quelle elle est, voilà ce qu'il démontrait. Elle est « fondée sur la raison, sur l'essence même des choses divines et humaines ; sur la nature et les rapports nécessaires de Dieu et de l'homme et des hommes entre eux ; éternelle, immuable, universelle, toujours vivante, comme l'essence même des choses, laquelle est identique et toujours la même, dans tous les temps et dans tous les lieux... De cette Loi dérivent et dépendent essentiellement toutes les institutions civiles, morales et politiques des peuples, toutes les conventions, toutes les ordonnances, toutes les lois en un mot que peuvent faire les hommes ».

Et cette Loi n'est autre que « le Décalogue », résumé divin de toute la morale, grande charte de l'humanité, que l'Église maintient dans le monde pour le salut du monde : « Toute la question sociale est, à ce moment encore, dans le Décalogue, et la société humaine n'a pas d'autre appui. Et si nous souffrons plus douloureusement depuis quelques années, c'est qu'on déchire de toutes parts cette charte sacrée. Voilà les origines de tous nos maux, mais voici en même temps le remède : Revenons, revenons tous à cette loi divine. » Le mandement se terminait par une adjuration éloquente, où éclatait l'âme de l'apôtre. Sur ces sommets des choses l'évêque d'Orléans se tiendra toujours, et de là lui viendront plus tard, dans ses luttes avec l'impiété, ces illuminations qui éclairaient les questions dans leurs profondeurs, et ces vues qui plus d'une fois furent prophétiques, tant, partant de si haut, elles portaient loin. Notons, puisque ces lignes s'impriment au moment où la France pleure, nous allions dire avec l'Église, car Léon XIII lui-même l'a pleuré, un grand économiste, M. Le Play, notons que quand l'évêque d'Orléans proclamait cette capitale vérité, M. Le Play était au début et dans toute l'ardeur de ces belles recherches, de ces belles observations qui devaient l'amener à la même conclusion : le Décalogue, base de la société humaine.

On conçoit l'impatience où étaient les Orléanais de l'entendre, après l'avoir lu. Il monta en chaire pour la première fois (depuis son installation) le jour de Noël, au milieu d'une affluence extraordinaire, et prêcha ce célèbre sermon sur la Beauté suprême qui avait eu tant de succès à Paris; la magnificence de l'action, non moins que l'éclat de la diction elle-même, saisit l'auditoire, et l'on peut dire que sa parole acquit du premier coup sur les Orléanais une autorité souveraine. Cette parole, il la leur prodiguera. Le Carême, qui était proche, lui en offrait une occasion qu'il s'empressa de saisir. On souhaitait vivement l'entendre encore : il flottait, depuis le sermon de Noël, devant les Orléanais, comme une image de grand orateur : non moins impatient lui-même de se jeter dans l'apostolat, il annonça qu'il ferait chaque dimanche, pendant le Carême, à la cathédrale, des instructions pour les hommes; on y accourut même des villes voisines : commencement d'une grande œuvre, dont nous verrons les développements.

Mais il était homme d'action encore plus que de parole. « Il faut agir tout de suite, » écrivait-il, après son oraison, le lendemain même de son arrivée, le 11 décembre 1849[1]; et immédia-

---

[1]. Nous répéterons, une fois pour toutes, au commencement de ce volume, ce que nous disions au début du premier : Les citations dont nous n'indiquons pas la source sont prises à ces notes intimes, qu'il écrivait jour par jour, et qui sont comme le journal de son âme.

tement après les réceptions et les visites officielles, il se mettait à l'œuvre, et étonnait tout le monde autour de lui par sa promptitude à s'enquérir de tout : sa cathédrale, les paroisses de la ville et du diocèse ; les séminaires, les écoles, les catéchismes, les communautés, les œuvres ; ne laissant rien échapper à son regard ardemment investigateur, et donnant le spectacle d'une activité à laquelle les Orléanais n'étaient pas encore accoutumés. « Quelques semaines s'étaient à peine écoulées, nous écrit un prêtre orléanais qui fut témoin de ce qu'il atteste [1], que déjà il avait visité toutes les communautés religieuses, les paroisses, avait tenu conseils sur conseils, s'était fait rendre compte de tout ce qui concernait l'administration diocésaine : choses et personnes. Tout le monde, je me le rappelle, était dans la stupéfaction de l'activité incomparable du nouvel évêque. » Il regarda ainsi longtemps avant de rien entreprendre, et sa première année ne fut guère qu'une année d'études et d'expériences.

« Mes besoins sont immenses, écrivait-il le 3 février 1850. Je suis comme un grain de poussière en présence d'une énorme montagne. J'aurais vingt-cinq âmes et existences aussi actives que la mienne, et 300 000 francs de rente, que je ne suffirais pas à mon œuvre et serais très pauvre. Vous comprenez l'utilité des prières pour un pauvre homme en pareil embarras. » Et de nouveau, un mois après, le 4 février : « Je suis à l'œuvre de Dieu. Elle est grande et difficile. Il y faut mettre sa vie. Priez pour que mon courage ne défaille pas. »

Son premier soin fut de chercher des collaborateurs. Dès le 5 novembre 1849, il écrivait : « Il faut que j'aie autour de moi un certain nombre d'hommes très capables, très dévoués à Dieu et à l'Église, et toujours prêts au service et au combat. Je les trouve, ils se présentent providentiellement. » Et après avoir constitué son administration, il écrivait encore à la

---

1. M. l'abbé Lambert, alors vicaire de la cathédrale, aujourd'hui curé de Notre-Dame de Recouvrance. Nous devons à ce prêtre, intelligent et pieux, des notes précieuses sur ces premières années de l'épiscopat de Mgr Dupanloup, dont nous n'avons pas été témoin nous-même.

même personne : « 26 février 1858. L'évêché sera bientôt habité par des hommes d'un vrai mérite. Je puis en loger dix, si Dieu me les envoie. Il faut que ce soit une réunion d'apôtres. » Et voici comment fut constitué son conseil. Aussi bon administrateur que bon écrivain, M$^{gr}$ Fayet avait fait une chose excellente : il avait divisé son diocèse en quatre Archidiaconés, Orléans, Montargis, Gien et Pithiviers. Outre les deux vicaires généraux titulaires, il y avait donc dans le conseil épiscopal deux autres vicaires généraux Archidiacres ; plus le Supérieur du Grand Séminaire, et le secrétaire général de l'évêché. Si cette organisation n'eût pas existé, très certainement M$^{gr}$ Dupanloup l'eût créée ; car il la voulut perfectionner encore. Très pénétré de ce principe qu'il y a profit à diviser le travail et à multiplier les auxiliaires, il voulut, malgré l'avis contraire du Supérieur de son Grand Séminaire, donner à son conseil plus d'extension, et appliquer aux diverses branches de l'administration diocésaine des hommes spéciaux et personnellement responsables. Les quatre Archidiacres furent donc maintenus. M. l'abbé Valgalier, neveu de M$^{gr}$ Fayet, et condisciple de M$^{gr}$ Dupanloup à Saint-Sulpice, et M. l'abbé Desnoyers, vicaires généraux titulaires, tous deux membres de l'ancienne administration, furent Archidiacres, l'un d'Orléans, l'autre de Montargis ; puis M. l'abbé Gaduel, qui avait fait partie de la compagnie de Saint-Sulpice, et que M$^{gr}$ Dupanloup venait de s'attacher à Paris, homme de savoir et de piété, fut nommé Archidiacre de Gien ; et, enfin, M. l'abbé Pelletier, curé de Gien, fut nommé Archidiacre de Pithiviers.

A ces quatre Archidiacres il adjoignit le Supérieur du Grand Séminaire, le vénérable M. Bencch, qui avait élevé et connaissait à fond tout le clergé ; puis trois autres vicaires généraux honoraires, pris dans le Chapitre : M. Huet, archiprêtre de la cathédrale, de pieuse et douce mémoire, et MM. Poirée et Dupré, qui furent chargés, l'un de tout ce qui concernait les communautés religieuses, l'autre de tout ce qui regardait les études ecclésiastiques, les examens du Petit Séminaire, des ordinands et des jeunes prêtres, et les conférences. M. l'abbé Rabotin, jeune prêtre déjà fort entendu, et depuis consommé en affaires, fit aussi partie du conseil, à titre de secrétaire général de l'évêché. Un vicaire général, spécialement préposé aux bonnes œuvres, devait être nommé ultérieurement. Tels furent les premiers auxiliaires du nouvel évêque d'Orléans [1].

Cette composition nouvelle du conseil indiquait déjà, par l'accroissement près de l'évêque du nombre des hommes chargés d'agir, l'impulsion plus vigoureuse qui allait être donnée à toutes les branches de l'administration : elle fut notifiée au clergé par une circulaire en date du 20 février 1850, qui, de plus, continuant l'enquête à laquelle le nouvel évêque se livrait avec ardeur, posait à tous les curés du diocèse les questions les plus précises :

« Monsieur le curé, mon premier devoir, en prenant en main le gouvernement du diocèse dont il a plu à Dieu de

---

[1]. Pendant la durée d'un épiscopat de près de trente ans, des modifications durent nécessairement être introduites dans cette organisation. Ainsi entrèrent successivement au conseil, à des titres divers : M. l'abbé Place, aujourd'hui archevêque de Rennes, promptement mis à la tête du Petit Séminaire, et qui fut l'instrument de Mgr Dupanloup pour la transformation de cette maison ; M. l'abbé Desbrosses, longtemps premier vicaire général, et dont le diocèse d'Orléans garde avec respect la mémoire ; M. l'abbé Clesse, que Mgr Dupanloup devina, à la suite d'une mission, et qui devait faire, dans le diocèse qui l'adoptait, de si grandes œuvres ; M. l'abbé Soubiranne, aujourd'hui évêque de Belley, ancien élève de Saint-Nicolas, appelé jeune auprès de son ancien Supérieur, mais qui se trouva immédiatement à la hauteur de ses fonctions ; M. l'abbé de la Taille, un de ses auxiliaires pour la réforme des catéchismes ; M. l'abbé Bardin, curé de Châteauneuf, signalé au regard attentif de l'évêque par un remarquable travail de pastorale : homme laborieux, pénétrant, appliqué aux affaires ; celui qui écrit ces lignes et sur lequel quelques publications bien modestes avaient appelé son regard ; M. l'abbé Bougaud, aumônier de la Visitation de Dijon, que son *Histoire de Sainte Jeanne de Chantal* venait de mettre en lumière ; M. l'abbé Hetsch, longtemps Supérieur de son Petit Séminaire ; M. l'abbé Tranchaut, qui succéda à M. Huet comme archiprêtre de la cathédrale, et enfin M. l'abbé Guthlin, prêtre du diocèse de Strasbourg, auteur d'un excellent volume sur le Positivisme, et qui, lorsque l'annexion de l'Alsace à la Prusse vint lui imposer l'option, opta pour la France, et fut reçu à Orléans. Voilà — c'est de nos collègues que nous parlons, et c'est un témoignage que nous sommes heureux de leur rendre — les hommes que nous avons vus pendant tant d'années mettre à seconder l'évêque d'Orléans, dans ses grands desseins, le zèle le plus intelligent et le plus sacerdotal. Nous allions oublier les deux supérieurs du Grand Séminaire qui succédèrent l'un après l'autre à M. Benech, M. Mallet, et l'éminent supérieur actuel M. Branchereau.

m'imposer la charge, c'est de bien connaître l'état spirituel et matériel de toutes les paroisses qui le composent.

» Vous pouvez m'aider beaucoup, Monsieur le curé, ainsi que vos vénérables confrères, à acquérir promptement cette connaissance qui m'est indispensable pour pouvoir rendre au clergé et aux fidèles les services dont je leur suis redevable en Notre-Seigneur. Il suffit, pour cela, que chacun de MM. les curés me fournisse sur l'état, les besoins, les ressources de sa paroisse, tous les renseignements les plus complets, les plus détaillés et les plus exacts qu'il se puisse.

» C'est ce que je viens vous demander et ce que j'attends de votre zèle pour le bien et de votre charité pour moi... »

A cette lettre était joint un questionnaire des plus précis et des plus pratiques; preuve de l'universelle sollicitude du nouvel évêque, et puissant aiguillon pour MM. les curés eux-mêmes.

Ce questionnaire, intitulé : *Statistique diocésaine*, ainsi que les *Chefs de visite*, dont nous parlerons ci-dessous, sont, nous ne craignons pas de le dire, deux chefs-d'œuvre de pastorale.

A travers tous ces soins de sa charge épiscopale, sa correspondance s'étendait malgré lui de plus en plus : « J'ai trois cents lettres qui crient sur mon bureau, » écrivait-il à M$^{me}$ la Princesse Borghèse le 3 janvier 1850. Et enfin les affaires publiques aussi vinrent le ressaisir : il y en avait plusieurs, et toutes très graves, dont il lui fallait nécessairement s'occuper.

Et d'abord, la loi sur la liberté d'enseignement, qu'il s'agissait de faire discuter et voter ; nous avons dit ce que cette loi lui coûta alors de luttes et de sollicitudes.

Ensuite le Conseil supérieur de l'Instruction publique que cette loi avait institué, et dont devaient faire partie quatre évêques choisis par leurs collègues. Ce conseil était fort attaqué par les adversaires de la loi, que le vote avait vaincus, mais non désarmés. « S'il n'y avait qu'un seul évêque dans le Conseil supérieur, s'écriait l'*Univers*, nous trouverions encore que c'est beaucoup trop... S'il y avait dans ce conseil une majorité d'évêques nous trouverions encore que c'est trop peu... Les évêques ne sont pas faits pour aller délibérer avec des philosophes et des hérétiques sur la manière dont il convient de diriger l'enseignement de la jeunesse catholique[1]. » Sous ces excitations, la division encore se faisait ; mais enfin les instructions venues de Rome firent cesser, comme nous l'avons dit, la controverse. Soixante-quinze évêques exprimèrent leur suffrage ; naturellement, l'évêque d'Orléans fut élu, avec NN. SS. de Langres, de Tours et de Reims. Craignant qu'il n'acceptât pas ce surcroît d'occupation, le P. de Ravignan lui écrivit : « Je viens à genoux vous prier d'accepter la *charge* nouvelle que Dieu vous donne, celle de membre du Conseil Supérieur. Vous comprenez tout ce qu'un refus de votre part aurait de grave, ce que votre absence du Conseil laisserait à désirer. Vous avez en tant d'occasion écouté mes humbles avis ; cette fois je n'hésite pas à vous dire que Dieu vous impose *cette croix* nouvelle. » C'en était une, en effet, et il dut, dès la première année de son épiscopat, s'arracher plusieurs fois à ses sollicitudes et à ses travaux pour venir surveiller à Paris les graves intérêts pour lesquels il avait tant combattu.

C'est beaucoup de vaincre, mais il faut de plus savoir user de la victoire : même après le vote de la loi, les catholiques sentaient bien que tout n'était pas fini ; et ils s'occupaient, afin de surveiller efficacement l'application de la loi, de reconstituer sur des bases plus larges le *Comité pour la défense de l'enseignement libre*. L'évêque d'Orléans les encourageait puissamment : « Je suis bien de votre avis, écrivait-il le 26 mai 1850 à M. de Montalembert, sur la nécessité d'organiser notre comité d'enseignement libre. Plus j'y pense, plus je trouve qu'il est appelé à rendre de grands services. » Mais sa haute autorité pour unir ensemble les éléments divers dont ce comité devait se composer manquait fort à ceux qui travaillaient à cette organisation. « Mon bien-aimé Seigneur, lui écrivait le P. de Ravignan, hier nous avons causé longuement

---

1. 20 mars 1850.

sur le comité futur, M. de Montalembert et moi ; vous comprenez que vous étiez le plus constamment l'objet de nos désirs. Aller vous trouver à Orléans, au Marais[1], nous y sommes tout disposés ; mais que vous ne veniez pas une première fois pour installer et *poser* le comité, plus j'y pense, plus la chose me paraît impossible à admettre. C'est-à-dire que sans vous nous ne saurions rien faire de bien. Que voulez-vous ? Il en est ainsi. M. Molé, M. de Montalembert, tous ont en vous une confiance exclusive. Évidemment nul autre ne pourrait vous remplacer auprès de ces Messieurs. » Que de peine encore il se donna pour cette œuvre importante !

Il y avait enfin l'*Ami de la religion*, œuvre capitale à ses yeux. Il l'avait admirablement relevé au point d'en faire, d'un organe semi-quotidien qu'il était, un journal quotidien. Mais bien qu'elle fût restée entre ses mains, cette feuille avait beaucoup souffert de son départ, dans sa rédaction et dans l'opinion publique. « Vous êtes, écrivait-il le 9 mars 1850 à M. de Montalembert, de ceux qui ont voulu que je fusse évêque. Je crois plus que jamais que vous vous êtes trompé. Mais je vous ai dit alors que ce serait la ruine de l'*Ami de la religion*. Le 1$^{er}$ avril 1849, sa prospérité était inouïe. » Il était d'autant plus nécessaire à ses yeux de faire vivre ce journal, que l'*Univers*, avec qui l'Archevêque de Paris avait aussi des démêlés, continuait à lui donner des peines très vives : ce journal ayant alors attaqué M. Thiers : « Une grosse affaire pour vous et pour moi, lui écrivait M. de Montalembert, c'est la lettre contre M. Thiers qui a paru à l'*Univers* du samedi 22 (juin 1850). Vous ne vous faites pas une idée de l'effet qu'elle a produit dans la presse, à l'Assemblée et sur M. Thiers. Son irritation a été d'autant plus vive que les journaux rouges se sont donné le mot pour m'attribuer cette belle production et pour la dénoncer comme *le premier témoignage de la reconnaissance des Jésuites* pour celui qui les avait réintroduits dans l'enseignement... M. Thiers est impatienté et exaspéré par tous les

---

1. Où habitait M. Molé

commérages et tous les commentaires de ce qu'il appelle le parti des ingrats. »

C'était toucher le fier évêque au point le plus sensible. Il répondit : « Orléans, 26 juin 1850. Je ne lis absolument aucun journal ; celui que je regrette de ne pas lire n'existe pas. Ma vie peut à peine suffire aux grandes affaires de l'Église, en lesquelles, bon gré mal gré, je suis toujours jeté, et aux affaires de mon diocèse, qui sont grandes aussi.

» Je déplore tout ce que vous me dites relativement à M. Thiers ; dites-lui à quel point je réprouve tout ce qui s'est fait et écrit contre lui. Il ne me trouvera jamais parmi les ingrats. Depuis un an, je n'ai rien publié que je ne me sois appliqué à lui rendre un solennel hommage... »

Il avait déjà écrit à M. de Montalembert, pendant la discussion de la loi : « Souvenez-vous, mon bon et cher ami, que vous et M. de Falloux comme chrétiens, et moi comme prêtre et évêque, nous ne devons jamais, après ce qui s'est passé entre nous depuis un an, abandonner M. Thiers. Nous devons l'aimer avec tendresse et compassion de cœur ; nous devons le sauver. » On conçoit dès lors ses tristesses devant des attaques de nature à éloigner de nous un tel auxiliaire.

Aussi ajoutait-il dans sa douleur : « Toutes les indignités dont nous avons été témoins depuis un an, et qui sont venues de tous les côtés à la fois, seront châtiées quelque jour. Le souvenir en est ineffaçable dans mon âme. Je me tais à peu près ; mais s'il entre jamais dans l'ordre de la Providence que ce soit moi qui serve à venger la vérité, le bon sens, la justice, la reconnaissance outragées, et tout l'épiscopat français misérablement humilié, je le ferai sans hésiter lorsque l'heure sera venue. »

On le voit, c'est un élan, un cri de son âme si délicate en fait d'honneur. De la question particulière dont traitait la lettre publiée dans l'*Univers*, il ne s'occupe pas. Il n'y a là pour lui qu'un procédé qui le blesse et qu'il rattache à une situation générale dont il souffrait depuis longtemps. Et quant à l'*Ami de la Religion* : « J'ai fait, écrivait-il à M. de Montalembert, pour cette œuvre, des efforts d'esprit, de cœur, de courage, de patience, d'argent, plus grands que ceux que j'ai jamais faits pour rien sur la terre. Mais j'ai trouvé là, ajoutait-il, bien des mécomptes. » Noble tristesse d'un homme qui a conçu et pris en main une grande œuvre, et qui ne rencontre pas les instruments qu'il voudrait. « Ce qui me paraît certain, dit-il à ce propos dans une autre lettre à M. de Montalembert c'est l'impossibilité du succès par le manque d'hommes, et surtout d'un homme. » Le journal vécut cependant, successivement et honorablement dirigé par MM. de Riancey, l'abbé de Valette, l'abbé Cognat, l'abbé Sisson, et ne disparut, étant redevenu grand journal quotidien, après un nouvel et dernier éclat, que sous l'empire.

Telles étaient donc les affaires dans lesquelles il se trouvait engagé. Du reste, on ne se figure pas à quel degré, dès qu'on le savait à Paris, on venait l'assaillir; tant d'âmes, dont il avait été pendant de si longues années la lumière, la consolation, l'appui, accouraient à lui, et avec un empressement si filial, qu'il ne pouvait s'y soustraire : heureux, malgré les accablements qui s'ensuivaient, de continuer le cher ministère par lequel il avait conscience de faire tant de bien. On le trouvait les premières années dans l'appartement que M$^{me}$ de Gontaut avait mis à sa disposition, rue Saint-Dominique. M$^{me}$ de Gontaut ! puisque ce nom est venu sous notre plume, rendons ici un hommage de pieuse vénération à cette sœur de M. le duc de Rohan, et à toute cette noble et patriarcale famille, chez qui les sentiments du futur archevêque de Besançon pour le jeune hôte de la Roche-Guyon, pour le brillant catéchiste de la Madeleine, semblaient être une tradition. Et lui-même, parmi les familles d'élite auxquelles il réservait ses prédilections, il distinguait cette famille de Gontaut, dont tous les membres lui étaient chers devant Dieu, mais nul peut-être plus que la sœur de l'ami et du père de sa jeunesse. Femme éminente autant que modeste, une noble simplicité dans la plus haute distinction, la bonté, la piété, la charité, et toutes les vertus maternelles, formaient son auréole. C'était aussi une des ouailles les plus fidèles de cet *Ovile* dont il prenait des soins si attentifs et si dévoués ; une de celles qui le payaient devant Dieu d'une plus filiale reconnaissance. Combien cette âme était admirable, les lignes suivantes, empruntées à une lettre de l'abbé Debeauvais à l'évêque d'Orléans, en date du 1er décembre 1853, le diront mieux que nos paroles : « La pauvre M$^{me}$ de Gontaut souffre un des plus grands, des plus aigus, des plus épouvantables martyres : toute la maison est sous un pressoir de douleur. On a commencé hier une neuvaine : Voulez-vous vous y unir? La pauvre patiente y a vraiment quelques droits. M$^{me}$ de Saint-Blancart (une de ses belles-filles) me disait lui avoir entendu dire tout le long d'une crise, à chaque pointe de douleur : « Mon Dieu, pour mes enfants ! pour le diocèse d'Orléans ! pour l'Église catholique ! pour l'Église de France ! pour mes malades des hôpitaux ! etc., etc. » Cela est textuel! et la litanie est beaucoup plus longue; mais vous figurez *nommément* en tête. » Plus tard son pied-à-terre fut chez les Dames Bénédictines du Temple, rue Monsieur. Dans les dernières années, les Mékitaristes de la même rue lui offrirent un magnifique appartement dans leur bel hôtel du collège arménien.

Quelquefois aussi il recevait en faveur de certaines œuvres, pour lesquelles on sollicitait le précieux secours de sa parole, des instances si pressantes, et de personnes si autorisées auprès de lui, qu'il fallait bien s'y prêter. C'est ainsi qu'il prêcha plusieurs fois à Saint-Roch et à la Madeleine. Au reste, ces courses à Paris avaient pour lui, et aussi pour son diocèse, des avantages considérables. « J'en ai besoin, écrit-il, pour mes horizons et mes bonnes œuvres diocésaines. » Les relations qu'il y entretenait de la sorte continuaient son influence, et lui procuraient, pour tant d'œuvres dont il allait être chargé, des ressources inappréciables.

C'est au moment où il se jetait ainsi de toutes ses forces et de toute son ardeur dans ces travaux divers qu'amenait sa nouvelle vie, qu'il faillit être arrêté tout à coup par la plus douloureuse des épreuves : la lumière du jour menaçait de lui être enlevée; il courait risque de perdre la vue. Les maux de tête dont il avait si souvent souffert redoublèrent; sa vue se troubla, et il lui fallut, bon gré mal gré, interrompre ces prédications qui commençaient à remuer toute sa ville épiscopale. Le jour de Pâques, ayant voulu aller donner la Communion aux enfants du Petit Séminaire et leur parler, il ne le put qu'avec la plus grande peine. « Je souffrais, dit-il, horriblement. » Il se rendit à Paris pour consulter : il n'y avait pas de doute possible; ce qui le menaçait, c'était la terrible cataracte. Un de ses yeux était à peu près perdu, et le fut bientôt tout à fait; l'autre pouvait avoir le même sort. Cette nouvelle, dès qu'elle fut connue, émut douloureusement. Il en fut profondément ému lui-même; mais sa foi et sa piété éclatèrent dans cette épreuve. Son grand remède fut encore le recours à Dieu. Il pria et fit prier. Il fit, entre autres choses, une neuvaine à la Sainte Vierge, et des vœux multipliés. « Je ne réponds pas du tout, a-t-il écrit, que ce ne soit pas un miracle de la Sainte Vierge qui m'ait jusqu'à ce jour conservé l'œil bon : j'ai tant prié, et tant de charitables prières ont été faites pour moi par toutes ces âmes! » Il n'y avait pas, dans ces conditions-là, à songer aux visites pastorales, qu'il avait déjà annoncées, et qui devaient précisément commencer après Pâques, pour durer deux mois : son ami, Mgr Dupuch, archevêque d'Alger, qui venait de quitter l'Afrique, où il avait de nouveau planté la croix, et recommencé la série glorieuse des successeurs de saint Augustin, voulut bien le suppléer.

On conçoit combien, après ses prédications de Carême, et dans cette épreuve de ses yeux, et ces mille tracas administratifs, un peu de repos était nécessaire, soit à son âme, pour s'élever dans les sphères plus hautes que sa pensée avait coutume d'habiter, soit à sa santé épuisée. Le lendemain des fêtes de Jeanne d'Arc, le 9 mai, il alla donc s'installer à la Chapelle.

Cette maison de campagne, que Mgr Fayet avait eu la bonne fortune d'acquérir pour le diocèse, et qui, après bien des destinées diverses, passait aux mains d'un évêque, a son histoire : résidence royale d'abord, et rendez-vous de chasse, au temps de Henri II, après avoir appartenu au commencement de ce siècle à la célèbre comédienne, M<sup>lle</sup> Raucourt, elle avait été cédée, vicissitude étrange, au prédécesseur immédiat de M<sup>gr</sup> Dupanloup, qui en avait fait sa résidence d'été, et y avait bâti un petit séminaire. L'habitation est un vieil et élégant petit castel, orné aux angles de la façade extérieure de tourelles aiguës, et du côté qui regarde la Loire, de deux pavillons en retour : une pelouse avec des bosquets à droite et à gauche, s'étend jusqu'à une terrasse parallèle au fleuve, d'où la vue se repose sur un horizon tranquille et doux, que coupe obliquement le cours verdoyant du Loiret, et auquel il ne manque que quelques sommets à l'extrémité pour relever le regard. Cette terrasse longe aussi un vaste jardin, traversé au milieu par une belle allée de marronniers, qui va du château à la simple palissade par laquelle seulement est séparée la partie réservée à l'évêque de l'espace affecté au Petit Séminaire : cette maison s'élève à quelque distance, dominant les grands arbres sous lesquels s'ébattent les enfants, avec des cris joyeux qui arrivent jusqu'au château, égayés encore dans leurs jeux par cette Loire brillante qu'ils aperçoivent à travers le feuillage. Au delà, c'est le parc; immense, accidenté, pittoresque, avec des arbres superbes et des fourrés ombreux, et des allées sinueuses, qui montent, redescendent, s'entrecroisent capricieusement; orné de pelouses, embelli de kiosques, offrant des vues charmantes, des petits bois, des vallons suisses, des recoins gracieux ou sauvages, des aspects de forêt où l'on se croirait éloigné du monde entier; lieu admirablement favorable à la pensée, à la méditation, à la prière, aux inspirations de l'esprit et aux élans de l'âme. Il fut une grâce de Dieu dans sa vie, par les facilités qu'il offrait pour le travail et le repos. Il y éprouva, la première fois qu'il vint l'habiter, « une douceur inattendue, dont l'impression, écrivait-il vingt ans après, dure encore ». « C'était la première fois, ajoute-t-il, que j'étais chez moi à la campagne, comme chez moi. »

Il s'y établit au premier, dans une chambre spacieuse, ayant vue par ses quatre fenêtres des deux côtés, sur l'avenue et sur la Loire : ce fut à la fois son cabinet de travail et sa chambre à coucher; le modeste salon était au rez-de-chaussée, entre la salle à manger et la petite chapelle. On ne saurait dire combien il goûta ce lieu, auquel, même au retour de ses voyages dans les montagnes, il trouvait un charme qui ne le lassait jamais. Il y avait surtout deux allées qu'il affectionnait : l'une, étroite et longue, à perte de vue, formée par la lisière du parc et une charmille, du côté de la Loire : que de fois il y porta ses pas solitaires, soit le matin, alors que les premiers rayons du soleil lui apparaissaient à travers le feuillage humide et sur les flots tremblants du fleuve, soit le soir, quand l'astre sur son déclin allait disparaître à l'horizon dans une pourpre lumineuse; l'autre, une allée de tilleuls qui, à partir des quinconces réservés aux enfants, bordait le haut du parc; indéfiniment longue aussi, mais large, ouverte, et où il pouvait respirer, à pleins poumons, l'air toujours vif et pur sur ce plateau. « Quel beau promenoir ! » s'écria, quand il l'y conduisit, M. Molé qui, avec M. Beugnot et le P. de Ravignan, vint cette année-là, au mois de juillet, l'y visiter, afin de régler définitivement la constitution de leur comité. Plus voisine de l'habitation, la terrasse, d'où il pouvait apercevoir les tours de sa cathédrale, lui était d'un plus fréquent usage; les matinées, les soirées surtout y étaient incomparables : que de fois, pour peindre ces beaux clairs de lune sur la Loire, il emprunta à Virgile ses vers :

> Nec candida cursum
> Luna negat : splendet tremulo sub lumine *flumen*.

Un pas, et il était sur les bords de cette Loire, qui forme, avant d'arriver à la Chapelle, du côté où le soleil lève, une courbe gracieuse, et se perd, vers le couchant, dans un lointain splendide.

Voilà le lieu où il put rester, la première année de son épiscopat, du mois de mai au mois de novembre, sauf quelques courses à Paris, pour le Conseil Supérieur et un sermon de charité, et une petite visite à Champlâtreux, chez M." Molé, dont l'âme lui était si chère. Il y acheva son premier volume *de l'Éducation*, mais au prix d'une fatigue extrême, aidé toutefois par la douceur du lieu. « Juillet et août, a-t-il écrit, furent un grand travail, mais un doux repos. Je conserverai longtemps le souvenir de ce temps, de ce lieu, de ces silences, de ces ombrages, de cette belle lumière le matin et le soir, de ces inspirations pour mon livre. » Il envoyait, au fur et à mesure qu'il les terminait, les chapitres de ce volume au P. de Ravignan, qui les lisait avec une joie extrême, et ne lui épargnait pas les conseils. Les retraites ecclésiastiques vinrent, au mois de septembre, se jeter en travers de ce travail. Nous disons les retraites, car, contrairement à l'usage qu'il trouva établi, il voulut qu'il y en eut deux, afin que le clergé tout entier pût y participer. Nous reviendrons en détail sur cette œuvre des retraites pastorales, et nous nous bornerons à citer en ce moment, pour donner une idée du zèle qu'il déploya dans ces premiers entretiens avec son clergé, ces paroles d'une lettre de M. l'abbé Place à M. Henry de Riancey : « 28 septembre 1850. La santé de Monseigneur est bien éprouvée ; il ne se soutient que par miracle : ce qu'il a fait depuis le commencement de nos retraites, comme supplément à ses occupations courantes, suffirait pour tuer dix hommes. » Puis il se remit avec une nouvelle ardeur à son volume, se levant quelquefois « dès trois heures du matin » ; ce qu'il reconnaît lui-même avoir été excessif ; mais il voulait absolument avoir terminé avant un voyage *ad limina apostolorum* qu'il méditait.

Le volume parut, et fit une sensation profonde : une grande question était traitée, de façon magistrale, par un homme qui était en effet un maître dans la matière, et qui appuyait les plus hautes théories de l'irrécusable autorité de son expérience. Il n'existait rien dans notre langue, sur ce sujet capital, qu'on pût comparer à cet ouvrage. Le double souffle de l'apostolat et du patriotisme enflammait toutes ces pages. Ce n'était pas seulement un grand évêque, c'était un grand Français qui, dans un temps calamiteux où tout menaçait de périr faute d'hommes, enseignait à ses concitoyens le moyen de former des hommes pour l'Église et pour la patrie. Mais nous attendrons la publication des volumes suivants pour en dire plus explicitement notre pensée.

Qu'il l'avait souhaité, pendant les luttes et les douleurs des années 1848 et 1849, ce voyage à Rome, pour l'année jubilaire ! Que de fois, dans ses lettres à M$^{me}$ la Princesse Borghèse, il en avait caressé la perspective ! Il le désirait encore plus depuis qu'il était évêque. Enfin, le 2 décembre, il put partir. Il prit encore cette belle route de la Corniche, qui le ravissait, et par Florence, Assise, Pérouse, qu'il revit à loisir, il arrivait le 23 à Rome, et était reçu de nouveau au palais Borghèse.

« Si ma santé ne profite pas de ce voyage, écrivait-il le jour même, mon âme en profitera. Quel bonheur de n'être enfin pressé par rien ni par personne ! Cette année a été comme un torrent entre les grandes pensées de mon épiscopat et ce moment-ci : tout a été comme suspendu ; toute cette lumière, toute cette grâce épiscopale, s'est comme arrêtée, tant l'action, les œuvres, les affaires, sont venues à la traverse ; à la lettre, comme un torrent. Quels efforts il fallait à travers tout cela pour voir toujours les choses des hauteurs accoutumées dans cette lumière surnaturelle de laquelle surtout il faut dire : *In ista luce vive.* Je sentais peu à peu venir le triste état dont parle saint Bernard au pape Eugène : *Evisceratio mentis, afflictio spiritus, evacuatio gratiæ.* On donne, on donne toujours sans recueillir · ce qu'on fait, dit et donne est sans grâce, sans sève divine, sans maturité, sans lumière. » C'est ainsi qu'il se représentait à lui-même le profond besoin qu'il éprouvait de recueillement, de prière, de vie intérieure, après une vie si active, mais où pourtant les exercices de piété n'avaient jamais été négligés.

Connaissant Rome à fond, puisque c'était pour la quatrième fois qu'il y venait, ce ne fut plus pour lui une étude, mais comme un goût paisible et profond de toutes ses beautés profanes et sacrées, qui se fondent si bien, du point de vue où il les regardait, dans une merveilleuse unité.

Plus il la voyait cette ville unique, plus sa grandeur le frappait : « Rome, écrit-il, grandeur historique, immenses souvenirs... Là tout est grand ; mais rien n'y est plus grand que l'Église et le triomphe de la société chrétienne et du christianisme. Sur les ruines du paganisme vaincu lui seul domine... Les colonnes du temple de Junon soutiennent Sainte-Marie-Majeure, et le premier or du Pérou dore ses voûtes... Une croix de bois s'élève du milieu des ruines colossales de cet amphithéâtre bâti par les Juifs captifs, et où le peuple romain faisait retentir ses cris furieux et demandait qu'on jetât les chrétiens aux lions : le courage surhumain des martyrs et la force mystérieuse de cette croix furent vainqueurs... Et enfin le plus magnifique édifice du monde moderne, et peut-être du monde ancien, est élevé sur le tombeau de Pierre, pêcheur de la Galilée... tandis que le tombeau de Néron qui l'a tué, où est-il ?... Au milieu de tant de grandeurs, rien n'est plus grand à Rome que le Pape... »

Rien ne lui fut plus doux que ce tranquille séjour à Rome. « Le bon Dieu, écrivait-il au retour, m'a donné là un vrai rafraîchissement. Que j'en avais besoin ! J'en ai senti la douceur avec reconnaissance... *Locum refrigerii, lucis et pacis*. Rome est vraiment cela, et je le sentais encore mieux quand je n'étais pas évêque, mais simple enfant de l'Église... J'admirais tout... C'est le plus doux sentiment. *Factus vir, evacuavi quæ erant parvuli*... L'enfance est meilleure... Demeurons au moins par le cœur simple comme la colombe si nous sommes condamné à devenir enfin prudent et attentif comme le serpent. »

Évêque, il avait en effet des devoirs que les simples fidèles n'ont pas, et aussi des lumières. Le Pape ne peut pas tout connaître, ni ceux qui sont près de lui non plus. Qui éclairera sur les choses lointaines le chef de l'Église universelle, sinon ses fils, ses frères dans l'épiscopat, les évêques? Aussi, ayant appris quelques mois auparavant que l'archevêque de Besançon se préparait à partir pour Rome : « Conjurez-le, écrivit-il à M. de Montalembert, de tout dire au Pape. » Et lui-même écrivait vers le même temps à M<sup>me</sup> la Princesse Borghèse, le 26 février 1850 : « Les affaires de l'Église sont à la dérive en ce pays. Vous comprenez mes sollicitudes. Il faut absolument que je voie le Pape, où qu'il soit, en septembre, et que je lui parle à cœur ouvert. » Il le vit, et par trois fois, en reçut un accueil « plein d'amabilité et de bonté, » et, selon qu'il s'y croyait en conscience obligé, lui parla avec une grande franchise. Méditant le lendemain, sur ce grave devoir, et sur ces paroles de l'Écriture : *Dic nobis placentia*, il écrivait : « Il y a des natures qui demandent cela, qui ne semblent faites que pour recevoir de bonnes nouvelles, qui n'aiment guère à en recevoir d'autres : je suis à moitié comme cela ; cependant il y a une autre moitié en moi qui veut savoir la vérité, et qui s'obstine à y arriver, malgré l'angoisse de l'apprendre et les peines qui en résultent... Il faudrait auprès de ce Pape des hommes qui eussent le courage et le goût de dire toujours la vérité, d'apporter les mauvaises nouvelles, de savoir et de faire savoir le fond des choses... de ne pas se contenter de satisfactions apparentes. » Toute sa vie, le grand évêque demeura, dans les limites des convenances nécessaires, fidèle à ce devoir, qu'il proclamera hautement, après l'avoir accompli toujours, devant les évêques du monde entier, au concile du Vatican.

Le cardinal Antonelli, que Pie IX avait récemment nommé Secrétaire d'État, et qui sut, par des prodiges d'adresse plus que par un véritable génie politique, se maintenir en ces hautes et délicates fonctions pendant tout ce long règne, eut pour l'évêque d'Orléans les plus grandes prévenances, et, jeune, dans tout l'éclat de ses séduisantes qualités, fin, délié, intelligent, ouvert à toutes les idées, questionnant, écoutant beaucoup, il exerça sur M<sup>gr</sup> Dupanloup un charme particulier. Les entretiens qu'ils eurent ensemble furent fréquents. Avec lui surtout, plus librement encore qu'avec le Pape, l'évêque ouvrit son âme, notamment dans une longue conversation la veille de son départ : le cardinal, dans sa confiance, alla jusqu'à lui demander de consigner dans une note tous les graves renseignements qu'il lui donnait sur la situation des choses dans l'Église de France. On conçoit quelle devait être, à son retour, l'avidité de ses amis de Paris, pour connaître tous les détails de ces entretiens. Ils discutèrent la note ensemble, et l'évêque d'Orléans demanda au jeune cardinal, par la lettre ci-jointe, de vouloir bien la placer sous les yeux du Saint-Père :

« Monseigneur, j'aurais déjà dû écrire à Votre Éminence et lui témoigner la vive et profonde reconnaissance que j'ai ressentie et que je ressentirai toute ma vie pour les bontés si particulières dont elle a bien voulu m'honorer pendant mon séjour à Rome. Quels que soient les événements et l'avenir, je ne perdrai jamais le souvenir des paroles si belles et si élevées qui ont excité au Vatican mon attendrissement et mon admiration.

» L'élévation et l'étendue des pensées dont j'ai été si touché dans notre dernière conversation du dimanche 9 février me persuadent que mon indiscrétion est excusable. Je prends donc la liberté d'adresser à Votre Éminence la note ci-jointe qu'elle a bien voulu me demander pendant mon séjour à Rome. Il va sans dire que j'abandonne chaque ligne de cette note à l'appréciation et à la décision de cette suprême sagesse qui nous a été déjà si secourable. Dans la mesure où de hautes convenances, qu'il ne m'appartient pas de juger, le pourront permettre, je crois pouvoir assurer, après en avoir conféré confidentiellement avec les deux hommes les plus compétents, que chacune de ces choses serait très importante à dire ; qu'elles feraient ici le plus grand honneur, produiraient le plus grand effet et seraient un immense encouragement, une immense consolation... »

Que n'avons-nous entre les mains cette note ? Mais il en transpire peut-être quelque chose dans la lettre que voici, adressée à un cardinal auquel avaient été faits quelques commentaires touchant les impressions qu'il avait rapportées de Rome :

« Orléans, le 1ᵉʳ mai 1851. Monseigneur, on m'assure qu'il aurait été dit ou écrit à Votre Éminence que j'avais quitté Rome fort mécontent et que je m'en expliquais publiquement. Si ce qu'on m'assure est réel, je m'empresse de vous dire qu'il y aurait là une double calomnie également absurde et méchante.

» Je suis parti de Rome comblé des bontés de Sa Sainteté et de celles du cardinal Secrétaire d'État ; j'en serai profondément touché et reconnaissant toute ma vie, et pénétré d'admiration pour tout ce que j'ai vu là de grandeur, de lumière, de générosité et de force ; là se trouvent toutes les consolations du présent et toutes les espérances de l'avenir, voilà les seuls sentiments que j'ai pu exprimer publiquement, et encore avec la réserve et le respect convenables.

» Maintenant, Monseigneur, que je gémisse quelquefois devant Dieu, ou dans une confiance comme celle que je témoigne à Votre Éminence en ce moment, de l'audace des méchants, de la mollesse des bons et des imprudentes témérités par lesquelles je vois la paix de l'Église troublée dans le présent, et peut-être pour un long temps, si la sagesse principale et la puissante modération du Saint-Siège n'intervient, cela se comprend.

» Il faudrait n'avoir dans le cœur ni les affections d'un chrétien, ni les sentiments d'un évêque, pour demeurer insensible à de tels maux et à de tels dangers.

» Je me suis cru toujours souverainement indigne d'être évêque, j'ai fait ce que j'ai pu pour ne l'être pas, vous le savez mieux que personne, Monseigneur ; mais depuis que je le suis, je le dois avouer, je sèche de douleur en voyant la sainte Église de Jésus-Christ déchirée par l'orgueil de ceux qui la devraient servir humblement, et qui trouvent une satisfaction détestable à jeter des divisions funestes là où la paix devrait être éternelle ; qui la devraient, dis-je, servir dans une soumission filiale et pleine d'amour au successeur de Pierre, et dans le respect pour l'épiscopat dont le vicaire de Jésus-Christ est le chef suprême.

» J'espère, Monseigneur, que Votre Éminence ne verra dans ces paroles que la continuation des sentiments et des pensées que j'ai été longtemps heureux de lui exprimer de vive voix. »

Du reste, le Saint-Père avait donné à l'évêque d'Orléans une preuve éclatante de ses bontés, en le nommant, par un bref des plus bienveillants, Prélat assistant au trône pontifical[1]. Le Chapitre de Saint-Pierre lui offrit un magnifique exemplaire du grand ouvrage : *Sacrarum basilicæ vaticanæ cryptarum monumenta*, en reconnaissance d'une très belle pixide d'or, enrichie de pierreries, que l'évêque d'Orléans s'était donné la joie d'offrir à ce Chapitre, c'est-à-dire au Saint-Père.

Il voulut bien aussi, pendant ce séjour à Rome, prêcher à Saint-Louis des Français, et sa parole y obtint le grand succès qu'elle avait toujours.

Il n'avait pas encore vu Naples, ni l'Italie méridionale. Quel intérêt cependant, pour un évêque pieux et lettré comme lui, à visiter de tels pays! On voulut au palais Borghèse lui donner cette joie : Subiaco et le Mont-Cassin, avec les souvenirs de saint Benoît; Naples, « qui rit et chante au pied du Vésuve »; Nole et le souvenirs de saint Félix et de saint Paulin; Sorrente, Pompéies, Amalfi, Pœstum, où il fut charmé de vérifier le mot de son poète : *Biferique rosaria Pœsti;* puis, au retour, Gaëte, Cumes, Baies, Pouzzoles, tel fut son itinéraire. « J'ai touché en quelques jours, écrit-il, aux plus grands siècles, aux plus grands hommes, aux plus grandes choses. » Tous ces horizons gracieux, splendides; ces ruines, ces souvenirs; les monastères, les sanctuaires, les grandes figures de l'histoire; la sainteté, les arts, la poésie; tout cela sous le plus beau ciel, dans cette lumière, en face de cette mer brillante et des montagnes : il est incroyable quelles jouissances d'âme il y trouva; et tou-

---

[1]. Voy. ce bref dans le volume intitulé : *Mgr Dupanloup devant le Saint Siège et l'Episcopat*, par l'abbé Chapon, p. 201

jours ses plus grandes admirations s'achèvent dans une prière.

En rentrant à Rome, la campagne romaine lui parut pleine de majesté, d'un silence auguste et un digne entour, un vestibule de la ville éternelle. « J'ai trouvé à Rome, dit-il, une dignité, une majesté, une gravité extraordinaires. Quel contraste avec Naples! Comme c'est saisissant! »

Il voulut revenir par mer et fut conduit jusqu'à Civita-Vecchia dans une voiture que M$^{me}$ la Princesse Borghèse l'avait forcé d'accepter pour ses tournées pastorales, sachant qu'il n'en avait d'aucune sorte. Elle avait eu du reste pour lui, ainsi que ses trois fils, le prince Marc-Antoine, le prince Aldobrandini, le duc Salviati, les plus grandes attentions. De Civita-Vecchia, il lui écrivit : « La Providence et votre charité m'ont porté jusqu'ici. En ce moment même la voiture est embarquée. J'ai trouvé les plus aimables officiers de marine qu'on puisse voir. Ils m'ont invité à une soirée pour aujourd'hui et ne partent que demain à huit heures, me laissant ainsi tout le temps pour ma pauvre messe que je croyais perdue. J'espère un beau temps. A la Providence ! »

Et d'Orléans : « Princesse, ce voyage est sans contredit, de tous ceux que j'ai jamais faits, celui qui m'aura été le meilleur sous tous les rapports. C'est à vous que je le dois : je suis heureux de vous le dire. Mon retour a été aussi heureux que possible, sauf la mer, avec laquelle décidément je ne puis plus avoir aucun rapport, et cette charmante voiture dont l'essieu, le ressort et les roues se sont successivement cassés, ont été successivement raccommodés, et sont devenus maintenant, grâce à cette épreuve, invincibles pour les visites pastorales. Je suis rentré à Orléans le mercredi 19, et j'y ai trouvé des torrents d'affaires. Il y aurait des biens immenses à accomplir. On est vraiment très bien disposé. Je vous bénis de nouveau, et ces trois jeunes familles, dans l'effusion de ma reconnaissance. »

Le lendemain de son arrivée, il écrivait sous l'œil de Dieu :

« Me voici de retour ; mon premier sentiment est d'adorer

Dieu le visage contre terre et de le bénir... Ce voyage, que je désirais tant, qui m'était si nécessaire, Dieu me l'a donné aussi heureux que possible... La nature y a été admirable... et la grâce n'y a pas manqué dans ces pieux pèlerinages.

» Et maintenant, à l'œuvre! Mais :

» 1° Union à Dieu; fidélité inviolable à tous mes exercices de piété. Là est pour moi la lumière, le rafaîchissement, la paix nécessaire au milieu de tant d'agitations et de tourments.

» 2° Douceur avec tout le monde et avec moi-même; prendre mon parti des choses tristes... Il faut être un autre homme... un homme simple, doux et grave, ferme et bon.

» A l'œuvre donc ! »

## CHAPITRE II

SON ŒUVRE PASTORALE
Principes généraux de son administration
Ses collaborateurs immédiats : Les Vicaires généraux
Les Doyens
1851

Ce fut donc au retour de son voyage de Rome, et la seconde année de son épiscopat, qu'il commença à mettre sérieusement à exécution les résolutions prises, les projets arrêtés, pendant la première année. Durant ce travail, une grande figure d'évêque, entre autres, était sans cesse présente à son regard, saint Charles Borromée, « le modèle de l'action et du gouvernement ecclésiastique. » « Il faut, écrit-il, mettre sous sa protection mon retour et mon diocèse, et ce que je vais essayer d'y faire. » Un autre modèle qu'il contemple sans cesse, c'est saint Paul, puissant homme d'action aussi, « grande âme apostolique; » et surtout Jésus-Christ, « personnifié et vivant dans les grands apôtres et les grands évêques; » « Jésus-Christ, dit-il, dont je suis l'évêque, dont je fais l'œuvre; je ne dois plus avoir d'autre pensée que lui : tout pour lui! tout pour lui! »

Voilà avec quel sentiment de vive foi, avec quelles vues surnaturelles, il va mettre la main à l'œuvre; avec force et douceur : « La force et la douceur, voilà, dit-il, les deux points importants et décisifs; en y joignant la patience; mais sans oublier que la pusillanimité n'est pas la patience; qu'elle laisse tout périr; que je suis chargé d'imprimer le mouvement et la vie, et qu'il n'y a pas de temps à perdre. »

Et sans perdre de temps, saisissant l'occasion du Jubilé, que les événements politiques avaient un peu retardé, et qui allait s'ouvrir précisément après son retour de Rome, il mit tout le monde à l'œuvre, à Orléans et dans le diocèse, et lui-même le premier. Il commença par rééditer un petit livre excellent qu'il avait publié pour le jubilé de 1846 : *Le véritable esprit du jubilé expliqué par Bossuet, Fénelon, Bourdaloue*, etc. Quant à sa ville épiscopale : « A Orléans, écrivait-il à M<sup>me</sup> la Princesse Borghèse, le 18 avril 1851, nous avons eu cinq ou six retraites différentes, pour les dames, pour les domestiques, pour les ouvriers, pour les jeunes gens, pour les jeunes personnes, et enfin une pour les hommes exclusivement. Celle-ci était fort délicate : elle a trompé toutes les craintes et dépassé toutes les espérances. »

Dans le diocèse, il fit donner de tous côtés des missions : les prêtres orléanais répondirent à son appel et se firent eux-mêmes missionnaires. « Représentez-vous, écrivait-il, le Jubilé terminé, à la même Princesse Borghèse, que, malgré notre dénuement, il y a eu quarante missions de données par des missionnaires étrangers, et peut-être autant par des prêtres du diocèse, indépendamment de ce que chacun a fait dans sa propre paroisse; et partout, sauf de rares exceptions, avec de grandes bénédictions de Dieu. » Ces succès lui apportèrent ses premières grandes joies apostoliques et de fortifiants encouragements. « Le Jubilé, écrivait-il, le 26 février 1851, a fait des miracles partout où il y a eu des ouvriers. On sauverait ce diocèse, et l'on donnerait un grand exemple, si les ouvriers ne manquaient. » Et le 13 janvier 1852 : « Le résumé de tout ce qui s'est fait pour le Jubilé dans le diocèse me montre qu'avec des ouvriers et des ressources, on pourrait en dix ans tout renouveler. » Il ne manqua pas de verser ces joies dans le cœur de ses prêtres la première fois qu'il eut à leur écrire. « Les saints exercices du Jubilé, leur disait-il dans son mandement de Carême de 1852, qui viennent de se terminer si heureusement pour nous, au milieu de toutes les bénédictions et de toutes les pompes de la religion, ont laissé dans le diocèse et dans mon cœur les plus précieux souvenirs, et semblent nous donner à tous pour l'avenir les plus consolantes espérances... Les populations ont repris le chemin de leurs églises... Bénissons-en le Seigneur ! » Et il les en bénissait eux-mêmes. « Je me plais à rendre hommage aux hommes apostoliques qui nous ont prêté leur concours avec une si admirable générosité, et au clergé du diocèse qui a si glorieusement associé les labeurs extraordinaires de l'apostolat avec les sollicitudes journalières de la charge pastorale. Les jeunes prêtres, les anciens du sanctuaire, tous ont rivalisé d'ardeur. Plusieurs, à qui les forces de l'âge le permettaient, ont porté avec un saint empressement à leurs frères le secours d'une charité toute sacerdotale; on les a vus, après qu'ils avaient évangélisé leur propre paroisse, parcourir les paroisses voisines, voler à l'appel et au cri du zèle en détresse, saintement jaloux de s'entr'aider les uns les autres dans les saints combats du Seigneur. Qu'ils en soient à jamais bénis ! » Oui, mais c'était lui qui avait soufflé la flamme, et qui, à Orléans, donnait l'exemple.

Dans ces premières, laborieuses et fécondes années, organisateur et excitateur puissant, il pense à tout et met tout en mouvement : administration ; sanctification du clergé, sanctification des peuples ; retraites pastorales ; retraites paroissiales ; visites pastorales, archidiaconales, décanales ; circulaires incessantes au clergé pour enflammer son zèle et lui enseigner le ministère ; réforme des catéchismes ; puissant effort pour augmenter le personnel du clergé, relever ses Séminaires, et faire refleurir les études ecclésiastiques : cas de conscience, conférences et examens, grades théologiques ; prédications à sa cathédrale, adoration perpétuelle, confrérie du Saint-Sacrement; mois de Marie; élan imprimé aux bonnes œuvres ; fondation d'écoles ; multiplication des sœurs ; restauration de la cathédrale, des églises et des presbytères : tout marche à la fois. Aussi, nous paraît-il impossible de suivre ici, comme nous l'avons fait et le ferons encore dans la suite, l'ordre historique, chronologique. Nous procéderons, pour mettre un peu d'ordre dans cette exposition, par voie d'analyse, et en prenant l'une après l'autre ses grandes œuvres dont il s'occupait lui, simultanément, ardemment, bien qu'avec réflexion, mesure, et au besoin sage lenteur.

Nous sommes obligé d'entrer ici dans des détails qui, peut-être, intéresseront peu les lecteurs laïques de cet ouvrage; ils peuvent passer outre; seulement, nous les en avertissons, ils ne connaîtront pas comme évêque l'évêque d'Orléans.

Commençons par ouvrir les horizons, et donnons comme une vue générale de son administration, et des principes qui dominaient tout.

Parlons d'abord de ses coopérateurs immédiats dans le gouvernement du diocèse, les Archidiacres, les grands vicaires. On se souvient que le diocèse d'Orléans était divisé en quatre Archidiaconés, et qu'outre les Archidiacres, d'autres grands vicaires honoraires étaient préposés à chaque branche importante de l'administration. C'est que, nous l'avons dit, un de ses grands principes était la division du travail, afin de multiplier le travail; il était en outre persuadé que quand les responsabilités restent pour ainsi dire indivises, collectives, les choses ne se font pas ou se font mal.

Une autre de ses idées fondamentales était celle-ci : que le conseil épiscopal n'est pas seulement un conseil d'*examen* et de *décision*, mais un conseil de *gouvernement* et d'*exécution*. Chacun de ses membres est chargé, non seulement d'examiner et de conseiller, mais d'agir et d'exécuter. Voilà pourquoi sa conviction était que dans un diocèse où il y a beaucoup à faire, il faut un conseil nombreux, plus nombreux peut-être qu'il ne serait nécessaire pour l'examen des questions, mais non pas pour l'exécution et l'action. — Cette idée, nous verrons qu'il la défendra un jour avec éloquence au concile du Vatican.

D'autres grands auxiliaires de l'administration épiscopale, à ses yeux, c'étaient les Doyens : le diocèse d'Orléans en comptait trente-six, autant que de cantons; or le décanat n'est pas un simple titre honorifique, une sinécure, il implique une juridiction réelle et des devoirs spéciaux; le Doyen doit être le suppléant de l'Archidiacre dans son canton, de même que l'Archidiacre est le suppléant de l'évêque dans son archidiaconé. C'est pourquoi l'action du Doyen, si elle est réelle, peut être très efficace, plus même peut-être que celle de l'Archidiacre, bien que ses attributions soient moindres, parce qu'il est placé plus près de ceux sur qui il a autorité. C'est ainsi que l'évêque d'Orléans considérait les Doyens, et à cause de cela il comptait beaucoup sur eux. « En lisant, écrivait il à son clergé, comme nous vous engageons à le faire, les vies des plus saints évêques qui ont orné par leurs vertus et édifié par leur zèle l'Eglise de Dieu dans ces derniers temps; d'un saint Charles Borromée, d'un saint François de Sales, de M$^{gr}$ d'Arenthon, de M$^{gr}$ Alain de Solminihac, de M$^{gr}$ de la Mothe, vous y remarquerez le soin extrême que ces évêques, si grands et si humbles, ont apporté à se donner de nombreux coopérateurs dans un ministère auquel ils s'appliquaient eux-mêmes avec tant de soin; à constituer, fortifier et développer dans leurs diocèses la précieuse et nécessaire institution des Doyens; à les instruire de leurs devoirs; à leur tracer les règles qu'ils devaient suivre, pour les remplir selon les vues de l'Église; à leur faire rendre compte de leur administration et à tenir sans cesse leur zèle en haleine par de fréquentes et vives exhortations. C'est qu'un évêque, même en s'épuisant, ne peut pas faire tout tout seul.

» Et pour moi, sans le ministère des Doyens, je regarderais comme absolument impossible l'administration d'un diocèse de 350 000 âmes, dont vous savez d'ailleurs, Messieurs, les besoins, au temporel et au spiritel. Je dirai plus : je regarrais comme absolument impossible d'empêcher le mal, et de faire le bien, comme les saints canons de l'Église l'entendent et le demandent, si nos Archidiacres et nos Doyens ne remplissaient pas leurs devoirs avec zèle; et pour dire le seul mot qui rende bien ici mon sentiment et ma pensé, n'étaient pas apôtres chacun dans son Archidiaconé et son doyenné. »

Aussi mit-il un soin extrême, pendant tout son épiscopat, à bien choisir les Doyens d'abord, et puis à leur expliquer et à leur rappeler leurs devoirs, dans ses lettres pastorales.

« En qualité de Doyens, Messieurs, leur disait-il, vous êtes membres de notre administration épiscopale, et appelés à porter avec nous, dans un sens très vrai, une partie du redoutable fardeau de notre charge épiscopale, et vous aurez en même temps que nous, et dans la mesure de votre obligation particulière, à en rendre un jour compte à Dieu. » « Vos doyennés sont de petits diocèses, » leur répétait-il encore avec Benoît XIV. Pouvait-il leur dire plus fortement que, participant à l'autorité épiscopale, ils devaient s'animer de l'esprit même de l'épiscopat? Et c'est pour cela qu'il leur demandait « des soins assidus, une attention, une vigilance, un zèle, qui ne se relâchassent jamais ». « Que de malheurs, ajoutait-il, avons-nous eus à déplorer qui eussent été prévenus si de charitables avertissements avaient été donnés à temps, ou si moi-même j'avais été informé comme je devais l'être. »

Des époques étaient fixées pour les Visites, soit archidiaconales, soit décanales, et des rapports devaient être faits, à des dates déterminées, par MM. les Archidiacres à l'Évêque et par MM. les Doyens aux Archidiacres. Les rapports des Doyens étaient un des éléments des rapports des Archidiacres : et non seulement ceux-ci devaient lire leurs rapports en conseil épiscopal; mais aussi les vicaires généraux qui, sans être archidiacres, étaient chargés de quelque service important. Par exemple, le vicaire général chargé des bonnes œuvres devait lire, chaque année, avant la Purification, un rapport touchant la marche, l'accroissement ou l'affaiblissement des bonnes œuvres; faire connaître précisément la situation présente de chacune d'elles, son avenir probable, ses nécessités actuelles, ses ressources possibles ou désirables. Le vicaire général chargé des conférences devait, chaque année, avant la retraite ecclésiastique, présenter un rapport sur les conférences; le promoteur devait, avant la fête de Noël, donner le résumé écrit de toutes les affaires disciplinaires; et ainsi pour toutes les branches importantes de l'administration : comptabilité générale, comptabilité des Séminaires, caisse des retraites, etc. En outre, des Commissions spéciales étaient instituées pour aider dans leur œuvre les Archidiacres et les autres vicaires généraux.

Dès règlements très détaillés, et dont chaque membre du Conseil recevait un exemplaire, indiquaient à chacun, non pas assurément tout ce qui pouvait appeler son attention, mais du moins les points principaux qui devaient faire l'objet de sa constante sollicitude.

Ces règlements ne furent rédigés et imprimés que quelques années seulement après son arrivée à Orléans; mais ils ont tout d'abord, et toujours, confirmés par l'expérience ou modifiés en certains détails, dirigé en fait sa conduite.

Ils lui coûtèrent beaucoup de peine, un long et aride travail, car, rien là pour l'imagination et le cœur; mais le sentiment du devoir et du bien certain qu'il faisait, en donnant à chacun un directoire lumineux, et comme un moniteur muet, mais perpétuel, le soutenait dans ce labeur. Il y a, pensons-nous, dans ces règlements, un esprit d'observation, une pénétration des choses, des attentions, des délicatesses de zèle, un sens pastoral en un mot, qui montrent à quel degré cet évêque était un évêque[1].

Quant à lui, indépendamment de ce qu'il faisait faire par lui-même, il avait l'œil et il tenait la main à ce que chacun accomplît avec exactitude et zèle ce dont il était chargé : « Faire travailler chacun selon ses aptitudes, » telle était sa grande maxime et sa résolution constamment renouvelée. De cette sorte il pouvait espérer que rien d'important du moins, dans les détails si multipliés d'une administration diocésaine sérieuse, voulant avant tout le bien des âmes et le salut des

---

1. Ils ont été imprimés dans le deuxième volume de ses *Œuvres pastorales*, 1re série de ses *Œuvres choisies*. — Mgr l'évêque d'Orléans fit imprimer, à deux époques différentes, deux séries d'*Œuvres choisies*. La première parut en 1862, chez Regis Ruffet; elle contenait deux volumes intitulés : *Défense de l'Église;* ce sont les écrits publiés par lui dans la controverse pour la liberté d'enseignement. Un volume d'*Œuvres oratoires* et deux volumes d'*Œuvres pastorales*. — La seconde série fut éditée en 1874, chez Plon, et comprenait : *Œuvres oratoires*, 1 vol.; *Défense de la religion*, 1 vol.; *Controverse sur l'éducation des filles*, 1 vol.; *Défense de Rome et du Saint-Siège*, 1 vol.; *Nouvelles Œuvres pastorales*, 3 vol.

peuples, ne serait négligé. Que tout ce qui a été ainsi réglé et écrit par lui n'ait pas toujours été exécuté à la lettre, assurément il n'y aurait pas à s'en étonner; mais que d'oublis et de négligences a prévenus cette minutieuse et sage réglementation! Que d'efforts elle a provoqués! En somme, quelle puissante et féconde impulsion elle a donnée à toute chose! De cette sorte, l'évêque d'Orléans a pu ne pas s'absorber dans les détails, comme c'était la constante tendance de cet homme d'action et de zèle; ce qui eût été pour l'Église un grand malheur; mais, selon aussi le besoin de son âme, « s'élever, se dégager, se tenir sur les hauteurs sereines, *in altitudine et serenitate mentis.* » C'est ce à quoi il s'appliquait sans cesse. « M'élever, m'élever, écrivait-il encore; me dégager, me tenir haut, dans la sérénité et la lumière, et redescendre de là avec des clartés simples et vives, profondes, paisibles. » C'est ainsi que, tout en administrant avec cette intelligence, cette vigueur et cette sollicitude son diocèse, il a pu servir encore, comme il l'a fait, les grands intérêts de l'Église et de la patrie.

Il réglementa, comme nous venons de le dire, non seulement l'administration diocésaine, tout entière, mais celle aussi de sa cathédrale : il a fait lui-même les règlements du curé, des vicaires, de chacun des employés, et jusqu'à celui des enfants de chœur. De même, pour sa maison épiscopale. Pénétré de ce principe formulé par saint Paul, qu'un évêque doit gouverner sa maison, *præesse domui suæ*, il a écrit, avec la dernière précision, le règlement de chacun de ses domestiques, et il le leur mettait en mains dès qu'ils entraient chez lui. « Car, disait-il, ne pas dire aux gens ce qu'ils ont à faire, et leur reprocher de ne l'avoir pas fait, ou s'étonner qu'ils ne le fassent pas, c'est une déraison et une injustice. » Tant cet esprit, si occupé de hautes pensées, embrassait aussi les détails; tant cet homme d'action savait ce qu'ont de désastreux la routine, le laisser-aller, l'incertitude; ce qu'ont de fécondité au contraire l'ordre, la règle, la précision.

Un point capital dans l'administration diocésaine, c'est le

gouvernement des prêtres, et dans ce gouvernement le placement et le déplacement. Il importe, pour apprécier Mgr Dupanloup comme évêque, de savoir quels étaient ici ses principes et ses vues, et par conséquent sa pratique.

L'amovibilité et l'inamovibilité, pour le clergé, grave question que l'on touche souvent d'une main bien téméraire, et avec une grande ignorance des choses les plus délicates du ministère ecclésiastique. Que de fois les ennemis de l'Église l'ont agitée, pour essayer de rompre l'union si nécessaire des évêques et des prêtres ! Voici quelles étaient sur ce sujet les pensées de l'évêque d'Orléans :

Selon lui, rien de plus funeste que cette perpétuelle mobilité des desservants et des vicaires, laquelle fait que les fidèles ne peuvent pas donner leur confiance à leurs prêtres, ni les prêtres rien entreprendre de sérieux et de suivi pour les fidèles ; il croyait cependant l'amovibilité pastorale, c'est-à-dire *la possibilité de changer un prêtre de poste sans être obligé d'avoir recours contre lui à un procès, très favorable*, pour ne pas dire *nécessaire, à la bonne administration d'un diocèse, au bon service des paroisses, à l'honneur même des prêtres et de l'Église, eu égard à la difficulté des temps où nous vivons.* Et il faisait cette observation, en réponse à certains canonistes à outrance : « Il faut bien distinguer entre les temps et les temps ; l'inamovibilité a été instituée pour les siècles et les pays heureux, où les peuples remplissaient tous leurs devoirs, et où le ministère sacerdotal pouvait n'être que le simple ministère de conservation ; aujourd'hui où il arrive que tant de fidèles vivent presque comme des infidèles, et ne remplissent presque pas les devoirs de la religion, le ministère n'est-il pas essentiellement un ministère de *conquête* et d'*apostolat ?* Et dans ce cas n'est-il pas tout à fait nécessaire, pour que l'œuvre des âmes s'accomplisse, que l'évêque puisse disposer de ses prêtres, selon leurs aptitudes pour cette œuvre, selon leur zèle, et leurs succès possibles, comme dans un pays à convertir. » Et quant aux arrêts du tribunal de l'officialité : « Encore faut-il que dans ces jugements d'officialité se rencontrent des conditions qui soient en harmonie avec le temps et les mœurs publiques; qui n'aient pas pour l'Église et pour les prêtres eux-mêmes les inconvénients les plus graves ; en un mot qui ne fassent pas d'un malheur réparable un scandale que rien ne pourra réparer. »

Aussi aimait-il à citer cette parole que le cardinal Lambruschini, ministre de Grégoire XVI, lui avait dite à Rome en 1841 : *qu'il serait préférable pour le bien de la religion en Italie que la plupart des curés y fussent amovibles comme en France.*

Il maintenait donc à l'évêque le droit de pouvoir, « non pas seulement pour une grave, mais pour une très grave raison, » changer un prêtre de place, et transférer son ministère. Et la plus grave de toutes, à ses yeux, c'était « quand il y faisait le mal, ou n'y pouvait faire aucun bien; quand il y était mal pour lui et pour les autres; ou quand il y avait certitude morale qu'il ferait sans comparaison beaucoup mieux ailleurs, et qu'il était le seul capable, ou du moins le plus capable de la place qu'on voulait lui donner et du bien qui était à faire. »

Et voici, pour ces placements ou déplacements, quelle était, si nous pouvons ainsi dire, sa jurisprudence : on verra si c'était, comme il plaît à certains écrivains légers de le dire de l'administration de nos évêques en général, l'arbitraire et le bon plaisir, ou bien les plus hautes et les plus délicates inspirations du zèle pastoral.

La décision de ces placements et déplacements avait à ses yeux une telle importance, qu'elle ne pouvait se faire sans le Conseil; toutefois un pareil travail, dans sa première et profonde préparation surtout, « ne peut pas être fait, disait-il, dans un conseil nombreux. Les avis qui se croisent, les surprises qui naissent d'une observation imprévue qu'on n'a pas le temps de méditer, ne permettent là aucun travail d'ensemble; c'est l'œuvre d'un conseil peu nombreux, dont les membres suivent habituellement les affaires, et se tiennent au courant de ce qu'apprennent les correspondances quotidiennes. » Ces préparations se faisaient à Orléans dans un conseil particulier des Archidiacres. Puis, elles étaient portées et discutées au grand conseil. Car, « il est non seulement avantageux, mais absolument nécessaire que l'évêque dirige ce grand travail, y préside, et décide. C'est son premier devoir. Nul ne peut l'y remplacer. Lui seul d'ailleurs peut trancher certaines difficultés qui se présentent, éviter ces discussions et ces lenteurs desquelles il résulte que, pour en finir, on se décide quelquefois pour le parti qui n'est pas le plus sage. »

Pour lui, la grande règle — elle est de droit divin — c'était de choisir « le plus digne par sa piété et ses talents : *idoneos*, dit saint Paul; *digniores*, dit le Concile de Trente. » Et pour faire ce choix, « le mérite personnel des sujets, vu d'ensemble, disent les règlements, doit toujours être pris en considération : talents, vertus, savoir-faire pastoral. » Le mérite *vu d'ensemble*, car c'est par là que valent les hommes. « Que cette valeur personnelle soit un mérite et doive être toujours considérée, nul ne peut le contester : la gloire de Dieu et le bien des âmes en font un devoir, et la justice distributive aussi. »

Voici maintenant un point de vue bien juste. « Si la vue d'*ensemble* est indispensable, une vue d'*avenir* est aussi très nécessaire. Certains sujets, par les dons de nature et de grâce qu'ils ont reçus de Dieu, sont destinés un jour aux postes les plus importants. Un placement bien calculé les y prépare; un placement tel quel les éteint, en fait des hommes très vulgaires, et pour toujours. »

Il voulait qu'on tînt compte aussi, dans une juste mesure, de l'ancienneté : « L'ancienneté, *cæteris paribus*, est un titre de préférence, c'est évident; » et aussi « des services rendus; » des preuves de zèle, de dévouement, de prudence, d'habileté et de sagesse dans l'administration paroissiale : « Rien, disait-il, n'importe plus. »

Mais ce n'est pas tout : « Il faut, en tout placement, ajoutent les règlements, avoir égard : pour la santé des ecclésiastiques, au climat du pays : la Beauce n'est pas la Sologne; au nombre et à la distance des hameaux. » A un autre point de vue : « au caractère des ecclésiastiques, par rapport aux paroissiens, maires, châteaux, curés voisins, etc. Il faut toujours aussi considérer l'importance de la place quittée sous les rapports temporels et spirituels, et l'importance de la place à occuper sous les mêmes rapports. »

Quant au spirituel : « Il faut regarder toujours le bien que faisait un prêtre dans une paroisse, les racines qu'il y avait; par conséquent savoir toujours l'état des Pâques depuis qu'il y est, avant de l'en retirer pour le placer ailleurs, c'est là le point le plus important; » bien que non pas l'unique motif.

Dans ces grandes préoccupations que lui donnait cette partie si importante de son administration, le placement des jeunes prêtres était pour lui l'objet d'une sollicitude particulière : « De là, disait-il, peut dépendre leur persévérance et leur salut, et par conséquent tout le bien qu'ils pourront faire dans tout e la suite de leur vie. » Il fallait donc, selon lui, considérer : « 1° avec quel curé on les associe ; 2° avec quels confrères, s'il y en a plusieurs. » « Quand j'étais Supérieur de séminaire, a-t-il écrit, je me disais souvent, en considérant nos plus fervents séminaristes : Oh! si ces jeunes gens pouvaient, au sortir du séminaire, se trouver réunis ensemble ou rapprochés, comme ils s'aideraient à persévérer, et quels prêtres ils deviendraient! » Une de ses attentions les plus grandes, quand il s'agissait de les placer, était donc de « ménager ces rapprochements le plus possible ; » et aussi, de « prévoir les suites et l'influence des relations qu'ils pourraient former avec certains confrères voisins. »

Il posait en principe qu'il faut tout faire pour placer les jeunes gens là où ils auront des confrères pieux, et un bon curé doyen ; et aussi un ministère, là où ils pourront s'occuper des âmes : « Autrement, disait-il, ils meurent d'ennui ou de regrets. »

Il disait encore, dans les mêmes pensées : « Il faut placer, autant qu'il est possible, les bons prêtres auprès les uns des autres, les grouper ensemble dans l'archidiaconé, dans le canton où la religion est le plus en honneur ; ou bien encore où la religion souffre, et où il faut lui porter secours ; mais, en tous cas, ne pas les disséminer : les disséminer, c'est les glacer et leur ôter ce principe de force qui résulte du concert, de l'entente et du soutien mutuel. »

Mais il y a une autre face de l'administration diocésaine, c'est le maintien de la discipline. Là, assurément sa main était ferme, et, quand il le fallait, il savait faire sentir, quoi qu'il lui en coûtât, l'autorité. Il a écrit : « Il faut qu'un Supérieur sache faire de la peine; » c'est encore plus, hélas! en certaines occasions, le devoir impérieux de l'Evêque. Mais la charité, la bonté, la paternité, n'étaient jamais absentes de ses plus nécessaires rigueurs. Et d'abord, nul plus que lui n'eut ce zèle courageux et affectueux qui ne craint pas d'avertir. « Il faut, écrit-il, avertir chacun. Le devoir de l'avertissement est le premier de mes devoirs. Cela coûte, mais c'est le devoir... Pour le bien remplir, ce devoir, il faut se faire bien des violences ; se rapetisser, se contraindre, se proportionner, s'exposer à causer des froissements... Rien quelquefois n'est plus pénible. Mais il le faut. On prévient par là le mal, et quelquefois les plus grands maux. Il faut *avertir, réprimander, réprimer, corriger*. Mais, avant tout, *avertir*. » Les règlements insistaient avec force sur ce point. « Avertir au besoin, est un grand devoir : c'est même le premier devoir de l'autorité; c'est la très bonne autorité; c'est celle qui instruit, forme, encourage ; celle qui prévient le mal ; celle qui fait faire le bien. Et cependant, c'est ce qui coûte le plus, mais c'est à quoi la conscience nous fait un devoir de nous appliquer sérieusement... C'est une étrange chose que l'illusion de très bons prêtres et quelquefois des grands vicaires eux-mêmes et des curés sur ce point capital. Un seul mot dit charitablement à leurs confrères, ou à l'autorité, eût suffi pour prévenir de grands malheurs, et ce mot, ils ne le disent pas, même quand c'est pour eux, en qualité de supérieurs, un devoir impérieux de le dire; et ils ne se décident à parler que quand il n'est plus temps, et quand les malheurs éclatent. »

Dans ces mêmes pensées, il eût voulu pouvoir, par la discipline préventive, se dispenser de la discipline répressive : de là quelquefois des mesures qui ont pu étonner ceux qui n'en connaissaient pas les motifs secrets; aussi prompt dans l'action, quand il en avait reconnu la nécessité, qu'il mettait de maturité dans l'examen des raisons d'agir; adoucissant, du reste, autant qu'il le pouvait, par les témoignages les moins équivoques de l'affection la plus vraie, les sévérités qu'il n'avait pu éviter, et n'épargnant rien pour amener la résipiscence ou la réhabilitation. Combien cette question le préoccupait! Combien de fois en a-t-il entretenu son conseil! Il avait même, dès la première année de son épiscopat, institué dans son conseil une commission chargée de trouver les moyens pratiques de venir en aide aux prêtres envers lesquels des rigueurs auraient été nécessaires, et de rechercher les communautés avec lesquelles il y aurait lieu de s'entendre dans ce but. Et que de sacrifices, que de générosités admirables, dont Dieu seul a le secret, sa respectueuse et compatissante charité pour ces tristesses du sanctuaire ne lui a-t-elle pas inspirés! Nous devons le dire, parce que c'est vrai, au fond, nul évêque n'a plus aimé ses prêtres, et à ceux mêmes qui ont pu le trouver quelquefois inexorable, il eût été impossible de ne pas rendre hommage à son grand cœur. Heureux surtout quand il avait à féliciter, à louer, à encourager: ce trait que nous avons signalé déjà dans le Supérieur de Saint-Nicolas se retrouve chez l'évêque; attentif à en saisir les occasions; juste et délicat dans l'éloge, autant que précis et positif dans l'avertissement. Bref, un pasteur, et un père, non pas faible, mais tendre et fort, tel était l'évêque d'Orléans.

Deux autres classes de prêtres lui inspiraient de spéciales sympathies, les prêtres âgés et infirmes, et les prêtres malades.

Les prêtres âgés et infirmes, dès son arrivée dans son diocèse, il s'en occupa: peut-être se souvenait-il d'une admirable lettre pastorale, écrite sur ce sujet par Mgr Borderies. Pour augmenter les ressources de la caisse qui leur était affectée, il institua par une lettre pastorale pour le jour de Noël, une quête générale en faveur de cette caisse; et l'année suivante, dans une autre lettre pastorale, il se félicitait de voir cette quête « prendre sa place parmi les bonnes œuvres qui honorent la ville et le diocèse d'Orléans. » Quelques années plus tard, dans une autre lettre pastorale, il avait la joie de pouvoir dire à son clergé : « J'ai doublé les ressources de la caisse de retraites[1]. » Et quant aux prêtres malades : « Je suis heureux, ajoutait-il dans la même lettre, quand je le puis, de procurer à ceux d'entre vous qui sont malades ou convalescents, un voyage, une campagne, un médecin, les eaux, un asile, tous les soins et tous les secours dont ils ont besoin. » C'est ainsi qu'une année il eut la joie de ménager à quatre jeunes prêtres, qu'un zèle ardent avait fatigués, d'agréables vacances dans sa chère Savoie, sur les bords du lac, tout près du château de Menthon, qui se fit même une joie de recevoir l'un d'entre eux.

Nous ne nous étendrons pas davantage sur l'esprit général de son administration : on peut voir, par cette rapide analyse, combien elle était sagement et puissamment organisée, et d'après quels principes elle agissait : ménager de sollicitudes éclairées, de vigilantes attentions, d'incessantes et pressantes excitations, de fermeté et d'énergie ; mais aussi de vraie bonté, de charité, de paternité : le service de Dieu et de l'Église, le bien des âmes dominant tout, étant le mobile suprême.

1. *Lettre sur la rareté des vocations sacerdotales.*

## CHAPITRE III

#### SON ŒUVRE PASTORALE
(suite)
Retraites pastorales et Synodes — Confirmations et Visites des paroisses
Œuvre des Retraites paroissiales et des Missions diocésaines
1851-1857

Mais, administrer simplement n'est qu'une partie de l'œuvre épiscopale : l'évêque, ayant charge d'âmes, doit tout faire pour elles, le possible et l'impossible, *impendam omnia, et superimpendar ipse*. L'évêque d'Orléans, d'ailleurs, en avait l'amour trop profondément au cœur pour se résigner à les voir tranquillement se perdre, avant d'avoir tout essayé pour les sauver. La conversion, la transformation chrétienne de son diocèse, jamais évêque ne se proposa plus sérieusement et effectivement, comme but de toute son action et de toute sa vie, ce résultat.

Ce zèle, il eût voulu en embraser tout son clergé, c'est-à-dire ceux dont il répondait d'abord et surtout devant Dieu, et qui, de plus, étaient ses coopérateurs nécessaires dans son œuvre. Quels accents il trouvait pour leur inculquer l'idée de cette solidarité de mission et de responsabilité !

« Votre concours, leur répétait-il, est nécessaire ; votre concours est tout. Ce que je ferai, moi, évêque, même en usant ma vie, n'est presque rien... »

« Je ne m'exagère pas ma responsabilité jusqu'à oublier que je ne la porte pas tout seul. Nous ne pouvons atteindre tous les fidèles directement ; nous ne les atteignons que par vous ; nous ne pouvons que prier et puis gouverner de loin ; c'est vous qui devez, sous nos ordres, gouverner de près. »

Et sans cesse il revenait sur cette idée :

« Le cœur de votre évêque vous est ouvert ; vous pouvez y

lire jusqu'au fond, et y découvrir, nous le disons avec simplicité, tout ce qu'il y a dans ce cœur d'amour et de désirs pour le salut de ceux que le Père céleste lui a donnés et dont il voudrait qu'aucun ne pérît; et, en même temps, tout ce qui s'y fait sentir aussi d'angoisses, de déchirements, de douleurs, en ce laborieux et difficile travail de l'enfantement des âmes !

» Oh ! vous du moins, Nos Très Chers Coopérateurs, compatissez à ces peines qui doivent être les vôtres; entrez dans nos craintes et dans nos terreurs, à la pensée du compte redoutable que tous, vous comme moi, nous aurons à rendre un jour de notre administration; et quant à moi, songez à ce que doit ressentir, dans son esprit et dans son cœur, un homme, un prêtre, un évêque, devenu l'époux d'une grande Église, qui pense, qui réfléchit, et qui sent sa faiblesse, en considérant qu'il répond chaque jour devant Dieu de près de 350 000 âmes, dont 200 000 au moins ne remplissent pas le devoir pascal, car il y en a 45 000 à peine qui s'acquittent de ce grand devoir[1]. »

La sanctification du clergé devait donc être, et fut toute sa vie, l'objet suprême des sollicitudes de l'évêque d'Orléans. Par les retraites pastorales, organisées, réglementées et présidées par lui, et animées de sa parole; par les synodes et les statuts synodaux; par l'institution de la vie commune dans le clergé; par les visites pastorales au moyen desquelles il les jetait, bon gré, mal gré, « dans l'apostolat, dans une grande œuvre de ministère[2] »; par les lettres et instructions pastorales incessamment multipliées; par les relations personnelles et une active correspondance; par ses Petits et son Grand Séminaires, dont nous le verrons s'occuper si activement; par tout l'ensemble enfin de son action, par tous les moyens employés par lui pour souffler le zèle et pousser à l'œuvre de Dieu, il cherchait, il voulait cela : sanctifier le clergé, et par le clergé le peuple.

1. Œuvres pastorales, 1re série, t. I, passim.
2. Ibid., p. 411.

Les *Retraites pastorales*, ces touchants exercices qui chaque année réunissent tout le clergé d'un diocèse, pour appliquer pendant quelques jours les pasteurs des peuples, dans le silence et la solitude, à leur propre sanctification, c'est par où il commença à entrer en communication avec ses prêtres. Avant lui, il n'y en avait qu'une seule chaque année dans le diocèse d'Orléans. Dès 1850, il voulut qu'il y en eût deux, afin que tous les prêtres du diocèse pussent successivement y assister. Et ainsi en fut-il toujours dans la suite : cet usage s'introduisit sans peine aucune dans ce clergé docile. Ce point était à ses yeux capital ; il y tenait fortement, et on le savait.

Du reste, chaque année il adressait à son clergé une lettre pressante pour l'inviter à ces retraites : quelques-unes ont été publiées dans ses œuvres, ainsi que le règlement de ces retraites pastorales, fait par lui-même, et plein, comme ceux que nous avons signalés déjà, des plus étonnantes prévisions et des plus admirables précisions[1].

A ces retraites de 1850, pour la première fois il parla à ses prêtres, avec beaucoup de simplicité et d'abandon, et en même temps de feu et d'éloquence apostolique. Jamais, du reste, il n'assista à ces exercices sans donner à son clergé des avis de la plus haute importance : c'était quelque chose comme ces Lectures spirituelles qui étaient pour lui, quand il était Supérieur de Saint-Nicolas, un si grand moyen d'action. Ces allocutions sortaient toutes brûlantes de son âme. Peut-être d'abord ne s'aperçut-il point, lui pourtant si attentif quand il parlait aux laïques à ne point froisser les âmes, qu'il ne gardait pas toujours assez de ménagements pour les idées reçues, les habitudes prises ; de cette sorte quelquefois cette grande parole heurta trop de front certaines façons d'entendre certains points du ministère ; la prédication, par exemple ; tranchons le mot, certaines routines. Il ne blâmait pas absolument les sermons écrits et appris ; mais il ne pouvait admettre qu'il n'y eût pas une autre forme de la parole, la pa-

---

1. *Œuvres pastorales*, 1<sup>re</sup> série, t. II, p. 132-178.

role pastorale, simple, vivante, et autrement efficace que la parole pompeuse et solennelle. Quelques anciens prêtres, qui croyaient faire pour le mieux en débitant toujours à leurs paroissiens les prônes de leur jeunesse, goûtaient peu ses avis, et surtout leur forme vive. Il y eut même une certaine émotion parmi eux à ce sujet aux retraites de 1854; et c'est pourquoi, aux retraites de l'année suivante, quelques-uns lui conseillaient, pour cette fois, de s'abstenir. « Mais c'était, dit-il, un mauvais conseil. Je me décidai à leur parler. Dieu m'en donna la force et bénit mes paroles. » Son ascendant sur son clergé domina bientôt et fit taire les étonnements, les mécontentements, les murmures; la sincérité et l'ardeur de son zèle, et sa visible supériorité en fait de science pastorale, comme en tout le reste, à la fois calmèrent les esprits et touchèrent les cœurs.

Les retraites de 1850, 1851 et 1852 furent suivies chacune d'un *Synode;* cela, afin que les Statuts qu'il se proposait de promulguer, ayant été délibérés en commun avec le clergé, fussent et plus spontanément accueillis, et plus fidèlement exécutés. La préparation de ces synodes fut pour lui un extrême labeur. Une grande solennité leur fut donnée, pour frapper à la fois le clergé et le peuple. Ce fut à la cathédrale, selon les rites prescrits par la sainte Église, que ces Statuts furent promulgués; mais ce fut au Grand Séminaire qu'eurent lieu les délibérations. Dans chacun de ces synodes, tout se passa avec le plus grand ordre et la plus grande simplicité. Il en témoigne dans ses notes une profonde satisfaction. Ces synodes étaient tombés à peu près en désuétude parmi nous. L'évêque d'Orléans lui-même n'en fit pas une institution régulière. Ils tendent cependant aujourd'hui à devenir partout d'un usage assez fréquent. Rien de plus efficace assurément pour unir l'évêque et son clergé, fortifier la discipline, et faire circuler une active vie dans un diocèse.

Au synode de 1850 furent promulgués les décrets du concile de Paris. Les Statuts promulgués aux synodes de 1851 et 1852 posèrent en quelque sorte les bases de son action ultérieure; ils réglaient principalement deux grandes choses : le culte du Saint-Sacrement: nous en parlerons en son lieu; et la Visite pastorale.

La *Visite pastorale*, cette grande obligation de la charge épiscopale, tant recommandée par le concile de Trente, la seule chose du reste qui mette un évêque en communication personnelle avec tous ses diocésains, l'évêque d'Orléans la faisait d'ordinaire coïncider, pour la rendre encore plus efficace, avec la Confirmation : moins par une raison théologique que par un motif pastoral de premier ordre, et quelle que puisse être ailleurs la pratique, il estimait d'une très grande importance, là surtout où manquent les œuvres de persévérance, « qu'après la première communion il y eût un autre grand sacrement à recevoir et qu'il se trouvât là pour les enfants et les jeunes gens un motif et un moyen de persévérance et de retour ». Cela était, à ses yeux, fondamental [1].

Quant à la Visite elle-même, il la concevait comme une œuvre apostolique, comme un puissant moyen d'action sur les populations, comme un extraordinaire effort pour la rénovation religieuse des paroisses. « Malgré tous les malheurs des temps, disait-il, malgré l'affaiblissement de la foi dans un trop grand nombre de paroisses, l'administration du sacrement de Confirmation et la Visite de l'évêque sont encore une grande chose, un événement religieux de premier ordre... la paroisse entière s'émeut; c'est un beau et touchant spectacle de religion... Il s'agit donc de vouloir et de savoir en bien profiter pour la restauration spirituelle et matérielle des paroisses. » Aussi n'y a-t-il rien sur quoi se soit plus exercé son zèle; rien à quoi il se soit appliqué avec plus de soin et de suite, pour amener là autant que possible les choses à leur dernière perfection... « Tenez pour certain, disait-il à ses curés, que quand par votre zèle nous serons arrivés à ce que la Visite de l'évêque et la Confirmation

---

1. En voir les raisons développées, avec un sens pastoral admirable, dans Lettre du 27 juin 1857, *Œuvres pastorales*, 1ʳᵉ série, t. I, p. 351-370.

soient partout regardées par les populations comme un événement paroissial de premier ordre, et comme une des plus belles et des plus grandes solennités religieuses, vous aurez beaucoup de retours àD ieu à l'occasion de la Visite, beaucoup de confessions, beaucoup de communions ; et ce sera un beau jour, parce que vous aurez su en faire un grand jour[1]. »

Dans la réglementation d'un point si important de son ministère épiscopal, il voulut aller à coup sûr, et ne rien innover avant d'avoir vu et observé à fond toute chose. Il commença donc par expérimenter les deux méthodes : celle qui consiste à ne donner la Confirmation aux différentes paroisses d'un canton qu'au chef-lieu de canton : elle a ses avantages ; et celle qui consiste à se rendre au contraire dans toutes les paroisses. Mais, après expérience faite, c'est cette seconde méthode que l'évêque d'Orléans préféra, quoique beaucoup plus laborieuse. Et voici les raisons de cette préférence :

« *Ite ad oves :* Notre-Seigneur ne dit pas : « Attendez que les brebis viennent vous chercher là où vous êtes ; mais allez les chercher vous-mêmes, *ite ad oves.* » C'est donc moi, évêque et pasteur, qui dois aller vers les peuples, non obliger les peuples à venir à moi. Voilà la parole, Messieurs, qui m'a décidé. » Et il ajoutait : « Dans les paroisses que visite l'évêque et où il donne la Confirmation, tous, à bien peu d'exceptions près, recueillent quelques semences de salut... Et en outre, la venue de l'évêque, prévue, annoncée, attendue, est presque partout comme un aiguillon qui les excite. Ils se décident alors très facilement à faire ce qu'ils n'eussent point fait sans cela. Combien d'entre vous souvent ne m'ont-ils pas dit : « La nouvelle de votre prochaine arrivée, Monseigneur, a fait ce que toutes mes prières, depuis plusieurs années, n'avaient pu faire : j'ai obtenu tout ce que je désirais. » Oui, Messieurs, la visite de l'évêque est toujours utile, pour le temporel aussi bien que le spirituel d'une paroisse... Que de biens se font, s'obtiennent, qui n'auraient pu être faits ni obtenus, si l'évêque

---

1. *Œuvres pastorales*, p. 307.

n'était pas venu sur les lieux, en personne! Et que dirai-je de l'avantage inappréciable pour le premier pasteur de pouvoir connaître ainsi par lui-même toutes les paroisses de son diocèse, les plus petites comme les plus grandes!... Et je le dois ajouter, Messieurs, c'est une grande consolation aussi bien qu'un devoir pour moi de vous voir de temps en temps, chacun dans votre paroisse, chacun chez vous, à votre foyer, sous le toit de votre modeste presbytère; de m'assurer si vous y êtes bien, si vous n'y êtes pas trop mal du moins;... et aussi de recevoir la confidence de vos peines, si vous en avez, et de vos joies, ou du moins de vos espérances; de vous consoler, de vous encourager, de vous donner les avis et les conseils que vous pouvez désirer de moi. »

Il consacra, en deux fois, quatre mois aux visites pastorales de l'année 1853; mais ce fut en 1854 qu'il se décida à sa première grande visite, paroisse par paroisse; et, de 1854 à 1857, les quatre cents paroisses de son diocèse, sans une seule exception, furent visitées par lui. Et ces visites étaient combinées de telle sorte que les paroisses à visiter n'étaient point prises une année dans un archidiaconé, et l'année suivante dans un autre; elles étaient prises dans les quatre archidiaconés, et l'évêque, chaque année, sillonnait ainsi tout son diocèse, apparaissait sur tous les points. Il fit précéder cette première grande visite générale d'une longue instruction pastorale, résumé de toutes ses observations antérieures, et dans laquelle il expliquait, et dans le dernier détail, à son clergé, dont le concours là surtout lui était indispensable, tout ce qu'il y avait à faire, avant, pendant, après, de sa part comme de la sienne, pour que l'effet de ce grand effort d'apostolat ne fût point manqué, pour que la visite épiscopale produisît réellement le puissant mouvement religieux qu'il en attendait. Une série de lettres, d'avis et de règlements suivirent cette première grande instruction. Ce fut de la sorte, pendant les années 1854, 1855, 1856, 1857, un extraordinaire effort de son zèle pour cette œuvre. Dans ces différents écrits l'évêque d'Orléans a, pouvons-nous dire, versé son âme. A propos de la Confirmation, du reste, il y dit ses pensées sur le ministère presque tout entier. Ces différents documents constituent de véritables cours de pastorale, qui montrent l'évêque d'Orléans maître consommé dans cette grande science. Il y a là une entente, une pénétration des choses du ministère, étonnantes; tout y est pris sur le fait, sur le vif, et tout y est net, précis, pratique; c'est une réglementation aussi complète que possible, des sollicitudes inouïes, des prévisions infinies. Ceux-là seuls, du reste, pourraient s'en étonner qui ignorent la puissance de la règlementation et de la tradition. Et à ceux qui trouveraient minutieuses toutes ces observations, toutes ces prescriptions, lui-même répondrait :

« Il faut cela si l'on veut réussir; car, si vous me permettez ce mot simple, mais qui exprime avec exactitude ma pensée : le bien, le vrai bien, le bien solide et effectif, se fait en détail, et pas en gros. Tout, d'ailleurs, est grand dans la religion, parce que tout s'y rapporte, de près ou de loin, à la sanctification des âmes. La piété tient à la perfection des cérémonies saintes, et la piété, à quoi tient-elle, sinon à la perfection de tous les détails? » Et nous pourrions ajouter : Avez-vous vu une mère avec son enfant? Y a-t-il une prévoyance, une attention, trop petite pour elle? Eh bien, cet évêque, en face de son clergé et des âmes, avait plus que la paternité, il avait la maternité du zèle.

Cela ne s'analyse pas : il faut lire ces lettres elles-mêmes, qui devraient devenir comme le manuel de tout prêtre de paroisse, et être classiques dans les grands séminaires [1].

A la visite pastorale se rattache la plus grande œuvre peut-être de son épiscopat, l'œuvre des Retraites paroissiales, comme il les appelait modestement, pour ne pas effaroucher par le mot de missions; mais, en réalité, c'étaient des missions. Les Statuts réglaient que toute Confirmation devait être précédée d'une retraite; cette retraite, il en fit une mission. Il envoyait dans les paroisses où il devait donner la Confirmation un

---

[1]. Lettres des 2 janvier 1854, 10 juin 1854, 29 janvier 1856, 25 mars 1857, 27 juin 1857, etc. — Œuvres pastorales, 1re série, t. I.

missionnaire qui, pendant quinze, vingt jours, un mois, restait là, et donnait, sous le nom de retraite, nous le répétons, une vraie mission. Cette œuvre des missions diocésaines était une inspiration de la retraite préparatoire à son sacre; c'est alors qu'en lisant la vie d'un grand évêque, M. Alain de Solminihac, pour la première fois l'idée lui en était venue.

Il inspira d'abord le zèle de cette œuvre au clergé diocésain, et prodigua les encouragements pour obtenir que les prêtres des paroisses s'aidassent les uns les autres, se fissent missionnaires. Beaucoup, immédiatement, répondirent à son appel; le Jubilé de 1851, qui lui fut une occasion naturelle de mettre pour ainsi dire le feu à tous, lui offrit ce spectacle. Avec quelle ardeur aussi il souhaita « un corps de prédicateurs volontaires, composé de quinze ou vingt prêtres du clergé diocésain[1] » ! Mais, « l'homme de Dieu, capable par sa vertu, son zèle, son talent et sa prudence, d'être le chef de cette compagnie d'apôtres diocésains », lui manqua d'abord et longtemps; nous dirons plus tard comment Dieu le lui donna enfin, dans l'admirable abbé Hetsch, Supérieur pendant près de vingt années de son Petit Séminaire, et comment la petite communauté établie près de l'évêché, dans la maison de Saint-Joseph, commençait à se développer quand la mort prématurée de son Supérieur la dispersa.

Du moins put-il procurer à son diocèse le bienfait de nombreux missionnaires auxiliaires. « Dès mon arrivée dans ce diocèse, ma première pensée, a-t-il dit, dans la lettre pastorale de juin 1857, fut d'y établir diverses compagnies de prédicateurs, et je bénis Dieu d'être parvenu à en posséder cinq aujourd'hui. » C'étaient les Pères de la Miséricorde, qui étaient depuis longtemps déjà introduits dans le diocèse, et qui desservaient à Orléans la belle église de Saint-Euverte; les Lazaristes, établis à Montargis; les Oblats à Cléry; les Pères de Marie ou de la Limarre, comme on les appelait à Orléans, de la rue où ils habitaient; et enfin les Barnabites de Gien.

---

1. *Œuvres pastorales*, 1re série, t. I, p. 494.

Mais ceux-là étaient pour l'enseignement, non pour les missions. Disons en passant que c'est dans cette communauté que fut conduit par l'esprit de Dieu, et que vint prématurément mourir ce P. Schouvalof, dont la mère, ainsi que nous l'avons dit, était une si généreuse fille spirituelle de l'abbé Dupanloup. Le P. Schouvalof a raconté sa *Conversion* et sa *Vocation* dans un livre admirable, dont une partie, celle qui a pour titre : *Conversion et bonheur*, a été écrite à Gien même. Trois de ces fondations étaient l'œuvre de l'évêque d'Orléans. Il songea aussi à introduire dans le diocèse les Rédemptoristes, les Capucins, les Bénédictins. Il fit même, au commencement de son épiscopat, avec dom Guéranger, le voyage de Saint-Benoît, où reposent les reliques insignes du patriarche des moines d'Occident; mais nous verrons que ces projets, sauf pour les Bénédictins, ne purent aboutir.

Il avait donc, dès 1857, ces compagnies de missionnaires. C'étaient là comme autant de camps volants, qu'il lançait de tous côtés, et au moyen desquels il parvint à faire donner « cent missions par an dans le diocèse[1] ». Cent missions par an, pendant tant d'années, quelle somme énorme de travail apostolique cela représente! sans compter les autres services de tout genre rendus par ces communautés. Et cette œuvre, il la soutint, seul, et par les seules ressources qu'il sut trouver, pendant tout son épiscopat; car ces missions, qui étaient pour les curés un grand secours spirituel, n'en constituaient pas moins aussi une charge matérielle qu'il leur eût été impossible, le plus souvent, de supporter. Il avait donc créé, pour en faire les frais, une *Caisse des missions diocésaines*, à laquelle il sut donner des ressources permanentes qui ont permis à cette grande œuvre de lui survivre.

La stratégie de ces missions, comme il disait, c'est-à-dire leur intelligente distribution dans le diocèse, selon les temps et les lieux, était pour lui et ses collaborateurs une grande préoccupation. Il a laissé sur ce point, comme sur les rapports entre les

---

1. *Œuvres pastorales*, 1<sup>re</sup> série, t. I, p. 277.

curés et les missionnaires, des indications admirables[1], comme aussi sur la stratégie et la conduite de la retraite elle-même.

Mais nonobstant ces auxiliaires inappréciables, le poids de la préparation pesait encore principalement sur le curé; c'était là le ministère extraordinaire, un puissant et suprême effort, qui ne dispensait pas le curé d'agir. « Messieurs, disait-il à son clergé, il faut prendre de la peine, et beaucoup de peine ; il faut réfléchir, se préparer; préparer non seulement ce qu'on doit dire, mais ce qu'on veut faire, la manière de s'y prendre, les industries de zèle à employer, l'ordre des exercices, le choix des cantiques, les moyens d'émulation, etc..... Un simple prédicateur, qui vient prêcher en passant, et s'en va ensuite, n'a qu'à préparer ce qu'il doit dire; mais un curé, mais quiconque est à la tête d'une œuvre quelconque en ce monde, il faut qu'il prépare, étudie, organise ce qu'il doit faire. Sans cela, même en parlant très bien, on ne fait rien. » « Une retraite, une mission, disait-il encore, est une guerre, une campagne spirituelle : il faut en avoir préparé le plan, la stratégie, la conduite, avec le dernier soin. »

Organiser, réglementer toute chose; donner aux curés et la connaissance de l'œuvre, et des auxiliaires pour la préparation et et l'exécution, c'était beaucoup; restait l'exécution elle-même; et en définitive, tout est là; c'est sur ce point que ses exigences étaient grandes; c'est là qu'il jugeait les hommes, en les voyant à l'œuvre même, dans un grand acte de leur ministère pastoral. Attentif à tout, il observait et notait tout; et les règlements recommandaient à ses vicaires généraux d'en faire autant[2]. On possède à l'évêché d'Orléans ces notes pastorales; elles remplissent un grand nombre de cahiers; car de retour à

---

1. *Œuvres pastorales*, 1<sup>re</sup> série, t. I, p. 512-538.
2. « 1° L'évêque, dès son retour, doit recueillir et mettre en ordre toutes les notes et observations qu'il a faites sur chaque paroisse visitée.
 » 2° Chacun de MM. les archidiacres doit en faire autant.
 » 3° Toutes ces notes et observations devront être communiquées dans un conseil *ad hoc*, puis on décide ce qui est à faire. » — *Ibid.*, p. 420.

Orléans, ces notes, prises rapidement, mais nettement, d'une très lisible écriture, il les mettait en ordre, les faisait copier, sur des cahiers reliés : il y a dans ces cahiers des trésors. Là plus que partout ailleurs peut-être l'évêque d'Orléans se révèle ; il est là, pris sur le vif, dans un petit presbytère de campagne, après une longue et fatigante cérémonie, jetant à la hâte sur un papier intime, à lui seul destiné, tout ce qu'il a observé et senti : ce n'est quelquefois qu'un mot, qu'un cri ; mais son âme est dans ce mot, dans ce cri. Quelle passion pour l'œuvre de Dieu, et le salut de ces chères populations ! quelles attentions ! quelles investigations ! quelle sagacité ! quel sens pastoral des choses ! Rien ne lui échappe, ni dans les cérémonies, ni dans l'église, ni au presbytère, ni dans la paroisse, ni sur le curé, ni sur les paroissiens ; rien du spirituel, rien du temporel. Quelle douleur, s'il rencontre des négligences, des imprévoyances, des maladresses, des stérilités, du côté du pasteur ; ou l'indifférence, la résistance chez les paroissiens ! Quelle joie, au contraire, quand il peut constater les ingénieuses industries du zèle, le respect des âmes, des choses saintes, de l'œuvre de Dieu, et la bénédiction d'en haut sur le travail d'un bon prêtre[2] !

1. Nous ne croyons pas inutile d'en placer quelques-unes sous les yeux du lecteur :

Voici d'abord des observations purement relatives au matériel du culte.

« Archidiaconé d'Orléans. N. — Église pourrait être très belle : il faudrait la gratter simplement ; faire une chapelle à l'extrémité du bas-côté, semblable à celle qui a été faite dans l'autre. De plus, une tribune pour les garçons ou les filles, laquelle dissimulerait l'irrégularité du fond, à l'entrée ; finir la sacristie ; consolider le clocher ; la chaire, à changer de place, à mettre entre les piliers.

» R. — Église pourrait être très bien. Restaurer la voûte qui est en bois peint ; ouvrir deux ou quatre croisées ; avoir beau Chemin de Croix ; conserver et entourer le cimetière, mais surtout faire des chapelles latérales, semblables aux deux qui existent ; grand porche ; trop grand.

» Archidiaconé de Gien. B. — Agrandir l'église par le chœur d'un côté, et par le portail de l'autre ; chapelle de catéchisme à bâtir dans le jardin ; orgue à placer contre le mur : il occupe grossièrement la moitié de la tribune. Il faudrait chapelle et école chez M. B...

» B. — Il faudrait avoir d'abord une table de communion, des vases sacrés d'argent, une sacristie ; achever de voûter l'église ; faire disparaître l'échelle

Il y a donc dans ces cahiers les plus minutieuses observations sur les quatre cents paroisses de son diocèse ; et ces observations n'étaient pas enfouies là, stériles ; ces cahiers, il les avait sans cesse sous les yeux, comme un *agenda* permanent. Cet évêque vient de publier un écrit qui est dans toutes les mains, une brochure polémique qui a retenti partout. Le voyez-vous maintenant, paisible, sous les arbres de son jardin ou à l'extrémité de cette allée à la Chapelle, ce cahier vert à la main, et tantôt marchant d'un pas rapide, comme animé par ce qu'il vient de lire ; tantôt s'arrêtant, le front grave, l'air profondément méditatif ; il repasse toutes ces notes prises par lui pendant ses visites pastorales, sur le zèle et le savoir-faire de ses prêtres, sur les fruits de sa visite, sur les besoins spirituels et matériels des paroisses, sur tous ses *desiderata diœcesena* enfin, comme il les appelle. Et, rentré dans sa chambre de travail, malgré l'amas de lettres qui est là sur son bureau :

« Écrivez, » dit-il à son secrétaire. Et il lui dicte de ces lettres, comme les archives des presbytères orléanais en contien-

---

de meunier qui est dans l'intérieur ; placer le confessionnal ailleurs qu'à la porte. »

Voici maintenant des notes attestant ses joies :

« M. L.., pieux et zélé, heureux, avait visité *tous* ses paroissiens avant même l'arrivée du missionnaire ; aussi beaucoup d'hommes, de femmes, de jeunes gens ; les avait gagnés et décidés.

» L'église était un vrai paradis : chants, très bien, cérémonie aussi. Les deux conseils (conseil de fabrique et conseil municipal), le maire, protestant, brave homme, y étaient ; discours bon et pieux ; — enfants de chœur mal habillés ; voûte de l'église à refaire : le maire a promis.

» C.—Admirable, ordre parfait ; c'est ainsi qu'on fait des chrétiens ; tous les hommes chantaient, tous le manuel à la main ; toute cette population était soumise, enlevée, charmée par la religion. — Grands besoins de cette paroisse : pas de sacristie ; église à agrandir, presbytère à refaire.

» C.— Incomparable : cent confirmés, cent trente Pâques ; piété et recueillement admirables ; pays affreux auparavant ; le cœur, l'éloquence de cet homme ont tout fait ; curé aimé et admiré ; la bénédiction des enfants a été charmante : tout le pays y était ; enthousiasme universel ; charmant discours. »

Voici maintenant des tristesses : « ... Pas un mot à son peuple qui accourt en foule pour demander une bénédiction à l'occasion de la gelée ; il ne lui vient pas à l'idée de profiter de cette circonstance pour apprendre à son peuple à prier Dieu comme il faut, à avoir un peu de religion... »

... « Riche et pas généreux. »

nent tant, qui allaient porter partout la flamme du zèle; ou bien il recueille avec soin toutes ces observations éparses pour la prochaine lettre pastorale qu'il médite. Oui, le voilà bien là : c'est lui; homme d'attention, de vigilance, de prévoyance, de zèle et d'action; évêque enfin dans toute la signification étymologique du mot *Episcopus*, c'est-à-dire homme qui regarde; qui regarde à tout et ne néglige rien.

Une des choses les plus remarquables des Visites pastorales, telles que l'évêque d'Orléans les avait réglées, c'était le compte rendu de l'état de la paroisse par le curé, et la réponse de l'évêque à ce compte rendu. Dès qu'il arrivait à l'église où il devait confirmer, il montait en chaire, et debout, au banc-d'œuvre, en face de lui, le curé lisait un rapport sur l'état de la paroisse; à ce rapport l'évêque répondait : et avec quel tact toujours, et quelle habileté apostolique ! donnant aux curés et aux paroissiens, avec délicatesse, les éloges mérités et les leçons nécessaires. Un mot lui suffit un jour pour décider la construction d'une église, que des compétitions locales entra-

---

.., « A O..., le curé m'a dit qu'il n'a pas de chandeliers d'autel, et j'en trouve chez lui à toutes les cheminées. »
Voici des remarques d'une autre nature :
« Quant aux décorations de l'église, j'en ai vu de charmantes. La verdure des champs et des draps blancs suffisent à tous les embellissements.
» J'ai vu des guirlandes à l'autel, à la table sainte, à l'entrée de l'église et dans les nefs. de pilier en pilier : pas cher et charmant.
» Définitivement, il faut que pour l'onction ils viennent toujours à l'autel, comme pour la communion.
» Définitivement, ils ne doivent jamais être en face les uns des autres : pas même les garçons en face des garçons, ni les filles en face des filles.
» Les filles doivent toujours être voilées, même quand elles ne sont pas en blanc..
» Les garçons jamais en blouse. La blouse est l'habit de travail : à ce titre, respectable; mais elle est aussi l'habit du cabaret; on se croit tout permis avec une blouse.
» Il faut que tous aient un livre, dans telle paroisse, tous en avaient; dans une autre, pas un sur dix.
» A M.., les garçons seuls chantaient, les filles ne pouvaient pas; les chantres, avec leur voix basse et affreuse, les empêchaient absolument.
» J'ai entendu des ophicléides dont le *boatus* était tel qu'il couvrait tout.
» Orgue à cylindre utile partout, soutient au moins les psaumes et les chants populaires; j'en ai vu d'excellents effets. »

vaient : « Bien que nous soyons dans une *très misérable* église, » dit-il en commençant sa réponse au rapport du curé : Avec quel accent ce mot *très misérable* fut prononcé! Nous vîmes les membres du conseil de fabrique et les conseillers municipaux tressaillir, le rouge leur monta au visage; mais ce fut fini, les discussions cessèrent, et l'église fut bâtie. L'évêque, il est vrai, pouvait racheter ce mot sévère par les compliments les plus flatteurs, car la Confirmation était admirable : il était heureux surtout du zèle intelligent de deux prêtres du voisinage qui étaient venus aider leur confrère : « Voyez donc, nous dit-il à un certain moment, quelle flamme aimable ont ces jeunes prêtres. » Ceux-là étaient de son école, et il le voyait bien.

Il aimait que l'exhortation aux confirmants fût faite, quand cela se pouvait, par quelque prêtre du canton, afin de pouvoir apprécier par là le talent de parole de ses prêtres.

Un autre usage auquel il tenait extrêmement était de donner à chaque confirmant, comme souvenir de la Confirmation, une médaille et un petit crucifix : sachant qu'on garde pieusement les objets reçus de la main d'un évêque, et heureux de penser qu'il y aurait ainsi, grâce à lui, l'image bénie du Sauveur des hommes dans chaque famille. Dans une de ces notes pastorales, dont nous avons parlé, inachevée, jet spontané de son âme, et dont il est facile de ramener les termes à la vraie mesure, il s'exprime ainsi sur cette pratique : « Si on me demandait : A quoi tenez-vous que votre successeur tienne le plus, de ce que vous avez établi? Par quoi avez-vous fait le plus pour la religion dans votre diocèse depuis quinze ans? Est-ce? Est-ce?.,. Non; c'est par les médailles et les crucifix... Tout ce qu'on donne à ces braves gens leur fait plaisir; ils aiment qu'on leur donne Notre-Seigneur, la sainte Vierge... Ils aiment celui qui leur donne... Ces objets leur représentent la religion, la Rédemption... Un père qui apporte son enfant dans ses bras pour recevoir cette médaille ne mourra pas sans confession... »

S'il encourageait de toute manière la pompe de la cérémonie

elle-même, parce qu'il y voyait un spectacle religieux de nature à impressionner favorablement les populations, il voulait, en ce qui le concernait lui-même, une réception très simple [1], et préférait, autant que faire se pouvait, afin de pouvoir causer plus cordialement avec ses prêtres, qu'il n'y eût pas de laïques au repas, sauf à rendre visite lui-même à ceux près de qui il y aurait convenance ou utilité à le faire. Il y avait, bien entendu, une exception pour certains diocésains, dont il était particulièrement l'ami, et qui étaient l'honneur et la protection de la religion dans un pays. C'étaient des raisons analogues qui lui avaient fait supprimer aussi, tout en rendant hommage à leurs intentions, la garde nationale et les pompiers. La plus grande simplicité devait régner à table [2], et il n'aimait pas qu'on s'écartât de ses prescriptions à cet endroit. Un soir, dans un presbytère, la cérémonie religieuse terminée, il voit passer un cuisinier; étonné, il interroge, et il apprend qu'un grand dîner, grâce à la générosité d'un des paroissiens, avait été expédié de Paris. Sur-le-champ il fait atteler sa voiture, et va demander à dîner dans un presbytère voisin. La leçon était sévère; mais ses intentions, sur ce point, furent à l'avenir respectées.

Tant de labeurs étaient-ils en vain? Non, certes, et il était promptement parvenu à ces deux grands résultats: que tout, presque toujours, se passât, pendant la cérémonie, à sa grande satisfaction, lui sur ce point si difficile à satisfaire; et que la Confirmation fût, pour une paroisse, ce qu'il avait souhaité, un puissant ébranlement religieux. On peut suivre dans ses différentes lettres pastorales la trace de ses efforts, et constater les succès dont ils sont couronnés. Dans son mandement du Carême de 1854, où il annonce sa résolution de visiter désormais toutes les paroisses de son diocèse, il gémit encore [3]; mais déjà, après cette première grande visite pastorale, les

---

1 *Œuvres pastorales*, 1re série, t. I, p. 2.
2. *Ibid.*, p. 416.
3. *Ibid.*, t. I, p. 112.

germes jetés les années précédentes commençant à donner leurs fruits, il constate de consolants résultats :

« Donnez-moi douze prêtres qui soient des apôtres, disait saint Philippe de Néri, et je convertirai le monde... Eh bien, Messieurs, grâces en soient rendues à Dieu, et c'est ici ma plus douce consolation, la plus grande que j'aie remportée de ma visite : ces apôtres qu'il nous faut, nous en avons déjà un bon nombre ! Je le savais, mais je l'ai vu de plus près, et nous en aurons toujours de plus en plus. Leur nombre va toujours croissant par la raison très simple que le succès les anime, et que leur exemple en suscite d'autres autour d'eux. Je le dis, à la gloire de Dieu, à la gloire de ce diocèse et de ce clergé, j'ai rencontré des apôtres, j'ai senti un esprit, j'ai entendu des voix, j'ai vu des œuvres apostoliques, non seulement chez nos bons prêtres auxiliaires, mais aussi dans notre excellent clergé paroissial, parmi MM. les curés et les vicaires. J'en ai vu devenir de vrais missionnaires par le concours généreux, spontané, dévoué, qu'ils apportaient à leurs confrères. J'en ai vu entre les mains desquels l'œuvre paroissiale s'était transformée : ce n'était plus une œuvre de conservation seulement, mais une œuvre de conquête ; on voyait que toutes leurs pensées se rapportaient à la conquête des âmes, que tout leur ministère était disposé, arrangé, organisé, pour le grand but évangélique. »

Voilà avec quel accent il parlait à son clergé.

Dans la grande lettre pastorale du 27 juin 1857, il est comme triomphant : « Je visitais hier, disait-il, la dernière des quatre-vingts églises dans lesquelles, à dater du 15 octobre dernier, j'ai dû donner le sacrement de Confirmation, et aujourd'hui je sens le besoin de m'entretenir avec vous des bénédictions qu'il a plu à Dieu de répandre sur nos communs travaux. Ces bénédictions ont été bien grandes..., plus grandes qu'elles n'avaient jamais été ni pour vous ni pour moi, depuis huit années que je mêle mes sueurs aux vôtres pour la culture de ce grand diocèse ; partout j'ai vu, j'ai constaté des biens solides, profonds, effectifs, et, dans un très grand nombre de paroisses, des succès vraiment extraordinaires couronnant des efforts dignes de tout éloge. »

Il put donc ainsi plusieurs fois, pendant son épiscopat, visiter toutes les paroisses de son diocèse. Dans les dernières années, les fatigues de sa santé, et les accablements des affaires publiques, l'obligèrent à se faire remplacer pour les grandes tournées : NN. SS. Maret, évêque de Sura, de Charbonnel, ancien évêque de Toronto, M$^{gr}$ de la Hailandière surtout, ancien évêque de Vincennes, le suppléèrent fréquemment, et ont laissé dans le diocèse d'Orléans, partout où ils ont passé, un souvenir vénéré ; mais il ne cessa jamais, chaque année, de donner lui-même un grand nombre de Confirmations partielles. Ses pas, pendant trente ans, ont parcouru en tous sens son beau diocèse ; les accents de sa grande parole ont partout retenti, dans les plus humbles villages comme dans les villes. Bien que la moisson n'ait pas répondu à tous ses désirs, les Pâques, au bout de quelque temps, « doublées et même triplées », ont attesté que le sol orléanais n'a pas été un sol ingrat, et la semence jetée par lui continue à fructifier toujours.

## CHAPITRE IV

### SON OEUVRE PASTORALE
(suite)
De quelques points de discipline spécialement chers à l'évêque d'Orléans
Le *Status animarum*
La vie commune dans le clergé
La multiplication des paroisses et des vicariats
Comment il entendait et stimulait le zèle pastoral
1851-1857

Un point qui, dans ses Visites pastorales, attirait spécialement son attention, c'était ce qu'il appelait, selon l'expression canonique bien connue, le *Status animarum*, l'État des âmes, en d'autres termes la statistique spirituelle de la paroisse[1]. Le rituel diocésain le prescrivait, et, quant à lui, il y attachait une capitale importance. Ce fut là encore une de ses premières recommandations, dans ses entretiens avec le clergé aux retraites pastorales; et quand, après six années d'expériences, il fut fixé sur l'utilité et le caractère pratique de la mesure, alors il publia une ordonnance spéciale pour en faire une prescription rigoureuse, et il écrivit cette belle lettre pastorale du 29 janvier 1856, dans laquelle il expose les raisons et les avantages de ce point capital de discipline diocésaine :

« Le premier devoir d'un pasteur, dit-il, est de connaître son troupeau... Le grand principe, c'est que *le pasteur connaisse ses brebis, et que ses brebis le connaissent;* c'est-à-dire

---

1. Cet *État des âmes*, dont chaque curé recevait de l'évêché la formule imprimée, devait contenir : « Les nom et prénoms de chaque paroissien ; les naissances et baptêmes. Les premières communions et les communions pascales: les confirmations; les mariages; les derniers sacrements reçus : pénitence, saint-viatique, extrême-onction ; les décès ; enfin, les grandes actions de zèle dans la paroisse, comme missions, retraites paroissiales, jubilés. »

qu'elles voient, à ses charitables conduites, à ses infatigables recherches, qu'il est bien leur vrai pasteur...

» Le pasteur les doit connaître toutes, non pas confusément et dans la masse d'un grand troupeau, mais en particulier et chacune par leur nom : *Vocat eas nominatim*.

» Hélas! combien y en a-t-il peut-être, dans vos troupeaux, de ces brebis perdues qui n'ont jamais entendu votre voix! Elles ne viennent point au bercail, je le sais; on ne les voit jamais dans le temple... Eh bien, allez à elles! *Ite ad oves*. C'est ce que fait le bon pasteur. Il va, il vient, il cherche, il appelle... C'est le zèle prévenant; c'est la recherche active et empressée des âmes...

» Allez donc, prêtres du Seigneur. Sortez de vos presbytères... Allez les chercher dans leur dispersion; entrez dans leurs demeures, *per domos;* avec prudence sans doute, mais avec une prudence agissante qui règle le zèle, non avec une prudence paresseuse qui le lie, et qui conseille trop souvent, hélas! de ne rien faire, sous prétexte de ne pas se compromettre; comme s'il pouvait y avoir rien de plus compromettant pour le pasteur que de laisser périr le troupeau[1]...

» Mais pour aller à ces âmes égarées, il faut les connaître; il faut avoir leurs noms et leur souvenir dans la mémoire et sous les yeux; c'est ce que vous ferez par un *État des âmes* bien rédigé, régulièrement tenu, très souvent relu. »

Un autre avantage qu'il y voyait pour les pasteurs était de fournir par là tout d'abord de précieux renseignements à ceux qui devaient leur succéder dans le gouvernement de leurs paroisses, et de créer ainsi quelque chose comme des traditions pastorales. «Qu'il y ait, disait-il, parmi nous, des traditions pastorales, comme il y a dans les grandes races des traditions domestiques et des traditions politiques chez les grands peuples. »

Un troisième avantage enfin était d'aider l'évêque à con-

---

1. Sur les rapports du curé avec ses paroissiens, voy. les excellentes indications de la grande instruction pastorale de 1854. — *Œuvres pastorales*, 1re série, t. I, p. 234-243; 278, etc.

naître, lui aussi, et dans le détail vivant des choses, l'état vrai de son diocèse. Car dans ses visites pastorales, ce *Status animarum* devait être placé sous ses yeux ; et déjà, dans la grande visite de 1854, avant même l'ordonnance que nous relations plus haut, il avait eu la consolation « de trouver le *Status animarum* achevé, parfaitement bien fait et tenu à jour dans un grand nombre de paroisses » ; et il y avait telle paroisse de 2000 à 3000 âmes où il l'avait vu « écrit tout entier de la main même du curé ». « Eh ! Seigneur, s'écriait-il, voyant cela, comment se pourrait-il que vous n'écrivissiez pas, vous aussi, dans votre livre, qui est le livre de vie, le nom de ce zélé pasteur, qui emploie tant de temps et de sollicitude à écrire sur son livre pastoral le nom de toutes les brebis que vous lui avez confiées. »

Du reste, les résultats obtenus attestaient l'immense utilité de cet usage.

Un autre point où se portèrent aussi tout d'abord ses plus vives sollicitudes, ce fut la vie commune à établir entre les curés et les vicaires. Elle n'existait pas, du moins d'une manière générale, et à l'état d'institution, de règle, dans son clergé. Il résolut de l'établir, et ce n'est pas là, assurément, un des moindres biens qu'il ait opérés dans son diocèse.

Mais là encore il procéda avec une sage lenteur, et avec les ménagements nécessaires, pour ne pas heurter des habitudes depuis longtemps contractées, et tenir compte des exceptions raisonnables. Il y avait peu à peu accoutumé les esprits ; car dès la première retraite il avait annoncé son dessein arrêté d'en faire une obligation, mais dans l'avenir seulement, pour tous ceux qu'il nommerait désormais à des cures à vicaires ou à des vicariats. Et comme il arrive toujours, quand il s'agit d'une mesure manifestement sage et utile, plusieurs de ceux qui n'y étaient pas obligés l'embrassèrent spontanément. Ce fut en 1854 qu'il l'établit d'une façon définitive. La lettre pastorale qu'il publia à ce sujet est singulièrement remarquable.

Toute la tradition était d'abord invoquée à l'appui de cette sage coutume ; il y puisait abondamment, surtout dans les récents Statuts de nos diocèses ; puis il en exposait avec éloquence les raisons.

Rien d'abord de plus favorable à la vie sacerdotale :

« Qu'on ne s'y trompe pas, cette vie commune, elle est utile à tous parmi nous; et celui-là serait trop suspect de présomption qui ne le sentirait pas, surtout quand nous savons par l'histoire à quel point les plus saints prêtres et les plus saints évêques, dans tous les siècles, malgré l'éclat et la solidité de leur vertu, se montrèrent toujours jaloux d'avoir auprès d'eux des témoins domestiques de leurs actions. Ah! ils comprenaient dans leur prudence, ces hommes si saints et si sages, que quand ils n'auraient eu aucun besoin d'un tel secours pour la conservation de la bonne vie, cette garantie pouvait, dans certaines circonstances délicates, leur être nécessaire pour la conservation de cette bonne renommée qui, après la bonne vie, est, pour un prêtre et pour un pasteur, tout ce qu'il y a de plus précieux à ménager. »

Les avantages de cette cohabitation ne lui paraissaient pas moindres pour la vie pastorale :

« L'isolement dans le ministère, dit-il, c'est la tristesse, l'ennui, la langueur; c'est le relâchement et la détente de toutes les forces vives de l'âme; c'est le fardeau importun de l'imagination retombant sans distraction sur elle-même ; c'est le face à face continuel de l'homme avec ses idées, ses désirs, ses craintes, ses mécomptes, ses chagrins, ses passions;

» C'est la privation enfin des lumières, des exemples, des conseils, des consolations, que procure, dans le saint ministère, la société sacerdotale.

» Et quant aux devoirs et aux fonctions du ministère, c'est pire encore : l'isolement, c'est la faiblesse, et presque inévitablement l'impuissance; c'est le découragement, et souvent, à la longue, l'extinction de tout ce qu'il y a de plus vif dans le zèle.

» Ou bien c'est le laisser-aller dans la voie d'une routine aveugle et stérile, que rien ne vient jamais éclairer, exciter, corriger; routine d'autant plus incurable qu'elle ne se connaît pas elle-même, et que la conscience ne la reproche guère, parce que ce n'est pas une oisiveté tout à fait inerte; elle agit, mais le plus souvent sans rien produire. »

Et devant ces périls il s'écriait :

« Que l'isolement ne sépare plus ceux qu'une sainte et utile société peut unir!

» Que deux prêtres attachés à la garde et à la conduite du même troupeau, appelés à faire ensemble une même œuvre, dans l'entente d'une même pensée et dans le concert d'une même action, ne vivent plus isolés, à distance l'un de l'autre, ne se voyant pour ainsi dire qu'à l'église, à la sacristie, ou dans l'échange de quelques froides visites!

» Qu'ils vivent à côté l'un de l'autre; qu'ils prient, étudient, sinon toujours ensemble, du moins sous le même toit; qu'ils mangent à la même table; qu'ils puissent tous les jours, et plusieurs fois par jour, trouver des occasions naturelles de se communiquer leurs vues, leurs désirs, leurs projets, leurs joies et leurs peines, pour la grande œuvre qui leur est commune, et aussi les lumières qui éclairent dans les doutes, les consolations qui adoucissent les chagrins inévitables du saint ministère, et les encouragements qui entretiennent le zèle et au besoin le réveillent.

» Enfin, qu'il n'y ait plus dans une même paroisse autant de maisons de prêtres que de prêtres mêmes, mais qu'il y ait la maison sacerdotale : *Presbyterium!* »

Il y voyait surtout l'intérêt des jeunes prêtres :

« Qui ne le sait? qui ne le dit? combien de fois ne me l'avez-vous pas dit vous-mêmes? Pour faire un prêtre, pour affermir sa vertu, comme pour le former au saint ministère, l'éducation théorique ne suffit pas : il y a, il y faut de plus, l'éducation pratique... Il faut, à ce jeune prêtre de vingt-quatre ans, une seconde éducation, un second séminaire, un second noviciat; l'éducation, le séminaire, le noviciat pratiques; et pour cette éducation, pour ce séminaire, pour ce noviciat nouveau et non moins nécessaire que le premier, il lui faut des maîtres.

» Mais ces maîtres, où les trouvera-t-il ? Nous n'en avons pas d'autres à lui offrir que vous, Nos Très Chers Coopérateurs... Et pour vous dire plus à fond et en un seul mot toute notre pensée, ceux d'entre vous que nous chargeons de cures à vicaires, nous les regardons surtout comme les pères, les maîtres, les guides, comme les seconds instituteurs enfin de ces jeunes prêtres, qui sont toute notre espérance. »

Les jeunes prêtres, avec quelle émotion il en parlait ! Quel intérêt profond il leur portait !

« S'il y a des âmes dont nous répondions plus particulièrement et très immédiatement devant Dieu, ce sont sans contredit les âmes des prêtres, et surtout de nos jeunes prêtres ; ces âmes si précieuses, si ferventes, si pures, quelquefois si hautes et si nobles ; ces âmes destinées à accomplir de si grands biens et de si grandes choses, mais livrées d'abord à de si grands périls ! Voilà les âmes pour lesquelles nous ne craignons pas seulement d'avoir à rendre à Dieu le compte le plus redoutable, mais pour lesquelles nous sentons aussi un amour si vif et si tendre, qu'il est dans notre cœur plus fort que la mort et deviendrait au besoin plus dur que l'enfer contre ceux qui le blesseraient en blessant des âmes si chères. Et pour les défendre il n'y a rien que je ne sois prêt à faire, et que vous ne deviez faire vous-mêmes...

» Ils sont l'espérance et la consolation du diocèse ; ils deviendront un jour sa force et sa gloire, si nous avons tous, si MM. les curés surtout ont pour eux les soins qu'il faut avoir, les soins spirituels, les soins temporels... Les curés qui ont sous eux des vicaires doivent leur faire sentir une affection paternelle : ils sont de vrais instituteurs ecclésiastiques... Il n'y a rien de plus cruel pour ce jeune prêtre qui sort du séminaire, plein du souvenir des bontés paternelles qu'il y a rencontrées, plein de confiance en la Providence et dans les vertus des curés auxquels on le confie, et qui se sent tout à coup isolé, négligé, oublié, et comme abandonné. » Cette pensée lui était insupportable, et nous l'avons vu plus d'une fois pleurer en nous décrivant cette situation ; et bien qu'il ait appelé souvent, dans ses allocutions et dans ses lettres pastorales, l'attention de MM. les curés sur leurs devoirs envers les jeunes vicaires, il croyait ne l'avoir pas fait assez ; et il voulait, avant de mourir, le faire une fois encore ; il avait, quand la mort est venue le surprendre, une grande lettre pastorale en préparation sur cette matière : Quels cris il eût poussés dans cette lettre vers MM. les curés ! Quelles adjurations il leur eût fait entendre sur leurs devoirs envers les jeunes prêtres, en même temps qu'aux jeunes prêtres sur leurs devoirs envers les curés ! Le soin paternel et pastoral des vicaires, c'était là, nous disait-il, la recommandation suprême qu'il voulait faire à son clergé, et comme ses *novissima verba*.

Au point de vue même purement matériel, les avantages de la vie commune sont manifestes : « L'isolement coûte très cher ; la communauté, c'est l'économie. L'isolement, c'est la gêne, même avec des traitements passables ; la communauté, c'est une honnête aisance, même avec des traitements médiocres. Telle paroisse qui ne pourrait jamais avoir qu'un prêtre, si celui-ci devait vivre seul, pourra facilement, avec quelque léger sacrifice, en avoir deux, si le curé reçoit chez lui son vicaire. Et dans les paroisses où un ou deux vicaires, avec des ménages séparés, peuvent à peine subsister, deux ou trois vivraient aisément, s'il partageaient la maison et la table du curé. »

A ce point de vue, l'institution de la vie commune dans le clergé se rattachait à une autre grande préoccupation de l'évêque d'Orléans, qui était d'augmenter le nombre de ses prêtres, de ses collaborateurs. En étudiant, de près et à fond, comme son premier soin avait été de le faire, l'état des paroisses de son diocèse, son *status animarum* à lui, il avait été frappé, beaucoup plus qu'on ne l'était autour de lui, de sa pénurie d'ouvriers. Or un de ses grands principes encore était de multiplier les centres d'action et les ouvriers, afin de multiplier les travaux du zèle.

« Une des plus grandes douleurs de notre épiscopat, Messieurs, disait-il à son clergé, douleur qui se réveille plus vivement dans le cours de nos visites pastorales, où nous pouvons voir les choses de plus près, c'est la déplorable nécessité à laquelle la détresse de notre époque, le petit nombre de nos prêtres, et l'insuffisance des ressources nous condamnent, et nous condamneront longtemps encore, de laisser tant de paroisses sans vicaires, et tant de prêtres obligés de passer leur vie dans le plus entier isolement.

» Certes, il le faut reconnaître, il est bien peu de paroisses où deux prêtres ne trouvassent suffisamment de quoi s'occuper, en prenant le ministère des âmes en détail, et au vif, comme il le faudrait à une époque où *conserver* n'est presque rien, si l'on ne *reconquiert;...* où, pour cette multitude de chrétiens sans christianisme, qui vivent *sine Christo, sine Deo in hoc mundo*, il faudrait de nouvelles industries, une nouvelle action, un nouveau zèle, de nouveaux ouvriers, des moyens plus larges et plus puissants d'influence, et des efforts comparables à ceux des premiers fondateurs de nos églises.

» Et cependant, où en sommes-nous? Le nombre des paroisses à vicaires dans toute l'étendue de ce diocèse est à peine de quarante : et il y a en France tel diocèse où l'on compte trois cents vicaires; tel autre, moins populeux que le nôtre, où l'on en compte deux cent cinquante... Nous avons un grand nombre de paroisses sans vicaires, où il en faudrait au moins un; beaucoup d'autres qui en ont, et où il en faudrait plus qu'il n'y en a : notre diocèse, sous ce rapport, est un des plus malheureux de France... »

Et, à cette vue, son âme éclatant, il s'écriait : « Ah! sans doute, nous sommes résolu à ne rien négliger pour remédier à tout ce lamentable état de choses, dont nous laissons paraître seulement quelques traits à vos yeux! Nous y mettrons toutes nos forces, toutes nos ressources : notre argent, ce n'est rien; nous y mettrons notre vie, notre sang, s'il le faut. »

« Le service des âmes ne sera bien fait dans le diocèse, écrivait-il, que quand toutes les places existantes, et aussi toutes celles qui n'existent pas actuellement, mais qui sont nécessaires ou possibles, seront maintenues, ou créées[1]. »

Et en effet, multiplier les succursales, les vicariats, telle fut sa constante préoccupation pendant tout son épiscopat. L'état des paroisses, dans son diocèse, constamment sous les yeux, il activait sans cesse les archidiacres, il écrivait infatigablement de son côté, à la préfecture, au ministère, pour hâter cette œuvre qui lui tenait tant à cœur : pourvoir aux postes érigés, mais inoccupés; créer ceux qui étaient nécessaires.

Mais il fallait en même temps, pour remplir tous ces postes, trouver des prêtres; d'abord dans son diocèse, et par conséquent multiplier le clergé diocésain : de là, tout ce qu'il essaiera dans ses séminaires; et puis, à défaut du clergé diocésain, chercher au dehors.

La première fois qu'il s'ouvrit de cette dernière pensée à son conseil, il rencontra quelques scrupules, et, à l'endroit des prêtres venus des diocèses étrangers, les ordinaires ombrages : au-dessus de ces petites raisons il mit les grandes, et passa outre. Que de démarches il fit dans ce but auprès des évêques plus heureux que lui sous ce rapport! Quelle active correspondance! Il s'en occupait aussi dans ses voyages en Savoie; et il fit deux fois dans cette pensée des courses à Mendes. Il avait été heureux dans cette œuvre à Paris, au petit séminaire de Saint-Nicolas; il ne le fut pas moins à Orléans. Ce qu'il cherchait de préférence, c'étaient des jeunes gens, déjà avancés dans leurs études, ou déjà entrés au Grand Séminaire, et pouvant achever de se former sous ses yeux, et sous l'habile direction des prêtres de Saint-Sulpice auquel son Grand Séminaire était confié. Que de sacrifices il fit dans ce but, que Dieu seul connaît, que Dieu seul a comptés, et dont le diocèse profite aujourd'hui, sans même soupçonner ce qu'il en a coûté à son évêque! Veut-on savoir à quel résultat il est arrivé ici, et combien, en dix ans seulement, il était parvenu à faire entrer

---

1. *Œuvres pastorales*, 1<sup>re</sup> série, t. II, p. 301.

## CHAPITRE IV. 77

dans le clergé diocésain de prêtres qui ne lui appartenaient pas par leur origine? « Plus de cent trente. » « Sans ces cent trente auxiliaires, écrivait-il, que deviendrait mon diocèse, où, malgré ce secours, la disette de prêtres est encore si grande? » Et, en effet, dans la même lettre pastorale, il constatait qu'il en manquait encore au diocèse d'Orléans « cent-vingt-neuf! Et cela sans aucune surabondance, mais pour les besoins pressants du diocèse, et le service matériel des paroisses[1]». On conçoit que son zèle à cet endroit ait été tenu jusqu'à la fin en haleine.

Et certes, quand on concevait le ministère pastoral, même dans la plus humble paroisse, comme il le faisait, on comprend combien cette pénurie devait lui être douloureuse. Nous avons dit un mot de ces Chefs de visite, et de ces Questionnaires de statistique diocésaine, où l'attention de MM. les curés étaient appelée par lui sur tant de points. Parmi ces cahiers verts dont nous avons parlé aussi, il y en a un où, entre autres documents, nous avons trouvé un autre questionnaire intitulé *zèle pastoral*. C'était une série de questions qu'il envoyait, dans des correspondances privées, aux plus zélés de ses curés[2].

Ces questions ne sont pas seulement une excitation au zèle, à la réflexion et à l'action, elles sont aussi une révélation. Des écrivains, des poètes, ont tracé du curé de campagne des ta-

---

1. *Lettre sur la rareté des vocations sacerdotales*, Œuvres pastorales, 1re série, t. II, p. 566.
2. Voici quelques-unes de ces questions :
Comment entendez-vous la vie commune avec les vicaires et les rapports du curé avec ses vicaires pour les former, et pour amener une bonne administration de la paroisse?
Quel est votre règlement : 1° de chaque jour? — 2° de chaque semaine? — 3° de chaque mois? — 4° de chaque année?
Quels moyens à prendre pour amener la sanctification du dimanche?
Quel doit être le soin des malades, en vue de l'administration des derniers sacrements?
1° soins prévenants? — 2° soins assidus? — 3° soins persévérants?
Quels moyens à prendre pour augmenter le nombre des pâques?
Et pour le soulagement temporel et le soin spirituel des pauvres?
Règlement des officiers d'Église : 1° pour leur service; — 2° pour leur salut et leur instruction.

bleaux touchants, qui l'eussent été plus encore si ces écrivains, ces poètes avaient connu, et avec ce détail, la réalité des choses, et ce qui remplit, dans la solitude des presbytères et sous l'œil seul de Dieu, ces journées que certaines gens croient inoccupées et vides. Et tout n'est pas, il s'en faut, dans cette page qui n'a pas la prétention de tout dire.

Et les réponses qu'il recevait, il ne se contentait pas de les lire, il en faisait des extraits, et de ces extraits des cahiers, et avec ces cahiers, ces réponses, et ses propres observations, prises sur place, ses réflexions personnelles, il composait ses lettres pastorales.

« Tout ceci, disait-il dans une de ces lettres, est le résultat de mes réflexions et des vôtres pendant ma visite ; c'est le fruit, non seulement de tout ce que j'ai vu et entendu, mais aussi des pensées que plusieurs ont bien voulu me communiquer, soit de vive voix, soit par écrit...

» Puisque Dieu, Messieurs, disait-il encore, nous a associés pour travailler ensemble à une même œuvre, à l'œuvre des âmes, eh bien ! agissons de concert, entendons-nous, communiquons-nous nos vues pour le succès de ce grand travail. Je lis tout ce que vous m'écrivez, je le médite, je le conserve, et le fais passer autant que je puis dans la pratique du diocèse. »

Nous le trouvâmes un jour ayant à la main un de ces cahiers qui renfermait des travaux de MM. Tranchaut, Foucher, Fou-

---

Quels moyens à prendre pour améliorer le chant sacré ? donner une bonne direction aux chantres, à l'orgue ? faire chanter le peuple ?

Prédication : Ce qu'elle doit être ? Prônes, cours d'instructions ; instructions du soir ; avent, carême, mois de Marie. — Quelle est votre préparation ?

Quels catéchismes avez-vous dans votre paroisse ? Le petit catéchisme ? Le catéchisme de première communion ? Le catéchisme de persévérance ?

Quels moyens pour réaliser le *Status animarum* ?

Quels autres moyens et industries de zèle :

1° pour l'enfance ? — 2° pour les jeunes filles ? — 3° pour les jeunes gens ? — 4° pour les hommes ? — 5° pour tous en général ?

Comment entendez-vous la direction d'un doyenné, aux point de vue :

1° des conférences ecclésiastiques ? — 2° du zèle pastoral ? — 3° de la confraternité ? — 4° de la discipline ecclésiastique ? — etc., etc.

caud, Boudard, Berthaud, excellents curés formés par lui ; et nous nous souvenons qu'il nous montra, en l'approuvant beaucoup, entre autres choses, cette définition de la vie commune par M. Tranchaut : « La vie commune, n'est pas seulement, à mes yeux, la cohabitation et la commensalité, c'est une mise en commun journalière de lumières, d'expériences, d'activité et de force, pour atteindre plus efficacement l'unique but du ministère pastoral, la sanctification des âmes. »

De là, le caractère éminemment pratique de ses instructions et de ses lettres, si instructives, et véritablement magistrales, où tant de science pastorale, avons-nous dit, est déposée, tant d'observations, de vues justes, d'expériences, d'industries de zèle, tant de lumières enfin, sur les choses du saint ministère; et tout cela, échauffé pour ainsi dire du feu de son âme, de cet amour passionné de l'œuvre divine, qui, par moment, lui fait pousser des cris, nous allions dire jeter des flammes : comme par exemple quand après avoir dit à ses prêtres, dans sa lettre sur le *Status animarum,* au prix de quels efforts seulement ils parviendront à ramener les brebis égarées, il ajoute : « Oh ! Messieurs, qui de nous voudrait épargner sa peine, là où il faudrait, à l'exemple de Jésus-Christ, donner son sang ! »

Ce qu'il appelait le zèle expectant, qui attend les âmes sans les chercher, que de fois il l'a flagellé dans ces lettres ! De même, l'abandon du ministère avant le temps, les retraites prématurément demandées, le trouvaient inflexible.

« Certes, disait-il, je respecte l'âge, la fatigue, les infirmités... Mais ne rien faire, quand on pourrait encore travailler, se condamner soi-même à l'inutilité, et ses frères à un double travail, voilà, Messieurs, ce que je ne puis concevoir, ni admettre dans un prêtre !

» Eh quoi ! des vieillards demeurent jusqu'à la fin à la peine, au labeur ; et vous, qui avez encore de la santé et de la force, parce que vous avez un foyer à vous, et quelque argent de plus que vos frères, vous abandonnez le travail commun, et désertez le devoir !... Vous, valide encore, vous n'aspirez qu'au coin du feu, au bien-être, au repos stérile! Et vous êtes prêtre!...

» Certes, il avait d'autres et plus nobles sentiments ce soldat d'Israel qui refusa obstinément de coucher dans sa maison, pendant que ses compagnons demeuraient en plein air sous la tente!

» Ah! l'impuissance réelle, les maladies, les dernières années n'arriveront que trop tôt! C'est déjà assez triste d'être réellement condamné par l'âge à ne plus rien faire pour le salut des âmes! Travaillons du moins, soyons heureux de travailler pendant que nous le pouvons encore.

» Mes frères, comme le disait autrefois le grand saint Vincent de Paul, il faut rester sur la brèche, il faut combattre jusqu'à la fin le bon combat du Seigneur : Heureux, mille fois heureux ceux qui meurent les armes à la fin. »

Mais le zèle malheureux, dont l'insuccès n'avait point pour cause le curé lui-même, le trouvait plein de compassion, comme de justice : il excellait à mettre sur cette douleur, que nul ne ressent plus qu'un bon prêtre, le baume de ses paternels encouragements : « Mon cher ami, écrivait-il à l'un de ces prêtres dont le travail avait été admirable, bien que le succès n'eût pas été apparent, vous avez fait ici ce que vous pouviez, ce que vous deviez; comme saint Paul, vous pouvez leur dire : *Mundus sum à sanguine omnium vestrum...* Mais ne vous découragez pas; le jour favorable arrivera, peut-être plus tôt que vous ne le prévoyez; le bon Dieu viendra à votre secours, comme il est venu au secours de tant d'autres... En tout cas, quel que soit le succès, soyez certain, tant que vous ferez les mêmes efforts et déploierez le même zèle, d'avoir toujours l'estime et l'affection de votre évêque : je ne dois à personne plus de reconnaissance qu'à vous. »

Quant à ceux qui érigent le découragement en système, voici comment, dans une de ces notes prises en tournée pastorale, il les gourmande : « Il y en a qui, par défaut de zèle ou esprit de routine, ne font rien, disent : On ne peut rien faire... Feu de paille! Eux qui n'ont jamais mis le feu à rien!

» Qui ose dire : J'ai fait tout ce que j'ai pu ? Du moins n'empêchez pas ceux qui veulent faire plus d'essayer... Ne faites pas auprès d'eux un rôle déplorable ; c'est le rôle du démon... et de l'orgueil. Soyez humbles et dites : Nous n'avons pas pu, mais vous ferez mieux que nous... »

Il se souvint de cette note, et dans la lettre pastorale qui suivit cette tournée, une des plus consolantes d'ailleurs qu'il eût faites jusque-là, voici comment il parlait à ces prêtres, découragés et décourageants : « Non, Messieurs, le temps n'est plus de se décourager ; je ne sais plus un seul prêtre de ce diocèse qui puisse se croire condamné à redire encore ces malheureuses paroles : « Il n'y a plus rien à faire ici ; le salut de ces peuples est impossible. » Penser cela, se le dire à soi-même au fond de son âme, c'est avoir succombé à l'une des plus dangereuses tentations qui puissent attaquer le cœur d'un prêtre... Mais le dire aux autres, le dire après ce qui se passe, et en présence de ce que Dieu fait parmi nous et pour nous, le dire surtout à de jeunes prêtres qui s'offrent au travail avec toute la générosité de leur âge et le ferveur de leur sacerdoce, c'est le scandale même des pharisiens auxquels Notre-Seigneur disait : *Vous n'entrez pas, et vous ne laissez pas entrer les autres.* »

Ce que nous venons de citer de ces lettres pastorales suffit pour les faire apprécier. Nous qui venons de les relire toutes, l'une après l'autre, en nous posant sans cesse cette question : Quel clergé nous aurions, si chaque prêtre, dans sa paroisse, faisait ce que cet évêque recommande ! notre émotion est profonde, nous l'avouons, et nous nous expliquons l'hyperbole par laquelle le Supérieur d'un grand séminaire, qui ne connaissait pas ces travaux de pastorale de l'évêque d'Orléans, exprimait, après les avoir lus, son admiration à celui qui les lui avait communiqués : « Vraiment, pour le zèle épiscopal, cet homme était un saint Charles. »

---

LAGRANGE. — Vie de Monseigneur Dupanloup.   II — 6

## CHAPITRE V

### SON ŒUVRE PASTORALE
(suite)
Ses premières prédications à la cathédrale
1850-1858

« Il faut que l'évêque prêche, » *Oportet episcopum prædicare*, dit le Pontifical. Aussi bien son âme était trop pleine pour ne pas se répandre, son cœur trop altéré de la soif des âmes pour ne pas les chercher. Voulant d'ailleurs souffler à son clergé le feu de l'apostolat, et lui apprendre la prédication utile, la parole pastorale, il croyait devoir appuyer de son exemple ses enseignements et ses exhortations. « Pendant les quinze premières années de son épiscopat, avant ses grandes luttes publiques, la chaire de Sainte-Croix l'a donc vu, bien souvent, dans tout son éclat d'orateur. Ses discours étaient un événement pour la cité. La vieille basilique était trop étroite pour les flots qui l'assiégeaient. Les premiers de notre ville, les plus distingués par l'intelligence, les magistrats, le barreau, les membres de nos Sociétés savantes, donnaient l'exemple de l'empressement et de l'enthousiasme; les places étaient occupées longtemps à l'avance; les grands jours de la chaire chrétienne étaient révélés à Orléans. » Nous empruntons ces paroles à un de ces Orléanais dont l'éloquent évêque tint, pendant ces quinze années, la jeunesse captive sous sa parole, et qui, devenu lui-même un maître au barreau dans l'art de dire, et président, quand mourut l'évêque, de l'académie fondée par lui dans sa ville épiscopale, comme nous le raconterons, tint à honneur de lui payer, devant cette académie, pour son long apostolat, la dette de la reconnaissance orléanaise[1].

---

1. M. Arthur Johannet, *Travail lu devant l'Académie de Sainte-Croix*, le 28 octobre 1878, quelques jours après les funérailles de l'évêque d'Orléans.

Dans ces prédications à sa cathédrale, sa parole prit toutes les formes et essaya tous les genres; d'abord les grands sermons; puis les homélies familières, les simples prônes; puis les conférences proprement dites. C'était bien l'apôtre se faisant tout à tous pour les gagner tous. Si chrétienne que fût sa ville épiscopale, il y avait là, comme partout, des hommes excellents, mais qui étaient jeunes en 1830, et que le souffle d'incrédulité qui passait alors sur la France avait emportés, et qui n'étaient pas encore revenus. Ces hommes, qu'il aimait plus tendrement peut-être que les autres, et qui l'aimaient aussi, qui le vénéraient, il eût tout donné, tout fait, pour avoir leurs âmes. Voilà pourquoi il se jeta lui-même si ardemment dans l'apostolat.

Nous avons dit comment il s'était mis à cette œuvre dès 1850, dès le premier Carême qu'il passa à Orléans, dès la première occasion qui s'était offerte à son zèle, et aussi comment le cours de ces prédications avait été tout à coup interrompu par la perte d'un de ses yeux. L'année suivante, dès son retour de Rome, il voulut recommencer. Mettant d'ailleurs alors tout son clergé en mouvement pour le Jubilé, il voulait aussi payer de sa personne et de son exemple. Il annonça donc qu'il reprendrait, tous les dimanches du carême, ses instructions dogmatiques et morales, les sermons de la semaine étant laissés au prédicateur de la station; et que des places spéciales seraient réservées aux hommes dans la grande nef de Sainte-Croix. Et la veille du premier dimanche, comme un homme de guerre qui veut se rendre compte du champ de bataille, il se transporte à sa cathédrale. « Je le vois encore, nous a écrit l'un de ceux qui étaient là, avec l'ardeur qu'il mettait à toute chose, parcourant la nef, se rendant compte des places, se préoccupant surtout du placement des hommes. » Il fit entourer de barrières, dans la grande nef, un espace à eux réservé. Le second dimanche, il fallut reculer ces barrières; le troisième dimanche les reculer encore; et enfin, abandonner aux hommes toute la nef, au grand déplaisir des dames, dont quelques-unes lui adressèrent par écrit des plaintes, auxquelles il répondit, non sans provoquer quelque hilarité dans son auditoire, quand il lut, par exemple, le passage suivant d'une des lettres qu'il avait reçues : « Voilà maintenant les impies qui vont à l'église! Vous le voyez, avec les meilleures intentions, Monseigneur, vous perdez la religion. »

Il avait parlé, en 1850, sur la création de l'homme, et les dignités de la nature innocente. Reprenant ces instructions au point où il les avait laissées, il traita cette année de la chute et de la rédemption par la croix. Sur les ruines de l'homme tombé, *Et fuit ruina illius magna*, ruines de son intelligence, de son cœur et de sa volonté, il eut des développements admirables. Dans les sermons qui suivirent, sur la lutte morale, et les conditions du retour, il saisit plus puissamment encore son auditoire. Le sermon sur la vertu triomphante des passions, — nous en avons cité un long fragment dans notre premier volume, — porta l'enthousiasme au plus haut point. « Encore un comme celui-là, disaient le soir, dans un salon, deux magistrats, et nous serons obligés de nous rendre. »

Malgré son tact suprême, et son attention à ne pas froisser « les âmes difficiles », comme il les appelait, il allait cependant, avec une sainte hardiesse, et toute l'autorité de son ministère, au fond des vérités morales. Voici, par exemple, ce qu'il osait dire dans un de ces discours, après un tableau saisissant des ravages de certaines passions :

« Il faut se défier de tout!... Et Bossuet, méditant ces choses avec la gravité de son génie et de sa grande âme, disait : « Il » faut se défier des choses les plus innocentes, parce qu'elles » deviennent plus facilement périlleuses. » Tant, dans notre pauvre nature, tout est altéré et dangereux. « Tout ce qui » est sensible est funeste, disait ce grand évêque. » Il y a dans notre âme, depuis sa chute, une tendance et comme une inclination secrète aux joies sensuelles qui rendent toutes les douceurs perfides. Les plus innocentes préparent aux plus coupables, et l'homme, une fois amolli, perd sa force, sent sa raison s'affaiblir et incline vers le mal.

» Cette affection, qui est au delà et en dehors de nos affections naturelles et légitimes, vous voudriez qu'elle fût pure : Elle ne le sera pas! C'est une simple amitié, dites-vous. Il faut lui donner un autre nom! Mais c'est pour moi comme une sœur; c'est pour moi comme un frère! Cela n'est pas. Et, encore un coup, il faut donner d'autres noms à la triste vérité qui se cache au fond de notre cœur! Voilà pourquoi, voilà pourquoi, vous nous faites, à nous, prédicateurs évangéliques, tant de reproches. Voilà pourquoi vous êtes si rarement contents de nous! Non seulement nous devons vous déclarer la loi, mais vous dire les périls qui la menacent dans votre âme! Voilà pourquoi, sans prétendre vous interdire ce qui est innocent, nous vous disons : Défiez-vous de vous-mêmes! Vous êtes dans le monde, vous vivez au milieu du monde, et vous êtes exposés à de grands périls. Mère de famille, vous le croyez pour votre fille, croyez-le pour vous-même! Père de famille, vous n'en doutez pas pour votre fils, n'en doutez pas beaucoup plus pour vous-même! Voilà pourquoi nous vous dénonçons si souvent les périls si souvent renouvelés des assemblées tumultueuses et mondaines où l'âme ne se possède plus; ces danses voluptueuses où l'âme ne se commande évidemment pas; ces chants efféminés, et enfin, s'il faut tout dire, ce spectacle si souvent excusé des inexcusables parures mondaines. » Et après être entré dans les détails les plus saisissants sur les ravages et les abaissements de cette passion, il empruntait au prophète, pour les peindre, cette grave et effrayante parole : « *Incurvare!* » Courbe-toi, dit la passion, pour que je passe; et le malheureux se courbe, et la passion le foule aux pieds! »

Mais son sermon sur la croix le jour des Rameaux — la croix, supplice prophétisé, supplice ignominieux, supplice glorieux, — fit une impression plus profonde encore. La péroraison de ce discours, entre autres passages, laissa un long souvenir aux Orléanais. Longtemps encore après on se souvenait de ses magnifiques apostrophes à la croix :

« ...Nous aimons à voir la croix dominer nos grandes cités : elle nous protège du côté du ciel. Nous aimons à voir les morts qui nous sont chers dormir à l'ombre de la croix : elle protège leur sommeil jusqu'au jour de la résurrection... O vous, qui que vous soyez, qui n'avez peut-être pas le bonheur de partager notre foi, si vous n'adorez pas la croix avec nous, du moins ne l'insultez plus! Car, je vous le demande, où irions-nous chercher désormais le secret d'oublier vos injustices, de vous pardonner et de vous chérir? Où les affligés iraient-ils chercher la consolation, les cœurs faibles l'assistance, les cœurs pénitents la miséricorde? Ah! je vous le demande, par pitié pour tant d'infortunes qui peuplent cette vallée de larmes; par pitié pour les malades, pour les mourants, pour ce peuple auquel vous témoignez une compassion qui m'inspire bien des défiances quand vous insultez la croix qui le protège, respect, respect à la croix! Par pitié enfin pour vous-mêmes! car il y aura un jour où, lorsque tout vous abandonnera sur la terre, la croix de Jésus-Christ entre les mains d'un pauvre prêtre sera peut-être votre dernière consolation...

» O croix sainte! Croix auguste! Croix adorable! Non, jamais, jamais, rien ne pourra vous éloigner ni de nos lèvres, de notre cœur! Et quand on vous briserait sous nos yeux, nous recueillerions avec respect, avec amour, vos débris sacrés! Et si on nous arrachait ces débris, on ne pourrait nous empêcher de mettre nos bras en croix sur notre poitrine, et de vous adorer toujours! Et si on empêchait cela, dans le fond de nos cœurs encore nous vous ferions un asile inaccessible à la violence! Et si on voulait étouffer ce cœur, eh bien, avec bonheur nous mêlerions notre sang au sang répandu sur vous, croix sainte, et le dernier battement de ce cœur, le dernier mouvement de nos lèvres, le dernier regard de nos yeux, vous chercheraient encore pour vous adorer! »

Voyant l'ébranlement donné à cette ville, il voulut essayer, avec le concours d'un homme de Dieu, son ami, le P. Le Vasseur, Supérieur des Pères de la Miséricorde, une grande œuvre apostolique, et, à l'occasion du Jubilé, terminer cette station par une retraite spéciale d'hommes. Toutefois, pour aller à coup sûr, il choisit pour cette retraite une église moins vaste que la cathédrale, Saint-Pierre du Martroi; et il annonça qu'il prendrait chaque soir la parole pendant quelques instants avant le sermon : douze cents hommes suivirent cette retraite.

Il est certain qu'à Paris, même dans ses plus beaux jours, il n'avait pas remporté d'aussi grands succès de parole qu'à Orléans. Manifestement, son talent d'orateur, depuis qu'il était évêque, avait grandi. Ce n'était pas qu'il prêchât des sermons nouveaux, bien que la nécessité de les adapter à son nouvel auditoire les lui fît modifier profondément. Ce n'était pas non plus que les sujets fussent traités d'autre sorte : l'ordonnance de ses discours n'était pas ce qui frappait le plus chez lui ; toutefois, dans ceux mêmes qui paraissaient les moins parfaits sous ce rapport, toujours certains passages étincelaient. Mais c'est qu'il mettait, plus qu'il ne l'avait encore jamais fait, toute son âme dans sa parole.

Pourquoi ? Il était évêque, c'est-à-dire pasteur et père. Autre chose est en effet pour un prédicateur un auditoire devant lequel il ne fait que passer, autre chose est pour un évêque son propre troupeau, ses âmes, à lui, celles dont il répond devant Dieu, sa famille spirituelle, ses enfants. Il y a dans la voix d'un père quelque chose que peut seul donner le tressaillement des entrailles paternelles. Nul ne parle comme un père ; un père parle comme nul autre : mais quand il est vraiment père ! Et c'est pourquoi nous ne nous répétons pas en revenant ici sur ce caractère, non pas nouveau, mais plus éclatant de sa parole. Et enfin, il était évêque ; il avait, avec la paternité, l'autorité ; il dominait plus pleinement encore son auditoire que quand il était simple prédicateur. On voyait que ces âmes qui étaient devant lui, sous son regard, sous son cœur, il ne s'agissait pas pour lui de les charmer seulement, mais de les gagner, de les sauver. M. Borderies lui avait dit, quand il allait commencer à catéchiser les enfants : « Vous verrez comme vous leur parlerez, quand vous les aimerez ! » Évêque, il les aimait de toute l'ardeur d'un cœur de père, et c'est cet amour qui doublait sa puissance. Dans toute parole de lui cet amour respirait ; on sentait qu'il ne voulait que cela : les âmes ! mais qu'il les voulait absolument. De là ces vives attaques, et ces traits inattendus que tout à coup il leur lançait. Par exemple : « Ambroise n'est pas ici ; mais n'y a-t-il pas quelque Augustin se débattant aussi dans ses chaînes ? » Ou bien encore ce cri : « Messieurs, Messieurs, soyez sincères : entre vous et Dieu, c'est moins encore une question de vérité, que de vertu ! » Ou bien encore, à la fin de son panégyrique de Jeanne d'Arc, sachant bien à qui il s'adressait spécialement : « Je crois avoir déjà leurs cœurs : Quand me donneront-ils leurs âmes ? » De là aussi ces précautions, ces ménagements, ces délicatesses que l'on remarquait et dont on était profondément touché : cet orateur si véhément, si enflammé, maniait les âmes avec un respect, une douceur, une tendresse singulières ; redoutant de les blesser, de les froisser ; aplanissant autant que possible les voies du retour ; allant chercher au fond des consciences les sentiments religieux qui, selon lui, y sommeillent toujours ; montrant à ces hommes qui se croyaient incrédules qu'ils étaient plus chrétiens qu'ils ne le pensaient ; les encourageant, leur donnant confiance, et de ce christianisme implicite, latent, les amenant au christianisme conscient et pratique ; appliquant en un mot au ministère des âmes ce principe qui lui avait fait faire en éducation des merveilles : *Possunt, quia posse videntur.*

C'est ainsi qu'il avait quelquefois devant son vaste auditoire des épanchements comme celui-ci :

« Je ne suis pas ici, je ne puis pas être un simple prédicateur de l'Évangile. Laissez-moi vous dire tout le fond de mon âme : Que sommes-nous ici ? Qu'est-ce que cet auditoire ? Qu'est-il dans ma vie ? Qu'est-il dans la vôtre ? C'est une rencontre que Dieu a faite. Oui, vous et moi, nous nous sommes rencontrés dans la vie, un jour, un moment que Dieu a faits. Un jour peut-être aussi, et à une heure que j'ignore, sans nous rencontrer, sans nous revoir, nous nous rencontrerons encore, dans une de ces pensées que mon âme a dites à la vôtre. Oui, un jour, vous vous souviendrez peut-être avec quelque fruit de celui qui fut un moment votre évêque, dont le cœur ne se croit pas étranger au vôtre, et qui cherche dans le fond de son âme ce qu'il croit devant Dieu vous être à jamais le plus utile !

» Je n'aime pas la violence, la violence morale, encore moins la violence matérielle. Fénelon disait autrefois : « Rien ne » peut forcer le retranchement impénétrable de la liberté d'un » cœur. » Il nous faut profondément respecter la liberté des cœurs, et laisser à Dieu, à sa miséricorde, son jour et son heure, et ses jugements à sa justice. Quand cette heure bienheureuse sonnera, Messieurs, alors, nous l'espérons bien, vous nous donnerez vos âmes ! »

Quand, après les grands mouvements d'éloquence qui les avaient étonnés, remués, ils entendaient tout à coup de telles invitations, si doucement et tendrement insinuantes, si leurs âmes n'étaient pas encore subjuguées, leurs cœurs l'étaient.

Les Orléanais admiraient surtout cela, son zèle, sa charité, son amour des âmes, son cœur d'apôtre et de père; ils admiraient aussi et beaucoup sa magnifique action oratoire. Quel était ici son art? Le voici tout simplement : placé en face de ces chères âmes de ses diocésains, la sienne soudain prenait feu; ses sujets s'emparaient de lui, il en était pénétré : de là, le naturel, la vérité, la beauté, et l'irrésistible autorité de son action. Chacun s'accordait à le dire, c'est en chaire que sa physionomie avait tout son rayonnement, et prenait toutes les expressions : tantôt majestueuse et comme inspirée; tantôt aimable et gracieuse; quelquefois irritée et menaçante. Si le discours l'avait porté sur les hauteurs des choses morales, s'il voulait exprimer l'adoration, l'amour, la pureté, la prière, son front s'illuminait, son regard, élevé vers le ciel, était d'une limpidité extrême, et sa voix d'une douceur pénétrante; si au contraire le sentiment qui l'animait était l'indignation, le courroux, son visage s'allumait en quelque sorte, son regard lançait la flamme, sa parole avait des éclats qui retentissaient au fond des âmes : le pied droit en avant, le visage un peu de profil, le bras tendu, le corps penché vers son auditoire, il semblait écraser le vice, les choses odieuses : tel en particulier il était dans ce superbe mouvement oratoire de son sermon sur la croix, lorsque, pour faire sentir l'indignité de ce supplice dans l'antiquité, il rappelait, avec une pose et un geste d'orateur romain, la terrible invective de Cicéron contre Verrès : « Une croix? dis-je, une croix! *Crux, crux, inquam;* tu as osé attacher un citoyen romain à une croix!... » L'auditoire était frissonnant. Les connaisseurs, ceux qui se piquaient d'être initiés aux secrets de l'art, ne se lassaient pas d'admirer ce talent de dire; cette attitude, toujours noble, même dans les mouvements les plus véhéments; ce geste, toujours juste et correct autant qu'expressif; cette voix surtout, si merveilleusement adaptée à toutes les nuances de la pensée et du sentiment; de sorte qu'ils se posaient cette question : si en effet l'étude n'y était pas pour quelque part. « Avait-il, demande celui dont nous invoquions tout à l'heure le témoignage, seul fécondé le don éminent dont le ciel l'avait gratifié, ou bien l'avait-il perfectionné par l'étude et les leçons des maîtres dans l'art de bien dire? Nous l'ignorons. L'écrivain de sa vie nous renseignera peut-être sur cette particularité, car rien n'est indifférent dans un homme célèbre; mais bien exceptionnellement heureuse a été sa nature d'orateur si elle a pu, à l'aide de ses seules forces, atteindre à un si haut point. » Nous pouvons répondre que l'évêque d'Orléans n'a jamais eu d'autre maître ici que son âme. Et nous avons dit ce qui ajoutait, depuis qu'il était évêque, à cette puissance naturelle de son éloquence. Non, rien d'artificiel ni d'étudié : son âme, toute seule.

L'année suivante, 1852, fut pour lui, nous le dirons, une année de grand effort pour relever et propager dans la ville et le diocèse d'Orléans la dévotion par excellence du christianisme, la dévotion au Saint-Sacrement. Pour aider cet effort, l'évêque recourut à sa puissante parole, et il prêcha lui-même, pendant toute l'Octave, sur ce grand mystère, une série de sermons qui renouvelèrent les triomphes oratoires de ses deux premières stations de carême.

Mais il y a une autre forme de la parole pastorale, plus

familière, plus simple, souvent plus efficace que les sermons, c'est l'homélie, c'est le prône. Causerie pleine d'abandon, entretien paternel entre le pasteur et ses ouailles, qui permet de dire beaucoup de choses que les discours solennels ne comportent pas, et par conséquent de s'insinuer beaucoup plus sûrement quelquefois au fond des âmes ; parole plus vivante, parce qu'elle semble plus naturelle, et paraît admettre moins d'art, bien qu'elle en exige un très grand, qui est de faire disparaître l'art lui-même, car là surtout s'applique cette ingénieuse remarque de Fénelon : « L'art se discrédite lui-même, il se trahit en se montrant. » C'est cette forme de parole surtout que l'évêque d'Orléans recommandait à ses prêtres, dans ces entretiens des retraites pastorales, dans ses lettres à son clergé ; celle-là surtout dont il explique tous les secrets dans deux admirables volumes que nous le verrons composer plus tard, *Entretiens sur la Prédication populaire*, et *l'Œuvre par excellence ou Entretiens sur le catéchisme*. Là aussi il voulut donner l'exemple. Donc, aux approches du carême de 1853, il annonça qu'il ferait le prône tous les dimanches à sa cathédrale, et il tint parole. Il charma l'auditoire autant peut-être qu'il l'avait enthousiasmé dans ses grands sermons. Il lisait l'Évangile, ou l'Épître du jour, et le commentait : il lisait, mais avec quel naturel ! quelle perfection ! « Il savait lire ; il possédait cette science difficile, trop négligée, mais qui devrait être la science de tous ceux qui se livrent à la parole publique... Dans la lecture de Mgr Dupanloup jamais une défectuosité de prononciation ou d'accentuation. La clarté, la mesure, le repos, la science des nuances étaient toujours respectés. » Cette lecture saisissait déjà ; les commentaires jaillissaient ensuite de son âme avec abondance : c'étaient ses oraisons, ses entretiens personnels de chaque matin avec Dieu, qui, d'ordinaire, en étaient la source, et qui montaient de son cœur à ses lèvres. Les textes même les plus familiers à ses auditeurs, exposés par lui, laissaient voir des beautés qu'ils n'y avaient jamais soupçonnées. Souvent aussi, et même dans ses sermons, il narrait, et avec quel agrément encore. « Ne sait pas narrer qui veut, soit dans la conversation familière, soit dans le discours public : beaucoup y échouent... Que Mgr d'Orléans racontait bien ! avec quel art ! avec quelle suprême adresse ! Il nous souvient de lui avoir entendu raconter dans la chaire de Saint-Pierre un fait touchant, advenu au cours de sa longue carrière sacerdotale (c'était la conversion d'un mourant)[1], et dans la chaire de Sainte-Croix un trait même de l'Évangile, avec une supériorité de détails, une finesse d'allusions, un charme enfin qui nous pénétrèrent tous d'admiration[2]. » Dans ces familiers entretiens, entièrement improvisés, quoique soigneusement médités et notés, il ne craignait pas quelquefois d'égayer l'auditoire, et de sourire, comme par exemple lorsque, demandant aux paroissiens de Sainte-Croix de l'argent pour les très beaux confessionnaux qu'il avait fait placer dans les onze chapelles de l'abside, il leur en donnait cette raison : « Il faut bien que ceux qui en usent les payent ; » mais toujours avec un tact exquis et une convenance parfaite. Puis tout à coup, après avoir ainsi touché terre, comme il disait, il rebondissait, comme il disait encore, s'élevait avec quelque grande pensée, et le puissant orateur se retrouvait tout entier dans le pasteur et dans le père. Cette parole familière déconcertait un peu quelques bons prêtres qui s'emprisonnaient trop dans leurs prônes écrits et appris ; mais c'était précisément cette méthode qu'il voulait transformer.

Le carême suivant, il prit pour sujet principal de ses homélies la liturgie et le chant. Ces prédications secondaient un grand dessein qu'il avait : partant de ce principe que le chant, comme dit saint Augustin, c'est l'amour, *cantat amor*, et de cet autre principe que les hommes s'intéressent d'autant plus aux choses qu'ils y prennent une part personnelle et active, il attachait la plus grande importance au chant, surtout au chant populaire ; et il voulait arriver à ce résultat : faire chanter le peuple, surtout dans sa cathédrale, dont il se proposait

---

1. Voy. ce récit, 1er vol., p. 153.
2. M. Arthur Johannet.

de faire une paroisse modèle. Il croyait la chose possible, du moins pour les chants communs et faciles, et pour la psalmodie. Et, pour arriver à ce but, il eut recours à plusieurs moyens ; notamment à l'installation, à l'extrémité de sa cathédrale, sous l'orgue, d'un second chœur d'enfants et de jeunes gens, que lui fournissaient naturellement les écoles des Frères, et que fortifiaient quelques instruments. Il espérait que les chants, se répondant ainsi d'un chœur à l'autre, par-dessus l'assemblée des fidèles, finiraient par les entraîner. Il fit, à plusieurs reprises, beaucoup d'efforts et de tentatives pour en arriver là ; mais, si ses instructions sur la liturgie et le chant furent très goûtées, et s'il parvint aussi à faire chanter un certain nombre de personnes, nous ne pouvons pas dire cependant que le chant populaire, universel, tel qu'il l'avait désiré, et qui serait en effet chose si belle, il soit parvenu à l'établir d'une manière constante et définitive.

Nous avons hâte d'arriver à son plus magnifique triomphe, à son inoubliable Carême de 1858. Il venait enfin de reconquérir, en publiant, comme nous le dirons, à travers tant d'œuvres, deux nouveaux volumes de son grand ouvrage sur l'Éducation, une liberté qui depuis quelques années lui faisait défaut ; d'un autre côté, son autorité sur ses diocésains, la vénération, l'affection dont ils l'entouraient étaient plus grandes que jamais ; il était de l'Académie française ; il avait prêché le panégyrique de Jeanne d'Arc, dont nous parlerons, où son âme s'était mêlée si intimement à l'âme des Orléanais ; il voulut profiter de tous ces avantages pour son apostolat, et frapper ainsi, s'il le pouvait, un plus grand coup. Il reprit donc ses prédications du carême à la cathédrale. Et d'abord il voulut faire les sermons du dimanche, et il choisit pour sujet de ses instructions la prière, et le traita sous tous ses aspects. L'enthousiasme fut prodigieux. Il essaya de plus, dans la semaine, des Conférences pour les hommes seulement. Il y avait longtemps que d'excellents chrétiens le lui demandaient. Des retours, en grand nombre, avaient suivi ses premières prédications; beaucoup, qui étaient ébranlés, hésitaient cependant encore; on pensait que des Conférences apologétiques, à la façon de celles de Notre-Dame, décideraient enfin ces attardés du voltairianisme, ces victimes de l'éducation indifférente et sceptique des lycées. Il avait résisté jusque-là, disant qu'il y a plus de lumière et de vertu dans les paroles de la sainte Écriture que dans toute parole humaine; il consentit enfin. Quelques craintes alors se produisirent autour de lui. On rappelait des précédents douloureux. En 1816, lors de la première mission faite à Orléans par le P. Rauzan, fondateur des PP. de la Miséricorde, ou missionnaires de France, les hommes furent invités aussi à se rendre à des Conférences spéciales à Saint-Pierre; le clergé de la ville disait : « Il n'y aura personne, ou il y aura du bruit. » Quand le prédicateur arriva à l'église, elle était remplie, mais d'hommes réunis en groupes dans les nefs, la plupart le chapeau sur la tête, conversant comme dans une halle, et les physionomies trahissant des dispositions peu amicales; le missionnaire ne put parvenir à se faire entendre. De nouvelles Conférences pour les hommes furent tentées en 1824; mais, comme en 1816, on se borna à la petite église de Saint-Pierre, trop grande encore pour le nombre des auditeurs. Combien différent fut le spectacle dont Orléans allait être témoin!

Toutefois, avec sa prudence et son art accoutumés, il commença d'abord modestement, dans la chapelle de l'Officialité : il arriva, comme un professeur, avec des livres et des notes, s'assit à une petite table, recouverte d'un tapis, et se mit à parler comme autrefois devant son auditoire de la Sorbonne. Il fallut, dès la seconde Conférence, se transporter dans un local plus vaste, à Saint-Pierre-du-Martroi; et encore ne monta-t-il pas d'abord en chaire, il se plaça simplement devant la grille du sanctuaire; mais sa parole arrivant difficilement aux extrémités de l'auditoire qui remplissait toutes les nefs, le chœur, les chapelles, le troisième jour il parla du haut de la chaire; puis l'auditoire augmentant toujours, il fallut aller à Sainte-Croix, et la vaste cathédrale elle-même ne suffisait pas aux flots toujours grossissant des hommes de toutes les conditions qui se pressaient pour l'entendre. Il traitait du sacrifice : de sa notion, de son origine, de son universalité, des traditions antiques relatives à ce grand fait, du sacerdoce, de la chute originelle, de la croix. Dans cette dernière Conférence, tenant d'une main le livre des Prophètes, montrant de l'autre le crucifix du tabernacle, il eut un de ces mouvements de grand orateur qui enlèvent une assemblée. Un frémissement, dit un journal orléanais, courait sur tout l'auditoire.

Voyant cette ville dans sa main, pour ainsi dire, et voulant arriver aux grands résultats, il eut alors une idée hardie, mais dont le succès fut complet : ce fut d'essayer, pendant la semaine sainte, dans la cathédrale même, une retraite d'hommes, comme à Notre-Dame. Toute la ville accourut. Laissons parler un témoin oculaire[1] : « Dès le premier jour les auditeurs affluèrent par milliers de tous les points de la cité, et cette vaste nef se trouva impuissante à contenir tous ceux qui l'envahissaient, et qui durent aller s'abriter dans les bas-côtés, sous l'orgue, et jusque dans les extrémités du chœur. Et cette multitude alla croissant chaque soir, au point que les portes durent être refusées à plus de mille personnes... Le peuple était le plus empressé. Pendant toute la semaine sainte et sur la demande des ouvriers eux-mêmes, les fabriques ont ouvert et fermé une heure plus tôt... Ceux qui ont assisté chaque soir à la sortie de cette multitude peuvent dire de quels flots les rues étaient inondées : la vaste place de Sainte-Croix en était toute noire, pour nous servir d'une expression pittoresque que nous avons entendue, et les grandes artères de la cité semblaient des déversoirs où se ruait le trop plein d'un fleuve débordé. »

Devant ce vaste auditoire, l'évêque ravi s'écriait : « Qui vous a amenés ici ! Quelle force vous a arrachés de vos demeures, de vos réunions, pour vous assembler en ce lieu? J'ai jeté dans la rue un petit papier annonçant que la parole de Dieu serait prêchée dans cette cathédrale, voilà tout ; c'est là la violence

---

1. M. Léon Lavedan, dans le *Moniteur du Loiret*.

que j'ai employée, et vous êtes accourus de toutes parts. »

« Il se surpassa dans cette retraite. » Il prêcha d'abord un de ses plus éloquents discours sur le salut; puis un autre sur la mort. Au milieu de ce sermon, au moment où il rappelait l'incertitude de l'heure finale, on entendit tout à coup sonner le timbre de la cathédrale; alors, lui : « Oh! oui, celle-ci vous l'avez entendue, Messieurs; mais la dernière! la dernière! *Ultima, latet!...* » Ces cris d'âme lui étaient habituels. Puis il donna sur l'Enfant prodigue, ses égarements et son retour, deux sermons qui ont laissé des traces profondes dans la mémoire des Orléanais. Enfin, le vendredi saint, il redit son magnifique sermon sur la croix. Et pendant qu'il se prodiguait ainsi aux hommes, l'infatigable évêque prêchait tous les jours des Conférences aux dames à Saint-Euverte.

Quelque chose qui frappa vivement les Orléanais dans cette retraite, ce fut le *Miserere* et le *Stabat* chantés, comme d'une seule voix, par toute cette foule. Nous disions tout à l'heure quelle importance il attachait au chant, surtout au chant des fidèles, de la foule. Son instinct d'apôtre ne le trompait pas : il voulut donc faire chanter, à ces réunions; et, comme un missionnaire, il présidait lui-même le chant. Ces six mille voix, s'élevant à la fois sous les voûtes de cette basilique, ébranlaient, quoi qu'on en eût, les âmes elles-mêmes.

Avant son sermon du vendredi saint, il engagea, par un de ces *avis* qu'il savait si bien donner, son vaste auditoire à conclure, à se préparer à la Pâques par la confession. Il rappela que tous les prêtres de la cathédrale seraient, comme ils l'avaient été toute la semaine, dès le matin, jusqu'à onze heures du soir, jusqu'à minuit, s'il le fallait, à leur poste, à leurs confessionnaux, dans leurs chapelles parfaitement éclairées; et lui-même aussi; qu'il entendrait tout le monde, les cochers, les valets de chambre, les ouvriers aussi bien que les autres. On le prit au mot, et il confessa, le lendemain, dans la chapelle du Mois de Marie, jusqu'à minuit.

Et le jour de Pâques, quel spectacle dans cette cathédrale de Sainte-Croix! « Chercherons-nous à dépeindre cette grande scène? dit encore le narrateur que nous citons : elle est de celles qui ne se retracent pas. » L'évêque avait livré le sanctuaire et le chœur aux communiants. Ce qu'on admira surtout, dans cette foule d'hommes de tout âge, de toutes conditions, ce furent, rangés des deux côtés de l'autel, plus de cent grenadiers de la Garde, qui portaient presque tous sur leur poitrine la médaille et la décoration de Crimée. Il existait alors à Orléans une œuvre de militaires, dirigée par un jeune prêtre, intelligent et zélé, M. l'abbé de Beuvron[1], qui avait admirablement secondé auprès de ces braves soldats le zèle de son évêque. « Pendant près d'une heure et demie, l'évêque d'Orléans lui-même distribua le pain eucharistique aux âmes que son cœur avait gagnées. » Car il y eut de nombreux retours. Mais ne levons pas ces voiles; laissons aux âmes et à Dieu leurs secrets. Disons seulement que les dames chrétiennes d'Orléans secondaient, pendant ce temps-là, admirablement, par leurs ardentes prières, les unes pour un père, d'autres pour un mari, le travail des apôtres : il y eut des sentiments admirables dans les cœurs; il en sortit des cris héroïques, celui-ci, par exemple, d'une mère qui, ayant perdu l'aîné de ses deux fils, s'écria, dans sa douleur et dans sa foi : « O mon Dieu, prenez l'autre, si l'âme de mon cher mari est à ce prix ! » On les vit s'asseoir, l'un à côté de l'autre, le visage inondé de larmes, à la table sainte.

Et ce ne fut pas là un mouvement passager : cette grande chose, la retraite des hommes, fut définitivement fondée à Orléans. « L'évêque d'Orléans a donc été, non seulement un orateur admiré, mais un prédicateur auquel il a été accordé la plus précieuse récompense du ministère évangélique : la conversion des âmes. Il a fait à Sainte-Croix ces réunions d'hommes inconnues avant lui. C'est sa parole entraînante qui les a suscitées, soutenues, et implantées définitivement dans les mœurs et les habitudes d'Orléans. Grâce à lui, à son zèle ardent, à son active et constante sollicitude, se trouve

---

1. Aujourd'hui aumônier du Val-de-Grâce.

créé dans notre ville au auditoire digne de Notre-Dame... Ce fut le couronnement de sa prédication[1]. »

Orléans, on le conçoit, était fier de son grand orateur. « Nos édiles, à toutes les époques, ont adressé un appel écouté à sa bonne volonté inépuisable. Nous étions fiers de le montrer aux étrangers que le désir bien légitime de l'entendre attirait plus nombreux. Il apportait ainsi un concours inappréciable à nos diverses solennités locales : Jeanne d'Arc, le Concours régional, l'inauguration de nos fontaines publiques, l'ont tour à tour inspiré. Il rehaussait l'éclat de nos fêtes par l'éclat de sa parole... Notre cité, qui a la mémoire du cœur, lui en conservera un durable souvenir[2]. »

Après ces grandes fatigues, quel fut son repos? Le voici : dès le lendemain de cette belle fête de Pâques, il partit pour une longue et fatigante tournée pastorale. Et au retour, il faisait entendre de nouveau, comme nous le verrons, dans son diocèse, et même hors de son diocèse, sa grande parole. Voilà l'ouvrier, l'apôtre et l'évêque qu'il était.

1. M. Arthur Johannet.
2. *Ibid.*

## CHAPITRE VI

SON ŒUVRE PASTORALE
(suite)
Rénovation des Catéchismes à la cathédrale et dans la ville d'Orléans
Transformation des Petits Séminaires
1851-1857.

« Si je dois laisser quelque chose après moi sur la terre, c'est l'œuvre des catéchismes et des petits séminaires. » « Le bon Dieu m'a fait évêque pour achever, *pro meis viribus*, ces deux œuvres, les catéchismes et les petits séminaires. » L'évêque d'Orléans écrivait ces paroles au commencement de son épiscopat en 1850 et 1852 ; à ces deux œuvres, en effet, plus qu'à aucune de celles qui l'ont occupé, il a mis toute son âme et tout son cœur.

En ce qui concerne les catéchismes, il avait presque à révéler l'œuvre, tant elle était conçue et exécutée dans son diocèse, quand il y arriva, d'une façon différente de la sienne. Il comprit que le capital était de transformer les catéchistes et les catéchismes de sa cathédrale : que la nouvelle méthode passerait de là d'elle-même dans les autres paroisses de la ville épiscopale, puis dans le diocèse tout entier. Cette vue, du reste, rentrait dans cette pensée fondamentale, que nous avons dite, à savoir faire de sa cathédrale « la paroisse modèle », et, comme il disait, « une paroisse resplendissante. »

Les catéchismes, consolant, nous dirons même aimable apostolat, quand il est ce qu'il doit être ! Mais un grand art et un grand labeur y sont nécessaires. Nous ajouterons qu'aujourd'hui, où tant d'entraves sont apportées à l'éducation chrétienne de la jeunesse, les catéchismes, qui ne sont pas autre chose que cela, non pas seulement l'instruction, mais l'éducation chrétienne de la jeunesse, acquièrent une spéciale importance, et appellent plus que jamais toute l'attention et tout le zèle du clergé. C'est une des plus grandes ressources de l'avenir.

Or, rien qu'à voir le lieu où se faisaient la plupart de ces catéchismes, il sentit que la conception même de l'œuvre manquait. Ces pauvres enfants n'avaient même pas un lieu à eux, pour eux : comment ces catéchismes auraient-ils pu être, ainsi que ce vrai catéchiste le concevait, lui, une famille, un foyer, un bercail? Il y avait bien un catéchisme qui se faisait dans la chapelle dite de l'Officialité ; mais ce local était alors une classe; et un autre, un catéchisme de persévérance, qui avait lieu à l'église Saint-Pierre du Martroi, mais où ne venaient que les jeunes filles des pensionnats. Des petits catéchismes, il n'y en avait pas.

Et qu'étaient ces catéchismes ? Des leçons sur la religion, plus ou moins bien données, selon le zèle et le talent des catéchistes; mais l'action sur les âmes, l'éducation religieuse des âmes, on n'y pensait même pas : « On ne se préoccupait pas d'agir sur le cœur des enfants ; rien, ou peu de chose pour rendre les réunions aimables, attrayantes et attachantes[1]. »

L'évêque d'Orléans ne fit pas autre chose, pendant la première année de son épiscopat, que d'observer toute cette façon de faire, et de bien mûrir ses plans.

Grand fut l'étonnement des jeunes vicaires de la cathédrale et des autres paroisses de la ville quand ils virent tout à coup apparaître leur évêque dans leurs catéchismes : il entrait, s'asseyait, écoutait, observait et notait tout, et se retirait sans mot dire. Mais ce silence était suffisamment éloquent.

Vers la fin de l'année 1850, avant la réouverture des catéchismes, il crut le moment venu d'agir. Il convoqua donc à l'évêché tous les vicaires de Sainte-Croix, et se promenant avec eux dans le jardin, sous la charmille, d'un pas qu'ils avaient peine à suivre, il leur expliqua, avec un feu extraordinaire,

---

1. Notes à nous données par M. l'abbé L...

comment il entendait, lui, les catéchismes ; comment il fallait non seulement y enseigner la religion, mais déjà la faire pratiquer ; faire, en un mot qui ne saurait être trop répété, par le catéchisme, c'était sa grande formule, l'éducation religieuse des enfants ; il leur dit tout ce qui pouvait donner de l'intérêt et du charme à un catéchisme, les cantiques, les avis, les homélies, les instructions, les analyses, le jeu de bons points, les cachets, les dignités, les récompenses, les fêtes ; quels biens résultaient de catéchismes ainsi faits ; tout ce qu'il leur avait dû lui-même pour tout son ministère. Ces jeunes prêtres étaient transportés ; c'était pour eux une véritable révélation.

« Pendant plusieurs jours, nous a écrit l'un d'eux, il il nous fit ainsi venir à l'évêché, honorant du nom de *conseils* ces entretiens qu'il voulait bien avoir avec nous. » Il descendait là, des plus hautes vues, dans le dernier détail des choses et de la pratique ; répétant ce qu'il a dit tant de fois, et écrit, que les choses se font ou périssent par les détails. « C'est une chose remarquable, nous écrivait le même prêtre, comme cet homme extraordinaire, dont les vues étaient si hautes et si larges, était en même temps un esprit éminemment pratique, descendant aux plus minutieuses particularités : manière aimable d'appeler les enfants, en faisant précéder leur nom de famille de leur nom de baptême ; chant des cantiques, qu'il voulait intégral, pieux et profondément senti ; usage du claquoir, pour indiquer, sans laisser une seconde d'intervalle, la succession des exercices ; et il nous montrait lui-même la façon de s'en servir. Il alla à Paris examiner les bancs de la chapelle Saint-Hyacinthe, en fit prendre la mesure, et confectionner, à ses frais, de tout semblables, pour la chapelle de l'Officialité. Il prit soin lui-même de commander les vignettes ou cachets qui devaient servir à contrôler la valeur des analyses ; il nous remit ces vignettes, avec le pinceau, nous montrant comment il fallait faire pour imprimer les divers cachets. » Bref, il mit le feu au cœur de ces jeunes prêtres, pleins de zèle, à qui il ne manquait, pour faire admirablement cette œuvre, qu'une meilleure initiation.

En outre, il avait fait venir de Paris, comme secrétaire, un de ses anciens élèves, formé par lui à cet art du catéchisme : jeune prêtre dont il connaissait la piété, le zèle, le savoir-faire, le tact et la modestie, M. l'abbé Nollin, aujourd'hui curé d'une importante paroisse d'Orléans : ce jeune prêtre fut, pour les vicaires de Sainte-Croix, sous la haute direction de l'évêque, un collaborateur, un initiateur admirable.

Tout ce que l'évêque proposa fut donc accueilli avec enthousiasme, et une réorganisation complète des catéchismes de la cathédrale fut décidée.

D'abord, la chapelle de l'Officialité redevint ce qu'elle était, une chapelle; laquelle, admirablement ornée depuis par le zèle des vicaires de Sainte-Croix, sans contredit est une des plus belles chapelles de catéchisme qui soient en France. Et tous les catéchismes y furent transportés.

Puis, le nombre de ces catéchismes fut augmenté. Des petits catéchismes furent créés. Convaincu qu'il n'est pas moins nécessaire de faire persévérer les jeunes gens que les jeunes filles, l'évêque voulut qu'ils eussent aussi leur catéchisme de persévérance, et il lui donna, comme il avait fait à la Madeleine, la forme d'une petite Académie, qui fut placée sous les auspices de son patron, saint Félix. Rien ne lui était plus insupportable que certaines objections contre ces catéchismes de persévérance des jeunes gens, celle surtout qui consiste à dire, dans les paroisses un peu considérables, que les éléments font défaut. « Ce ne sont pas, disait-il, les éléments qui manquent; c'est autre chose. »

Enfin à chacun de ces catéchismes fut préposé un vicaire de la cathédrale, auquel furent donnés, comme auxiliaires, selon l'importance des catéchismes, deux ou trois des élèves les plus distingués du Grand Séminaire; ce qui avait en outre l'avantage de préparer pour l'avenir une pléiade de jeunes catéchistes formés selon la vraie méthode, et qui la transporteraient avec eux dans tout le diocèse.

Comme il importait, pour l'avenir de la réforme, que tout

d'abord le succès fût grand, l'actif et prévoyant évêque ne négligea rien à cet effet ; il prit la peine d'aller lui-même dans les familles demander qu'on envoyât les jeunes filles et les jeunes gens aux catéchismes de persévérance : un tel appel ne pouvait pas ne pas être entendu.

Ainsi préparée, toutes les dispositions prises, toutes les instructions données, la réouverture des catéchismes de persévérance, le dimanche qui suivit la Toussaint, l'année 1850, « fut un événement. On ne saurait se faire une idée de l'enthousiasme des jeunes filles, dès les premières réunions. Cette solennité inaccoutumée, cette présence de quatre ou cinq ecclésiastiques, mettant à cette œuvre tout leur zèle, cette variété d'exercices se succédant les uns aux autres, ces instructions préparées avec un soin extrême, ces Vêpres, chantées par les enfants elles-mêmes, à deux chœurs, ces cantiques, ces pieuses homélies, cet ensemble d'avis pour les choses matérielles, et d'avis de piété, de conseils pratiques de toutes sortes, adaptés directement à leurs âmes, tout cela intéressait, attachait singulièrement les enfants. Elles y venaient comme à une partie de plaisir. Elles refusaient même les promenades à la campagne, et pourquoi ? pour ne pas manquer, disait l'une d'elles, et avec quel accent ! *mon catéchisme*. C'était bien autre chose encore les jours de fête ! Quand les enfants entraient dans leur chapelle, magnifiquement ornée, étincelante de fleurs et de lumières, tout d'abord elles étaient saisies : les deux réunions du matin et du soir étaient l'une et l'autre délicieuses : » au moyen de cette dilatation des cœurs dans la joie et dans tous les bons sentiments, les impressions de la piété pénétraient profondément ces jeunes âmes.

La petite Académie de saint Félix fut de même extrêmement goûtée, et n'est, à l'heure qu'il est encore, ni moins nombreuse, ni moins zélée, que le catéchisme des jeunes filles.

Les petits catéchismes eux-mêmes n'eurent pas un moindre succès. « Rien n'était charmant à voir, disent toujours les notes que nous suivons, comme ces premières joies religieuses goûtées par ces tout jeunes enfants ; surtout quand le vénérable curé de la cathédrale apparaissait... Il avait bien d'abord été un peu effarouché de ces innovations ; mais, quand il en vit les résultats, non seulement il leur donna sa complète approbation ; mais encore, les jours de fête, il eût difficilement cédé sa place à la présidence. »

Cependant, la grande révélation de l'œuvre catéchistique n'avait pas encore été faite à ces jeunes prêtres : l'évêque la réservait pour ce qu'il appelait le Catéchisme de semaine, nom qu'il aimait, et qui est resté au catéchisme immédiatement préparatoire à la première communion, parce qu'il se faisait, non plus le dimanche, mais dans la semaine. Quelques jours avant l'ouverture de ce catéchisme, il fit venir celui auquel il voulait le confier, et lui expliqua l'action pastorale qu'il devait avoir là, tout ce qu'il devait se donner de soins et de peines pour arriver à la nécessaire conversion de ces jeunes âmes, car ce catéchisme est et doit être cela : une œuvre de conversion ; il lui dit ce que son catéchisme de semaine lui coûtait à lui-même de travaux et d'efforts. « C'est là, disait-il, qu'on est pasteur et père. Mais il faut s'y donner tout entier. Pour moi, j'y employais la plus grande partie de mes journées. Mais aussi, ajoutait-il, quels résultats ! » Et, s'enthousiasmant à ces souvenirs : « Voyez-vous, mon ami, disait-il, nous transformions les enfants. » Il transformait aussi, par de telles révélations et de telles exhortations, ces jeunes prêtres.

L'œuvre de rénovation accomplie, les catéchismes réorganisés, et, pour ainsi dire, lancés, l'évêque les suivit attentivement du regard. Un jour il s'enquit du nombre des analyses au catéchisme de persévérance : il était respectable ; l'évêque cependant ne trouva pas que ce fût assez : il promit des récompenses si l'on arrivait au chiffre de deux cents : les récompenses furent gagnées. Un autre jour, il vint assister à une réunion du catéchisme de persévérance, accompagné de son secrétaire, qui, de temps en temps, sur un signe de lui, prenait des notes. Le lendemain, les catéchistes furent appelés : l'évêque, mais il avait fallu pour cela son regard et sa science consommée de l'œuvre, avait remarqué *trente-trois* fautes commises dans ces deux heures. C'est par une telle attention aux détails, et par des instructions aussi précises, qu'il put former à Orléans une école de catéchistes qui, avec le feu sacré mis dans leurs âmes par cet éminent catéchiste et dont ils n'ont pas laissé s'attiédir la flamme, ont su maintenir à la cathédrale les vraies et grandes traditions catéchistiques.

Naturellement, les autres paroisses de la ville d'Orléans imitèrent cet exemple. Les jeunes filles et les jeunes gens se répartirent dans leurs paroisses respectives. L'œuvre des catéchismes se trouva fondée dans toute la ville.

Et en même temps, l'évêque entretenait avec les curés les plus intelligents et les plus zélés du diocèse une active correspondance, stimulant, encourageant de toutes manières leurs efforts, pour renouveler aussi leurs catéchismes; ce qui se tenta ainsi, dans le diocèse d'Orléans, sous l'impulsion de l'actif évêque, pour l'œuvre des catéchismes, est admirable! Il garda soigneusement cette correspondance, et en fit un large emploi quand il écrivit ce beau livre sur le catéchisme dont nous aurons à parler plus tard. Tels furent ses premiers travaux pour cette œuvre des catéchismes qu'il avait tant à cœur.

La transformation des Petits Séminaires marchait du même pas : « Former en vingt ans une nouvelle génération de prêtres capables et nombreux, » telle était son espérance dans ce labeur. Puisque, en effet, ces maisons sont celles où le clergé se recrute et se forme, l'avenir d'un diocèse est là tout entier.

Les vocations, à Orléans et ailleurs, étaient rares alors; elles le sont encore plus aujourd'hui. On s'en plaint; lui-même en a souvent gémi. Sans doute, il y a de ce malheur des causes multiples; mais les Séminaires eux-mêmes n'y sont-ils pour rien? La façon dont ils sont quelquefois gouvernés n'explique-t-elle pas, en partie, cette stérilité? Si tant de vocations se perdent là, n'aboutissent pas, restent en route, la faute en est-elle uniquement à ceux qui, appelés, ne répondent pas? Question redoutable. Quoi qu'il en soit, rien n'importe plus à un évêque que le bon gouvernement de ses Séminaires ; et rien ne fut l'objet d'un plus grand labeur pour l'évêque d'Orléans.

A un autre point de vue, il était nécessaire que le principal auteur de la loi de 1850, ayant en mains une maison d'éducation, prouvât que le clergé n'était pas indigne de cette liberté d'enseignement si ardemment réclamée et enfin conquise.

Tout d'abord, il se proposa deux choses : augmenter dans son Petit Séminaire le nombre des élèves, et y relever les études et la piété.

Pour avoir plus d'élèves, quoique son Séminaire de la Chapelle eût été construit dans de si grandes proportions, il songea à en créer un autre à Orléans même. Les dépendances de son vaste évêché lui parurent propres à ce dessein : il s'en priva donc sans regret, pour y installer, avec la maîtrise de la cathédrale, un véritable Petit Séminaire, dit Petit Séminaire de Sainte-Croix, où l'on ne faisait d'abord que les classes élémentaires, mais dont les élèves pouvaient ensuite passer au Petit Séminaire de la Chapelle, s'ils donnaient des espérances sérieuses de vocation à l'état ecclésiastique. Ce projet, dès qu'il fut connu, causa d'abord, parmi les personnes hostiles au clergé, quelque rumeur; la question même fut portée au conseil général : le préfet eut le bon esprit de faire comprendre que l'évêque, en usant, le premier, de la loi qu'il avait tant travaillé à conquérir, était dans son droit et son devoir [1].

Cette maison, commencée modestement, et parfaitement gouvernée par un ecclésiastique de mérite, M. l'abbé Renaudin, prit tout à coup dans la suite de très grands développements lorsque, les bâtiments d'un ancien couvent de Minimes étant devenus disponibles, l'évêque d'Orléans en put faire l'acquisition et y transporter sa maison de Sainte-Croix : le diocèse eut alors véritablement deux Petits Séminaires, complets l'un et l'autre aujourd'hui ; car, par la force des choses, l'évêque d'Orléans se trouva amené à permettre qu'on fît aux Minimes,

1. *Moniteur du Loiret*, numéro du 8 septembre 1850

c'est le nom que prit alors le Petit Séminaire de Sainte-Croix, toutes les classes, même la philosophie.

Mais c'est le Petit Séminaire de la Chapelle qui appela surtout son attention. Et d'abord, restait à payer une annuité de 30 000 francs, pour les grandes mais utiles dépenses faites par son prédécesseur : un petit billet de Mgr Dupanloup à quelques-uns de ses diocésains obtint pour réponse 60 000 francs : telle fut sa première rencontre avec la générosité orléanaise. Et quoique ce Séminaire fût si vaste et pût contenir plus de 300 élèves, l'évêque d'Orléans trouva cependant à y ajouter. C'était un grand bâtiment carré, avec une cour intérieure, entourée de cloîtres, la chapelle se prolongeant sur l'un des côtés, le côté opposé à l'entrée. L'évêque d'Orléans jeta, à droite et à gauche, deux grandes ailes, terminées chacune par une charmante chapelle, consacrées, l'une à la Sainte Vierge[1], et l'autre aux Saints Anges : dans sa pensée, ces deux chapelles devaient rendre, et ont rendu, les plus grands services pour les réformes qu'il méditait. De plus, les cours, formées, à chaque extrémité, par le bâtiment et par ces deux ailes, furent munies par lui chacune d'un hangar, pour abriter, mieux encore que les cloîtres, les enfants les jours de pluie : pendant les beaux jours, ils avaient leurs verts quinconces, entre la maison et la Loire.

Il en fut du Séminaire de la Chapelle comme de Saint-Nicolas : la confiance qu'il inspirait aux familles y attira en foule des élèves du plus grand nom ; mais s'il y avait lieu de s'en réjouir à plus d'un point de vue, cependant ce n'étaient pas là, si ce n'est exceptionnellement, des vocations : ce qu'il voulait avant tout, et les lacunes, les vides constatés par lui dès son arrivée dans son clergé lui étaient pour cela un constant aiguillon, c'étaient des enfants promettant de recruter un jour le sacerdoce. Il fallait donc favoriser les vocations, et c'est

---

1. « La première édition de mon livre (*De l'éducation*) a rapporté 3000 fr. avec lesquels, selon un vœu que j'ai fait, je bâtis en ce moment une petite chapelle de la Sainte Vierge pour mon Petit Séminaire, absolument comme si 1852 n'approchait pas. » — A Mme la Princesse Borghèse, 11 novembre 1851.

pour cela que, dès la première année de son épiscopat, en 1850, il fit deux choses : il créa des bourses, et il institua des concours; et une commission fut immédiatement nommée par lui pour juger ces concours et distribuer ces bourses; et, le 22 avril 1850, il publia une lettre à son clergé pour lui faire connaître ces créations, et « encourager le zèle si digne d'éloges de MM. les ecclésiastiques qui veulent bien préparer de jeunes enfants pour le Petit Séminaire. » Dès 1851, les élèves affluaient, et il était urgent d'opérer la réforme dont il avait tout d'abord reconnu la nécessité, au point de vue des études, de la discipline et de la piété.

Une Congrégation spéciale pour l'œuvre des Petits Séminaires lui paraissait indispensable; cette idée l'avait fortement saisi pendant son voyage de Rome; il aurait souhaité fonder lui-même cette Congrégation : « Il faut, écrivait-il, que je lève ce drapeau. » En travaillant, comme il le fit alors, à la résurrection de l'Oratoire en France, il réalisait cette pensée. Nous ne pouvons pas ne pas dire ici, par voie d'épisode, quelques mots de cette fondation.

Un prêtre éminent avait conçu la pensée de relever en France l'Oratoire, en lui donnant un triple but : la science, l'enseignement, l'apostolat; c'était M. l'abbé Gratry, ancien élève de l'École polytechnique, ancien directeur du collège Stanislas, ancien aumônier de l'École normale; homme de science, homme d'éducation. Il y avait longtemps qu'il était lié avec l'abbé Dupanloup. Un jour, le directeur de Stanislas vit entrer chez lui le renommé Supérieur de Saint-Nicolas, qui venait lui demander pour un enfant une bourse; il lui écrivait le lendemain : « L'enfant sera reçu et jouira d'une bourse entière. Je me félicite singulièrement, Monsieur, du bonheur qui m'arrive de vous rencontrer. Votre nom m'était connu depuis bien des années, et c'est avec une sorte d'émotion que je vous ai vu entrer hier chez moi. Je désire que ces relations continuent pour la plus grande gloire de Dieu et la plus grande union de ceux qui cherchent à le servir. » Quand l'abbé Dupanloup publia sa seconde lettre au duc de Broglie, le directeur de Stanislas lui écrivit : « Votre lettre est admirable. Comme fit une fois Fénelon, vous avez répliqué en deux jours, et bien répliqué. Vous avez pris le ton du prêtre, noble, ferme, digne, mais surtout plein de douceur, de charité, de véritable esprit de conciliation. Permettez-moi de vous remercier pour ma part, du fond du cœur, de ces nobles paroles par lesquelles vous nous avez tous couverts. » C'étaient donc là des âmes dignes de s'entendre. L'abbé Gratry n'était pas encore arrivé à la renommée; mais l'abbé Dupanloup put reconnaître en lui, non pas seulement un pieux et zélé prêtre, mais encore un esprit éminent, un penseur original et un écrivain hors ligne, lorsque l'abbé Gratry mit entre ses mains le manuscrit des *Sources*, cet écrit admirable où il ouvre de si belles vues sur l'unité de la nature et l'harmonie des sciences; aussi quand l'abbé Gratry, après une polémique éclatante contre les erreurs du directeur même de l'école dont il était l'aumônier, M. Vacherot, eût donné, par un délicat scrupule, sa démission, l'évêque d'Orléans s'empressa-t-il, pour honorer son désintéressement et son courage, de l'appeler auprès de lui en qualité de vicaire général. Ce ne pouvait être qu'une transition pour l'abbé Gratry, qui méditait la résurrection de l'Oratoire, et qui avait enflammé déjà, à l'École normale, quelques jeunes gens pleins de talent pour cette œuvre. Il fallait, à côté de l'abbé Gratry, un prêtre accoutumé à l'apostolat et en même temps homme d'application aux détails pratiques; l'évêque d'Orléans indiqua l'abbé Pététot, son ancien collaborateur aux catéchismes de la Madeleine, depuis curé de la grande paroisse de Saint-Roch, et vénéré dans le clergé de Paris pour sa piété, son austérité, son esprit de pauvreté. L'abbé Pététot comprit l'œuvre et quitta tout pour s'y dévouer. L'évêché d'Orléans devint donc ainsi le centre où aboutissaient toutes les démarches préparatoires à la réalisation de ce grand projet. La correspondance entre l'évêque et l'abbé Gratry, quand celui-ci eût quitté Orléans, était incessante. On y voit la trace de ces mouvements d'âme en sens divers qui agitent, pendant ce qu'on pourrait appeler la période de l'enfantement, tout homme qui porte en lui une grande pensée; les alternatives d'espérance et de crainte; et aussi, les noms des jeunes normaliens qui devaient former le noyau de la future Congrégation; les péripéties et enfin la décision de leur vocation. « Quant à la grande affaire, écrit un jour l'abbé Gratry à l'évêque d'Orléans, elle est toujours mon idéal. Il le faut; Dieu le veut. L'homme naturel en moi n'y met nul enthousiasme; mais, de temps en temps, dans la prière, Dieu me relève vigoureusement. » Un autre jour, le souffle de Dieu s'étant fait plus vivement sentir : « J'ai été depuis hier éclairé, touché, frappé, délivré, décidé, à un point que je ne puis exprimer. Dieu veuille ne pas me retirer ceci. *Domine, custodi hanc voluntatem.* » C'est l'évêque d'Orléans qui, de loin, semble mener toute cette affaire; c'est lui qu'on prend pour juge des difficultés qui surgissent; c'est lui qui reçoit dans son Grand Séminaire les premières recrues du nouvel Oratoire. L'âme de l'évêque d'Orléans a donc plané sur le berceau de cette précieuse Congrégation qui a déjà donné d'heureux fruits à l'Église, et semble destinée à lui en donner de plus grands encore. « Vous avez, lui écrivait le P. Gratry, excité l'étincelle qui forme aujourd'hui l'Oratoire de l'Immaculée Conception. » Mais revenons aux travaux de l'évêque d'Orléans dans ses Séminaires.

Avant tout, il lui fallait des instruments. Il les trouva : les deux hommes, les deux Supérieurs, qui furent ses plus effectifs coopérateurs dans cette œuvre de transformation de son Petit Séminaire, ce furent M. l'abbé Place et M. l'abbé Hetsch.

M. Place (aujourd'hui archevêque de Rennes) était un de ses enfants de Saint-Hyacinthe. Avocat d'abord, lorsque, âgé d'environ trente ans, il eut l'inspiration de quitter le barreau pour l'Église, et qu'il se rendit à Rome pour y faire ses études théologiques, c'est comme « son fils chéri » que l'abbé Dupanloup l'avait recommandé à M$^{me}$ la princesse Borghèse; et quand il fut ordonné prêtre, en 1850, l'évêque d'Orléans, qui savait son mérite exceptionnel, lui envoya des lettres de grand vicaire honoraire, et l'appela auprès de lui; quelque temps après, il le mit à la tête de son Petit Séminaire. Homme d'organisation et de pratique, de ponctuelle exécution des choses, il rendit, dans ces premières années de la réforme, les plus grands services.

L'abbé Hetsch, qui avait été son collaborateur, lui succéda. C'était une recrue admirable de l'évêque d'Orléans. Wurtembergeois, et protestant d'origine, ayant reçu dans son pays cette large culture d'esprit que donnent les universités allemandes, intelligence élevée, cœur droit et généreux, âme enthousiaste, il cherchait avec passion, dans toutes les voies, la vérité, et, de déductions en déductions, surtout en scrutant cette grande idée d'unité qui lui semblait tout dominer dans la science comme dans la foi, il en était arrivé à la pleine lumière du catholicisme; et, attiré, à ce moment décisif de sa vie, par cette lumière qui brillait à Orléans, il était venu se mettre entre les mains de cet expérimenté directeur d'âmes qui s'appelait Mgr Dupanloup : l'évêque l'avait déterminé à entrer dans son Grand Séminaire, puis l'avait attaché au Séminaire de la Chapelle, auquel il a donné, pendant plus de vingt ans, les trésors d'un dévouement infatigable. Peut-être avait-il besoin, comme Supérieur, d'un *alter ego* doué de plus de nerf et de vigueur que lui-même; mais, pour parler au cœur des enfants et répandre la flamme, il était admirable.

La direction du Séminaire confiée donc aux mains capables de M. Place, il fallait tout d'abord transformer le personnel. L'évêque d'Orléans fit pour ses professeurs comme pour ses catéchistes : ce fut dans de fréquents entretiens avec eux sur leur œuvre qu'il la leur révéla aussi en quelque sorte, et qu'il les enflamma du feu sacré que sa parole avait le don d'allumer toujours. « Nous sortions de ces entretiens, nous a écrit l'un d'eux, transportés; et nous ne pouvions nous empêcher de nous dire : « Quel homme ! quel maître ! » Puis il en vint aux mesures décisives.

La première de ces mesures fut, comme à Saint-Nicolas, l'établissement du *niveau des classes*, chose inconnue au

Petit Séminaire de la Chapelle; le *niveau*, c'est-à-dire la hauteur où chaque classe doit se maintenir, pour conserver son nom, et la moyenne que chaque élève doit atteindre pour y être admis ou y rester.

Il s'agit ensuite d'organiser et de réglementer toutes choses. La rédaction de ces *règlements*, ou plutôt leur adaptation au Petit Séminaire de la Chapelle, fut pour l'évêque d'Orléans un grand labeur. Ce que nous avons dit du Petit Séminaire de Saint-Nicolas nous permet d'être bref ici. Au fond, c'étaient les mêmes méthodes. Trois grandes préfectures, ce fut là le capital de la réforme, furent établies, et le préfet des études, le préfet de discipline, le préfet de religion, furent constitués, chacun dans son département, les grands auxiliaires du Supérieur.

Il y avait, dans les règlements relatifs aux études, deux directoires d'une particulière importance, le *Temporale*, qui fixait la place et le temps assignés à chaque cours; et l'*Ordo discendi et docendi*, qui indiquait, jour par jour, tout le travail qui devait être donné aux élèves par les professeurs. Eh bien, chaque année l'évêque d'Orléans se faisait communiquer ce *Temporale* et cet *Ordo discendi et docendi*, et il les examinait à fond, depuis la philosophie jusqu'au cours préparatoire à l'étude du latin, en discutant les moindres détails, corrigeant et rectifiant de sa main ce qui lui semblait mal combiné, ou bien jetant çà et là son point d'interrogation, quand il avait un doute, et priant le préfet des études de revoir attentivement son travail jusqu'à ce que lui-même, l'ayant examiné de nouveau, l'approuvât définitivement.

Tous les moyens d'émulation en usage à Saint-Nicolas furent transportés à la Chapelle, et notamment l'Académie.

De même pour la piété : elle fut hautement mise en honneur; et tout, confessions, catéchismes, fêtes, retraites, mois de Marie, congrégations, port de l'habit ecclésiastique, dans certaines conditions, certains jours, et par certains élèves, fut réglementé avec la dernière précision. Tout était au grand jour, et ni la timidité, ni la dissimulation, ne pouvait avoir là aucune place.

Qu'on nous permette un détail seulement : nous ne croyons pas que rien de plus aimable puisse se concevoir que le mois de Marie à la chapelle Saint-Mesmin. Après la lecture spirituelle, les enfants sortent de la salle des exercices et se rendent sur deux rangs, les professeurs au milieu, en chantant des cantiques, à la petite chapelle de la Sainte Vierge délicieusement ornée; là quelques chants encore sont exécutés, et ces Messieurs, à tour de rôle, leur parlent. Dès que le chant de ces cantiques se faisait entendre, l'évêque, quand il était à la Chapelle, se hâtait d'accourir, et, sans entrer, debout derrière les derniers rangs des élèves, il écoutait. Que de fois nous nous sommes dit, en écoutant nous-même ces instructions, d'ordinaire exquises : Oh! combien nous voudrions qu'un des adversaires de l'éducation donnée par le clergé, pourvu qu'il fût un esprit sincère et vraiment philosophe, entendît cela et le pût juger, au point de vue de l'éducation supérieure des âmes! Quant à l'évêque, il était visiblement heureux d'être là, et paraissait jouir silencieusement, dans son âme et devant Dieu, du bien qui se faisait sous son regard, et qui manifestement lui était dû, était bien son œuvre.

Par cette organisation nouvelle et ces admirables règlements, tout fut donc, en quelques années, transformé dans son Petit Séminaire : Saint-Nicolas renaissait, plus brillant et plus beau, sur les bords de la Loire; le même esprit, la même âme inspirait, vivifiait tout.

Cette puissante organisation des études classiques au Petit Séminaire de la Chapelle était d'autant plus remarquable que ces études furent alors, de deux points opposés, et par des innovations de nature bien diverse, fortement attaquées pendant ces années-là, par ce qu'on a appelé la bifurcation, d'une part; et, de l'autre, par une bruyante insurrection contre ce qu'on nommait avec mépris les classiques païens.

Quel était, au fond, le vrai motif de M. Fortoul, en remplaçant la philosophie par quelques questions de logique, et en établissant la bifurcation, chose barbare autant que le mot?

Était-ce simplement pour faire droit aux critiques qui, pendant les controverses pour la liberté d'enseignement, s'étaient élevées contre la philosophie universitaire? Et en poussant si vite les jeunes gens vers les études et les carrières scientifiques, au risque d'amener, par l'abaissement des études littéraires, l'abaissement même de l'esprit français, obéissait-on simplement à un besoin du temps, à un courant d'opinion, à la nécessité reconnue d'une réforme? Ne serait-ce pas aussi qu'au lendemain de la loi de 1850, la concurrence du clergé sur le terrain des sciences, pour l'enseignement desquelles on le croyait moins préparé, paraissant moins redoutable que sur celui des lettres, on espérait empêcher, par cette prédominance accordée aux études positives, le mouvement qui poussait en foule les jeunes gens dans nos collèges libres? Quoi qu'il en soit, la mesure était fatale; et le ferme esprit de l'évêque d'Orléans en aperçut avec promptitude et netteté tous les périls. Sans doute, rien n'est plus misérable qu'une mauvaise philosophie, mais la philosophie elle-même n'en est pas moins le couronnement nécessaire d'une éducation vraiment libérale; et la religion, loin de redouter la vraie philosophie, l'appelle à son aide, afin d'enraciner, dans les esprits cultivés, par des convictions réfléchies, les croyances naturelles, qui sont les préambules et les bases de la foi. Il lui semblait, du reste, glorieux pour l'Église que les écoles du clergé fussent, dans ce discrédit de la philosophie, son asile et son refuge. Loin donc d'admettre cette mutilation de l'enseignement philosophique, qui déshonora pendant quelques années, sous l'empire, les programmes universitaires, il la combattit énergiquement au Conseil Supérieur de l'Instruction publique; et, quant à lui, non seulement il la repoussa de son Petit Séminaire, non seulement il y maintint dans leur intégrité les études philosophiques, mais encore, il voulut que la philosophie se fît, dans son Petit Séminaire, en latin; et il essaya même, mais sans y réussir, de convertir à cette idée M. Cousin[1]. Et,

---

1. Lettre inédite de M. Cousin à M<sup>gr</sup> Dupanloup.

pour ne rester en arrière d'aucune des exigences contemporaines, il fortifia aussi dans son Petit Séminaire, mais sans adopter la funeste mesure de la bifurcation, l'enseignement des sciences.

Il ne fléchit pas davantage devant une insurrection contre les lettres classiques, provoquée à cette époque par un prêtre de plus de zèle que de mesure, l'auteur du *Ver rongeur*, M. l'abbé Gaume, et soutenue bruyamment, et avec des intempérances de langage autant que de logique, par quelques organes religieux. A les entendre, les auteurs classiques étant païens, paganisaient la jeunesse; et là était la cause du mal dont souffraient les sociétés modernes. Il fallait donc, selon eux, substituer à ces maîtres corrupteurs des classiques chrétiens, si l'on voulait former des générations vraiment chrétiennes. Ces exagérations, où il y avait toutefois quelque part de vérité, et qu'on ramena plus tard à des termes moins excessifs, n'allaient pourtant à rien moins qu'à discréditer, si on les eût fait passer dans la pratique, les écoles du clergé, et à ruiner, avant même d'avoir pu les recueillir, les fruits de la loi de 1850; et, de plus, l'honneur de l'Église, des grands ordres et des grandes congrégations, Bénédictins, Jésuites, Oratoriens, qui avaient élevé depuis trois siècles la jeunesse selon ces méthodes, avec l'approbation des évêques et des papes, se trouvait aussi mis en cause par ces témérités. Troublés par ces polémiques, les professeurs des Petits Séminaires d'Orléans demandèrent à leur évêque une ligne de conduite. Pour répondre à ces désirs, il leur adressa, en l'année 1852, — et il l'avait déjà fait en 1850, — sur l'enseignement des lettres classiques, une longue et belle lettre, dont le retentissement fut considérable, et dans laquelle il maintenait hautement ses règlements et ses méthodes, et dégageait pour sa part le clergé de toute solidarité avec des thèses compromettantes. Cette intervention dans la question eut des suites dont nous parlerons plus tard.

De bons règlements, organisant fortement toutes choses, et des hommes pleins de zèle pour les appliquer, c'est beaucoup sans doute. Il reste cependant, pour qu'une réforme soit, non pas seulement décrétée, mais faite, à surveiller constamment l'exécution de ces règlements, et à ne laisser s'insinuer d'aucune façon, dans la pratique, la négligence ou la routine. C'est là surtout le devoir d'un Supérieur. Or, le véritable Supérieur du Petit Séminaire de la Chapelle, en fait comme en droit, nous pouvons le dire, c'était lui; en ce sens que, sans entraver en aucune sorte, mais en activant sans cesse l'initiative du Supérieur, il se faisait un devoir de l'éclairer et de le diriger, se tenait pour cela au courant de tout, surveillait tout, donnait l'impulsion à tout. Obligé, par sa santé, de mettre un exercice physique régulier dans sa vie, et le faisant, par devoir, par conscience, avec cette énergie de volonté qui, quand elle s'était imposé une règle, s'y conformait avec persévérance, il trouvait dans la Chapelle, située à une suffisante distance d'Orléans, le moyen tout à la fois de se donner cet exercice indispensable, et de suivre d'aussi près que possible la marche de son Petit Séminaire. Il y allait donc à peu près tous les jours, dans l'après-midi, et ne partait pas sans avoir vu le Supérieur, ou quelques-uns des professeurs, ou quelques-uns même des élèves. Si le temps lui avait manqué pour conclure, le Supérieur faisait quelques pas avec lui sur les bords de la Loire, un carnet à la main, et : « Écrivez, » lui disait l'évêque; et par 1°, 2°, 3°, etc., il lui dictait, avec la dernière précision, ce qu'il avait à faire dans telle ou telle délicate occurrence, ce qu'il avait à dire à tel professeur, à tel enfant, à telle famille. Naturellement, pendant les mois d'été qu'il passait à la Chapelle, ses rapports avec le Petit Séminaire étaient encore plus suivis. Son plaisir était d'avoir à sa table l'un après l'autre tous ces Messieurs.

Que dirons-nous de ses soins pour former les jeunes maîtres? Selon ce qu'il regardait, ainsi que nous l'avons vu, comme son rigoureux devoir, il ne leur épargnait pas les conseils; souvent même, après les leur avoir donnés de vive voix, il les leur envoyait par écrit, afin d'y mettre plus de précision encore; mais que d'habileté, que de ménagements, que de délicatesse il savait porter dans ces avertissements! mêlant toujours l'encouragement au regret ou même au blâme; et ne faisant, s'il le fallait, une blessure, qu'en y appliquant aussitôt le baume d'une affection dont il était impossible de douter. Mais, ce qui nous paraît surtout remarquable ici, et caractéristique de sa manière, c'est la suite qu'il apportait à ce travail de formation, commençant par étudier à fond celui à qui il voulait rendre, dans son intérêt et celui de la maison, ce grand service; et après qu'il avait pénétré sa nature, ses qualités et ses lacunes, choisissant les moments opportuns, point si capital pour le succès d'un conseil! puis, revenant sur les révélations qu'il lui avait faites, appelant persévéramment son attention sur ce qu'il lui demandait, jusqu'à ce qu'il lui eût fait porter tous les fruits dont il le croyait capable. *Ab uno disce omnes.*

Il avait confié l'importante charge de préfet des études à un jeune professeur de rhétorique. Il le suivit de près pendant toute la première année; puis, à la rentrée suivante, pendant la retraite qui précédait toujours pour les professeurs cette rentrée, il eut avec ce jeune prêtre, sur la façon dont il pouvait et devait remplir ses fonctions, une de ces longues, bonnes et paternelles conversations, où il allait au fond des choses et faisait la lumière totale. Le lendemain le jeune prêtre lui ayant écrit pour lui exprimer sa reconnaissance et sa bonne volonté, il s'empressa de lui répondre :

« Mon bon et cher ami, je suis encore plus touché de votre bonne lettre que de notre conversation d'hier : j'y reconnais la droiture de votre conscience et de votre cœur.

» Je le répète, mon ami, je crois que le bon Dieu vous destine à rendre d'importants services dans son Église, et je vous ai dit hier ce qui peut vous aider beaucoup à répondre aux desseins de Dieu et à votre vocation.

» Chacun a ses inconvénients et ses faiblesses : vous avez le grand bonheur de connaître les vôtres, et le courage, non seulement d'entendre la vérité, mais de l'aimer et de la pratiquer : demandez au bon Dieu de vous en faire de plus en plus la grâce; c'est la plus grande qu'il puisse vous faire. »

L'année suivante, ce jeune prêtre, de beaucoup de mérite, était non seulement préfet des études, mais encore préfet de religion : l'évêque, après l'avoir observé de près à l'œuvre, et avoir eu avec lui de nombreux entretiens, lui adressa une longue lettre, qui montrera combien il était attentif aux choses, et précis dans ses conseils; certes, rien là de vague, ni en l'air; rien qui ne soit positif et pratique; le maître, l'éducateur, l'homme d'autorité qu'il était, nous paraît se peindre lui-même au naturel dans cette lettre :

« Mon bon ami, j'ai été très content de nos petits entretiens cette semaine. Il m'a paru que vous entriez très bien dans l'esprit pastoral de votre nouvelle charge, et que vous en compreniez toute l'importance.

» C'est, sans contredit, ce qu'il y a de plus important dans la maison, soit pour y inspirer le bon esprit, soit pour y mettre la piété et la vertu en honneur, soit pour y maintenir l'innocence et la pureté des mœurs.

» Pour cela, vous avez trois moyens principaux : 1° les exercices de piété, avec la parole de Dieu bien annoncée, et le chant des cantiques; 2° l'exactitude et le zèle pour les confessions; 3° les congrégations.

» C'est par là aussi que vous relèverez l'état et les vocations ecclésiastiques, et par suite tout le niveau religieux de la maison.

» Et en même temps, tout ce que vous avez à dire et à faire dans ce but vous formera singulièrement vous-même à cet esprit et à ce savoir-faire pastoral, dont vous sentez, avec raison, les grandes besoins et les grands avantages.

» Occupez-vous donc de tout ceci avec tout le soin dont vous êtes capable, et le zèle pieux et affectueux qui vivifie tout.

» Mais pour tout ceci, vous avez besoin de prendre de plus en plus une religieuse autorité sur les enfants, par beaucoup de petits entretiens et avis paternels, en même temps que par votre parole et vos relations publiques; comme sur ces Messieurs, sans excepter vos anciens condisciples, auprès desquels votre autorité doit être d'autant plus ferme et à l'aise que vous vivez plus familièrement et plus amicalement avec eux. C'est à cela que la bonne amitié doit servir ; autrement elle serait regrettable, et même quelquefois misérable.

» Et ce que je dis pour la religion, je le dis également pour les études, pour l'observation de toutes les règles scolaires, pour la visite des classes, pour l'examen régulier, chaque semaine, des cahiers de devoirs, de corrigés et d'honneur ; enfin pour la revision des compositions hebdomadaires.

» Pour tout cela vous devez exercer votre autorité et faire votre devoir librement et amicalement.

» Toute la maison repose, on le peut dire, religieusement et littérairement, sur vous.

» Un petit nombre de points, bien ordonnés, bien réglés, met tout cela dans votre main.

» L'important, c'est de voir cela clairement, et de le pratiquer avec précision.

» Enfin vous devez prendre l'autorité qui vous appartient comme étant l'*alter ego* de M. le Supérieur, en toutes choses.

» La douceur et la fermeté, voilà ce qui vous fera atteindre le but.

» Vous avez, mon ami, tout ce qu'il faut, en vous-même et dans les dons reçus de Dieu, et tout ce qu'il faut aussi dans vos fonctions, pour vous développer, vous former, et vous élever admirablement.

» Demandez ce que l'Écriture nomme *latitudinem cordis* : voilà le grand secret ; et demandez aussi pour moi au bon Dieu tout ce dont j'ai besoin, et qui n'est pas médiocre. »

De telles lettres n'étaient pas écrites sans avoir été profondément réfléchies et méditées ; et comme il n'entendait pas que ce qui lui avait demandé un tel soin et avait une telle importance, pour la maison, pour le jeune prêtre lui-même, fût pris par lui en médiocre considération et promptement oublié, une nouvelle lettre, quelques jours après, venait rappeler toute sa plus sérieuse attention sur ces avertissements salutaires :

« Mon cher ami, je vous ai écrit l'autre jour une lettre très sérieuse ; je l'ai écrite à votre conscience ; je l'ai écrite à votre cœur. J'y rappelle votre méditation attentive et dans le détail. Vous savez mon estime et mon affection pour vous. Je vous en ai donné des preuves. Je demande au bon Dieu de vous éclairer sur tout cela. Vous pouvez beaucoup pour sa gloire et pour le service des âmes; mais permettez-moi de vous le redire, vous avez besoin de mettre la vôtre dans les conditions essentielles du ministère pastoral. »

Combien de lettres de ce genre n'a-t-il pas écrites, indépendamment de tant de conseils donnés de vive voix! Ces conseils paternels, il les donnait quelquefois, non pas seulement à des prêtres, mais à de simples élèves du séminaire, comme eût fait un de leurs directeurs. Et il entrait dans les détails les plus positifs. Il insistait surtout sur le règlement, il le traçait quelquefois lui-même. Voici ce qu'il écrivait un jour à un jeune diacre qui se préparait au sacerdoce :

« Mon enfant, dans cette fermeté d'esprit et de caractère, avec l'attention, l'application sérieuse, énergique, dont je vous parlais hier, ce qui importe le plus, c'est la fidélité à votre règlement, à votre lever, à vos exercices de piété, à vos heures de travail.

» C'est ce qui donnera à votre vie, à vos facultés, à vos œuvres, à votre sacerdoce, la fermeté sans laquelle tout s'évanouirait. Je vous bénis bien en N. S. »

Au reste, ses attentions à ses jeunes professeurs, à leur santé, à leurs besoins, allaient à des délicatesses et des soins de détail qu'on imaginerait difficilement; le récit suivant que nous devons à l'un d'eux en pourra donner quelque idée :

« Pendant nos vacances de 1855, nous avions pris, M. Baunard et moi, sur une invitation pressante de sa part, notre grade de bachelier ès lettres : la préparation nous avait fatigués, à son avis du moins. Nous étions revenus à la Chapelle pour assister à la retraite des professeurs, qui précède toujours la rentrée des classes. Il nous invite l'un et l'autre à dîner, et après le repas, pendant lequel il n'avait cessé de vanter les avantages d'un séjour *sur les bords de la mer*, il nous emmène

CHAPITRE VI.    121

dans son cabinet. Là, nous remettant à chacun un billet de cent francs, avec une lettre de recommandation préparée à l'avance pour un excellent curé de ses amis : « Vous allez, nous dit-il, prendre ce soir même le train express pour Paris, et cette nuit pour Dieppe; ma voiture va vous conduire à la gare. Vous passerez *sur les bords de la mer,* ajouta-t-il en souriant, les huit jours qui vous restent. Ce sera votre retraite. Venez, que je vous embrasse, et bon voyage. »

Ayant ainsi organisé sa maison, et prenant de tels soins pour en former les maîtres, il la vit bientôt prospérer, au point qu'il se reproche un jour la joie, « trop humaine, » dit-il, qui lui en revient. Ce n'est pas que les difficultés, pour tout maintenir après avoir tout relevé, ne fussent quelquefois considérables : dans une œuvre qui réclame le concours de tant d'hommes, et qui se fait sur un si grand nombre de jeunes enfants, les difficultés, même quand une maison paraît pour ainsi dire aller toute seule sur la voie où elle a été mise, sont de tous les jours et de tous les moments : « Il se prépare à la Chapelle, écrivait après une de ses visites à cette maison l'actif et pieux évêque, une œuvre plus grande même qu'à Saint-Nicolas, car les peines et les traverses y sont plus grandes. » La maison prit en effet des développements considérables, et l'on peut affirmer, sans exagérer, qu'il n'y en avait pas en France une seule avec qui elle n'eût pu soutenir la comparaison, ou pour mieux dire, malgré les misères inévitables, son petit séminaire de la Chapelle fut pendant tout le temps qu'il y présida — et il est aujourd'hui encore — un séminaire modèle. Ses fêtes littéraires remuaient la ville d'Orléans, et retentissaient plus loin encore : l'illustre évêque jetait comme un rayon de sa gloire sur cette maison ; à de certains moments, tous les regards étaient sur ce petit séminaire, comme sur un lieu où brillait encore, dans le déclin universel dont on se plaignait, la lumière rallumée des fortes études classiques. Il ne dédaignait pas de prendre quelquefois lui-même la parole à la distribution des prix : de cette modeste tribune il défendait éloquemment de grandes causes : en 1854, les Humanités, alors frappées de discrédit ; en 1858, les droits et les devoirs de l'Histoire[1]. Un jour (25 juin 1855) l'Académie française, dans la personne de ses plus éminents représentants, MM. Villemain, Patin, Saint-Marc Girardin, d'autres encore, visita la Chapelle Saint-Mesmin : il s'agissait d'y voir représenter, dans sa langue, un des chefs-d'œuvre de Sophocle, *Philoctète*, qui a si heureusement inspiré Fénélon. Quoi! il était encore en France une maison où le grec, la terreur des modernes écoliers, ferait les honneurs d'une fête littéraire, et cette maison, c'était un petit séminaire! Tout Orléans accourut, et les dames elles-mêmes n'étaient pas les moins empressées. Munies de traductions, avec le texte grec en regard, grâce au jeu excellent des jeunes acteurs, elles suivaient parfaitement le drame. Mais de Paris même, et d'ailleurs, outre les membres de l'Académie, d'illustres visiteurs acceptèrent l'hospitalité de l'évêque d'Orléans, et purent un moment, l'imagination aidant, se croire transportés à Athènes. Ce premier succès fut si grand, que deux ans après (juillet 1857), un autre chef-d'œuvre de Sophocle, *Œdipe à Colone*, fut représenté à la Chapelle, et réussit encore plus. Un Athénien, le président même de l'Aréopage, honorait, autant qu'il étonnait, l'assemblée de sa présence. Ces autres Athéniens, membres du grand Aréopage des lettres et du goût, que nous nommions tout à l'heure, s'y trouvèrent de nouveau. Parmi les personnages étrangers de distinction on remarquait Mme la duchesse de Montmorency. Les décors de la scène étaient parfaits ; le président de l'Aréopage disait qu'il reconnaissait Colone : un ami de l'évêque d'Orléans, qui avait résidé plusieurs années en Grèce, y avait présidé[2]. Les Pallium et les Peplum étaient portés avec aisance et avec grâce : des membres de l'Institut en avaient donné les dessins. Les jeunes acteurs furent encore admirés pour leur intelligence des beautés supérieures qu'ils interprétaient : Antigone et Ismène arra-

---

1. Ces deux magnifiques discours ont été fondus dans le 2e volume de la *Haute éducation intellectuelle*.
2. M. Lenormant.

chèrent plus que des applaudissements, des larmes. Les beaux chœurs de Mendelsohn, d'une musique tantôt douce et suave, tantôt comme animée d'un souffle guerrier, tantôt profondément mélancolique, pleine du courroux des dieux et des misères de l'homme, ravirent.

« Il faut bien bénir Dieu de ce qui s'est passé là, » écrivait le lendemain, avec simplicité, l'évêque d'Orléans à son ami M. Cochin. Et en effet, qu'on ne s'y trompe pas : par ces prouesses classiques, qui forçaient l'Université elle-même d'applaudir [1], par ces éclatantes démonstrations, que nous verrons se répéter souvent, ce n'était pas du bruit qu'il cherchait, qu'il voulait, mais deux choses plus sérieuses : mettre dans sa maison l'émulation, l'ardeur pour les fortes études; et honorer l'Église et son enseignement, par ces preuves incontestables de sa fidélité au culte des grandes Lettres. Il faisait ainsi tout à la fois œuvre d'éducateur, et œuvre d'évêque.

1. Voy. la *Revue de l'enseignement public*, juillet 1857.

## CHAPITRE VII

### SON ŒUVRE PASTORALE

(suite)
Incidents à travers ces travaux
Lettre à l'abbé Combalot
Lettre aux Supérieurs et Professeurs de ses Petits Séminaires
Agression de l'*Univers* contre cette lettre
Mandement en réponse aux attaques de ce journal
Résultat définitif de cette controverse
Affaire de Donoso Cortès et ses suites
1852-1853

Nous sommes forcé d'interrompre le tableau consolant de tous ces travaux de zèle, arrêté que nous sommes par un incident pénible, par une controverse grave, qui vint arrêter l'évêque d'Orléans lui-même, au moment où il était tout entier à cette grande œuvre de la transformation de son séminaire et de l'évangélisation de son diocèse. Cette lutte lui fut très amère. Contre les ennemis de l'Église il était toujours prêt. Ici, c'était une polémique entre catholiques. Mais attaqué dans l'œuvre qui lui tenait le plus à cœur, et dans l'exercice même de son autorité épiscopale, le silence ne lui était pas possible. « Oh! écrivait-il sous l'œil de Dieu, en résumant pour lui-même, dans l'oraison, l'impression de cette controverse, comme il faut ici le sentiment du devoir! Qu'on aimerait bien mieux édifier, éclairer, convertir les âmes ! Mais pourtant ces luttes sont nécessaires. » En faire entendre l'écho dans ces pages est nécessaire aussi à l'historien de cet évêque militant.

Toutefois, avant de raconter cette polémique, mentionnons une autre intervention de l'évêque d'Orléans, qui, quelque temps auparavant, lui avait été imposée encore par l'honneur et le devoir épiscopal. Un prêtre, dont nous avons prononcé déjà le nom, éloquent et belliqueux, plus que prudent et sage, qui se donnait dans l'Église de France le rôle d'une espèce de moniteur de l'épiscopat, l'abbé Combalot, venait d'écrire contre l'Archevêque de Paris, à l'occasion d'un mandement de ce prélat dont il avait été mécontent, et cet éclat faisait scandale dans le diocèse d'Orléans comme ailleurs. L'évêque d'Orléans vit là un dangereux exemple donné au clergé. Le nom de l'auteur, à ses yeux, ajoutait encore au péril. L'abbé Combalot n'en jugea pas moins à propos de lui envoyer cet écrit. C'était lui demander une réponse : elle ne se fit pas attendre ; il vit là l'occasion de faire à son clergé une haute et utile leçon : il la saisit. Et d'abord, il refusa de recevoir l'écrit de l'abbé Combalot, et le lui renvoya avec une lettre sévère, dont voici quelques extraits :

« ... Permettez-moi de vous le dire, Monsieur l'abbé, ce que vous faites ici rappelle trop les tristes lettres adressées, il y a bientôt vingt-cinq ans, à Mgr de Quélen, par un prêtre dont l'effroyable chute commença par le mépris de l'épiscopat.

» Le rôle que vous prenez est étrange. On dirait que l'Église n'a plus, pour comprendre ses intérêts et les défendre, ni Pape, ni évêques, et que, quand il vous plaît de les trouver impuissants ou timides, c'est à vous qu'il appartient d'élever la voix.

» C'est dans cette préoccupation, c'est dans la présomptueuse pensée de sauver, au défaut du Pape et des évêques, la foi menacée, et sous le singulier prétexte de faire à Mgr l'Archevêque de Paris *une correction fraternelle*, que vous vous établissez son accusateur et son juge. Si vous avez ce droit contre les évêques, Monsieur l'abbé, il n'y a pas un prêtre dans l'Église qui ne l'ait comme vous ; et les illusions qui vous ont conduit à un tel excès menacent l'épiscopat tout entier.

» Qui ne voit que ce serait introduire dans chaque diocèse, pour tout prêtre, contre son évêque et contre tout évêque, un droit de correction publique de bas en haut que l'Église ne connut jamais...

» Vous prétendez défendre l'Église, et vous ne vous apercevez pas que le désordre de votre conduite, s'il avait des imitateurs, serait pour elle le plus grand de tous les périls, puisqu'il transporterait dans l'Église elle-même le principe de perturbation qui tourmente et fait périr sous nos yeux la société temporelle.

» C'est l'oubli de toutes les règles hiérarchiques ; c'est le drapeau du presbytérianisme que vous levez à votre insu et autour duquel, sans le vouloir, vous appelez tout ce qu'il y a d'esprits inquiets et rebelles.

» Quant à la forme, il faut l'avouer, le ton, le langage que vous prenez sont peu dignes d'un prêtre : ce n'est pas à l'école de Jésus-Christ qu'on apprend un pareil langage ; c'est à l'école du siècle...

» Vous comprenez, Monsieur l'abbé, que ce n'est pas ici une polémique entre vous et moi : c'est un avertissement et une réponse à l'envoi que vous m'avez fait.

» Il ne me reste qu'à prier Dieu de vous donner les lumières et les grâces dont vous avez besoin dans la situation où vous vous êtes placé. Je le ferai de tout mon cœur et avec confiance pour un prêtre dévoué depuis tant d'années aux travaux apostoliques... »

Cette lettre écrite, il crut devoir la communiquer à son clergé, et voici en quels termes il lui expliquait son acte :

« Vous comprenez, Messieurs et Très chers Coopérateurs, tout ce qu'il y a de malheureux et de subversif dans des excès tels que celui dont je suis condamné aujourd'hui à vous signaler le scandale.

» En vain nous épuiserions-nous dans les travaux du zèle, si nous laissions s'affaiblir et tomber parmi nous le respect de cette divine hiérarchie que Notre-Seigneur Jésus-Christ a donnée pour soutien à tout le ministère ecclésiastique !

» Quand tout s'ébranle, chancelle et s'écroule dans la société temporelle, le moment, certes, serait mal choisi pour livrer l'Église aux mêmes perturbations, et pour laisser des mains téméraires semer impunément dans son sein des germes de division et d'anarchie.

» C'est alors au contraire, c'est sur ce sol tremblant et bouleversé, où rien de stable n'apparaît plus, qu'il faut nous efforcer de fortifier et d'affermir ces grands principes de l'autorité et du respect, qui font, depuis dix-huit siècles, le prodige de la stabilité de l'Église... » Etc.

C'est à l'occasion de cette lettre qu'il écrivait à Mme la princesse Borghèse : « Je n'ai pas pu me dispenser de cet acte très grave. On peut fuir l'épiscopat, c'est ce que j'ai fait ; mais on ne peut, on ne doit le laisser avilir ; c'est ce que j'espère, avec la grâce de Dieu, ne faire jamais. »

L'Archevêque de Paris, de son côté, ne laissa pas impunie cette agression que de bonnes intentions ne suffisaient pas à excuser. L'abbé Combalot finit par accepter la leçon qui lui fut infligée à cette occasion, et l'évêque d'Orléans eut la consolation de pouvoir écrire à son clergé, à la suite d'un mandement qu'il lui adressait, les paroles que voici :

« Ce mandement était au moment de paraître, lorsque nous avons lu la note suivante, qui a été publiée dans le journal l'*Univers* et dans d'autres journaux : vous y remarquerez la reconnaissance du grand principe de subordination et de respect pour l'ordre hiérarchique, qui est la pensée même du mandement que nous vous adressons :

« M. l'abbé Combalot vient d'écrire à Mgr l'Archevêque de Paris. Il lui exprime ses plus vifs regrets pour les expressions et les insinuations blessantes que renferment les écrits qu'il a publiés à l'occasion d'une lettre pastorale du vénérable prélat. La lettre renferme aussi des excuses pour Mgr l'évêque d'Orléans, qui a été offensé dans cette malheureuse affaire. M. l'abbé Combalot reconnaît, en outre, qu'en attaquant les actes épiscopaux pour lesquels nos vénérables prélats ne sont justiciables que du Pape et de leurs collègues, il a outrepassé son droit et donné peut-être lieu de penser qu'il ne respectait pas suffisamment les saintes règles de la hiérarchie, dans un temps où plus que jamais elles doivent être observées.

» Mgr l'Archevêque a accueilli avec sa bonté ordinaire les regrets exprimés par l'abbé Combalot, et il lui a rendu sur-le-champ tous les pouvoirs qu'il avait dans le diocèse de Paris. »

Le mandement en question était une défense que l'évêque

d'Orléans s'était vu forcé d'opposer aux agressions précisément du journal l'*Univers*, qui venait de faire contre lui ce que l'abbé Combalot avait fait contre l'Archevêque de Paris. Au fond, c'était la même question, avec cette circonstance aggravante que c'étaient maintenant des laïques qui attaquaient l'acte pastoral d'un évêque.

Nous avons dit quelle était la polémique soulevée depuis quelque temps contre les classiques, par quelques écrivains et quelques organes de la presse catholique; et comment l'évêque d'Orléans, très occupé en ce moment à relever les études dans son Petit Séminaire, avait été amené à tracer à ses professeurs, troublés par ces polémiques, une ligne de conduite dans cette grave question. Sans se laisser arrêter par le caractère officiel de ces instructions données par un évêque à des prêtres de son clergé, dans la plénitude de son droit le plus incontestable et l'accomplissement de son devoir le plus certain, l'*Univers*, qui s'était montré particulièrement agressif contre les classiques anciens, ne s'arrêta pas devant ces lettres pastorales; et tandis que cet évêque parcourait, pour les évangéliser, les campagnes de son diocèse, une série d'articles paraissait dans ce journal, où il était pris à partie nommément, personnellement, avec une extrême vivacité; de telle sorte que, si la sagesse du clergé orléanais ne l'eût soustrait à l'influence de ces attaques, l'évêque eût pu trouver dans chaque presbytère ces articles qui l'y auraient précédé, et être accueilli avec les sentiments et le sourire d'une inquiète méfiance. Quelques journaux de province, échos de l'*Univers*, répétèrent ses critiques, en les exagérant encore.

Qu'avait-il fait cependant? Sans entrer dans le fond et les détails de la question agitée, il avait simplement déclaré aux professeurs de ses Petits Séminaires qu'ils pouvaient, en sûreté de conscience, conserver aux auteurs anciens, dans leur enseignement, la place que les plus saints évêques, les plus savantes congrégations, leur ont constamment assignée; que, dans les auteurs profanes, tout n'est pas *païen*, et que c'est un étrange abus de mots que d'appeler *païennes* les beautés littéraires de l'ordre naturel; il avait pris soin d'ailleurs d'ajouter que dans l'enseignement de ces auteurs il ne fallait négliger aucune des précautions nécessaires; qu'il les fallait soigneusement choisir; n'employer, comme on le faisait, que des éditions et des textes expurgés; donner, du reste, toutes les explications convenables; enfin, les enseigner chrétiennement : il avait fait, en outre, dans le programme donné à ses professeurs, une large part à l'Écriture sainte, aux Pères de l'Église et aux auteurs modernes.

C'est-à-dire qu'il avait sagement évité les deux excès entre lesquels oscillait la controverse; il n'avait été exclusif ni dans un sens, ni dans l'autre : il admettait, mais avec les tempéraments convenables, les grands auteurs de l'antiquité profane, parce qu'ils sont et demeurent d'éternels modèles de style et de goût, et qu'on aurait déshonoré les collèges catholiques en les bannissant; et il faisait aux auteurs chrétiens une part équitable, plus grande même que ne l'avait faite autrefois saint Charles Borromée.

Mais, nonobstant l'évidence des textes, selon son contradicteur, « l'évêque d'Orléans regardait comme *un danger pour la foi* la pensée de faire *une plus large part* dans l'éducation aux classiques chrétiens; » — volontaire ou non, l'altération des lettres pastorales, l'évêque d'Orléans dira la calomnie, était flagrante ici : — et il instituait dans ses séminaires « un système d'éducation dont le paganisme *formait la base.* » Selon d'autres journalistes, ses instructions n'étaient qu'*un véhément plaidoyer en faveur de la renaissance du paganisme.* Il ne savait *ni ce qu'il voulait ni où il allait.* Il ne distinguait pas suffisamment *entre la morale païenne et la morale chrétienne, entre Socrate et l'Évangile* : bref, on finissait par l'assimiler à *un fils de Voltaire.*

Il eût voulu rester sous le coup de ces accusations qu'il ne l'aurait pas pu. Il y avait plus ici que cette querelle des classiques, qui donnait depuis si longtemps de quotidiennes occasions aux ennemis de l'Église de déblatérer contre elle; il y avait une injure à l'autorité épiscopale elle-même : cette invasion du laïcisme dans l'Église était, à ses yeux, chose de grave conséquence. Au reste, et nous, son historien, nous ne pouvons taire une conviction qui était chez lui si profonde et qui fut persistante, la direction donnée par l'*Univers* à la polémique religieuse était un de ses tourments ; et il ne cessait d'en gémir. Nous avons fait entendre quelques-uns des cris de douleur qu'il poussait en 1849 : le violent effort de ce journal pour faire échouer la loi sur la liberté d'enseignement, et renverser le ministre à qui on la devait ; ses attaques acerbes contre les hommes qui avaient été nos auxiliaires dans cette grande œuvre de pacification, et dans la question romaine ; le ton habituel de ses polémiques, et la témérité des questions soulevées par lui, dont la controverse sur les classiques n'était qu'un exemple ; tous ces procédés renouvelés, lui semblait-il, de M. de la Mennais ; l'irritation, la répulsion, le mal, en un mot, selon lui, par là produit dans une infinité d'âmes, et dont son immense correspondance lui apportait chaque jour des preuves de tous les points de l'horizon, tels étaient, en dehors de toute considération de personnes, les motifs de sa conviction à l'endroit de ce journal : il regardait donc comme un devoir de dégager l'Église d'une solidarité dangereuse, et de venger, non sa cause personnelle, mais celle de l'épiscopat. Ainsi du reste lui parlaient plusieurs évêques considérables ; entre autres l'archevêque de Paris. Il se décida donc à un acte plus grave encore que sa lettre à l'abbé Combalot, il opposa aux attaques de l'*Univers* un Mandement.

Il traitait dans ce mandement les deux faces de la question : les classiques, et surtout l'invasion du journalisme laïque dans l'administration épiscopale. Relativement à ce dernier point : « Sans doute, disait-il, la question du choix des auteurs pour l'enseignement classique est importante ;... mais une question plus grave se présente ici : il s'agit de savoir si désormais les plus grandes affaires de l'Église de France seront gouvernées par les journalistes religieux ; il s'agit de savoir si quelques laïques, abusant de la dangereuse puissance que leur donne un journal, pourront dans l'Église, chaque matin, parler de tout et à tous, décider à temps et à contre-temps, prendre dans les plus graves questions de doctrine et de conduite l'initiative, je ne dis pas d'une discussion sage, paisible, modérée, mais du jugement, de la décision, de la condamnation ; il s'agit de savoir enfin si, lorsqu'un évêque donnera à ses prêtres des instructions, pour les éclairer et les diriger dans l'accomplissement de leur ministère, il sera permis aux écrivains de l'*Univers*, ou de tout autre journal religieux, de venir se mettre entre l'évêque et ses prêtres pour contredire l'enseignement épiscopal et enseigner les prêtres après et contre leur évêque. »

Il ajoutait, montrant bien le point de vue supérieur où il se plaçait : « C'est sans contredit une des plus grandes affaires que l'Église de France ait eues depuis longtemps. L'Église, il y a deux ans à peine, a pris sur le terrain de l'enseignement une place que vingt années de luttes lui ont conquise ; que des ennemis ardents et jaloux ne cessent de lui disputer ; qu'elle ne saurait conserver par violence, mais seulement par sagesse, à force de zèle intelligent et de dévouement utile ; que la moindre faute enfin pourrait, en des commencements si délicats, lui faire perdre ; et il s'agit pour elle d'examiner, de décider la ligne à suivre et les moyens à prendre pour se maintenir dans une position si importante et si péniblement acquise, afin d'y répondre dignement à la confiance du pays, et d'y faire véritablement le bien de la jeunesse...

» Mais pour résoudre une telle affaire, la sagesse des évêques a paru insuffisante à quelques écrivains : ce sont ces écrivains qui décideront, eux qui traceront la ligne à suivre, eux qui ouvriront la marche ; et tout devra marcher après eux, même les évêques... La question est donc de savoir si les rédacteurs de l'*Univers*, et de quelques autres journaux *religieux*, ses correspondants, auront le droit de venir, à la place du Pape, ou du concile de la province, contrôler nos instructions pastorales, et s'établir, en face de nous, de nos vénérables collègues et du Saint-Siège, comme les défenseurs de la foi compromise, et les censeurs de l'épiscopat... Nous disons qu'en attaquant *nommément, directement, formellement,* dans leurs feuilles, notre personne et notre lettre aux supérieurs et professeurs de nos séminaires, ces journalistes ont fait une entreprise téméraire, contraire à l'esprit et aux règles de l'Église, attentatoire à l'ordre hiérarchique, entachée de laïcisme, et tendant à mettre la division entre nous et nos prêtres... »

Ayant donc cette occasion de dire sa pensée sur ce journal, il la disait tout entière :

« Et ce n'est pas là, poursuivait-il, un fait isolé : c'est une habitude, chez ces hommes, de trancher précipitamment, témérairement, violemment, toutes les questions religieuses les plus graves et les plus difficiles, et, quand une fois ils les ont tranchées, de ne plus tolérer une dissidence, de quelque part et de quelque haut qu'elle vienne. C'est cette habitude qui nous paraît un péril. »

Il en signalait un autre, à savoir la manière même dont ils avaient coutume de défendre la religion : « Il y a, leur disait-il, dans votre langage une légèreté moqueuse, un accent de raillerie hautaine qui sied mal, sans aucun doute, dans une polémique dirigée contre un évêque, mais qui sied mal aussi à des chrétiens, dans les discussions graves, même contre les ennemis de la religion. L'éternelle vérité ne se défend pas par la plaisanterie dérisoire et par l'injure, elle en souffre plus qu'elle n'en profite... Il est temps de dégager enfin la cause de l'épiscopat et de la religion des animosités que la violence de vos polémiques soulève contre vous, mais qui trop souvent rejaillissent jusque sur nous. Il est temps de proclamer combien il serait injuste de rendre l'Église responsable des injures que vous prodiguez à ceux qui ont le malheur de s'être faits ses adversaires ou ses ennemis ; et même à ceux qui, n'ayant pas encore le bonheur de croire aux divins enseignements de la foi, se sentent néanmoins attirés vers elle, mais dans lesquels trop souvent — nous en avons été témoin — vos ironies et vos sarcasmes vont troubler le travail de la grâce et éteindre les premières espérances du retour... »

En conséquence, il interdisait de s'abonner à l'*Univers*, non pas à ses diocésains, ni même à son clergé, comme quelques-uns l'ont cru, mais simplement à ceux à qui il avait adressé les instructions attaquées par ce journal :

« Nous défendons à tous les supérieurs, directeurs et professeurs de nos séminaires diocésains, de s'abonner au journal l'*Univers*, et leur enjoignons de cesser, dès ce jour, la continuation des abonnements déjà faits. »

Certes, c'étaient là de graves questions. Il ne resta pas isolé dans cette lutte. L'épiscopat s'émut et de nombreuses adhésions arrivèrent à l'auteur du Mandement. Ces lettres sont des documents qui appartiennent à son histoire et à celle de l'épiscopat de ce temps-là. Beaucoup d'évêques poussent comme un cri de délivrance. L'archevêque de Toulouse : « Il était bien temps de parler, depuis tant d'années que nous souffrons des intolérables excès de l'*Univers;* » l'évêque du Mans : « C'est chose intolérable que le laïcisme qui cherche à nous subjuguer ; » l'évêque de Troyes : « C'est avec des larmes de joie, d'admiration et de reconnaissance que je reçois votre chère lettre... Je salue votre Mandement comme un acte glorieux de courage, comme le plus généreux service et le plus nécessaire qu'on pût rendre à l'Église... Dieu vous a fait comme l'un de ces rares pontifes qu'il suscite de loin en loin pour être la ressource des temps de défaillance... Quand tous les frères sont menacés, il convient au plus fort de se mettre en avant, et de délivrer les plus faibles... Vous relevez mon courage. » L'Archevêque de Paris, quand parurent les articles de l'*Univers* contre la lettre aux professeurs, lui avait écrit : « C'est à Paris un cri unanime d'indignation contre l'*Univers*... Courage donc, Monseigneur, vous ne serez pas seul sur la brèche ; » et quand parut le Mandement : « C'est solide, c'est clair, c'est éloquent. La petite question, celle des classiques, et la grande question, celle du respect de l'autorité, et des périls que fait courir à l'Église la téméraire audace de quelques journalistes catholiques, y sont traités de main de maître ; » le vieil évêque de Chartres : « La lecture de l'*Univers*, depuis quelque temps surtout, est pour moi un pain de douleur et une cuisante amertume ; » le cardinal-archevêque de Besançon : « Les articles de l'*Univers* sont une agression, un empiètement ; » l'archevêque de Rouen : « Au milieu de ces exagérations indiscrètes, l'homme ennemi fait son œuvre, l'Église souffre, la paix s'altère, etc. » Nous avons sous les yeux nombre de lettres plus énergiques encore. D'autres évêques s'expriment avec plus d'indulgence, dans l'espérance d'un amendement ; par exemple le cardinal-archevêque de Bordeaux, dans deux lettres, sages et mesurées, à l'évêque d'Orléans, publiées alors par l'*Ami de la religion*.

De partout, du reste, l'évêque d'Orléans reçut de chaleureuses adhésions. L'évêque de Gand lui écrivit : « J'ai suivi dès le principe, et avec l'intérêt que devait inspirer une question aussi grave, la controverse soulevée en France, et je m'estime heureux d'avoir eu toujours la même opinion que Votre Grandeur... Bien que la presse catholique soit plus retenue, aujourd'hui du moins, dans les journaux de ce pays-ci, et n'empiète plus sur les droits de l'épiscopat, nous aussi, Monseigneur, nous avons eu à gémir sur sa témérité et ses imprudences. »

L'archevêque de Cincinnati : « Les évêques de Charleston et de Boston étaient près de moi au moment où m'a été remis votre Mandement. Ils sont parfaitement d'accord avec moi : le droit est de votre côté. »

De Rome, plusieurs cardinaux ne craignirent pas de déroger à l'habituelle réserve italienne, pour s'expliquer sur le fond même de la question :

« Monseigneur, j'ai lu avec le plus grand plaisir, lui écrivit le cardinal Barberini, la lettre que Votre Grandeur a adressée aux professeurs et directeurs de vos petits séminaires... Je ne saurais trop vous féliciter de cette belle lettre, et je prie sincèrement que, pour le bien de l'Église, on puisse compter un grand nombre de pasteurs aussi courageux et zélés que vous. »

Les cardinaux Macchi et Marini ne furent pas moins explicites. Il est vrai cependant de dire qu'à Rome tous ne se rendaient peut-être pas compte aussi clairement de ce que ces attaques contre les classiques, qu'ils regardaient comme puériles, et devant tomber d'elles-mêmes[1], avaient en France de périlleux, en face de l'Université ; ces discussions n'eussent pas eu, en effet, les mêmes dangers à Rome.

Quant aux adhésions de prêtres et de laïques, nous avons entre les mains l'énorme volume in-4° qui les contient : nous ne saurions dire quels cris cette multitude d'âmes pousse vers l'évêque d'Orléans. Nous devions exposer ces choses, non certes pour ranimer des controverses à jamais éteintes, mais parce que, nous le répétons, elles appartiennent à l'histoire du clergé de France, non moins qu'à l'histoire de ce débat ; et aussi pour expliquer les motifs d'une attitude qui fut, toute sa vie, celle de l'évêque d'Orléans, et de luttes qui, hélas! se renouvelleront encore.

Le rédacteur en chef de l'*Univers* répondit par une lettre dans laquelle il se déclarait : « blessé au fond de l'âme. » Il affirmait d'ailleurs qu'il n'avait pas cru attaquer des instructions pastorales, mais un écrit tombé dans le domaine de la controverse ; il protestait « de son obéissance et de son respect envers l'épiscopat »; il protestait aussi « contre l'accusation de déloyauté et de calomnie. » Du reste, sauf un persiflage dont il reconnut l'inconvenance, il ne retira rien. Mais il se déclara « prêt à se retirer » lui-même avec tous ses collaborateurs, si les évêques jugeaient qu'il ne pouvait plus continuer utilement son œuvre.

Cette déclaration était habile. Immédiatement, elle déplaçait la question et en faisait naître une autre, en donnant à penser que l'existence même du journal averti et censuré était en cause. Une autre diversion non moins habile fut d'évoquer, à cette occasion, le spectre du gallicanisme : par là, on divisait l'attention, on soulevait des ombrages contre l'évêque d'Orléans et contre les évêques ses adhérents; on réveillait, à Rome surtout, en faveur du journal en question, de vives

---

1. Lettres à M<sup>gr</sup> Dupanloup de M. l'abbé Lacroix, et de M<sup>gr</sup> de la Bouillerie, évêque de Carcassonne, alors à Rome.

sympathies. Enfin, on affecta de dire très haut que, sur cette question des classiques, les évêques étaient loin d'être d'accord.

Il importait donc de dissiper tous ces nuages. Et, d'abord, une *Note*, publiée par l'*Ami de la religion*, comme émanant « des autorités les plus graves, » déclara que, « ni directement, ni indirectement, et à aucun degré, il ne s'agissait ni de gallicanisme, ni d'ultramontanisme. »

Au reste, rien ne blessait plus l'évêque d'Orléans que cette manœuvre des adversaires. « Je ne comprendrai jamais, écrivait-il au Nonce apostolique à Paris, ce que le gallicanisme et l'ultramontanisme peuvent avoir à faire ici. Je ne suis point gallican, je ne l'ai jamais été. J'ai donné des preuves de mon dévouement au Saint-Siège; j'ai défendu ses divines prérogatives et sa souveraineté temporelle, dans des temps difficiles; je suis prêt à le faire encore; et c'est sans doute à l'éclatante notoriété de mes sentiments que je dois de n'avoir pas encore été appelé gallican par ceux qui m'ont prodigué tant d'injures... Mais c'est l'éternelle tactique des partis d'en agir ainsi : non seulement ils cherchent à donner à leurs erreurs et à leurs excès une sorte d'inviolabilité en les abritant sous des doctrines et des noms respectés, mais ils tâchent aussi de rendre odieux les sentiments de leurs adversaires en les associant calomnieusement à des doctrines répréhensibles et à des noms mal famés. Tout ce qui ne pensait pas comme M. de la Mennais, en philosophie, en histoire, en politique, en théologie, était gallican. C'est de la même sorte que le jansénisme s'était hypocritement couvert du grand nom de saint Augustin, en même temps qu'il nommait ses adversaires des pélagiens. Aujourd'hui, quiconque ne marche pas en tout avec l'*Univers*, est, selon l'*Univers*, gallican... A force de voir partout des gallicans, on les fera renaître. On réveille avec la dernière imprudence, par toutes ces misérables querelles, l'attention du gouvernement et des hommes d'État, dans toute l'Europe, sur des questions dont ils ne devraient jamais se mêler. La confusion qu'on essaye de faire ainsi, dans un pur intérêt de journalisme et de parti, ne profitera qu'aux seuls ennemis de la religion, pour qui ce sera désormais une bonne fortune de pouvoir tout attaquer sous le nom d'ultramontanisme : les doctrines les plus saintes deviendront odieuses par la malheureuse solidarité de tous les excès dans lesquels on se compromet, et nous verrons toutes les haines, toutes les colères, tous les mépris, toutes les représailles, qu'un journalisme emporté attire et amasse contre lui, se tourner bientôt contre nous, si l'on peut continuer à dire que nous faisons cause commune avec un tel journalisme. » C'était bien « le fond de son âme » que l'évêque d'Orléans ouvrait au Nonce en lui parlant de la sorte.

Puis, l'archevêque de Paris, l'archevêque de Besançon, qui se trouvait alors à Paris, et l'évêque d'Orléans rédigèrent une Déclaration qui leur paraissait de nature à obtenir les adhésions de leurs collègues, et à terminer enfin cette malheureuse discussion. Voici quelle était cette déclaration ; aujourd'hui que le feu de ces débats est éteint, il ne peut y avoir qu'un intérêt historique à publier cette pièce :

« Les archevêques et les évêques soussignés,

» Considérant qu'il importe de faire cesser les bruits qu'on affecte de répandre dans le public, au sujet de prétendues divisions qui existeraient entre les évêques sur des questions importantes touchant à l'autorité de leur saint ministère et à l'enseignement des lettres dans les Écoles chrétiennes,

» Déclarent les points suivants :

» 1° Que les actes épiscopaux ne sont en aucune manière justiciables des journaux, mais seulement du Saint-Siège ; et des évêques (dans les cas prévus par le droit) ;

» 2° Que l'emploi dans les écoles secondaires des classiques anciens, convenablement choisis, soigneusement expurgés et chrétiennement expliqués, n'est ni mauvais, ni dangereux, et que prétendre le contraire, ce serait condamner la pratique constante de tous les évêques catholiques et des plus saintes congrégations religieuses, puisqu'il est de notoriété publique que, jusqu'à ce temps, tous les évêques et toutes les congrégations enseignantes ont admis les anciens classiques grecs et latins dans leurs écoles;

» 3° Que l'emploi de ces classiques anciens ne doit pas toutefois être exclusif, mais qu'il est utile d'y joindre, dans la mesure convenable, comme on le fait généralement dans toutes les maisons d'éducation dirigées par le clergé, l'étude et l'explication des auteurs chrétiens;

» 4° Que c'est aux évêques seuls qu'il appartient, chacun dans son diocèse respectif, et sans que nuls écrivains ou journalistes aient à cet égard aucun contrôle à exercer, de déterminer dans quelle mesure ces auteurs, soit païens, soit chrétiens, doivent être employés dans les petits séminaires et dans les écoles secondaires confiées à la direction du clergé diocésain. »

A cette déclaration était jointe une *Note explicative du but et de la pensée de la Déclaration proposée par NN. les évêques*; cette Note était signée de M<sup>gr</sup> le cardinal-archevêque de Besançon.

Mais qui présenterait ces pièces à la signature des évêques? L'évêque d'Orléans conjurait l'archevêque de Besançon, plus élevé que lui dans la hiérarchie, de le faire. Celui-ci s'y refusa obstinément, affirmant que l'évêque d'Orléans, seul, avec sa grande activité, pouvait mener à bonne fin cette affaire.

Quarante-six évêques adhérèrent à ces actes; plusieurs autres, sans les signer, firent savoir qu'ils les approuvaient. Mais il y eut des dissidences : les évêques de Moulins et de Montauban, l'un dans une lettre à l'évêque d'Orléans, l'autre dans des observations à ses collègues, critiquèrent, surtout au point de vue de la procédure, la Déclaration; l'archevêque d'Avignon, et l'archevêque de Reims, écrivirent dans le même sens [1]; M<sup>gr</sup> Pie, dans une lettre privée à l'évêque d'Orléans, se

---

1. A quoi l'évêque d'Orléans répondait dans sa lettre au Nonce par la multitude des précédents. — Les Canons d'ailleurs défendent-ils aux évêques une manière de se concerter qui est souvent pour eux la seule possible dans un pays où le gouvernement se croit armé contre les réunions conciliaires des lois que l'on sait?

borna à faire « quelques réserves. » L'acte le plus considérable fut une lettre de l'évêque d'Arras, M&gr; Parisis, à M. Veuillot. L'évêque d'Arras disait que, malgré ses fautes et ses torts, l'*Univers* n'avait pas mérité de périr ; et il ajoutait qu'il ne croyait pas qu'on pût le condamner « pour des opinions libres. » Mais ce n'étaient pas seulement « des opinions libres, » à leurs yeux fort dangereuses, que les évêques lui reprochaient, et M&gr; Parisis oubliait « la grande question, la question d'autorité épiscopale. » Les évêques ne demandaient pas non plus que l'*Univers* disparût, mais qu'il s'amendât[1]. M. Veuillot en fit la solennelle promesse : « S'il m'est arrivé quelquefois, répondit-il à M&gr; Parisis, de franchir les limites nécessairement indécises (mais elles ne le sont pas toujours !) où la liberté d'un écrivain catholique doit se restreindre, je n'ai guère hésité à revenir sur mes pas. J'hésiterai encore moins à l'avenir, et, sous ce rapport, j'ose prier M&gr; l'évêque d'Orléans de croire que sa sévérité n'aura pas sur moi une influence moins souveraine que votre bonté. »

L'évêque d'Orléans avait obtenu ce qu'il voulait, et, sinon l'unanimité de ses collègues, du moins la grande majorité. Pousser plus loin les choses ne lui parut pas nécessaire. Il se contenta de faire notifier, par un de ses vicaires généraux, à M. Veuillot, la Déclaration, appuyée de la signature de quarante-six évêques et de l'adhésion de beaucoup d'autres, et il mit fin à cette affaire en publiant la note suivante :

« Un journal annonce que la Déclaration épiscopale relative au journalisme et aux classiques ne tardera pas à paraître. Ce journal a été sans doute mal informé. Il est des choses et des circonstances où la force est dans la mesure et la modération. Ce qui devait être fait a été fait ; ce qui est connu de cette

---

1. L'évêque d'Orléans, en terminant sa lettre au Nonce, s'exprimait ainsi : « Sans doute, vos sages avertissements, Monseigneur, ne manqueront pas à ces hommes dont le zèle est si peu selon la science pour leur représenter toutes ces choses si graves, et essayer de leur faire comprendre enfin la nécessité de la réserve et de la modération en tout ce qui touche les grandes et souvent si difficiles affaires de l'Église, comme aussi de les leur faire mieux pratiquer. »

affaire suffit ; ceux qui devaient s'entendre se sont entendus ; ceux qui avaient besoin d'être avertis l'ont été... Qu'on médite avec le respect qui leur est dû les sages et fortes paroles des prélats vénérables qui ont récemment écrit touchant cette affaire : il y a là des leçons salutaires pour tous et des conseils qui ne seront perdus pour aucun de ceux qui savent lire et comprendre. Que si, par tous ces graves avertissements, la *sévérité* nécessaire des uns, l'indulgente *bonté* des autres, n'obtient pas toujours la *souveraine influence* que l'on promet, nous avons du moins lieu d'espérer que nous ne verrons plus se reproduire les torts et les fautes dont nous avons eu à gémir, etc. »

Du reste, les réformateurs eux-mêmes, oubliant leurs vastes prémisses, finirent par réduire leur thèse à trois points : 1° l'expurgation plus sévère des auteurs païens ; 2° l'introduction plus large des auteurs chrétiens ; 3° l'enseignement chrétien des auteurs païens. Pour reculer jusqu'à ce point il eût certes mieux valu ne point tant s'avancer, et, comme le disait M<sup>gr</sup> de Nevers dans la condamnation de son propre vicaire général, l'auteur du *Ver rongeur :* « Si l'on se fût contenté d'émettre avec modération ce vœu inoffensif, aucun évêque n'aurait songé à réclamer. »

En somme, l'honneur des écoles du clergé fut sauvegardé, et l'autorité épiscopale vengée ; mais la division latente créée au sein de l'épiscopat français apparut au grand jour. A qui la faute et la responsabilité? Qui avait soulevé ces questions irritantes? Est-ce l'évêque d'Orléans? Et, attaqué dans une question de cette nature, pouvait-il, lui, se taire?

Cette question du journalisme religieux troubla encore l'année suivante l'épiscopat, à l'occasion que voici. Un écrit d'un illustre catholique espagnol, Donoso Cortès, alors ambassadeur d'Espagne à Paris, ayant été publié dans une *Bibliothèque* destinée au public religieux et patronée par l'*Univers*, un prêtre, ancien professeur de théologie, nullement mêlé à la polémique quotidienne, mais très zélé pour la doctrine, fut étonné des nombreuses erreurs qu'il crut reconnaître dans cet ouvrage, et il jugea utile de les relever dans l'*Ami de la religion*. Ce théologien, faisant la leçon à un homme d'État, sur des questions de théologie, il est vrai, irrita M. Veuillot ; de plus, ce théologien se trouvant être un vicaire général de l'évêque d'Orléans, on s'expliqua l'âpreté particulière de la raillerie dans laquelle le rédacteur en chef de l'*Univers* parut se délecter : représailles indirectes ! Au lieu de discuter, il persifla, et de telle sorte qu'une feuille catholique belge, le *Journal de Bruxelles*, dès le premier de ces articles, et il y en eut cinq, écrivit : « C'est un scandale ! Si M. Veuillot avait voulu réjouir les ennemis de l'Église, il ne s'y serait pas pris d'une autre façon. » Le fait est que la personne même de M. l'abbé Gaduel n'était pas plus ménagée que sa controverse. Se jugeant outragé et calomnié, le vicaire général d'Orléans déféra au jugement de l'archevêque de Paris les articles de M. Veuillot « comme injurieux, diffamatoires et scandaleux. » Quelques jours après, l'archevêque de Paris fulmina contre l'*Univers* une Ordonnance qui laissait loin derrière elle, en fait de sévérité, le Mandement publié l'année précédente par l'évêque d'Orléans. Cette ordonnance était longuement motivée. On ne peut lire aujourd'hui ces considérants sans une peine profonde, tant les reproches adressés au journal catholique sont graves ; et ce n'étaient pas seulement ses plaintes que l'archevêque de Paris faisait entendre, c'étaient celles aussi d'un grand nombre de ses collègues, dont il citait les paroles indignées. La question particulière du prêtre insulté disparaissait dans la question générale des torts persistants imputés au journal. Puis venaient les pénalités : l'archevêque interdisait à son clergé tout entier de lire l'*Univers*, et surtout d'y écrire.

Une grande émotion s'ensuivit dans l'épiscopat. Déjà, avant même que M. l'abbé Gaduel eût demandé justice, un évêque, d'une autorité déjà grande dans l'Église, plus grande encore aujourd'hui, l'évêque de Viviers, Mgr Guibert, actuellement archevêque de Paris, avait cessé de recevoir l'*Univers*.

et avait adressé une lettre pastorale à son clergé pour lui faire connaître sous l'impression de quels sentiments il avait cru devoir agir ainsi [1]. Des adhésions lui arrivèrent, notamment de l'évêque de Marseille. D'un autre côté, l'évêque de Moulins discuta publiquement l'acte de Mgr Sibour, alors que déjà le Pape était saisi de la question, car déjà M. Veuillot avait fait appel de la sentence de l'archevêque de Paris au Pape ; à son tour, l'archevêque de Paris déféra au Saint-Père l'écrit de l'évêque de Moulins. Le trouble était de nouveau dans l'Église de France.

Sentant venir l'orage par lui soulevé, M. Veuillot s'était hâté de se rendre à Rome, et, dans une lettre qu'il écrivait de Rome à ses collaborateurs : « Nous continuerons notre œuvre, disait-il, ou nous l'abandonnerons, » C'est ainsi qu'il posait la question. Il ne manqua pas du reste de faire intervenir ici, comme toujours, le gallicanisme, bien que rien ne blessât plus vivement les évêques qui le censuraient. « Nous errons, avait-il écrit déjà, parce que nous sommes ultramontains. » Et, dans une lettre qu'il adressait au secrétaire des lettres latines, Mgr Fioramonti : « Je suis, disait-il, depuis douze ans rédacteur en chef du journal l'*Univers*, qui se publie à Paris, pour défendre les doctrines de la Sainte Église romaine contre la presse irréligieuse. »

Ses amis parlaient dans le même sens, et d'Amiens l'abbé Gerbet, dans une lettre ostensible, écrite à Mgr de Salinis, ajoutait cet autre argument : « L'*Univers* est le seul journal religieux qui soit favorable au gouvernement. Il lui a rendu

---

1. Et dans une lettre privée à Mgr l'évêque d'Orléans, il disait : « Depuis longtemps je gémissais des excès du parti. Après la lecture des cinq articles je n'y ai plus tenu ; la mesure m'a paru comble, et j'ai cru que ma conscience me faisait un devoir d'élever la voix... » (1er mars 1853). — L'auteur de la *Vie de Mgr de Salinis*, M. l'abbé de Ladoue, prétend que tout cela avait pour but d'empêcher que Rome n'approuvât les décrets du concile d'Amiens. « On crut, dit il, y parvenir en prenant les devants et en frappant un coup éclatant, propre à intimider. On condamna l'*Univers*. » « Un évêque du Midi, » ajoute-t-il, c'est de Mgr Guibert qu'il parle, « commença la campagne. » On voit à quel degré l'honorable auteur juge les choses d'un point de vue *subjectif*, comme disent les Allemands.

et lui rend encore de grands services... La chute de l'*Univers* serait un grand échec pour le gouvernement lui-même, qui tient à se concilier l'opinion du clergé [1]. »

Pie IX ne voulut pas être sévère ; Mgr Fioramonti, dans sa réponse à M. Veuillot, entremêla à des consolations de hautes leçons qui étaient en définitive, si ce journaliste s'y fût toujours conformé, tout ce que les évêques souhaitaient pour l'avenir. L'évêque d'Orléans, en particulier, accepta pleinement, comme règle de la polémique religieuse, et invoqua souvent, dans la suite, ces paroles de Mgr Fioramonti, qui étaient la thèse même qu'il avait toujours soutenue :

« Il serait bon non seulement pour vous-même, mais encore pour le service utile de l'Église, que, tout en prenant librement en mains la cause de la vérité, vous examinassiez d'abord avec grand soin toutes choses, et que, surtout dans les questions libres, *vous vous abstinssiez toujours d'imprimer aux hommes distingués la plus légère flétrissure*. Et, en effet, un journal religieux, voué à défendre la cause de Dieu et de l'Église, doit être fait de telle sorte que *rien de contraire à la modération, rien de contraire à la douceur*, n'y vienne choquer le lecteur [2]. »

La leçon était haute et claire.

Cette lettre était datée du 9 mars 1853. On attendait un acte du souverain Pontife lui-même. Le 21 mars, cet acte parut : c'était une Encyclique aux évêques de France [3]. Le Pape aussi absorbait la question particulière dans la question générale : la sentence de l'archevêque de Paris n'y était expressément ni confirmée, ni improuvée : il n'en était pas question ; mais les vertus et les œuvres de l'épiscopat français y étaient célébrées, et sa docilité envers Rome glorifiée ; la presse religieuse y était déclarée une œuvre utile, mais à la condition d'accepter la

---

1. Mgr *Gerbet, sa Vie et ses Œuvres*, par M. l'abbé de Ladoue, t. II, p. 302.
2. Cures ne qua præcellentium virorum nomini labecula adspergatur... Religiosa ephemeris... ita comparata esse debet ut nihil non moderatum, nihil non lene adhibeat.
3. L'Encyclique *Inter multiplices*.

direction et les paternels avertissements des évêques : tous enfin étaient conviés à l'union et à la concorde.

L'archevêque de Paris retira son ordonnance. M. Veuillot se trouva à la fois averti et protégé.

Il est incontestable que tout cela faisait sur ceux du dehors une fâcheuse impression ; mais du moins était-ce la paix dans l'Église de France et entre les catholiques ? Hélas ! non ; ce n'était qu'une trêve, et d'autres éclats seront amenés par d'autres incidents. Car, malheureusement, sur la loi de 1850 d'abord, puis sur la conduite politique à tenir après le coup d'État, sur d'autres points graves encore, les catholiques s'étaient profondément divisés. Nous touchons là à ce qui fut une des plus grandes amertumes de l'évêque d'Orléans : toujours il a compté, parmi les « tristesses » du temps, « ces divisions douloureuses là où il ne devait pas y en avoir ; ces funestes malentendus dans le passé, et, ce qu'il y a de plus triste encore, l'impuissance de les guérir après le regret de ne les avoir pu prévenir. » Obligé de parler de ces choses dans cette histoire, nous ne le ferons toutefois que dans la mesure nécessaire, et ne raconterons de ces luttes que celles où il prit une part personnelle, et dont il revendiqua la responsabilité. Puisse du moins sortir de ces pénibles récits la leçon dont, tous, nous avons besoin !

## CHAPITRE VIII

SON ŒUVRE PASTORALE

(Suite)
Élan donné aux études dans son diocèse
Épisode
Réception à l'Académie française
1854

L'éclat de ces luttes, où l'évêque d'Orléans apparaissait comme le défenseur des saines études, en même temps que comme le modérateur de la polémique religieuse, et surtout son beau volume sur l'Éducation, qui le mettait de pair sans conteste avec les maîtres de la langue française, augmentaient encore son crédit, dans la société laïque non moins que dans l'Église. Une preuve de la considération dont l'entourait le monde des lettrés et des savants lui fut donnée vers ce temps-là même : le congrès scientifique, fondé par M. de Caumont, vint tenir ses assises dans la ville d'Orléans : la présidence d'honneur de ce congrès fut déférée à Mgr Dupanloup, et les applaudissements qui accueillirent les magnifiques paroles par lesquelles il célébra l'alliance de la religion avec les Lettres et les Sciences, et avec toutes les grandes choses de l'esprit humain, prouvèrent combien son attitude honorait l'Église, et répondait aux meilleures aspirations de ses contemporains[1]. Il est vrai, il n'était plus membre de Conseil supérieur de l'Instruction publique. Il avait combattu là aussi pour l'honneur des vraies méthodes, sans pourtant parvenir à arrêter au passage la bifurcation. Cette fâcheuse mesure ne fut pas cependant ce qui lui fit donner sa démission. Mais lorsque, après le coup d'État, un décret eut touché à la constitution de ce conseil, ne jugeant

---

1. Voy. ce discours Œuvres choisies, 1re série, t. Ier, Œuvres oratoires, p. 417.

pas sa liberté, et par suite sa dignité, assez respectées, il se retira. Cet acte, loin de l'amoindrir, l'avait grandi. La dignité du caractère, bon gré mal gré, impose à tous le respect. Y eut-il quelque pensée d'opposition à l'empire dans son élection à l'Académie française? Nullement. Le coup d'État avait été peu acclamé dans les régions de l'Académie, et l'élection de M. Berryer, peu de temps après, n'était pas sans avoir eu une couleur politique. Si calme que soit le sanctuaire des Lettres, *Sapientûm templa serena*, le contre-coup des événements ne peut pas ne s'y point faire sentir. La noble attitude de l'évêque d'Orléans vis-à-vis du pouvoir — nous en traiterons dans un autre chapitre — était sans doute pour quelque chose dans les sympathies qui lui en ouvrirent les portes. Mais son élection est due à de tout autres motifs.

Ce n'est pas lui qui alla à l'Académie; ce fut l'Académie qui vint à lui. Il y a un lieu dans notre pays où les grandes réputations, les grands talents, semblent appelés naturellement aux premiers honneurs de l'esprit français, c'est l'Académie française. Elle ne pouvait point ne pas avoir les yeux sur l'évêque d'Orléans. Il avait là de nombreux amis et de vives sympathies. « Je me sens confus, lui écrivait M. de Montalembert, après avoir lu son premier volume de l'Éducation, quand je pense que je suis de l'Académie française, et que vous n'en êtes pas encore. » Il y avait aussi pour l'Académie de grandes traditions interrompues à reprendre.

Toujours à l'Académie il y avait eu des évêques. Fondée par un cardinal, elle avait reçu dans son sein, avant la révolution, des prélats tels que Bossuet, Fénelon, Massillon; et, depuis le concordat, M$^{gr}$ Frayssinous, le cardinal de Bausset, M$^{gr}$ de Quélen: sans compter tant d'autres prélats et ecclésiastiques dont s'étaient honorées les lettres françaises. L'Église a donc sa place naturelle à l'Académie. Le souffle qui avait passé sur la France en 1830 avait pu un moment emporter ces souvenirs: les sympathies reconquises par l'Église les ramenaient comme d'eux-mêmes. On pouvait regarder comme un des bénéfices de l'attitude prise par cette partie du clergé et des catholiques que représentait l'évêque d'Orléans les dispositions nouvelles, et favorables à l'Église, qui régnaient maintenant dans cette illustre compagnie littéraire.

Au reste, le prince ne pouvait voir avec déplaisir une candidature si justifiée. Lorsque, en 1852, M. Vitet était allé lui faire connaître l'élection de MM. Alfred de Musset et Berryer : « J'ai lu, dit le Prince, les livres de M. Alfred de Musset, mais je crois que M. Berryer n'a rien écrit. » « C'est vrai, répondit M. Vitet; c'est le grand orateur que nous avons nommé. » « Et vous avez très bien fait ! Mais, continua le Président, je trouve qu'il manque quelque chose à l'Académie. » « Quoi donc, Prince ? » « Il vous manque un orateur sacré. » « C'est vrai, dit M. Vitet : qui donc nous faudrait-il ? Par exemple, l'évêque d'Orléans ? » « Mais oui, dit le Président; certainement. » Et, après une pause : « Et pourquoi pas l'abbé de Ravignan[1] ? » On a donc eu raison de le dire : « Le P. de Ravignan n'avait qu'à se laisser faire, et il était académicien[2]. » Mais l'humble religieux ne voulut être que jésuite. Quand il s'agit au contraire de son cher évêque d'Orléans, il ne vit qu'une chose : l'éclat qui en rejaillirait sur l'Église.

Ce fut M. le duc de Noailles qui eut l'honneur de lui faire les premières ouvertures par la lettre que voici :

« Paris, le 15 septembre 1853, Monseigneur, il est malheureusement probable qu'il y aura bientôt une vacance à l'Académie : M. Ancelot est dans un état qui laisse peu d'espoir pour ses jours. Je sais que l'Académie serait heureuse de voir un membre du clergé dans son sein, et depuis longtemps j'avais nourri la pensée de vous y voir occuper une place qui ne saurait mieux l'être que par vous. Cette pensée avait été très favorablement accueillie par ceux des membres auxquels je l'avais communiquée. Me permettriez-vous de vous la communiquer à vous-même et de vous consulter directement ? La succession de M. Ancelot est insignifiante ; il est vrai qu'il a travaillé

---

1. Lettre de M. l'abbé Debeauvais à l'évêque d'Orléans, 1er mars 1852.
2. M. H. de Lacombe.

pour le théâtre ; il a fait Louis IX et quelques autres tragédies ou drames plus inconnus ; mais c'est un homme honorable, de bons sentiments, et d'un talent qui est d'un genre grave. Je me suis entretenu de ce dont j'ai l'honneur de vous parler hier avec M. Guizot, et j'en écris à M. Molé aujourd'hui ; mais nous n'en parlons à aucun autre, avant de connaître votre sentiment. Alors même qu'il serait conforme au nôtre, nous ne ferions rien dans la préparation des voies à ce que nous désirons qui pût vous compromettre, et vous seriez entièrement étranger à l'exploration que nous devons faire du terrain. Ce serait notre pensée à nous. Nous ne la communiquerons néanmoins à personne sans votre assentiment. Il serait heureux pour la religion, Monseigneur, honorable pour l'Académie, et précieux pour les amis que vous y comptez, de vous y voir siéger au milieu de nous... »

M. le duc de Noailles exprimait par ces dernières paroles la vraie raison qui ne pouvait permettre à un évêque aussi zélé pour la gloire de la religion de se refuser obstinément à un honneur qui devait rejaillir sur elle. Et de plus, que l'évêque d'Orléans succédât à M. Ancelot, ce qui ne se fit pas, ou à M. Tissot, dont il occupa en effet le fauteuil, c'était là chose « insignifiante : » en réalité il succédait à Mgr de Quélen ; car c'était l'évêque, lettré sans doute, mais l'évêque que l'Académie choisissait pour renouer en sa personne la chaîne, interrompue depuis la mort de Mgr de Quélen, des évêques membres de l'Académie, et renouveler au sein de la première société littéraire de la France et du monde l'antique alliance de l'Église et des Lettres. Telle était la haute signification de son élection. La médiocrité du prédécesseur réel ne la faisait que mieux ressortir encore. Il y avait du reste entre Mgr de Quélen et lui des analogies qui n'avaient point échappé à l'Académie, et que son interprète, M. de Salvandy, fit délicatement ressortir dans sa réponse au nouvel élu : « M. de Quélen, lui dit-il, fut le dernier évêque qui siégea dans cette enceinte : prélat de glorieuse et intrépide mémoire, qui vous fut cher, dont vous avez dignement raconté les héroïques vertus le jour où vous preniez votre charge pastorale, en lui dédiant votre épiscopat ! Il est ici votre véritable prédécesseur, et l'on dirait que cela devait être ainsi, car il fut pour vous ce que le vénérable cardinal de Périgord avait été pour lui. Il distingua votre enfance, il encouragea votre vocation, il dirigea votre sacerdoce. Saint-Sulpice, où il avait été formé lui-même, comme presque tout l'épiscopat français, Saint-Sulpice, où le savoir s'égale à un zèle apostolique qui n'a failli dans aucune épreuve, lui promit en vous une lumière de l'Église. » Et ce fut aussi une bonne fortune pour sa réception que l'honneur de lui souhaiter la bienvenue eût échu à M. de Salvandy, qu'il avait dû combattre autrefois, mais qui n'avait gardé de ces souvenirs qu'une estime profonde pour un aussi courtois et loyal adversaire. M. de Salvandy était un homme très noble d'âme et un écrivain de haute venue.

Voici la lettre que, selon l'usage, l'évêque d'Orléans dut écrire au Secrétaire perpétuel de l'Académie, M. Villemain :

« Monsieur le Secrétaire perpétuel, je devrais certainement hésiter, en pesant mes trop faibles titres, à me présenter aujourd'hui aux suffrages de l'Académie française ; mais une bienveillance qui me touche, et à laquelle vous me permettrez de dire que vous n'êtes pas étranger, encourage et excuse peut-être ma témérité.

» J'ose donc vous prier, Monsieur le Secrétaire perpétuel, de vouloir bien lui présenter l'expression de mon vœu. Je viens solliciter l'honneur d'appartenir à l'Académie à la place laissée vide par la mort de M. Tissot.

» Je suis avec la plus haute considération, Monsieur le Secrétaire perpétuel, etc.,

» † Félix, évêque d'Orléans.
» Paris, 20 avril 1854. »

Il fut élu le 18 mai, au premier tour de scrutin, par dix-neuf voix sur trente-deux votants. Il hâta lui-même sa réception, pressé qu'il était de partir pour Rome.

Ce fut une séance particulièrement mémorable que celle du 9 novembre 1854; un grand jour pour la religion et pour les Lettres : de belles choses y furent dites à leur commun honneur, et dans le plus magnifique langage. Rarement du reste la coupole de l'Institut avait vu réunie sous ses voûtes plus nombreuse et brillante assemblée. Entre M. de Montalembert radieux, et M. le comte Molé, ses parrains, apparut le nouveau récipiendaire, « dont le maintien digne et plein de modestie, la figure ouverte et respirant une rare bonté, eut bientôt captivé l'auditoire[1]. » Le sujet du discours était tout indiqué par ce qui avait fait cette élection : l'alliance de la religion et des Lettres. Dans les brillants développements qu'il donna à cette pensée tour à tour apparaissait l'éducateur de la jeunesse, proclamant qu'elle avait été son premier amour, et qu'elle en serait le dernier ; le défenseur des Lettres humaines, en montrant l'harmonie avec les Lettres sacrées, et les rattachant à la même origine qui est Dieu ; enseignant à saisir dans leurs grands interprètes les cris révélateurs de l'âme humaine, et l'expression impérissable des éternelles vérités ; le moraliste profond qui, en rattachant le dictionnaire tout entier aux fondements mêmes de l'ordre moral, *avait vu, d'un coup d'œil si pénétrant, la chaîne cachée qui lie aux mots les choses, et quelquefois aux choses d'un pays celles du monde;* l'évêque enfin et surtout ; l'évêque, préoccupé des âmes jusque dans un discours académique ; y laissant éclater, avec son art de les traiter, cette large condescendance, qui n'est pas l'indifférence, mais la charité ; noble et évangélique sentiment dont il était animé pour son siècle, et d'où lui venaient ces vives sympathies que son siècle lui renvoyait.

C'est donc jusqu'à Dieu même qu'il faisait remonter l'origine première des Lettres : « Il y a, disait-il du *divin* dans l'homme : le Créateur, en faisant l'homme, l'a fait à son image, et s'est plu à reproduire en lui les grands traits de sa perfection et de sa gloire, à savoir, l'intelligence et l'amour. L'homme était son chef-d'œuvre, et lorsqu'il le dota d'une si belle nature, il y joignit toutes les riches facultés, tous les nobles attributs

---

(1) Le *Journal des Débats*, n° du 10 novembre 1854.

qui en découlent : l'esprit, le talent, le génie, le bon sens, le bon goût, la grâce du langage, l'inspiration poétique, tous ces dons merveilleux qui sont ce que j'ai appelé le reflet et comme la gloire de Dieu dans l'homme et dans les Lettres humaines...

» Car, d'une part, ce qui exprime Dieu le plus parfaitement dans la création et parmi les œuvres divines c'est l'homme. D'une seule de ses pensées, d'un seul de ses regards où reluit la flamme de l'intelligence, l'homme exprime Dieu plus que nulle autre créature, mieux que l'univers entier : le regard du soleil, tout éblouissant qu'il est, ne reflète pas le rayon divin qui brille dans l'œil d'un enfant.

» Mais d'autre part, la grande et singulière prérogative des Lettres, c'est qu'à leur tour elles expriment l'homme, cette vivante image de Dieu, plus parfaitement que toutes les autres œuvres et que toutes les créatures humaines.

» Les Lettres sont l'expression même de l'esprit humain tout entier, parce qu'elles ne revêtent pas seulement des formes du langage les idées abstraites de l'intelligence et les conceptions de la raison pure, mais parce que, dans l'ordre moral comme dans l'ordre physique, elles reproduisent aussi la beauté telle qu'elle se montre à l'imagination, avec son plus ravissant idéal ; parce qu'elles savent se rendre les interprètes de tout ce qu'il y a de plus élevé, de plus grand, de plus vertueux dans les sentiments du cœur humain ; parce que, enfin, c'est par elles que le vrai, le beau, le bien, tels que la main divine les imprima dans l'âme de l'homme, trouvent au dehors leur manifestation la plus éclatante et la plus parfaite. »

Il ne s'élevait pas à une moindre hauteur en montrant la mission providentielle des Lettres, et comment les grands siècles littéraires entrent dans l'ordre et les desseins de Dieu dans l'histoire ; et ici il ne pouvait pas ne pas saisir l'occasion qui s'offrait à lui de dégager une fois de plus l'Église de toute solidarité avec les théories qu'il avait déjà si éloquemment combattues :

» Reconnaissons-le, alors même que la nuit païenne couvrait la terre, les grands siècles littéraires firent briller d'admirables clartés : la philosophie, les lettres, l'éloquence, la poésie, dans ce qu'elles eurent de vérité et de beauté ; tous ces hommes, en tant qu'ils avaient reçu du ciel les dons de l'intelligence, et que la lumière de Dieu brillait dans leur génie ; je dirai plus, les généreux efforts que firent plusieurs d'entre eux pour percer la nuit, pour découvrir, par delà l'horizon de leur siècle, quelque chose des clartés divines, tout cela est digne d'admiration et de respect. Je puis et je dois déplorer l'abus qu'ils firent souvent de leurs hautes facultés ; je puis et je dois compatir à l'impuissance de leurs efforts ; mais je ne puis ni mépriser en eux, ni flétrir les dons du Créateur. Je ne me sens pas le courage de réprouver, d'avilir, sous le nom de paganisme, ce qui fut dans ces grands siècles le suprême effort de l'humanité déchue pour ressaisir le fil brisé des traditions anciennes, et retrouver la lumière que Dieu y faisait encore briller, comme un dernier et secourable reflet de sa vérité, *afin de ne pas se laisser sans témoignage au milieu des nations*, et de montrer que la créature tombée n'était pas éternellement déshéritée des dons de son amour. » Des applaudissements ayant salué ces paroles, il s'arrêta et dit avec simplicité : « Je suis heureux, Messieurs, de ces applaudissements, car c'est à une parole même des saints livres qu'ils s'adressent ; » puis il continua :

» Non, les vers que citait saint Paul à l'Aréopage n'étaient pas des vers païens ; pas plus que les splendeurs du jour au matin, et les ravissantes beautés du ciel de Parthénope, lorsque cette lumière si pure et ces clartés rayonnantes inspiraient à Virgile de chercher par delà les cieux mortels une lumière plus brillante encore et plus pure, un soleil et des astres nouveaux : *Solemque suum, sua sidera norunt;* lorsque les tristesses de la terre, *Lacrymæ rerum*, jetaient dans son âme des aspirations indéfinissables vers un monde meilleur, faisaient ressentir dans ses vers comme un tressaillement sublime de la nature émue de ses longues douleurs, comme une vaste et puissante inquiétude de la terre et des cieux en travail du libérateur désiré. »

Alors venait ce beau passage, si vraiment chrétien et sacerdotal :

« C'est précisément parce que j'ai l'honneur et le bonheur d'être chrétien, c'est parce qu'à ce titre je suis, selon la langue de l'apôtre, fils de la lumière, que je sais avec confiance en revendiquer les rayons partout où ils se trouvent.

« Oui, la lumière est à nous, tous les siècles nous la doivent et nous l'envoient, et voilà pourquoi je ne l'outrage nulle part ; je la recherche, je l'aime, je la célèbre partout où je la découvre ; je la recueille avec amour, ne fût-ce qu'une étincelle, une flamme égarée ; et ma joie est grande quand je puis la ramener au foyer primitif et divin ! Je suis le disciple d'un maître qui ne veut pas qu'on éteigne le flambeau qui fume encore ; selon la belle recommandation de l'Église, je me souviens de ma condition, et je respecte le roseau pensant, tout brisé qu'il est : j'aurais horreur de le fouler aux pieds. Débris moi-même d'une grande création tombée, je ne méprise aucun débris ; et sans craindre de mêler ici le langage de Virgile à celui du christianisme, j'aime à redire ce beau vers :

Haud ignara mali miseris succurrere disco. »

Suivaient de profondes considérations sur la puissance des mots, et par conséquent sur l'importance et la valeur du dictionnaire :

« Toute idée est une puissance qui s'appuie sur une famille plus ou moins nombreuse de mots analogues qu'elle crée à son usage et qu'elle éclaire ; ou plutôt elle se transforme et se révèle en eux : alors ces mots participent de sa valeur, représentent sa force, réfléchissent sa lumière, à divers degrés et avec des nuances diverses, dans la société et le commerce des intelligences. Tout cela fait cette grande chose que j'ai appelée le bon sens des mots...

» L'histoire en fait foi : jamais une idée fausse n'est entrée dans le monde, si ce n'est par l'usurpation des mots justes dont elle s'empare, et dont elle altère plus ou moins le sens. Car, dans les grandes luttes de la pensée humaine, les opinions, les partis contraires ont leurs mots, comme dans les luttes des nations les armées ont leurs étendards...

» Ce n'est pas sans de grandes catastrophes que la source des grands mots s'altère dans un pays et dans un siècle.

» Mais Dieu ne le permet que pour un temps, et pour châtier les nations qui ont trahi la vérité et la justice.

» Tôt ou tard le dictionnaire finit par se réconcilier avec le bon sens.

» Mais, ce qu'il faut savoir, c'est que ce n'est jamais sans une grande souffrance au sein de l'humanité que les idées sur lesquelles la société repose viennent à être troublées, et que les idées fausses, qui leur sont contraires, usurpent leur place. Pour que l'idée vraie rentre alors dans ses droits, il faut parfois l'intervention du ciel même; il y fallut un jour une révélation, un Jésus-Christ, des apôtres et des martyrs : le triomphe de la vérité est à ce prix. »

Ainsi, au commencement de ce siècle, on n'osait pas même prononcer le nom adorable de Dieu à l'Académie : ce jour-là un évêque y proclama Jésus-Christ !

Il fallait bien en arriver à l'éloge obligé de son prédécesseur. C'était déjà un éloge indirect de M. Tissot, qui devait tout à Virgile, que ce nom et ces beaux vers de Virgile partout répandus dans le discours du récipiendaire ; mais, enfin, il fallait aborder cet honnête latiniste lui-même, qui avait été terroriste dans sa jeunesse, et voltairien toujours. On se demandait comment l'évêque franchirait ces deux écueils. Il franchit le premier avec Virgile :

« Virgile ! qui inspirait à M. Tissot un retour si naturel sur lui-même et sur l'emportement des temps qui venaient de finir, par ce vers si touchant de sa première églogue :

*En quò discordia cives*
*Perduxit miseros!*

» Virgile ! où il lut le dégoût des agitations populaires, *insa-*

*numque forum*, presque toujours accompagné du *ferrea jara.....* »

Rien de plus, et il passait, comme d'un coup d'aile : et de même M. de Salvandy ; et quant au second écueil, quant au voltairien :

« Je parle ici, disait l'évêque, devant des hommes à qui l'expérience de la vie a enseigné ce qu'elle m'a appris à moi-même, et l'on me croira si je dis qu'en lisant les ouvrages de mon prédécesseur, je n'y ai point cherché nos dissentiments : c'était au moins inutile. Je n'aime point la contention avec les vivants : j'en aurais horreur avec ceux qui ne sont plus. Non, j'ai cherché dans M. Tissot ce qui aurait pu être notre rapprochement possible, s'il m'avait été donné de le rencontrer en ce monde.

» J'ai fait avec lui ce que je fais avec toute âme qu'il plaît à Dieu de placer sur ma route : ce que je cherche d'abord, ce n'est pas ce qui sépare, mais ce qui rapproche ; ce n'est pas la querelle, c'est l'accord ; ce sont les points de départ communs ; puis, j'aime alors à marcher de concert à la conquête d'un accord plus parfait dans la vérité. »

Nulle parole de l'évêque ne souleva de plus unanimes et enthousiastes applaudissements que ce passage. Et comme ces applaudissements saluaient les sentiments qui avaient toujours été les siens, dans les luttes publiques comme dans la vie privée, la conduite qu'il eût voulu faire prévaloir dans le clergé et parmi les catholiques, il fut démontré avec éclat ce jour-là par quelle attitude en effet l'Église peut appeler à elle les meilleures sympathies de la France, ou s'attirer au contraire une assurée et redoutable impopularité.

Et dans le courant de cette belle harangue académique, qui allait coulant comme un fleuve, que de traits fins et charmants, que d'allusions promptement saisies par cet auditoire, le premier du monde par l'intelligence, le tact et le goût ! Quand, par exemple, le reconnaissant évêque s'écriait : « Les serviteurs de Dieu sont nombreux sur la terre ; et, à toute heure du temps, aux époques de grande rénovation sociale, il y en a plus qu'on ne le voit, plus qu'on ne le sait, qui travaillent par ses ordres, pour sa gloire, à leur insu : seulement, il faut prendre garde de jamais les insulter ! » Quel remerciement, quel encouragement délicat à plus d'un membre de l'Académie elle-même, dont chacun des auditeurs prononçait le nom tout bas ; et quelle leçon à d'autres !

La réponse de M. de Salvandy égala, si elle ne surpassa pas ce discours. Il ne le dissimula pas : « C'est, en effet, l'évêque, dit-il, que nous avons appelé au sein de l'Académie, l'évêque respectable et cher à l'Église, toujours prêt à combattre comme un soldat, je me trompe, comme un pontife, pour sa cause ; et en même temps nous avons voulu honorer en vous le disciple, le maître enthousiaste de ces belles études qui sont le plus noble instrument de l'homme et le plus puissant ; également nourri des trois antiquités biblique, grecque et latine ; donnant au jeune clergé de notre époque cet utile exemple ; compté au nombre des docteurs et des orateurs renommés ; instituteur consommé de la jeunesse ; écrivain... Mais qu'apprendre à une assemblée qui vient de vous écouter ? Vos paroles laisseront un long souvenir, et ce m'est un profond sujet de joie d'avoir à vous les renvoyer de la place où je suis. »

Avec lui donc, M. de Salvandy proclamait de nouveau la nécessaire alliance de la religion et des Lettres ; et cela en des termes qui méritent d'être cités après les siens :

« Oui, la religion et les Lettres doivent être unies ; ce sont deux puissances des régions spirituelles, quoique diverses ; toutes deux se servent de la pensée et de la parole pour entraîner et gouverner le monde ; l'une qui vient tout droit de Dieu ; l'autre qui n'en vient que par le détour de la liberté de l'homme, tout ensemble capable des plus grands essors et sujette à tous les vents de la passion et de l'erreur ; par cela même s'applaudissant, quand elle est sensée, de trouver un point fixe, dans l'ordre religieux, pour s'y appuyer, et affermir ainsi le sol sous les pas des peuples, au lieu de s'employer follement à l'ébranler ! »

Et, insistant sur ces pensées, il ajoutait : « Il faut le dire aux préjugés qui ont été si funestes et qui luttent encore : quelque chose manque dans une société civilisée, partout où la religion est absente. L'homme est incomplet et mutilé, quand ce sentiment, ce principe, cette clarté, sont étouffés et sommeillent en lui. L'esprit humain, loin de s'élever plus haut, on l'a trop vu, se corrompt et s'abaisse quand il abjure cette salutaire assistance. La patrie n'a ni toutes ses forces, ni toutes ses lumières, ni toutes ses grandeurs, quand il lui arrive, par peur ou passion, de ne pas se faire honneur de cette grande hiérarchie que l'histoire appelle l'Église de France, et qui a été une part si considérable de sa puissance et de son génie. Ceux qui appuient de l'intérêt des libertés humaines ces aveugles répudiations, n'ont qu'à regarder autour d'eux. Les grands exemples du monde, par ce qui a péri, par ce qui a vécu, attestent qu'il faut les fortes institutions religieuses aux fortes institutions politiques, quand on les veut durables. »

C'était indiquer et justifier les raisons du choix fait par l'Académie : « L'Académie française a le rare privilège de dater du grand siècle. Elle en respecte la gloire; elle en garde les traditions; elle sait que ce fut, depuis l'origine, sa mission et son honneur de représenter à la fois toute l'autorité morale et tout le génie littéraire de la France. Pouvait-il n'en pas être ainsi? Bossuet, dont la statue est là, debout, qui semble tenir toujours sa place au milieu de nous; Fénelon; tant d'autres illustres mémoires; notre fondateur, car comment oublier ce puissant et fier génie, même devant de tels génies et de telles renommées?... quelles images! quels flambeaux! et, en même temps quelle milice que celle qui a de tels chefs à montrer au monde, depuis dix-huit cents ans inépuisable de grands hommes... Encore les grands hommes forment-ils le moindre de tous les titres de l'Église à être comptée pour le poids de ses travaux et de ses services, partout et toujours! Elle en a un autre qui devrait être cher à l'esprit moderne, et qui, pour mon compte, me touche profondément : c'est le combat obstiné de toute cette armée de l'intelligence, de la charité et de la conscience, contre l'ignorance, contre la corruption et l'abrutissement trop faciles des hommes dans tout l'univers; c'est son dévouement à instruire le dernier des pâtres et des laboureurs, d'un bout du monde à l'autre, sur les choses éternelles, lui parlant d'infini, d'immortalité de l'âme, de justice divine, de bienveillance réciproque, de vertus domestiques, de devoirs sociaux, de dignité humaine, ce noble levier auquel je ne sais pas de plus solide point d'appui! Retranchons à chacun de nos clochers la chaire évangélique, qui agitera ces grandes questions? qui tentera de faire vibrer ces grandes cordes de l'âme humaine? On verrait les populations dégradées, retomber, sans une étoile au ciel, dans la nuit des abaissements les plus grossiers, des plus brutales passions! Ah! on peut le dire avec assurance, la plus grande école de métaphysique accessible et populaire, la plus grande école de morale spéculative et pratique, est là. »

Quel bonheur pour un évêque aussi dévoué à l'Église d'avoir provoqué un si magnifique éloge de l'Église dans un tel lieu et devant un tel auditoire!

Après cet hommage rendu aux doctrines développées par l'évêque d'Orléans, M. de Salvandy en arrivait au récipiendaire lui-même, retraçait sa rapide et brillante carrière, et, après avoir fait ressortir délicatement ce qu'il y avait d'analogies entre Mgr de Quélen et lui : « Aujourd'hui, poursuivait-il, vous venez le restituer à l'Académie, veuve trop longtemps de grands et doctes pontifes. Renouez, Monsieur, renouez avec confiance la chaîne interrompue : elle ne pouvait se rétablir (j'emploie votre image) par un plus digne et plus ferme anneau; car il est trempé tout à la fois aux eaux vives de la Religion, aux pures sources des Lettres; et la Religion ne l'a prêté aux Lettres qu'en le gardant tout entier. »

Du grand ouvrage sur l'éducation, « ce monument de la plus haute pédagogie qui fut jamais, » disait-il, M. de Salvandy faisait le plus splendide éloge; mais ses plus beaux traits, semblait-il, c'était pour peindre l'évêque d'Orléans lui-même qu'il les avait réservés :

« L'admiration facile, vive, qui donne sans compter, est une des qualités de vos écrits que je devrais dire noble, belle, que j'appellerai charmante. Il est si rare de savoir cette chose si simple! C'est qu'il y faut un esprit désintéressé de soi et un cœur intéressé aux autres. Vos travaux de l'ordre le plus sévère trahissent partout cette heureuse disposition. Un autre s'y révèle qui a peu cours aujourd'hui, et qui, en effet, devait se conserver au pied du sanctuaire, c'est l'inspiration, l'enthousiasme, ce que vous venez de nommer *le feu sacré*, cette flamme naturelle qui vient de l'âme ou du cœur et en perpétue la jeunesse!... L'enthousiasme a un mérite, c'est de ne visiter que des esprits ou des cœurs élevés, et de ne naître que de nobles amours, de celui, par exemple, des bonnes causes, joint à la foi en leur puissance... Vous ne méprisez pas les hommes ; vous augurez bien de notre temps, malgré sa part des misères du monde. Fils très aimé de cette Savoie de saint François de Sales, que nous n'avons pas restituée tout entière en 1815, car nous vous avons gardé, vous attendez beaucoup de notre patrie ; vous l'aimez passionnément ; pour parler de *cette France généreuse et terrible*, dites-vous, *douée, à ses risques et périls, d'une éternelle jeunesse, et qui ne fait jamais tout craindre sans laisser tout espérer*, vous trouvez toujours des accents d'une tendresse pleine de fierté. Ministre des espérances éternelles, vous ne connaissez pas le découragement des âmes disproportionnées à leur tâche, les impatiences des caractères médiocres et des esprits courts. Vous avez une habitude de chercher de préférence les hauteurs et de les trouver, qui vous font voir de plus loin. Tout cela vous donne les vastes horizons, les pensées sérieuses, le digne langage, la richesse de couleur, que votre imagination prodigue, mais sans s'épuiser. En toute chose, vous aimez le grand ; c'est le signe des nobles natures. Aussi peut-on vous prendre pour guide avec certitude, on ne risquera pas de descendre ; votre pensée s'élève toujours ; elle élève les sujets, les lecteurs, parfois même les adversaires, et, à la suivre, il n'y a pas de péril...

» En vous lisant, on apprend bien vite que c'est votre besoin naturel des grands essors qui a fait votre destinée... Vous êtes prêtre, vous l'êtes dans votre existence entière, et c'est vous qui avez défini le sacerdoce, l'*apostolat qui prêche, qui combat, qui se dévoue, qui se sacrifie.* Vous avez oublié un mot : : QUI ENSEIGNE... Oubli étrange! car c'est un autre emploi perpétuel de vos forces et de vos lumières qu'il me reste à considérer. C'est un second apostolat, qui a tenu tant de place dans votre vie, qu'il aurait suffi à la remplir tout entière. Vous avez été, pendant plus de vingt-cinq années, un corps enseignant à vous seul, menant de front les deux missions du ministère évangélique et de l'éducation de la jeunesse, de manière qu'on eût pu vous croire tout entier à chacune d'elles, et vous nous avez dit le principe et la fin de cette laborieuse vocation tout à l'heure, dans cette séance, par une parole qui vous a paru toute simple, et qui a fait tressaillir sur ces bancs toutes les mères, qui est allée au fond de nos âmes à tous, et y a porté, avec un religieux recueillement, bien des clartés : c'est que *l'enfance a été le premier amour de votre vie et en sera le dernier.* Ah! il n'y a que le prêtre catholique dans ce monde qui puisse trouver dans le fond de son cœur ce cri sublime! »

Telle fut cette séance, également glorieuse, nous le répétons, à la religion et aux Lettres; et tel il fut là dès le premier jour, tel il y sera jusqu'à la fin. Bossuet, au dix-septième siècle, avait fait voir un évêque à la cour; l'évêque d'Orléans, au dix-neuvième, fit voir un évêque à l'Académie.

# CHAPITRE IX

###### SON ŒUVRE PASTORALE
(suite)
Cinquième voyage à Rome
Circulaire relative à la liturgie romaine
Proclamation du dogme de l'Immaculée Conception
Grande Instruction pastorale sur ce sujet
Rétablissement des Grades théologiques
Concours, Conférences, Cas de Conscience, Bibliothèques
Épisode du Chapitre
1854-1855

A peine reçu à l'Académie française, l'évêque d'Orléans, pour répondre à un désir exprimé du Souverain Pontife, se mit en route vers Rome. Reprenant une pensée de Grégoire XVI, Pie IX, de Gaëte même, le 2 février 1849, avait annoncé au monde chrétien la pensée, profondément pieuse, d'appeler sur son règne orageux la protection de celle qui est la mère du fils de Dieu, et d'augmenter dans l'Église cette dévotion à la sainte Vierge, si chère aux cœurs catholiques, si doux épanouissement de nos dogmes, en élevant à l'état d'article de foi la croyance unanime de l'Église à cette grande faveur faite à la mère du Rédempteur : l'exemption du péché originel, en d'autres termes l'Immaculée Conception. L'épiscopat consulté par lui avait répondu : cinq cent quarante-six évêques demandaient avec instance la définition. Pie IX invita à se rendre à Rome, pour émettre leur avis sur cette grande affaire, tous ceux qui pourraient y venir. Il en vint près de deux cents. L'évêque d'Orléans n'eut pas longtemps à délibérer, ni sur le voyage, ni sur le vote qu'il émettrait. Rome exerçait toujours un vif attrait sur son âme, et la pensée d'y refaire à cette occasion les pèlerinages qui lui avaient été si doux en

1851, le flattait agréablement sans doute. Mais il se réjouissait surtout de contribuer pour une part à ce grand acte de la piété catholique. C'était la cinquième fois que Rome le voyait venir, et toujours avec un nouveau rayon au front : en 1831, il était déjà, selon l'aimable expression de Grégoire XVI, « l'apôtre de la jeunesse; » en 1841, il en était l'éducateur renommé, et le maître applaudi, dans une grande chaire apologétique; en 1846, c'était le prédicateur illustre de Paris et de Liège, et le vaillant athlète des luttes de l'Église; en 1851, c'était l'évêque d'Orléans, et l'auteur de ce grand livre de l'éducation qui venait d'éclater dans le monde; quand il y reparut en 1854, les applaudissements qui l'avaient salué à l'Académie française retentissaient pour ainsi dire encore : il y revenait avec le prestige de cette grande place que manifestement il occupait dans l'opinion publique de son pays.

Il avait, de plus, avant de partir pour Rome, accompli dans son diocèse un acte important, relativement à une question depuis longtemps déjà agitée en France, non sans récriminations amères et exagérations fâcheuses, mais alors apaisée : la question liturgique. Tout en déplorant la violence avec laquelle, selon lui, avait été menée la polémique, et les injures déversées à cette occasion sur l'ancien épiscopat français, il ne prit aucune part à cette controverse : le mouvement liturgique se produisit en dehors de lui; simple prêtre, il ne l'a ni favorisé, ni combattu; le champ de bataille où il se tenait était autre. Mais quand il fut évêque, et qu'il eut à se prononcer sur la question, il le fit alors sur-le-champ et sans hésiter. « Le Pape, écrivait-il à M$^{me}$ la princesse Borghèse, sait ce que j'ai fait au Concile de Paris pour la liturgie romaine. » A peine arrivé dans son diocèse, l'adoption du bréviaire et du missel romains fut donc chose immédiatement arrêtée et décidée dans sa pensée; et la première commission qu'il institua fut une commission liturgique, chargée de tous les travaux préparatoires nécessaires pour cet important changement; et, dès son premier synode, celui de 1850, il en entretint son clergé. Toutefois, conformément aux sages recommandations du Saint-Siège, de Grégoire XVI, de Pie IX lui-même, qui avaient laissé pleinement libres les évêques de France, quant à la question d'opportunité, et à celle des voies et moyens, il voulut apporter dans cette grave et délicate affaire la discrétion et la circonspection nécessaires. Il crut, quant à lui, que le plus pressé était de courir aux âmes, et de donner le pas sur cette question aux grandes œuvres de réforme pastorale, sans cependant la laisser sommeiller. Mais en 1854, après presque cinq ans de préparation et d'études, il espérait toucher bientôt au moment opportun ; et en effet il fit faire alors à la question dans son diocèse un grand pas, par la publication de sa remarquable circulaire du 27 septembre. Il venait d'achever cette laborieuse tournée pastorale dont nous avons parlé, et ce qu'il avait constaté, en ce qui touchait la liturgie, c'est que dans plusieurs paroisses les livres liturgiques étaient dans un état de vétusté déplorable ; il y avait donc lieu à aviser. De là, sa circulaire. L'esprit de cette circulaire est manifeste : elle proclame la nécessité et l'opportunité du retour à la liturgie romaine. Mais l'évêque, conformément du reste aux déclarations formelles des souverains pontifes, entend y procéder avec liberté et maturité.

Il fait connaître à son clergé tout ce qu'il avait fait déjà dans ce but : la commission instituée par lui travaille avec ardeur à la rédaction du Propre diocésain : « Car, dit-il, nous mettons un grand prix à ce que, dans le Propre du diocèse, tous les grands souvenirs de cette antique et illustre église d'Orléans soient fidèlement conservés : il faut que la mémoire des Euverte, des Aignan, des Eucher, des Euspice, des Mesmin, des Avite, de tant d'autres saints religieux, soit à jamais convenablement honorée parmi vous. » De plus, l'évêque a pris soin de recueillir les avis et renseignements nécessaires, pour s'éclairer sur la question pratique ; et sa conviction est que ce grand changement ne peut avoir en son diocèse des inconvénients sérieux. En conséquence, sans pouvoir fixer encore l'époque précise où il devra s'effectuer, il interdit l'achat, à moins d'une absolue nécessité, de nouveaux livres liturgiques ; puis il ajoute :

« Nous saisissons avec joie, Messieurs et Chers Coopérateurs, cette occasion, pour vous exhorter à concourir tous avec votre évêque, dans une parfaite unanimité d'esprit, afin que ce changement de nos livres liturgiques s'accomplisse chez nous avec paix, douceur et édification, et sans aucune de ces misérables et contentieuses disputes, dans lesquelles, à propos d'unité liturgique, l'importante union des esprits et des cœurs a été souvent et tristement altérée. » Et se laissant aller à un sentiment qui était profond en lui, il écrivit cette page, ou plutôt il poussa ce cri :

» Le Souverain Pontife eût pu sans doute commander ici ; il ne l'a pas fait : il a cru qu'il suffirait de nous exprimer un vœu. Oserai-je dire qu'il nous a bien connus ? Et nous-mêmes, nous tiendrons à honneur de lui témoigner que nous aussi avons bien compris son cœur, et que nous appartenons à cette *nation fidèle*, dont parle l'Écriture, qui n'est pas seulement *obéissance*, mais qui est *amour* : *Natio justorum obedientia et dilectio*.

» Mais, Messieurs, dans la joie que nous ressentons de pouvoir donner au Saint-Siège, en cette circonstance, cette preuve nouvelle de notre filial empressement, nous n'aurons pas la prétention de nous croire meilleurs que nos pères.

» Non, nul de nous n'a le droit d'insulter à leur mémoire et de dire : *Melior sum quàm patres mei*. Nous sommes peut-être plus heureux qu'eux : nous vivons en des temps moins difficiles, sous certains rapports, quoique plus tristes sous d'autres. Mais si nos pères avaient vécu de nos jours, ils auraient fait ce que nous faisons, avec autant de bonheur que nous, eux qui eurent l'incomparable gloire de donner au Saint-Siège le plus grand témoignage de l'amour, ce témoignage dont Notre-Seigneur a dit : *Majorem hâc dilectionem nemo habet quàm ut animam suam ponat*.

» Ah ! Messieurs, il nous est facile, au sein de la paix dont nous jouissons, et qui est le fruit glorieux de leurs combats et de leurs victoires, il nous est facile de tracer, comme je le fais en ce moment, sur des feuilles légères, les protestations de notre dévouement au siège apostolique ; nos pères ont fait plus : ils sont montés sur les échafauds, ils sont descendus dans les catacombes, ils ont parcouru tous les chemins de l'exil ; ils ont montré à toute la terre ce que Pierre était pour eux...

» Je le sens, Messieurs, ma plume et mon cœur se sont laissé entraîner ici au delà de ma première pensée, et le simple avis que je voulais vous adresser est devenu un grand avertissement que ma conscience donne à la vôtre, et que je ne saurais regretter. »

A Rome, dans les entretiens qu'il eut avec Pie IX sur ce sujet, le Pape approuva pleinement sa conduite et lui laissa toute latitude quant au mode et quant au temps. Quels immenses travaux, quelles luttes sans cesse renaissantes firent ajourner beaucoup plus qu'il ne l'eût voulu l'exécution de cette mesure, la suite de cette histoire le montrera.

Quant au dogme de l'Immaculée Conception, son opinion sur la question elle-même et sur l'opportunité de la définition était connue d'avance. Outre que, fils de Saint-Sulpice, il avait conservé pour la sainte Vierge la tendre piété d'un enfant, sa formule, quand il avait eu à traiter en chaire de ce point de doctrine, était que *si l'Église n'en avait pas fait encore un dogme de foi, nos cœurs en avaient fait depuis longtemps un dogme d'amour*. Cette assemblée d'évêques était du reste unanime : il n'y eut point là de contentions amères, de majorité ni de minorité, de tristes passions humaines. En présence de cette unanimité, qui constatait l'universalité, l'œcuménicité de cette croyance dans l'Église, Pie IX lui-même, le 8 décembre 1854, jour où l'Église célèbre cette fête de l'Immaculée Conception, la proclama dogme de foi. A Trente, et dans les conciles généraux, les évêques avaient défini, le Pape avait confirmé ; à Rome, la définition fut portée par le Pape seul, mais les évêques consultés et entendus.

Ce fut dans le monde catholique comme un immense tressaillement de joie ; mais nous n'avons pas à raconter en détail ces choses, ni les fêtes splendides de Rome, ni les manifestations enthousiastes qui partout firent à celle qui est la mère de Dieu et la nôtre le plus magnifique triomphe. L'âme du pieux et éloquent évêque déborda dans un Mandement que de Rome même il adressa à ses diocésains [1] ; vaste écrit, plein à la fois de doctrine et d'amour ; la question y est envisagée à tous les points de vue, historique, dogmatique, moral et social ; les explications nécessaires à tant de gens qui croient qu'un dogme nouvellement défini est un dogme nouveau s'y déploient avec ampleur. C'est tout un traité sur la dévotion à la sainte Vierge autant que sur la question même de l'Immaculée Conception ; une des belles œuvres pastorales, sans contredit, de l'évêque d'Orléans.

La France, comme il était juste, se trouva au premier rang dans ces manifestations : *Regnum Galliæ, regnum Mariæ*. Si Orléans ne donna pas le signal, il ne resta du moins en arrière d'aucune cité. Le Mandement ordonnait qu'un *Triduum* de prières serait célébré en l'honneur de la sainte Vierge dans toutes les paroisses du diocèse ; partout l'élan des populations fut admirable ; l'âme de l'évêque semblait avoir passé dans celle de ses diocésains. A Orléans, le troisième jour de ce *Triduum*, la grande parole de l'évêque vint l'animer encore ; c'était comme une explosion de la piété orléanaise ; là aussi, selon une belle expression du Mandement, « le dix-neuvième siècle revit les fêtes séculaires de la foi. »

A peine sa grande instruction sur l'Immaculée Conception était achevée qu'il en publiait une autre, plus étendue encore, sur un sujet tout différent. Outre cette raison directe de son voyage à Rome, la définition de l'Immaculée Conception, il en avait eu une autre. Dans tout le feu alors de son action pour

---

1. Donné à Rome, *Extra portam Flaminiam*, le 25 janvier 1855, et achevé à Orléans le 25 mars, en la fête de l'Annonciation de la très sainte Vierge (*Œuvres pastorales*, 1re série, t. I, p. 127).

le relèvement des études du clergé, il espérait obtenir du Saint-Père l'autorisation de réaliser une grande pensée qui l'occupait depuis longtemps à ce point de vue : la restauration dans son diocèse des grades théologiques. Pour les Petits Séminaires, son œuvre était faite : le niveau y était remonté plus haut qu'il n'avait jamais été. Que de fois aussi les jeunes ecclésiastiques de son Grand Séminaire l'avaient-ils vu apparaître tout à coup dans la salle des exercices, à l'heure de la lecture spirituelle, et là, ouvrant ses lèvres et son cœur, les animer au travail non moins qu'aux vertus sacerdotales ! Mais des paroles ne suffisent pas : il faut des institutions. En l'absence des facultés canoniques de théologie en France, les grades, ce puissant stimulant pour l'étude, étaient tombés en désuétude, dans son diocèse comme partout, et c'était là un des regrets de l'évêque d'Orléans ; car les grades, c'est un but direct au travail, c'est une préparation sérieuse, c'est l'épreuve et la preuve publique du savoir ; c'est l'exemple, c'est l'émulation, c'est l'honneur. A la différence de certains esprits étroits et timides qui les redoutaient, faisant passer ici les petites raisons devant les grandes, lui en appelait de tous ses vœux le rétablissement, comme un retour aux meilleures traditions de l'Église : « C'est à l'Église, on le sait, écrivait-il à son clergé, que le monde doit la première pensée de ces épreuves et de ces nobles récompenses de la science ; c'est l'Église qui, la première, institua en Europe ces grands examens publics, ces libres et généreux concours, ces grades, ces thèses solennelles, et tous ces moyens si puissants de l'émulation scientifique et du progrès littéraire. » Entrant dans ses pensées, le Saint-Père, par un bref du 25 janvier 1855, l'autorisa, pour huit années d'abord, à conférer les deux premiers grades théologiques, le baccalauréat et la licence ; quant au doctorat, on devait aller le prendre à Rome même. *Sûr de sa doctrine*, comme disent les brefs, le Pape renouvellera plusieurs fois encore ces indults.

Ce fut donc à son retour de Rome, pour le laborieux évêque, l'occasion d'une grande et magistrale *Instruction à son clergé*, accompagnée de *Règlements relatifs aux études ecclésiastiques dans son diocèse.* — 9 *avril* 1855. Il y règle l'ensemble entier des études dans tous leurs détails, depuis les premières études des enfants jusqu'à celles des séminaristes et des prêtres, depuis la grammaire jusqu'aux grades théologiques les plus élevés. « C'est que, disait-il, dans l'édifice de la science, comme il y a les glorieux sommets, il y a aussi les humbles fondements sur quoi tout repose ; ici plus qu'en aucune autre chose, les moyens en apparence les plus petits sont la base nécessaire de tout ce qu'il y a de plus grand, de plus solide, de plus élevé, de plus durable. »

Il est donc question dans cette Instruction :

1° *Des écoles presbytérales* dans les paroisses, et là il démontre, en grand détail, l'utilité capitale de ces écoles pour discerner et faire éclore les vocations ; ses conseils sur ce sujet seraient une vraie lumière pour tout bon prêtre qui voudrait, dans les loisirs de son ministère, essayer cette œuvre si éminemment sacerdotale, et pour tous les directeurs de maîtrises aussi ;

2° *Des études des Petits Séminaires* : là, se retrouvait ce travail dont nous avons déjà parlé, et non seulement le *niveau* pour chaque classe, niveau grammatical, littéraire et scientifique, mais encore l'*ordo docendi et discendi*, étaient magistralement déterminés et expliqués ;

3° *De la science sacrée et des études des Grands Séminaires:*

Sans doute, les vénérables prêtres de Saint-Sulpice qui dirigeaient son séminaire n'avaient nul besoin d'être conseillés ni stimulés : on peut dire cependant que, dans cette partie de son Instruction, l'évêque d'Orléans leur venait puissamment en aide, et se montrait un Supérieur de Grand Séminaire consommé. Que d'observations d'une justesse admirable! Que d'utiles et pratiques conseils pour l'emploi de ces quatre années, immédiatement préparatoires au sacerdoce, et pendant lesquelles tant de choses, ou ne doivent pas être oubliées, ou doivent être apprises! Mieux que toutes paroles, cette partie de son Instruction, si nous pouvions la placer sous les yeux du lecteur, montrerait combien cet évêque faisait tout ce qu'il pouvait pour mettre l'aiguillon sacré au cœur de son clergé, en l'absence de ces universités catholiques qu'il devait un jour conquérir !

4° *Des études et des Examens des jeunes prêtres;* 5° *Des Conférences ecclésiastiques:*

Il n'avait pas à instituer ces Examens, qui avaient lieu pour tous les jeunes prêtres, chaque année, pendant six ans; ni ces Conférences, qui réunissaient, sept fois l'année, au chef-lieu, tous les prêtres d'un canton, pour y traiter des matières théologiques. Une ordonnance de M$^{gr}$ Fayet de 1843 avait parfaitement réglé ces choses. Mais il avait à les surveiller, à les stimuler, à y mettre la vie, à les rendre sérieux, et féconds en résultats; à empêcher qu'insensiblement, comme il arrive facilement dans les choses périodiques et de longue durée, le relâchement et la routine, deux fléaux destructeurs de tout, et qui sont perpétuellement à combattre, ne s'y introduisissent pour les stériliser.

Les Examens dépendent en grande partie des programmes : ce fut un considérable labeur que ces programmes d'études ecclésiastiques, distribuant, avec intelligence, et sens pratique, d'immenses matières, pour une série de douze années. Après cette longue expérience, ils furent remaniés, et, sous la forme définitive qu'ils reçurent alors, ils présentent, nous ne craignons pas de le dire, un résumé des plus remarquables des diverses branches de la science, et un précieux guide pour le prêtre qui voudrait les suivre, à travers ce vaste champ des études ecclésiastiques [1].

Mais ce qu'il faut surtout ici, c'est la vigilance de l'autorité centrale. Et l'évêque lui-même n'y suffirait pas, sans des hommes spéciaux, ayant la doctrine, l'esprit de suite et le tact nécessaires. A Orléans, une commission des Études, ayant à sa tête un vicaire général, spécialement chargé des Examens,

---

1. Ils forment le tome sixième des *Œuvres choisies*, publiées en 1862 chez Régis-Ruffet.

Conférences, etc., examinait avec soin les travaux lus dans ces Conférences ; et l'évêque, chose capitale, ne manquait pas d'en entretenir son clergé dans ses lettres pastorales. Qu'on nous permette ici un détail, mais les détails sont indispensables pour faire comprendre ces choses, et les résultats que nous allons citer ne feront pas déshonneur au clergé orléanais : « Sur 362 dissertations que nous avons reçues, disait la circulaire du 15 décembre 1857, 179 ont mérité la note *très bien* ou *bien* ; 82 ont été notés *assez bien* ; et parmi les autres moins avantageusement notées, le nombre de ceux qui ont eu des notes très faibles est fort petit. » « Il n'y aura pas, ajoutait l'évêque, une seule des dissertations envoyées par vous qui ne soit lue et annotée. Nous nous en ferons rendre, chaque année, un compte exact et détaillé, et nous serons heureux de féliciter ceux d'entre vous qui auront montré le plus de science et de zèle. » Voici du reste par quelles paroles cet évêque, qui prenait toujours les choses par le grand côté, relevait, dans cette même lettre pastorale, aux yeux de son clergé, ce travail des Conférences :

« Ces Conférences, Messieurs, — laissez-moi ici élever vos pensées à des considérations dignes de vous, — ces saintes assemblées sacerdotales que nos pères fondèrent, et qui se tiennent, depuis bien des années déjà, dans toutes les églises de notre patrie, avec une si édifiante régularité, sont, il faut le reconnaître, une admirable institution. Quoi de plus beau, en effet, de plus touchant, de plus honorable en même temps pour le clergé, aux yeux de l'Église et aux yeux du monde, que de voir, à un jour donné de chaque mois, tous les prêtres des diocèses de France, jeunes hommes et vieillards, se rendre, malgré la longueur des distances et les difficultés des chemins, au chef-lieu de leur doyenné respectif, et là, sous la présidence de leur Doyen, s'assembler pour traiter en commun, durant plusieurs heures, des choses de leur saint état : de la science sacrée, de la pratique pastorale, et de tout ce qui peut contribuer à l'avancement de la religion, à l'instruction chrétienne, à la sanctification, et, par une suite nécessaire, au vrai et solide bonheur des peuples? Que cela est grand, Messieurs, en sa simplicité, comme le sont d'ailleurs toutes les grandes choses que fait la sainte Église catholique !... »

L'Instruction pastorale traitait, en sixième lieu, *des Grades théologiques* : là, l'évêque en exposait les avantages, et réglait, avec précision et toutes sortes de prévisions, la mise en pratique de cette féconde institution.

Elle traitait en septième lieu *des Langues sacrées*, c'est-à-dire du latin, du grec et de l'hébreu; mais ici il faut un instant le laisser parler lui-même :

« Il y a, disait l'évêque, membre de l'Académie française, une quatrième langue, dont le grec et le latin ne peuvent nous faire oublier la nécessité et l'excellence : c'est la langue française.

» C'est une langue providentielle : qui ne le voit? Une nation a été dite la fille aînée de l'Église ; la langue française est la langue de cette nation.

» Il y a eu un siècle où l'esprit humain a déployé toute sa splendeur, en français.

» La théologie, la philosophie, les lettres, les sciences ont eu, en ce siècle-là, le plus grand éclat que, dans toutes les directions de l'esprit humain, une nation ait jamais eue :

» En sorte que le plus grand des siècles classiques est français.

» Le seul siècle classique chrétien est français.

» Le progrès de la théologie dans le monde, et de la philosophie, consistera donc à être traduite de plus en plus dans cette belle langue, directrice de l'esprit européen.

» Donc, donner au clergé la pleine possession de cette langue, seule langue vivante du premier ordre, c'est préparer un siècle de triomphe pour le catholicisme.

» Je me persuade que si la civilisation européenne doit avoir un nouveau grand siècle, ce sera un grand siècle français : quoi qu'il en soit, la langue française est une langue conquérante.

» Mais notre but n'est-il pas d'arriver à former, dans l'élite du clergé, des écrivains, des voix, des plumes conquérantes, par conséquent françaises?

» Donc, pour conclure, je demande que, dans les Grands Séminaires, nos jeunes gens, en parlant le latin et en n'oubliant pas le grec, continuent à apprendre la belle et grande langue philosophique et théologique de notre dix-septième siècle. »

Certes, voilà un noble langage, tenu par un évêque à un clergé, et l'on ne se plaindra pas que le souffle patriotique y fasse défaut.

L'instruction s'achevait par des détails sur les *Bibliothèques pour servir aux études du clergé :* bibliothèques particulières, bibliothèques presbytérales, c'est-à-dire attachées à perpétuité aux presbytères, bibliothèques cantonales, et enfin grandes bibliothèques diocésaines.

« C'est peu d'avoir écrit ces choses, disait-il en terminant, l'exécution est tout ici; et pour cela, seuls nous ne pouvons rien. » Mais son devoir d'excitateur, c'est-à-dire tout ce qu'on peut demander à un évêque, certes, il n'y faillissait pas. Disons, à l'honneur du clergé orléanais, que ces efforts de son vaillant évêque n'étaient pas stériles.

Il avait déjà transformé en quelque sorte le Grand Séminaire, par divers agrandissements, qu'il compléta pour ce beau sanctuaire ajouté à la chapelle; pour donner aux examens et aux soutenances des thèses la solennité désirable, il créa cette belle salle, appelée *Salle des Thèses :* les examens s'y firent avec le plus grand éclat; le soutenance des thèses donna lieu aux joutes les plus intéressantes. La première fois que cette solennité théologique eut lieu, l'évêque fit venir, selon sa coutume, des personnages considérables : un capucin, un dominicain, un jésuite. Celui-ci était tout simplement le P. de Ravignan; et l'on fut émerveillé de la lutte qui eut lieu entre le célèbre prédicateur et un jeune prêtre orléanais, aujourd'hui professeur éminent de théologie à Saint-Sulpice, M. Brugère : la thèse, soutenue par le candidat et attaquée par le Père, était une thèse sur la possibilité du surnaturel et de la révélation. Une autre argumentation restée célèbre fut celle de l'abbé Cormier, depuis dominicain, encore avec le P. de Ravignan : le sangfroid du candidat, sa pénétration d'esprit, sa promptitude à saisir l'objection et à y repondre, l'élégance du latin, la courtoisie mutuelle des deux adversaires, ravirent les spectateurs.

En même temps que les grades, l'évêque d'Orléans institua les Concours; et à partir de 1855, de deux en deux ans, il proposa plusieurs grandes et belles questions de dogmatique ou de pastorale, offrant un prix proportionné à l'importance du travail. Les questions de l'année 1855 furent celles-ci : 1° Dogmatique : étude historique, théologique et philosophique sur les principales hérésies; en tracer rapidement l'histoire, faire connaître avec précision, sur chaque hérésie, l'erreur et le dogme opposé; montrer les origines, la liaison, la filiation des hérésies; et indiquer enfin les vues élevées de la Providence et le bien que Dieu a su tirer de ce grand mal pour son Église; 2° Pastorale : industries de zèle à l'égard des classes agricoles; décrire la triste situation religieuse des paroisses dans les campagnes à notre époque; les obstacles au bien, les lacunes du saint ministère, et indiquer les moyens, les industries de zèle en rapport avec les besoins du temps présent, qu'un bon curé peut employer pour arriver à la régénération spirituelle de sa paroisse.

En 1857, alors que tous les regards en France étaient tournés vers l'Orient, les questions mises au concours furent celles-ci : Dogmatique, État des Églises grecques schismatiques, tant en Orient que dans les pays slaves. — La question de Pastorale n'ayant suscité que des travaux, remarquables sans doute, mais incomplets, fut maintenue.

En 1859, Dogmatique: histoire du Protestantisme à partir du point où Bossuet, dans son *Histoire des variations*, s'est arrêté; Pastorale : étude sur la sanctification du dimanche.

Que si, en dehors des concours, un ecclésiastique produisait un ouvrage intéressant, l'évêque ne manquait pas de lui décerner une récompense. C'est ainsi qu'en cette même année 1859 M. l'abbé Rocher fut couronné pour son *Histoire de l'albaye royale de Saint-Benoît*.

Citons encore, parmi les concours intéressants des années subséquentes, celui de 1866, indiquant l'histoire de Micy, de Ferrières, de Saint-Aignan, célèbres abbayes orléanaises; celui de 1872, dont les sujets furent : Dogmatique : l'apologétique chrétienne aux dix-septième, dix-huitième et dix-neuvième siècles; montrer comment les variations de l'erreur ont amené la forme nouvelle que l'apologétique a revêtue à chacune de ces époques; indiquer le caractère qu'elle doit prendre de nos jours; Pastorale : causes qui ont amené le dépérissement actuel de la foi, des mœurs et des pratiques chrétiennes; difficultés qui en résultent pour le saint ministère, et moyens de surmonter ces difficultés.

Les grades conquis, les travaux des concours jugés, il y avait à distribuer les diplômes et les récompenses; ces distributions se faisaient au Grand Séminaire, dans la salle des thèses, avec une grande solennité. La première de ces séances eut lieu le 5 décembre 1855. Tout ce qu'il y avait de plus distingué, dans l'armée, la magistrature, l'administration, le barreau, la haute société orléanaise, se faisait une fête d'y assister, soit pour témoigner à l'évêque de sa déférence et de son respect, soit pour se donner l'illusion, dans cette vieille ville d'Université, de quelque réminiscence, de quelque résurrection d'un passé évanoui.

On se serait cru, en effet, dans le monde théologique d'autrefois. Tous les vicaires généraux, en habits de chœur, étaient rangés dans l'hémicycle de la grande salle, l'évêque au milieu, en costume de chœur aussi, avec sa physionomie la plus souriante, radieux, semblait-il, de la conscience du bien qu'il faisait, et de temps en temps laissant échapper des mots pleins d'à-propos et de grâce. Un discours latin solennel, traitant quelque haute question philosophique ou théologique, ouvrait la séance; puis venait, en latin aussi, le compte rendu des épreuves, par le vicaire général, président de la commission des études; puis la profession de foi des candidats; et enfin, la remise des diplômes et des récompenses. Toute cette gravité cependant était égayée parfois par des mots heureux du rapporteur, comme lorsque, par exemple, voulant consoler un candidat qui avait échoué au doctorat, il dit cette fine et aimable parole qui fut très applaudie et méritait de l'être, surtout à Orléans : *Et si non doctor, saltem evasit doctior.*

Le nombre des jeunes ecclésiastiques qui prirent les grades du baccalauréat et de la licence, ou même celui du doctorat, à Rome, atteste éloquemment le mouvement d'études mis par cette institution des grades théologiques dans le clergé orléanais.

Nous mentionnerons enfin, pour terminer cet exposé de ce que l'évêque d'Orléans tenta dans le but d'imprimer un vif élan aux études et aux travaux intellectuels de son clergé, l'institution du *Cas de conscience*. Dès le principe il avait fondé des exercices spirituels, une conférence sur les devoirs du sacerdoce, suivie d'un salut, au Grand Séminaire, tous les premiers mardis du mois : à ces exercices il adjoignit en 1855 la discussion d'un cas de conscience ou de pastorale. On se réunissait dans la salle des thèses ; un ecclésiastique désigné à l'avance donnait par écrit la réponse à la question proposée ; chaque ecclésiastique présent était admis à présenter des difficultés, s'il en avait ; un modérateur, assisté de deux conseillers et d'un secrétaire, dirigeait la discussion ; après quoi on se rendait à la chapelle pour la conférence et le salut. Une preuve, entre beaucoup d'autres, du bon esprit du clergé orléanais, c'est l'assiduité apportée par lui à ces réunions mensuelles : très édifiantes en effet, et très honorables pour un clergé.

Voilà donc comment, de toutes manières, sous toutes les formes, l'évêque d'Orléans soufflait à son clergé la flamme sacrée des études comme celle du zèle. Ce qu'il avait été pour son petit séminaire, il le fut pour son diocèse, un éveilleur, un excitateur admirable.

Il avait porté à Rome une troisième préoccupation, celle de la dignité des offices dans sa cathédrale. Il avait remarqué que les Chapitres aujourd'hui comptent peu de membres, et que ces membres sont pour l'ordinaire des vétérans du sacerdoce, pour lesquels sont arrivées avec l'âge les infirmités; que par suite souvent leur présence à l'office canonial est empêchée, et que dès lors ces offices, si beaux quand ils se célèbrent avec la pompe convenable, se font tristement dans le vide des cathédrales. Par un sentiment bien digne de sa haute piété et de son zèle pour l'honneur des choses saintes [1], il conçut le projet d'augmenter le nombre de ses chanoines; il présenta donc à Pie IX une supplique à l'effet d'obtenir les pouvoirs nécessaires pour réaliser ce dessein. Le Saint-Père entra avec bienveillance dans ses vues, et par un indult en date du 22 janvier 1855, il lui octroya la faculté de créer huit autres chanoines qui, quoique non reconnus et rétribués par le gouvernement, n'en seraient pas moins vis-à-vis de l'Église des chanoines. L'indult ayant été communiqué, selon une de ses clauses formelles, au Chapitre, le Chapitre crut pouvoir adresser à Rome des observations sur cette dérogation au droit, qui, assurément, ne dépassait point les pouvoirs du Pape, et s'appuyait sur des motifs élevés et sérieux. La Congrégation répondit, non aux chanoines, mais à l'évêque, qu'il fallait exécuter l'indult apostolique, comme si de rien n'était [2]. L'évêque se mit alors en mesure de procéder à l'installation des nouveaux chanoines, qui eut lieu le jour de la fête de saint Pierre. De nouvelles réclamations, ayant été produites à Rome, reçurent une réponse conforme à la première. « Il faut s'en tenir à ce qui a été réglé [3]. » Et l'institution fut maintenue.

La misère qu'avait voulu couvrir l'évêque d'Orléans n'est que trop évidente : peut-être un meilleur remède eût-il été,

---

1. Voici les termes de la supplique : ... *Quo pacto Capitulum nostrum ad statum ne dicam splendidum, vel certe decentem sufficientemque adduci ac restitui possit.*
2. *Posthabitâ Capituli contradictione, pergat amplitudo vestra ad executionem indulti apostolici,* — 25 mai 1855. Réponse de la Sacrée Congrégation des Rites.
3. *Standum esse decretis.* — 20 septembre 1855.

comme cela a lieu dans certaines églises, comme l'évêque d'Orléans en eut lui-même plus tard la pensée, exécutée aujourd'hui par son successeur, des prébendes.

Cette opposition ne laissa pas que de lui être pénible, et cette parole de ses notes intimes en exprime l'aveu : « Tristesse des ingratitudes. »

## CHAPITRE X

#### SON ŒUVRE PASTORALE
(suite)

Restauration spirituelle et matérielle des paroisses
Œuvres de piété : Adoration perpétuelle, les sept lampes
Confrérie du Saint-Sacrement
Mois de Marie à Sainte-Croix
Impulsion donnée aux bonnes œuvres
Œuvre des Sœurs
Fondation de la communauté de Saint-Aignan
1850-1857

« La double restauration, écrit-il à ses prêtres, du *matériel* et du *spirituel*, des édifices et des âmes, est le grand ouvrage que Notre-Seigneur nous a confié, à vous et à moi. Votre travail tout seul n'y suffirait pas, il y faut le mien ; d'ailleurs je suis ici le premier ouvrier, celui qui aura le plus grand compte à rendre et qui doit le moins aussi épargner sa peine. Je ne l'épargne pas, ce me semble ; je suis décidé à l'épargner moins que jamais et à vous aider constamment, infatigablement, sans relâche, jusqu'à la fin. »

Dans cette restauration spirituelle des paroisses, ce qui tout d'abord appela son attention et ses efforts, ce qu'il travailla avant tout à relever, ce fut le culte du Saint-Sacrement, c'est-à-dire ce qui est la dévotion fondamentale dans le christianisme et comme le point central de la religion. Et tel fut l'objet principal du Synode et des Statuts synodaux des 4 et 5 septembre 1851, lesquels devaient être obligatoirement exécutés à partir du 1er avril 1852 ; ces Statuts réglaient simplement, mais avec le dernier soin et un esprit de piété bien capable de toucher profondément le clergé et les fidèles, tout ce qui avait rapport au culte extérieur de la sainte Eucharistie : autel, tabernacle, vases sacrés, hosties, expositions, saluts et bénédictions, processions solennelles.

## CHAPITRE X.                                179

Ses Statuts synodaux des 28 et 29 septembre 1852 instituent une nouvelle œuvre, l'Adoration perpétuelle. On sait qu'on appelle de ce nom l'exposition pendant trois jours de la sainte Eucharistie dans toutes les paroisses d'un diocèse successivement, de manière que tous les jours de l'année il y ait quelque part un lieu dans le diocèse où Notre-Seigneur, caché sous son mystère, soit publiquement exposé et adoré. Cette institution est aujourd'hui à peu près partout répandue; elle était alors encore inconnue à Orléans.

Elle touchait sa piété; il espérait par là réveiller la foi des peuples, et attirer la bénédiction de Dieu sur les œuvres qu'il faisait dans sa pensée et dans son cœur.

« En visitant tour à tour les paroisses confiées à ma sollicitude pastorale, j'ai sans doute recueilli cette année de bien abondantes consolations et les meilleures espérances pour l'avenir; mais pas plus que vous, Nos bien aimés Coopérateurs, je n'ai pu voir sans une douleur incomparable notre Seigneur, abandonné le plus souvent dans la solitude de ses temples déserts. Que bientôt donc il n'y ait plus un seul jour, une seule heure, où, dans ce diocèse, Notre Seigneur ne se voie entouré de prêtres et de chrétiens zélés, qui tâchent de lui faire oublier, à force d'hommages, d'adoration et d'amour, la froideur, l'indifférence et les délaissements d'un si grand nombre. » D'abord, il voulut donner aux grandes processions orléanaises de la Fête-Dieu un éclat nouveau, et il n'eut qu'à parler pour allumer dans toute cette ville un zèle, dont il se fit de la remercier le lendemain dans une Lettre pastorale, effusion de l'âme la plus pieuse, et dans laquelle aucun de ceux qui avaient concouru à cette belle solennité religieuse n'était oublié[1]. Il y a, dans ces processions, grâce à la disposition particulière des lieux, un moment sublime : quand, du haut du perron de la cathédrale, l'évêque bénit la foule qui remplit la place de Sainte-Croix, et toute

[1] Lettre aux fidèles de la ville d'Orléans pour les remercier du zèle qu'ils ont déployé à l'occasion des Fêtes et de la Procession du Saint-Sacrement (Œuvres choisies, 1ʳᵉ série, œuvres pastorales, t. II, p. 242).

cette longue et belle rue Jeanne-d'Arc : ce spectacle ne peut se décrire.

En fait d'innovations, tout dépend souvent des commencements. Persuadé que si cette œuvre de l'Adoration perpétuelle était inaugurée avec solennité dans sa cathédrale, d'abord elle y serait parfaitement accueillie du clergé et des fidèles, et ensuite elle s'introduirait sans peine dans les autres paroisses de la ville épiscopale et dans le diocèse tout entier, il voulut que cette inauguration fût splendide. Quelques objections craintives lui furent bien faites, la pénurie de la fabrique par exemple : il passa outre, et prit sur lui la plus grosse part de la dépense. Il annonça donc ce *Triduum*, avec l'art qu'il savait mettre dans ses recommandations pastorales; puis déploya dans la cathédrale une pompe extérieure qu'on n'y avait pas encore vue. Il fit tendre le sanctuaire, de la voûte au pavé, de magnifiques draperies rouges, ornées des emblèmes eucharistiques : c'était un don qu'il faisait à sa cathédrale; à toutes les colonnes de la vaste nef des oriflammes furent suspendus, la nef elle-même, ornée de sapins et de feuillage, était comme une avenue magnifique, conduisant à l'autel tout resplendissant de lumière. Il anima cette solennité de sa parole. Ce fut alors qu'il prêcha cette octave si goûtée sur le Saint-Sacrement. Tout Orléans fut entraîné, à la douce surprise et joie du vénérable curé, prêtre très pieux, mais un peu timide, et inaccoutumé à ce grand mouvement.

L'exemple de la cathédrale fut imité dans les autres paroisses, et cette année même ces solennités eurent lieu dans presque tout le diocèse : et à partir du premier dimanche de l'avent, de la nouvelle année ecclésiastique 1853-1854, l'œuvre fut établie dans le diocèse entier. « C'est sur votre foi, Nos chers Coopérateurs, sur votre dévouement, sur votre industrieuse piété, que je compte par-dessus tout, écrivait-il à son clergé, dans une circulaire du 20 mai 1853. Il n'y en a pas un parmi vous qui ne puisse, pour l'ornement de son église et de son autel, ce que j'ai vu avec une si douce consolation se faire par

des prêtres zélés dans les paroisses les plus humbles, dans les campagnes et dans les villages les plus pauvres de ce diocèse. »
« Toutefois, si les ressources vous manquent, ajoutait-il dans une nouvelle circulaire du 4 novembre de la même année, si vos besoins sont réels, n'hésitez pas à me les faire connaître. La Providence ne nous manquera pas, et toutes les fois que la gloire de Dieu, l'honneur du sacerdoce et la dignité de nos églises le demanderont, je serai toujours trop heureux et honoré de tout partager avec vous. »

C'est dans les mêmes pensées qu'il établit dans sa cathédrale une Confrérie d'hommes dite du Saint-Sacrement ; et ce fut sur cette Confrérie qu'il compta, et il ne fut pas déçu, pour fonder comme complément à l'Adoration perpétuelle, l'Adoration nocturne : sorte de garde d'honneur qu'il voulait assurer à Notre Seigneur pendant ce *Triduum* de publique exposition pour la solitude des nuits.

C'est un pieux usage de l'Eglise catholique que cette lampe symbolique qui brûle devant le tabernacle. L'évêque d'Orléans tenait beaucoup à ce que, dans aucune paroisse, cette lampe ne s'éteignît. Il fit même, quand il se vit menacé de perdre la vue, le vœu touchant de tenir strictement à cet usage, et de fournir au besoin, aux églises pauvres, la somme qui serait pour cela nécessaire. Cette pieuse pensée lui était venue dans un voyage à Menthon, pendant une promenade à la montagne ; il s'en exprimait ainsi : « Vœu plein de consolation et d'espérance pour cette œuvre des lampes ; vœu que pas une église ne soit sans cette pieuse lumière, pendant mon épiscopat et après ma mort : c'est là une œuvre à faire par moi ou par d'autres ; œuvre nécessaire pour réveiller la foi de ces pauvres gens. Rien n'est plus évident pour eux, plus sensible, à chaque heure du jour et de la nuit... Cette œuvre me va ; il faut donner à mes yeux cette consolation. Il faut fonder cela à jamais, n'y rien épargner. Si je perds la vue ou si je meurs, je serai consolé d'avoir fait cela. » Et il écrivit sa pieuse *Lettre relative aux lampes qui doivent brûler nuit et jour devant le tabernacle*[1]. Plus tard toujours dans le même sentiment de tendre dévotion au Saint-Sacrement, au retour d'un voyage de Rome, il voulut que sept lampes au lieu d'une flottassent devant le maître autel de sa cathédrale ; ce sont celles que l'ont voit maintenant dans la chapelle du Sacré-Cœur : c'est lui qui en fit présent à sa cathédrale. Il voulut enfin, encore selon l'usage de Rome où la dévotion au Saint-Sacrement est en si grand honneur, que tous les tabernacles où il réside fussent recouverts d'un voile d'or.

L'Adoration perpétuelle avait été inaugurée pendant le mois de Marie ; ce mois de Marie mémorable, qui transforma à Orléans cette dévotion. Le mois de Marie se faisait à Sainte-Croix, comme ailleurs ; mais paisiblement, sans éclat et presque sans vie. L'évêque, cette même année 1853, y voulut mettre la main ; et ce fut soudain l'enthousiasme. Le transsept de Sainte-Croix ferait à lui seul une belle église. Ce fut là, dans un des bras de ce transsept, qu'il résolut d'effectuer la transformation qu'il méditait. Tout à coup, une sorte de chapelle improvisée y apparut, dans laquelle les couleurs, les emblèmes de la Sainte Vierge, les plus belles paroles de ses litanies, charmaient le regard et édifiaient la piété ; et cette décoration ne fut pas provisoire, mais permanente ; puis une sainte et joyeuse ardeur passa du cœur de l'évêque dans celui des fidèles ; les dames orléanaises mirent en commun leurs talents, pour les chants et les cantiques. Le mois de Marie devint la grande pensée de toute cette ville. Ces exercices furent d'une splendeur et d'une douceur inouïes : M. de Montalembert, qui put en être témoin, en demeura émerveillé ; l'évêque en rend compte en ces termes à une personne dont la généreuse charité l'avait aidé dans cette œuvre : « Je voudrais bien que vous fussiez à Orléans pour le 31 mai afin d'assister à la clôture de plus beau mois de Marie que j'aie jamais vu nulle part. Vous verriez les miracles que peuvent accom-

---

1. *Œuvres choisies*, t. II, p. 206.

plir trois petits papiers bleus dont je viens de recevoir l'aimable et providentiel envoi. »

Mais comment raconter l'élan imprimé par lui à toutes les œuvres? Quand on écrira l'histoire de l'Église en ce siècle, on signalera, comme un trait qui caractérise notre temps, sa fécondité en œuvres de toute nature. D'autres époques auront vu un plus grand éclat de doctrine ; aucune peut-être un pareil déploiement de charité. Or, l'esprit de Dieu qui a soufflé en ce sens dans l'Église de France a passé aussi sur Orléans, et le beau mouvement de la charité catholique qui incline l'une vers l'autre pour les rapprocher et les unir les diverses classes de la société, y est, on peut le dire, admirable. Œuvres d'hommes ; œuvres de jeunes gens ; œuvres de dames et de jeunes filles ; œuvres de charité, œuvres de piété ; œuvres d'intérêt local, œuvres d'intérêt universel : toute cette belle organisation existe aujourd'hui dans cette ville chrétienne : Mais que ne doivent pas à l'évêque d'Orléans les œuvres orléanaises ! Il fallait d'abord maintenir les œuvres existantes : car un grand ennemi des choses humaines, c'est le temps ; au début d'une œuvre, on est tout feu ; puis, peu à peu, l'ardeur se ralentit, et l'œuvre languit et périclite ; il devient nécessaire d'y souffler de nouveau la flamme. Il fallait créer de plus des œuvres nouvelles, pour répondre aux besoins nouveaux. A cette double tâche l'évêque d'Orléans ne faillit pas. Les œuvres, nous l'avons vu, furent une des branches de son administration diocésaine ; un vicaire général leur fut spécialement préposé. Mais de plus, les rapports personnels de l'évêque avec chacune d'elles, le soin extrême qu'il mettait à leur choisir de bons directeurs, de bonnes directrices, ses fréquentes apparitions dans leurs réunions, sa puissante parole, les sollicitudes dont on le savait animé à cet endroit, les relevèrent, et y firent circuler une plus active vie. Sauf une ou deux exceptions, pour des œuvres placées dans des conditions spéciales, l'œuvre des militaires par exemple, qui ne mourut pas, qui fut supprimée par les ombrages du pouvoir, aucune de celles qu'il trouva à Orléans ne périt pendant son épiscopat; toutes refleurirent; mais de plus, pendant près de trente ans qu'il gouverna l'église d'Orléans, que d'œuvres nouvelles il vit éclore sous ses yeux et comme à son souffle!

C'est la première année de son épiscopat, en 1850, que, avec ses encouragements et ses conseils, à côté de la Société de Secours mutuels de *saint François Xavier*, seule œuvre d'ouvriers qui existât alors à Orléans, fut créée, par le pieux et généreux abbé Miron [1], la société dite de Persévérance, dont font partie trois cents braves pères de famille. Cette œuvre admirable eut les prédilections de M$^{gr}$ Dupanloup. Les grandes réunions pour la remise des diplômes avaient lieu d'ordinaire à l'évêché. Quand il fut question d'agrandir enfin l'étroite salle où elle tenait ses séances, non seulement il y contribua pour sa part, non seulement il pressa l'exécution de ce projet, il fut plus : il sollicita par un Mandement spécial la générosité orléanaise à cet effet [2]. Et quels accents il savait trouver, quand il parlait des ouvriers, du peuple! Comme on sentait qu'il les portait dans son cœur! que c'étaient ses enfants préférés!

En même temps que l'œuvre de *la Persévérance* naissaient à Orléans deux œuvres, qui en sont comme le complément : l'œuvre de *saint Joseph* que fréquentent aujourd'hui encore trois cents jeunes gens, et l'œuvre du *Patronage des apprentis ;* à quoi il faut ajouter les classes d'adultes : quelle joie ce fut pour l'évêque d'Orléans lorsque, après l'acquisition de la maison des Minimes, il put installer cette dernière œuvre dans son évêché même, dans une partie des bâtiments occupés précédemment par le petit séminaire de Sainte-Croix!

Ainsi le jeune ouvrier à Orléans trouve sur son chemin la charité catholique au sortir de l'enfance, dès son entrée dans la jeunesse, et encore quand il est devenu père de famille. Et

---

1. Aujourd'hui capucin.
2. Mandement sur les sociétés ouvrières chrétiennes d'Orléans (*Œuvres pastorales*, 2$^{me}$ série, t. III, p. 389).

ce qu'il y a d'admirable dans ces œuvres, c'est le concours du dévouement laïque et du dévouement ecclésiastique : que d'hommes de foi et de cœur ont secondé là le zèle des bons frères et des bons prêtres préposés à ces œuvres ! quelle somme incalculable de bien est sortie de là depuis trente ans !

Souvent aussi l'évêque d'Orléans réunissait chez lui, en conseil, les chefs des différentes œuvres orléanaises, pour conférer avec eux sur les œuvres, et activer incessamment leur zèle.

Et comme aussi il savait encourager et remercier ! Un jour, offrant ses *Œuvres choisies* à une vénérable dame dont Orléans bénit la mémoire, et dont la générosité égalait la piété, M$^{me}$ la vicomtesse d'Hardouineau, présidente de l'œuvre de la Grande Providence, il accompagnait cet envoi de ces mots délicats : « Je ne vous dirai pas que c'est un hommage de ma reconnaissance, ce serait vraiment trop peu dire. Ce sentiment est néanmoins bien profond dans mon âme. Ces volumes vous rappelleront du moins quelquefois le souvenir d'un évêque qui regarde, et regardera toujours comme une grâce de Dieu, le bonheur qu'il a eu de rencontrer dans son diocèse des âmes comme la vôtre. » Il allait quelquefois plus loin dans sa reconnaissance, et ne craignait pas de rendre de publics hommages à des vertus exceptionnelles. Un grand homme de bien, comme Orléans en comptait plus d'un, le chef d'une des plus honorables familles de cette ville, ancien député, ancien magistrat, chrétien admirable, et toute sa vie dévoué aux bonnes œuvres, M. de Champvallins, étant venu à mourir, le 5 février 1860, la veille du jour où l'évêque d'Orléans devait inaugurer ses prédications de carême à la cathédrale, la famille en deuil dut être fière et consolée quand elle put savoir que du haut de la chaire l'évêque d'Orléans avait fait de celui qu'elle pleurait l'éloge que voici :

« Les serviteurs de Dieu sont dans le monde, mais ne sont pas du monde ; Dieu les en tire et les rappelle à lui... Mais qu'ai-je dit, et quel souvenir se présente ici à moi ? Non il n'était pas du monde ! Il était dans le monde, mais il n'était pas du monde cet homme de bien que la mort a ravi hier même à nos affections et à nos respects bien mérités, et dont la perte est un deuil non seulement pour sa famille, mais pour tant d'amis dévoués qu'il comptait parmi vous, Messieurs, et pour la cité tout entière. Il était dans le monde, mais il n'était pas du monde, ce chrétien fidèle et généreux, cet homme si simple et si bon, d'un esprit si ferme et si doux, d'une âme si droite et si sincère, d'un conseil si sage, d'un commerce si aimable et si sûr, d'un si bienveillant accueil, d'un cœur si tendre, d'une charité si prodigue (j'en sais quelque chose)! Il n'était pas du monde; Dieu l'avait préservé du monde et de la contagion du monde; Dieu l'avait élevé par la foi et la pratique du bien au-dessus de ces régions du monde; puis il l'a rappelé à lui, couronnant sa longue et belle vie par une paisible et sainte mort. Il disparaît de nous, ce père de famille vénéré; mais ses enfants et petits-enfants garderont sa mémoire et perpétueront ses exemples; ils seront fidèles aux nobles traditions de leur père, et sous l'inspiration des exemples et des vertus qui survivent, ils aimeront Dieu et les pauvres; ils recueilleront pour le transmettre à leur tour le triple héritage d'honneur, de charité généreuse et de religion, conservé jusqu'à ce jour avec une inviolable fidélité et par tous. »

De telles paroles étaient une récompense pour celui qui les avait méritées, et une leçon et un encouragement pour tous.

Nous mentionnerons les autres œuvres à mesure que nous les rencontrerons. Les œuvres d'Olivet à elles seules mériteraient un chapitre : l'ensemble d'œuvres créées là, sous l'excitation incessante de l'évêque, par un curé intelligent et zélé, M. Méthivier, et un homme de bien, M. Jourdan, est admirable. Mais d'autres sujets nous appellent.

L'éducation chrétienne des jeunes filles ne pouvait pas ne pas être au premier rang des sollicitudes de ce grand ami de la jeunesse. C'est à lui qu'Orléans doit le magnifique pensionnat du Sacré-Cœur. En 1851, s'étant rencontré à Rome avec

M^me Barat, il lui fit connaître son désir de posséder dans sa ville épiscopale une institution dirigée par des dames de sa congrégation. M^me la supérieure générale y consentit avec joie, et elle écrivit à une de ses plus éminentes religieuses, M^me d'Avenas : « C'est une fondation que je souhaite vivement. Vous en serez supérieure. Outre l'éducation, vous y guiderez les retraites pour les dames du monde, et monseigneur m'a dit que la bonne société d'Orléans a déjà cette sainte coutume. » L'institution fut installée splendidement dans les bâtiments d'une ancienne chartreuse ; maison précieuse pour Orléans.

Une autre œuvre qui fut, dès les premiers jours de son épiscopat, et toujours, une de ses plus vives préoccupations, c'est la propagation des Écoles de Sœurs dans les campagnes. Il rencontra pour réaliser ce dessein un grand concours dans un homme excellent, qu'il avait le bonheur d'avoir pour préfet, l'honorable M. Dubessey.

On sait combien après la secousse de 1848 l'esprit qui avait envahi l'enseignement primaire effrayait les hommes d'ordre. Tous étaient alors d'accord qu'il fallait porter le remède là où le mal s'était révélé avec une si grande intensité. Mais s'il est nécessaire d'avoir de bons instituteurs, il n'importe pas moins d'avoir de bonnes institutrices. Les hommes intelligents alors étaient loin des lamentables idées qui ont prévalu depuis. Cette douce image de la religion et de la vertu, le dévouement sous sa forme la plus aimable, la Sœur, n'inspirait point les défiances, les haines, qu'une secte athée et une abominable presse sont parvenues à répandre de nos jours. Ce préfet ne voyait rien de plus utile, au point de vue religieux, moral, social, que de multiplier parmi les populations rurales des maisons de Sœurs destinées à faire l'école, à tenir des salles d'asile, et à visiter les malades. Il se rencontrait donc parfaitement avec l'évêque. Cette pensée fut accueillie avec faveur par la société orléanaise, et quand M. le préfet voulut nommer, pour la réaliser, une commission, les noms les plus honorables s'offrirent à lui en foule. Son successeur, M. Boselli, entra dans ses vues, et l'œuvre fut définitivement constituée. On attendait de l'évêque un double appui : des secours et des Sœurs. Il adressa donc un chaleureux appel à ses diocésains et établit en faveur de cette œuvre une quête annuelle qui se devait faire le jour de l'Assomption dans toutes les paroisses de son diocèse; puis il frappa à la porte de plusieurs communautés pour obtenir des Sœurs. Mais qu'arriva-t-il ?

Les Sœurs manquèrent; malgré l'admirable développement des Congrégations religieuses en France, tant leurs services sont appréciés! ces Congrégations ne suffisaient pas aux besoins ni aux demandes : presque partout où il s'adressa, il reçut le même réponse : « Les sujets manquent, quoiqu'ils abondent ! De partout on nous en demande, et nous ne pouvons en donner. » Ce fut alors que la pensée lui vint de créer, uniquement pour les paroisses du diocèse d'Orléans, une œuvre de Sœurs orléanaises. Voici en quels termes il l'annonçait à ses diocésains :

« Il n'appartient qu'à Dieu de donner la vocation religieuse, toutefois, comme chaque année notre diocèse fournit un certain nombre de sujets aux Congrégations vouées aux mêmes œuvres que celle que nous nous proposons d'établir, n'y a-t-il pas lieu d'espérer que Notre-Seigneur inspirera à plusieurs jeunes personnes, appelées à l'état religieux, la pensée de s'offrir de préférence à notre communauté, pour servir, dans les exercices de la charité, le diocèse même où elles ont reçu le baptême, la foi, les sacrements et la grâce de leur vocation ? »

Cette parole, cette semence, jetée au vent du ciel, Dieu la féconda merveilleusement : cette fondation des Sœurs de Saint-Aignan est une des grandes œuvres de son épiscopat. Elle commença, comme d'ordinaire les œuvres de Dieu, modestement. Émues par l'appel de l'Évêque, quatre jeunes filles se présentèrent comme novices, et furent reçues provisoirement dans une petite maison du faubourg Saint-Marceau, que possédait alors l'Œuvre des prêtres âgés et infirmes; puis, l'ancienne supérieure d'une communauté du diocèse de la Rochelle, qui avait été indiquée à Mgr Dupanloup par un de ses vicaires généraux, vint, avec l'agrément de M<sup>gr</sup> de Villecour, accompagnée d'une assistante et d'une maîtresse des novices, se mettre à la tête de ces quatre jeunes filles : c'était le 16 novembre 1853, fête du grand évêque orléanais, saint Aignan, dont elles prirent le nom. Cependant la supérieure étrangère, au bout de quelque temps, retourna dans le diocèse de la Rochelle, et ce fut sous une religieuse orléanaise que la communauté prit tout son développement : l'évêque d'Orléans eut le bonheur d'être secondé dans cette fondation par le prêtre qu'il lui fallait. Homme de piété, d'activité, de zèle intelligent, de grand sens sacerdotal, tel était M. l'abbé Clesse ; sous son habile conduite, et la haute direction de l'évêque, la Congrégation prospéra, tant au spirituel qu'au temporel. Les vocations affluèrent : une maison convenable fut bâtie et un pensionnat ouvert. Les familles orléanaises y envoyèrent leurs enfants en grand nombre : on en compte en ce moment 150 ; et bientôt la jeune communauté put, selon le but de sa fondation, se déverser dans le diocèse ; elle y a aujourd'hui quarante écoles, qui, toutes, ont une Sœur spécialement destinée aux soins des malades. L'évêque eut la consolation de voir ces progrès, et aussi, les années ayant passé, et prononcé sur les règles provisoires que l'on avait d'abord suivies, il put élaborer, doux travail au milieu de ses grandes luttes, et sanctionner les constitutions définitives. Nous n'hésitons pas à le dire, l'un des plus beaux diamants de la riche couronne épiscopale laissée par lui à son successeur, c'est cette communauté des Sœurs de Saint-Aignan.

Du reste, la propagation des Sœurs est une des œuvres qu'il eut toujours le plus à cœur. Voici ce qu'en disaient les règlements : « L'étudier et la presser dans toutes les paroisses de huit cents âmes, où il n'y a point d'institutrices, et à plus forte raison là où la population est plus nombreuse. — Et aussi dans les paroisses moins populeuses. — C'EST UNE ŒUVRE CAPITALE. » Il serait difficile de dire le nombre d'écoles et d'enfants qu'il parvint à confier à ces pieuses maîtresses : profitant de toutes les occasions favorables, stimulant le zèle des curés et la générosité de ses religieux diocésains; promettant et donnant lui-même des secours. L'Œuvre des campagnes et celle de Saint-François de Sales, qui s'établirent à Orléans, vers le milieu de son épiscopat, offrirent à MM. les curés de précieuses ressources pour ces fondations. Il en couvrit son diocèse. Et sa sollicitude ne les perdait jamais de vue. Nous aurons occasion de parler des Lettres pastorales qu'il écrivit plus d'une fois pour encourager ces institutrices dévouées dans leur humble mais si importante mission, et leur donner des instructions pratiques précieuses sur le bien qu'elles pouvaient opérer.

Outre les nombreuses congrégations enseignantes appelées par lui dans le diocèse, trois autres fondations considérables lui sont dues : les Petites Sœurs des Pauvres, les Sœurs de l'Immaculée-Conception pour les malades; les religieuses de Notre-Dame-de-Charité du Bon-Pasteur.

Comme partout, les Petites Sœurs des Pauvres, ce chef-d'œuvre de la charité catholique au dix-neuvième siècle, firent merveille. Qu'il aimait cette maison! Que de fois il se plut à la visiter! Que de fois, à certains jours de fête, se donna-t-il la joie de rendre heureux les vieillards, en leur faisant, par la main des Sœurs, quelques petites distributions exceptionnelles, à leur déjeuner ou à leur dîner! Une œuvre de charité et d'humilité qu'il aimait, et recommandait à certaines dames pieuses, était d'aller visiter les vieillards. Toutefois, un de ses grands principes était que les maisons religieuses ne se peuvent conserver qu'en se maintenant strictement dans l'esprit de leur règle. Nous mentionnerons à ce sujet un trait qu'il eut occasion de citer lui-même à la tribune de l'Assemblée. Une riche personne de son diocèse voulait faire à cette maison un don extraordinaire. Il ne permit pas que le legs eût lieu dans ces conditions; non seulement à cause de la famille qu'une telle donation eût trop lésé, mais aussi parce qu'il était convaincu qu'il y a péril, pour les communautés en général, qu'il y aurait eu péril en particulier pour les Petites Sœurs des

Pauvres, à ne pas rester dans leur simplicité et modestie primitives.

Il y avait à Orléans une communauté de Sœurs gardes-malades, les Sœurs de Bon-Secours; mais elles étaient loin de suffire aux besoins et aux vœux des familles. Une communauté, plus simple encore et plus populaire, la communauté des Sœurs de l'Immaculée-Conception, fut appelée par lui en 1860, et la charité catholique, en la personne de ces bonnes Sœurs, put veiller ainsi au chevet d'un nombre beaucoup plus grand de malades.

La fondation du monastère de Notre-Dame-de-Charité, du faubourg Bourgogne, est une des plus étonnantes. Avec une sainte audace ces sœurs vinrent, du diocèse d'Angers, où se trouve leur maison mère, à la grâce de Dieu, peut-on dire, sans ressources, et accueillirent de ces pauvres enfants qu'elles préservent, relèvent et purifient par la religion et par le travail, tout ce qui vint frapper à leur porte. Quoiqu'il existât déjà et aujourd'hui encore une maison de même nature à Orléans, elles ont aujourd'hui plus de 300 jeunes filles dans leur refuge.

Au reste, les saintes épouses du Christ, qu'elles fussent vouées à l'enseignement ou à la charité, ou à la pénitence et à la prière, étaient, on le peut dire, l'objet de ses prédilections épiscopales. Dans un de ses discours, le panégyrique de Mgr Menjaud, il a exprimé avec une touchante éloquence son sentiment à cet égard : « Il est, disait-il, une création aimable et sacrée que l'Église catholique seule a la vertu de produire sur la terre. Aucune philosophie ne l'a jamais conçue, et nulle puissance humaine ne l'essaya jamais : gracieuse et touchante apparition de la religion, aux yeux des peuples, nommée d'un des noms les plus doux à l'oreille de l'homme; et, de fait (c'était vrai alors), aimée et populaire, malgré les sourdes préventions et les préjugés haineux : création unique au fond, dans son idée si simple et si grande, mais infiniment variée dans les formes extérieures, la religion aimant à répéter et à diversifier sans fin cette gracieuse image d'elle-même;

cette création, vous la connaissez, vous savez son nom, que redit avec un naïf amour l'enfant des pauvres : elle a nom la Sœur. Quelque habit, quelque nom qu'elle porte, qu'elle fasse l'école au village, ou visite l'indigent des villes, ou soigne le malade dans les hôpitaux, ou s'immole, hostie vivante, victime d'expiation, dans l'holocauste de la prière ou de la pénitence, c'est la Sœur, c'est toujours la Sœur; et ce nom si doux, symbole de pureté et d'innocence, de sacrifice et de vertu, d'amour et de désintéressement, sera toujours, quoi qu'on fasse, cher et sacré au cœur des peuples. Donc, ajoutait-il, affermir ou développer ces institutions diverses de vierges chrétiennes, de femmes consacrées à la prière ou à la charité, ce fut toujours une grande et belle œuvre. »

Ce serait ici le lieu de dire ses sollicitudes pour toutes les communautés de son diocèse. Il en était vraiment le père. Quelle joie pour les bonnes carmélites, quand elles le voyaient venir dans leur parloir, si joyeux lui-même de leur aimable gaieté, et si édifié de leur ferveur et de leur austérité ! La Visitation surtout lui fut chère. Que de peine il se donna à une époque pour lui obtenir une supérieure éminente, dont le passage dans cette maison a été une bénédiction de Dieu ! Surgissait-il dans une communauté, ce qui peut arriver dans les maisons les plus ferventes, quelque difficulté? Il n'avait pas de repos qu'il n'y eût porté remède. Mais c'est assez pour laisser entrevoir quelles étaient ici ses sollicitudes épiscopales, et nous pouvons bien lui appliquer en terminant ce qu'il disait du pieux archevêque de Bourges : « Paraissez ici, vous toutes, ses filles devant Dieu, avec vos vertus et vos dévouements divers, et venez rendre témoignage à votre père. »

## CHAPITRE XI

SON ŒUVRE PASTORALE
(suite)
Restauration matérielle des paroisses
Travaux faits à la cathédrale et dans le diocèse
1850-1857

« Dieu, s'écriait-il un jour, prêchant dans un des plus somptueux monuments religieux de la capitale, Dieu nous a rendu nos temples, mais dans quel état! Elle dure encore cette pauvreté déplorable qui est la ruine de la foi et des âmes, et elle durera longtemps, si l'on ne se décide à faire enfin tous les sacrifices que demandent la conscience publique, l'honneur de la religion et le salut de la société. »

Quant à lui, il était bien résolu à ne pas plus s'épargner pour cette restauration matérielle des paroisses que pour leur restauration spirituelle, dont elle est d'ailleurs un des éléments.

Voyons d'abord les travaux faits par lui dans sa cathédrale.

Sainte-Croix d'Orléans a été, et est encore, une des belles cathédrales de France : ce qui reste du monument du treizième siècle, les onze chapelles de l'abside, et cette abside elle-même, disent encore quelle en était la splendeur première. Le fanatisme protestant, au seizième siècle, fit crouler les voûtes du chœur et des cinq nefs : Orléans releva ces ruines ; un grand Jubilé, accordé par le Pape, amena, avec des pèlerins sans nombre, des ressources considérables ; Henri IV lui-même, ce fut une des conditions de son absolution, vint visiter la cathédrale, qui commençait à sortir de ses débris. Toute la partie nouvelle de l'édifice actuel est d'un gothique moins pur que celui du treizième siècle; mais, quelques critiques de détail qu'on puisse lui adresser, qu'elle est belle dans ses grandes lignes, avec ses deux tours couronnées, la basilique orléanaise! Mettez-vous à quelque distance, et regardez. Puis, entrez dans le vaste temple : quelles proportions superbes! quelle étendue! quelle élévation! quelle majesté! A l'émotion involontaire qui vous saisit, reconnaissez une grande œuvre de l'art chrétien.

Telle fut l'impression de M<sup>gr</sup> Dupanloup la première fois qu'il la visita : de l'extrémité de la grande nef l'embrassant du regard tout entière : « Belle cathédrale! » s'écria-t-il; mais il ajouta : « Un peu froide pourtant. » Du porche aux deux bras de la croix surtout, ce froid se faisait sentir. Ces murailles nues, que rien n'animait, ces grandes verrières blanches, qu'aucun personnage, qu'aucune figure de saint ne faisait vivre, justifiaient cette parole; puis, la parcourant, les belles chapelles de l'abside, dont nous parlions tout à l'heure, le ravirent par la beauté de leur architecture, mais l'affligèrent par l'indigence de leur décoration. Il entra dans la sacristie : c'était plus douloureux encore. Quant à l'extérieur, un désastre était à craindre : la chute de la flèche était imminente.

Il avait donc pour ainsi dire tout à faire; il fit tout, tout le possible du moins; et ce qui était autrefois un sujet de tristesse charme aujourd'hui le regard.

La sacristie changea entièrement d'aspect : une décoration du meilleur goût la transforma, et en fit enfin, pour tout dire d'un mot, quelque chose de digne d'une aussi magnifique cathédrale.

L'une après l'autre les onze chapelles de l'abside furent réparées et renouvelées; entièrement peintes, les colonnes, les murailles, la voûte, l'autel; ornées de vitraux, en grisailles ou avec des sujets : l'ensemble est de l'effet le plus radieux.

Deux autres chapelles, celles qui précèdent immédiatement le transsept, l'une, la chapelle de Saint-Joseph, ou de la bonne mort, l'autre la chapelle des fonts, furent également peintes et enrichies de vitraux. Cette dernière fut de plus ornée d'une fontaine sacrée, telle qu'aucune cathédrale n'en possède de pareille, et qui est l'œuvre remarquable d'un artiste belge renommé, M. Goyers, le même qui fit les deux chapelles du Sacré-Cœur et de la Sainte-Vierge, dans le transsept.

L'idée de ces deux chapelles monumentales vint à l'évêque d'Orléans dans un voyage qu'il fit en Belgique; ce sont d'immenses chapelles, en bois sculpté, dans le style gothique, avec un corps d'autel, un retable, des stalles et une balustrade. Peut-être ne s'harmonisent-elles pas parfaitement avec l'architecture de l'édifice; mais en elles-mêmes ce sont des chefs-d'œuvre.

Une pensée d'art et une pensée de piété lui inspirèrent l'admirable chemin de Croix, sculpté dans la pierre vive des murailles, qui vint animer si heureusement cette partie déserte et froide de la cathédrale : et il ne se trompa pas; il est incontestable que ce chemin de Croix, le plus beau peut-être qui existe en France, a beaucoup ajouté à la piété des fidèles pour le grand mystère de notre rédemption. Et comme une idée en amène une autre, c'est ce chemin de Croix qui inspira la pensée de faire resplendir dans les dix belles verrières qui sont au-dessus l'histoire héroïque et sainte de Jeanne d'Arc. Nous dirons ces choses, mais nous avons voulu grouper ici ces travaux divers, pour que le lecteur puisse embrasser d'un seul coup d'œil ce que l'évêque d'Orléans a fait dans sa cathédrale. En y joignant les nouvelles orgues, qui furent posées après sa mort, mais avec des fonds obtenus par lui, on voit que c'est un renouvellement presque complet de sa cathédrale qu'on lui doit.

Nous allions oublier un autre ornement considérable, qui pourtant frappe d'abord la vue dès qu'on y entre : ce sont les cinq belles verrières qui couronnent le sanctuaire : les teintes en sont admirables; il est seulement à regretter que la grande érudition dépensée dans ces vitraux, car c'est toute l'histoire de la sainte croix qui est là, le soit à peu près en pure perte, à cause de l'exiguïté des figures eu égard à la hauteur où elles sont placées; il eût fallu moins de sujets, et des personnages plus grands; mais ce n'est pas à lui que cette faute est imputable.

Nous avons dit les sept lampes qu'il fit flotter devant le

saint Sacrement : aux fêtes solennelles, depuis le maître-autel, à travers toute l'étendue du sanctuaire, jusque sur les degrés qui le séparent du chœur, descend un tapis magnifique, aux vives et riches couleurs : c'est encore un don de l'évêque, et une œuvre des Dames orléanaises. Quand il leur proposa ce travail, elles l'accueillirent et se le partagèrent avec enthousiasme : elles purent l'admirer pour la première fois en ce mémorable jour de Pâques de l'année 1858.

Rappelons aussi les vastes bancs, établis par lui dans la grande nef, en face de la chaire, à droite et à gauche de ceux du clergé, afin que les hommes pussent trouver une place réservée pendant les prédications.

Donner une place, et une place honorable, aux hommes, c'était un moyen efficace de les attirer. Mais quelque chose était de nature à en éloigner plusieurs, la froide température d'un si vaste édifice pendant l'hiver. Son amour des âmes lui fit entreprendre aussi cette œuvre du chauffage de sa cathédrale, dont la nécessité était manifeste, mais devant laquelle on avait toujours reculé : il en vint à bout, et avec une économie relative réelle; un système de poêles, assez bien dissimulés du reste, maintient, sans trop de frais, dans cet immense vaisseau, la température très acceptable de quinze degrés.

Voilà pour l'intérieur de la cathédrale. Il y avait plus à faire encore peut-être à l'extérieur. Et d'abord, nous l'avons dit, la flèche menaçait ruine. Il devint urgent de l'abattre; mais après l'avoir abattue, il fallait la reconstruire : grande affaire. On était dans des temps difficiles, au milieu de cette guerre de Crimée qui dévorait les hommes et les millions. Néanmoins, le gouvernement, le département et la municipalité s'y prêtèrent; mais l'âme de cette grande et belle entreprise, ce fut lui. Voici comment de Rome même, pendant les fêtes de l'Immaculée Conception, il excitait à cette œuvre le zèle de ses diocésains : « Mon cher ami, écrivait-il, le 28 décembre 1854, à son vicaire général, M. l'abbé Valgalier, j'apprends que le clocher de notre pauvre cathédrale va tomber : je ne puis consentir pour ma part à ce qu'il tombe sans se relever. Je comprends que la prudence ne permettait pas de le laisser plus longtemps incliné vers une ruine prochaine et menaçante ; je comprends aussi ce que la difficulté du temps commande de sévère économie ; mais ce que je ne comprendrai jamais, c'est que les Orléanais laissent disparaître leur clocher, et ne fassent rien pour le retrouver : il faut d'ailleurs si peu de chose pour en venir à bout ! Si tous mes diocésains veulent me donner chacun un *sol* par an, pendant cinq ans, je m'en charge : pour cela il faut seulement que pas un de mes diocésains ne me refuse le *sol* que je demande chaque année, pendant cinq ans. Je compte, cela va sans dire, parmi mes diocésains ceux qui me sont les plus chers de tous, c'est-à-dire tous les petits enfants, même les plus jeunes.

« Il faut que dans chaque village, chacun de nos bons curés ouvre cette petite souscription. Il va sans dire qu'on pourra, comme dans les temps anciens, souscrire pour un *sol* d'or ou d'argent. »

Une nouvelle flèche remplaça donc l'ancienne et ne la fit pas regretter. Ce fut un travail considérable. Confié à un architecte de talent, M. Boeswilwad, ce travail réussit complètement : et même, instruit par l'expérience, l'architecte, qui avait été inspecteur des travaux de la Sainte-Chapelle, évita un défaut que la critique avait signalé dans la flèche, d'ailleurs si gracieuse, de la chapelle de saint Louis : l'élan de cette flèche est arrêté vers le milieu par un ornement malheureux ; la flèche de Sainte-Croix au contraire, comme celle de Notre-Dame, monte d'un jet continu, avec une élégance extrême, vers le ciel.

Mais dans ce monde de pierre qui constitue une cathédrale, dans cette forêt de clochetons, qui caractérisent Sainte-Croix, que de ruines, ou déjà consommées, ou imminentes ! Que de fois, devant ces tours si gracieusement ornementées, mais dont les pierres trop tendres se fendent et tombent par morceaux, nous l'avons entendu, moins heureux de ce qu'il avait fait, qu'attristé de ce qu'il était impuissant à faire, gémir sur l'indifférence ou l'incurie qui passent outre, ou s'irriter contre certains projets de démolitions barbares : singulière façon en effet de réparer un édifice que de le mutiler! Un jour de grande solennité, c'était le 15 août 1861, un bloc de pierre énorme se détacha de la façade, et tomba à l'endroit même où, quelques instants auparavant, les autorités civiles et militaires avaient passé! Sur-le-champ il écrivit au ministre une lettre pressante, et des travaux considérables à l'extérieur de la cathédrale furent immédiatement commencés.

Que de fois il écrivit de la sorte, afin d'appeler l'attention de qui de droit sur le lamentable état d'un monument, trop négligé, qu'on nous pardonne ce regret et ce reproche, et qui a pourtant tous les droits à la sollicitude de ceux qui ont la charge de veiller aux richesses artistiques et monumentales de la France. Car ce qu'il y aurait à faire ici dépasse de beaucoup tout ce que l'évêque le plus intrépide peut tenter. Quant à ce qu'a fait en somme pour sa cathédrale l'évêque d'Orléans, si l'on pouvait additionner tout l'argent qu'il y a mis, le chiffre auquel on arriverait serait prodigieux. Et ce n'était qu'une de ses œuvres!

Après Sainte-Croix, l'église la plus belle d'Orléans, nonobstant le lourd ornement parasite qui la dépare à l'extérieur, c'est Saint-Euverte : c'était à l'origine une modeste chapelle (*cella exigua*) élevée dans les dernières années du quatrième siècle sur le tombeau de saint Euverte, évêque d'Orléans, prédécesseur du grand évêque saint Aignan. Au douzième siècle, une grande église remplaça la petite chapelle. Elle couvrait le sarcophage de l'évêque gallo-romain ; et depuis le douzième siècle jusqu'au dix-huitième, les évêques d'Orléans y furent inhumés. Plusieurs fois ravagée et restaurée, elle était, depuis 1793, dans le plus lamentable état ; on en avait fait le dépôt de toutes sortes d'objets. En 1851, un décret du gouvernement autorisa la vente de cet édifice national ; elle pouvait alors disparaître. L'évêque d'Orléans eut l'idée un jour de la visiter, et, frappé de sa beauté architecturale, il se dit qu'une telle église ne périrait pas, lui évêque d'Orléans. Les pères de la Miséricorde l'achetèrent ; puis tout à coup il ordonne de déblayer la nef et d'y transporter des chaises, et Orléans apprend avec surprise qu'un sermon va être prêché par l'évêque lui-même dans cette église dévastée et abandonnée. On y accourut en foule : c'était le 22 février 1857. L'évêque fut admirable d'éloquence et la quête fut merveilleuse. Puis immédiatement une commission fut constituée à l'effet de recueillir des souscriptions pour la restauration de ce beau monument, et l'œuvre marcha avec une telle rapidité, que l'année suivante l'évêque put de nouveau réunir ses diocésains charmés dans l'édifice consolidé, transfiguré par leur générosité et par son zèle.

Au-dessus de Sainte-Croix elle-même nous mettons sans hésiter la vieille église romane de Saint-Benoît, commencée vers l'an 1067, et définitivement terminée en 1218 : « dernier reste de la prospérité et des splendeurs de l'abbaye dont elle maintient, au sein des générations nouvelles, les glorieux souvenirs [1]; » Saint-Benoît qui possède, apportées là du mont Cassin au temps des invasions, les reliques insignes du patriarche des moines d'Occident. Mais en quel état, la première fois qu'il la visita, trouva-t-il cette église! La restaurer, et en confier la garde aux enfants mêmes de Saint-Benoît, fut une pensée qui surgit tout d'abord dans son cœur, et à laquelle M. de Montalembert, qui visita avec lui et l'abbé Gratry, cette basilique, l'encourageait fortement. Le 26 mai 1850, il y conduisait Dom Guéranger ; malheureusement les négociations entamées avec l'abbé de Solesmes ne purent aboutir. Plus tard, cependant, il aura la joie d'y installer d'autres enfants de Saint-Benoît. Il put obtenir que le gouvernement prît enfin souci de ce magnifique monument historique, dont la restauration, bien lentement menée à son gré, et malgré ses incessantes insistances, s'est cependant poursuivie sans interruption. Puisse-t-elle enfin et bientôt s'achever!

Non loin de Saint-Benoît est une autre merveille d'un art

---

1. *Histoire de l'abbaye de Saint-Benoît-sur-Loire*, par l'abbé Rocher, p. 314.

dont il existe bien peu de monuments dans notre pays, la petite église byzantine de Germigny, bâtie par Théodulphe en 806 : une inscription authentique qui s'y lit encore en donne la date certaine. Évidemment c'est de Germigny que procède Saint-Benoît : Saint-Benoît, c'est Germigny épanoui. Encore une église sauvée par l'évêque d'Orléans.

De date plus récente, Notre-Dame de Cléry, renommé pèlerinage, était une autre gloire du diocèse d'Orléans; gloire déchue aussi; et l'église et le pèlerinage avaient perdu leur ancien éclat : il aura la consolation de le leur rendre; là aussi il se fera une restauration admirable.

Il faudrait pouvoir dire maintenant les constructions et réparations d'églises que, sous sa puissante impulsion, le clergé orléanais fit pendant son épiscopat. A Orléans seulement nous pouvons citer les belles réparations de Notre-Dame-de-Recouvrance, de Saint-Paul, de Saint-Pierre-le-Puellier, de Saint-Aignan, pour ne parler que des plus considérables : et cette belle église de Saint-Paterne que l'on édifie en ce moment sur un si magnifique plan, et dont il bénit la première pierre. Qui parcourrait aujourd'hui le diocèse d'Orléans, rencontrerait de tous côtés ou des églises neuves, du meilleur goût, quoique très économiquement bâties, ou des églises réparées avec intelligence et piété : à Montargis, il verrait une merveille ! Ce sont les fruits du zèle infatigablement soufflé à ce clergé par cet évêque.

Après la maison de Dieu, il se préoccupait aussi de la maison du curé, du presbytère. « Vous pouvez, écrivait-il à ses prêtres, vous résigner à être mal logés; je ne puis, moi, y consentir. » La santé des prêtres, en effet, y est trop intéressée. Sa vigilance sur ce point était extrême, et, au besoin, avec les conseils municipaux, malintentionnés ou déraisonnables, qui se refusaient aux nécessités les plus évidentes, il usait des grands moyens : il retirait le prêtre, tant qu'on ne lui avait pas fourni un logement au moins salubre.

Construction et réparation des églises, construction et réparation des presbytères, tout cela se poursuivit avec une activité extrême pendant tout son épiscopat. Un document précieux, que nous avons entre les mains, donnera une idée exacte de ce qui se fit pendant ces trente années dans ce diocèse. Ce sont deux listes, dressées par M. l'abbé Rabotin, l'une des églises, l'autre des presbytères, construits ou réparés, de 1850 à 1860, en dix années seulement, avec indication des sommes versées par les communes, par les fabriques, par souscriptions volontaires, et par l'État. Nous ne donnerons ici que le total. Il est de 1 500 004 fr. 67 c. Et nous pouvons dire que ce travail, dans la suite, loin de se ralentir, marcha plutôt avec une vitesse accélérée. On peut donc, sans exagération, ou plutôt en restant certainement au-dessous du chiffre véritable pour toute la durée de son épiscopat, tripler ce chiffre; ce qui donnera un total de 4 500 000 fr.; mais 5 000 000 serait encore un chiffre insuffisant. Cinq millions, c'est bientôt dit; mais qu'on veuille bien se représenter par la pensée tout ce qu'il a fallu, dans les temps où nous sommes, et à travers tant d'autres œuvres, à ces bons prêtres orléanais, de zèle, de démarches, d'efforts de toute nature, pour recueillir une pareille somme, et l'on demeurera pénétré d'admiration pour ce travail obscur, silencieux, infatigable; pour le clergé qui a su l'accomplir, pour l'évêque qui a su l'inspirer.

Pour tous ces travaux, sans doute il demandait avant tout le zèle; mais ce zèle, il voulait qu'il fût réglé, et selon la science; car les fautes commises en ces matières sont toujours très fâcheuses et parfois irréparables; et ce n'est pas tout : il y a la question d'art, dont il faut nécessairement tenir compte; mais il y a aussi les besoins du culte, choses que le sens pastoral seul révèle, et qui sont parfois complètement étrangères à des architectes, même chrétiens : sur ce dernier point, sur les exigences du service divin et le bien des âmes, sur l'aménagement si nous pouvons ainsi dire, sur la disposition des églises et des chapelles à ce point de vue, qui est le point de vue fondamental, les lettres pastorales de l'évêque d'Orléans contiennent des observations d'une grande justesse;

mais pour la question d'art, sa volonté était que MM. les curés ne fissent rien d'important sans l'avis d'hommes spéciaux ; il avait donc institué un *Comité consultatif*, auquel tous les plans et devis, transmis d'abord à l'évêque, devaient être communiqués. C'était, du reste, en tout sa méthode de réclamer le concours des hommes spéciaux, et de mettre à contribution toutes les capacités et toutes les bonnes volontés.

Mais relever les pierres des temples, est-ce tout ? Dans une foule de nos pauvres églises de campagne, quelle indigence pour les objets les plus indispensables au culte ! Il l'avait tout d'abord soupçonnée : quand il l'eût constatée par lui-même dans ses visites pastorales, et notée, paroisse par paroisse, comme nous l'avons vu, son zèle à y porter remède fut égal à la douleur qu'il avait ressentie en la voyant. M$^{gr}$ Fayet, en 1845, avait institué à Orléans une œuvre, qui existait aussi à Paris, œuvre que la légèreté d'un homme de théâtre a pu railler, mais qui n'en est pas moins admirable, l'œuvre des tabernacles ou des églises pauvres : il s'empressa de la développer et de lui faire porter tous ses fruits.

Un jour, l'église de Saint-Pierre-du-Martroi était insuffisante à contenir la foule que s'y assemblait ; l'évêque avait annoncé un sermon en faveur de cette œuvre : avec les riches offrandes de la piété orléanaise, nombre de bijoux furent trouvés dans les bourses des dames quêteuses. On y trouva aussi une croix pastorale et un anneau ; c'était l'offrande de l'évêque. On en estima le prix, qui sur-le-champ fut ajouté à la quête, et la croix et l'anneau lui furent rapportés. Profondément touché de cette délicatesse, il les accepta, mais voulut absolument restituer aux dames quêteuses la somme à laquelle ils avaient été estimés.

Puis, une circulaire fut adressée par lui au clergé ; une autre aux fidèles. Il eut la pensée d'adjoindre à cette œuvre une loterie : Immédiatement cinq cents dames furent engagées dans cette loterie, et reçurent de lui des billets, avec mission de les placer ; son ambition étant d'en placer ainsi chaque année

200 000[1]. Avec les ressources que fournissait cette loterie, et avec les offrandes en nature, on achetait des vases sacrés et l'on confectionnait des ornements. Un ouvroir fut institué à cette fin : les dames, ou emportaient chez elles leur part de travail, ou se réunissaient chaque semaine chez l'une d'elles, M<sup>me</sup> la première présidente de Vauxelles, pour travailler en commun : chaque année, à l'évêché, les objets qui constituaient la loterie, et les ouvrages merveilleux de ces dames, chapes, chasubles, bannières, aubes, linge d'autel de toute sorte, étaient exposés; MM. les archidiacres en faisaient ensuite, chacun dans son archidiaconé, la répartition. Du 6 janvier 1845, date de sa fondation, au 9 avril 1853, cette œuvre avait distribué à diverses reprises : 19 chapes, 4 dalmatiques, 485 chasubles, 190 étoles pastorales, 100 aubes, 76 nappes d'autel, 160 nappes de communion, amicts, bourses, custodes, corporaux, purificatoires, et autres linges pour le service divin : qu'on juge de ce que, vivifiée, fécondée par lui, elle a dû donner aux pauvres paroisses de son diocèse, pendant les trente années de son épiscopat ! Mais que de soins il prit pour cette œuvre ! Souvent, tout à coup, à l'ouvroir, il apparaissait, charmant et encourageant les travailleuses par ces paroles à la fois simples et grandes dont il avait le secret ; et, tous les ans, lui-même, il publiait une circulaire, pour ne pas laisser le zèle s'affaiblir à l'endroit d'une œuvre si touchante et si nécessaire.

Par ce rapide aperçu on peut voir que s'il a tant fait pour les âmes directement, pour ce qu'il appelait la restauration spirituelle de son diocèse, il n'a pas moins fait pour sa restauration matérielle : s'appliquant constamment à lui-même ce qu'il répétait à son clergé, qu'*il ne faut pas épargner sa peine, là où Jésus-Christ a donné son sang.*

---

1. Lettre à M<sup>me</sup> la princesse Borghèse. Mais cent mille seulement, à 25 centimes, donneraient encore par an la somme de 25 000 fr.

## CHAPITRE XII

Jeanne d'Arc et l'évêque d'Orléans
Attitude de l'évêque d'Orléans vis-à-vis des pouvoirs publics
et des autorités locales
Ses rapports avec ses diocésains laïques
Restauration des fêtes de Jeanne d'Arc à Orléans
Double caractère de ces fêtes
La série des panégyriques reprise par M$^{gr}$ Dupanloup
1855

Dans le recueil de poésies que la Muse de la France en deuil vint déposer sur son glorieux tombeau, quand la mort l'y eut couché, on lit celle-ci :

#### AUX PORTES DU CIEL

De pied en cap armée, au seuil du Paradis,
Agitant devant elle une touffe de lis,
Une sainte priait, et regardait la terre.
Geneviève survint, et lui dit : « O guerrière,
Loin de nos chœurs sacrés que faites-vous céans? »
Jeanne lui répondit de sa voix douce et fière :
« J'attends l'évêque d'Orléans. »

ANTOINE DE LATOUR [1].

Les grandes mémoires aussi, pour un peuple qui comprend la gloire, sont des monuments, et de tous les plus sacrés et les plus chers. Il y a dans nos annales un nom qui appartient, on peut le dire, à Orléans, nom qui est devenu inséparable du sien, et qui, depuis quatre siècles, vit, immortel, au cœur de cette cité généreuse; une figure dont la beauté pure et douce rayonne d'un éclat sans pareil; une héroïne que la poésie envie à l'histoire : c'est la Pucelle d'Orléans, c'est Jeanne d'Arc. Dès que la Providence eut lié sa destinée à celle de cette noble ville, vers cette héroïne, qui est en même temps

---

1. *Le Tombeau de M$^{gr}$ Dupanloup*, p. 158. Orléans, chez Herluison.

une sainte, le nouvel évêque d'Orléans tourna ses regards; à elle toute son âme fut pour ainsi dire ravie; et dès les premières paroles qu'il adressait à ses diocésains, il la saluait avec enthousiasme. Trop d'analogies existaient entre elle et lui pour qu'il n'en fût pas de la sorte; par sa pureté sans tache, sa tendre piété, son intrépidité chevaleresque, son double amour de Dieu et de la patrie, et cette auréole de martyre qui couronne toutes ces gloires, la vierge de Domrémy devait parler au cœur de cet évêque, si pieux et pur aussi, et si vaillant, dont la vie s'est consumée, comme celle de Jeanne, au service de l'Église et de la France; et il était réservé à ce prince de la parole d'élever à l'héroïne, par son éloquence, un monument plus durable que le bronze et que l'airain.

Mais, avant de raconter comment il fut amené à prononcer ce panégyrique, qui fait époque dans l'histoire d'Orléans et dans la sienne, il est nécessaire d'expliquer ses rapports avec ses diocésains, avec les autorités civiles et administratives de sa ville épiscopale, et aussi son attitude vis-à-vis des pouvoirs publics : cet évêque, d'ailleurs, qui a tant fait pour les meilleurs intérêts de son pays, et dont les dernières années ont été employées à le servir dans les assemblées politiques, où ses diocésains l'envoyèrent, n'appartient-il pas presque autant à la patrie qu'à l'Église?

Son patriotisme d'abord, nous l'avons vu, s'était allumé au foyer de l'ancien légitimisme : tous ceux qui l'aimèrent ou qu'il aima, tous ceux qui protégèrent son enfance et sa jeunesse, étaient des serviteurs dévoués de la monarchie revenue de l'exil après les désastres de la patrie et les souffrances de l'Église: cette flamme ne s'éteignit jamais dans son âme; mais, prêtre avant tout, il ne fut jamais ce qu'on appelle un homme politique, ou, pour parler plus justement, un homme de parti : le service de l'Église et des âmes, qui au fond ne peut que s'accorder toujours avec les devoirs patriotiques bien compris, domina en toute occasion sa conduite. C'est pourquoi, ni sous la monarchie de Juillet, ni sous la République de 1848, ni sous l'Empire, il ne fut, à proprement parler, un homme d'opposition, excepté quand il fallait combattre pour les intérêts catholiques; et moins que jamais, lorsqu'il fut devenu évêque; car, il le faut bien comprendre, autres sont ici les droits des simples fidèles, autres les devoirs des évêques pasteurs des peuples. L'Église, dans un temps et dans un pays de révolutions, les laisse passer sans y prendre part; elle subit les gouvernements que les conflits des hommes amènent, mais ne descend pas dans l'arène des partis, ni ne s'inféode à aucun; et elle poursuit à travers tout, sur cette scène mobile, son œuvre éternelle, l'œuvre des âmes. Ce n'est pas là indifférence ou scepticisme, mais sagesse et nécessité. Par elle-même, cette obéissance aux pouvoirs de fait n'implique la proclamation ni l'abdication de rien; c'est simplement l'obéissance. L'Église peut donner plus, mais ne doit pas plus à un gouvernement. Le degré de sa sympathie dépend, évidemment, de celle qu'on a pour elle-même. Elle n'est ni factieuse, ni ingrate; mais il importe qu'elle reste digne.

C'est ce que fut l'évêque d'Orléans en face du coup d'Etat. Certes, ce n'était pas là le dénouement qu'il souhaitait. Pour lui, la sécurité, la stabilité et le salut définitif de la France, étaient dans un principe, non dans un coup de force heureux, et, tandis que des démarches étaient tentées par les hommes politiques auprès de M. le comte de Chambord, maître de ses préférences, il faisait des vœux pour la fusion, préliminaire indispensable à ses yeux, non en droit, mais en fait, d'une restauration; et, dès ce moment, il déplorait, comme il le fit plus tard, les exigences qui, de part et d'autre, mettaient obstacle à un acte qui eût doublé, en les ralliant, les forces divisées du parti monarchique.

Telles étaient, au moment du coup d'État, les pensées de l'évêque d'Orléans. Le 2 décembre le jeta dans une profonde angoisse : et dans ses notes intimes il s'est épanché en réflexions douloureuses sur « la part de la force dans les choses humaines; » sur « ces coups de vent qui abattent toute une nation aux pieds d'un homme. » Il était alors à Paris. Consulté par M. de Montalembert, il lui avait conseillé, ainsi que le P. de Ravignan, de ne point adhérer avec éclat au 2 décembre. Et quant à lui, heureux de n'être pas, comme quelques-uns de ses amis, obligé de jouer un rôle sur ce périlleux théâtre des drames politiques, il rentra à Orléans, plus avide que jamais de se plonger dans la solitude et le travail pour Dieu. Évêque, obligé de tout subordonner à sa mission épiscopale, — c'est un hommage que la presse hostile elle-même a été forcée de lui rendre, — « il sut garder sa dignité et se renfermer dans les devoirs de sa charge[1]. » De retour de Paris, le 6 décembre : « Ce qu'il me faut, écrit-il, c'est de vivre, comme dans une Thébaïde, loin de tous ces bruits et de ces agitations, uniquement occupé à l'œuvre de Dieu. » Il ajoute : « Quelle joie et quelle douceur de cette solitude, de cette paix, de ce silence, de mon travail repris, et de sainte Thérèse ! » En effet, il lisait, avec un charme infini, sainte Thérèse, et écrivait, nous le dirons, la vie d'une sainte carmélite française, $M^{me}$ Acarie, en même temps qu'il poursuivait, avec l'ardeur que nous avons vue, toutes ses œuvres diocésaines.

Il se tint donc debout, calme et digne. Après le plébiscite du 20 décembre (non après le coup d'État), le nouveau pouvoir demanda des prières au clergé, comme avait fait la République elle-même; l'évêque d'Orléans se contenta de transmettre officiellement ces demandes officielles. Parut le décret du 23 janvier 1852, qui confisquait les biens de la famille d'Orléans; on disait qu'une part en serait affectée à l'augmentation du traitement des évêques : « Je ne puis assez dire, s'écria l'évêque d'Orléans à cette nouvelle, mon mépris pour ce cadeau. » Et entrevoyant là une compromission redoutable pour le clergé, il ne put se défendre d'une initiative dont la hardiesse est voilée à peine par l'extrême convenance du langage; il écrivit au Président :

---

1. La *République française*, 15 octobre 1878.

« Monsieur le Président,

» On m'assure que, dans une pensée bienveillante, vous avez conçu le projet d'élever les traitements ecclésiastiques.

» Permettez-moi de vous communiquer à cet égard, et en mon nom personnel, quelques réflexions.

» Dieu, qui voit vos intentions, Monsieur le Président, vous en tiendra compte.

» Dieu sait aussi que l'Épiscopat n'a prévenu par aucune sollicitation la pensée du Chef du gouvernement à cet égard.

» Mais les hommes sont souvent injustes. Les préventions et les préjugés contre le clergé ne sont point entièrement tombés. On nous accusera; nous en souffrirons, et la religion avec nous.

» Nous sommes dans des temps malheureux. Il ne faut pas qu'on puisse reprocher au clergé d'avoir, en de tels temps, ajouté, même pour une faible part, aux charges publiques.

» Sans doute, dans une situation meilleure, nous pourrions faire de plus abondantes aumônes, et exercer envers nos prêtres une plus grande hospitalité. Mais, au-dessus de ce bien, il y a un bien plus élevé et plus nécessaire, c'est celui de la considération et de la dignité de notre caractère et de nos personnes si étroitement liées dans l'esprit des peuples avec le respect de la religion elle-même. Voilà ce qu'un devoir et un intérêt supérieurs nous obligent par-dessus tout à ménager, et ce sont là, Monsieur le Président, des pensées que vous ne pouvez manquer de comprendre et de partager.

» Si vous voulez donner suite à la grave pensée qui vous préoccupe, et venir efficacement au secours de la religion, sans la compromettre, il est des services qu'elle réclame elle-même depuis longtemps dans le visible intérêt des peuples : relever tant de pauvres églises en ruines, établir de nouvelles succursales, créer des vicariats dont beaucoup de paroisses de campagne ont un si grand besoin : voilà des œuvres de l'intérêt religieux le plus vrai et le plus populaire.

» Vous comprendrez, Monsieur le Président, les motifs qui

me dictent ces réflexions dans l'intérêt commun de l'Église et de l'État, et vous daignerez excuser ce qui pourrait paraître indiscret dans ma démarche.

» Je suis avec respect, etc. »

Lorsque, au mois de septembre de la même année, le Président entreprit, dans les départements, ce voyage qui fut comme la préface de l'Empire, il ne mit pas dans son programme de s'arrêter dans la ville de cet évêque. Mais comme il y devait repasser à son retour, le 17 octobre, il descendit de son wagon pour recevoir à la gare les autorités. L'évêque n'eut pas le mauvais goût de s'abstenir. Accompagné de ses vicaires généraux, il se trouva près du wagon du Président, et simplement il s'inclina devant lui au passage : « Monseigneur, lui dit le Prince, j'espère avoir un jour l'honneur d'être reçu par vous dans votre cathédrale, à la tête de votre clergé. » De nouveau l'évêque s'inclina sans répondre [1].

Mais telle n'était pas l'attitude de tous les catholiques : il y en eut qui, dans leur enthousiasme, se firent, non pas seulement les adhérents, mais les théoriciens, les doctrinaires du césarisme, reniant, conspuant ces libertés politiques qui avaient été pendant tant d'années leur drapeau, et compromettant l'Église elle-même avec un parti, victorieux d'un jour, nullement sûr du lendemain : enthousiasme qui devait recevoir d'un si prochain avenir de si cruels démentis.

L'évêque d'Orléans voulut arrêter le clergé sur cette pente, et, sans condamner ce qu'il peut y avoir de libre dans les conduites politiques, signaler ce qu'il peut s'y rencontrer aussi pour l'Église de dangereux. Tout à coup, pas le surlendemain, mais le lendemain même de la proclamation de l'Empire, et sans laisser le temps de se produire aux manifestations qu'il voulait empêcher, *le 3 décembre* 1852, il publia, quoi? Un dithyrambe en l'honneur du nouveau souverain? Non, un solennel avertissement à ce souverain et aux catholiques ; et, par une de ces intuitions qui lui étaient familières, dès le

---

1. Le *Moniteur du Loiret*.

premier jour du règne, en apercevant le péril, il avait pris pour sujet de cette instruction pastorale, *la Liberté de l'Église*. Certes, au moment où le pouvoir personnel s'établissait dans notre pays, faire à cette liberté sainte un rempart de sa parole, et dire à ce souverain, maître de toutes nos libertés : « Celle-là du moins, n'y touchez pas ! » et aux catholiques trop prompts à se prosterner : « Prenez garde, celle-là aussi est dans ses mains ! » c'était sage et prévoyant.

Et quel noble langage ! « L'attitude toujours calme et digne, toujours forte et pacifique, et quelquefois stoïque de l'Église, pour maintenir et revendiquer cette liberté sacrée qui fut toujours le premier de ses biens ; » voilà ce que d'abord il rappelait. Et les combats de l'Église de France pour sa liberté : pendant la Terreur révolutionnaire, « où une croix de bois, des calices de verre et des prêtres d'or, lui suffirent encore une fois pour sauver les âmes ; » — sous cet Empire « qui voulut la relever sans la rendre libre ; » — même sous la Restauration, qui, « généreuse d'ailleurs envers l'Église, n'osa pas lui donner la seule chose qui ne la compromettra jamais, la liberté ; » tels étaient les premiers témoignages qu'il invoquait. Puis, à côté des belles paroles des anciens Pères, de Tertullien, de saint Ambroise, de saint Cyprien, de saint Augustin, sur cette inaliénable liberté, il plaçait les revendications non moins fortes des Bossuet et des Fénelon ; et revenant à la situation présente, et rappelant noblement ce que le gouvernement qui venait d'être renversé, la République de 1848, avait fait pour la religion, les libertés qu'elle lui avait rendues : la liberté de l'enseignement, la liberté de ses conciles, la liberté de son Pontife, il en arrivait enfin aux grandes leçons :

« Bien différentes des puissances temporelles, que trop souvent les faveurs de la fortune enivrent et perdent, l'Église a toujours su, dans son immuable sagesse, gouverner sa prospérité. Les leçons qu'elle offre là-dessus aux autres, elle se les donne à elle-même ; les faveurs des princes comme les acclamations des peuples, ne la trouvent jamais ingrate, mais jamais non plus trop confiante.

» Elle sait qu'il n'y a pas loin de l'entrée triomphante de Jérusalem au Calvaire, ni de l'*Hosanna* au *Crucifigatur !*

» De ces grands souvenirs elle conclut que les prospérités sont aussi pour elle des épreuves que son immortel époux lui envoie, et pour lesquelles il lui demande et lui impose des vertus comme pour les temps de l'adversité; et, jetant les yeux sur ses glorieuses annales, elle voit qu'il n'y eut pas moins d'honneur pour elle à garder sa liberté pure et sa dignité inaltérable sous Constantin qui la protégeait, qu'à se montrer héroïque et invincible sous Dioclétien son persécuteur.

» Cette Église sainte n'est pas autre à cette heure qu'elle fut dans tous les temps.

» Quoi qu'il arrive, l'œuvre de Dieu est toujours la sienne; c'est la seule dont l'Église soit chargée sur la terre; l'on ne songera jamais à lui en demander une autre : elle répondrait qu'elle est sans mission pour y travailler.

» Et à Dieu ne plaise qu'en remplissant le devoir de la charité et de la prière, elle paraisse s'associer à aucune passion, flatter aucun parti, insulter aucun malheur !...

» Dans tous les événements permis par la Providence, et au milieu desquels l'Église prie, il y a, par le fait, toujours à prier. Il y a toujours un bien possible, une espérance légitime, des grâces importantes à demander. »

Si le pouvoir nouveau n'eût pas été fondé à s'irriter de ce langage, il était impossible aussi qu'aucun vaincu du coup d'État en fût blessé. Quand un évêque a parlé de la sorte, d'autres peuvent avoir une autre attitude, l'honneur de l'Église est sauvé ! M. de Montalembert lui écrit : « Je viens de lire avec une admiration sans bornes et sans réserve votre Mandement sur la liberté de l'Église à l'occasion de la proclamation de l'Empire. La vérité, la justice, la dignité, l'opportunité, éclatent à chaque ligne. Ce grand acte vous a placé à la tête de l'épiscopat français. »

« M. de Montalembert, a écrit un de ses amis[1], avait eu vingt jours d'illusion; mais, enfin, il n'avait point renié la liberté, il ne l'avait point insultée, il s'était abstenu de toute théorie absolutiste. » A propos de la suppression du collège Saint-Michel, il écrivait, le 5 janvier 1853, à l'évêque d'Orléans : « Il est donc bien constaté à la face de tous ces évêques qui n'ont pas craint de remercier l'empereur de leur avoir *donné* la liberté de l'enseignement, qu'on peut sous ce régime fermer et ruiner un collège, sans jugement, sans discussion, sans réclamation quelconque, et sans consulter une seule des autorités instituées par la loi du 15 mars. Cela n'empêche pas l'*Univers* de dire, dans son numéro du 5 janvier, par conséquent six jours après l'événement, que « demander des garanties quelconques contre le pouvoir, c'est rechercher la quadrature du cercle ». Faites-vous lire, je vous en prie, cet article, et ceux où ces mêmes écrivains traînent dans la boue Turgot et l'Hôpital, avec tous les droits et tous les vœux de la pauvre humanité. »

Lorsque, en 1855, pour faire contrepoids à cette école, M. de Montalembert et quelques-uns de ses amis, MM. de Falloux, Foisset, Cochin, de Broglie, qui avaient travaillé toute leur vie à rapprocher de l'Église la société moderne, entreprirent de réorganiser le *Correspondant*, l'évêque d'Orléans les couvrit notoirement de son patronage, les honora de ses conseils et plus d'une fois de ses communications. Plus d'une fois aussi il partagea les attaques dont ils étaient l'incessant objet. On sait maintenant la vérité sur cette réunion d'Augerville, où M. Berryer, pour recevoir l'évêque d'Orléans, pendant une tournée pastorale, avait réuni plusieurs de leurs amis communs, MM. de Montalembert, de Falloux, de Salvandy, ainsi que MM. Thiers, Mignet, Vitet, tous membres de l'Académie française. On a raconté ces entretiens : les curieuses révélations de M. Berryer et de M. Thiers sur la révolution de 1830; les déclarations si nettes de celui-ci en faveur de la monarchie;

---

1. M. Foisset, *Vie du Père Lacordaire*, t. II, p. 192.

les adjurations pressantes de M. de Falloux pour qu'il eût le courage de dire à son pays ce qu'il venait de déclarer à ses amis; et la réponse, enfin, de M. Thiers à ces instances : « Je suis monarchiste autrement que vous, à certains égards, mais autant que vous; je suis convaincu de la supériorité du système monarchique; je suis convaincu surtout que le tempérament français et le système républicain sont incompatibles; quand il ne s'agira plus que de s'entendre sur les nuances, vous me verrez faire pour la monarchie ce que vous m'avez vu faire pour la religion avec vous, avec mon vénérable ami, l'évêque d'Orléans. » Et en prononçant ces mots, M. Thiers se levait pour serrer les mains de M. Dupanloup qui fondait en larmes. « J'affirme, poursuit M. de Falloux [1], dont nous citons le récit, que, en ce moment, M. Thiers était sincère; j'affirme que sa conviction et son langage n'ont pas varié jusqu'à la terrible année 1871. »

Que devint, dans les récits d'une certaine presse, cette réunion? Une intrigue orléaniste, l'*intrigue d'Augerville*. « Augerville offrait naguère l'hospitalité à M. Thiers et à M. de Falloux, sous prétexte de fêter la présence de l'évêque d'Orléans. Les apparences étaient inoffensives, mais dissimulaient un complot : le but réel était de vaincre l'opposition de M. Thiers à l'entrée de M. de Falloux à l'Académie. La résistance était tenace; pour en triompher, il fallait un grand holocauste. M. Dupanloup et M. de Falloux n'hésitèrent point : ils s'engagèrent à faire campagne en l'honneur du drapeau tricolore; M. Thiers promit son vote. » Or l'élection de M. de Falloux avait eu lieu, et M. Thiers n'avait pas voté pour lui. Le plus plaisant était que les journaux les plus scandalisés en apparence étaient précisément ceux qui avaient donné le plus de gages à l'Empire. L'évêque d'Orléans n'accorda à cette indignité que le sourire triste qu'il donnait aux choses de ce genre, accoutumé qu'il était, depuis longtemps, aux iniquités de la polémique. On inventera plus tard, avec la même vérité, le

---

1. *Mgr l'Évêque d'Orléans*, par M. de Falloux.

complot de la Roche en Breny, et le scandale d'Orléans. Mais revenons à notre sujet.

Cette attitude d'un évêque, ni courtisan, ni factieux, ni rétrograde, ami de son pays et de son temps, était comprise et respectée. Et, d'ailleurs, on le savait, quelles que fussent ses préférences personnelles, il plaçait au-dessus de tout la France; ne refusait pas au gouvernement de justes éloges, quand il pouvait louer sans flatter; de la même voix dont il va tout à l'heure célébrer Jeanne d'Arc, il exaltera avec les accents du plus pur patriotisme les victoires de nos soldats en Crimée[1].

Venu à Orléans au moment où la France, incertaine encore de ses destinées, attendait avec anxiété l'avenir, il avait trouvé, dans l'administration, des égards auxquels il sut répondre, et qu'au lendemain du 2 décembre, il n'était pas obligé de repousser. On aura beau parler de séparation de l'Église et de l'État, par la nature des choses, surtout sous un régime concordataire, en une multitude d'occasions sans cesse renaissantes, le concert avec les autorités laïques est indispensable au bien, et la lutte n'est légitime que quand elle est nécessaire. Cette tenue vis-à-vis du pouvoir ne l'y obligeait pas, et sa nature conciliante ne l'en éloignait pas moins. Aussi l'avons-nous vu unir avec empressement ses efforts à ceux des MM. Dubessey et Boselli, pour le bien commun, dans cette œuvre tutélaire des écoles de Sœurs ; et s'entendre aussi avec le gouvernement, avec le conseil général, avec la municipalité orléanaise, pour la reconstruction de la flèche de Sainte-Croix. Ses relations avec la magistrature étaient empreintes du même esprit de concorde, de convenance et de dignité, peut-être avec une nuance de cordialité de plus. Il ne manquait jamais, quand il se trouvait à Orléans, d'assister à la séance de rentrée de la cour. Le Premier Président, M. de Vauxelles, pour n'en pas nommer tant d'autres, fut pour lui un ami : l'affectueuse et réciproque estime du magistrat pour l'évêque, et de l'évêque pour le magistrat, était connue. Et ces

1. Circulaire du 14 septembre 1855

rapports, toujours si dignes, avec simplicité, n'étaient pas seulement politesse et usage du monde, le savoir-vivre avec le charme le plus séduisant des manières : l'évêque, le pasteur, qui voulait aller jusqu'à l'âme, s'y faisait sentir toujours ; mais avec quelle délicatesse! C'était là une forme aussi de son apostolat, et non pas toujours la moins récompensée[1].

Qu'on nous permette de citer ici une parole que nous recueillîmes de ses lèvres un jour que, se croisant avec un membre de la Cour sur la place de Sainte-Croix, il avait été salué par lui avec ce respect particulier des magistrats orléanais envers leur évêque: « Mon ami, nous dit-il, et avec quel accent ! voyez-vous, c'est là une âme que j'aurai. »

Le bénéfice de ces attentions et de ces délicatesses de la vie privée se retrouvait dans les grandes circonstances.

Orléans, disions-nous, est la ville de Jeanne d'Arc ; ces deux noms ne se séparent pas. Cependant, sa place principale, celle où apparut pour la première fois la Pucelle, sur son cheval blanc, au milieu des acclamations de la foule, et d'où elle se rendit à la cathédrale, pour tout commencer par la prière, ne montrait aux étrangers qu'une statue insuffisamment digne de la ville et de son héroïne. Le patriotisme orléanais réclamait un autre monument. Un artiste de talent, M. Foyatier, le lui donna ; c'est une statue équestre de la Pucelle victorieuse : le regard au ciel, par un mouvement plein de noblesse, elle

---

1. M. le Premier Président ayant eu la pensée, à la fin de la même année 1851, de faire avec sa famille un voyage à Rome, l'évêque prit la peine de lui tracer lui-même, dans le dernier détail, en homme positif et pratique qu'il était toujours, le plus intelligent itinéraire, et il fut charmé en même temps de lui remettre de précieuses lettres de recommandation. Dans l'audience que le Saint-Père daigna accorder aux pèlerins orléanais, après s'être informé avec une affectueuse sollicitude de la santé de leur évêque, menacé alors de perdre la vue : « Dites-lui, ajouta Pie IX, que le Pape prie tous les jours le bon Dieu pour la guérison de ses yeux. » M. le Premier Président fit graver ces paroles en lettres d'or, avec leur date (6 octobre 1851), sur la face inférieure d'un presse-papier en marbre, dont le dessus était orné d'un camée représentant Pie IX, et, à son retour de Rome, il offrit à M$^{gr}$ Dupanloup ce souvenir, qui fut gardé par lui jusqu'à la fin de sa vie, et rendu après sa mort à la famille.

abaisse son épée devant Dieu. Plus tard, un autre artiste compléta le monument par des bas-reliefs pleins de vie, qui retracent sur les quatre faces du piédestal les principales scènes de cet épisode héroïque de notre histoire. Il s'agissait d'inaugurer ce monument. A cette occasion, on songea à rendre leur antique éclat aux fêtes de la Pucelle, depuis quelques années interrompues. Le programme combiné entre le maire, M. Genteur, et l'évêque, fait que rien ne ressemble à ces fêtes dans aucune ville, comme, en effet, nulle héroïne ne ressemble à Jeanne d'Arc; c'est une journée de la vieille France dans la France nouvelle. La veille, du lieu où s'élevait autrefois le fort des Tourelles, dont la prise par Jeanne d'Arc décida la délivrance d'Orléans, part une procession militaire aux flambeaux, qui suit le chemin parcouru par Jeanne elle-même, jusqu'à Sainte-Croix, où elle vint chanter le *Te Deum* de la victoire : alors, de l'hôtel de ville voisin sort la municipalité, la bannière de Jeanne d'Arc en tête; l'évêque apparaît sur le perron de la cathédrale avec le clergé; le maire lui remet la glorieuse bannière : c'est comme l'embrassement de la patrie et de la religion ! A ce moment-là, les deux tours s'illuminent de la base au sommet; les clairons sonnent; c'est dans la foule un frémissement d'enthousiasme indescriptible. Le lendemain, après la messe solennelle et le panégyrique traditionnel, la pompe orléanaise se déploie, magnifique, dans les rues de la cité. Ce jour-là, on y avait ajouté une cavalcade historique, qui devait représenter, avec les costumes du temps, la Pucelle et ses héroïques compagnons, Dunois, la Hire, Xaintrailles et les autres. Il est évident que d'une telle fête la religion ne peut être absente, ou plutôt que le sentiment religieux fait ce jour-là partie intégrante du patriotisme. Mais qui prononcerait le panégyrique ? Il n'y avait pas à le chercher. Toutefois, les premières démarches du maire auprès de l'évêque ne suffirent pas à le déterminer : il refusa même formellement. On crut en deviner le motif. La célèbre comédienne, M$^{lle}$ Rachel, avait été invitée aussi à venir jouer, le soir, le rôle de la Pucelle dans la tragédie d'Alexandre Soumet. On supposait qu'il agréait peu à l'évêque de voir ce nom et le sien cités ensemble parmi les attractions de ces fêtes. Heureusement, la comédienne déclina cet honneur. Alors, à la sollicitation de M. Genteur, et sur le désir exprimé par le garde des sceaux, M. Abattucci, diocésain de Mgr Dupanloup, le Premier Président, M. de Vauzelles, fit, auprès de l'évêque, une nouvelle instance. Nous donnons cette lettre tout entière ; elle nous dispense d'en dire plus sur le respect et l'affection avec lesquels on le traitait :

« Paris, 11 avril 1855. Monseigneur, M. le maire d'Orléans qui est en ce moment à Paris, ainsi que moi, vient d'apprendre que vous renonciez au triomphe oratoire que vous promet le panégyrique de Jeanne d'Arc. Il est venu me trouver : jugez si je dois en être fier, et surtout profondément touché! Parce qu'il connaît, comme bien d'autres, mon tendre et respectueux attachement pour vous, n'a-t-il pas été s'imaginer que j'avais place dans un cœur occupé par tant de saintes affections, et que je pouvais m'en prévaloir pour vous prier de revenir sur une résolution qui affligerait tout le monde; et voilà que je me laisse naïvement persuader et que j'accepte une mission peut-être indiscrète.

» Indiscrète! je dis bien, car j'ai commencé par chercher la cause de cette renonciation, et j'ai cru l'avoir trouvée dans la participation annoncée d'un talent tout profane à une fête que vous voulez toute religieuse. Si j'ai pénétré quelque chose de cette susceptibilité pieuse, qui, chez vous, s'exprime comme la pudeur, par le silence, je puis vous rassurer, car j'apprends que, par un concours de circonstances dont je dois vous épargner le récit, votre voix serait seule admise, le 8 mai prochain, à glorifier publiquement Jeanne d'Arc : son nom ne retentirait qu'à l'église.

» Eh quoi! Monseigneur, refuseriez-vous de remercier par votre présence en chaire la Providence qui exauce ainsi votre vœu secret? N'appartient-il pas d'ailleurs exclusivement à l'évêque d'Orléans, dans la solennité qui se prépare, de célébrer la jeune fille qui, par sa dévotion à Marie, a mérité d'être appelée, comme elle, *intemerata Virgo*, et de devenir, après elle, un modèle de la chasteté chrétienne? Et puis, quel sujet pour un orateur tel que vous! Trois scènes : Domrémy, Orléans, Rouen. Trois drames : une idylle, une épopée, une tragédie. Et pourtant une seule héroïne, avec ces trois caractères, la bergère, la guerrière, la martyre. Admirable trilogie, que l'éloquence doit ravir à la poésie, puisque celle-ci n'a pas pu s'en emparer dignement jusqu'à ce jour. Et qu'on ne dise pas que le sujet est épuisé! La bouche ne se lasse pas de dire, les oreilles ne se lassent pas d'entendre, les belles et nobles choses que le cœur ne se lasse pas d'aimer. Dans la région où vous place la religion, aux yeux de laquelle tous les hommes sont frères, sans distinction de nationalités, il vous serait plus facile qu'à un orateur profane de concilier les exploits de Jeanne avec la charité que nous devons toujours aux Anglais, et la courtoisie que nous leur devons plus particulièrement aujourd'hui, où elle est à la fois de bon goût et de sage politique.

» Enfin, si vous ne vous rendiez pas à ces raisons, je me rappellerais qu'un jour vous nous avez bien éloquemment enseigné que la prière doit être quelquefois violente pour être efficace. Alors laissant de côté des aménités de langage qui vous sont trop familières pour vous toucher beaucoup, je vous ferais dans le style barbare, mais pressant du Palais, la sommation suivante :

» La ville d'Orléans, poursuite et diligence de son maire, par le ministère de son Premier Président, faisant fonction d'huissier pour la solennité du cas, met en demeure son évêque de l'aider à payer sa dette envers Jeanne d'Arc sa libératrice, lui remontrant qu'il est solidaire avec elle, et que lui seul a de quoi payer.

» Sur ce, Monseigneur, je suis en vénération votre bien humble serviteur et ami, si vous le permettez. »

L'évêque d'Orléans reçut cette lettre en tournée pastorale; il répondit :

« Auvilliers, le 19 avril 1855. Monsieur le Premier Prési-

## CHAPITRE XII.

dent et trop bienveillant ami, vous voyez bien que je me laisse vite entraîner par vous aux indiscrétions de mon cœur; mais aussi comment résister à vos paroles? Je n'avais pas d'autre motif pour renoncer à ce panégyrique que ma fatigue et l'accablement de mes occupations. Je vous le dis à vous en toute simplicité, les Anglais ici ne m'ont préoccupé en rien, pas plus que M. Tissot; mais encore faut-il avoir le temps, et je ne l'avais pas, à ce point qu'avant de quitter Orléans pour faire ma visite pastorale, je n'aurais pas pu donner deux heures à la méditation de ce panégyrique. Mais vos aimables instances et celles de M. le maire m'ont vivement touché, et je me suis mis ces jours-ci, en allant d'un village à l'autre, à étudier de nouveau votre Jeanne d'Arc, et je dois avouer que c'est un sujet incomparable. Si l'on avait pu se contenter d'un simple récit, je n'aurais pas refusé de le faire, et dans le fait un évêque ne pourrait guère refuser de raconter à ses diocésains ce que Dieu a fait de si grand pour eux. Mais c'est un discours qu'il faut, et voilà ce dont je suis incapable. Et encore, si je me chargeais de ce récit, resterait-il une grande délicatesse envers M. Deguerry, qui s'est chargé de me remplacer.

» Vous voyez mes difficultés, et cependant vous voyez aussi tout ce que peuvent sur mon cœur les *sommations* du vôtre... »

La fête fut admirable; « mais, ce qui domina tout, dit un témoin oculaire, ce qui restera, c'est le panégyrique de Jeanne d'Arc prononcé par l'évêque d'Orléans. Merveilleux discours qui nous a, durant cinq quarts d'heure, attachés, émus, soulevés, indignés, attendris tour à tour. » D'une grâce touchante dans la peinture de l'enfance de Jeanne, l'Idylle; dans le tableau des combats, l'Épopée, intrépide, ardent, comme un guerrier, au point qu'un brave général présent dans l'auditoire laissa échapper ce mot : « Quel soldat! s'il nous commandait à Sébastopol, nous ne serions pas si longtemps à le prendre! » et enfin, dans le drame final, le Martyre, pathétique, émouvant : tel il fut dans ce discours qui, en somme, comme il l'avait promis, n'était qu'un récit, mais quel récit ! avec une introduction superbe, et une conclusion plus magnifique encore ; surtout il y avait cette action, qui était si belle toujours, mais qui le fut plus que jamais ce jour-là, tant son âme de grand orateur, sous la secousse de ces scènes héroïques, était elle-même émue et palpitante [1].

Voici l'exorde de ce discours :

« La sainte religion des aïeux, le culte des grands souvenirs n'a pas péri parmi vous, et depuis quatre-cent vingt-six ans vous apprenez à vos fils à prononcer avec respect le nom de la fille généreuse qui sauva vos pères.

» Que dis-je, avec respect? C'est l'enthousiasme, c'est la reconnaissance et l'amour, c'est la compassion qui sont aujourd'hui dans les cœurs pour cette pieuse et héroïque mémoire.

» Sous la noble inspiration de vos premiers magistrats, vous avez voulu faire revivre tous les souvenirs, toutes les figures, tous les noms, toutes les gloires, tous les panonceaux du temps passé; et la glorieuse bannière de Jeanne d'Arc brille aujourd'hui à nos regards plus resplendissante que jamais sous les voûtes de notre basilique.

» Soyez-en bénis ! C'est une grande chose que vous faites, et la France, la France entière, dont Orléans fut le cœur, le dernier appui et comme le dernier battement au jour de la grande détresse nationale, la France applaudit à vos fêtes, y envoie d'illustres représentants et vous regarde avec joie...

» C'est un modeste récit que je vous ai promis et que je viens vous faire, tel que je l'ai lu, pour vous le raconter, dans les vieux historiens français et étrangers. Car, vous le savez, Messieurs, nulle histoire n'eut jamais une authenticité pareille.

---

1. « Vous ne vous figurez pas, nous disait un jour M. le Premier Président de Vauxelles, le coup qu'il me donna par un seul mot, quand, après le récit triomphal des gloires de Jeanne, subitement il dit, d'une voix comme étouffée : « Nous marchons vers Rouen ! »

» Ce récit, il est vrai, révèle les plus grandes choses qui furent jamais, et aussi les plus touchantes. J'ai beau chercher dans mes souvenirs, je ne trouve rien de comparable, rien d'analogue dans les annales d'aucun peuple.

» Orléans a eu deux fois au moins dans sa vie cette gloire d'être la dernière et heureuse fortune de la France : c'est la ville des miraculeuses délivrances ! Et deux fois ce fut un évêque, une vierge, saint Aignan et Jeanne d'Arc, qui la sauvèrent tour à tour des hommes du Nord.

» Et cependant, ne craignez pas, Messieurs, les délicatesses de mon glorieux sujet. Non, l'Angleterre n'a rien à redouter de moi. C'est une grande et courageuse nation. Elle se glorifie, avec raison, comme nous, de descendre en partie de ces races blondes qui se vantaient autrefois de ne rien craindre, sinon que le ciel tombât sur leur tête et que l'Océan envahît leurs terres ; et pour dire simplement la vérité, Suffolk, Salisbury, Glacidas lui-même, comme Xaintrailles, La Hire et Dunois, étaient de rudes et vaillants hommes de guerre. Mais Dieu fut le plus fort, et Jeanne, sa fille choisie, les vainquit tous.

» Les Anglais seraient donc encore nos ennemis aussi bien qu'ils sont nos alliés, que les descendants du Prince Noir et de Talbot pourraient m'entendre ici : tout au plus sentiraient-ils peut-être à l'accent de ma voix que le vieux sang français n'a pas oublié de couler dans nos veines, comme ils ont pu s'en apercevoir sous les dures murailles de Sébastopol, aux rives de l'Alma et sur les coteaux d'Inkermann. »

Un passage d'une beauté véritablement supérieure dans ce discours, c'est celui où l'évêque d'Orléans explique pourquoi il est heureux que la gloire de Jeanne d'Arc ait été couronnée par le martyre : il montre là l'application d'une grande loi de l'ordre moral, en harmonie, comme toujours, avec le dogme chrétien :

« Ah ! si Jeanne d'Arc avait fini dans l'opulence et les délices, si elle était devenue une grande princesse, ou bien si, selon le vœu naïf de son cœur, elle était revenue à Domrémy, nous aurions eu une princesse telle quelle, ou une pieuse bergère de plus, le chant d'une merveilleuse épopée entre deux idylles... Au lieu de cela, nous avons une grande chose, un enseignement admirable... un poème divin, tel que Dieu sait les faire.

» Car, il le faut entendre, dans l'humanité, depuis sa chute, il n'y a pas une seule grande chose sans la croix... La vertu, toujours heureuse, toujours couronnée, toujours triomphante, n'est pas le plus grand spectacle que la terre puisse offrir au ciel; il y faut ce je ne sais quoi d'incomparable et d'achevé que le malheur donne à la vertu.

» Et voilà pourquoi ici la vraie grandeur est à Rouen : la grâce est à Domrémy, la gloire est à Orléans, l'éclair du triomphe à Reims; puis, le lendemain, la tristesse, les douloureux pressentiments, et enfin la véritable immortalité n'est qu'à Rouen. »

Voici la dernière page de ce discours :

« On voit quelquefois, Messieurs, sur la terre un beau phénomène.

» Après une soirée orageuse, quand la tempête a cessé, quand la foudre ne sillonne plus la nue, quand le ciel retrouve sa sérénité, on aperçoit quelquefois tout à coup une étoile brillante qui semble tomber rapidement des cieux et s'abîmer dans l'horizon avec une vive clarté.

» Ici, sous le ciel de Rouen, ce fut autre chose.

» Quand la tempête eut éclaté, quand le feu eut été mis au bûcher, quand la foudre fut tombée sur la victime, quand son dernier regard fut venu, à travers les flammes, se reposer et mourir sur la croix de Jésus-Christ, qu'une main charitable lui montrait de loin, quand enfin le dernier cri de ce cœur et le dernier mouvement de ces lèvres expirantes eurent redit trois fois le nom de l'éternel amour : Jésus! Jésus! Jésus! alors, comme au Calvaire, les bourreaux pleurèrent.

» Mais la flamme impuissante essaya vainement de consumer ce cœur, qu'une pureté virginale et une pauvre croix de bois avaient si bien gardé !

» Alors l'étoile remonta aux cieux; le signe divin apparut à tous les regards; le cœur revint sur la terre de France à ceux qui l'avaient perdu; l'épouvante et la fuite s'attachèrent à tous les pas de l'étranger sur le sol de la patrie, jusqu'à ce que, refoulé de province en province, il disparut enfin à l'horizon des mers ! Et la bannière nationale flottant définitivement sur les murs de Calais, les injures de Poitiers, de Crécy, d'Azincourt, furent vengées, et la France, remise au rang des nations indépendantes par la main d'une jeune fille, recommença le cours de ses glorieuses destinées qui ne sont pas encore achevées; et demeurant la fille aînée de l'Église catholique, tandis que d'autres grandes nations tombaient, elle se prépara à marcher désormais à la tête des peuples européens, reine du monde civilisé.

» Tel fut le fruit du sacrifice.

» Et maintenant, il faut mettre fin à ce discours.

» Fille généreuse, recevez cet hommage d'un évêque d'Orléans; c'est avec grande joie que je vous l'ai rendu. A cette heure, je vous quitte, et avec regret; mais nous ne sommes plus étrangers l'un à l'autre : nous nous retrouverons, nous nous reconnaîtrons quelque jour. Nous avons servi tous deux, tour à tour, cette noble ville, ce peuple aimable et bon, généreux jusqu'à l'enthousiasme au jour de l'honneur. Vous avez sauvé les aïeux de ceux qui sont mes fils en Jésus-Christ.. Plusieurs ne le sont encore qu'en espérance, mais ils le seront tous un jour, je l'espère, en vérité. Je crois avoir leurs cœurs : quand me donneront-ils leurs âmes pour Dieu ? Leurs âmes ! Ah ! c'est bien pour elles qu'on donnerait volontiers mille vies, si on les avait, comme une goutte d'eau ! »

Orléans put ajouter une journée mémorable à ses annales, et les lettres françaises comptèrent un chef-d'œuvre de plus.

L'année suivante, il invita à porter la parole dans cette fête un fils de la Grande-Bretagne, M$^{gr}$ Gillis, évêque d'Édimbourg, dont le discours fut un chef-d'œuvre aussi, et depuis lors la série des panégyriques, reprise par l'évêque d'Orléans, a toujours continué.

## CHAPITRE XIII

La Vie de M^me Acarie
Deux nouveaux volumes du grand ouvrage sur l'éducation
Appréciation de cet ouvrage
Réponse à de vaines critiques
1857

A travers tant de labeurs et d'œuvres, l'évêque d'Orléans, vers la fin de l'année 1857, put enfin achever et publier deux nouveaux volumes de son grand ouvrage sur l'éducation. Le moment est donc venu de faire connaître à nos lecteurs, avec quelque détail, ce livre, qui est son œuvre capitale. Nous en avons déjà cité plus d'un passage, en racontant ce qu'il fit au Petit Séminaire de Saint-Nicolas, ce qui nous permettra d'être ici plus sobre de citations. Mais auparavant nous devons dire quelque chose d'un autre travail qu'il avait commencé au moment où il fut nommé évêque, et qu'il publia dans les premières années de son épiscopat, en 1854, entre le premier et le second volume de son grand travail sur l'éducation : nous voulons dire l'*Histoire de la bienheureuse Marie de l'Incarnation, dans le monde M^me Acarie*.

Nul n'aura plus fait en ce siècle pour porter les femmes du monde aux fortes vertus chrétiennes que l'évêque d'Orléans. Ce livre continuait en quelque sorte ce ministère de la direction des âmes qui a tenu une si grande place dans sa vie, et qu'évêque il n'avait pas abandonné. « Réveiller parmi les femmes du monde le sens de la vraie et grande vertu chrétienne », voilà ce qu'il se proposait en leur offrant l'exemple de cette femme du XVII^e siècle qui, après avoir été dans le monde, au cours d'une vie semée d'épreuves, le modèle des épouses, des maîtresses de grande maison, et des mères, avait fondé le Carmel français, et embaumé ses dernières années de toutes les vertus du cloître. La vie de madame

Acarie avait été écrite au commencement du siècle par M. Boucher, curé de Saint-Merry ; cet ouvrage servit de base au sien ou plutôt le sien n'en était guère qu'une réédition, mais considérablement augmentée.

Laissons-le raconter lui-même l'origine de ce travail. « C'était, dit-il, en 1849 : je venais d'être nommé évêque. Cette charge, avant même de peser sur moi, m'accablait déjà ; les temps d'ailleurs étaient pleins d'alarmes ; tout paraissait ému, inquiet, gémissant, pleurant ; la lumière manquait à l'horizon, le jour ne venait point : tous les regards se tournaient au ciel pour y découvrir enfin le secours de Dieu... Dans la tristesse et les découragements de mon cœur, moi aussi je cherchais, lorsque tout à coup Dieu reposa et fortifia mon âme dans l'histoire de M$^{me}$ Acarie et de ses saintes amies, les carmélites d'Espagne et de France. Je cherchais sur la terre les grandes âmes, et tout à coup je les rencontrai sur le Carmel. Là, au milieu de l'abaissement des caractères, au milieu de la défaillance de tous les courages, je trouvai, non seulement les cœurs les plus purs, mais aussi et par là même les esprits les plus droits et les plus fermes, les caractères les plus élevés, les plus belles âmes qui furent jamais, avec une noblesse, une force, une grandeur incomparable, quoique ignorée. Je m'occupai donc du Carmel et de M$^{me}$ Acarie, de la liberté d'enseignement et de l'avenir de la jeunesse française. Je travaillais à la fois à mon livre de l'éducation et à cette belle histoire, me disant : S'il n'y a plus d'hommes pour sauver la terre, il y a encore les carmélites et les enfants. Oui, on peut refaire le monde avec des carmélites qui prient, et avec des enfants qui s'élèvent comme il faut pour devenir des hommes. Telles étaient mes pensées. »

Ce fut en cherchant des documents pour cet ouvrage, qu'il rencontra, non sans surprise, au parloir des carmélites de la rue Saint-Jacques, M. Cousin, son collègue, et souvent son brillant et éloquent adversaire dans la commission de l'enseignement. Le philosophe compulsait les mêmes archives pour sa vie de M$^{me}$ la duchesse de Longueville, cette sœur du grand Condé, qui avait été élevée jusqu'à quinze ans dans le monastère fondé par Mme Acarie, et qui était venue terminer son éclatante et orageuse vie dans l'asile de sa jeunesse.

Les deux héroïnes, les deux historiens, les deux œuvres ne se ressemblent guère : elles offrent toutes deux de contraires, mais grandes leçons ; on y voit en particulier « ce que peuvent les femmes fortes ou faibles, pour la ruine ou le salut des sociétés humaines, et surtout ce que peuvent les âmes saintes, les grandes âmes, pour l'expiation du mal, pour la transformation d'un siècle, et pour la résurrection du bien [1]. »

Quant à l'ouvrage sur l'éducation, dans sa pensée, il devait se composer de deux parties : *De l'Éducation en général*, et *De la haute Éducation intellectuelle*. Un des deux volumes qu'il publiait à la fin de l'année 1857, faisait suite à celui qui avait paru en 1850, *Sur l'Éducation en général*. Un troisième devait suivre et compléter cette première partie de l'ouvrage. Mais ce troisième volume, pour le moment, il l'ajournait, préférant aborder, dès lors, par le second des deux volumes qu'il publiait, la seconde partie, *la haute Éducation intellectuelle*, dont ce volume formait le tome Ier. Cette anticipation s'expliquait par les controverses soulevées : ce volume l'y introduisait en plein. Les Humanités étaient alors discréditées ; il fallait les défendre.

Nous avons donc devant nous les deux premiers volumes de *l'Éducation en général*, et le premier volume de *la haute Éducation intellectuelle* : celui-ci, nous nous réservons de l'apprécier lorsque la suite de cette seconde partie paraîtra.

Dans ces deux volumes de *l'Éducation*, l'évêque d'Orléans a, nous pouvons le dire, versé sa tête et son cœur. On a dit, avec un barbarisme heureux, que ce livre était un livre, pas seulement pensé, mais *vécu* [2]. En effet, il n'y a pas seulement ses méditations, ses conceptions, ses théories sur ce grand sujet ; il y a aussi sa pratique, ses expériences ; ayant été pen-

---

1. *Histoire de la bienheureuse Marie de l'Incarnation*, Introduction.
2. M. Caro.

dant sa vie tout entière, selon le mot si juste de M. de Salvandy, depuis et même avant son sacerdoce, pendant vingt-cinq ans, « un corps enseignant à lui seul. »

« Ce livre, Monsieur, continuait M. de Salvandy, il ne faut pas vous attendre à ce que j'en parle froidement : il m'a été une consolation, une joie, un repos. Il est venu éclairer dans mon cœur mes sentiments envers l'enfance; dans ma raison, mes opinions sur l'homme; dans mon âme, mes espérances inépuisables à l'égard de mon pays et de l'humanité... Comme vous faites l'homme selon la véritable nature humaine, et par conséquent selon l'éternelle loi divine, vous le formez pour continuer la famille avec honneur, la société avec dévouement, la patrie avec amour. »

Entrons dans les détails.

Dans l'Introduction, que M. de Montalembert proclamait un chef-d'œuvre, l'auteur expliquait ses raisons d'écrire sur un tel sujet. A un moment de crise solennelle, où toute âme généreuse travaillait au relèvement de la France, il voulait y travailler, lui, en apprenant à élever la jeunesse, qui est l'avenir; car, pour relever un pays, « il faut des hommes; » or, « les hommes, c'est Dieu qui les donne, mais c'est l'éducation qui les fait. »

Le tome I$^{er}$ renfermait cinq livres : le premier traitait *de l'Éducation en général :* là, du sommet où il se tenait, découvrant tous les horizons de son vaste sujet, il définissait l'éducation, et de cette définition déduisait tout son ouvrage. Pour lui, l'éducation, « c'est l'art de faire des hommes; » en d'autres termes, « c'est la continuation de l'œuvre divine dans ce qu'elle a de plus noble, la création des âmes. » Il en concluait qu'elle devait former l'homme, tout l'homme, et ne laisser aucune de ses facultés sans développements.

Voilà l'idée mère qui contient tout son système. La développant en détail, il établissait que l'éducation est : 1° une œuvre d'autorité et de respect, le maître et l'enfant y devant tous deux concourir; 2° une œuvre de développement et de progrès; 3° une œuvre de force; 4° une œuvre de politesse; et cela, quelles que soient les formes diverses de l'éducation.

Le livre II⁰ traitait *De l'enfant et du respect qui est dû à la dignité de sa nature.* C'est ici que son amour pour l'enfant débordait; il l'avait étudié avec ces yeux illuminés du cœur, qui font tout voir, il le connaissait à fond. Peut-être parce qu'il l'aimait comme personne ne l'a jamais aimé. Nulle part il n'est plus lui-même que dans ces chapitres, intitulés : l'Enfant, ses qualités, ses défauts, ses ressources; — l'Enfant, mes expériences; — l'Enfant gâté, chapitre exquis; — l'Enfant, quelques conseils pour sa première éducation. Un critique, plus hostile que favorable, a reconnu là lui-même « des vues d'une justesse et d'une profondeur que peut seul donner la sagesse d'un prêtre[1]. »

Le livre suivant, qui traite *des Moyens d'éducation*, entrait à fond dans la pratique de l'œuvre. Ces moyens sont : la religion, la discipline, l'instruction, à laquelle il ne faut pas sacrifier l'éducation; les soins physiques. Ces moyens, en effet, embrassent la nature de l'enfant tout entière, et n'en négligent aucun côté. C'est ici que, rencontrant l'absurde et désastreux système de Jean-Jacques, qui veut qu'on élève l'enfant jusqu'à vingt ans sans lui parler de Dieu, il l'écrasait.

Dans le IV⁰ livre, revenant à l'enfant, il traite du respect qui est dû à la liberté de sa nature, à la liberté de son intelligence, à la liberté de sa volonté, à la liberté de sa vocation.

Le V⁰ livre, enfin, traite *des diverses sortes d'éducation.* A ce dernier point de vue il distinguait l'éducation populaire; l'éducation industrielle, commerciale, artistique; la haute éducation intellectuelle; mais il voulait pour toutes la même base, les mêmes principes moraux et religieux. L'idée capitale de ce livre était la distinction établie par l'auteur entre l'éducation essentielle et l'éducation professionnelle : « Ces deux éducations, disait-il, ne sont pas opposées l'une à l'autre; bien

---

[1]. M. Buisson, inspecteur général de l'instruction primaire, *Dictionnaire de pédagogie.*

au contraire, elles se fortifient, se perfectionnent, s'achèvent l'une par l'autre. Négliger l'une au profit de l'autre, ce serait les affaiblir, ce serait souvent les ruiner toutes deux à la fois. » « Mais, ajoutait-il, avec un sens profond, l'intégrité de l'éducation n'en réclame pas le dernier perfectionnement ; et, de même qu'il y a dans le genre humain, dans la société, diverses classes d'hommes placés dans des conditions sociales différentes, il doit y avoir aussi diverses espèces d'éducations ayant certaines différences entre elles, quoique ayant toutes aussi ce fonds commun et essentiel qui, dans sa haute généralité, se doit trouver en toute bonne éducation. C'est par là qu'on élèvera l'homme pour la société, sans danger pour lui ni pour elle. C'est ainsi qu'à tous les degrés de la hiérarchie sociale, on formera de bons citoyens, des hommes complets, dans la mesure et l'étendue qui sont nécessaires à chaque individu, à chaque profession et à chaque classe. » Ce qu'il combattait ici, c'était « l'instruction ÉGALE POUR TOUS. La nature invincible des hommes et des choses y résistera jusqu'à la fin. » Le V<sup>e</sup> et dernier livre s'achevait par d'importantes considérations sur l'éducation nationale.

Tel était dans ses grandes lignes le volume publié en 1850. Le volume qui venait de paraître contenait aussi cinq livres, et traitait de ce que l'auteur appelait le *personnel de l'éducation* : Dieu, — les parents, — l'instituteur, — l'enfant et la discipline.

Dieu : la part de Dieu dans l'éducation, la religion considérée comme grand moyen d'éducation, en même temps que comme grand devoir à remplir, ce sujet était traité avec un accent particulièrement ému ; et, dans sa conviction de la supériorité de cette éducation sur toute autre, l'auteur livrait en quelque sorte les secrets de l'éducation donnée par le clergé et de sa puissante action sur la jeunesse.

L'évêque d'Orléans avait jugé lui-même d'une si haute importance le livre sur les parents, qu'il le fit imprimer à part sous ce titre : *le Mariage chrétien!* Quelles admirables pages sur l'origine de la famille et les devoirs des parents !

quels graves et hauts enseignements! « Les réflexions sur la dernière éducation de la jeunesse, sur les déchéances de l'autorité paternelle, a dit l'écrivain universitaire que nous citions plus haut, sont d'un moraliste aussi sagace qu'expérimenté, qui a reçu les confidences des familles, suivi de près le développement des caractères chez l'enfant et chez le jeune homme, et saisi au fond des cœurs que la religion lui ouvrait le secret des misères et des ruines qui s'y préparent. »

L'idée fondamentale du troisième livre sur l'instituteur est que, tenant la place des parents, et continuant leur œuvre, il en doit remplir tous les devoirs. Il lui faut pour cela l'autorité personnelle; — la vertu; — la fermeté et la douceur; ce qui amène l'auteur à traiter des punitions, du système pénitentiaire et du travail; — enfin le dévouement, l'amour, l'intelligence de son œuvre.

Le quatrième livre revient à l'enfant, à la loi du respect, et achève d'approfondir ce grand sujet.

Le cinquième livre enfin, qui traite du condisciple, agite l'importante question de l'éducation privée et de l'éducation publique.

Tel est ce second volume.

Cette rapide analyse suffit-elle à démontrer ce que nous avons dit, qu'aucun livre pédagogique de cette importance n'avait encore été écrit dans notre langue? Mais les innombrables vues, justes, fines, profondes, délicates, élevées, que l'auteur jette à toutes les pages, en développant tant de hautes questions amenées par ce grand sujet, voilà ce que la lecture seule du livre peut faire connaître: livre entraînant, éloquent, quelque critique qu'on puisse élever sur l'ordonnance logique des choses, où sans cesse la flamme déborde, parce que l'auteur, profondément convaincu, veut convaincre, et qu'il est là, comme toujours, un apôtre, un évêque.

Nous laissons donc les détails; mais l'idée fondamentale qui porte tout, à savoir la part souveraine et l'influence puissante de la religion dans l'éducation, cette idée a rencontré des contradictions: que dis-je? hélas! au moment où nous écrivons, cette idée est vaincue, et le système qui triomphe, dans une législation insensée, mais, nous l'espérons bien, éphémère, c'est cette même idée que l'évêque d'Orléans avait flétrie si éloquemment dans ses fortes pages contre l'*Emile*. Citons-en quelque chose :

« Lorsque Rousseau vint au dix-huitième siècle offrir à une nation depuis longtemps égarée loin des voies de la sagesse, un plan d'éducation d'où il bannissait le nom de Dieu et le nom de l'âme, comme noms et choses inutiles à savoir pour le premier âge, et la religion comme un vain secours dont on peut se passer pour former des hommes, il fit le rêve odieux d'un sophiste sans intelligence et sans cœur, c'est-à-dire un rêve plus absurde encore qu'il n'est impie.

» Quoi ! repousser la religion loin du jeune âge ! Mais c'est un délire !...

» Certes, je ne veux pas être injuste envers cet homme : si je sais le mal qu'il a fait à son pays et à son siècle, je sais aussi le mal que son pays et son siècle lui ont fait; et c'est ce qui m'inspire pitié pour lui. Je ne puis taire pourtant ce que je pense de l'effroyable roman d'éducation qu'il a bien osé présenter à la France...

» Je ne crois pas avoir jamais rencontré sur ma route un livre plus misérable, une raison plus faible et plus vaine dans l'ostentation de sa force, un éclat plus trompeur, des lumières plus fausses, des raisonnements plus vides de sens, avec des images plus véhémentes, un style plus enflammé et des principes d'égarement plus redoutables pour les imaginations *fascinables*, pour les jeunes gens et pour les femmes, et, au fond, une impiété plus grossière, quelquefois même une niaiserie plus étrange et une corruption plus hypocrite.

» Dans ce livre Rousseau est au-dessous de lui-même et au-dessous de tout... Comme sagesse et vérité morale, il est au-dessous des païens eux-mêmes. Le paganisme aurait flétri ses indignes théories et banni leur auteur.

» Ce livre rétrograde au delà de dix-huit siècles, il rétrograde au delà de l'humanité; car chez toutes les nations et dans tous les siècles, l'éducation, c'est la vertu, et la vertu, c'est la religion.

» Si j'insiste sur ces choses, c'est qu'elles importent; et sur cet homme, c'est que l'influence de son génie malfaisant a été grande parmi nous et l'est encore...

» Eh bien, pour en finir, je le dirai sans crainte : L'homme qui repoussa loin de lui ses propres enfants, et qui ne leur dit jamais le nom de leur père ni de leur mère, et qui a décidé philosophiquement tant d'autres pères et tant d'autres mères, dans une société chrétienne, à ne pas faire baptiser leurs fils ni leurs filles, et même à ne pas les laisser prononcer le nom de Dieu et le nom de leur âme avant leur vingtième année, celui-là est un ennemi de Dieu et des hommes. »

Eh bien, ce système, contre lequel il fulminait si fortement, parce qu'en effet il est des vérités qu'on ne saurait proclamer trop haut devant l'irréflexion humaine et la légèreté française, et qu'en fait d'éducation c'est bien là l'ennemi, ce système triomphe aujourd'hui dans l'école : à l'encontre de la nature de l'homme et des choses, on n'y parlera plus de Dieu aux enfants; on décapite de sa partie la plus noble l'enseignement, on mutile du premier des devoirs la morale, que l'on prétend garder encore; on la débilite, on la ruine, en lui enlevant son origine et sa sanction, en la posant, comme un édifice en l'air, sans base et sans couronnement. Et on appelle cela neutralité, respect de la conscience et de la liberté. Mensonge ! Cette neutralité, c'est la guerre, ce respect, c'est le mépris, cette liberté, c'est la plus abominable tyrannie. On en verra les conséquences ! Nous pourrions en appeler au passé, car le système a déjà porté ses fruits; nous en appelons à l'avenir !

Mais si l'idée fondamentale de l'évêque d'Orléans est la vraie, si la religion doit être maintenue à la base de l'éducation, si elle en fait partie essentielle et si elle en est l'inappréciable auxiliaire, dans l'application de ces principes, n'est-il pas allé trop loin ? Et au lieu d'une éducation religieuse, n'est-ce pas une éducation monacale qu'il voudrait? On l'a dit. On rend hommage aux mérites éclatants de son ouvrage : « Ils attestent des qualités brillantes et sérieuses, de nobles aspirations, une grande compétence, une chaleur d'âme, une abondance et une vivacité de style qui ne sont point communes; » mais en même temps on l'accuse « de prétendre élever les enfants d'après une vue très étroite de la vie humaine en général, et de leur avenir en particulier; » avec « tout ce qu'il a d'apprêt et de convention, d'afféterie et de fausse sensibilité, » son régime religieux doit aboutir à former, « non pas des chrétiens, non pas des catholiques comme ceux que rêvaient Bossuet et Fénelon, mais des hommes de sacristie, et, ce qui est pis, des hommes de parti; » et son livre, enfin, ne respire « ni cet esprit démocratique, ni ce respect des institutions fondamentales de la société moderne, ni cette largeur de fraternité et de patriotisme qui doivent, à tous les degrés, distinguer profondément de l'éducation cléricale l'éducation française[1]. »

Ces derniers mots disent tout le secret de ces accusations : ce n'est pas la vérité ni la justice, c'est l'esprit de parti qui les fait; car elles frappent, non pas seulement l'auteur du livre de l'*Éducation*, mais avec lui tous les éducateurs ecclésiastiques : elles supposent qu'il y a et qu'il doit y avoir antagonisme entre l'*éducation française* et l'*éducation cléricale*. Que veut-on dire?

S'il en était ainsi, le clergé serait indigne d'enseigner. Nous protestons contre cette injure. Non, cet antagonisme n'existe pas. Mais prenons ces accusations l'une après l'autre.

Où donc, à quelle page de son livre l'évêque d'Orléans trahit-il « une vue trop étroite de la vie humaine et de l'avenir des enfants? » Nous défions hautement qu'on cite ici un seul texte. C'est là un vain mot, une accusation en l'air, démentie par tout l'ouvrage. Quel écrivain, au contraire, a une plus haute idée des devoirs que le temps présent, que la patrie, que la société imposent? Qui a jamais inculqué avec plus de force

---

1. M. Buisson, *Dictionnaire de pédagogie*.

qu'il faut des hommes, des hommes distingués, pour toutes les carrières? Et les mots de patrie et de patriotisme ne reviennent-ils pas dans ses pages aussi souvent que les mots de Dieu et de religion?

On parle « d'afféterie, de fausse sensibilité? » Mais on ne l'a donc pas lu? Cette piété, la veut-il à la surface de l'âme ou dans ses profondeurs? La veut-il ignorante, ou éclairée? étroite, ou large et généreuse? Et sépare-t-il jamais la piété et le devoir, la religion et la conscience? Est-ce que ce n'est pas sur l'homme même qu'il veut élever le chrétien? Est-ce que tout l'effort de sa discipline pédagogique n'est pas de former la conscience, de comprimer les défauts, de développer les qualités, de préserver les mœurs? Vous êtes ici trop superficiel : c'est vous, et non pas lui, qui mettez tout son système dans ces moyens extérieurs, dont vous méconnaissez trop, du reste, la puissante influence sur l'imagination et le cœur de la jeunesse; et ici encore, ce prêtre est plus philosophe que vous; il connaît mieux que vous l'homme et l'enfant. Est-ce que, pour vouloir former ses élèves à la piété, une ressource morale quelconque manque à son éducation? Laquelle? Et vous, ne voyez-vous pas que c'est là précisément votre infériorité notoire en fait d'éducation? Ne disposant d'aucun moyen moral, d'aucun, dont il ne dispose comme vous, il a de plus que vous cet auxiliaire dont vous êtes forcé de reconnaître vous-même « la puissance morale, » la religion.

Ses élèves, « des hommes de sacristie! » Que voulez-vous dire? Des prêtres? Eh! sans doute, il en a formé; c'était son but premier et direct. Mais des chrétiens pour le monde, il en a formé aussi, et qui ont fait, et qui font encore assez bonne figure dans le monde. Il y a, du reste, longtemps qu'on vous a ici réfuté. Écoutez M. de Salvandy : « On disait votre éducation trop ascétique, trop tendre peut-être pour la rude discipline de la vie publique. Et qu'on regarde nos armées! Combien ne verra-t-on pas de vos disciples d'hier, qui croissaient, il y a quelques jours encore, sous les plis de votre manteau, aujourd'hui soldats, matelots même, officiers quelquefois, figurant chaque jour, malgré leur jeunesse, dans les glorieuses récompenses ou dans les héroïques sacrifices ; nobles enfants qui n'ont pas vécu et qui ont su mourir! » Et l'Académie française — j'y étais — a couvert d'applaudissements ces paroles. Et la dernière guerre est venue apporter, à lui, et à d'autres éducateurs ecclésiastiques de la jeunesse, le même glorieux témoignage. Ses élèves, « des hommes de parti ! » Oh! ici l'accusation va trop directement contre l'évidence des textes, contre sa doctrine la plus notoire sur l'éducation nationale, doctrine qui anéantit absolument le prétendu antagonisme posé par vous entre *l'éducation française* et l'*éducation cléricale*. Allons ici nettement au fond des choses.

J'affirme que si, par une *éducation française*, on n'entend pas une *éducation antichrétienne*, quand on oppose cette *édution française* à l'*éducation donnée par le clergé*, on ne sait pas ce que l'on dit. Où donc l'évêque d'Orléans, dans cet ouvrage, ou ailleurs, s'est-il montré l'ennemi « de nos institutions modernes? » Comment un écrivain grave peut-il écrire dans un livre grave de pareilles banalités? L'éducation nationale, mais c'est son drapeau ! Écoutez-le lui-même vous répondre ici :

« Je regarde comme un devoir sacré, pour tout instituteur, d'élever les enfants dans l'amour de leur patrie, dans le respect pour ses lois ; de leur inspirer le zèle pour ses intérêts, le dévouement pour sa gloire. Je considérerais comme un grand mal, je ne dis pas seulement d'étouffer, mais d'altérer, de près ou de loin, ces nobles sentiments dans le cœur de la jeunesse.

» Nous croyons, à cet égard, n'avoir besoin des leçons de personne, nous ne reconnaissons à personne le droit de se proclamer, sur ce point, meilleur que nous... L'amour de la patrie sera toujours, pour nous, un devoir inviolable et sacré, une seconde religion. »

Il veut donc que l'éducation soit *nationale*, mais il ne veut pas qu'elle soit *politique* : c'est sa thèse expresse; et vous l'accusez de former « des hommes de parti ! »

« Il est un autre point sur lequel ma conviction n'est pas moins ferme, c'est que l'éducation ne doit pas être *politique*...

» Eh quoi! les pères ne s'entendent pas encore! Dans ce domaine d'une ardente controverse, la sagesse, l'expérience n'ont pu encore amener la lumière et concilier les intérêts et les opinions contraires; et il y aurait des instituteurs assez imprudents pour jeter la jeunesse dans l'arène des disputes publiques, et exciter ainsi à plaisir, dans ces jeunes âmes, un trouble profond qui ne s'apaisera peut-être jamais!

» La patrie, c'est la famille; et, qui a jamais ouï dire qu'un enfant dût être initié aux tristes dissensions qui divisent un père, une mère, des frères et des sœurs venus avant lui dans la vie?

» Il faut, pour que l'éducation de la jeunesse soit vraiment nationale, qu'elle soit placée dans une région littéraire, morale et religieuse, si haute, et par là même si paisible et si pure, que le triste écho des querelles politiques n'y puisse jamais parvenir...

» L'éducation vraiment nationale est celle qui placera la jeunesse dans une sphère si fort au-dessus des agitations politiques, qui fera des hommes si distingués par le caractère, si nobles par l'esprit, si généreux par le cœur, si indépendants par l'élévation de leurs principes, qu'à leur apparition dans le monde ils se montreront équitables, indulgents pour tous sans distinction de partis, et ne refuseront jamais à personne, sous quelque prétexte que ce soit, la vérité, la charité, la justice, la sage liberté. »

Quoi! c'est là une éducation contraire à « l'esprit moderne, » à « cette largeur de fraternité et de patriotisme, » dont vous proclamez, avec autant de légèreté que d'injustice, le clergé incapable! Voyez-vous comme devant les textes vos accusations tombent, et que c'est vous qui parlez ici en homme de parti. Poursuivons.

« Nationale *dans le cœur*, l'éducation doit être aussi nationale *par la forme*...

» Chaque nation a une physionomie qui la distingue ; le souvenir et l'image s'en doivent retrouver dans l'éducation, et, pour rendre ma pensée avec le plus de simplicité et de clarté possibles, un jeune Français ne doit pas être élevé comme un Allemand, ou un Espagnol, ou un Italien ; son éducation doit être toute française, et faire retrouver en lui la physionomie noble et heureuse de la patrie.

» Voici le seul sens dans lequel pourrait être vraie et raisonnable cette parole : Il faut que la jeunesse soit moulée à l'effigie de la nation.

» Quand je dis qu'une éducation nationale doit inspirer à un enfant et conserver en lui la physionomie noble et heureuse de la patrie, je n'entends pas qu'elle doive lui inspirer le mépris pour le genre humain et les nations étrangères...

» J'aime ma patrie plus que ma famille, disait autrefois Fénelon, mais j'aime le genre humain plus que ma patrie. Qu'entendait-il par ces paroles ? C'est qu'il y a quelquefois des dévouements plus étendus que ceux-mêmes du patriotisme ; que la charité catholique embrasse dans son ardente expansion l'humanité tout entière, et qu'elle tend à faire de tous les peuples répandus sur la surface de la terre — ce qui ne peut être hors du christianisme qu'une utopie — la grande famille humaine fondée sur le sublime et profond principe de la fraternité chrétienne... Et la patrie n'en souffre pas : c'est sa gloire ; et le nom français doit sa puissance en Orient, et ce qu'il a conservé encore de grandeur dans les solitudes de l'Amérique, à ces héroïques dévouements de nos missionnaires et de nos guerriers. »

Et vous lui déniez « cette largeur de fraternité et de patriotisme, qui doit, » selon vous, « distinguer profondément de l'éducation cléricale l'éducation française ! » Vaines, vaines paroles ! et caduques accusations ! Poursuivons encore :

« Je ne voudrais pas non plus que l'éducation nationale fût une reproduction servile du génie de la nation en toute chose. Chaque nation a ses qualités et ses défauts. L'éducation vraiment nationale doit tendre à corriger dans un enfant les défauts de sa nation, et à en développer les qualités...

» L'éducation vraiment nationale est celle qui fera de la France la première nation du monde, qui l'élèvera au-dessus de toutes les nations rivales, en développant ses grandes et héroïques qualités, et en faisant tourner à leur profit jusqu'à ses défauts eux-mêmes qui sont d'ailleurs si brillants et si aimables.

» Mais pour cela, il faut sortir des bornes rétrécies d'une époque : il faut oublier les vieilles querelles, les rancunes de parti, les rivalités étroites. Pour que l'éducation française fasse revivre la physionomie de la patrie dans ses enfants, il faut qu'elle retrace, avec toute l'indépendance d'une sage et religieuse impartialité, à toutes les époques, dans tous les siècles, à toutes les phases de l'histoire nationale, ce que le consentement des siècles, l'hommage des nations étrangères et la voix de l'histoire ont proclamé vraiment français.

» Voilà ce qu'il faut imprimer au cœur de notre jeunesse; voilà ce dont il faut faire son âme et sa vie ; voilà ce qui, élevant les générations présentes sur les plus nobles hauteurs, les fera marcher, avec toutes les forces du génie chrétien et du caractère français, à la conquête de tout ce que le Dieu qui protège la France nous réserve encore, dans ses desseins providentiels, de grandeur, de génie, de vertus, d'influence européenne et universelle. »

On le voit donc, devant les textes les accusations s'évanouissent comme de la fumée. Et il reste que cet antagonisme posé entre l'éducation française et l'éducation donnée par le clergé n'est pas, n'a pas de raison d'être; il reste que le clergé est digne, autant que vous, d'enseigner la jeunesse, et il ne renoncera jamais à ce noble dévouement : « c'est sa tâche inaliénable, et je dirai sa gloire. » Par conséquent point d'antagonisme, mais noble émulation entre tous les instituteurs dignes de ce nom : laïques et ecclésiastiques. Et c'est pourquoi donnez-nous, rendez-nous la liberté! Il reste enfin un maître, un éducateur éminent de la jeunesse; il reste un grand livre, une grande œuvre; et pour le répéter en terminant, « un monument de la plus haute pédagogie qui fût jamais. »

L'écrivain universitaire dont nous avons repoussé les critiques essayera-t-il de nous répondre? Non. Sera-t-il convaincu au fond de sa conscience? Oui. Effacera-t-il de son livre ces accusations dénuées de tout fondement? Nous le demandons à sa loyauté.

## CHAPITRE XIV

Divers écrits et discours de circonstance
Lettre pastorale sur la mort de M<sup>gr</sup> Sibour
Oraison funèbre du P. de Ravignan
Discours à la Madeleine en faveur des églises pauvres
Pour l'inauguration du nouveau collège de Combrée
Et pour la bénédiction de la grotte de Saint-Mesmin
et de la croix de Mici
1857-1858

Cette grande parole, qui enthousiasmait sa ville épiscopale, n'y pouvait rester renfermée ; il lui fallait bien, de temps à autre, céder à d'impérieuses circonstances, et faire entendre au dehors, sans toutefois en sevrer ses diocésains, cette éloquence qu'on enviait à Orléans. D'ailleurs, ses grandes œuvres épiscopales étaient toutes en voie de s'accomplir : son diocèse, clergé et peuple, se transformait peu à peu ; son nom, chaque jour grandissant, rayonnait dans le siècle comme dans l'Église ; sa voix acquérait une portée de jour en jour plus puissante, ses discours ou ses écrits devenaient des événements : tous les échos de la presse les répétaient. Il se trouva donc amené, dans le cours des années 1857 et 1858, époque de ses grandes prédications dans sa cathédrale, à prononcer ou à écrire, sur les sujets les plus divers, des discours ou des lettres pastorales célèbres que nous devons mentionner successivement.

Le 3 janvier 1857, il passa tout à coup sur Paris et sur la France comme l'éclair sinistre d'un crime inouï : dans l'église de Saint-Étienne du Mont, pendant les douces fêtes de sainte Geneviève, l'archevêque de Paris, M<sup>gr</sup> Sibour, tombait frappé par le poignard d'un assassin ; et cet assassin, ô honte ! ô douleur ! c'était un prêtre ! il est vrai, repoussé du sanctuaire et chassé de nos rangs. La consternation de l'évêque d'Orléans, à cette nouvelle, fut d'autant plus grande que l'auteur du crime avait été un de ses élèves à Saint-Nicolas. Les meilleures éducations trouvent des natures rebelles, et celle-là, s'il ne l'avait pas transformée, il l'avait devinée et dénoncée : « C'en est un, avait-il dit, qu'il ne faut jamais ordonner : il a l'âme basse. » Sa douleur éclata en un cri déchirant :

« ... Paris ! Paris ! faut-il donc, dans cette longue et interminable suite de nos calamités, que l'antique siège de tes pontifes ne cesse point d'être inondé, non pas seulement de leurs sueurs, mais de leurs larmes et de leur sang répandu ! O Dieu, quel est ici votre secret ? Est-ce la gloire des confesseurs et des martyrs que vous voulez faire resplendir de nouveau dans votre Église ? Ou bien sont-ils les élus de votre justice irritée, et tombent-ils sous nos yeux premières et innocentes victimes de nos iniquités ?...

» Hélas ! il ne devait pas suffire, ce sang généreux et si pur (le sang de M$^{gr}$ Affre). Le sang vient de couler encore : *Sanguis sanguinem tetigit,* comme dit le prophète. Après l'archevêque, martyr de la charité, nous devions avoir dans son successeur l'archevêque martyr de la justice ; et c'est M$^{gr}$ Sibour, ce pontife si bienveillant et si charitable, qui meurt aujourd'hui, victime du devoir accompli, et de son zèle pour la sainte discipline ecclésiastique... Ce qui ajoute, s'il se peut, à l'horreur de ce crime, ce qui saisit le cœur de la plus extrême compassion, c'est que le pieux pontife dont nous déplorons la mort était la bonté même, le meilleur et le plus indulgent des hommes. J'ai connu, j'ai vénéré, j'ai admiré ses immortels prédécesseurs ; je les ai même servis, selon mes forces, dans le grand labeur dont ils étaient chargés ; mais, je dois le dire, nul n'a été plus pasteur que M$^{gr}$ Sibour. Nul n'a plus fait que lui pour le salut des âmes, pour le développement de toutes les œuvres de la charité et de la piété chrétienne ; nul n'a travaillé avec plus de persévérance et d'énergie à ce qui fut la grande œuvre de son zèle, à la fondation de ces nouvelles paroisses de Paris, sans lesquelles les deux tiers de l'immense population de cette cité sont condamnés à vivre et à mourir sans temple et sans autel, sans Christ et sans Dieu. »

C'est cette qualité, à ses yeux fondamentale, puis tant d'autres réelles et touchantes vertus, qui avaient fait tomber quelques préventions dont, à l'origine, il n'avait pas été exempt envers Mgr Sibour, le croyant alors engagé sur un terrain politique dangereux, et qui l'avaient déterminé enfin à accepter de sa main les fonctions de vicaire général, qu'il avait d'abord déclinées. Et depuis son épiscopat, nous l'avons vu, ils s'étaient entendus, et avaient agi de concert, en choses graves.

Non content de ce cri échappé à son âme, il voulut assister aux funérailles de l'archevêque ; il devait, le lendemain même, prêcher dans sa cathédrale d'Orléans, en faveur d'une œuvre de charité. Il parlait trop avec son âme pour ne pas laisser déborder, même en un sujet étranger à ces douloureux événements, le sentiment qui la remplissait encore. Il prit donc pour texte la devise même de l'archevêque : *Major autem Charitas*, la commenta avec émotion et profondeur ; et de nouveau, en terminant, il replaçait sous les yeux de ses auditeurs cette image dont ni ses yeux, ni son cœur ne se pouvaient détacher[1].

C'est le 4 février 1858 qu'il prêcha à la Madeleine son célèbre discours sur les pauvres églises de campagne. Nous avons dit combien cette œuvre, qu'il avait développée avec tant d'amour à Orléans, répondait à ses plus chères sollicitudes pastorales. Par cette œuvre admirable des tabernacles et des églises pauvres, de 1852 à 1857, 1268 paroisses avaient été secourues. Ce pieux zèle, et aussi l'attrait de cette grande parole, avaient réuni une assemblée nombreuse et extrêmement brillante. Il la remua comme rarement assemblée chrétienne avait été remuée. Ses premières paroles furent habilement insinuantes : « J'aime à plaider, dit-il, cette cause des pauvres églises de nos villages dans ce lieu, dans ce jour, et

---

1. L'historien de Mgr Sibour, M. Poujoulat, a reproduit ces éloquentes paroles.

auprès de vous. Il m'arrive bien rarement de faire entendre ma voix loin du diocèse auquel ma vie est dévouée ; mais cette œuvre m'a ému. C'est aussi, je le dois ajouter, l'œuvre et la cause de mon diocèse, et je n'ai pu lui refuser mon faible secours. Parmi tant d'autres œuvres, nulle d'ailleurs ne lui est préférable à mes yeux. Tous les motifs les plus élevés de la foi, les plus délicats de la charité, s'y rencontrent. La splendeur peut-être un peu mondaine de ce temple, cette magnifique assemblée, la pompe et l'éclat qui vous environnent, ne me découragent point. Mes regards, désaccoutumés depuis longtemps déjà de ces auditoires si brillants, découvrent toutefois, à travers l'opulence et le luxe qui vous couvrent, de nobles âmes, et de ces cœurs chrétiens dont mon discours a besoin. »

Deux grands points de vue partageaient ce discours : c'étaient d'abord des considérations exclusivement religieuses ; c'étaient ensuite les plus graves avertissements.

Pour intéresser la piété, il entra au fond des choses, et fit de la pauvreté de nos églises de campagne, pauvreté qu'il avait vue de ses yeux et touchée de ses mains et de son cœur, une peinture que le brillant auditoire, et le temple splendide où il parlait, rendait plus éloquente encore par le contraste.

Pour bien saisir l'à-propos et la portée morale des graves avertissements qui suivirent ces adjurations de la foi et de la piété, il faut se rappeler le moment où il parlait. L'Empire était à son apogée. La victoire avait suivi nos armes. L'empereur, au congrès de Paris, après la guerre de Crimée, en 1856, avait été l'arbitre de l'Europe. La prospérité matérielle du pays était au comble ; et, de plus, l'avenir de la dynastie paraissait assuré, et le Saint-Père lui-même n'avait point dédaigné d'être le parrain de l'héritier présomptif de la couronne impériale. Pourtant, à qui regardait de près, plus d'une ombre déjà se laissait apercevoir dans ce ciel radieux. Ce congrès de Paris, pacificateur en apparence, avait posé, par la question romaine imprudemment soulevée, un germe menaçant pour l'avenir ; et ce luxe éblouissant cachait mal ou plutôt accélérait la plaie morale qui rongeait les fibres vives de la nation. Et comme toujours la ruine des croyances suivait la ruine des mœurs; l'impiété, contenue encore, mais frémissante, n'attendait, pour éclater au grand jour, qu'une occasion qui n'allait lui être que trop tôt offerte; les mauvaises doctrines faisaient leur chemin dans l'ombre. L'œil vigilant de l'évêque voyait ces choses, alors que la foule, qui ne regarde guère au delà du jour présent, ne soupçonnait pas même ces réalités redoutables; et dans ce discours, il ne craignait pas de soulever un coin du voile, faisant, de ces éternels principes, que la sagesse païenne elle-même a proclamés, à un prochain avenir, des applications, hélas! trop tôt justifiées.

« L'impiété, disait-il, mêlant aux oracles des prophètes de Dieu ceux des poètes profanes eux-mêmes, est fatale aux peuples; elle en précipite la ruine :

> Di multa neglecti dedere
> Hesperiæ mala luctuosæ?

Tout le noble auditoire tressaillit quand il s'écria : « La barbarie est à vos portes, et au milieu de vous; la barbarie est dans l'impiété; et les forces sociales, je l'affirme, sont médiocres pour la résistance. »

Il s'expliquait :

« Non, vous ne cesserez probablement pas d'être la nation la plus opulente, la plus spirituelle et la plus légère du monde; vous marcherez encore à la tête des peuples civilisés par le faste de vos vanités et la célébrité européenne de vos modes; vous continuerez à naître, à vivre et à mourir dans la dissipation et dans les délices; vos enfants seront semblables à vous, et les fils et les pères, et les mères et leurs filles, seront une génération élégante et magnifique; mais alors aussi, et par un juste retour, vous verrez bientôt apparaître sur votre sol la génération sans respect, sans principes et sans mœurs, dont parle l'Écriture; et quelque jour, lorsque l'impiété et les barbares auront triomphé de cette société superbe et énervée, vous deviendrez un peuple sans autel et sans Dieu, et on verra ce que préparent de bien à la terre et aux peuples les plus forts les progrès incessants du luxe, les délices de la mollesse et l'orgueil du matérialisme. »

Justes paroles, graves avertissements, prélude de ses luttes futures : et il avait qualité pour parler de la sorte, et faire entendre à son siècle cette parole magistrale, ces accents de prophète : mais, hélas! qui écoute les prophètes?

Ces belles paroles retentissaient encore, que de nouveau sa voix s'élevait dans la capitale pour un sujet bien différent.

Le 26 février suivant, son saint ami, le P. de Ravignan, quittait ce monde pour aller à Dieu. Le deuil fut universel. Quelques personnes auraient souhaité que les obsèques du vénéré prêtre fussent célébrées dans cette église de Notre-Dame où sa voix avait retenti tant de fois; son Ordre eut raison de préférer l'humilité du religieux à sa gloire, et il fut décidé que la cérémonie funèbre aurait lieu à Saint-Sulpice, dans le plus modeste appareil : la grande pompe, c'était l'assemblée. Mais, aucune parole ne se ferait-elle entendre? Un ami de Mgr Dupanloup, M. Cochin, crut que le plus intime ami du saint religieux et le plus éloquent des évêques de France, ne pouvait pas être muet devant ce cercueil. Après avoir obtenu les autorisations nécessaires, la veille, le mercredi, 3 mars, à sept heures du soir, il expédiait un télégramme à l'évêque d'Orléans, lui faisant savoir que la cérémonie aurait lieu le lendemain, et qu'on serait charmé qu'il voulût bien y venir et parler. Le lendemain, l'évêque prenait à neuf heures du matin le train express de Paris, jetant pendant la route, en tous sens, des notes rapides sur une feuille de papier. M. Cochin l'attendait à la gare et l'amena à l'église. Tout à coup, à la fin de la messe, on le vit, avec autant d'étonnement que de joie, monter en chaire. Il fut digne de son saint ami, et de lui-même, et de l'auditoire. Le son que son âme rendit alors, dans la spontanéité de cette parole, fut plus que jamais son vrai son, pur et sublime. Dès la première parole, il avait saisi l'immense assemblée : « Il est là !.. Il est mort ! et il nous parle encore ! *Defunctus adhuc loquitur !* » Sous le coup de la vive émotion qu'il éprouvait, tout ce qu'il y avait en lui éclata : la douleur, la sainte espérance, l'ardent amour de Dieu, et de l'Église, et de la France ; la tendresse, la générosité, la vaillance, la sainteté ; tout ce qui s'échappait de ce cercueil, tout ce qui se pressait au fond des cœurs, sa parole le rendit, avec une vérité, quelquefois une simplicité, une profondeur, une flamme, que ceux-là seuls qui l'ont entendu pourraient dire. Berryer en larmes courut à la sacristie embrasser l'évêque : il y en a qui réputent ce discours son chef-d'œuvre.

Nul orateur, assurément, ne s'oublia jamais plus lui-même que l'évêque d'Orléans ce jour-là : néanmoins, que de traits, dans la peinture qu'il faisait de son saint ami, qui le peignaient lui-même ! Quand il s'écriait : « C'est dans le ministère apostolique qu'il put rassasier cette faim et cette soif, ce zèle de la justification des âmes, qui dévorait son cœur ; avec quelle tendresse il accueillait les repentirs, ouvrant ses bras aux cœurs brisés, et se rassasiait de cette justice, dont la soif altérait son âme, de cette justice divine, souveraine et infiniment miséricordieuse, vraie passion de sa vie, et dont on ne pouvait l'entretenir, même un instant, sans voir et sentir en quelque sorte des flammes s'échapper de son âme et s'élever vers le ciel : » était-ce du P. de Ravignan ou de lui-même qu'il parlait ? Quand, rappelant « ces grandes et mémorables luttes qu'il soutint si courageusement pour la liberté de l'enseignement et de l'Église, » il ajoutait : « Il le faut avouer, nul ne contribua plus puissamment au bon succès que le P. de Ravignan : le respect, la vénération, la confiance qui s'attachaient à son nom décidèrent bien des choses, » n'était-ce pas lui, encore lui ? Et quand enfin, lui appliquant la louange que Bossuet donnait autrefois au grand maître de Navarre, il s'écriait : « La France n'a jamais eu une âme plus française que la sienne ! » n'était-ce pas lui encore, toujours lui ?

Répétons ses derniers et touchants adieux : « ...O mon saint ami, il faut vous quitter. Adieu donc, au nom de tout ce qui vous aima!... Adieu, au nom de la sainte Église, dont vous fûtes le courageux défenseur, dont vous avez combattu si vaillamment le bon combat. Adieu, au nom de cette église militante, qui vous introduit à l'heure où je parle dans le sein de l'église triomphante! Les apôtres, les martyrs, les pontifes, les évangélistes, la reine des apôtres et des martyrs, viennent au-devant de vous, et vous reçoivent.

» Adieu, au nom de l'Église de France, dont vous fûtes le serviteur si fort et si humble, pour qui vous avez remporté tant de victoires, brisant par la magnanimité de votre caractère et la loyauté de vos paroles l'indigne étendard du respect humain en tant de mains où vous avez planté l'étendard de la croix!

» Adieu, au nom de tous les évêques de France, dont vous fûtes l'ami si sûr, si fidèle et si modeste! Ils m'estimeront heureux, j'en suis sûr, d'avoir pu, en leur nom, vous rendre ce dernier et solennel hommage!

» Adieu, au nom de cette sainte Compagnie, — qu'elle me permette de parler pour elle, — dont vous fûtes le bouclier et dont vous demeurerez la gloire!

» Adieu, au nom de tous ces vaillants chrétiens qui, rangés autour de vous, ont combattu avec vous, et ont mérité jusqu'à la fin votre estime et votre religieuse amitié!

» Adieu, au nom de cette jeunesse française, si généreuse, si ardente au bien, quand elle rencontre des guides dignes d'elle! Protégez-la, dirigez-la toujours, du divin séjour où vos vertus ont, par la grâce de Dieu, porté votre âme!

» Adieu, au nom de tant d'âmes qui nous furent chères à tous deux : bénissez-les encore, bénissez-les toujours!

» Et s'il m'est permis de parler de moi, adieu aussi au nom d'une de ces vieilles amitiés, commencées aux jours de la jeunesse, fortifiées dans les périls, jamais troublées, et qui ne peuvent se briser dans les cœurs qui survivent sans briser l'âme tout entière, leur laissant seulement la force de redire la dernière parole inspirée de Dieu qui mettra fin à ce discours : *Bienheureux les morts qui meurent dans le Seigneur!...* »

Noble et sainte amitié, en effet, que la postérité n'admirera pas moins que les contemporains! Grands athlètes des mêmes causes, que leurs noms, inséparables, honoreront et protégeront toujours!

> Fortunati ambo, si quid mea carmina possunt,
> Nulla dies unquam memori vos eximet ævo!

Après avoir glorifié ainsi un ami mort, l'évêque d'Orléans s'en alla visiter silencieusement un autre ami mourant, M. l'abbé de Moligny, lequel, en effet, ne tarda pas à lui laisser un deuil de plus au cœur. En s'y rendant, il entra chez M$^{me}$ la marquise de C... : « Ah! lui dit cette dernière, comme je suis heureuse de vous voir! car il y a quelques jours, j'ai été sur le point de vous faire appeler; je me suis sentie bien malade. — Je l'ai su, répondit-il, et c'est pour cela que je suis venu. — Mais, qui vous a dit cela? — M. le docteur Cruveilhier. — Et comment vous l'a-t-il dit? — Vous voulez le savoir? Eh bien, il m'a dit que vous n'étiez pas dangereusement malade, mais que vous l'aviez été, et que vous pouviez retomber et mourir. Je viens donc vous confesser, et comme je connais votre âme, vous n'aurez qu'à répondre à mes questions. » « Vers trois heures de l'après-midi, continue M$^{me}$ la marquise de C..., dont nous citons le récit fait à nous-même, je m'étais levée et j'étais près du feu, lorsqu'on m'annonça le cardinal Morlot, qui, sachant aussi que j'avais été malade, venait prendre de mes nouvelles. — Je voulais, me dit le cardinal, vous raconter bien des choses, mais M$^{gr}$ Dupanloup sort de chez vous, et il vous a tout dit. — Il m'a dit simplement qu'il venait du service du P. de Ravignan, et qu'il allait voir M. l'abbé de Moligny. — Il ne vous a pas dit autre chose? — Il m'a dit qu'il venait d'enterrer le P. de Ravignan, et qu'il allait embrasser une dernière fois l'abbé de Moligny; mais qu'auparavant il fallait que je me confesse. » Surpris autant qu'édifié, le cardinal alors raconta la grande chose que venait de faire, à Saint-Sulpice, cet évêque, qui s'en allait ainsi, modeste, à ses œuvres, comme s'il n'eût rien fait.

Celui à qui nous devons cette oraison funèbre du P. de Ravignan [1], M. Cochin, n'a été jusqu'ici qu'entrevu par nous; mais nous ne le quitterons plus guère désormais; nous le retrouverons presque constamment aux côtés de l'illustre évêque, dont il fut un des plus tendres amis, et des plus secourables, quoique venu plus tard dans son amitié, à cause de son âge, que le P. de Ravignan, M. de Montalembert, M. de Falloux, qui étaient, eux, les anciens compagnons d'armes : M. Cochin fut aussi leur ami; comme il le fut du P. Lacordaire, d'Ozanam et du P. Gratry, et aussi de M. le duc de Broglie et de l'abbé Perreyve. C'est à la grande Commission pour la loi sur la liberté de l'enseignement que l'évêque et lui s'étaient rencontrés, et sur-le-champ, comme il est dit dans l'Ecriture, *Conglutinata est anima David animæ Jonathæ*, il y eut une attraction mutuelle de tous les deux l'un vers l'autre. L'évêque, et nous ne lui prêtons pas cette pensée, vit comme un rayon sur le front de ce jeune homme, si vif et charmant d'esprit, si noble d'âme, si ardent dans sa foi, si épris pour le bien, pour tout bien; héritier d'un nom cher au peuple de Paris, et qu'il devait rendre encore plus cher; pris de bonne heure par la charité catholique, et appliqué depuis constamment par elle à ses œuvres; introducteur, à Paris, des Petites Sœurs des Pauvres; fondateur de belles œuvres populaires; membre du Conseil général des conférences de Saint-Vincent de Paul et de la Propagation de la foi : généreux serviteur, enfin, de ces deux grandes causes : Dieu et la patrie. Quand l'évêque d'Orléans écrivit, dans l'oraison funèbre des victimes de Castelfidardo, ces paroles : « Il y a des êtres prédestinés à être les témoins, les répondants du bien, de l'honneur, de la justice. Si vous voulez les rencontrer en ce monde, ces nobles prédestinés, cherchez-les sur les hauteurs. Il y a quelque chose en eux qui n'est pas dans le commun des hommes et qui vous les signalera : vous les reconnaîtrez à leur front, à leur regard. Il y a sur leur front un signe d'honneur, et dans

---

1. Nous la lui devons deux fois : c'est lui qui l'obtint, et c'est lui qui la recueillit.

leur regard une flamme de vie. » « Est-ce que, nous dit-il, vous ne voyez pas ce rayon sur le front de M. Cochin et de M. de Montalembert? » type véritablement accompli de cette jeune génération chrétienne que le souffle de Dieu fit éclore après la tourmente de 1830, une des plus sympathiques physionomies de ce groupe d'hommes généreux qui ont dévoué sous nos yeux leur vie à dissiper le fatal malentendu soulevé entre l'Église et notre siècle : tel était M. Cochin. L'évêque d'Orléans le rencontrait encore au *Correspondant,* et au Comité pour la défense de l'enseignement libre, dont il était un des membres les plus actifs. A partir du moment où nous sommes, leur correspondance devint plus active, plus intime, plus tendre, et nous y puiserons souvent.

Un autre mémorable discours fut encore prononcé par lui cette même année 1858. La Loire, deux ans auparavant, en 1856, avait fait d'affreux ravages sur tout son cours ; les campagnes riveraines de l'Orléanais furent désolées. L'évêque était dans ses montagnes quand se produisit le désastre. Aussitôt que les chemins rompus le lui permirent, il accourut. Sur ses ordres, envoyés par le télégraphe, les vicaires généraux avaient déjà ouvert l'évêché aux inondés, et pris les premières mesures : l'arrivée de l'évêque imprima une activité nouvelle aux secours. Il se rendit immédiatement dans les paroisses qui avaient le plus souffert, et après qu'il eût vu les ruines faites par le fléau, un cri éloquent sortit de son âme, faisant à la charité orléanaise un de ces appels toujours entendus.

Et quelques jours après, nouvel appel : il y avait des orphelins ; il y avait aussi des enfants que leurs parents ruinés ne pouvaient plus élever : à tous ces enfants il offrait des asiles ; aux petits garçons, l'orphelinat de Nazareth, dirigé par les frères des écoles chrétiennes, et aux filles les deux maisons de la Grande Providence et de la Sainte-Enfance.

La Loire avait rongé ses bords, et fait des dégâts considérable à la falaise qui porte la vieille église mérovingienne de la chapelle Saint-Mesmin, voisine du Petit Séminaire. Saint Mesmin est un grand nom dans l'histoire de l'Église d'Orléans; c'était le neveu et le successeur de ce saint Euspice auquel une charte célèbre avait concédé, pour y bâtir un monastère, tout le territoire compris entre la Loire et le Loiret : c'est ce fameux monastère de Micy, qui fut un des foyers de lumières dans les Gaules, et d'où sortirent en foule des évêques et des saints, entre autres Théodolphe. Et précisément, un archéologue distingué du pays, M. Pillon, venait de découvrir le tombeau oublié de ce saint : du rapprochement ingénieux de deux textes il avait conclu que ce tombeau avait dû être non sur la rive gauche du fleuve où s'élevait le monastère, mais de l'autre côté, sur la rive droite, et sous la chapelle élevée là depuis en son honneur. Ayant donc sondé la falaise, il découvrit la grotte soupçonnée; seulement le fanatisme protestant avait passé là, comme ailleurs, et la grotte était vide; mais deux piliers mérovingiens qui soutenaient les roches, et d'autres indices ne permirent pas de douter de la découverte; et ainsi s'expliqua l'antique légende du dragon dont saint Mesmin avait délivré le pays : le dragon, c'était le paganisme; sa grotte, le vieux sanctuaire druidique. Du monastère que le marteau de 93 avait démoli, il ne restait plus que la place, marquée par un bouquet d'arbres, et quelques pierres. L'évêque ne voulut pas laisser périr ces grands souvenirs, et il conçut la pensée d'élever avec ces débris un monument qui rappellerait l'ancienne splendeur du monastère de Micy, et de restaurer la grotte. Or l'ingénieur en chef de la Loire, M. Collin, se trouvait être, en même temps qu'un ami très intime de l'évêque, un zélé archéologue et un excellent chrétien; il entra avec enthousiasme dans la pensée de Mgr Dupanloup, et de la réparation qu'il devait exécuter aux rives endommagées du fleuve il fit, dans cette grotte et aux flancs de la falaise, une œuvre d'art admirable, simple et grande; un escalier monumental y conduit, en même temps qu'à l'église et au village; et de l'autre côté du fleuve il éleva, avec les vieilles pierres du monastère, une croix, monumentale aussi, ornée à son piédestal et sur ses quatre faces d'inscriptions glorieuses. L'évêque remua toute sa ville à cette occasion.

Son identification, si l'on nous permet ce mot, mais Orléans ne le démentira pas, avec sa ville épiscopale, était devenue complète : ce panégyrique de Jeanne d'Arc, où son cœur s'était si bien mêlé à celui de la cité, ses entraînantes prédications à la cathédrale, ce zèle pour les âmes, dont celles mêmes qui ne se rendaient pas encore n'en demeuraient pas moins profondément touchées, toutes les œuvres qu'on lui voyait accomplir à Orléans et dans le diocèse, cette récente et magnifique retraite d'hommes, suivie de cette belle communion pascale, ses rapports personnels avec ses diocésains, empreints de tant de charme et de bonté, et enfin, s'il faut tout dire, sa gloire, dont les Orléanais, avec raison, étaient fiers, lui donnaient un ascendant presque souverain. De plus, Orléans, depuis quelques années, grâce au zèle et aux travaux de sa savante société archéologique, était dans une sorte de ferveur de restauration pour ses vieux souvenirs. Il avait dépensé 300 000 francs pour rendre à son hôtel de ville son ancienne splendeur ; relevé, de concert avec l'évêque, la flèche de sa basilique ; sauvé l'église et le tombeau de Saint-Euverte ; la belle petite église de Saint-Jacques, un bijou de l'art de la Renaissance, et la crypte mérovingienne de Saint-Avite, sous le jardin du grand séminaire ; érigé enfin cette statue équestre de Jeanne d'Arc, en attendant celle de Pothier : la découverte de M. Pillon, les beaux travaux de M. Collin, avaient pour eux toute la faveur du public. Quand donc l'évêque annonça, et comme il savait le faire, pour le 13 juin 1858, la bénédiction de la grotte et de la croix, ce fut dans la ville une joie très vive. Le matin, un soleil radieux dora le fleuve que couvraient en foule des barques pavoisées ; tout Orléans était accouru. Celle qui devait porter l'évêque les éclipsait toutes ; des deux côtés du fleuve dix-huit paroisses étaient rangées avec leurs bannières ; le petit séminaire, avec sa musique, était-là : debout sur la rive, au haut de l'escalier monumental, l'évêque parla ; son discours, plein de la poésie de la fête et du lieu, fut magnifique; et puis, après avoir béni la grotte, il s'embarqua, et, au chant des cantiques qui retentissaient au loin sur l'onde, il alla consacrer la croix dite de Micy. Le soir il y eut, sous les arbres du petit séminaire, illuminés aux feux de Bengale, un grand banquet. Cette journée laissa un long souvenir dans les âmes orléanaises. Depuis, quand un de ces étrangers qui le venaient visiter si souvent à la Chapelle, apercevait tout à coup, en se promenant avec lui sur la terrasse, cette croix qui s'élève solitaire en face sur le rivage, et lui demandait : « Qu'est-ce cela, monseigneur? » l'ami de l'auteur des *Moines d'Occident*, œuvre non encore éclose, mais dont il suivait du cœur la lente préparation, était charmé d'avoir à rappeler l'antique monastère qui florissait sur ces bords.

Cette éloquence de l'âme, qui était à un si haut degré la sienne, n'éclata pas moins dans une autre circonstance où l'on avait désiré qu'il interprétât les sentiments de tous, dans une fête de l'éducation chrétienne, comme on aurait pu l'appeler : nous voulons parler de la bénédiction de la nouvelle chapelle du collège de Combrée (Maine-et-Loire). Il s'était fait-là, grâce à la persévérante énergie d'un saint prêtre, une de ces rares choses qui sont grandes : quatre élèves étaient réunis par ce prêtre dans son presbytère en 1810; il en comptait en 1819 cent cinquante; il lui fallut donc bâtir une maison qui en abrita jusqu'à trois cents; en 1831, le petit séminaire de Baupréau ayant disparu devant les ombrages politiques de cette époque, grand nombre des élèves de cette maison trouvèrent un asile dans celle de Combrée. Le vaillant prêtre qui fit cela mourut en 1837, mais son œuvre ne mourut pas avec lui; au contraire, elle allait recevoir un éclat nouveau. En l'année 1850, M. de Falloux, au début de son ministère, et avant le vote de sa loi, obtint un décret qui la transforma en collège de plein exercice; sa prospérité s'en accrut encore; il fallut remplacer le vieil édifice par un nouveau, et splendide, dont M Angebauld, évêque d'Angers, posait, le 19 avril 1854, la première pierre. Il s'agissait, le 27 juillet 1858, d'en consacrer la chapelle. Au milieu d'une foule immense, attirée par la cérémonie, figuraient les personnages les plus éminents de la contrée, entre autres le ministre bienfaiteur de cette maison, M. de Falloux; sept prélats, archevêques et évêques, un abbé régulier, et cinq cents prêtres, étaient-là ; l'enthousiasme de la population était tel que les vénérables prélats et leur cortège durent passer sous plus de deux cents arcs de triomphe. L'âme de l'évêque d'Orléans reçut de ce spectacle, et de la grande chose qui s'était accomplie là, cette commotion qui fait jaillir l'éloquence : à-propos charmants, louanges délicates, hautes leçons, saint enthousiasme de l'œuvre et du saint prêtre qu'il glorifiait, tel est ce discours. Nous n'en citerons que ce fragment.

« Oui, j'admire cette belle et grande œuvre : elle est digne, Monseigneur, de l'admiration, et de la reconnaissance publique. Mais qu'on me permette de dire ici le fond de mon âme et de mes sentiments : pour moi, pour vous aussi, j'en suis sûr, la beauté véritable, la beauté immortelle, elle est dans la vieille maison... C'est là que fut la vertu cachée, la vertu laborieuse, la peine sans consolation apparente, le travail sans gloire, le grain mort en terre, le saint prêtre à qui vous devez toute la splendeur qui nous éblouit en ce jour. Et si les cendres vénérées et bénies de cet homme apostolique, que vous avez bien fait de placer au pied de cet autel, si ces cendres tressaillent de joie dans cette fête, dans le rajeunissement de son œuvre, si ce cœur qui n'est plus que poussière ici-bas, mais qui vit dans la main de Dieu, éprouve en ce moment un tressaillement plus vif, si de ce tombeau une action de grâce plus profonde, un *alleluia* plus sublime, s'élève jusqu'au cieux, sans doute c'est à la vue de cette solennité triomphante, mais c'est surtout au souvenir de tant de travaux, de tant de larmes, de tant de contradictions bénies de Dieu. »

Mais un champ nouveau et plus vaste s'ouvre devant nous, et nous pouvons dire avec son poète :

*Paulo majora canamus!*

## CHAPITRE XV

**LUTTES POUR LA SOUVERAINETÉ PONTIFICALE**
Première phase et première étape
Les promesses et les démentis des faits — Guerre de 1859
Insurrection des Provinces pontificales- Dictature provisoire de Victor-Emmanuel
Écrits divers de l'évêque d'Orléans pendant cette période
Fondation des cours supérieurs à la Chapelle — Lettres pastorales
sur la paix, sur les missions d'Orient et sur la Chine
1859-1860

L'évêque d'Orléans approchait de sa soixantième année ; arrivée à ce haut sommet, loin d'avoir atteint son apogée, cette existence illustre allait jeter plus d'éclat que jamais. Les dix années qui vont s'écouler de la guerre d'Italie au Concile, et que remplira surtout, aux yeux du grand public, la lutte pour la souveraineté pontificale, marquent le point culminant de sa renommée. Il y eut là pour lui comme une élection de la Providence dont il se montrait à la fois reconnaissant et confondu, quand il la considérait humblement devant Dieu.

Le 1ᵉʳ janvier 1859, au milieu du ciel serein de l'Europe, un coup de tonnerre se fit entendre : c'étaient simplement quelques paroles de l'empereur à M. de Hübner, ambassadeur de Vienne à Paris ; une guerre entre la France et l'Autriche, au sujet de l'Italie, apparut à l'horizon. L'émotion fut extraordinaire : des complications formidables étaient possibles, des explosions révolutionnaires étaient certaines. L'empereur, à la rentrée des Chambres législatives, se hâta de rassurer l'opinion[1] ; mais quelques jours après Victor-Emmanuel

---

1. Le gouvernement, le 7 janvier, crut devoir publier dans le *Moniteur* les paroles suivantes :
« Depuis quelques jours l'opinion publique est agitée par des bruits alar-

ouvrait la session du Parlement piémontais par des paroles belliqueuses, et déclarait n'être pas insensible au cri de douleur qui lui arrivait de tous les points de l'Italie. Le mariage du prince Napoléon avec une princesse de Savoie était un symptôme singulièrement révélateur encore [1]. Interprétant, dans le *Correspondant*, avec sa hauteur habituelle de vues, les alarmes des catholiques, M. de Falloux dénonça les inévitables périls que cette guerre ferait courir au Saint-Siège comme aux intérêts français, et adjura l'empereur de s'arrêter. « Ceux qui cherchent, disait-il, à pousser la France dans une telle voie ne sont les amis ni du gouvernement impérial, ni de l'Italie, mais les complices de la démagogie européenne... Ce n'est pas le complément de l'expédition de 1849 que l'on demande au gouvernement impérial, c'est la revanche contre le Président, contre les votes et l'héritage de la discussion et de la tribune libres. » En effet, le but avoué de l'empereur était l'affranchissement de l'Italie : pas un cœur catholique en France qui ne battît pour cette cause ; mais ses deux alliés, le Piémont et la révolution, en avaient un autre, l'unification de l'Italie, c'est-à-dire le renversement de la souveraineté pontificale : le pouvait-il ignorer ?

Non, il n'était pas un aveugle qui allait sans savoir où.

---

mants auxquels il est du devoir du gouvernement de mettre un terme, en déclarant que rien, dans nos relations diplomatiques, n'autorise les craintes que ces bruits tendent à faire naître. »

1. Ajoutons-y l'apparition de certains écrits avant comme après les paroles du 1ᵉʳ janvier. Avant, la *Question romaine*, par M. About ; et toute cette agitation propagée à propos de l'affaire Mortara ; après, une brochure, entre autres, qui passait pour avoir été sinon écrite, du moins inspirée par l'empereur et qui avait pour titre : *Napoléon III et l'Italie*. On y lisait des choses comme celles-ci : « Le caractère absolument clérical du gouvernement romain est un contresens et une cause active de mécontentements... Le droit canon ne saurait suffire à la protection et au développement de la Société moderne. » Et encore : « Le Pape, placé entre deux devoirs, en est réduit à sacrifier l'un à l'autre ; il sacrifie nécessairement le devoir politique au devoir spirituel... » La brochure, à l'appui de ses allégations, faisait ressortir « la position anormale » de la Papauté obligée, pour se soutenir, de s'appuyer sur des armées d'occupation étrangères. Pour faire disparaître ce grief, le cardinal Antonelli, par une dépêche en date du 27 février, pria l'Autriche et la France de retirer simultanément leurs troupes. Cette demande demeura sans résultat.

Ceux qui comprirent la raison secrète de l'inutile admission du Piémont à la guerre de Crimée, et par suite de sa participation au Congrès de Paris, et la portée du *Memorandum* de M. de Cavour, cette inqualifiable agression contre le Pape, en laquelle se résumèrent si inopinément, au moment du résultat définitif, ces conférences, ceux-là auraient pu prévoir dès 1856 ce qui menaçait d'éclater en 1859. De là date la déviation de la politique apparente de l'empire vis-à-vis de l'Église[1]. Ce fut en Italie « la première étincelle d'un irrésistible incendie[2] ». Les bombes d'Orsini, le 14 janvier 1858, hâtèrent l'explosion. L'entrevue de Plombières, entre l'empereur et M. de Cavour, décida tout. Cependant les cabinets négociaient, et pendant quelques mois, selon les phases diverses de la diplomatie, l'opinion flotta, inquiète et troublée, de la guerre à la paix et de la paix à la guerre.

Cette guerre, pleine de périls si manifestes, était si odieuse à l'évêque d'Orléans, qu'au commencement, il se refusait à y croire, et fermait pour ainsi dire les yeux sur les indices les plus significatifs. Quand il n'y eut plus possibilité de douter, sa tristesse fut profonde et ses angoisses indicibles. Il y chercha une diversion dans les travaux du zèle; et, poursuivant ce qu'il avait entrepris pour une des œuvres qu'il avait le plus à cœur, les Catéchismes, il eut la pensée de faire au clergé orléanais, sur cet important ministère, une série de conférences. Il en fit cinq pendant le mois de février, dans la salle

---

1. « Que la France, disait M. de Falloux, garde son rôle de chevalier parmi les nations, qu'elle se passionne toujours dans la lutte des idées avec l'ardeur qui fit les croisades, et qui lui inspira tant d'héroïques entreprises, ce n'est pas de notre côté que viendra l'objection... Mais quel qu'ait été le désintéressement de nos pères, il y a toujours eu dans les entreprises du passé, même les plus magnanimes, un sens profond, une logique intime qui rattachait l'enthousiasme à la politique, et mêlait une intention précise et immédiate aux vues les plus généreuses ou les plus lointaines. Quand la France faisait les croisades, elle était franchement chrétienne. Quand elle déclarait la guerre aux trônes, son gouvernement était franchement révolutionnaire. Aujourd'hui, comment nous présentons-nous à l'Italie? » (*Itinéraire de Turin à Rome.*)

2. *Il Risorgimento*, journal de M. de Cavour.

des exercices du Grand Séminaire : ces conférences, à travers les appréhensions douloureuses que les bruits de guerre jetaient dans son âme, et au milieu desquelles s'intercala encore un sermon qu'il alla prêcher à Paris le 6 février pour l'œuvre des Apprentis, « furent, dit-il, très suivies, très utiles, mais très fatigantes ». Et cependant, de nouvelles fatigues l'attendaient. Le Carême approchait, et il désirait vivement reprendre ces prédications aux hommes, que Dieu avait si manifestement bénies l'année précédente, et qui étaient non moins vivement désirées par les Orléanais. Nous le voyons encore, le samedi avant le premier dimanche du Carême, examiner lui-même avec grand soin dans sa cathédrale les places réservées aux hommes, et s'assurer si toutes les dispositions étaient bien prises pour le bon ordre matériel de la station. Mais le lendemain, il se trouva si abattu, que, quand nous allâmes, pendant les vêpres, comme il nous l'avait demandé, l'avertir que le plus magnifique auditoire d'hommes l'attendait, nous le trouvâmes alité, et il nous répondit, mais avec des larmes dans les yeux : « Impossible ! » Puis, après un moment de silence : « Ah ! mon ami, voir ainsi le fruit pendre à la branche, et ne pouvoir étendre la main pour le saisir ! » Un prédicateur de bonne volonté le suppléa pour cette fois, car il se flattait encore qu'un peu de repos à la Chapelle vaincrait ce profond malaise. Il n'en fut rien, il renonça à son Carême, et ce fut alors qu'il fit, sur ce grave sujet, *la fin de ma vie*, les réflexions suivantes :

« J'ai fait des réflexions bien sages sur moi, sur ma vie, sur la fin de ma vie. *Notum fac mihi, Domine, finem meum, ut sciam quid desit mihi.*

» C'est la fin de ma vie qu'il s'agit de régler, les années de ma vieillesse, si je dois en avoir. Peut-être, s'il plaît à Dieu, puis-je avoir encore dix ans à employer au service des âmes, et rendre utiles tous les travaux passés.

» Mais à condition que j'établirai ma vie et que je passerai ces années dans la paix, dans la sérénité.

» Je n'ai plus à inventer, mais à consolider, à résumer, à faire pratiquer, sans violence, avec fermeté et douceur.

» Oui, la paix, la douceur, la sérénité, dans le travail et les affaires. Les années rendent cela bien nécessaire ; autrement je tomberai et finirai tout à coup, et tristement.

» Rien ne me presse, nul ne me pousse, ne m'oblige. On sera plus content de moi, plus heureux autour de moi, si j'établis ma vie dans la sérénité.

» Il faut bien choisir mes occupations ; élaguer, élaguer les détails, faire travailler chacun et tirer de chacun le meilleur parti possible.

» Achever ce qui est commencé, ne rien faire de nouveau.

» Je m'intéresse trop vivement, trop naturellement, trop humainement à mille chose qui me consument.

» Il faut faire de mon mieux, en paix, et remettre le bon succès à la sainte volonté de Dieu, à sa divine providence.

» Jamais le bon Dieu ne me demande de me troubler, de m'agiter. *Sollicita es, et turbaris erga plurima* : oh ! comme c'est dit pour moi !

» Il faut prendre mon parti de ce que je ne puis faire, ni faire faire, ni empêcher, *une fois que tout le possible est fait :* alors ce n'est pas négligence, mais simple soumission à la volonté de Dieu.

» Il ne faut pas vouloir tout embrasser, tout sauver, tout faire à la fois. Il y a de l'orgueil dans ce zèle, c'est affecter la toute-puissance ; il faut s'en tenir à ce qu'on peut, *faire tout ce qu'on peut*, tout le bien qui est dans la mesure de ses moyens, et dès lors dans la volonté de Dieu, et puis s'en remettre du succès à la Providence.

» Pour cela, il faut laisser fonctionner les choses établies selon leur bon train naturel ; il faut consolider, enraciner. Ce n'est pas à moi à recueillir les fruits, je les prépare. Je sème, d'autres moissonneront.

» Il faut continuer, achever tout ce que j'ai fait dans ce diocèse jusqu'à présent. Faire pratiquer en paix, avec suite et sérénité, et dans l'ordre. »

## CHAPITRE XV.

» La douceur paisible, gracieuse et silencieuse avec chacun : et toujours la sérénité dans les hauteurs, et la paix de Dieu.

» A ces conditions, peut-être y aura-t-il pour moi *Senectus in misericordia uberi.* »

Ainsi cet évêque, qui s'est tant dépensé dans l'action, au seuil de la vieillesse, et sous l'atteinte d'une fatigue profonde, médite de modérer cette ardeur toujours jeune qu'il sent encore bouillonner en lui, et de s'établir dans la paix et la sérénité de Dieu, afin d'achever et d'enraciner tant d'œuvres commencées et fondées. Mais non, non, pauvre évêque, le temps du repos n'est pas venu et ne viendra jamais pour vous; grand soldat de l'Église, écoutez : la trompette, comme dit saint Paul, n'a pas jeté un signal douteux : Rome est en péril ! pour vous aussi c'est donc la guerre et les combats : aux armes !

Oui, Rome est en péril, car tout a échoué et la guerre éclate. On s'empressa, pour les endormir et les paralyser, si l'on ne veut pas que nous disions pour les tromper, de rassurer les catholiques, qu'on allait blesser au cœur après s'être appuyé jusqu'alors sur eux : « Le gouvernement prendra toutes les mesures nécessaires pour que l'indépendance et la sécurité du Saint-Père soient assurées. » Telle fut la réponse du gouvernement impérial à l'interpellation d'un député catholique au lendemain du départ des troupes. « Le Prince qui a donné à la religion tant de témoignages de déférence et d'attachement, qui a ramené le Saint-Père au Vatican, VEUT que le chef suprême de l'Église soit respecté dans TOUS SES DROITS DE SOUVERAIN TEMPOREL. » Telles furent les paroles adressées spontanément aux évêques par le ministre des cultes. Et dans sa proclamation du 3 mai, où il annonçait la guerre, l'empereur lui-même disait : « Nous n'allons pas en Italie fomenter le désordre ni *ébranler le trône du Saint-Père.* » Et combien d'assurances de cette nature nous furent prodiguées !

Vaines, vaines paroles, on le voit aujourd'hui. Mais, avant le démenti prochain des faits, qu'y répondre ? La situation des catholiques de France était effroyable; celle du Saint-Père l'était encore plus. En 1849, ayant donné le signal des réformes aux princes italiens, et élevé la voix en faveur de l'indépendance italienne, il était populaire en Europe, et sa dépossession pouvait n'être qu'un fait révolutionnaire. En 1859, passé depuis le congrès de 1856 à l'état d'accusé, et menacé par une idée pleine de prestige, qu'on n'arrête pas facilement après l'avoir déchaînée, l'unité italienne, il avait en outre contre lui, non pas seulement la révolution, mais deux souverainetés, l'une franchement alliée à la révolution, l'autre sa dupe ou sa complice. Il faut voir et dire les choses sans amertume, mais sans illusion : autrement, à quoi bon l'histoire?

Le péril du Saint-Père était donc suprême, et l'évêque d'Orléans ne devait pas tarder d'être appelé à combattre. En attendant, Dieu voulait lui ménager un repos bien nécessaire avant les luttes qui allaient venir. Le jour de Pâques, 24 avril, à deux heures de l'après-midi, le tambour battait à Orléans, et la garnison, à qui l'évêque avait procuré pendant la semaine sainte le bienfait d'une petite retraite, — le matin quatre cents soldats avaient communié dans la chapelle de Saint-Joseph, — partait pour l'Italie. L'évêque partit lui-même pour la Savoie. A Ambérieux, il rencontra l'armée et fut obligé de s'arrêter jusqu'au lendemain. Il avait gardé le souvenir d'un petit spectacle qu'il eut là, chez le bon curé : dans la cour du presbytère un aigle, à qui on avait coupé les ailes, montait tout le jour un à un les degrés d'un escalier, et se lançait du haut en bas pour se donner l'illusion de voler. « Pauvre oiseau! disait l'évêque; mais que d'hommes ont ainsi les ailes coupées, et, faits pour planer, mais ne le pouvant plus, retournent leur vol, comme cet aigle, et s'abattent dans les bas-fonds! » Sa joie de revoir la Savoie, quoiqu'il la revît à peu près chaque année, était extrême. C'était la première fois que, arrivé près de lui depuis quelques mois seulement, nous l'accompagnions. Nous voyons encore le rayonnement de son visage pendant que d'Annecy, où M$^{gr}$ Rendu, chez qui se trouvait ce jour-là le jeune et déjà célèbre abbé Mermillod, nous avait reçus avec son aménité ordinaire, nous allions à Menthon en suivant cette route charmante qui côtoie le lac ; il était heureux de nous montrer, par un beau soleil de printemps, ce pays, le sien, vraiment admirable ; ce lac qui resplendissait, tous ces sommets, qu'il désignait par leur nom. Il passa tout un mois à Menthon et un autre à Lacombe.

Pendant ce temps-là, les événements en Italie marchaient avec une rapidité foudroyante ; les victoires succédaient aux victoires et aussi les révolutions prévues aux révolutions. A Florence, à Parme, à Modène, elles éclatent ; dans quatre provinces pontificales, l'écusson du Saint-Père est renversé, et partout la dictature provisoire est offerte à Victor-Emmanuel, qui l'accepte. Et l'empereur laisse faire ! Guerre douloureuse, où le patriotisme qui applaudissait aux victoires de notre drapeau et à l'affranchissement d'un peuple était comprimé dans ses élans par les triomphes de la révolution, et le spectacle du plus étrange démenti donné à la parole d'un souverain victorieux. En même temps, la plus odieuse guerre se faisait dans la presse contre le pape. Mais soudain la paix, avant que le but proclamé de la guerre n'eût été atteint, l'Italie, libre des Alpes à l'Adriatique, vint surprendre l'opinion aussi brusquement que l'avaient fait les bruits de guerre. Devant les coalitions menaçantes, l'empereur s'arrêta. C'est à Lacombe que l'évêque d'Orléans avait appris la victoire de Solférino ; c'est à Orléans qu'il apprit les préliminaires de Villafranca. Ces stipulations ne surprirent pas moins que la paix elle-même : elles établissaient une Confédération italienne sous la présidence honoraire du pape.

L'évêque d'Orléans ne fut pas de ceux dont la joie parut alors sans mélange et dont la confiance fut rassurée. Une Confédération italienne sérieuse aurait pu être une solution ; mais une Confédération italienne sans Venise et avec l'Autriche, c'était impossible. En produisant cette idée trop tôt, l'empereur la faisait volontairement ou involontairement avorter. Toutefois, à l'exemple du Saint-Père, qui fit chanter à Rome un *Te*

*Deum*[1], l'évêque d'Orléans publia, le 6 août, un Mandement sur la paix[2] : pages remarquables ; malgré les alarmes persistantes, le souffle du patriotisme y frémit, sous l'émotion de nos victoires, dont l'évêque ne peut se défendre de faire retentir les noms :

« Certes, il n'est pas défendu aux peuples ni aux princes chrétiens de se montrer sensibles à la gloire des succès guerriers. Quelque habitués que nous soyons nous-mêmes à cette gloire, départie avec une si étonnante prodigalité par la Providence à notre pays plus qu'à nul autre peuple du monde, depuis nos plus antiques origines, c'est une de celles qui excitera toujours le plus d'émotion dans les cœurs français. Quel incomparable honneur n'est-ce pas pour notre nation de pouvoir compter tant de grands capitaines, tant de princes intrépides, tels que ceux dont les noms remplissent nos histoires depuis Clovis jusqu'à nos jours, et dont la succession glorieuse n'a jamais défailli parmi nous : témoin tant de champs de bataille, théâtres de nos anciens triomphes et de nos victoires contemporaines, en Orient, en Occident, en Europe, en Afrique, dans le monde entier, depuis Tolbiac jusqu'à Sébastopol, Magenta et Solférino ! Et quel honneur encore, quel invincible rempart n'est-ce pas pour un pays qu'une armée comme la nôtre, composée de ces prodigieux soldats qui viennent de faire aujourd'hui l'admiration de l'Europe et l'étonnement de nos ennemis !... »

Mais après les éloges venaient les leçons, discrètes mais non voilées. « Nation très chrétienne et fille aînée de l'Église, que veut faire de toi dans ce siècle, où il semble que tant d'événements merveilleux se préparent, celui qui depuis quinze siècles a déjà fait pour toi dans le monde de si grandes et souvent de si saintes choses ? O Dieu ! c'est le secret de votre conseil. Ce que nous pouvons démêler ici de plus assuré, c'est que si l'avenir répond au passé, la capitale partie de la vocation de

---

1. Lettre de N. S. P. le Pape au Cardinal-vicaire, 15 juillet 1859.
2. *Œuvres pastorales*, t. II, p. 457, 1re série.

la France, c'est d'être le bouclier de la sainte Église catholique, la filiale protectrice du Saint-Siège et l'apôtre armé de la civilisation, pour ouvrir les voies à l'Évangile par toute la terre... »

Puis, après une peinture magnifique de la papauté et de sa mission civilisatrice et pacificatrice dans le monde, « de cette institution sacrée que de viles et inintelligentes passions voudraient abolir ou découronner, » l'éloquent évêque rappelait que « tous les vrais et grands politiques l'entourèrent toujours, et aujourd'hui encore, d'amour et de respect. » Puis, par une allusion facilement compréhensible, il ajoutait : « Dieu sait le secret des cœurs, mais ceux qui ont besoin de la protection divine pour leur avenir pourront la trouver là. » Et en effet, quelle leçon faire en ce moment à cet empereur victorieux et après un traité en apparence favorable au pape, sinon par voie d'allusion respectueuse mais transparente ?

Cependant les plénipotentiaires de la France, de l'Autriche et du Piémont étaient assemblés à Zurich pour élaborer un traité sur les bases de Villafranca; mais, tandis qu'ils négociaient en ce sens, les Italiens agissaient dans un autre. Après les révolutions venaient les votations, et toujours l'empereur laissait faire. Que sortirait-il enfin de là ?

Retiré à la Chapelle, l'évêque d'Orléans cherchait une diversion à ses tristesses dans des soins plus assidûment donnés que jamais à son petit séminaire et dans des spectacles plus consolants. Ce fut alors qu'il introduisit dans cette maison l'heureuse innovation des Cours supérieurs. Il lui avait toujours semblé que le passage était brusque et périlleux pour les jeunes gens entre la vie si surveillée du collège et la pleine liberté où ils se trouvaient jetés aussitôt leurs premières études finies; c'est ce qui lui inspira l'idée de ces Cours supérieurs qui pendant deux ans, après la philosophie, serviraient aux jeunes gens de transition d'une vie à une autre, et seraient en même temps, par un développement plus grand de leurs facultés littéraires, une préparation excellente aux études spéciales qu'exigent les diverses carrières. Il se mit donc à rédiger le Programme de ces cours : il y faisait ressortir éloquemment les avantages de ce complément de haute éducation littéraire, qui pouvait avoir comme résultat honorable la licence et le doctorat, et comme profit plus sérieux encore une culture, une distinction d'esprit supérieure. Ces Cours donnèrent, en effet, d'heureux résultats : lui-même s'était réservé de faire le cours littéraire d'écriture sainte, et il le fit assidûment pendant trois années.

Mais de plus grands objets occupaient, et depuis longtemps déjà, sa pensée et celle aussi du Saint-Père. Au moment même où la guerre commençait au delà des Alpes, et tandis que la conjuration des passions mauvaises abusait déjà de l'agitation de la haute Italie pour menacer le trône pontifical, le souverain pontife, le chef militant de l'Église militante, élevant au-dessus de ces troubles son âme tranquille, et ne cessant d'avoir présentes à sa pensée toutes les nations de la terre, tournait avec émotion ses regards vers les lointains pays de l'Orient, et il appelait les bénédictions d'en haut sur les armes des nations chrétiennes qui, à cette heure, disait-il, combattent pour l'humanité, la justice et la religion. Nous combattions en effet depuis quelques années dans l'extrême Orient, avec l'Angleterre en Chine, avec l'Espagne en Cochinchine et aussi contre le Japon. Nous avions pris Canton le 28 décembre 1857, les forts de Pei-Ho le 20 mai 1858; nous avions fait le traité du 20 juin avec la Chine, le traité du 9 octobre 1858 avec le Japon; pendant cette même année 1858 et en 1859, nous avions fait des prodiges avec une poignée de braves en Cochinchine, pris Saïgon, occupé Tourane, conclu enfin avec l'empire d'Annam un traité qui assurait à la France et à l'Espagne des stations importantes en Asie, et à la religion sa liberté. Mais l'Europe distraite accordait à peine un regard à ces lointains événements : l'évêque d'Orléans entreprit d'attirer l'attention de la France sur ce beau spectacle et ces grands intérêts; il acheva donc une *Lettre pastorale* qu'il méditait déjà depuis quelque temps, *pour appeler la bénédiction de Dieu sur les succès de nos expéditions et de nos négociations dans l'extrême Orient, et pour recommander l'Œuvre de la propagation de la foi* [1]. Élevée, ardente, éloquente, comme tout ce qui sortait de sa plume, cette *Lettre pastorale* parut si belle que le Conseil général de la propagation de la foi la fit tirer à cent mille exemplaires. Trop inaperçue cependant au moment où elle parut, à cause des préoccupations générales, elle mérite d'être mise ici en lumière.

« J'entends parler d'*indépendance*, s'écriait-il ; hélas ! ce mot est souvent compris étrangement. Eh bien ! moi, je voudrais vous intéresser à la légitime et religieuse indépendance de millions de nos semblables courbés sous des jougs honteux, et qu'il s'agit d'élever, non pas seulement au rang de citoyens, mais à la dignité d'hommes.

» J'entends aussi parler de *victoire*. Ah ! je voudrais que mes louanges pussent être comme des médailles d'honneur, pour les fixer sur le cœur intrépide de ces soldats, de ces marins qui, pendant que l'armée d'Italie remportait une victoire par semaine, ont, eux, livré combat, pendant plus de vingt mois, à la chaleur, à la maladie, à la fatigue, à des fléaux qui semblent plus forts que l'homme et à des armées mille fois plus nombreuses que leurs bataillons.

» J'entends parler de *paix*. Je voudrais demander à Dieu, le maître de la victoire et le prince de la paix, qu'il rende féconds enfin, et exempts de pièges si souvent tendus, et hier encore, par la fourberie à la sécurité trop confiante, nos traités avec la Chine, le Japon, l'empire d'Annam. Certes, il importe aux nations chrétiennes que de tels traités, desquels dépendent le sort et le salut de l'humanité, soient faits solidement.

» La France, toute joyeuse de la bienvenue de la paix, et malgré les graves sollicitudes qui lui restent encore, parle de travaux, de nouvelles entreprises, de grandes affaires ; pour beaucoup, c'est le moment de chercher la fortune : n'est-ce

---

1. *Œuvres pastorales*, t. II, p. 476, 1re série.

pas l'heure aussi pour un évêque de recommander aux chrétiens leur principale affaire, l'œuvre du salut et la propagation de la vérité dans le monde, quand surtout les progrès de l'humanité et tous les grands intérêts terrestres s'y trouvent providentiellement associés. »

La beauté de cet apostolat, ce que l'Église, ce que la France ont fait depuis trois siècles dans l'Orient et le monde entier ; le devoir plus grand de travailler à cette œuvre, aujourd'hui que les facilités pour l'accomplir sont plus grandes que jamais ; les mystérieuses vues de la Providence dans cette coïncidence des moyens humains avec les desseins de Dieu, toutes ces considérations étaient développées dans un style étincelant :

« Qui ne le voit d'ailleurs ? de toutes parts les distances se rapprochent, Dieu abrège les chemins et agrandit les pas de l'homme. Tous les peuples civilisés, tous les fils aînés des nations sentent le besoin de se voir de plus près, de se rencontrer, de s'entretenir des grands intérêts de l'humanité. La vapeur et les chemins de fer ouvrent les voies les plus rapides à travers le monde entier ; on perce le mont Cenis, on traverse les Pyrénées ; la volonté obstinée d'un Français force les portes de Suez ; un autre Français propose l'ouverture de Panama... A qui persuadera-t-on jamais que toutes ces barrières se renversent, que ces grands rapprochements se préparent entre les hommes, afin seulement qu'ils puissent mieux se haïr, se déchirer, se tuer les uns les autres ? A qui persuadera-t-on que tout cela se fait uniquement pour porter plus vite nos marchands et nos touristes sur tous les points du globe ? Non, cela ne suffit pas à la prospérité, à la dignité de l'Europe. Si les hommes vont aujourd'hui avec des pieds de fer et des ailes de feu à leurs plaisirs et à leurs affaires, si la parole et la pensée humaine traversent le monde avec plus de rapidité que la lumière, je ne puis croire que les pensées et les desseins de la Providence soient ici pour rien, et qu'il ne se prépare pas là de grandes choses pour les temps nouveaux...

» Tout cela, ce n'est qu'une carrière nouvelle ouverte au dévouement; c'est un chemin livré à l'apostolat: selon la magnifique expression de saint Paul, ce sont les portes de l'Orient ouvertes à la lumière évangélique : *Ostium apertum est magnum et evidens propter evangelium Christi*...

» O Dieu! ô Dieu! accomplissez vos prophéties! Vous disiez : « Les idoles seront brisées, *idola penitus conterentur*, et la connaissance de la vérité sera abondante sur la terre comme les eaux de la mer. » Et il y a encore tant de millions d'idolâtres!

» Ah! sans doute, les fils de Japhet ont été éclairés; mais les fils de Sem et ceux de Cham, où sont-ils? Hélas! hélas! l'œuvre n'est pas faite à moitié!

» Je le sais, ce n'est pas l'œuvre d'un jour : il y faut le cours des siècles, c'est l'œuvre de la plénitude des temps : *In plenitudine temporum*...

» C'est aussi l'œuvre du zèle : c'est le grand but de l'apostolat évangélique...

» Inspirez-la donc, cette œuvre, ô mon Dieu! inspirez-la aux grandes âmes qui sont capables de la comprendre. Si ces âmes nous manquent, faites-en, donnez-les. Donnez d'abord aux nations européennes des Chrysostome et des Ambroise, dont les lèvres gardent parmi nous le dépôt sacré de la vérité, et dont le noble caractère soutienne, sans fléchir jamais en face des princes hautains et des peuples superbes, la majesté de l'Évangile! Mais donnez aussi aux peuples qui soupirent après eux des François Xavier; donnez des apôtres, dont les pieds tressaillent d'impatience sur cette terre d'Europe, et dont le cœur s'élance pour faire l'œuvre apostolique dans ces mondes nouveaux qui les attendent.

» Oh! que l'Orient sera beau à voir quand les divines clartés qu'il a perdues retourneront vers lui! Et que l'Occident paraîtra radieux lorsque le soleil de la foi, s'y couchant dans sa gloire, renverra les suprêmes et plus brillantes splendeurs des derniers jours du monde vers les cimes du Sinaï, du Calvaire, de l'Ararat, vers tous les sommets sacrés de l'univers, éclairant de là toutes les plages, tous les déserts, toutes les rives de l'Afrique, de l'Asie et des îles inconnues.

» Quel magnifique spectacle lorsque la croix triomphante, après tant de siècles de nuits et d'orages, apparaîtra aux regards du monde entier, dans une région supérieure et pure, resplendissante sous un ciel propice, comme un signe de paix et de sérénité pour tous !

» Et quel honneur pour le drapeau français, quelle joie pour nos soldats et leurs illustres chefs, dont le sang généreusement répandu aura si bien servi les desseins de la Providence dans la dispensation des secrets de l'avenir, et préparé cette grande œuvre dont nous saluons de loin la gloire. »

Cette page permet d'apprécier l'écrit, qui était étendu; après les plus intéressants détails sur l'Œuvre même de la propagation de la foi, sur ce que permet de faire ce sou par semaine, qui produit des millions, l'éloquent évêque terminait par ces paroles :

« Il nous a paru, nos très chers frères, que ces méditations sur des événements qui peuvent avoir, dans un avenir moins éloigné peut-être que nous ne le pensons, tant et de si grandes conséquences, vous reposeraient des préoccupations, si pénibles pour nous, du moment présent, et nous avons cru utile à vos âmes de les distraire, du moins pour quelques jours, de ces inquiétudes, en leur adressant des paroles où elles pussent trouver tout à la fois des consolations et des espérances.

» Pour moi, je l'avouerai simplement, quand les mécomptes de la vie, quand les tristesses du temps et des choses humaines, *lacrymæ rerum*, viennent m'atteindre, c'est une inclination invincible de mon esprit de sortir des agitations terrestres, et de chercher, dans un point de vue plus élevé et dans des horizons plus vastes, les clartés et la force dont mon âme éprouve le besoin, en m'appliquant à découvrir, s'il se peut, dans les lumières de la foi, à travers les voiles qui les cachent encore, quels sont sur nous les desseins de Dieu, et où vont les choses. »

Deux ans après, dans son mandement du Carême de 1861, il revenait sur ce grand sujet, mais pour en tirer d'autres leçons. On avait combattu, on avait traité ; mais la mauvaise foi, comme il était facile de le prévoir, avait tout rendu vain. Il avait fallu recommencer. Des forces plus imposantes servirent d'escorte à nos plénipotentiaires, et quelques milliers de soldats, habilement dirigés, à travers trois cents millions d'hommes, à quatre mille lieues de l'Europe, ouvrirent à nos drapeaux, jusqu'à la capitale même de l'empire chinois, un libre passage. Le 25 octobre 1860, le traité de Tien-tsin fut confirmé, complété et signé à Pékin. Cette éclatante démonstration de la supériorité des races chrétiennes sur les peuples asiatiques offrait un haut enseignement aux nations de l'Europe, à la France surtout qui, à ce moment-là même, ingrate à l'Évangile à qui elle devait tout, faisait dans la presse et dans la politique une si lamentable guerre au pontife suprême de cette religion chrétienne, mère de notre civilisation. C'est cet enseignement que l'évêque d'Orléans voulut offrir dans cette admirable *Instruction pastorale sur la reconnaissance que l'Europe doit au christianisme* [1].

Peut-être y a-t-il dans cette lettre, moins étendue que la précédente, plus de souffle encore. Quel éloquent parallèle, au point de vue moral, entre les peuples chrétiens et les peuples non chrétiens ! Devant l'évidence de ce grand fait : la supériorité morale de tous les peuples chrétiens sur tous les peuples non chrétiens, écoutons-le s'écrier : « La vérité est que l'Évangile nous a gratifiés de dons si nécessaires, et qui nous pénètrent si intimement, que nous ne les sentons plus ; ils sont devenus notre seconde nature. Famille, dignité, pureté des mœurs, réciprocité des droits et des devoirs au foyer domestique, respect de la vie, charité pour tout ce qui est faible et souffrant, honnêteté dans les transactions, égalité raisonnable, liberté, garantie de la propriété, absence d'arbitraire, travail honoré, justice universelle, il semble que toutes ces choses,

---

1. *Œuvres pastorales*, t. II, p. 534, 1<sup>re</sup> série.

parmi nous, vont d'elles-mêmes. Eh bien! non, ces choses sont si peu l'œuvre de l'homme que la moitié de l'humanité en est absolument dépourvue. Regardez le monde... » Et après le tableau des misères morales de l'Orient païen : « O Jésus ! s'écriait-il, ô mon Dieu ! ô Marie ! O saints du christianisme ! ô saint Jean, saint Joseph, saint François de Sales, sainte Thérèse, saint Vincent de Paul ! O pureté ! ô charité ! ô Évangile ! ô Église de Jésus-Christ ! on tombe à genoux, on baise vos mains, qui nous ont arrachés des abîmes de cet enfer terrestre !... O divin Évangile, soleil qui avez desséché tant d'immondes marécages, et fait lever tant et de si précieux germes sur notre terre, nous ne vous bénissons pas assez chez nous, et, ajoutons-le, nous n'accomplissons pas comme il conviendrait le devoir de vous propager au dehors ! »

Il insistait sur ce devoir, et il ajoutait : « On s'en va répétant que le christianisme est usé : oui, comme le soleil quand la nuit tombe. On allume alors je ne sais combien de lumières pour le remplacer : pâles clartés qui laissent dans l'ombre avant tout ceux qui les portent, et répandent leurs fumeuses lueurs sur les rues privilégiées de quelques grandes villes, tandis que l'immense étendue au sein des campagnes, et la grande majorité du genre humain sur la surface presque entière du globe, n'a pour flambeau que les astres de la nuit. Grand Dieu ! que deviendrait le monde s'il n'avait pas la lumière du jour ! Et que deviendrait-il aussi s'il n'avait plus que des systèmes à la place du christianisme ! Ceux qui repoussent la religion du passé ont-ils une autre religion de l'avenir ? Qu'ils la portent donc à l'Afrique, à l'Asie, qu'ils la portent à la Chine ; ou plutôt qu'ils s'en aillent dans ces lointains pays se convaincre, par d'irrécusables contrastes, que notre religion sainte est la vérité de Dieu, la source de toute vertu, le berceau de tout progrès. Non, hors du christianisme, point de salut ! Hors du christianisme, point de progrès pour les sociétés humaines ! Aimer l'Église, c'est, dit-on, reculer de six siècles ; la repousser, c'est reculer de vingt et retomber honteusement où en était le paganisme, où en est la Chine.

Pour toute vengeance, je ne souhaiterais aux ennemis de l'Église que d'habiter, avec leurs femmes et leurs enfants, hors de la protection de nos consuls et de nos armes, quelques-uns des pays où le Christ n'est pas adoré. Mais non, j'ai horreur d'un tel vœu. Du moins, qu'ils les visitent, ces tristes contrées, et peut-être, après ce voyage salutaire, plus d'un incrédule sentira-t-il trembler sa main avant de la lever contre l'Église... »

Il ajoutait, car à partir de ce moment Rome occupe et en quelque sorte obsède sa pensée, et désormais il n'écrira rien sans que cette préoccupation n'éclate par quelque allusion éloquente :

« Lamentable catastrophe! inexplicable contradiction! Tandis que les nations chrétiennes vont glorieusement aux extrémités de la terre et se font les apôtres armés de la civilisation et de l'Évangile, d'autres nations chrétiennes, en Occident, attaquent le christianisme dans son centre même et la civilisation dans son berceau. Tandis qu'on stipule pour la libre propagation du christianisme en Chine, on insulte, on abreuve d'outrages, on dépouille le christianisme en Europe; on relève la croix à Pékin et on l'ébranle à Rome; on recueille, on sème les fruits de l'arbre évangélique, et on porte la hache sur le tronc qui les produit; on protège la religion de Jésus-Christ au loin, et on convoite sous nos yeux, honteusement, la motte de terre où est providentiellement posée depuis dix-huit siècles la pierre fondamentale de l'édifice divin! Voilà le spectacle que nous avons sous les yeux en ce moment! »

Hélas! oui; et en vain le gouvernement impérial multipliait les assurances; pas plus que les déclarations et les proclamations, les traités n'arrêtaient rien. Les conventions de Zurich, signées par l'empereur, étaient déchirées sous ses yeux par le Piémont; l'idée de la confédération s'en allait en fumée; la dépossession violente des souverains et la dictature provisoire de Victor-Emmanuel menaçaient de devenir définitives; une comédie de suffrage universel s'organisait sous la pression des baïonnettes piémontaises : l'empereur désavouait tout et laissait tout faire. L'épiscopat et les catholiques paraissaient joués indignement; l'angoisse oppressait les âmes; mais le prestige du souverain contenait toute plainte, tout murmure. L'évêque d'Orléans contemplait, navré mais impuissant, cette marche des choses; tout ce qu'il y avait dans son âme de loyauté, de délicatesse, de fier sentiment de l'honneur catholique et de l'honneur français, était froissé, comprimé. Comme tout le monde cependant, il se taisait : Se taira-t-il toujours?

## CHAPITRE XVI

LUTTES POUR LA SOUVERAINETÉ PONTIFICALE
Première période et première étape
(Suite)
La *Protestation*
Lettre à un catholique en réponse à la brochure le Pape et le Congrès
Seconde Lettre à un catholique sur le démembrement
dont les Etats pontificaux sont menacés
Nos auxiliaires dans ces luttes
Lettre à M. Grandguillot
Lettre à M. le baron Motroguier
Le procès
La Souveraineté pontificale devant le droit catholique et le droit européen
1859-1860

Pendant cette oppression des consciences, et ce silence devant le puissant empereur, tout à coup retentit dans Paris un cri qui le fit tressaillir et qui fit tressaillir le lendemain la France entière ; c'était une *Protestation* de l'évêque d'Orléans [1] ; ou plutôt c'était la conscience publique faisant enfin explosion par la voix indignée d'un évêque :

« Il m'est impossible de me taire, et de ne pas enfin protester, pour ma part, contre les attentats que le Saint-Père et le Saint-Siège apostolique continuent à subir sous nos yeux.

» Je ne puis comprimer plus longtemps dans mon âme les émotions que soulève un pareil spectacle, et que tous les cœurs catholiques, je le sais et je le sens, éprouvent comme moi. Et quel cœur aurions-nous, si nous ne souffrions pas à l'heure qu'il est ? ou plutôt si nous souffrions en silence tant d'indignités ? »

Ainsi débutait la protestation de l'évêque d'Orléans ; — puis, après avoir tracé en traits énergiques le tableau de ce qui se

---

[1]. *Protestation de Mgr l'évêque d'Orléans contre les attentats dont Notre Saint-Père le Pape et le Saint-Siège apostolique sont menacés et frappés en ce moment* (30 septembre 1859).

passait en Italie depuis la paix, et fait voir là, non le mouvement spontané d'un peuple, mais la pression piémontaise, mais l'œuvre de ces révolutionnaires dont les armes françaises avaient, à une autre époque, délivré Rome opprimée; après avoir montré, dans la comédie des votations, cette majesté du peuple abaissée et exploitée dans le mensonge, — l'éloquent évêque établissait, avec le cortège imposant des plus irrécusables autorités, l'institution providentielle du pouvoir temporel de la Papauté, sa nécessité comme garantie indispensable de l'indépendance et de la souveraineté du Saint-Siège; puis il rappelait, l'histoire en main, que la souveraineté du Saint-Siège, loin d'être incompatible avec l'indépendance de l'Italie, avait toujours été l'asile et le rempart des libertés italiennes, et il dénonçait le crime politique du Piémont qui, depuis dix ans, au lieu de faire alliance avec la Papauté, n'avait cessé de la combattre et n'avait voulu s'appuyer que sur la révolution; enfin, avec une perspicacité que les événements n'ont que trop confirmée, il faisait voir dans la spoliation partielle que l'on permettait, la ruine totale qu'on déclarait ne pas vouloir :

« Vous dites : On lui ôtera simplement les Romagnes. Mais, permettez que je vous le demande : De quel droit? Et pourquoi pas le reste, s'il vous plaît?

» Dans vos rêves d'unité italienne, pourquoi les villes que vous lui laissez auraient-elles un autre sort que Bologne et Ferrare?... Pourquoi ne vous contenteriez-vous pas de laisser au Pape Rome seulement, avec les jardins du Vatican? Vous l'avez dit, nous le savons...

» Oui, pourquoi, si vous êtes révolutionnaires et anticatholiques, vous arrêtez-vous tremblants devant votre principe de spoliation, et, si vous êtes catholiques, pourquoi le posez-vous?

» Où allez-vous? Où vous conduit ce détestable principe?... Quoi donc? Qu'y a-t-il ici, et que faut-il que nous pensions? Est-ce de votre part un calcul habile, et ne pouvant pas, ou n'osant pas aujourd'hui davantage, attendez-vous le reste du temps et de la violence des événements? Mais qui voulez-vous qui en soit dupe?

» Nous ne le sommes que trop peut-être de l'inaction des honnêtes gens, de la lenteur des uns, pendant la marche rapide des autres, de ceux qui veulent précipiter les événements, dans l'espoir qu'on sera bien un jour forcé de compter avec les faits accomplis? »

Ces mots avaient une grande portée. Il y avait encore, même parmi les catholiques, des gens, ou timides et à courte vue, ou gênés par leur attitude adulatrice envers le pouvoir, qui ne demandaient pas mieux que de dormir et de ne pas voir. Mais, pour quiconque regardait et comprenait, la perte des Romagnes était un fait immense et décisif; une question de vie et de mort pour le pouvoir pontifical. D'une main énergique et vigoureuse, l'évêque d'Orléans arrachait les voiles, secouait les consciences, perçait à jour le système des endormeurs. Enfin, après avoir été ainsi motivée, venait la protestation elle-même :

« Fils dévoué de cette sainte Église romaine, mère et maîtresse de toutes les autres, je proteste contre l'impiété révolutionnaire qui méconnaît ses droits, et veut ravir au Pape son patrimoine.

» Comme évêque catholique, je proteste contre l'humiliation et l'abaissement qu'on voudrait faire subir au premier évêque du monde, à celui qui représente l'épiscopat dans sa plénitude.

» Je proteste au nom du Catholicisme, dont on voudrait diminuer la splendeur, la dignité, l'indépendance, en attaquant le Pasteur universel, le vicaire de Jésus-Christ.

» Je proteste comme Français : qui n'est humilié, comme Français, de voir, malgré les conseils contraires et les protestations de l'Empereur, cette misérable suite de nos victoires et du sang précieux de nos soldats?

» Je proteste au nom de la reconnaissance, qui me montre, dans l'histoire, les souverains pontifes comme le lumineux symbole de la civilisation européenne, comme les bienfaiteurs de l'Italie, et, au jour des plus grands périls, les sauveurs de sa liberté.

» Je proteste au nom du bon sens et de l'honneur, qui s'indignent de la complicité d'une souveraineté italienne avec les insurrections et les révoltes, et de cette conjuration des basses et inintelligentes passions contre des principes reconnus et proclamés dans le monde chrétien par tous les vrais et grands politiques.

» Je proteste, au nom de la pudeur et du droit européen, contre la violation des majestés; contre les passions brutales, qui ont si souvent inspiré les plus lâches attentats.

» Et, s'il faut tout dire : Je proteste au nom de la bonne foi, contre cette ambition mal contenue, mal déguisée, ces réponses évasives, cette politique déloyale dont nous avons le triste spectacle !

» Je proteste au nom de la justice contre la spoliation à main armée, au nom de la vérité contre le mensonge, au nom de l'ordre contre l'anarchie, au nom du respect contre le mépris de tous les droits !

» Je proteste dans ma conscience et devant Dieu, à la face de mon pays, à la face de l'Église et à la face du monde : que ma protestation trouve ou non de l'écho, je remplis un devoir. »

Elle trouva un écho dans le monde entier. Les évêques de France y adhérèrent en foule par des lettres publiques, ou élevèrent la voix pour protester à leur tour [1]. Quelques jours après son apparition, l'*Ami de la religion* écrivait : « La protestation de M<sup>gr</sup> Dupanloup a eu un retentissement immense : non seulement les journaux et les revues périodiques de Paris et des départements l'ont publiée; elle a été encore reproduite par la presse d'Angleterre, d'Irlande, d'Espagne, de Belgique, d'Italie, de Suisse, d'Allemagne, de Grèce et de Portugal. Nul doute que les feuilles catholiques de l'Orient, de l'Amérique du Nord et du Sud, ne nous arrivent bientôt avec cette éloquente défense de la souveraineté pontificale. A Rome, on en

---

1. Voyez quelques-unes de ces lettres dans l'*Ami de la religion*.

prépare une édition en toutes les langues pour l'adresser aux différents peuples catholiques de l'univers. »

A quel point il avait remué les âmes dans le monde entier, il en eut bientôt une autre preuve dans la pluie de lettres qui lui arrivaient de toutes parts, non seulement d'évêques, comme nous l'avons dit, mais de simples prêtres et de laïques ; lettres individuelles, souvent aussi lettres collectives, couvertes des signatures de tous les prêtres d'un doyenné, de tous les catholiques d'un pays[1]. « Je reçois, écrivait-il à M. de Montalembert, le 8 octobre 1860, des lettres de tous les coins de la France : j'en suis stupéfait. »

Quand cet écrit eut été imprimé en brochure, l'évêque d'Orléans l'adressa à son clergé, avec une lettre dont nous croyons devoir citer un extrait ici, à cause de la haute leçon qu'il contient, et parce que ces paroles peignent l'âme de cet évêque, si délicat en fait d'honneur :

« Je ne puis vraiment m'empêcher d'être surpris et attristé en entendant tout ce que d'honnêtes gens, et même de bons chrétiens, se permettent de dire entre eux et tout haut sur le Saint-Siége, depuis qu'il est malheureux. Je m'étonne en voyant combien il s'en rencontre qui se laissent aller à ce triste entraînement, et profitent de cette occasion pour exposer avec une confiante apparence leurs pensées sur les améliorations possibles dans les Etats Pontificaux... Pour moi, quand j'aurais eu jamais l'inspiration d'une pensée et d'un conseil sur quoi que ce soit à confier à l'oreille de celui qui me nomme son frère dans l'épiscopat de Jésus-Christ, et que je nomme mon Père dans la hiérarchie sacrée, j'éprouverais une répugnance instinctive et invincible à rien lui dire de pareil en un tel moment.

» Messieurs, que ce soit là notre ligne de conduite à tous :

---

(1) Ce que l'évêque d'Orléans a conservé de ces lettres forme quatre énormes volumes in 4°; il y a aussi des lettres d'injures et de menaces; nouvelle preuve de l'émotion causée par son écrit. Un certain nombre de ces lettres sont des poésies; quelques-unes même signées par des noms qui, si nous les publiions, étonneraient un peu aujourd'hui. — Nous donnerons quelques-unes de ces lettres à la fin de ce volume.

soyons fidèles à cette grande loi du respect pour le malheur, à cette grande loi du respect pour la plus sainte et la plus haute autorité qui soit sur la terre... »

Une puissante voix d'évêque venait de donner le signal à l'épiscopat; une puissante voix laïque allait le donner aux catholiques. « Allons, M. de Montalembert, à la rescousse! » criait ironiquement le *Siècle*. L'illustre ami de l'évêque d'Orléans, le preux chevalier de l'Église, n'avait pas besoin de ces sommations : bien qu'atteint déjà du mal opiniâtre qui devait l'emporter, il était en train d'écrire, et l'évêque d'Orléans lui-même lui avait suggéré ce sujet : *la France en 1849 et en 1859*. Il s'était arraché, pour voler au secours du Pape, à son cher travail sur les moines, et il appelait à grands cris l'évêque d'Orléans, et ses autres amis du *Correspondant*, à la Roche-en-Breny, parce que le moment était venu de défendre le Pape et de se concerter dans ce but. Certes, c'était bien l'avis de l'évêque d'Orléans. « Je suis à bout de forces, écrivait-il à son ami : ce que j'ai publié depuis deux mois, Hautes Études, Paix, Chine, Protestation, n'est que la plus petite partie de mon travail depuis mon retour de Savoie. » Et cependant, immédiatement après sa Protestation, comprenant qu'une aussi vaste question que celle de la Souveraineté pontificale ne pouvait être traitée seulement à coups d'écrits rapides, traits lancés dans la mêlée, mais qu'il fallait l'étudier sous tous ses aspects et l'éclairer sous toutes ses faces, par un écrit permanent qui pût demeurer et parler toujours, il avait tout quitté pour mettre la main à un grand ouvrage sur ce sujet. Quelques jours donc après sa Protestation, il partait pour la Roche-en-Breny, visitait en passant M. le comte Jaubert, au Domaine de Givry, ralliait à Azy M. Cochin, qui, malheureusement, pris de la fièvre dans une halte chez M$^{me}$ de Chastellux, ne put aller plus loin; mais le prince A. de Broglie fut fidèle au rendez-vous, et de Dijon M. Foisset se hâta d'accourir. M. de Falloux, malade aussi, manqua; M. de Meaux s'y trouvait. Quelle ardente passion pour l'Église chez tous ces hommes!

surtout chez ce vaillant Montalembert qui, malgré une crise terrible, s'obstinait à écrire. C'est au milieu des plus vives souffrances qu'il acheva et lut à ses amis ce travail qui se terminait par cette page admirable, dont l'évêque d'Orléans écrivait à M. Cochin : « Vous serez content du travail de notre ami malade ; bon gré, mal gré, la fin émeut. »

« Il se peut bien qu'il périsse ce vieil et saint édifice qui a résisté depuis onze siècles à tant d'orages ; il se peut que le principat sacré aille rejoindre, dans une ruine commune, tout l'ancien droit de l'Europe, si opiniâtrement attaqué et si misérablement défendu. Cela est possible ; tout est possible ici-bas. Nul d'entre nous ne lie indissolublement l'existence de la Papauté à celle du pouvoir temporel ; quoi qu'il arrive, elle survivra, et avec elle notre foi et notre filial amour. La Providence saura bien trouver d'autres voies pour que son indéfectible mission soit accomplie :

Fata viam invenient.

» Mais aussi, si l'on détruit cette condition si ancienne, si utile et si légitime de la suprême autorité spirituelle, si les souverains et les révolutionnaires se mettent d'accord, les uns pour l'ébranler, les autres pour la renverser, nous aurons toujours droit de dire, jusque dans la plus lointaine postérité, qu'ils ont mal fait. Ce sera à la fois une faute et un crime, une ineptie et une injustice. Ce sera un mauvais but atteint par de mauvais moyens. Ce sera la plus éclatante violation, dans un siècle qui en a tant vu, du droit des gens, du droit public des nations civilisées. Ce sera la victoire de l'astuce et de la violence sur l'honneur, sur la faiblesse trahie, sur la bonne foi bafouée. Il est de mode, parmi nos grands publicistes, si compatissants pour les forts et si dédaigneux pour les faibles, de se moquer des larmes et des foudres du Pape. Ah ! nous le savons, les larmes du Pape ne touchent que ses enfants dociles, et ses foudres n'effrayent que ceux qu'elles ne menacent pas. Elles n'en sont pas moins les larmes de l'innocence et les foudres de la justice. Ni les unes ne demeureront toujours stériles, ni les autres toujours impuissantes. On ne nous fermera la bouche ni longtemps, ni toujours. Mille voix, dans l'Église et dans l'histoire, répéteront le *Non licet* de l'Évangile. Entendez bien : *Non licet*. Ce n'est rien, et c'est tout. Cela n'empêche rien dans le moment, cela détermine tout dans l'avenir, au jugement de Dieu comme au jugement des hommes. Cela n'a pas empêché Hérode de faire ce qui lui a semblé bon ; mais, après tout, qui voudrait avoir été Hérode? Cela n'a pas empêché Pilate de laisser triompher les passions d'un peuple aveugle et coupable, sauf à s'en laver les mains. Mais qui donc voudrait être le Pilate de la Papauté ? »

Si terriblement démasqué, le gouvernement recourut aux rigueurs; il traduisit en police correctionnelle M. de Montalembert; il *avertit* le *Correspondant*; il interdit la publication des mandements dans les journaux, bien entendu « par respect pour la religion, » et en rappelant la confiance témoignée jusque-là par les évêques. C'est vrai, cette confiance, chez quelques-uns, avait été bien longanime; mais les catholiques enfin étaient debout. La lutte fut mémorable : si la clairvoyance n'a pas été aussi prompte chez tous, le dévouement a été le même. Pour défendre l'indépendance menacée du chef de l'Église, la Souveraineté temporelle du Pape, cette antique et vénérable institution que les âges passés ont léguée au nôtre, cette œuvre du génie catholique et français, ils ont fait ce qu'ils ont pu ; ils ont combattu avec les armes qu'ils avaient dans les mains, le droit, la raison, l'honneur, le courage et l'éloquence; ils ont succombé sous les coups d'une coalition inouïe entre la souveraineté et la révolution, sous les efforts persistants de l'hypocrisie et de la violence, de la ruse et de l'audace : vaincus dans les faits, vainqueurs devant les consciences honnêtes. Et certes, sur cette terre où tant de tristes choses affligent les yeux et le cœur, c'est un grand et beau spectacle, que la lutte de la justice et de la raison désarmées contre la force et l'iniquité triomphante. Ce spectacle, la France catholique l'a donné au monde. Et, dans cette lutte, dont nous ne pouvons retracer ici que les grandes lignes, l'évêque d'Orléans apparaît au premier rang, toujours debout sur la brèche, à chaque nouvel attentat poussant un nouveau cri.

Tout à coup la question entra dans une phase nouvelle. Les conventions de Villafranca et de Zurich étant lettre-morte; et les votations italiennes manifestement dérisoires, et l'annexion des Romagnes au Piémont étant démontrée si odieuse et si périlleuse, un Congrès des puissances signataires du traité de Vienne fut annoncé, pour régler définitivement les affaires d'Italie. L'évêque d'Orléans accueillit avec joie cette nouvelle, ne croyant pas possible à l'Europe assemblée de sanctionner la violation du droit européen. Il avait confiance aussi dans le négociateur que le Pape devait, disait-on, envoyer à Paris. « Le cardinal Antonelli, nous répétait-il, est si séduisant et si habile! » Mais voici que, inopinément, le 23 décembre, paraissait à Paris, après avoir eu pour premier éditeur le *Times*, une brochure anonyme, à laquelle l'opinion attribuait une haute origine, et qui prétendait dicter à l'avance au Congrès ses décisions. Faisant une théorie de la spoliation, la perfide brochure posait en principe la nécessité du pouvoir temporel, et puis le déclarait incompatible avec les idées modernes; elle abaissait le droit devant l'autorité des faits accomplis; allant même plus loin que les faits accomplis, elle proposait de réduire à la seule possession de Rome la Souveraineté pontificale, au nom d'un principe qui entraînait la dépossession totale. En résumé, une théorie qui déshonorait la Papauté, une conclusion qui la dépouillait, avec un Congrès européen pour exécuteur : c'était toute la brochure. Bien épais étaient les voiles qui ne tombèrent pas alors, bien naïves les illusions qui persistèrent. Au fond, le prince Napoléon avait dit le dernier mot de la politique impériale : Rome, avec les jardins du Vatican.

Le jour même où paraissait le mystérieux et redoutable écrit, un des amis de l'évêque d'Orléans, M. Lavedan, lui en faisait parvenir un exemplaire, et en même temps lui en signalait le véritable auteur. L'évêque reçut cette brochure la veille de Noël à deux heures de l'après-midi, au moment où il allait entrer à sa chapelle pour confesser. Elle contenait en peu de pages bien des choses. « C'est effroyable, s'écria-t-il, après l'avoir lue et résumée, mais il y a moyen de tuer cela sur place. » Sur-le-champ le travail fut commencé. Nous nous souvenons de l'extraordinaire émotion de l'évêque le soir, et avec quel accent il répétait, pendant que, après notre collation, nous nous promenions à grands pas dans la salle synodale, enveloppés de nos manteaux, et les fenêtres ouvertes, malgré le froid : « Cette brochure, Messieurs, c'est l'enfer! c'est l'enfer! » Avec une certitude irrécusable, cette fois, le plan des ennemis, la catastrophe finale, apparaissait dans toute son horreur. Toute la nuit fut consacrée à ce travail; le lendemain, cependant, le pieux évêque ne voulut pas se priver de cet office de Noël qu'il aimait tant; ce fut là, à son trône, que dans l'émotion où le jetait le contraste de cette divine religion de Jésus-Christ avec les passions qui la poursuivaient dans son chef visible, lui vint tout à coup l'idée de la péroraison, et qu'il nota au crayon, sur les marges de la brochure, les dernières paroles, les mots décisifs :

« Croyez-vous donc que le sang français ait oublié de couler dans nos veines et que nos cœurs ne battent plus dans nos poitrines? Prenez-y garde, vous finirez par nous blesser : je ne sais si nous avions besoin d'être réveillés, mais vous réussissez à merveille à nous ouvrir les yeux...

» Ce matin, saint jour de la naissance du Sauveur du monde dans une étable, tandis que je méditais ces tristes choses, j'entendais des voix innocentes et pleines de vie redire dans ma cathédrale : *Gloria in excelsis Deo!* et je me disais avec joie : Cela se chantera toujours sur la terre. Mais à ces paroles : *Et in terra pax hominibus bonæ voluntatis*, je me disais avec douleur : Les hommes n'ont pas la paix et ne la donnent pas, parce qu'ils ne sont pas des hommes de bonne volonté. Daigne le ciel leur donner enfin cette bonne volonté sincère et ce courage qui leur manquent pour accomplir l'œuvre de Dieu et leur propre destinée!...

» En finissant, je demanderai à l'auteur, s'il le veut bien, de se faire connaître tout à fait. On n'écrit pas de telles pages sans dire son nom ; on n'essaye pas de telles entreprises sans lever son masque. Il faut un visage ici, il faut des yeux dont on puisse connaître le regard, un homme enfin à qui on puisse demander compte de ses paroles. »

Du reste, l'auteur de la brochure était mené, pour ainsi dire, à coups d'épée dans une argumentation que l'anonyme même permettait de rendre plus vive ; tous ses sophismes étaient dévoilés, toutes ses contradictions mises à nu. Cette discussion des *principes*, — du *but,* — des *moyens,* — terminée, de l'écrit anonyme il ne restait plus rien. Et c'en était fait désormais de cette politique à double face qui ne pouvait plus continuer, du moins en gardant son masque. Le soir de Noël, tout était fini. Pendant la nuit, deux typographes, à l'insu l'un de l'autre, pour dépister la police, imprimaient chacun une partie de cette réponse ; le lendemain matin, nous partions pour Paris avec ces deux moitiés, et nous les faisions insérer le jour même dans plusieurs journaux : de telle sorte que le public put lire la réfutation de la brochure presque aussitôt que la brochure elle-même. L'écrit avait pour titre : *Lettre de M*$^{gr}$ *l'évêque d'Orléans à un catholique sur la brochure* Le Pape et le Congrès. La soudaineté de cette réponse ajouta à son effet, qui ne fut pas moindre que celui de la Protestation ; elle fut aussi comme un signal. Quelques jours après, M$^{gr}$ Pie lisait, du haut de la chaire de sa cathédrale, une condamnation de la brochure ; M$^{gr}$ Gerbet en publiait une réfutation calme, élevée, lumineuse ; et tous les évêques de France, sans exception, la confondaient dans leurs mandements. De courageux écrivains la criblèrent aussi. Néanmoins, vaincue dans la polémique, elle triompha dans les faits. Immédiatement elle renversa la table déjà dressée du congrès, et les événements se précipitèrent vers le terme fatal qu'elle avait marqué. Lord John Russel a eu raison de dire — mais l'Angleterre n'y a pas été pour rien — que cette brochure *a fait perdre au Pape plus de la moitié de ses États*.

On ne pouvait plus espérer d'avoir l'Europe pour complice dans un congrès; il fallut bien qu'il y eût enfin « un visage ici, un homme à qui on pût demander compte de ses paroles. » Le 31 décembre tout à coup parut une lettre impériale : l'empereur avait imaginé : quoi? de faire exécuter le Pape par le Pape lui-même! Il lui demandait donc de céder volontairement les provinces occupées par le Piémont et la révolution, lui faisant espérer en retour, mais sans la promettre, la garantie des puissances pour le reste de ses États.

Au fond, c'était une sentence d'incapacité qu'on demandait au Pape de rendre contre lui-même, et, manifestement, le plus inutile et le plus dérisoire des sacrifices. Un empereur victorieux faisait cela, et voilà où aboutissait cette parole solennelle et tant d'autres : « Le prince qui a ramené le Saint-Père au Vatican VEUT qu'il soit maintenu dans tous ses droits de souverain temporel. »

La situation des évêques devenait singulièrement délicate; mais celle du Pape, tenu à Rome « sous la garde respectueuse de nos armes, » et ainsi sommé par son gardien, était de plus en plus effroyable. Il n'y avait pas à hésiter; et avant même que l'Encyclique du 19 janvier 1860 eût fait connaître au monde la réponse du Pontife, certain à l'avance de cette réponse, et pour la justifier devant l'opinion, l'évêque d'Orléans prit de nouveau la plume, et dans un écrit court et substantiel, grave et calme, sous la forme d'une *Seconde lettre à un catholique*, il prit et retourna sur toutes les faces cette question de cession volontaire et de démembrement. Il est impossible, nous pouvons le dire, d'avoir plus raison :

« Ce n'est pas là, disait-il, une solution ; c'est un expédient qui ne sauve rien et compromet tout.

» Ce serait le sacrifice, en pure perte, d'un droit incontesté et d'un principe capital ;

» Ce serait, dans les circonstances où ce démembrement serait demandé, ou plutôt imposé, une déchéance morale, et bientôt la ruine complète, inévitable.

» Bon gré, mal gré, ce serait un gage non d'ordre et de paix, mais de trouble et de guerre.

» On n'échapperait par là aux difficultés du moment que pour les retrouver dans un avenir prochain, bien autrement embarrassantes.

» En effet, ce n'est pas l'étendue des États Pontificaux qu'on reproche au Pape, c'est tout autre chose : en démembrant ses États on n'enlève pas aux sujets qu'on lui laisse leurs griefs, vrais ou faux, contre lui; au contraire, on les sanctionne, et par là même on les aggrave; la situation reste au fond ce qu'elle était, devient même pire : c'est le Pape avec une province de moins et une faiblesse de plus, au milieu des mêmes ennemis, des mêmes dangers, de plus grands encore.

» Il ne faut donc pas se laisser tromper par de faux semblants de générosité et de conciliation, ni, par impatience ou découragement, prendre pour un accommodement utile ce qui ne serait qu'un sacrifice superflu et désastreux. »

La démonstration se poursuivait ainsi, avec cette tristesse contenue, et aussi avec une clarté saisissante :

«. On ne peut avoir deux poids et deux mesures, permettre à un peuple ce qu'on refuse à un autre ; proclamer ici un principe qu'on tremblerait d'appliquer ailleurs. Depuis quand le mécontentement fomenté par la cupidité ambitieuse des uns et l'esprit révolutionnaire des autres, a-t-il donné un droit à l'insurrection et à la séparation ? Et où conduirait l'introduction de ce droit nouveau dans le code international de l'Europe?...

» Non, non, il faut voir les conséquences du principe que l'on pose. C'est parce qu'il y a ici un grand droit impliqué dans un grand principe, que je défends inflexiblement et le droit et le principe....

» Quant à la garantie espérée de l'Europe, de deux choses l'une : l'Europe a, ou n'a pas, le droit et le pouvoir de garantir au Pape ses États contre l'insurrection. Si l'Europe a ce droit et ce pouvoir, pourquoi n'en userait-elle pas aujourd'hui? Et si elle ne l'a pas, comment pourra-t-elle en user plus tard? Si elle a ce droit à l'égard du tout, comme il n'est pas douteux, il m'est impossible de voir comment elle ne l'aurait pas à l'égard d'une partie?

» Toute la question se résume en une grande question de droit public : car, je ne me lasse pas de le redire, c'est jusque-là qu'il faut s'élever, c'est sur ces hauteurs, c'est sur ce point capital qu'il faut porter le regard. Si les provinces qu'on veut arracher au Saint-Siège ou dont on lui imposera l'abandon, parties intégrantes d'un État restauré par la France et reconnu par l'Europe, peuvent se séparer de cet État et s'annexer violemment à un autre; si ce droit est reconnu et sanctionné par les souverains eux-mêmes, nous ne dirons pas seulement : c'est le principe de l'État pontifical qui périt; nous dirons encore : c'est la révolution qui entre triomphante dans le droit public européen; c'est la base des traités qui est ébranlée; c'est le principe tutélaire du pouvoir, le fondement de l'ordre social qui est renversé; c'est la souveraineté qui est humiliée et dépouillée par la souveraineté; et cela, dans cette Europe où le sol, miné par les révolutions, tremble encore, et où les passions anarchiques comprimées sont toujours frémissantes.»

A peine, en terminant, l'éloquent évêque laissait-il échapper quelque émotion :

« Mon cher ami, bien que je veuille espérer et que j'espère, je suis triste en vous écrivant ces choses. Ma tristesse est sans doute une tristesse religieuse, une douloureuse émotion de ma conscience en voyant ce qui se prépare contre l'Église, mais c'est aussi une tristesse d'honneur.

» Oui, tout ce que j'ai de plus délicat et de plus sensible dans l'âme est blessé en voyant triompher le fait brutal, immoler le droit, sacrifier le faible.

» Que l'Angleterre y pousse et y applaudisse, si c'est son rôle, à la bonne heure; mais que la France y consente et y adhère, c'est autre chose : elle n'y est pas accoutumée.

» Si c'est là servir la liberté et le progrès du genre humain, à votre aise, poursuivez. Le Saint-Siège l'a entendu autrement, et vous a rendu parfois de meilleurs services. L'immortel prédécesseur de Pie IX, le Pontife à qui l'Europe doit la victoire de Lépante et le triomphe de la civilisation chrétienne sur la barbarie musulmane, saint Pie V serait bien étonné de voir l'Europe consacrer en même temps, au prix du plus généreux sang versé, l'intégrité de l'Empire turc et le démembrement de l'État Pontifical.

» Il faut reconnaître que ce dix-neuvième siècle si vanté aura vu d'étranges contrastes.

» Tout n'y aura pas été justice, vérité et honneur. »

On s'attendait à de nouvelles foudres; on fut atterré de ce calme et de cette modération. Le gouvernement ne put ni frapper ni répondre. La meilleure preuve du coup profond porté à la combinaison nouvelle par cette brochure, ce fut la conspiration du silence que la presse officieuse et révolutonnaire essaya, vainement d'ailleurs, autour d'elle, après avoir poussé des cris si furieux contre les deux précédents écrits. Ne pouvant répondre à ses raisons, on ne l'essaya pas, mais on chercha à dénaturer ses intentions, et l'on affecta de dire qu'il portait dans cette controverse, lui qui s'était toujours si soigneusement tenu à l'écart des questions politiques pour s'enfermer dans ses devoirs d'évêque, « plus d'ardeur politique que d'alarme religieuse. » Non, non, c'était le cri de la conscience catholique, d'accord du reste avec le sentiment patriotique, qu'il avait une fois de plus fait entendre. Sous tout gouvernement, il aurait fait ce qu'il faisait. Et les protestations des évêques du monde entier, était-ce donc aussi le cri des anciens partis ?

Voici du reste en quels termes, le 2 février, transmettant à son diocèse l'Encyclique du 19 janvier, il s'adressait à son clergé :

« Messieurs les curés comprendront que, dans les graves circonstances où nous nous trouvons, ils doivent, en publiant soit nos lettres pastorales, soit les Lettres apostoliques, et en faisant les prières prescrites pour l'Église et pour le Saint-

Siège s'abstenir de tout commentaire... Ils éviteront, par cette sage réserve, toutes les interprétations que des esprits malveillants pourraient vouloir donner à leurs paroles. » C'est l'honneur du clergé orléanais d'avoir uni le dévouement au Saint-Siège à une telle prudence dans la conduite, que jamais, pendant la longue durée de ces luttes, ni par des paroles ni par des actes, il ne donna prise contre lui.

Au lendemain de la brochure de l'évêque, et de l'Encyclique du Pape, quoique déjà frappé d'avertissement le *Correspondant* publia quatre articles à la fois sur la question romaine.

Avec son esprit pénétrant et sagace, sa connaissance du temps et des hommes, son style net et rapide, M. Cochin, discernant tous les courants divers d'opinions et d'intérêts, faisait voir comment les catholiques, en défendant le pouvoir temporel du Pape, ne sacrifiaient ni la cause de l'indépendance italienne, ni la cause de la liberté.

Dans quelques pages pleines de verve et d'éclat, M. de Broglie, après avoir retracé les phases diverses de la question romaine depuis la guerre, démontrait trois choses : la responsabilité de la France dans tout ce qui s'était fait et se ferait en Italie ; les conséquences inévitables pour le pouvoir temporel tout entier de l'abandon des Romagnes ; l'immensité des intérêts français et européens engagés dans la question.

Instruit à fond des choses de Rome où il avait résidé longtemps en qualité d'ambassadeur, M. de Corcelles discutait, avec autorité, et réduisait à leur juste valeur d'étranges exagérations, par le simple exposé des choses faites à Rome depuis dix ans.

Quant à l'écrit de M. de Falloux, *Du devoir dans les circonstances actuelles*, il avait un autre caractère et une spéciale portée. La discussion y avait sa part sans doute ; il signalait aussi les dangers et avertissait les intérêts, mais il avait moins pour but la discussion que l'action. Deux faiblesses, en effet, perdent les causes, et équivalent, dans les temps de lutte, à des trahisons, le silence et l'inertie. On ne se taisait plus, on parlait en France, malgré les entraves de la parole, mais on n'agissait pas encore. Or, la liberté, si restreinte qu'elle fût, laissait cependant un champ quelconque à l'action; M. de Falloux l'indiquait aux catholiques et les y appelait. — Ses conseils furent écoutés.

En la personne de MM. de Broglie et Cochin, le *Correspondant* fut frappé d'un second *avertissement;* après quoi, on le sait, c'était pour un écrit périodique, la mort sans phrases.

Ainsi les protestations des évêques et des catholiques contre le dépouillement de la papauté éclataient de toutes parts : en France et hors de France; bon gré malgré tous les regards étaient tournés vers Rome, toutes les âmes occupées de ce vieillard désarmé qui siégeait au Vatican, et en qui se personnifiait la majesté de tant de grandes choses.

C'est ici le lieu de rappeler les illustres auxiliaires que sa cause trouvait en France, publicistes, philosophes, hommes d'État.

Ému dans sa conscience d'honnête homme et effrayé dans ses prévisions d'homme politique, M. Villemain écrivit cette admirable brochure : *la France, l'Empire et la Papauté.* Qu'on nous permette ici un souvenir. Le lendemain du jour où avait paru la *Protestation*, nous étions allé trouver, de la part de Mgr l'évêque d'Orléans, pour une affaire, M. Villemain. Très curieux de savoir comment l'illustre académicien avait apprécié cet acte et cet écrit, mais très surpris aussi de ce qu'il ne nous en disait pas un seul mot, nous prîmes l'initiative. Mais il n'était pas sorti, n'avait vu personne, n'avait lu aucun des journaux qui l'avaient publiée. Nous lui offrîmes l'*Ami de la religion*, et vainement, pendant qu'il lisait tout haut, devant nous, la *Protestation*, vint-on plusieurs fois l'interrompre, il voulut aller jusqu'au bout. Arrivé à ce passage : « Oui, si vous êtes révolutionnaires et anticatholiques, pourquoi vous arrêtez-vous tremblants devant votre principe de spoliation; et si vous êtes catholiques, pourquoi le posez-vous? » il s'arrêta, et avec un visage tout enflammé du feu de l'inspiration :

« Ah ! Monsieur l'abbé, nous dit-il, si j'étais membre du Corps législatif ou du Sénat, armé de cette protestation, je monterais à la tribune, et je leur dirais... » Et il se mit à improviser devant nous, avec une incomparable éloquence, la plus magnifique défense de la Papauté. De retour à Orléans le soir, nous racontâmes la chose à l'évêque, ajoutant : « Si M. Villemain voulait écrire ce qu'il a dit devant nous, ce pourrait être d'un grand effet. » « Je l'y déciderai, » nous répondit Monseigneur. Et le lendemain même, M. Villemain lui-même écrivait à l'évêque son admiration pour cet écrit « qu'on ne peut lire tout bas, disait-il, parce qu'il élève le cœur avec la voix. » Voilà comment M. Villemain publia sa brochure. Écrite avec tout l'éclat de son admirable style, et la vigueur d'un talent toujours jeune, sa belle thèse de droit public saisit vivement l'opinion, et démontra, sans réplique possible, que la justice, la conscience, l'ordre social européen, et la vraie politique française, étaient blessés, plus encore que la religion, dans les attentats dont le Pape était victime.

Au nom de la philosophie spiritualiste, on entendit protester M. Cousin, et cette protestation, on la devait encore à l'évêque d'Orléans. Le 2 février 1860, après l'élection à l'Académie du P. Lacordaire, à laquelle il avait pris une grande part, M. Cousin, rencontrant sur l'escalier de l'Institut le glorieux défenseur de la souveraineté pontificale, l'aborda, et là, en présence de plusieurs académiciens, avec cette verve éloquente qui lui était habituelle, — M. Cousin était aussi un de ces hommes qui sont toujours éloquents, — il ne craignit pas d'exprimer sa sympathie la plus haute pour la cause du Pape, sa réprobation la plus complète pour la cause adverse. « Consentiriez-vous, lui demanda l'évêque, à écrire ce que vous venez de dire, et m'autoriseriez-vous à le publier ? — Très volontiers, » répond M. Cousin ; et, le lendemain, l'évêque d'Orléans recevait, écrit de la main de M. Cousin, la conversation de la veille, et il l'insérait dans son volume, *De la souveraineté pontificale*, qu'il était en train de composer. Voici cette page :

« La philosophie matérialiste et athée peut être indifférente ;

elle doit même applaudir à la diminution et à la dégradation de la Papauté, car la Papauté ne lui est guère nécessaire pour apprendre aux hommes que l'âme est un résultat du corps, et qu'il n'y a point d'autre Dieu que le monde. Mais la philosophie spiritualiste envisage d'un œil bien différent ce qui se passe. Si elle n'est point aveuglée par le plus sot orgueil, elle doit savoir qu'en dehors de l'école, dans le genre humain, le spiritualisme est comme représenté par le christianisme, que le christianisme lui-même est excellemment représenté par l'Église catholique, et qu'ainsi le Saint-Père est le représentant de tout l'ordre intellectuel et moral.

» Je tiens cette suite de propositions comme inattaquable, et je me chargerais de les établir victorieusement contre qui que ce fût, pourvu que l'adversaire admît Dieu, c'est-à-dire un Dieu véritable, doué d'intelligence, de liberté et d'amour. Voilà pourquoi, Monseigneur, si vous voulez bien me passer cette expression un peu familière, j'ai besoin, pour le genre humain, d'une Papauté assez forte pour être indépendante, et pour exercer efficacement son saint ministère... Je la veux forte, dût quelquefois en souffrir un peu votre très humble serviteur et confrère. Oui, que Rome mette à l'index mon livre *du Vrai, du Beau* et *du Bien*, il n'importe ; moi, je lui demeure fidèle, et je la défends à ma manière, au nom même de la philosophie. — Que serait-ce si je vous parlais comme libéral, tel que je l'ai toujours été à la face de mon pays? Et que serait-ce encore si je vous parlais comme un vieil et fidèle ami de l'Italie? Mais je ne veux pas vous retenir sur cet escalier. Je vous prie, si vous écrivez à Rome, de me mettre aux pieds du Saint-Père, et de lui dire que, malgré mon indignité, je prends la liberté, dans cette déplorable circonstance, de me ranger parmi ses plus déclarés défenseurs. »

M. Guizot ne tenait pas un autre langage ; M. Thiers parlait encore plus hautement. Mais, il faut le dire, nous n'avions pas pour nous, dans la presse, les gros bataillons.

Seule, une grande voix catholique n'avait pas encore été entendue, si ce n'est au début de la guerre d'Italie et pour l'approuver, c'était celle du P. Lacordaire. On s'en étonnait; les adversaires essayaient d'en triompher. Cette voix se fit enfin entendre, grâce, en partie du moins, à l'évêque d'Orléans.

Depuis les dissentiments de l'*Ami de la religion* avec l'*Ère nouvelle*, en 1849, un certain froid ne laissait pas que de régner entre eux; plus, pensons-nous, chez le P. Lacordaire que chez l'évêque d'Orléans. Mais quand le P. Lacordaire put lire les belles paroles que l'évêque avait prononcées sur lui dans l'oraison funèbre du P. de Ravignan, il s'empressa de lui écrire : « Sorèze, 3 mars 1858. Monseigneur, je viens de lire le témoignage que vous m'avez rendu du haut de la chaire de Saint-Sulpice et dans l'occasion solennelle des obsèques du P. de Ravignan. Ces paroles m'ont touché beaucoup... Permettez-moi de vous en remercier. Il me semble, à considérer vos pensées émises sur bien des matières graves, que nous nous touchons aujourd'hui par beaucoup de points, comme aussi par des amis et des adversaires communs... » A cette lettre l'évêque répondit par une invitation pressante au Père de venir prêcher à Orléans. Il avait déjà, dans les premiers jours de son épiscopat, fait entendre à ses diocésains son saint ami le P. de Ravignan; il eût été charmé de produire aussi devant eux le rival ou plutôt le glorieux compagnon d'armes de l'éloquent jésuite à Notre-Dame. Si le Père eût pu accepter, c'est lui, probablement, qui aurait eu l'honneur de fonder à la cathédrale de Sainte-Croix cette belle retraite d'hommes qu'y institua cette année même, ainsi que nous l'avons raconté, l'évêque d'Orléans. « Mais par suite de la direction que j'ai prise de l'école de Sorèze, lui répondit le Père, il ne m'est pas possible de me livrer de nouveau à la prédication... Chaque chose a son temps. Ma carrière apostolique est terminée. En travaillant pour l'éducation de la jeunesse, je crois employer utilement mes derniers jours, et achever l'œuvre du rétablissement de l'Ordre de Saint-Dominique en France. » Le Père ajoutait : « ...Nous avons vécu dans des temps difficiles, où il était aisé de ne pas se rencontrer. Aujourd'hui, l'avenir est peut-être plus sombre encore; mais du moins on se connaîtra mieux dans la mêlée. » L'évêque insista et l'invita à vouloir bien au moins prononcer le panégyrique de Jeanne d'Arc. Pour les mêmes raisons, le Père se récusa. « Vous avez d'ailleurs fait si bien pour elle, disait-il en s'excusant, qu'il est inutile d'aspirer à faire mieux. » Quand, après la mort de M. de Tocqueville, la candidature du P. Lacordaire à l'Académie se produisit, l'évêque d'Orléans ne se montra pas moins empressé à l'accueillir que MM. de Falloux et Montalembert. « J'ai été, disait-il, devant celui-ci à un confrère récalcitrant, presque toute ma vie en dissentiment avec le P. Lacordaire par l'esprit; mais je ne connais pas au monde de plus noble cœur, ni un homme mieux fait pour honorer l'Académie [1]. » Mais tout à coup il parut hésiter, et il fit part à MM. de Montalembert et Cochin de ses scrupules. Le 15 janvier 1860, il écrivit à celui-ci :

« Depuis hier, j'ai rencontré deux hommes très graves, admirateurs tous deux de notre candidat, et qui m'ont dit : « Comment peut-on le nommer après sa lettre sur le Saint-Siège. » Cela m'avait déjà été dit plusieurs fois depuis un mois. Je répondais : « Soyez tranquilles, il fait quelque chose. » Hier et ce matin, je n'ai rien pu répondre. Croyez-moi, ce n'est pas un, mais cent, qui parleraient ainsi. Nous ferions le contraire de notre pensée, si nous ne tenions compte de ce qu'il y a ici de grave. »

Le même jour M. Cochin lui répondait :

« ...Je crois que vous pourriez obtenir quelque chose *après* l'élection; mais *avant*, est-il juste de rien demander ?

» Avec la franchise que vous avez la bonté de me permettre, je vous redirai ma consciencieuse impression :

» Vous avez présenté et accepté le P. Lacordaire, tel qu'il est, après sa lettre.

» Il me semble que l'honneur exige qu'après l'avoir engagé, on ne lui demande aucune condition dont on ne l'ait antérieurement prévenu.

» D'autre part, son honneur doit lui imposer de ne pas faire

---

1. Lettre de M. de Montalembert au P. Lacordaire, du 29 décembre 1859.

un acte qui semblerait exigé et consenti pour acheter une voix ; un acte qui, dans ces conditions, n'aurait aucune valeur au point de vue du bien religieux que vous en attendez.

» Croyez-moi, Monseigneur, il y a dans ce qui vous a été dit plus d'une trace de cette opinion inintelligente des meilleurs catholiques, qui regardent comme un scandale la candidature d'un moine. J'ai entendu dire exactement la même chose de la candidature d'un évêque, lorsque vous étiez sur les rangs.

» Vous qui croyez que la religion doit s'élever, en tous les genres, à la puissance par le mérite et la vertu, avez-vous un autre homme, aurez-vous une autre occasion pour faire asseoir la religion à l'Académie?

» Demain les ordres religieux peuvent être proscrits par le pouvoir. Est-il un meilleur moment de les faire adopter par ce que l'esprit humain a de plus élevé?... »

Au reste, suivant sa coutume d'aller franchement au fond des choses, l'évêque d'Orléans écrivit au P. Lacordaire lui-même ; le P. Lacordaire répondit :

« Sorèze, 19 janvier. Je n'ai jamais séparé dans ma pensée deux choses qui ont rempli l'âme des plus grands papes, l'amour de l'Italie et l'amour de la papauté. Je regarde l'Italie comme un sol prédestiné, une terre divine, le lieu trois fois grand où il a plu à Dieu de placer la chaire du Vicaire de son fils, notre Seigneur Jésus-Christ. C'est pourquoi j'ai toujours porté dans mon cœur la passion de l'Italie avec la passion de l'Église dont le Saint-Père est le chef, et le sort de l'une et de l'autre, inséparable dans mes affections, m'a toujours paru aussi inséparable dans la nature des choses. A ce point de vue, dans deux lettres privées, que vous me rappelez, j'ai applaudi à une guerre qui semblait promettre l'affranchissement de l'Italie *sans menacer la papauté* (ç'avait été là précisément son illusion), mais en faisant toutes mes réserves sur les *intentions occultes* qui pourraient donner à cette entreprise *un cours inattendu* (hélas ! il n'était pas inattendu !). Ces réserves sont expresses, et de telle nature que la publication de mes deux lettres ne pourrait avoir lieu sans m'exposer à des poursuites.

Dès lors, comment les appliquer à une situation nouvelle? Comment conclure du désir, hautement avoué, de l'indépendance italienne, à la spoliation du temporel de la papauté? »

Le P. Lacordaire fit plus : Après avoir lu l'article de M. Cochin du 25 janvier, *la question italienne et l'opinion catholique en France*, il lui écrivit :

« 27 janvier 1850. Je vous remercie d'avoir désavoué l'abus qu'on a fait de deux lettres mal connues, et qui écrites au début de la guerre italienne, lorsque rien encore n'arrêtait mes vœux et mes espérances, ne pouvaient s'appliquer à une situation par trop évidente et trop regrettable; » et il autorisa M. Cochin à publier cette lettre. Alors non seulement l'évêque vota pour le P. Lacordaire, il lui gagna même des voix, notamment, et non sans peine, la voix de M. Thiers.

Mais le lendemain de l'élection, il écrivait de nouveau à M. Cochin : « 3 février 1860. Si le P. Lacordaire vous écrit une lettre meilleure encore, j'en bénirai Dieu. Qu'il se hâte de faire quelque chose qui soit digne de lui, et réponde à toute son âme. Je le souhaite autant pour lui que pour l'Église. »

Le 25 février suivant paraissait la brochure : *De la liberté de l'Église et de l'Italie;* et bien qu'il y ait une réserve à faire sur un point grave [1], elle proclamait de hautes vérités, que les Italiens feraient bien aujourd'hui encore de méditer, que l'empereur se fût bien trouvé de comprendre :

« Italiens, votre cause est belle, mais vous ne savez pas l'honorer, et vous la servez plus mal encore. Qu'avez-vous fait? Pour un vain système d'unité absolue, qui n'intéresse en rien, je l'ai fait voir, votre nationalité ni votre liberté, vous avez élevé entre vous et deux cents millions de catholiques une barrière qui grandit chaque jour. Vous avez mis contre vos plus légitimes espérances plus que des hommes, vous y avez mis le christianisme, c'est-à-dire le plus grand ouvrage de Dieu sur la terre. Sachez-le bien, c'est Dieu qui a fait Rome

---

1. M. Foisset ne manque pas de la faire, *Vie du P. Lacordaire*, t. II, p. 385.

pour son Église. Vous avez donc mis contre vous une volonté éternelle de Dieu. Vous la trouverez un jour, n'en doutez pas. »

Mais, tout à coup, nouvel incident : il fallait renoncer à l'espoir d'une division entre les catholiques ; on chercha un autre auxiliaire, et on crut le trouver dans l'épiscopat même ; bien plus, dans un évêque d'Orléans. Donc, comme M$^{gr}$ Dupanloup, l'élection du P. Lacordaire terminée, s'en retournait paisiblement dans son diocèse, un journal officieux, le *Constitutionnel*, qui n'avait osé ni insérer sa *Seconde lettre à un catholique*, ni la réfuter, publiait, comme « une réponse à cette lettre, » avec une puérile solennité de mise en scène, et sous ce titre bien connu : *Lettre de l'évêque d'Orléans aux Supérieurs et Professeurs de son petit Séminaire*, une prétendue lettre, écrite, disait-il, « dans une pleine indépendance, en dehors de toute pression du pouvoir, » et par « un des plus illustres prélats de l'Église de France : » le pouvoir temporel y était complètement sacrifié. « Nous allons voir, s'écria ironiquement le *Siècle*, ce que l'évêque d'Orléans va répondre. » Oui, mais le document datait de 1810 ! Le plaisir de mettre en contradiction l'évêque actuel d'Orléans avec un de ses prédécesseurs empêcha d'apercevoir l'insigne maladresse qu'il y avait à opposer un tel évêque à un tel évêque, et un tel temps à un tel temps. Oui, en 1810, alors que les États Romains étaient annexés à l'Empire, et que le Pape, enlevé de Rome, avait été conduit à Savone, en attendant Fontainebleau, peu d'émotion se produisit en France ; non que le cœur de la France catholique eût cessé de battre, mais une main puissante le comprimait : en 1859 aussi, la France sans doute avait un maître ; mais trente ans et plus de vie publique l'avaient accoutumée aux luttes généreuses de la liberté. En 1810, s'il y avait en France des évêques assez courageux pour avoir un an après les honneurs du donjon de Vincennes, oui, de tristes défaillances s'étaient produites chez quelques autres, comme en 1859 quelques illusions : mais opposer précisément un de ces évêques serviles du premier Empire à l'évêque actuel d'Orléans, c'était choisir bien mal. On l'obligea donc à regarder de près et le document et l'homme : et que trouvat-il ? Hélas ! ce que le premier Empire avait voulu faire des évêques, et ce qu'il avait fait de quelques-uns : la *Lettre* écrite, disait-on, « dans une pleine indépendance, en dehors de toute pression du pouvoir, » était, au contraire, un insigne monument d'adulation ; « une profession de foi » provoquée par le pouvoir lui-même, et dont le signataire avait adressé lettres sur lettres au ministre pour lui demander : « Monseigneur, en ai-je dit assez, ou devais-je en dire davantage ? Je vous supplie de dissiper cette crainte. » Entre autres choses déplorables, il y était dit de Pie VI détenu alors à Savone, avec la rigueur que chacun sait, qu'il était *mille fois plus libre* que sur son trône. Et quant à l'auteur du document, « un des plus illustres évêques de l'Église de France, » comme disait l'écrivain officieux, il se trouva que cet évêque était, au contraire, un vieillard octogénaire, médiocre esprit, caractère plus médiocre encore, fasciné à un degré inimaginable par les gloires impériales, qui avait fléchi déplorablement et flatté servilement.

Ces douloureuses constatations faites par l'évêque d'Orléans, nous vîmes alors, comme au vieux Matathias, ses reins trembler. « Ah ! nous dit-il, puisqu'on nous en a donné l'occasion, il faut venger avec éclat l'honneur épiscopal ! » L'honneur ! ah ! quand ce sentiment aurait disparu de cette terre, dans les âmes sacerdotales au moins il devrait trouver un dernier asile ! L'évêque d'Orléans résolut donc de faire, de sa réponse, tout à la fois une nouvelle démonstration de la nécessité du pouvoir temporel, en confondant les pauvres arguments du pauvre document, et en inondant la question de nouvelles lumières ; et surtout un acte de justice vengeresse. Il y a des temps qui ont besoin de ces leçons, et à l'évêque qui a porté plus haut peut-être que personne les fières et saintes susceptibilités de l'honneur, il appartenait de les donner.

Le malencontreux document fut donc immédiatement anéanti par une réponse foudroyante, et il n'en resta rien, qu'une marque indélébile attachée désormais à l'étole de tous les Rousseau de la terre. Il déshonora cette pièce par la simple histoire qu'il en fit, et tant sur la question de la souveraineté temporelle du Pape que sur celle des libertés gallicanes, dont elle traitait aussi, il la confondit, par d'invincibles arguments, et par les autorités gallicanes elles-mêmes que son auteur invoquait sans les connaître. « Cela fait, je ne tarderai pas, ajoutait-il, à expliquer toutes ces choses dans le détail nécessaire. Je prépare, et si les événements le permettent, je ferai prochainement paraître un livre sur cet important sujet. J'écris ce volume sur la brèche, et je le ferai peut-être paraître sur des ruines; mais qu'importe? ces ruines seraient sacrées pour moi, et je m'y ensevelirais volontiers, avec mon livre et ma pauvre plume, sûr de ma cause et de l'avenir. Car, sachez-le bien, les ruines que vous pouvez nous faire ici sont des ruines immortelles; elles garderaient cette fois, comme toujours, un germe de résurrection; et quant à moi, si un jour Dieu daigne me recevoir dans une vie plus heureuse et meilleure, où je rencontrerai enfin la vérité, la justice et l'éternel honneur, j'aurai la consolation de penser que mes successeurs, dans cinquante années, en priant Dieu pour mon âme, ne seront point condamnés à se défendre eux-mêmes contre moi, et à venger l'Eglise de mes trahisons et de mes lâchetés. » Plus loin, il ajoutait : « Tenez, savez-vous pourquoi, entre autres raisons, je n'aime pas le despotisme? C'est qu'il a le funeste pouvoir d'avilir les âmes, et, par un juste retour, d'inspirer aux despotes, pour les hommes, un mépris égal à leur servilité. »

Cette exécution, c'est le mot, avait été pour lui très douloureuse; aussi voulut-il, en terminant, élever son âme à d'autres pensées. Nous n'oublierons jamais ce dont nous fûmes alors témoin. Nous étions auprès de lui, à son bureau. « Mon ami, nous dit-il, quand il fut arrivé au terme de la discussion, et qu'il s'agit de conclure, ne restons pas sur ces tristesses : tâchons de terminer par quelque chose de consolant. Il y a une belle chose à opposer aux défaillances de ce temps-là, c'est la conduite de l'épiscopat français en face du schisme constitutionnel. Ce fut bien beau, ajouta-t-il; quatre évêques seulement, sur cent trente-cinq, s'oublièrent. » Et, ce souvenir subitement évoqué, saisissant vivement son âme, un torrent de larmes s'échappa soudain de ses yeux. Nous regardions, silencieux, et avec un respect indicible, ces gros pleurs tomber sur son papier, et nous gardons encore la feuille maculée de ces larmes.

Voici l'hommage qu'il rendait à ce généreux épiscopat français d'autrefois, si insulté, à sa grande douleur, par certains catholiques :

« Ces *évêques courtisans*, ces *flatteurs* du pouvoir, comme on a bien osé les nommer, dans la plus injuste des préventions, suivis de 50000 prêtres, accomplirent la forte parole que Bossuet, cet autre *courtisan*, adressait à Louis XIV : *Sire, j'y mettrai ma tête*. Ils y mirent leur tête; ils furent plus nobles encore sur l'échafaud et dans la mort qu'ils ne l'avaient été dans la vie... Quand Pie VI et le Sacré-Collège dispersé se rencontrèrent avec les évêques de France, dans cette sublime communion de l'exil, de la prison et du martyre; quand, au même jour, dans les fers, dans les tribulations, dans la mort et dans l'invincible liberté de la même foi, ils triomphèrent ensemble de l'impiété révolutionnaire et de l'impiété schismatique, la paix de Jésus-Christ triompha dans leur cœur : *Pax Christi regnet in cordibus nostris*. Les évêques de France montrèrent alors avec éclat comment ils entendaient les libertés gallicanes, et 1793 traduisit et expliqua 1682. »

Ainsi, dans un moment où le Pape et le clergé étaient humiliés, moqués, trompés, cet évêque relevait les courages, en faisant passer sur les âmes comme un souffle d'honneur et de vaillance. Et cette risible machine de guerre tourna à la confusion complète de ceux qui l'avaient imaginée, et de ceux qui, étourdiment, y avaient applaudi.

Mais à la faute qu'on avait faite en lui donnant l'occasion d'un tel triomphe, on ajouta celle de lui en ménager un plus grand encore. On le traduisit devant la justice. Ce fut le *Siècle*, qui, pris au piège, et très-déconfit d'avoir comblé de ses éloges démocratiques un tel document et un tel évêque, imagina ce moyen de se sauver du ridicule. Il s'y enfonça encore plus. Altérant audacieusement une parole de l'évêque, il déclara, lui, insulteur quotidien des évêques, son honneur offensé, et il invoqua la protection des tribunaux.

Depuis trois mois que l'évêque d'Orléans était entré dans cette lutte, après chacun de ses écrits, le *Siècle* l'avait couvert d'injures, lui et ses vénérables collègues : accusant les évêques de *calomnier du haut de leur grandeur*, de se livrer à des *excitations coupables;* de ne servir que les intérêts *d'un parti*, de *semer l'irritation et la haine*, de *prêcher une croisade contre la constitution*, etc. Et il avait traité l'évêque d'Orléans en particulier de *prêtre infidèle*, de *fougueux liqueur*, que *n'effrayait pas l'odeur de la poudre* et qui ne *reculait pas devant le carnage*, pour faire *triompher la légitimité :* il avait osé traduire ainsi un écrit pacifique où l'évêque répétait à chaque page qu'une intervention par les armes n'était pas nécessaire; que la ferme proclamation du droit, par l'empereur ou par l'Europe, suffirait. Et de plus ces fiers libéraux n'avaient cessé de faire appel contre les évêques à la répression. Chaque jour on les entendait dénoncer nos œuvres de charité, nos sociétés de Saint-Vincent de Paul, la liberté de l'enseignement : comme il le leur fut dit en face à l'audience : « Ils attaquaient toutes les libertés ; partout ils voulaient placer leurs adversaires sous l'oppression du silence. » Et pour un seul mot dit en passant, eux qui pouvaient parler tous les jours, ils faisaient un procès !

Voici les paroles de l'évêque : reprochant au rédacteur du *Constitutionnel* de n'avoir pas osé publier sa dernière brochure : « Je crois, disait-il, que c'est précisément parce que mes arguments sont irréfutables, que vous ne les avez ni réfutés ni publiés, ni vous ni d'autres; sauf le *Siècle*, toutefois, dont la réfutation n'a été qu'une calomnie. Puissants adversaires, qui ne savent lutter contre leurs contradicteurs qu'en étouffant leur voix dans l'oppression de la calomnie ou du silence.

Mais j'ai tort, Monsieur, de vous comparer au *Siècle*. Laissons ce journal. »

Après avoir mis expressément hors de cause le *Siècle* : « Laissons ce journal, » s'adressant ensuite au rédacteur du *Constitutionnel*, l'évêque le sommait de publier sa dernière lettre et de la réfuter : « Vous avez de l'honneur : si je me trompe, publiez ma lettre et réfutez-la. » Qu'est-ce que cela faisait au *Siècle* qui, lui, précisément, avait publié la lettre ? Plus mal inspiré encore, le Gouvernement ne craignit pas de mettre la main dans cette affaire. On découvrit une nièce de Mgr Rousseau, pauvre dame octogénaire, à qui on persuada que, son oncle ayant été diffamé, c'était un devoir pour elle d'en venger la mémoire ; et, comme les deux prétendus délits, l'outrage au *Siècle* et la diffamation envers Mgr Rousseau, avaient été commis dans le même écrit, les deux causes furent conjointes, et appelées en même temps. Le *Siècle* aurait voulu se donner le plaisir de voir un évêque sur les bancs de la police correctionnelle ; il dut y renoncer, et retirer sa citation ; car en vertu d'une disposition formelle de la loi, à raison de sa dignité, l'évêque n'était justiciable que du Conseil d'État, ou de la Cour, jugeant sans appel, à la requête du Procureur général : ce fut la Cour qui fut saisie.

On espérait que l'évêque, traîné devant les tribunaux, y laisserait son prestige ; c'était lui dresser un piédestal et le couronner d'une auréole.

En effet, les sympathies envers lui éclatèrent de toutes parts. Le barreau orléanais lui députa plusieurs de ses membres, et deux des principaux avocats de ce barreau, M. Quinton, bâtonnier de l'ordre, et M. Robert de Massy, ancien bâtonnier, tinrent à honneur de l'assister dans son procès. Le clergé orléanais se montra admirable : « Quel que soit l'arrêt qui intervienne, disait dans une Adresse présentée au nom de tous le Doyen du Chapitre, nos cœurs ne garderont qu'un seul souvenir, qui y demeurera profondément gravé : celui de votre zèle, de votre amour pour l'Église, et de votre courage épiscopal. » Mgr Dupanloup aurait pu décliner la compétence et l'audience, et les conseils en ce sens ne lui manquèrent pas. Il accepta la justice de son pays. Et, dans sa réponse au clergé orléanais, il en expliqua les motifs : « Je ne refuse pas plus d'audience, dit-il, que je ne décline la compétence, parce que avant tout j'accepte le droit commun de mon pays et j'honore ses juges. J'ai été conduit à me servir, pour la défense de l'Église, des moyens de la société moderne : la parole et la presse ; et je suis de ceux qui, tant qu'il reste un terrain légal, quelque étroit et même quelque dangereux qu'il puisse être, y entrent pour la défense de leur cause, et n'en sortent pas pour la défense de leur personne. » Il ajouta : « Je n'accepte d'ailleurs ici aucune discussion sur le droit et les convenances des évêques ; je n'engage en rien leur cause ; je ne crée aucun précédent contre eux, et leurs droits enfin ne peuvent être en rien ici débattus en ma personne ; car, si je suis prêt à subir tout débat, c'est sur l'usage que j'ai fait, non du droit des évêques, mais du droit des citoyens. » C'est avec cette dignité et cette intrépidité que l'évêque moderne, sans amoindrir en rien la majesté épiscopale, et sans abdiquer non plus la liberté du citoyen, se présentait devant ses juges.

Ce procès eut un retentissement immense, à cause soit de la personne incriminée, soit des grandes questions impliquées dans le débat, soit de la célébrité au barreau de tous ceux qui devaient y prendre la parole. Deux princes de l'éloquence française, deux hommes aussi honorés pour leur talent que pour leur caractère, devaient assister l'évêque : M. Dufaure et M. Berryer.

Un incident surgit qui troubla pendant quelque temps l'opinion publique. Il avait dit : « Mais pourquoi avez-vous choisi Monseigneur Rousseau ? Si, dans ce grand débat, il fallait invoquer contre moi mes prédécesseurs, on pouvait mieux faire. J'en ai eu de meilleurs encore : j'ai eu M. Raillon qui administra après lui le diocèse d'Orléans, malgré le Pape. »

Quelques personnes s'étonnèrent qu'il eût fait intervenir dans ce débat un évêque qui ne paraissait pas être en cause. Certes, il avait ses raisons. Il se souvenait, et il prévoyait afin de prévenir. Mais un petit neveu de M. Raillon, M. le baron Molroguier, ayant protesté contre l'accusation portée à la mémoire de son grand-oncle, et prétendu qu'il avait administré le diocèse d'Orléans, non pas malgré le Pape, mais sur l'ordre du Pape : « Et de cela, disait avec assurance M. le baron Molroguier, j'ai la preuve écrite, » les journaux hostiles firent grand bruit de ce démenti ; tellement que les défenseurs de Mgr l'évêque d'Orléans désirèrent que le terrain fût déblayé de cet incident avant l'audience. Force lui fut donc de reprendre la plume. Ce qui adoucit pour lui l'ennui de cette nouvelle polémique, c'est qu'elle lui offrait l'occasion de faire ressortir encore plus la leçon qu'il avait voulu donner, et, en élevant la question au-dessus d'un débat personnel, d'établir une doctrine que les temps où l'on se trouvait pouvaient rendre d'une capitale importance. C'est ce que tout d'abord il constatait : « Il y a, Monsieur, une grande question impliquée dans la réclamation que vous élevez, et je n'ai pas seulement à discuter ici un fait, mais des principes. Il est d'une importance suprême pour l'Église, si des circonstances aussi délicates que celles où s'est trouvé monsieur votre grand-oncle venaient à se représenter, que l'on sache, sans qu'il soit possible d'hésiter, quelle conduite un prêtre, qui a toute la conscience de ses devoirs, doit tenir, et quel jugement il en restera dans l'histoire. Je vais donc rappeler brièvement les *principes*, qui importent ici avant tout, et sans lesquels il est impossible d'apprécier, dans toute sa gravité, le *fait* que j'ai avancé, et que la vérité me condamne à maintenir. »

Il établissait donc, et d'une façon péremptoire, la vraie doctrine, longtemps contestée en France, sur la question de savoir si un évêque nommé, et non institué, peut administrer un diocèse comme vicaire capitulaire, et concluait « qu'il n'y a aucun moyen de se passer du Pape par le gouvernement de l'Église. » Chemin faisant, les défaillances sacerdotales de ce temps-là étaient encore par lui hautement et sévèrement châtiées. Quant au fait de l'administration irrégulière de M. Raillon, il était démontré avec une abondance de preuves écrasante.

Cet écrit terminé, il alla prendre quelques jours de repos à Rochecotte, chez Mme la marquise de Castellane, et nous députa de là à Paris, pour soumettre à ses défenseurs l'épreuve de son écrit, avant de le faire paraître. M. Dufaure refusa, comme chose superflue, du moment où l'évêque avait pris la peine d'écrire, de prendre connaissance du document. M. Berryer, au contraire, le lut lentement, nous posant de temps en temps des questions, et, quand il eut fini, il se mit à le discuter devant nous avec une précision merveilleuse : nous admirâmes l'esprit d'analyse et la puissance compréhension du grand avocat. M. le baron Molroguier fut atterré ; il avoua n'avoir pas la preuve écrite dont il avait parlé ; elle était, disait-il, entre les mains d'un de ses oncles qui se trouvait alors *à l'étranger*. Mgr l'évêque d'Orléans ne publia pas cette lettre, mais un de ses avocats l'avait dans son dossier pour la produire à l'audience, si, dans les débats, une allusion était faite à cet incident. On s'en garda bien [1].

L'effet de cet écrit fut considérable. « Ceux mêmes qui avaient le plus blâmé votre lettre sur vos trois prédécesseurs [2] ont été entraînés, lui écrivait M. de Montalembert, par la logique invincible, la souveraine éloquence, et la noble modération qui caractérisent celle-ci. » « Béni soyez-vous, cher Monseigneur, lui écrivait Mgr de Ségur lui-même, pour *tout* ce que vous avez fait. Je prie Notre-Seigneur qu'il donne à tous ses évêques un cœur aussi généreux que le vôtre. » « Vous raffermissez les colonnes du temple, » lui criait un autre évêque. « Mgr d'Orléans, répétait M. Cousin, émerveillé, c'est un athlète, un véritable athlète. » « Je lisais dernièrement, dans le second volume des mémoires du cardinal Pacca, sur la captivité de Pie VII, lui écrivait M. de Corcelles, quelques pages qui répondent éloquemment aux cœurs pusillanimes de ces

---

1. Plus tard, l'oncle qui voyageait alors à l'étranger répondit lui-même ; il avoua expressément que la pièce en question n'existait pas, et que le droit de M. Raillon à administrer le diocèse d'Orléans reposait uniquement sur l'élection capitulaire. — Mais sur ce point la lumière définitive était faite.

2. Un troisième, Mgr de Jarente, avait dû être nommé aussi.

temps et du nôtre, à ceux qui contestent aux évêques le droit de réprimander les grandes défaillances envers l'Église. « Que j'en ai vu, disait le digne compagnon du Souverain Pontife, après les attentats de 1809, de ces prélats, *in bello cervos, in pace leones...* Le grand cardinal Pacca, serait aujourd'hui sans charité et sans justice, aux yeux de ces prétendus modérés et libéraux ; mais l'histoire qu'il a dû écrire l'a mis lui-même à sa place, comme elle aura aussi de belles pages pour les combats de notre cher évêque d'Orléans. »

Les débats s'ouvrirent le 15 mars 1860. Une foule immense et sympathique stationnait aux abords du palais pour l'acclamer, si bien qu'il chercha le lendemain, pour entrer et sortir, les passages dérobés. La cour était présidée par M. Devienne. On vit assidûment à l'audience, pendant les trois jours que durèrent ces débats, MM. de Montalembert, de Falloux, Cochin, Albert de Broglie, avec une foule d'autres amis ; des ennemis aussi étaient là : le prince Napoléon lui-même crut pouvoir s'y montrer. L'évêque parut devant ce prétoire, simple et grand, dominant de toute la majesté de la cause qu'il représentait les tristes passions qui l'avaient amené-là. M. Senard, défenseur du *Siècle*, paraissait du reste accomplir à contre-cœur cette besogne que M. Jules Favre avait refusée [1]. « Répliquerez-vous, » lui demandait-on, après la plaidoirie de M. Dufaure? — Certes, non, répondit-il, c'est bien assez comme cela. »

M. Berryer retrouva ses grands élans.

Deux idées dominaient dans ces deux affaires : dans la plainte de la dame Bertin, les droits de l'histoire ; dans la plainte du *Siècle* la polémique de l'évêque d'Orléans, et, au fond, de l'épiscopat français, au sujet de la question romaine.

---

[1]. Un honorable avocat d'Orléans, M. Lecoy, recevait d'un de ses confrères de Paris, et transmettait à l'évêque les détails suivants : « Vous savez que Jules Favre refuse de plaider pour le *Siècle*, et voici les deux raisons qu'il m'a données lui-même : la première, c'est qu'il a une vive sympathie pour M$^{gr}$ Dupanloup, dont il admire le talent et l'indépendance ; la seconde, c'est que le procès est concerté entre M. Havin et le gouvernement, et qu'il ne veut pas être complice de cette alliance. » Orléans, 11 mars 1860.

Un frémissement courut dans l'auditoire lorsque M. Berryer, qui était chargé de repousser la plainte du *Siècle*, se tournant vers l'évêque, s'écria : « Laissez-moi donc, Monseigneur, vous faire apparaître à cette audience avec l'escorte de tout l'épiscopat français; » et après avoir cité des lettres adressées, en effet, à l'évêque d'Orléans par des évêques de tous les diocèses, et même de tous les pays, il conclut par ces paroles : « Accusé à votre barre d'avoir apporté trop de passion dans la lutte, il est remercié, félicité, béni, il est couronné comme vrai défenseur de l'Église par tout l'épiscopat français. »

Un autre superbe passage de cette plaidoirie, c'est le parallèle qu'il fit des deux libertés, celle du *Siècle* et celle de l'évêque, et qu'il termina par ces mots : « La liberté que je défends, ma liberté n'est pas la vôtre, et je déteste la vôtre, parce qu'elle tuerait la mienne. »

Alors « de bruyants applaudissements éclatent au fond de la salle.

» M. le premier Président : — Si ce qui vient de se passer se renouvelait, je ferais immédiatement évacuer la salle.

» M⁰ Berryer : — Je disais que le *Siècle*...

» M. le premier Président : — Mᵉ Berryer, la cour vous a écouté avec patience ; mais évitez ce qui pourrait provoquer l'auditoire à manquer de respect à la justice.

» Mᵉ Berryer : — Je ne croyais pas, en défendant la liberté, provoquer un manquement de respect à la justice.

» M. le premier Président : — La liberté n'est pas attaquée devant la cour, vous n'avez pas à la défendre.

» Mᵉ Berryer : — Mais... c'est la plus auguste des libertés qui est en question, et que j'ai à défendre! c'est la liberté de la foi, de la conscience, de l'honneur! c'est le droit d'un évêque! c'est son devoir plus grand encore que son droit! c'est le libre exercice de la puissance qu'il tient de Dieu même, c'est cette liberté que je viens revendiquer! L'évêque d'Orléans en a-t-il fait un usage coupable? Dans cette lutte, dont il convenait d'examiner en quelques mots le principe et le caractère, a-t-il adressé des imputations excessives à un adversaire qui ne les méritait pas? C'est là la question du procès, je le maintiens.

» M. le premier Président : — Oui, vous y êtes maintenant[1]. »

Mais la principale plaidoirie fut celle de M. Dufaure qui démontra avec une puissante logique les droits et la liberté de l'histoire.

« Au moment, dit-il, où la mort vient nous atteindre, cette partie immortelle de nous-mêmes qui fait notre personnalité, où se concentrent toutes nos facultés, naissent et se développent toutes nos erreurs et tous nos mérites, qui rattache pour nous le passé au présent par la mémoire et le présent à l'avenir par l'espérance, cette partie immortelle qui s'exerce en moi lorsque je cherche à vous exprimer ma pensée, qui agit en vous lorsque vous me prêtez votre bienveillante attention, notre âme, à ce moment, entre dans les conditions mystérieuses d'une vie nouvelle, où la pensée humaine ne peut que vaguement la suivre, où les injures de ce monde, ai-je besoin de le dire? ne peuvent pas l'atteindre : quelques moments après son enveloppe mortelle est déposée au sein de la terre, une pierre ou un monument la couvre. L'une et l'autre sont également protégés par nos lois contre toute injure et contre toute attaque, car la ville des morts a sa police comme la ville des vivants. Mais ce que nous appelons notre mémoire dans ce monde, ce souvenir que nous laissons après nous, cher à quelques-uns, indifférent pour beaucoup, ombre vaine si prompte à disparaître, les lois la protègeront-elles contre les attaques des vivants au point de déclarer que quiconque en aura dit librement sa pensée aura commis un délit?... Je ne m'étonnerais pas que quelquefois on le désirât; nous avons seulement à nous demander, car nous raisonnons sur le droit positif, si de toute attaque elles ont fait un délit, et si tous les

---

1. *Procès de M*gr *Dupanloup, évêque d'Orléans*, imprimé à Bruxelles, chez A. Decq, la publicité de ces débats étant interdite en France.

jugements de l'histoire sont du ressort de la police correctionnelle...

» La double tâche de l'historien est très nettement indiquée. Il a deux choses à faire : il raconte et il juge. Il raconte avec vérité, et il juge avec liberté. Il raconte avec vérité, c'est la première condition, et quant à moi je la tiens pour absolue. Après avoir raconté avec vérité, il juge avec liberté : du moment qu'on remplit la première condition, on a un champ sans limites pour remplir la seconde. Imaginez ce que serait l'histoire si l'écrivain n'avait pas le courage ou le pouvoir de juger, d'apprécier, de blâmer, ce qui lui paraît blâmable; d'estimer, de louer, de glorifier, ce qui lui semble digne d'éloges. Comment! Sous les yeux des lecteurs passeraient les faits coupables ou vertueux, les grands hommes ou les criminels, sans qu'un mot de l'écrivain vînt indiquer la valeur de chacun d'eux, et l'estime qu'il mérite, sans que l'écrivain parût ému des forfaits ou des grandes actions qu'il raconte! Le lecteur peu à peu s'accoutumerait à lire froidement ce que l'écrivain aurait raconté froidement; bientôt s'effacerait la distinction du bien et du mal; l'histoire, comme une loi menaçante l'aurait faite, ne serait plus qu'une œuvre immorale et le passé ne pourrait plus servir de leçon à l'avenir...

» Non, l'histoire ne peut être utile, ne doit être conservée, qu'à la condition d'être libre, et l'homme public doit savoir, il est bon qu'il sache qu'il n'a pas seulement à se préoccuper de l'opinion de ceux qui l'entourent, opinion trop souvent égarée, trop souvent factice, trop souvent injuste. Il est bon, quel qu'il soit, qu'il sache qu'après lui, en dehors de toutes ces influences locales, bien au delà de toutes ces passions contemporaines, il y aura une justice, la justice de la postérité. Elle ne s'exerce que par la voie de l'histoire libre : ne supprimez pas ce grand encouragement pour les bons, ce salutaire effroi pour les méchants... »

« Les applaudissements éclatèrent dans l'enceinte de la Cour. Telle était l'émotion des auditeurs, quel que fût leur rang, que nul de ceux qui en avaient la charge ne pensa à les réprimer¹. »

L'émotion fut bien autre encore quand l'évêque parla. La cause avait été admirablement plaidée à tous les points de vue juridiques; lui, il fit entendre surtout l'évêque; et nous ne croyons pas que, jamais, dans la conscience d'un grand devoir rempli, accusé ait parlé plus dignement et plus fièrement devant ses juges. « Soyez sûr que ce procès, lui avait écrit M. de Montalembert, vous vaudra, avec quelques désagréments momentanés, beaucoup de gloire vraie et durable. Mais il faut l'aborder franchement. Pas de faux-fuyants, pas de reculades, sous quelque forme que ce soit. » Certes, il n'y en eut sous aucune forme : jamais accusé n'ouvrit plus à fond son âme devant ses juges, et ne leur dit avec plus d'assurance : Voilà ce que j'ai fait et pourquoi je l'ai fait : prononcez.

Il exposa d'abord les raisons de sa présence à ce prétoire :

« Un évêque qui vient ici, Messieurs, y paraît dans un double sentiment : avant tout, le respect de cette égalité devant la loi, de cette justice pour tous, qu'un de mes adversaires n'avait pas besoin de me rappeler avant-hier, car ma présence y rend hommage... et j'aperçois au-dessus de vos têtes, Messieurs, l'image de celui qui donna ces bienfaits au monde.

» En second lieu, je laisse hors de cette enceinte ce qu'on nomme ma dignité d'évêque, mais j'y apporte toute ma conscience, et c'est elle qui me décide non pas seulement à répondre sur ce qu'on m'a demandé, mais à dire spontanément ce dont nul ne me demande compte, mes intentions et mes pensées, sans chercher si mes paroles m'exposent ou m'excusent.

» J'ai voulu défendre l'autorité spirituelle du chef suprême de l'Église dans sa souveraineté temporelle...

» Mais vous l'avez fait, me dit-on, vous le faites avec trop d'émotion...

---

1. *Revue des deux mondes*, 1ᵉʳ juillet 1882, *M. Dufaure, sa vie et ses discours*, par M. Georges Picot, de l'Institut.

» Avec trop d'émotion ! Eh bien, Messieurs, que Dieu voie et me juge ! Voyez-moi et jugez-moi vous-mêmes. »

Le Procureur général avait parlé de compensation ; avec une énergie sans pareille, un accent enflammé, l'évêque la repousse :

« Je suis obligé de dire que la compensation est impossible !... Impossible ici ! je ne l'accepte à aucun titre. »

Et voici les vraies raisons en même temps que les profonds motifs de l'émotion dont je vous rends compte.

» Ce que le *Siècle* a dit contre moi, ce n'est pas là ce qui m'a ému... Je vous lisais chaque jour, car je m'étais abonné à votre journal dont on me disait que la religion avait bien à se plaindre, qu'il y avait là une attaque profonde, immense, contre l'Église.

» J'ai donc dû lire pendant trois mois ce que vous avez dit contre moi, et je n'en ai pas été ému.

» Mais vous avez dit contre l'Église, dont je suis le fils et l'évêque, contre le clergé et contre les prêtres dont je suis le père, et dont je dois être le protecteur et l'ami, vous avez dit des choses qui ne se disent de personne sur la terre : alors je me suis ému ; j'ai senti que vous veniez blesser les affections qui me sont les plus chères et les plus sacrées, jusque dans mon cœur et dans mes entrailles ! Vous avez dit... »

Et alors, renvoyant à ces hommes qui étaient là près de lui leurs plus odieuses paroles, ces paroles qui avaient passé impunies et comme triomphantes devant leur million de lecteurs, ces insultes à l'Église, aux prêtres, aux évêques, à ce pontife payé pour ses bienfaits de tant d'ingratitude et outragé par eux dans ses malheurs.— « Ces malheurs, s'écriait-il, je ne les redis pas ici, le monde entier les connaît, et l'avenir en racontera la gloire » — « outragé... comme on n'outrage pas ; » il leur infligea, pendant un long moment, le supplice de les couvrir ainsi de leur propre honte, devant la justice française, puisqu'ils s'étaient amenés eux-mêmes si imprudemment sous le coup de sa parole devant des magistrats français.

« Et vous parlez d'honneur ! s'écria-t-il. Croyez vous donc, parce que nous sommes prêtres, que nous n'avons ni cœur ni âme !

» Parce qu'il y a en nous un double honneur, l'honneur humain et l'honneur sacerdotal, croyez-vous donc que chaque jour vous puissiez le blesser à coups redoublés, sous les yeux de vos 50 000 abonnés, et de ce million de lecteurs dont votre défenseur parlait tout à l'heure, sans que nous le sentions, sans que nous puissions pousser un cri ?... Les martyrs mouraient en silence ; mais quand on outrageait en eux leur foi, leurs frères, leur père, leur mère, Dieu, ils élevaient la voix et protestaient !... Et rien n'a pu éteindre cette voix, et la conscience du genre humain est demeurée avec eux.

» Vous vous étonnez de mon émotion... Mais cette Eglise, insultée par vous chaque jour, vous ne savez donc pas que je n'en suis pas seulement l'évêque ; j'en suis le fils, c'est ma mère ! Et quand un fils voit sans cesse sous les yeux du monde entier outrager indignement ce qu'il a de plus cher au monde, vous voulez qu'il ne sente rien, qu'il ne dise rien, et qu'il n'y ait pas même un cri contre vous dans son âme indignée !

» Eh bien, Messieurs, je vous l'ai dit, vous le savez maintenant. Voilà ce qui m'a ému ; voilà ce qui a jeté, amassé au fond de mon âme, ces émotions dont vous me demandez compte. Mais si je n'avais pas été ému, si je ne l'étais pas à cette heure encore, m'estimeriez-vous ? L'émotion de l'honneur blessé dans ses respects les plus délicats n'est-elle pas sacrée ? Qui jamais osa en discuter les accents ?... qui peut les juger ?

» Mais, M$^{gr}$ Rousseau ?...

» Ne craignez pas, Messieurs, ce n'est pas moi qui, le premier, ai remué sa cendre ;... mais, lorsque, je ne dirai pas la méchanceté, mais une effroyable imprudence est venue arracher le manteau dont parlait tout à l'heure, avec un juste respect, M. le Procureur impérial, vous qui invoquez contre moi son nom et ses actes, comment n'avez-vous pas senti que c'était une question d'honneur, et d'honneur épiscopal au plus haut degré, que vous souleviez ? Comment n'avez-vous pas senti que vous veniez me saisir au cœur, sur le siège même de l'honneur, dans mon église, au milieu de mes prêtres et de mes fidèles, dont tous les regards se tournèrent immédiatement vers moi?...

» Messieurs, j'ai dû répondre, et, je l'ajoute, répondre comme je l'ai fait, et j'accepte toute la responsabilité de mes paroles devant Dieu et devant les hommes; car j'ai dû répondre avec cette vérité, cette liberté de l'histoire, sans laquelle, comme le disait hier un de mes éloquents défenseurs, « la distinction du bien et du mal est effacée sur la terre, et les hommes ne sauraient bientôt plus ce que vaut le vice et ce que vaut la vertu. »

» Mais, que dis-je? j'étais ici bien plus qu'historien, je devais combattre, j'étais le défenseur nécessaire de l'Église et de la vérité.

» Quoi! on venait d'ouvrir sous mes yeux une brèche odieuse, qui pouvait faire pénétrer l'ennemi dans le cœur même de la place que je devais défendre! Cette brèche était ouverte, là, sous mes yeux, sous mes pas, au pied même de la chaire de ma cathédrale. Messieurs, j'y devais monter, et là, défendre le passage avec la dernière énergie; car, si je ne l'avais pas fait, tous les publicistes, tous les historiens du moment, tous les journalistes, passaient par là, et s'en allaient à la suite du guide inattendu qu'on avait évoqué de son tombeau pour en faire le chef de file de tous les ennemis de l'Église et du Saint-Siège. Eh bien, Messieurs, cela, cette défense nécessaire, énergique, immédiate, je l'ai dû faire, je l'ai faite, et, je l'ajoute, j'y ai réussi : nul n'a passé, nul ne passera par là...

» Il y a ici autre chose : prenez-y garde, j'étais juge ici, juge dans mon Église, juge pour l'Église, juge au nom de l'Église. On l'avait amené devant moi; sa cause, la cause de l'Église, était posée devant moi; le modèle qu'on nous demandait d'imiter était là; je ne pouvais l'éviter. Eh bien, j'ai fait mon devoir. Je l'ai jugé, je l'ai condamné, je n'ai rien voulu laisser subsister du modèle qu'on osait offrir à l'épiscopat français... A votre tour, jugez-moi...

» ... Messieurs, permettez-moi de vous le dire : laissez juger les évêques après leur mort : cela est bon pour les évêques, bon pour l'Église, bon pour le pays, bon pour la dignité des caractères, bon pour tous...

» Et, maintenant, Messieurs, jugez-moi à votre tour ; car, si j'ai jugé comme évêque un autre évêque, dans une cause qui est essentiellement du droit des évêques, la forme de mon jugement, par la contrainte de la situation qui m'était faite, et ma lettre adressée nécessairement à un journaliste, m'ont amené devant vous ; mais le fond est un jugement porté au nom de l'Église, qui ne le réformera pas [1]. »

M. de Montalembert se hâta de lui écrire : « Vous n'avez rien fait de plus grand dans votre vie. » Nous ne craignons pas de le dire, si, le lendemain, la France eût pu lire ces paroles, la France entière eût tressailli. Saint Jérôme dit de saint Hilaire que, quand il revint de ses combats contre l'arianisme, l'Église des Gaules tout entière le reçut avec un immense embrassement : *Hilarium e prœlio revertentem tota amplexa est Galliarum Ecclesia.* Les nombreuses lettres d'évêques que nous avons entre les mains nous permettent de dire que l'Église de France, que l'Église entière, éprouvait alors pour l'évêque d'Orléans un semblable enthousiasme. Le Saint-Père, dans un bref relatif précisément à la lettre qui avait donné lieu au procès, loua sa grande âme, *pro magnitudine animi tui;* et dans un bref de l'année précédente, il l'avait appelé le modèle d'un grand caractère, *magni excelsique animi exemplum.*

Il eût été impossible aux juges, sous l'émotion extraordinaire de ces paroles, de prononcer, si telle eût été leur pensée, une condamnation. C'était le samedi 17 mars ; l'audience fut remise au lundi 19, pour l'arrêt. Ce jour-là, vers midi, l'évêché était envahi, car l'évêque avait déjà quitté Paris : voulant éviter toute démonstration, il s'était abstenu d'assister à cette audience ; et un des hommes les plus considérables de la cité, un ancien député du Loiret, un ancien maire d'Orléans, M. Sevin-Mareau,

---

1. Quand il eut fini et que l'audience eut été levée, nous entendîmes un des juges dire à son voisin : « C'est un homme dangereux, mais bien fort. »

fit entendre de nobles paroles : « L'ardeur de vos efforts, disait-il, dans cette Adresse, répond à la sincérité, à l'ardeur de vos convictions ; à cette chaleur d'une belle âme pour tout ce qui est beau, vrai et juste. C'est là aussi, Monseigneur, le principe de ce zèle, de ce dévouement presque surhumain, de cette immense charité que nous admirons tous les jours. »

« Depuis que la Providence m'a envoyé à Orléans et fait Orléanais, disait l'évêque dans sa réponse, j'ai toujours senti que mon cœur battait près du vôtre, et je le sens à cette heure avec une douceur plus vive que jamais. »

Le *Siècle* fut débouté de ses trois plaintes, et humilié devant la France. La plainte des héritiers Rousseau fut déclarée non recevable[1]. Juridiquement cela voulait dire que quand la mémoire du mort est seule en cause, l'action correctionnelle n'est pas admise. Plus tard, il est vrai, le Procureur général, M. Dupin, essaya de faire prévaloir devant la Cour de cassation une autre doctrine, et n'accrut pas, par cette intervention, son renom d'indépendance. Mais cela n'est pas de cette histoire. Bref, et malgré la sévérité de certains considérants, qui n'étaient pas faits pour déplaire au pouvoir, l'évêque d'Orléans sortit de cette épreuve plus grand encore et plus honoré. Les catholiques voulurent consacrer le souvenir de cette grande lutte, et un comité, à la tête duquel était M. le prince Albert de Broglie, lui offrit une croix pectorale en or, avec une inscription qui rappelait la date mémorable de son procès. « Ne la refusez pas, lui écrivait M. Cochin, c'est chose faite d'élan et touchante à voir. » Ce fut celle que désormais il porta de préférence. Son successeur, après sa mort, l'offrit à Léon XIII, qui se montra heureux de ce souvenir du grand athlète de la papauté.

On eut bientôt une preuve éclatante de la faute qu'avait

---

1. « ... Par ces motifs, la Cour déclare la plainte des rédacteurs du *Siècle* mal fondée ; dit qu'il n'y a pas lieu d'examiner celle des héritiers Rousseau ; renvoie le prévenu sans dépens, et condamne les parties civiles aux frais envers l'État. » *Arrêt.*

faite le gouvernement en poussant à ce procès. Dix jours après, le 29 mars, à la demande de M. Cochin, M{{gr}} Dupanloup prêcha à Saint-Roch un sermon sur les salles d'asile, dont le fondateur en France est, on le sait, le père même de M. Cochin. L'église entière, la nef, les bas côtés, les chapelles, l'orgue lui-même, tout était envahi, et plusieurs centaines de personnes ne purent trouver place. Voilà la popularité qu'on lui avait faite. Dès qu'il apparut en chaire, quelque bruit fut essayé dans le fond de l'église, mais que l'organiste, M. Vervoitte, par une heureuse inspiration, couvrit aussitôt; puis, l'orgue ayant tout à coup fait silence, immédiatement l'évêque commença et tint pendant plus d'une heure l'immense auditoire suspendu à ses lèvres. Au reste, ceux qui s'attendaient à quelque sortie politique furent bien déçus. Il parla des enfants et rien que des enfants. Il eut dans ce discours un mouvement sublime, ce fut quand il cita ce fait connu : Albukerque opposant un enfant à la tempête, et obtenant ainsi le calme soudain des flots. C'est dans ce moment-là qu'il fallait voir en chaire l'évêque d'Orléans, et que sa magnifique action oratoire avait toute sa beauté. Il permit l'impression de ce discours recueilli par la sténographie, et M. Cochin l'en remercia par la lettre suivante : « Ce discours est comme une bénédiction sur la tombe de mon père, et une puissante protection pour son œuvre de prédilection. Il est pour moi-même un insigne honneur. A part tous ces motifs personnels de reconnaissance, je vous remercie encore de permettre que ce beau discours soit publié. L'*Ami de l'enfance*, journal des salles d'asile, le portera à toutes les salles d'asile de France et même à l'étranger. »

Au milieu de toutes ces traverses, que devenait son volume ? Il le poursuivait avec une ardeur infatigable dans l'intervalle des polémiques. « J'écrivais, a-t-il dit, en combattant ; je bâtissais d'une main l'édifice laborieux de ce livre, et de l'autre j'étais réduit à repousser des assaillants nombreux, des attaques sans cesse renouvelées. » Debout avant cinq heures du matin, son oraison faite et sa messe dite, dès avant sept heures jusqu'à midi, il travaillait sans désemparer; et cela tous les jours. L'œuvre avançait : toute la partie dogmatique et historique était écrite; là l'évêque d'Orléans exposait l'origine divine du Pontificat, ses admirables prérogatives, sa puissance spirituelle enfin. Puis il établissait combien est nécessaire à l'exercice de cette puissance spirituelle une pleine indépendance, c'est-à-dire une souveraineté; alors, ouvrant l'histoire, il montrait les préparations providentielles de cette souveraineté, puis son établissement définitif. Elle naît pour ainsi dire d'elle-même, de la force des choses. Charlemagne la reconnaît et la fonde : c'est l'œuvre glorieuse de la France. La suivant à travers les âges dans ses luttes et ses triomphes jusqu'à nos jours, il confirmait, par l'exposé de son influence et de ses bienfaits, cette parole de M. de Maistre : « Les papes ont été au moyen âge les véritables génies constituants de l'Europe. » Les bienfaits qui résultent de la dernière phase de son existence dans les temps modernes étaient résumés dans cette page éloquente :

« ... La Papauté, si elle n'est plus aujourd'hui comme autrefois l'aréopage politique de l'Occident, demeure du moins, avec plus d'éclat que jamais, et avec plus de liberté, dans une pleine indépendance, le tribunal suprême des consciences, la plus grande autorité morale du monde. Sa dignité, sa liberté, son action religieuse et civilisatrice s'abritent librement sous une couronne, sous une souveraineté temporelle, suffisante aux besoins de sa mission dans le monde, insuffisante à son ambition, si elle était tentée d'en avoir, et nullement menaçante pour aucune autre souveraineté. Établie sur le respect de tous et par les garanties formelles de droit public dans une neutralité honorable, jouissant d'une suprématie spirituelle aussi complète et aussi incontestée que jamais, son indépendance, mieux comprise, a été reconnue une nécessité pour l'équilibre européen et la paix du monde, et Rome est devenue un territoire sacré, interdit à toute ambition conquérante, asile inviolable du Pontife suprême. Ainsi ont cessé dans le monde moerne les malheureux conflits entre les deux puissances qui ont tant de fois et si longtemps désolé le Bas-Empire et le moyen âge ; ainsi ont été distingués dans le catholicisme, et dans le catholicisme seulement, les deux ordres spirituel et temporel ; ainsi les consciences catholiques ont échappé à la tyrannie qui a absorbé et dominé partout autour d'elle, en Occident comme en Orient, à Londres comme à Saint-Pétersbourg et Constantinople, le pouvoir spirituel... L'accord si longtemps cherché s'est fait enfin. Les Pontifes sur leur trône, et les Princes sur le leur, et le monde moderne s'est reposé à l'ombre de cette concorde. »

Suivaient les beaux chapitres déjà esquissés en 1848 : Rome, l'Italie et l'Europe sans le Pape ; toutes les hautes raisons qui commandent aux Italiens de ne point rompre leurs liens séculaires avec la Papauté, étaient là éloquemment développées ; après quoi venait ce que nous pourrions appeler la partie contemporaine et polémique de l'ouvrage.

Là l'auteur racontait, comme fera l'histoire, l'origine, les causes, les faits divers, qui avaient amené la situation actuelle, et les rôles qu'ont joués dans ces grands et tristes événements la France, le Piémont, l'Angleterre. La France, si généreuse et si politique en 1849, si imprévoyante et si oublieuse de ses traditions et de ses intérêts en 1859, ce contraste le frappait tellement qu'il l'avait signalé, nous l'avons vu, à M. de Montalembert, auquel il écrivait, en traitant lui-même ce sujet : « J'avoue que j'aurai un plaisir particulier à vous rendre hommage, à vous et à quelques autres. » Ce chapitre, et trois autres sur le Piémont, — sa politique vis-à-vis de Rome depuis douze ans, et les trois périodes pendant lesquelles elle se prépare, se démasque et s'accomplit, — écrits sous le feu des événements et plusieurs fois modifiés pour répondre à la face changeante des choses, étaient achevés. Ceux qui suivent sur le rôle de l'Angleterre dans la question romaine, s'écrivaient au moment même du procès : quelles révélations dans cette partie de l'ouvrage, et quelles lumières pour les Italiens sincères et les Anglais de bonne foi ! Quelle démonstration irréfutable de l'astuce et de la violence avec lesquelles tout s'est passé alors en Italie, aux applaudissements coupables de l'Angleterre !

Mais les événements marchaient plus vite que lui, et l'ouvrage, comme il l'avait craint, devait être publié sur des ruines. Avant qu'il eût pu être terminé, les attentats étaient définitivement consommés. Tandis qu'il le poursuivait, démontrant l'impossibilité des combinaisons successivement essayées, la dépossession du Pape par un congrès, la cession volontaire des Romagnes, la risible combinaison, rejetée à Turin comme à Rome, d'un vicariat de Victor-Emmanuel, l'Angleterre ayant de nouveau proposé un plébiscite, de nouveau on fit voter les provinces annexées, comme si ce second vote, fait dans les mêmes conditions que le premier, n'eût pas été aussi radicalement invalide et nul ; mais en même temps on fit voter Nice et la Savoie. Les stipulations de Plombières triomphaient enfin. L'empereur recevait son salaire.

Le vaillant évêque n'en continua pas moins son œuvre. Dans un magnifique chapitre, intitulé *la question européenne*, il mit en lumière avec une grande abondance de documents irrécusables les vices radicaux de cette seconde votation, et la profonde atteinte par là portée au droit européen, au droit des gens, à la sécurité des États. L'annexion de Nice et de la Savoie chagrina l'Angleterre. Mais, comme le disait, avec raison cette fois, M. de Cavour, dans une dépêche à M. le chevalier Nigra : « Après avoir réclamé pour les peuples de l'Italie centrale le droit de disposer de leur sort, le roi Victor-Emmanuel ne pouvait, sans encourir le reproche d'inconséquence et d'injustice, refuser le même droit à ceux de ses sujets qui habitent au delà des Alpes. » « Comment, écrivait l'évêque d'Orléans, l'Angleterre n'a-t-elle pas vu que les événements auxquels elle applaudissait en Italie posaient d'*eux-mêmes*, comme l'a dit M. le Ministre des affaires étrangères de France, la question de la Savoie, et bien d'autres. Je le crois, dans son étrange politique en Italie, l'Angleterre n'avait qu'une sympathie assez douteuse pour la cause italienne, et n'oubliait ni sa haine contre le pape, ni ses défiances jalouses contre la France ; ou plutôt je ne serais pas fort éloigné de penser que l'une n'était que le voile des autres. Il pouvait lui convenir, à elle, de voir se former sur nos frontières un fort royaume, capable de devenir au besoin le puissant appoint d'une coalition après avoir été l'instrument d'une révolution. La revendication du versant français des montagnes est venue surprendre en défaut sa perspicacité ordinaire. Et maintenant, elle ouvre les yeux; elle nous envie le soleil de Nice, et trouvant d'ailleurs parfaitement légitime tout ce qui s'est fait pour les Romagnes, elle vient se plaindre de ce qui s'est passé dans des conditions évidemment meilleures en Savoie. Plus la Savoie nous est chère, plus elle paraît à nos voisins un joyau précieux, aimable, enviable, et moins ils peuvent se consoler de la voir donnée à la France; et tout à coup les ministres anglais s'aperçoivent que l'arrangement des affaires de l'Europe et la paix de l'Europe ne peuvent être assurés, si l'Europe demeure exposée à des violations perpétuelles de territoire et à des craintes incessantes d'annexion et de désannexion. Mais comment l'Angleterre s'en est-elle aperçue si tard? Comment réclame-t-elle sur ce qui n'est en Savoie et à Nice que la conséquence de ce qu'elle a voulu et tant applaudi pour les Romagnes? Comment ne s'émeut-elle des principes qui triomphent en ce moment que quand ils profitent à la France? Voilà les conséquences et les mécomptes auxquels on s'expose quand on sacrifie la justice à ses intérêts et à ses passions.

« On dirait, poursuivait l'éloquent évêque, qu'il y a des époques de bouleversement et de confusion profonde où les intelligences se troublent, les vérités s'obscurcissent; où, dans la triste humanité, les consciences se renversent de fond en comble. Plus rien de fixe et de certain : les principes ne sont plus que des mots; on les invoque quand ils servent, on les foule aux pieds quand ils gênent; les hommes égarés marchent à l'aventure, sans direction ni lumière : serait-ce que, dans ces temps d'orage, nul flambeau ne brille plus aux yeux, dans le ciel troublé; et que, semblables aux tremblements de terre, les commotions politiques, en ouvrant des abîmes sous nos pas, font vaciller les astres sur nos têtes ? »

Le volume s'achevait par cette grande démonstration du profond ébranlement que faisait subir au droit des gens dans la vieille Europe la révolution italienne telle qu'elle était en train de s'accomplir d'un bout à l'autre de l'Italie, avec la coupable alliance ou connivence de souverainetés, qui minaient ainsi de leurs propres mains la base sur laquelle reposent toutes les souverainetés ; et aussi par quelques explications péremptoires sur les réformes dont on faisait un si grand bruit. Ce volume est donc à la fois un ouvrage de circonstance et un livre d'un intérêt permanent ; il discute les événements contemporains, et leur imprime la flétrissure que leur réserve l'histoire ; il discute surtout les doctrines, les principes engagés dans la question : et voilà pourquoi c'est « un travail approfondi, qui pourra, s'il plaît à Dieu, demeurer et parler toujours. » Éternellement on pourra le consulter sur la question de la souveraineté pontificale : ce n'est pas seulement, comme le disait l'auteur, « un rempart, » mais encore un arsenal.

La dernière page de l'introduction, cette page admirable qui rappelle le souvenir touchant d'un pèlerinage de Charles-Albert vaincu, à un vieux sanctuaire italien, près du rocher de la Turbie, et où l'évêque d'Orléans apparaît vraiment, dans sa noble douleur, comme ce prophète qui pleurait Saül, *lugebat Samuel, propheta domini*, s'achevait le jour même de la fête de Jeanne d'Arc, 8 mai 1860. Le lendemain l'évêque partait pour une laborieuse tournée de confirmation, et tout « en courant et en prêchant de village en village, corrigeait les épreuves de cette introduction. » De ce grand labeur il reçut bientôt la plus douce récompense qu'il pût souhaiter : Pie IX, rendant à l'épiscopat tout entier un hommage mérité, comme l'a fait éloquemment l'évêque d'Orléans lui-même dans l'introduction de son ouvrage, lui écrivit : « Rien ne pouvait être plus doux à notre cœur que de voir nos Honorables Frères les évêques se tenir, au fort de la tempête, debout comme un mur d'airain, pour protéger la maison d'Israël. Cette consolation, vos travaux et vos luttes nous l'ont apportée, Vénérable Frère, alors qu'après avoir été *un si intrépide défenseur de l'autorité et des droits de ce Saint-Siège et de la discipline de l'Eglise* [1], vous avez publié sur notre pouvoir temporel et sur la souveraineté pontificale *un livre plein de vérité et de lumière*, de sorte que, *parmi tous ceux qui, en ce même temps, se sont dévoués à cette laborieuse tâche*, NUL NE PARAÎT DEVOIR VOUS ÊTRE COMPARÉ [2]. »

1. Allusion aux lettres à M. Grandguillot et à M. le baron Molroguier.
2. *L'évêque d'Orléans devant le Saint-Siège et l'épiscopat*, par l'abbé Chapon, p. 227.

## CHAPITRE XVII

LUTTES POUR LA SOUVERAINETÉ PONTIFICALE
(suite)

Seconde phase de la lutte : l'invasion des États-Romains
Castelfidardo
Oraison funèbre des martyrs de Castelfidardo
L'Evêque d'Orléans poursuit son grand ouvrage de l'Éducation
Diversions de toute nature
Réponse à la brochure *Rome, la France et l'Italie*
Article sur *les Moines d'Occident*
Amitié croissante de l'Evêque d'Orléans et de M. de Montalembert
Discours en faveur de l'Irlande
Discours sur l'Agriculture : l'Evêque mis en interdit
Noble attitude de la magistrature orléanaise
Infructueuses négociations du Préfet avec l'Evêque
Conférences aux mères chrétiennes
Prédications à la cathédrale
Pèlerinage à Einsiedeln pour le millénaire
Circulaire de M. de Persigny contre la Société de Saint-Vincent de Paul
Réponse de l'Evêque d'Orléans
Oraison funèbre de Mgr Menjaud
Publication de la 1ʳᵉ série des Œuvres choisies
1860-1861

Dans sa réponse à la brochure *le Pape et le Congrès*, Mgr l'évêque d'Orléans avait écrit, et non sans intention, ces paroles : « Une aumône! Ah! si le Père des fidèles doit en être réduit là, il la recevra plus noblement de la main des pauvres que de vous! Cinq cents évêques, qui, dans le monde entier, hier, ont fait par lui entendre leur voix, recueilleraient encore au besoin l'antique denier de saint Pierre, et le monde catholique lui donnerait même des soldats, s'il le fallait. »

Un héros, condamné au repos par ses opinions politiques, se promenait de long en large dans sa chambre pendant qu'on lisait devant lui ces paroles : « Si l'on fait quelque chose pour le Pape, dit-il simplement, j'en suis. » C'était M. de Pimodan.

On fit, en effet, quelque chose. Comme l'évêque d'Orléans se trouvait à Paris pour son sermon de Saint-Roch, un matin, un ecclésiastique romain se présente à la rue Monsieur pour le voir. On lui répond que l'évêque ne recevait personne à cette heure-là. L'ecclésiastique décline son nom : « Mgr de Mérode. » Sur-le-champ il est introduit. Mgr de Mérode, beau-frère de M. de Montalembert, était un prélat connu pour son dévouement à Pie IX. Ancien officier de notre armée d'Afrique, quoique Belge, il avait gardé, sous l'habit ecclésiastique, une âme vaillante. Il venait apprendre à l'évêque d'Orléans une grande nouvelle : il avait décidé le général de Lamoricière à mettre son épée au service du Pape. Ce fut en France, et dans tout le monde catholique, un tressaillement de joie et d'orgueil à la nouvelle de ce magnanime dévouement. « Il n'y a que deux hommes en France, Lamoricière et l'évêque d'Orléans », disait, dans son admiration, un général français [1]. Lamoricière, auprès de Pie IX, c'était la France, la vraie France, fidèle à toutes ses traditions. Politiquement, la pensée du Saint-Père, de se protéger lui-même, était d'une grande portée; elle enlevait aux ambitions liguées contre lui l'espérance d'insurrections nouvelles et de mensongères votations. L'armée que le Saint-Père pouvait réunir, insuffisante sans doute à repousser la force par la force, suffirait pour forcer à déposer les masques, et tacher de sang à jamais la main des spoliateurs. Elle suscita, d'ailleurs, les plus beaux dévouements qu'aura vus ce siècle. « Quand je pourrai élever mon nom au bout de mon sabre, avait dit le général de Lamoricière, j'aurai des soldats. Je sais comment, en huit jours, on fait des zouaves. » « Allez, dit à un jeune volontaire une Princesse vénérée, défendre un saint sous la conduite d'un héros. » Voilà comment surgit l'armée pontificale.

Le denier de Saint-Pierre aussi fut recueilli, et les circulaires ministérielles n'y purent rien. Un des premiers, l'évêque d'Orléans l'organisa dans son diocèse, et publia une lettre éloquente pour le susciter partout. Hélas ! et son dernier cri,

---

1. Le général Trochu. — Lettre de M. de Montalembert à l'évêque d'Orléans, du 13 avril 1860.

son dernier appel, sera encore pour cette œuvre. On peut évaluer à bien près de 100 000 francs la moyenne des sommes envoyées, chaque année, à Rome, par l'évêque d'Orléans. Plus d'une fois Pie IX a rendu hommage à la générosité orléanaise.

Les ombrages du Piémont contre la petite armée pontificale sont la gloire des volontaires catholiques. M. de Cavour résolut de l'écraser au plus vite. Il avait expérimenté la complaisance de la France; d'ailleurs, il en avait payé le prix : à quoi bon dissimuler? La plus audacieuse violation du droit des gens ne l'arrêta pas. On lâcha Garibaldi contre la Sicile et contre Naples, afin d'envelopper Rome de tous côtés : en plein jour, dans les ports du Piémont, dans ses villes, les enrôlements furent reçus, l'expédition s'organisa : jamais complicité ne fut plus évidente, et n'en fut pas moins, comme toujours, impudemment niée. Les vapeurs qui portaient Garibaldi et ses bandes passèrent à travers la flotte de l'amiral Persano, qui avait ordre de le poursuivre, mais de façon, disaient les instructions, à le laisser s'échapper. De la Sicile, l'audacieux aventurier se jeta sur les provinces napolitaines. La trahison vint à son aide, et les vaisseaux anglais aussi. Le jeune roi s'enferma dans Gaëte. Pendant ce temps-là, le Piémont massait soixante mille hommes sur la frontière des États Pontificaux.

Cependant l'Empereur visitait la Savoie, et recevait les félicitations, même des évêques! Presque en même temps l'évêque d'Orléans arrivait à Menthon. L'auteur de *Rome devant l'Europe*, M. Sauzet, vint, selon sa coutume, l'y visiter. Nous l'entendons encore, la veille du jour où l'évêque devait partir pour Lacombe, comme on discutait les craintes et les espérances, s'écrier : « L'Empereur, laisser faire M. de Cavour! à la face de l'Europe! je l'en défie! » Hélas! le lendemain même, à Alby, chez M. le comte de Thiollaz, où il s'était arrêté, les journaux qu'il trouva là apprirent à l'évêque d'Orléans l'attentat inouï, impossible : sans grief quelconque, sans déclaration de guerre, M. de Cavour avait lancé ses soixante mille hommes sur les États Pontificaux. « Pour livrer bataille à la révolution sur le territoire du Pape, » osait-il dire, dans le manifeste par lequel il expliquait à l'Europe son agression : monument d'une rare audace, assurée de l'impunité. Quelques jours auparavant avait eu lieu, à Chambéry, la fameuse entrevue entre l'Empereur et Cialdini !

Ceux qui, des hauteurs de Lorette, regarderont les sommets voisins, que couronnaient, avec une artillerie formidable, les soldats de Cialdini, seront peut-être stupéfaits de ce que « ce Lamoricière », loin de « fuir », ait osé combattre avec sa poignée d'hommes. Mais c'est ici qu'il faut redire le mot célèbre, qu'il est des défaites triomphantes à l'envi des victoires : Castelfidardo resplendit, comme un point lumineux, à travers les hontes de ce temps, et le généreux sang qui a coulé sur ces collines éternellement élèvera la voix pour dire au monde le vrai mot de ce qui s'est fait là, de ce que le Piémont a osé, de ce que la France a permis, de ce que l'Europe a souffert : *Latrocinium*. Cette tache restera indélébile sur l'unification italienne.

L'évêque d'Orléans se trouvait à Lacombe quand arriva la nouvelle de cette bataille. Aussitôt la pensée de rendre un grand hommage aux vaincus, et de faire entendre au monde la protestation de l'honneur catholique et français, surgit dans son âme, et sur-le-champ il envoie l'ordre d'annoncer un service solennel à sa cathédrale pour le 9 octobre suivant. Chez M$^{me}$ de Montbriant, où il s'arrêta deux jours, il traça les grandes lignes de cette oraison funèbre et en écrivit l'exorde. Le lendemain soir, à Bligny, il communiquait ce plan à M. Foisset. Arrivé le 6 octobre à Orléans, le 9 il montait en chaire, au milieu d'une foule immense. M. Berryer était dans l'auditoire ; on le vit fondre en larmes aux premières paroles de l'évêque :

« Nous venons déposer sur leur tombe lointaine non pas des larmes, mais des louanges, avec nos prières ; et sur ce qui reste d'eux ici-bas, sur le dépôt vénéré de leurs cendres bénies, redire à leurs âmes immortelles : Vous êtes bien heureuses, car ce qu'il y a encore ici-bas d'honneur et de gloire pure s'est reposé sur vous, avec la vertu de Dieu. »

Il ne put tout dire dans cette chaire. « J'ai rarement rien

fait dans ma vie, écrivait-il après le discours à M. du Boys, qui m'ait donné autant de peine, non pas tant à cause de ce que j'ai dit, que de ce que je n'ai pu dire, et dont j'étouffais. Je m'en suis tenu à la grandeur morale, et n'ai presque rien dit sur les indignités et les horreurs dont nous sommes témoins et victimes. » Néanmoins, les auteurs et les complices de l'attentat reçurent la flétrissure méritée ; et les *héros* et les *martyrs* — telle était la division du discours, — furent glorifiés magnifiquement. Faisons sentir, au moins par quelques extraits, le souffle d'honneur chrétien et français que le fier évêque fit ce jour-là encore passer sur les âmes :

« Je ne sais, Messieurs, mais en méditant sur cette grandeur morale, quelque chose de profond, de sacré, de divin, comme un respect religieux, me saisit devant ces jeunes courages... O collines de Castelfidardo, qui avez bu leur sang et garderez leurs os, votre nom hier encore était inconnu, désormais il est immortel ! Ah ! c'est que, bon gré mal gré, la gloire pure laisse sur la terre des traces resplendissantes que rien n'efface. Les trépas généreux consacrent à jamais les lieux où sont tombés les héros. Pourquoi faut-il qu'après tant de siècles les âmes palpitent encore au nom des Thermopyles ? Parce que là trois cents soldats à qui la Grèce avait confié la cause de sa liberté ne reculèrent pas devant des milliers de barbares... O collines de Castelfidardo, vous fûtes pour ces nobles jeunes gens les Thermopyles de l'honneur ! Ils étaient là au poste du dévouement, et ils y moururent. Le vieil honneur du sang français, l'honneur du sang chrétien, ils l'ont soutenu jusqu'au bout. Ils sont tombés, mais ils n'ont pas été vaincus. Leur constance jette un reflet immortel sur leur glorieux désastre... et, comme une bouche étrangère et protestante le disait naguère, « ce sont les derniers martyrs de l'honneur européen. »

Et voici comme il expliquait ce martyre, après avoir glorifié cet héroïsme : qui ne le reconnaîtrait lui-même à ces traits ?

« Il y a, entre le bien et le mal, entre la vie et la mort, un duel éternel sur la terre : *Mors et vita duello conflixere mirando...* Dans ce duel, il y a des êtres prédestinés à être les témoins, les répondants du bien, de l'honneur, de la justice.

» Si vous voulez les reconnaître en ce monde, ces nobles prédestinés, cherchez-les sur les hauteurs ! Il y a quelque chose en eux qui n'est pas dans le commun des hommes et qui vous les signalera : vous les reconnaîtrez à leur front, à leur regard.

» Il y a sur leur front un signe d'honneur, et dans leur regard une flamme de vie.

» Ils marchent à l'écart, sur les sommets, loin des bassesses, loin des cupidités, loin des ambitions, loin des égoïsmes.

» La foule les admire ou les maudit : n'importe, ils vont toujours.

» Et la justice vient à eux ; ils la voient dans sa pure et sereine lumière ; et elle leur dit : « Veux-tu être mon témoin, mon second ?... Et eux, ces glorieux prédestinés, répondent dans leur cœur : « Oui, je le veux. »

Martyrs ? Mais « qu'ont-ils donc attesté du monde ?

» Oh ! ils ont attesté ces grands principes que l'humanité ne peut laisser oublier ni prescrire sans que tout se trouble sur la terre, à savoir :

» Que la force ne constitue pas le droit ;

» Que la parole humaine est sacrée, et que la violer c'est un crime ;

» Que la politique n'a jamais le droit d'appeler le bien mal, et le mal bien ;

» Que la félonie et la trahison seront toujours méprisés par tout ce qui a un cœur d'homme ;

» Qu'il y a une vertu dans le dévouement, une fécondité dans le sacrifice, une force dans l'honneur ; » etc.

Il y avait quelque chose de Bossuet dans la péroraison :

« David autrefois maudissait les collines de Gelboé, où étaient tombés les forts, les vaillants d'Israël... O collines de Castelfidardo, sur toi aussi sont tombés les vaillants d'Israël, plus forts que les lions, plus prompts que les aigles, aimables et beaux dans leur vaillante jeunesse... Et cependant ne sois pas maudite. Leur sang t'a consacré. Sur toi leur épée s'est brisée, sur toi leurs corps ont été déchirés, sur toi ils sont morts. Eh bien, malgré cela, je te bénis, je te glorifie : tu seras à jamais une colline glorieuse, immortelle; car c'est sur toi que sont tombés les héros, en faisant leur devoir pour la religion et pour la justice... Et comme on va visiter les champs fameux par les antiques batailles, on ira voir les lieux où ils sont tombés, ces braves, en baiser la poussière, y respirer la foi, l'honneur, le courage, et recueillir là le souffle de vie et d'immortalité qui s'en échappe... Moi aussi, un jour, si Dieu le permet, j'irai visiter ces lieux chers et sacrés; ce sera mon dernier pèlerinage ici-bas; j'irai là bénir Dieu de nous avoir donné, dans ces jours terribles, une belle consolation et une belle lumière; j'irai relever mon cœur de ses tristesses, et fortifier mon âme de ses épuisements... j'irai apprendre d'eux à conserver en moi la flamme du zèle pour l'Église et pour les âmes, feu sacré qui doit brûler toujours au cœur d'un évêque... j'irai, sur leur tombe, ranimer mon ardeur éteinte et retremper mon âme pour mes derniers combats. »

« Et maintenant, écrivait-il à M. du Boys, j'espère n'être pas rejeté dans des travaux extrêmes, comme l'année dernière, et n'avoir plus à faire que ce que j'ai à faire. » Il voulait dire ses œuvres épiscopales et ses livres. Il avait à cœur d'achever son grand ouvrage sur l'Éducation : deux volumes seulement de la I$^{re}$ partie avaient paru; restait le troisième; ainsi que le second et le troisième de la *Haute éducation* intellectuelle. Commencé à Lacombe, dans le mois de septembre de cette année 1860, ce troisième volume de l'*Éducation en général* fut achevé vers le milieu de l'année 1861. Il avait pour titre *les Hommes d'Éducation*. Ceux qui voudraient connaître dans le vrai et à fond l'éducation donnée par le clergé n'ont qu'à ouvrir ce volume : l'évêque livre là tous ses secrets. Là sont les règlements qu'il avait donnés à son petit séminaire de Saint-Nicolas, et qu'il appliquait à son petit séminaire de la Chapelle. Il y a là des trésors d'expérience et de raison; ce volume devrait être le manuel de tous les hommes qui s'occupent d'éducation, libre ou officielle, laïque ou ecclésiastique, n'importe sous quel nom et sous quelle forme. Mais combien d'autres travaux encore étaient venus à la traverse de ce volume!

Et, d'abord, il lui fallut de nouveau revenir à la question romaine. Malgré les adulations et les servilités, l'Empire sentait sur lui la tache du sang impunément versé par le Piémont. La réprobation unanime de la conscience catholique était plus importune qu'on affectait de le croire. De courageuses paroles, du reste, avaient retenti à la tribune du Corps législatif et même au Sénat. Et il fallait bien voir aussi que la situation du Saint-Père était affreuse. Le Piémont voulait Rome, et il le disait : « Il nous faut pour capitale la Ville éternelle, s'était écrié, après son glorieux succès, M. de Cavour, et nous y serons dans six mois. » Endormir, tromper encore les catholiques, était-ce possible? Mais égarer l'opinion publique, et faire retomber sur le Pape lui-même la responsabilité de ses malheurs, un écrivain, non plus anonyme cette fois, mais officiel, M. le vicomte de la Guéronnière, directeur de la *Presse*, fut chargé de l'essayer, dans une brochure intitulée : *Rome, la France et l'Italie*, dont on fit grand bruit, et qui n'était qu'une justification spécieuse de la politique impériale en même temps qu'une perfide accusation du Pape et des catholiques. L'écrivain officiel prétendait « définir les responsabilités, » et, naturellement, il les faisait toutes retomber sur nous. Deux évêques, Mgr Gerbet, Mgr Pie, et des écrivains catholiques, M. Poujoulat et d'autres, lui répondirent. Mais, déjà, le premier de tous, l'évêque d'Orléans avait parlé, et, après son écrit[1], le plus vif, le plus incisif, le plus clair, le plus pressant, le plus politique peut-être de tous ceux qu'il avait jusque-là publiés, l'habile brochure de M. de la Guéronnière, ses argu-

---

1. *Lettre de Mgr l'évêque d'Orléans à M. le vicomte de la Guéronnière en réponse à la brochure* la France, Rome et l'Italie. On peut la lire dans la 1re série des *Œuvres choisies, Défense de l'Eglise*, t. II.

ments, son historique, ses conclusions, étaient absolument anéantis. C'était plus qu'une réfutation, c'était un châtiment. Ce qu'il n'avait pu dire en chaire, dans son oraison funèbre, il en soulagea, enfin, son âme; et les horreurs de l'invasion piémontaise furent stigmatisées en traits de feu. La duplicité de la politique qui perdait le Pape fut de nouveau dévoilée, sans qu'une illusion quelconque pût subsister. C'est dans cette lettre (nous prions qu'on en veuille bien remarquer la date, février 1861) que le perspicace évêque écrivait ces paroles, trop prophétiques : « L'unité italienne, mère très prochaine et très menaçante de l'unité allemande. » Oui, nous défendions les intérêts français en même temps que les intérêts catholiques : pour une idée étrangère, ou par haine de l'Église, les adversaires les sacrifiaient.

Puis vint un grand travail sur *les Moines d'Occident*, de M. de Montalembert. Nous avons dit comment cet ouvrage, qui devait être l'histoire d'un moine, saint Bernard, était devenu l'histoire des moines, M. de Montalembert, sur les conseils de l'abbé Dupanloup, ayant supprimé le volume qui en devait faire l'introduction pour transformer cette introduction en une véritable histoire de l'institut monastique en Occident. L'évêque d'Orléans suivait avec sollicitude ce travail, poursuivi avec constance par M. de Montalembert dans les intervalles de repos que lui laissaient les luttes publiques et la maladie cruelle dont il sentait déjà les atteintes. Au reste, leur mutuelle affection, depuis que l'épiscopat avait éloigné de Paris l'évêque d'Orléans, croissait avec les années, et devenait comme un besoin de l'un et de l'autre, et comme l'arome terrestre (pourquoi un évêque en serait-il sevré?) de leurs vies diversement, mais amèrement éprouvées. On dirait que les fortes natures sont le vrai sol où germent les grandes tendresses. Ce spectacle nous paraît doux à contempler dans les tristesses de ce temps.

« Je m'aperçois bien que je vous aime, écrit l'illustre évêque à son ami, le 30 octobre 1851, toutes les fois que la poste m'apporte de votre écriture. Vos lettres reposent mon cœur de toutes celles qui viennent chaque jour m'accabler. » Leurs rapides entrevues à Paris, où l'évêque ne paraissait, disait M. de Montalembert, « que pour être haché en quarante morceaux, » ne pouvaient leur suffire : M. de Montalembert ira à Orléans, l'évêque d'Orléans à la Roche-en-Breny; mais trop rarement à leur gré. « Dites-moi, lui écrivait encore l'évêque, est-ce que vous ne viendriez pas faire quelque pèlerinage d'un jour ou deux avec moi dans nos forêts? J'aurais tant de choses à vous montrer et à vous dire! L'abbé Gratry, qui demeure maintenant ici, en serait si vous vouliez. Venez entre deux tempêtes; car si la Providence ne vient à notre aide, les tempêtes ne nous manqueront pas. » On sentait approcher le coup d'État.

Leur attitude, alors, nous l'avons vu, fut différente; leur amitié n'en souffrit pas. « Mon bon et cher ami, écrit l'évêque à M. de Montalembert déjà désabusé, le 2 septembre 1852, vous m'écriviez en la fête de saint Augustin ; et ce jour-là, à Besançon, j'étais occupé de vous devant Dieu, agenouillé devant ce digne et tendre visage (du cardinal de Rohan) que vous y avez probablement contemplé, vous aussi. Là je repassais avec grande douceur ces anciens souvenirs au milieu desquels je vous rencontrai tout à coup; et puis, bientôt après, douze années de séparation; et puis, ces quelques années dont vous me parlez avec un si juste regret, car il y eut là de grandes choses de faites. Il s'est trouvé là des jours où vous, et quelques-uns de ceux que j'aime, avez été grands. Cette religieuse grandeur se retrouvera-t-elle? Dieu le sait. Je ne l'espère que de sa bonté.

» Et puis sont venus les temps où nous sommes : temps d'une confusion inexprimable, où le bon sens, la dignité, l'honneur, succombent.

» Voilà ce que je repassais dans mon souvenir devant ce marbre froid, et là je me sentis porté à prier Dieu pour vous, pour votre sœur qui, je l'espère, est avec Dieu, pour votre mère, que j'ai plus connue que vous ne pensez, et pour ce pieux cardinal qui, je l'espère, prie pour nous tous.

» Quant aux choses dont vous me parlez dans votre lettre, je les abandonne à Dieu. Le plus difficile en ce monde, ce n'est pas de faire son devoir, c'est de le connaître. L'attente, le silence et la paix sont les meilleures conditions pour l'avenir.

» Votre écriture me sera toujours chère, quelque chose qu'elle dise. J'ai le cœur fidèle et l'esprit peu querelleur. »

Ce pèlerinage à Saint-Benoît, « où l'abbé Gratry et Virgile leur avaient fait oublier les agitations et les querelles, » leur fut si doux à tous les deux, que l'année suivante M. de Montalembert parla de revenir à Orléans. « Dites-le-moi un peu d'avance, lui écrivit l'évêque (4 mai 1853), afin que j'éloigne de moi toute autre visite, et même toute autre occupation, et que nous puissions causer ainsi tout à loisir de choses si importantes. » Quelque temps auparavant (19 mars 1853), à propos de ce qu'il appelle « les indignités » de l'*Univers* contre M. de Montalembert, il lui avait écrit : « ... Je me laisse entraîner à trop vous dire. J'avais passé quelques beaux jours avec vous dans ces beaux jours de votre vie où vous fûtes un enfant si heureux de l'Église et si béni de Dieu, et j'ai voulu vous le dire. Vous savez, malgré nos dissentiments possibles, quelle douceur mon âme éprouve toujours lorsqu'elle rencontre la vôtre. »

A son tour M. de Montalembert le réclame à la Roche-en-Breny. L'évêque d'Orléans, depuis ses premières visites à ce lieu, en voyait en quelque sorte flotter sans cesse devant ses yeux l'image. « Mon inclination de cœur est vers vous, lui écrivait-il, le 25 octobre 1855, vous le savez : j'aime vos solitudes, vos lacs, vos bois, votre granit, et surtout votre amitié, qui a la netteté et la solidité de ce granit, et parfois sa tendresse. » Voici la description qu'il en a faite lui-même : « M. de Montalembert habite, au milieu des bois et des lacs du Morvan, un vieux château qui a encore ses tours et ses fossés, ses grandes salles, avec des tapisseries antiques, et des devises de chevalerie, fières et nobles; par exemple : *Bien ou rien;* et encore : *Plus d'honneur que d'honneurs.* Puis, dans un appartement retiré, est sa vaste bibliothèque, vrai sanctuaire où il se tient, avec ses massifs in-folio, pour son grand travail, qui se prolonge souvent bien avant dans la nuit. » Et, après avoir visité, au Bourg-d'Iré, M. de Falloux, autrement, mais non moins dignement établi, il écrivait, joyeux, à M. de Montalembert : « J'ai été charmé de connaître son habitation, et de voir que les deux hommes que j'aime et j'honore le plus *inter laicos* savent s'établir si noblement chez eux. »

Plus les années s'écoulent, plus les appels de M. de Montalembert deviennent pressants. En 1855 le *Correspondant* est réorganisé ; c'est une raison de plus pour que l'évêque vienne à la Roche-en-Breny en conférer. Puis arrivent les déboires de la vie publique, l'échec électoral de 1857, qui mit fin à la carrière politique de M. de Montalembert, l'ingratitude et l'abandon des catholiques : « J'ai grand besoin de vos prières, écrit à son ami le glorieux vaincu, pour qui l'*Univers* gardait cependant encore « un reste de pitié, » et j'y compte. J'ai besoin de compter sur le petit nombre d'amis qui ne m'ont pas abandonné en même temps que le succès et la renommée (18 juillet 1857). » Et un peu plus tard (7 septembre 1857) : « Venez donc me voir en octobre, surtout si vous n'êtes pas pressé. Nous sommes à l'âge où l'on perd ses amis, et où l'on ne s'en fait plus. » L'année suivante, nouveaux appels : « Il faut nous dépêcher d'user du peu de temps qui nous reste pour resserrer les liens qui nous unissent, et qui ont survécu à tant d'orages. » Et le 15 mai 1859 : « Il y a des siècles que je n'ai eu de vos nouvelles ; d'autres siècles depuis que je vous ai vu. Nous sommes, cependant, dans un temps où l'on a besoin de se voir et de se *recorder*, comme disait M. Molé. » Cette année-là, ils purent se voir, et nous avons dit avec quel courage M. de Montalembert acheva et put lire à ses amis son beau travail pour la défense du Saint-Siège : *La France en* 1849 *et en* 1859[1].

---

1. *Correspondant*, janvier 1861.

Des *Moines d'Occident*, dans cette correspondance et dans ces entrevues, il est, bien entendu, sans cesse question. Ayant voulu relire une fois encore le premier travail, l'évêque d'Orléans (14 avril 1850) en parle ainsi à son ami : « Un regard que je viens de jeter sur votre volume a ravi et reposé mon âme. Que j'aime celui qui a écrit ces pages ! Et combien sa vraie nature est ignorée de ceux qui croient la connaître le plus ! » L'année suivante, M. de Montalembert ayant été reçu à l'Académie française, l'évêque d'Orléans se préoccupe de son discours, et il lui écrit : « Je voudrais bien que votre discours de réception fût un accent de cette âme que le monde politique ne connaît pas, et que je ne connais bien moi-même que depuis la lecture du livre inconnu que vous savez. »

Enfin, M. de Montalembert se décida à mettre la main à l'œuvre : « Je vais, écrit-il à l'évêque, le 4 mai 1852, passer ma dernière semaine de liberté à la campagne ; j'emporte avec moi le volume que vous avez annoté en 1847, et, dès que la session sera terminée, et que j'aurai pris une saison d'eaux, je compte me replonger dans le *Monasticon*, et le publier à la fin de l'année. » Il s'aperçut bientôt, une fois qu'il y eut regardé, que ce ne serait pas chose si facile. « Je m'occupe de mon *Monasticon*, écrit-il le 22 octobre 1852, et suis désolé de ne pouvoir pas déchiffrer le sens d'un grand nombre de notes au crayon dont vous avez honoré mon volume. Mais il en est beaucoup aussi que je lis parfaitement, dont je compte faire mon profit, et qui me remplissent de la plus vive reconnaissance pour votre bonté à mon égard. » A travers les déboires de la vie politique, les polémiques pour ses causes, les atteintes d'un mal implacable, il pousse son œuvre ; l'évêque en suit avec sollicitude tous les développements ; il en lit de longs fragments dans ses visites à la Roche-en-Breny. Le 20 août 1859, fête de saint Bernard, il écrit à l'auteur : « Le 19 septembre, en la fête de votre chère sainte Élisabeth, que je relis pour la cinquième fois, et qui est le côté par lequel je tiens de plus près à votre âme, et le 20 août, fête de saint Bernard, je pense à vous depuis de longues années, et je prie particulièrement pour vous, tant bien que mal. Ce matin donc, après ma messe, il me vint en pensée que vous aviez bien besoin de la vraie lumière de Dieu pour l'accomplissement vraiment utile de la grande œuvre dont vous vous occupez. Ceux dont vous allez plaider la cause ont autant besoin de leçons pour eux-mêmes que le siècle présent en a besoin pour lui en leur faveur. Ce qu'il faudrait leur éviter, à eux, à notre pays et à l'Église, ce sont de nouvelles catastrophes, inévitables à mes yeux, et même dans un avenir prochain, si les vrais amis de l'Église et de la vérité ne viennent à leur secours. Je n'ose plus vous parler de saint Bernard et de l'extrême désir que j'aurais de vous voir écrire son histoire. C'est là surtout que vous pourriez donner au nom de ce saint, ou plutôt qu'il donnerait convenablement, sous votre plume, *à chacun*, les leçons et les conseils, sans lesquels l'adulation et la louange prennent la place de la vérité, et les meilleures intentions périssent dans la vanité et le mensonge. »

Et, quand l'ouvrage fut sous presse, l'évêque d'Orléans, quoique déjà engagé dans sa grande lutte pour le Pape, et malgré des accablements de toute sorte, en lit et en corrige les épreuves, avec un soin dont M. de Montalembert lui-même reste étonné. « Mercredi de Pâques 1860. Je ne puis me lasser, mon cher seigneur et véritable ami, de vous dire combien je suis touché de votre *bonté*. Etre *bon* dans le sens que notre belle langue française attache à ce mot, et l'être quand on est si grand et si fort par tant de côtés, c'est approcher autant qu'on le peut de la perfection.

» J'ai reçu en temps utile l'œuvre que j'attendais de vous. J'ai fait de mon mieux pour satisfaire à toutes les exigences, et je puis vous affirmer une chose, c'est que jamais l'amour-propre d'auteur ne m'a arrêté. »

Quand enfin M. de Montalembert publia ses deux premiers volumes, l'évêque d'Orléans quitta tout pour en dire au public sa pensée [1], et rendre à cette occasion un solennel hommage

---

1. *Correspondant*, janvier 1861.

au vaillant athlète de l'Église qui la servait si puissamment encore en glorifiant et en vengeant de sa plume laïque une de ses plus grandes institutions, et cela, à travers les déboires de la politique, les amertumes plus grandes encore de l'ingratitude, et les attaques persistantes d'un mal implacable. C'est dans ces pages qu'il en faisait le portrait suivant : « M. de Montalembert est un homme antique ; mais, ce qui est d'un grand charme à considérer, cet homme d'autrefois [1] s'est mêlé avec une ardeur extrême aux luttes modernes ; par un contraste curieux, il se complaît dans ces compagnies austères des Pères, des docteurs, des martyrs, des anachorètes, des grands moines, et en même temps c'est un chevalier armé de pied en cap pour le combat ; c'est le fils des croisés, et c'est un bénédictin. Je le répète, cela a beaucoup de charme. Le chevalier se met à genoux, le moine est vaillant... Sa vie a été et est encore toute militante ; soit qu'il parle, soit qu'il écrive, il combat, et toujours pour la grande cause de l'Église, à laquelle il s'est dévoué. »

Hélas ! au moment où nous écrivons, cette sainte cause de la liberté religieuse, de la liberté monastique, triomphante en France au temps où les grands athlètes de cette liberté, les Montalembert, les Lacordaire, les Ravignan, les Dupanloup, les Ozanam, menaient les catholiques au combat, a succombé sous les coups de l'arbitraire le plus inique et le plus insensé. Mais, heureusement, ainsi que l'a dit un autre éloquent ami de M. de Montalembert, « les moines, comme les chênes, sont immortels ».

Une autre diversion aux volumes sur l'Éducation, ce fut un grand discours pour l'Irlande. Comment refuser sa parole à cette France d'au delà des mers, cette chère Irlande, si fidèle et si malheureuse ? La famine venait encore de la ravager, et les catholiques de France faisaient des quêtes pour secourir les

---

1. Est-ce cette expression qui a fourni à M. le marquis de Costa le titre qu'il a donné à son beau livre ?

pauvres Irlandais. On vint demander à l'évêque d'Orléans de plaider cette cause.

Il portait à la patrie d'O'Connel trop de sympathie pour ne pas répondre à cet appel : le sermon eut lieu à Saint-Roch; l'auditoire se retrouva aussi nombreux qu'un an auparavant[1]; mais le discours fut incomparablement plus large et plus beau ; ce fut plus qu'un plaidoyer admirable en faveur de l'Irlande, devant la charité française; ce fut surtout un appel pressant à la justice de l'Angleterre. C'est, selon nous, un des plus remarquables que l'évêque d'Orléans ait prononcés. Traduites sur-le-champ en anglais, ces paroles allèrent en Irlande, et jusqu'en Australie, partout où l'émigration avait jeté les enfants de cet infortuné pays, leur porter une consolation et une sympathie. Ils se montrèrent admirablement reconnaissants. En retour des 30 000 francs que ce sermon leur valut, ils envoyèrent à l'évêque d'Orléans plus de deux cent mille francs pendant la guerre : « Ils s'arracheraient le pain de la bouche pour donner à la France, » lui écrivait un évêque irlandais. Et qu'on nous laisse raconter ce trait touchant : l'année suivante, l'évêque d'Orléans, revenant de Rome, se trouvait sur le pont du bateau, fatigué, et étendu, comme presque tous les passagers ; tout à coup il s'aperçoit que la pluie, qui tombait assez abondante, cessait de le mouiller : il se retourne, et que voit-il ? La charmante figure d'un jeune prêtre qui tenait un manteau étendu au-dessus de sa tête, et qui, rencontrant son regard, ne lui dit que ce seul mot : « Monseigneur, je suis irlandais. »

Chose singulière, ce discours fut attaqué avant d'avoir été prononcé. Un évêque anglican, lord Plunkett, qu'on accusait d'avoir été dur envers ses tenanciers, trembla que du haut de la chaire de Saint-Roch l'évêque d'Orléans ne lui imprimât

---

(1) Les dames quêteuses étaient : M$^{me}$ la duchesse d'Hamilton princesse de Bade; M$^{me}$ la duchesse d'Estissac; M$^{me}$ la duchesse de Fitz-James; M$^{me}$ la marquise de la Ferté; M$^{me}$ la maréchale de Mac-Mahon; M$^{me}$ l'amirale Fourichon, née Mac-Leod; M$^{me}$ la marquise de la Redorte; M$^{me}$ la comtesse Duchatel; M$^{me}$ la princesse Wittgenstein.

un stigmate ineffaçable, et il se hâta de se justifier publiquement par une lettre à l'ambassadeur d'Angleterre, lord Cowley, invoquant sa protection. L'évêque d'Orléans lui répondit dans les *Débats*, par une lettre à la fois spirituelle et éloquente, à laquelle se garda bien de répliquer lord Plunkett[1].

Quelques semaines après, nouvelle diversion, nouveau discours, le discours sur l'Agriculture; et, en vérité, devant tous ces travaux qui tombent à la fois sur lui, le pauvre évêque aurait pu dire, comme le poète :

*Quò fessum rapitis ?*

Mais cet incident se rattache à un épisode de cette grande lutte pour le Pape, dont il est nécessaire que nous disions quelques mots.

D'autant plus irrité contre les évêques et les catholiques qu'il se sentait plus coupable, le Gouvernement impérial entra dans une voie fatale : la guerre au clergé; guerre qui encouragea et activa une autre guerre plus profonde, la guerre à la religion et à Dieu. Les fautes s'enchaînent; ces lamentables entreprises contre le Pape jetaient l'Empire entièrement hors de ses voies. Cette guerre au clergé se manifesta par une série de mesures administratives vexatoires, et par des tracasseries envers les personnes, « mesquines » et misérables, au jugement même de ceux qui étaient condamnés à en être les instruments[2]. Le 20 février 1861, tous les fonctionnaires, et les

---

1. Cette lettre se trouve dans les pièces justificatives imprimées à la suite du discours, *Œuvres choisies*, 1re série; *Œuvres oratoires*, p. 222.
2. *L'État et le Clergé*, etc., par M. le comte de Coëtlogon. — Les faits dans ces récits, que l'auteur nous pardonne de le dire, sont quelque peu transformés : par son imagination, ou par sa mémoire? Ainsi M. le préfet se trompe quand il affirme que l'évêque se trouvait à la réception du clergé; il était alors en tournée pastorale. Et très certainement, les résumés des conversations de l'évêque avec le préfet, transmis par celui-ci au ministre, sont loin d'avoir l'authenticité des pièces elles-mêmes citées par lui. En fin de compte, ce qui se dégage de cette brochure, c'est que de grands efforts furent faits pour mettre en quelque sorte la main sur l'évêque, et qu'on n'en vint pas à bout. C'est cela dont nous prenons acte.

magistrats eux-mêmes, recevaient du préfet du Loiret, par voie de circulaire confidentielle, l'ordre de cesser toute relation avec l'évêque[1]. Le gouvernement lui faisait cet honneur, ainsi qu'aux évêques de Nîmes, de Moulins et de Poitiers, de le mettre en interdit. Espérer par là fermer la bouche à un tel évêque sur de telles questions, c'était bien peu le connaître ; faire cela à Orléans, c'était se tromper aussi sur la société orléanaise, et se heurter à une chose puissante dans cette ville, la vénération des Orléanais pour leur évêque.

« M<sup>gr</sup> Dupanloup, c'est l'aveu même échappé au préfet qui fut chargé de continuer ces tristes mesures, régnait absolument sur toute la société orléanaise, qu'il entraînait par l'invincible attraction de ses hautes vertus et de son immense talent. La population entière aimait et respectait son évêque[2]. »

C'était se tromper enfin sur la magistrature d'Orléans. Au fond, le gouvernement ne frappait que ses propres fonctionnaires ; grande faute toujours que d'humilier et de blesser ceux qui vous servent. Qu'arriva-t-il ?

M. Cousin avait raison de lui écrire : « Quelle lettre que celle de votre préfet ! Est-ce que tout Orléans ne va pas se précipiter chez vous ? »

L'évêque d'Orléans ouvrait, depuis quelque temps, ses salons le dimanche à tous ses diocésains, sans exception, disant que sa maison était celle de tout le monde ; et on y venait en foule. A la réception qui suivit la remise de la circulaire *confidentielle*

---

1. Voici le début de cette lettre et un échantillon de ce style administratif :

« M..., j'ai l'honneur d'appeler *confidentiellement* votre attention sur la nature des relations des fonctionnaires *avec le chef du diocèse de ce département*.

» Pour quiconque *s'inspire dans l'observation des faits d'un réel dévouement à l'Empereur*, l'attitude de l'évêque d'Orléans apparaît avec des caractères de la plus claire évidence comme empreinte d'une hostilité politique qui ne laisse plus *aucune place aux illusions pouvant naître de la complexité des questions où ce prélat a cru devoir intervenir*...

» Lorsque, se plaçant *sur le terrain des passions politiques*, un évêque offre un drapeau aux ennemis du Gouvernement *auquel il doit son siège* ET TOUTES LES PRÉROGATIVES QUI S'Y RATTACHENT... » Assez ! assez !

2. *L'État et le Clergé*, par M. le comte de Coëtlogon.

il y eut à l'évêché une affluence inaccoutumée; et personne chez le préfet; si bien qu'on dut le faire partir immédiatement pour une autre destination.

Les magistrats orléanais n'acceptèrent pas ces ordres, intimés à eux par l'autorité administrative, et entendirent conserver leur indépendance traditionnelle, et la liberté de leurs relations. Leur chef, M. Dubois (d'Angers), Premier Président, s'honora par une conduite simple et ferme, tout à fait digne d'un magistrat. Il continua à voir l'évêque, sans affectation, mais sans crainte. Le 10 mars, quatre cents personnes étaient réunies dans la grande salle de l'évêché pour assister à une séance littéraire, donnée par les jeunes gens du Cours supérieur; au milieu de la séance, on vit apparaître M. le Premier Président : il fallut le regard et le geste énergique de l'évêque pour empêcher les applaudissements d'éclater. Quand eut lieu la distribution des prix du lycée, le préfet fit défendre d'envoyer à l'évêque l'invitation d'usage. Mais à celle du Petit Séminaire le Premier Président et nombre de magistrats assistèrent comme de coutume. Vint l'audience de rentrée de la Cour : ordre du Garde des Sceaux de n'y point inviter l'évêque. M. le Premier Président se trouvait alors à la campagne, et avait même chez lui un ami, M. Piou, Premier Président à Toulouse, un magistrat de la vieille roche aussi. Ne voulant pas qu'un autre que lui à Orléans eût ici la responsabilité, il part sur-le-champ, signe lui-même l'invitation destinée à l'évêque, et reprend le chemin de fer. Il y avait donc, quoi que l'on ait dit, des magistrats sous l'Empire.

Quant à l'évêque, sa seule peine dans cette affaire était le « trouble profond » que ces « mesquines tracasseries » jetaient dans sa ville épiscopale. Ce trouble fut plus grand que jamais aux approches d'un comice agricole régional, qui devait réunir à Orléans les préfets de sept départements. Comment de ces fêtes pacifiques exclure l'évêque et un tel évêque? Son absence eût trop éclipsé et refroidi les pompes officielles. Singulièrement embarrassé, le préfet négociait près de l'évêque et du ministre. L'évêque, écrivait-il au ministre, n'était pas ce que sa vive opposition eût pu faire penser, un irréconciliable; et l'Empereur, faisait-il dire à l'évêque, n'était pas non plus pour l'Église ce que croyait l'évêque d'Orléans. Ne pourrait-on pas s'expliquer? Pourquoi l'évêque n'accepterait-il pas une entrevue? Pourquoi l'Empereur n'accorderait-il pas une audience? Très disposé à pousser la condescendance jusqu'aux dernières limites possibles, mais pas au delà, il fit part du tout à M. Cochin.

« 5 mai 1861 (en tournée pastorale). Mon cher ami,

» ... Les tristes procédés de l'ancien préfet mettent notre chère ville d'Orléans en de vrais embarras...

» Le nouveau préfet a fait faire des démarches auprès de moi.

» Sauf aucune condition quelconque, je n'ai aucune répugnance à voir personne, et à dire pour l'Église ce qu'il me paraîtra utile de dire à chacun.

» Je n'aurais même aucune difficulté à voir l'Empereur; il faut seulement que les choses se fassent de façon que rien ne soit compromis, ni pour moi, ni pour la cause que je défends.

» Il va sans dire que j'ai absolument refusé toute promesse et tout engagement préalables.

» Les instances extraordinaires qui me sont faites pour aller chez l'Empereur tiennent peut-être à un changement, ou du moins à un temps d'arrêt dans la politique.

» Voyez tout cela, et veuillez m'en dire immédiatement votre avis, et celui de nos deux amis... (MM. de Falloux et Montalembert).

» P. S. — On vient de m'envoyer une invitation pour le banquet du comice agricole. »

M. Cochin lui répondit : « 6 mai 1861. Monseigneur, il y a quatre jours qu'on parle en tous lieux d'une visite que vous auriez faite aux Tuileries. S. M. l'Impératrice l'aurait dit à une de ses dames, qui l'a positivement répété. On raconte que vous êtes sorti parfaitement content, et que la paix est faite. Je n'entre pas dans un salon, sans qu'on me demande si cela est exact, si cela est possible.

» J'allais vous en écrire, lorsque je reçus vos questions.

Vous pouvez donc juger d'avance le parti que l'on entend tirer de ce qu'on vous engage à faire, puisqu'on s'en vante, on s'en fait un jeu, avant que vous ne l'ayez fait.

» Vous êtes au moment de recueillir le bénéfice de votre noble et ferme conduite; de grâce, n'en démordez pas.

» Je comprends la tentation d'une conscience haute et droite, qui est toujours prête à s'ouvrir, à s'exprimer, à se confier, à pardonner, à conseiller le bien. Mais j'ai beau faire, je crois à un piège.

» Cette tentation, cette persuasion d'agir sur l'Empereur par de bonnes et fortes raisons, M$^{gr}$ Morlot, M$^{gr}$ Parisis l'ont eue; M$^{gr}$ de Salinis mourant l'a essayée. Ce qu'ils n'ont pu obtenir, comment l'obtiendriez-vous?

» Je vois là une petite et une grande manœuvre. Petite manœuvre d'un préfet souple, succédant à un préfet raide, et qui se fait fort de vous adoucir, de vous faire accepter une audience dont il s'est pourvu d'avance. Grande manœuvre du gouvernement qui veut essayer un replâtrage avec le clergé, en vue et à l'approche des élections, sauf à évacuer Rome après, ayant comme toujours le bénéfice de sa parole violée...

» Si vous allez au comice, y parler religion, sans un mot de politique, si vous y figurez officiellement, tout va bien, sans que rien soit compromis.

» Si on achète votre présence par une négociation secrète, si on croit que votre caractère va trinquer avec la politique gouvernementale, et que tout soit dit, on vous tend un piège, et ce serait votre faute d'y tomber. Vous changeriez en triomphe l'embarras où est votre préfet, et où il convient de le laisser. »

M. Cochin ne se trompait pas; le ministre, on le sait maintenant par ses lettres officielles publiées, voulait positivement obtenir de l'évêque un désaveu et une promesse[1]. C'était perdre son temps. On finira, nous le verrons, par le reconnaître, et on

---

1. Il consentit à voir M. Rouland pour affaires. Mais, ainsi que ce ministre l'a écrit au préfet du Loiret, « pas un mot qui ait été un *vrai* désaveu du passé. . Voyant donc qu'il ne me donnait ni franc *désaveu* ni désir de voir

se hâtera alors de mettre fin à une situation où l'administration ne faisait que s'amoindrir, en grandissant celui qu'on voulait faire capituler. L'audience impériale fut donc refusée ; mais un discours pour le comice fut accepté : « Afin, écrivait l'évêque, d'apprendre à ces braves gens à gagner le ciel en travaillant la terre. » Il le préparait, « en courant de village en village » ; et il le prononça à la cathédrale, le 9 mai, le lendemain des fêtes de Jeanne d'Arc. Pas un mot de politique, bien entendu. « Aujourd'hui, Messieurs, mon esprit se repose avec joie parmi vous, dans le silence des querelles humaines, et je n'aspire qu'à parler des champs. » Et comme il en parlait ! Étonnant discours ! c'est comme une riche gerbe, formée de toutes sortes de fleurs et de fruits; détails techniques, histoire, poésie, économie sociale, haute philosophie, accents patriotiques et surtout religieux. Il disait les origines divines de l'agriculture ; et les richesses, et les vertus qu'elle donne à l'homme ; et, au nom de la société comme de la religion, il la bénissait. Dans son enthousiasme, après l'avoir lu, M. de Montalembert écrivit à son ami : « Je ne vous ai rien dit de votre merveilleux discours sur l'Agriculture. Quand vous êtes loué, admiré, enlevé par tout le monde, j'en jouis sincèrement, mais je n'éprouve pas le besoin de vous le dire. Je me réserve pour les mauvais jours. Mais j'admire le bonheur que vous avez eu de remporter si à propos un triomphe distinct de tous les autres. *Dominus tecum, vir fortissime.* »

La population orléanaise lui fit une ovation[1].

Tels étaient les travaux qui entravaient sans cesse le grand ouvrage sur l'Éducation. Et encore n'avons-nous rien

---

l'Empereur..., etc. » — *L'État et le Clergé*, par M. de Coëtlogon, p. 40. — Plus tard encore il consentit à une entrevue avec M. de Persigny, mais à condition « que la mesure prise à son égard fût officiellement rapportée et que les évêques de Poitiers, de Moulins, de Nîmes, fussent traités comme lui. » — (*Ibid.*, p. 57.) M. de Persigny ne voulut pas accéder à cette condition.

1. *Ibid.*, p. 32.

dit de ses Conférences aux Mères chrétiennes et de son Carême.

Cette très utile association des Mères chrétiennes, fondée par M. l'abbé Ratisbonne, existe partout en France. L'œuvre était confiée, à Orléans, aux Pères de la Miséricorde. Les réunions avaient lieu dans leur belle église de Saint-Euverte. L'évêque se plaisait à y parler. En 1860, 1861, et les années suivantes, nonobstant toutes ces polémiques pour le Saint Père et tant de travaux divers, il reprit plus assidûment que jamais ces conférences. Outre le grand attrait qu'il éprouvait à expliquer, à toutes les Mères chrétiennes de sa ville épiscopale pourrait-on dire, car elles y venaient en foule, les devoirs de la femme chrétienne dans le monde, une raison particulière vint alors stimuler vivement son zèle. On a reproché, non sans raison, à l'Empire, l'impulsion exagérée qu'il a donnée au luxe et au plaisir. On ne voulait par là peut-être qu'opérer une diversion qu'on jugeait utile; dans le fait, on ruinait les mœurs françaises. Quoi qu'il en soit, un mouvement inaccoutumé de mondanité, parti du monde officiel, s'était manifesté dans Orléans. Toucher à ce qu'il regardait comme l'honneur de sa ville épiscopale, la dignité et la gravité des mœurs, c'était le toucher à la prunelle de l'œil; mais il n'était pas homme à laisser se produire sous ses yeux, sans rien dire ni rien faire, une pareille tentative. Il réunit un jour, au Grand Séminaire, tout le clergé d'Orléans, et insista fortement sur la nécessité d'enrayer le mouvement, et d'adopter pour la direction des consciences une règle uniforme et ferme. En ce qui le concernait, il avait une force en main, l'immense autorité de sa parole; il en usa; de là ses Conférences aux Mères chrétiennes, qu'il fit les années 1860, 1861, chaque samedi de l'avent, et qu'il voulut, l'année 1862, prolonger jusque dans le carême. Il les fit encore pendant les années 1863, 1864, 1866. C'étaient des entretiens très simples, très familiers, dans lesquels il parlait sans apprêt, et comme de sa plénitude, des plus graves devoirs des épouses et des mères, en homme d'une expérience consommée, en homme pratique surtout; entrant dans le vif de la vie chrétienne; ne demandant, en apparence, que des choses très faciles, par conséquent accessibles à toutes, mais qui, si elles étaient observées, feraient, ni plus ni moins, des saintes dans le monde; ce qui ne l'empêchait pas de s'élever, comme par bonds, de ces détails de la vie quotidienne, à la plus vive et à la plus haute éloquence. Nous avons donné ces Conférences au public, aussi fidèlement reproduites que nous avons pu, mais refroidies, comme toute parole vivante fixée après coup dans un livre [1]. On les a néanmoins accueillies avec grande faveur. Mais c'est bien ici qu'il faut dire aux âmes que cette lecture a touchées et charmées : Qu'eût-ce donc été, si vous l'aviez entendu lui-même?

Le Carême de cette année était prêché par le P. Hermann, qui, malade, et n'ayant pu aller jusqu'au bout, fut suppléé par le vénérable évêque de Toronto, Mgr de Charbonnel. Souvent, avant le sermon, l'évêque apparaissait tout à coup en chaire. Pendant la retraite paschale surtout, devant ce vaste auditoire d'hommes, créé par lui, il ne pouvait se contenir, et tous les soirs il parlait : dans une courte allocution préparatoire à la parole du prédicateur, il tirait de son âme des accents d'apôtre, que les Orléanais préféraient à tous les discours. Jusqu'à la fin, il fut fidèle à cette méthode. « Bien âgé, bien fatigué, a écrit un de ses auditeurs, nous nous rappelons de l'avoir vu monter, pendant une retraite de la Semaine Sainte, dans sa chaire de la cathédrale de Sainte-Croix : il gravissait lentement ces marches, où, jadis, il s'élançait comme pour un triomphe. Il disait quelques mots avant le sermon du prédicateur : comme c'était vibrant ! Chacune de ces paroles, pressantes, saisissantes, tout embrasées de Dieu, s'enfonçaient dans les cœurs comme des traits, retentissaient jusqu'aux extrémité sombres de la nef, portant partout la secousse d'où

---

[1]. *Conférences aux Mères chrétiennes*, par Mgr l'évêque d'Orléans. 1 vol. in-8°, chez Gervais, Paris. — Plusieurs hommes du monde, après les avoir lues, nous ont écrit, émerveillés : « C'est le plus utile de tous les livres de l'évêque d'Orléans. »

naissaient peut-être les ressouvenirs amers, les regards plus sérieux jetés sur le monde et sur la vie, les résolutions magnanimes [1]. »

Et c'était cet évêque que l'administration prétendait isoler dans une ville qui se pressait tout entière aux pieds de sa chaire, pour recueillir sa moindre parole!

Puis, il partit pour une tournée pastorale, qui dura de Pâques aux fêtes de Jeanne d'Arc.

Après quoi il s'en alla dans ses montagnes, passa quelques semaines à Lacombe et à Menthon, et se rendit de là à son cher Einsiedeln. C'était l'année du millenaire; des pèlerins sans nombre y accoururent; il y officia le 8 septembre, jour de la fête, y fit une ordination, y prêcha aux pèlerins un des jours de l'octave, pendant laquelle, en compagnie de quelques familles orléanaises qui avaient fait aussi ce pèlerinage, il se donna la joie d'une excursion dans les grandes Alpes, et jusqu'au sommet du Saint-Gothard, pour revoir ces beaux aspects, ces sublimes horizons, qu'il aimait tant à contempler. Le dimanche, 14 septembre, sa messe dite dans la Sainte-Chapelle, à quatre heures du matin, les chevaux de l'abbé le conduisaient, avec M. l'abbé Debeauvais et nous, jusqu'au lac de Zurich; le bateau nous transportait sur l'autre rive, jusqu'au chemin de fer; et le lundi, après avoir le matin, entre deux trains, dit la sainte messe dans la petite église de Saint-Marcel à Paris, il arrivait à midi à Orléans, et les prêtres du diocèse, réunis au Grand Séminaire pour la retraite, qui commençait ce jour-là, et qui le savaient la veille au fond de la Suisse, le virent arriver au moment où ils entraient au réfectoire; et il assista assidument avec son clergé aux exercices des deux retraites.

Le repos qui suivit ces retraites, toujours très laborieuses pour lui, ne fut pas de longue durée. M. de la Guéronnière

1. M. H. de Lacombe.

avait osé dire des catholiques : « Ce parti a exploité la charité elle-même, s'est servi de vastes associations, a fait de la charité un piège tendu aux âmes généreuses. » La menace contenue dans ces paroles, le ministre de l'intérieur, M. de Persigny, se chargea de la réaliser ; et, le 16 octobre 1861, dans une circulaire fameuse, qui est bien un des plus grands outrages qui aient jamais été faits à l'Église, en même temps qu'un des actes les plus imprévoyants et les plus impolitiques, mettant sur la même ligne la Franc-Maçonnerie et la Société de Saint-Vincent de Paul, il n'avait que des éloges pour la première, lui laissait toute latitude, et la faisait passer de l'état de société secrète à l'état de société publiquement autorisée : nous en savons les conséquences ! et, réservant toutes ses rigueurs pour la seconde, après l'avoir accusée de cacher la politique sous le manteau de la charité, il la frappait à la tête en la décapitant de son Conseil général.

L'évêque d'Orléans fut indigné. Immédiatement, il écrivit à M. Cochin : « Orléans, 19 octobre 1861. Mon cher ami, vous aurez lu la lettre de M. de Persigny sur Saint-Vincent de Paul. Il m'est impossible de laisser passer cela ; l'honneur de la charité, l'honneur de l'Église et des plus honnêtes gens ne le permet pas. » Et le 27 du même mois : « Je travaille à force ; mais plusieurs évêques m'ont écrit pour me prier de suspendre à cause des démarches qu'ils font auprès de l'Empereur. J'ai répondu que je suspendrais volontiers sur leur parole, pourvu que ce ne fût pas trop long, et que ce serait un déshonneur pour l'épiscopat français s'il ne s'élevait pas dans son sein une voix pour défendre les plus honnêtes gens de la chrétienté, indignement outragés. Je ne tiens pas à ce que ce soit moi : mais s'il n'y en a pas un autre, ce sera moi : pourvu que Dieu le permette. » Ce fut lui.

Non seulement, en maintes circonstances, il avait comblé d'éloges, la société de Saint-Vincent de Paul ; mais il avait présidé en quelque sorte à sa naissance.

« Un jour, raconte-t-il dans son beau livre *De la Charité chrétienne et ses œuvres*, huit jeunes gens vinrent me chercher, et m'ayant trouvé dans une chapelle de doux souvenirs — à Saint-Hyacinthe — où je faisais le catéchisme : « Monsieur l'abbé, me dirent-ils, nous voudrions tous les huit nous consacrer au service des pauvres. Qu'en pensez-vous? » Je crus un moment qu'ils voulaient fonder une nouvelle communauté religieuse ou entrer dans quelque institut hospitalier. « Non, me dirent-ils, c'est dans le monde que nous voulons nous dévouer au service des pauvres. » Je leur dis que je trouvais cela excellent, mais bien extraordinaire. Alors ils m'exposèrent leur projet, fort beau en théorie, mais qui me paraissait trop beau peut-être pour être réalisable.

» Je leur conseillai cependant à tout hasard d'essayer, pensant en moi-même que cela n'irait guère loin.

» Quoiqu'ils me priassent de vouloir bien les aider dans l'exécution, je les abandonnai à peu près à eux-mêmes, à Dieu et à leurs saints anges, et ils commencèrent. »

Ceci avait lieu en 1833. En 1853, au lieu de huit, ces braves jeunes gens étaient deux mille à Paris seulement, et ils visitaient cinq mille familles, c'est-à-dire environ vingt mille individus, c'est-à-dire le quart des pauvres que renferment les murs de cette immense cité. En 1861, c'est-à-dire trente ans après leur institution, les Conférences étaient au nombre de quatre mille environ, dont plus de quinze cents en France, et les autres par la forte impulsion et l'initiative du prosélytisme français, répandues partout, chez toutes les nations, sous toutes les zones, et jusqu'aux plus lointaines extrémités de la terre.

Qu'allaient faire les Conférences après la circulaire? De tous côtés on s'adressait à lui; il répondit d'abord par une *Lettre au Président d'une Conférence*, dans laquelle il conseillait aux Conférences de tenir bon, dans les conditions nouvelles qui leur étaient faites, en attendant des temps meilleurs; puis, sous ce titre : *Les Sociétés de charité et la circulaire du 16 octobre*, il publia une éloquente brochure, qui mettait à néant toutes les accusations soulevées par l'auteur de la circulaire.

## CHAPITRE XVII.

Les Conférences ne sont pas des sociétés secrètes; tout s'y passe au grand jour, tout est publié; elles ne font point de politique : jamais, sous aucun régime, on ne les a trouvées en faute sur ce point. « Il est impossible, dit-on, qu'il n'y ait pas quelque chose là-dessous. Oui, il y a quelque chose là-dessous : il y a la charité, cette grande chose, qui est Dieu, *Deus charitas est*, et qui inspire depuis dix-huit siècles toutes ces choses qui vous étonnent. Il y a la charité, sortie vivante du cœur du Christ mort pour les hommes, et qui passant du cœur du Crucifié dans le nôtre, y suscite des sincérités de dévouement que vous ne pouvez comprendre. Du moins ne les outragez pas ! » Le Conseil général, non seulement n'est pas inutile, mais devant cette multiplicité de Conférences et de bonnes œuvres dont elles s'occupent — il en faisait la longue énumération — ce Conseil est de la nécessité la plus rigoureuse, pour maintenir l'unité d'esprit. Le budget qu'il prélève est libre, et volontaire, et son emploi, loin de rester inconnu est publié chaque année et il est admirable. Sur la question d'autorisation et de légalité, la brochure était surtout vive et pressante. L'auteur adjurait donc le ministre de retirer la circulaire, et terminait par ces paroles :

« Si vous donniez un démenti à mes espérances, je plaindrais ceux que vous frappez, je plaindrais le Gouvernement assez mal inspiré pour voir des menteurs dans des hommes pacifiques et religieux ; je vous plaindrais surtout, Monsieur le comte, d'être plus tard, quand vous repasserez votre vie dans votre conscience, condamné à vous dire : Il fut un jour où, cédant à la terreur d'un péril imaginaire et à de vulgaires et indignes obsessions, j'ai commis une injustice contre des gens de bien, et fait injure à une des plus grandes choses qui soient sur la terre, la Charité chrétienne.

» Certes, c'est bien quand nous sommes condamnés à de telles apologies qu'il nous est permis de le dire avec un historien de l'antiquité : « La résistance est juste quand elle est » nécessaire, et pieuses sont les mains armées pour la défense

» de la vérité et de la justice : *Justum est bellum quibus ne-
» cessarium, et pia arma*[1]. »

Le Conseil général, à l'unanimité, lui vota des remerciements[2].

Ce n'étaient là, du reste, que les commencements d'une
grande campagne : la Charité catholique allait subir d'autres
attaques; engagé dans cette polémique, selon sa coutume, il
ira jusqu'au bout.

Un autre labeur lui fut alors demandé, auquel il ne pouvait
se soustraire, triste encore, mais d'une tristesse mêlée de
douceur. L'archevêque de Bourges, Mgr Menjaud, venait de
mourir; il avait été à Saint-Sulpice un des catéchistes de
l'évêque d'Orléans ; c'était même lui qui, le jour de sa confirmation, sur le perron de l'église de Saint-Sulpice, avait le
premier murmuré à son oreille le mot de vocation. Invité par
le coadjuteur et le successeur de Mgr Menjaud, Mgr de la Tour-
d'Auvergne, lequel avait été son élève à Saint-Nicolas, à en
faire l'oraison funèbre, il ne se refusa pas cette joie de cœur.
Et comme il sut rappeler tous ces souvenirs !

« Réclamé tout à la fois par celui qui fut mon père dans la
foi et le sacerdoce, et par les vœux de celui qui fut mon disciple et mon ami, je viens adresser un dernier hommage avec
un dernier adieu à une chère mémoire, et satisfaire ainsi tout
ensemble à la reconnaissance la plus profonde et la plus inef-
açable qui soit dans ma vie, et à une affection chère aussi et
plus récente. »

Ce jour-là, cette source de tendresse que nous nous plaisons
à signaler chez le militant évêque coula avec abondance. Ce

---

1. Cette brochure, et la lettre à un Président d'une Conférence de Saint-
Vincent de Paul, se trouvent à la fin du volume sur *la Charité*.
2. On ne saurait imaginer « les taquineries dont l'évêque d'Orléans fut
dès lors l'objet ». Ainsi parle le préfet lui-même qui consentait à être l'exécuteur de ces taquineries. Outre celles qu'il raconte (il est juste de dire
qu'il en empêcha quelques-unes), il y eut la suppression violente de l'œuvr
des Militaires, au lendemain de l'apparition de la brochure.

discours en est une des nombreuses et des plus charmantes révélation [1].

On lui avait souvent demandé une édition de ses Œuvres choisies : il s'en occupa et fit paraître, vers la fin de cette année 1861, deux volumes, qu'il intitula : *Défense de l'Église.* C'était un recueil de ce qu'il avait écrit autrefois dans cette grande controverse pour la liberté d'enseignement, et aussi de ce qu'il avait publié jusqu'ici sur la question romaine. Quatre autres volumes : un volume d'Œuvres oratoires, deux volumes d'Œuvres pastorales et un volume contenant les Règlements et les Programmes pour les études ecclésiastiques, paraîtront au commencement de l'année suivante: c'est la première série des *Œuvres choisies*. La préface mise en tête de ces six volumes est remarquable ; toutes les préoccupations de son âme, dans la situation terrible faite à l'Église et au Saint-Siège, s'y font jour ; l'accent est d'un grand serviteur de l'Église :

« La loi du 15 mars 1850, disait-il, fut un traité de paix équitable qui mit fin aux luttes du passé... Nous n'avons point rompu cette paix. Ce n'est pas notre faute s'il nous a fallu nous souvenir que les bonnes intentions ne valent pas les bonnes institutions... Les journaux, et les plus répandus, se mettent de nouveau en campagne et ressuscitent contre nos collèges, nos communautés, nos écoles, nos séminaires, nos réunions, nos publications, nos droits, une guerre surannée. Telle est la rapidité et la mobilité de l'esprit français, telle est la pente de la situation actuelle, que nous pouvons craindre de voir nos éternels ennemis déployer bientôt contre nous toutes leurs forces. Il n'est donc pas inutile d'opposer les réponses d'hier aux objections et aux attaques de demain. Il n'est pas inutile de redire à la France par quelles fermes et évidentes raisons nous avons reconquis les droits que l'on nous avait contestés, et par quelles grandes expériences le

---

1. *Œuvres oratoires,* Œuvres choisies, 2ᵉ série, p. 1.

pays en est venu à nous accorder cette liberté qui n'est, après tout, que la liberté de lui faire du bien. » Prophétiques paroles ; écrits par lesquels, en effet, il parle et combat encore, et qui seraient un précieux arsenal pour qui saurait les consulter.

## CHAPITRE XVIII

TEMPS D'ARRÊT DE LA QUESTION ROMAINE
Voyage de l'évêque d'Orléans à Rome pour la canonisation
des martyrs japonais
Son influence sur la rédaction de l'Adresse
Son discours à Marino et à Saint-Andrea della Valle
Au retour, repos à Lacombe et à Menthon
Lettre de M. Rouland à l'évêque d'Orléans — Sa réponse
Discours à ses diocésains sur les fêtes de Rome
*Souvenirs de Rome* offerts à son clergé
*Post-scriptum* sur les entreprises de Garibaldi
1862

La question romaine subissait un temps d'arrêt : l'opinion n'était pas suffisamment préparée aux derniers attentats ; d'ailleurs nous étions encore là, et il fallait nous retirer décemment pour que le Piémont pût entrer ; il était probable qu'une nouvelle étape lui serait imposée avant sa marche définitive vers Rome. Cependant le Pape, dans la situation terrible où il se trouvait, enveloppé de tous côtés par ses ennemis, plaint en apparence, dans le vrai sacrifié par l'Europe, eut une inspiration simple et grande, comme Dieu en envoie aux heures suprêmes : il conçut la pensée de réunir autour de lui les évêques du monde entier, tout à la fois pour donner à la souveraineté temporelle l'appui moral d'une solennelle et unanime adhésion de tout l'épiscopat catholique, et pour faire resplendir au milieu des ombres de l'heure présente la souveraineté spirituelle de tout son éclat. L'occasion qu'il choisit fut une solennité rare et auguste dans l'Église, une canonisation, la canonisation des martyrs des persécutions japonaises ; et cela, par une coïncidence remarquable, au moment où le Japon, si longtemps fermé, paraissait ouvrir enfin ses portes à la civilisation européenne et chrétienne.

Et le Pape n'eut besoin que de faire un signe ; non pas même un ordre, une simple invitation suffit, et de tous les points de l'univers, malgré l'âge, les distances, les obstacles matériels, les difficultés politiques plus grandes encore, trois cents évêques arrivèrent à Rome pour donner au Souverain Pontife le double témoignage qu'il attendait, et lui faire, sous les yeux du monde ému, une magnifique couronne, un pacifique et glorieux rempart.

L'évêque d'Orléans fut un des premiers à se mettre en route; il se rendit à Rome par Marseille et par la mer. Le prince Borghèse lui offrit l'hospitalité dans son palais. Il se trouva que ce triomphe de la Papauté fut pour son plus vaillant défenseur un triomphe aussi : ce voyage de Rome marque pour l'évêque d'Orléans le point culminant de sa gloire. Le Pape le reçut avec les marques d'une particulière bienveillance; le cardinal Antonelli lui témoigna une confiance inaccoutumée; tous les cardinaux furent pour lui pleins d'égards; les évêques étrangers le recherchaient avec empressement et semblaient s'effacer devant lui. « Quant aux Romains, ils n'ont, écrivait le journal protestant *le Temps*, d'yeux que pour l'évêque d'Orléans. » La jeunesse de Rome lui exprima son admiration dans des adresses enthousiastes; on alla jusqu'à lui faire des ovations; les cris de : « Vive l'évêque d'Orléans ! » se mêlèrent plus d'une fois aux cris de : « Vive Pie IX ! »

Cent mille étrangers accoururent à Rome pour ces fêtes; les Français y furent fort nombreux, et surtout les prêtres; on en compta près de trois mille, qu'on rencontrait partout et qu'on reconnaissait à leurs rabats et aussi à leur vivacité et leur enthousiasme. Du reste, quiconque a vu Rome dans ces jours n'a pas pu n'être pas frappé de l'amour des Romains pour Pie IX; partout où il se montrait, cet amour éclatait en acclamations si spontanées et si universelles, qu'il n'y avait pas à se méprendre sur leur sincérité. Ainsi, à Saint-Philippe de Néri, où le Pape vint célébrer solennellement la messe; au Camp prétorien, le jour où il y posa la première pierre de la caserne des zouaves; à Saint-Jean de Latran, où il donna, le jour de l'Ascension, la bénédiction solennelle *Urbi et Orbi*. L'évêque d'Orléans, ce jour-là, fut de sa part l'objet d'une attention particulière. Cette bénédiction solennelle est donnée par le Saint-Père du haut d'un balcon qui domine la vaste place de la Basilique ; le Pape l'ayant aperçu sur ce balcon, lui fit signe de venir se placer à ses côtés. Laissons-le raconter lui-même le spectacle qu'il eut alors et les impressions qu'il ressentit. Cette courte description, en nous dispensant d'en faire d'autres, donnera au lecteur une idée vraie de ce qu'était Rome en ces jours-là :

« Je voyais de là, a-t-il dit, rendant compte à ses diocésains de ce qui s'était passé, une foule immense, infinie, ondulant comme les flots de la mer ; à l'extrémité les rangs de l'armée pontificale et de l'armée française ; à droite, tous les monuments de la vieille ville ; plus loin, dans la Campagne romaine, dont la basilique n'est séparée que par les anciens remparts de Rome, la longue ligne de ces aqueducs qui lui apportent l'eau comme sur des arcs de triomphe ; plus loin enfin, le grandiose horizon des montagnes. Arrivés sur ce balcon, quand cet important aspect s'offrit à nous ; quand ce peuple, agité et frémissant, soudain se calma à la vue du Pape, et qu'il se fit un grand silence ; quand Pie IX, d'une voix forte, solennelle, qui se faisait entendre jusqu'aux extrémités de la place, chanta les paroles sublimes de cette bénédiction, et que, les bras étendus, il bénit toute cette foule, et la vieille cité, et par delà la triste Italie, et par delà encore le monde entier : oh ! alors ce fut un spectacle que je me déclare impuissant à peindre. La majesté surhumaine de ce vieillard faible et menacé apparaissait avec une grandeur incomparable. Tous les fronts, toutes les âmes se courbaient dans le respect. On se sentait comme transporté loin de ce triste monde, comme suspendu entre le ciel et la terre, devant une puissance qui n'attend rien d'ici-bas.

» Et quand il eut fini, quand les derniers sons de sa voix se perdirent dans l'espace, alors tous ces fronts se relevèrent et tout ce peuple s'agita dans un enthousiasme inexprimable ; et comme tout à l'heure il se courbait devant son Pontife, maintenant il acclamait son roi, de ces acclamations infinies, comme en pousse un peuple, et qui, portées au loin par les échos des sept collines, allaient retentir jusqu'au cœur des ennemis cachés dans l'ombre et leur apprendre qu'à Rome, autour du Pape, il y avait encore des Romains. »

Mais la fête de la canonisation (8 juin) dépassa tout en splendeur. Saint-Pierre était illuminé tout entier. Cinquante mille personnes remplissaient la vaste enceinte ; dans l'intervalle des colonnes étaient suspendus des tableaux représentant les divers genres de supplice des Saints dont on allait proclamer la gloire : les évêques, mître en tête, se rendirent processionnellement du Vatican à la Basilique, par la magnifique colonnade de la place ; puis s'avancèrent lentement à travers les flots du peuple et le nuage vaporeux que répandaient dans le temple les trente mille lumières qui brillaient aux voûtes : Pie IX, sur sa Sella, fermait le glorieux cortège : la cérémonie, une des plus belles de la liturgie, dura cinq heures. Il y eut surtout un moment sublime, ce fut lorsque, après les trois postulations canoniques, le Pape ayant entonné le *Te Deum*, cinquante mille voix chantèrent l'hymne triomphal, pendant qu'au dehors le canon du fort Saint-Ange et les cloches des trois cents églises de Rome se faisaient entendre à la fois. Mais l'invisible spectacle que la pensée seule contemplait, la signification profonde de cette imposante cérémonie, était quelque chose de plus beau, de plus grand encore.

« Je me souviens, a écrit l'évêque d'Orléans, que je me disais à moi-même avec étonnement : Mais quelle est donc cette hardiesse, cette puissance, cette tranquille et majestueuse audace de l'Église qui, au temps de ses plus terribles épreuves, quand la terre tremble et fuit sous ses pieds, ouvre le ciel, marque sur des livres éternels la place de ses plus glorieux enfants! Quelle est donc cette sécurité, cette certitude d'elle-même, qui ne la laisse pas se détourner un moment de sa mission sanctificatrice et de la vue du ciel, par les orages les plus furieux de la terre ! Et quelle est cette noblesse constante de ses pensées, quelle est cette grandeur de proclamer encore, de proclamer toujours la sainteté, au milieu d'un monde si préoccupé d'autres soucis, et de ne cesser jamais de tenir levé ce glorieux étendard à la vue des hommes, si abaissés vers les misères de la terre?... Et comme je sentais encore, au milieu de toutes ces grandeurs de la glorification des Saints, la grandeur de la sainteté elle-même! Les Saints m'apparaissaient, au milieu des tristes temps où nous sommes, comme les hommes vraiment supérieurs, les vrais grands hommes, les forts caractères, les vrais courages, les âmes héroïques, les athlètes invincibles de la vérité et du devoir, les hommes dont le monde a le plus besoin, les véritables sauveurs de la société, le parfum de la terre, l'arome qui empêche l'humanité de se corrompre. Et je disais alors à Dieu, dans toute l'ardeur de mon âme : Des Saints ! ô mon Dieu ! Donnez-nous des Saints ! »

Le lendemain les trois cents évêques entouraient Pie IX au Vatican. Ils n'étaient pas venus de partout, en un tel moment, pour ne rien dire au Pape. Quand l'Église même, quand la condition extérieure de son gouvernement était en cause, l'Église réunie ne pouvait point ne pas parler. Mais rien n'importait plus que l'Adresse des évêques : ce qu'elle dirait, et ce qu'elle ne dirait pas. Affirmer la nécessité du pouvoir temporel comme garantie de l'indépendance spirituelle, et flétrir les attentats consommés ; puis remonter des attentats à leurs causes, donner aux souverains, spectateurs inertes de cette flagrante violation du droit de la souveraineté, les leçons nécessaires, les évêques ne pouvaient pas ne pas le faire. Mais la situation de la France à Rome, et l'attitude passée et future de son gouvernement, présentaient, pour les évêques français qui auraient aussi à signer l'Adresse, des délicatesses particulières. Il fallait rester français, même à Rome. Et la politique d'ailleurs était d'accord ici avec le sentiment patriotique. L'évêque d'Orléans estimait que l'Église n'est pas tenue sans doute à pousser la reconnaissance au delà des bienfaits, mais que les services réels ne doivent jamais la trouver ingrate. C'est dans cet ordre d'idées qu'il avait rédigé, avant de partir pour Rome, un projet d'Adresse. Mais le cardinal Wiseman de son côté en avait un, peu bienveillant pour la France, de sorte que deux projets d'Adresse se trouvaient en présence. L'évêque d'Orléans demanda qu'une commission discutât ces deux projets. La commission les fondit ensemble : les déclarations sur la Souveraineté temporelle du Pape furent prises textuellement dans le projet de l'évêque d'Orléans. Ce fragment par exemple est de lui :

« Qui pourrait nier que dans le conflit des choses, des opinions et des institutions humaines, il faille, au centre de l'Europe, un lieu sacré, placé entre les trois continents du vieux monde, un siège auguste, d'où s'élève tour à tour, pour les princes et pour les peuples, une voix grande et puissante, la voix de la justice et de la vérité, impartiale et sans préférence, libre de toute influence particulière, et qui ne puisse être ni comprimée par la terreur, ni circonvenue par les artifices ? » etc.[1].

Et de plus non seulement rien de désagréable à la France ne fut inséré dans l'Adresse, mais encore l'évêque d'Orléans réussit à y faire introduire des déclarations très explicites sur la nécessaire alliance du patriotisme et de la foi : « Nous sommes venus libres vers le Pontife-Roi libre, pasteurs dévoués aux intérêts de l'Église, citoyens dévoués aux intérêts de la Patrie, et ne manquant ni à nos devoirs de pasteurs, ni à nos devoirs de citoyens[2]. » De lui enfin sont ces vues politiques et ces graves avertissements : « Plût à Dieu que les Princes et les Puissances du siècle comprissent que la cause du Pontife est celle de toutes les Souverainetés et de tous les États ! Plût à Dieu qu'ils vis-

---

1. Civilem enim Sanctæ Sedis principatum ceu quiddam necessarium ac providente Deo manifeste institutum agnoscimus; nec declarare dubitamus, in præsenti rerum humanarum statu, ipsum hunc principatum civilem pro bono ac libero Ecclesiæ animarum ve regimine omnino requiri. Oportebat sane totius Ecclesiæ caput Romanum pontificem nulli principi esse subjectum, imò nullius hospitem; sed in proprio dominio ac regno sedentem suimet juris esse, et in nobili, tranquillâ et almâ libertate catholicam fidem tueri ac propugnare, totamque regere ac gubernare Christianam Rempublicam, etc.

2. Ad liberum ergo Pontificem Regem venimus liberi, Ecclesiæ rebus utpote cives bene et æque consulentes, neque pastorum, neque civium officia posthabentes...

sent où tendent les criminels efforts de ses adversaires, et ce qu'il peut y avoir au bout de ces attentats[1] ! »

Au reste, toute son attitude à Rome, son langage comme ses actes, furent ceux d'un évêque à la fois dévoué à l'Église et à la France. « Que voulez-vous ? disait-il ; on sent son pays ; on sent ce qui bat dans sa poitrine et ce qui coule dans ses veines ! Je ne comprends point ces hommes qui ne croient pas qu'on puisse allier l'amour de l'Église et l'amour de la Patrie, et qui voudraient arracher de la poitrine du prêtre le cœur du citoyen. » Et quand il retrouvait là notre armée et notre drapeau, quoique triste de ce qui n'avait pas été fait, il ne voyait pas sans quelque orgueil la France monter la garde au Capitole ; et tous ses vœux étaient pour que la politique séculaire de notre pays, dont notre drapeau était encore à Rome le vivant symbole, s'y retrouvât bientôt tout entière. En fait, de barrière sérieuse contre les envahisseurs, il n'y avait que celle-là. « Toute autre apparition à Rome de ceux-ci ou de ceux-là, disait-il, est impossible ; et la pensée de ces hordes révolutionnaires, et de ces politiques tour à tour hypocrites et effrontés, qui, sur mer comme sur terre, ne cessent de frémir autour des frontières romaines, cette pensée seule fatigue la patience et l'honneur français. »

Un discours important qu'il eut l'occasion de prononcer ne servit pas peu à appeler encore sur lui l'attention avec éclat. Pie IX s'était toujours montré très préoccupé de l'Orient : ses premières paroles avaient été un encouragement pour les chrétiens orientaux, et, tout récemment encore, il venait de donner un nouveau témoignage de sa sollicitude pour ces Églises en créant une section orientale dans la Propagande ; d'heureux symptômes se manifestaient en Orient, et pour seconder ce mouvement de retour, comme aussi pour régénérer ces vieilles Églises, le Vicaire apostolique et les évêques

---

1. Utinam intelligerent erudirenturque Reges et sæculi Potestates, causam Pontificis omnium principum regnorumque esse causam, et quò tendant nefarii adversariorum ejus conatus, ac tandem *novissima providerent!*

qui résidaient dans la capitale de la Turquie venaient, avant de partir pour Rome, d'adresser un chaleureux appel aux catholiques d'Occident. A Rome, ils voulurent profiter, pour les besoins de leurs églises, de l'affluence immense des pèlerins ; et le 3 juin, une messe solennelle, selon le rite oriental, fut célébrée à l'église Saint-André de la Vallée, par M<sup>gr</sup> Hassoun, Primat arménien de Constantinople, assisté de tous les évêques et prêtres orientaux présents à Rome. Cette messe devait être suivie d'un sermon et d'une quête pour les chrétiens d'Orient, et ce fut à l'évêque d'Orléans qu'on s'adressa pour ce sermon. Un grand nombre de cardinaux et la plupart des évêques présents à Rome assistèrent à cette messe en habit de chœur : la vaste église était envahie tout entière par des Romains et des pèlerins, laïques et prêtres, de toutes les nations. L'évêque d'Orléans parla devant ce magnifique auditoire du haut, non pas d'une chaire, mais d'un *tabulatum*, à la manière italienne, debout, enveloppé d'un long manteau, le même qu'il porta plus tard à Malines : son discours, mélange d'enthousiasme et de doctrine, se divisait en deux parties :

Dans la première, s'inspirant des circonstances, il interprétait éloquemment la pensée de Pie IX et le sens de ce grand concours, à Rome, d'évêques venus de tous les points du monde chrétien ; dans la seconde partie, il disait tout ce que nous devons à l'Orient pour le passé, tout ce que nous en espérons pour l'avenir. Les allusions aux malheurs du Pape et aux menaces de l'Italie étaient inévitables : lorsque, parlant de la majesté de Saint-Pierre, son âme poussa ce cri : « Il y a des hommes qui veulent habiter là, qui veulent se poser et s'asseoir là, au milieu de ces splendeurs et de ces grandeurs ! Mais c'est impossible ! Mais la nature invincible des choses y répugnera éternellement !... Il faudrait alors raser Rome tout entière, et en refaire une autre à votre taille... » l'auditoire, transporté, éclata en applaudissements ; et à trois reprises applaudit encore ; au point que les évêques qui avaient été obligés, à cause de la foule, de rester dans le sanctuaire, et qui entendaient les applaudissements, et pas les paroles, se demandaient, non sans une certaine inquiétude : « Mais, qu'y a-t-il donc? » Il n'y avait pas d'excitations intempestives, mais seulement des catholiques enthousiasmés, et un grand évêque qui leur disait : « Je ne sais, Messieurs, si c'est l'usage en Italie d'applaudir dans les églises. Quand c'est au Saint-Père que s'adressent les applaudissements, et si, dans les circonstances exceptionnelles où nous sommes, ils ne peuvent se contenir, je m'incline; mais, si ce pouvait être à moi, je vous demanderais de m'oublier. »

Trois jours avant de prononcer ce magnifique discours, il était allé prêcher à Marino aux zouaves. Quand les évêques arrivèrent à Rome, les zouaves pontificaux se trouvaient casernés à Marino, petite ville située à quelques milles de Rome, entre Frascati et Albano, et non loin de Castel Gandolfo, sur une de ces belles et riantes collines dont la chaîne forme le majestueux horizon de la Campagne romaine. Ces jeunes soldats, pieux non moins que vaillants, s'étaient plu à faire le Mois de Marie dans l'église collégiale de Marino. Dès qu'ils apprirent l'arrivée de l'évêque d'Orléans, le vaillant défenseur du Pape, l'éloquent panégyriste des victimes de Castelfidardo, désireux de l'entendre, ils l'invitèrent à venir leur parler pour la clôture du Mois de Marie. Malgré les préoccupations du moment, — c'était au plus fort des discussions pour l'Adresse, — malgré le grand discours qu'il devait faire trois jours après à Saint-André de la Vallée, l'évêque d'Orléans ne voulut pas refuser à ces braves jeunes gens ce témoignage de sa sympathie. Le samedi 31 mai, il partit donc de Rome pour Frascati avec la famille Borghèse, et le lendemain dimanche, 1er juin, il se rendit dans l'après-midi à Albano. La population tout entière, mêlée aux zouaves, remplissait les rues de la petite ville, et suivit avec le bataillon, musique en tête, l'évêque d'Orléans à l'église. Plusieurs ecclésiastiques et pèlerins étaient aussi venus de Rome à Marino pour cette fête. N'ayant pas eu le temps de préparer un discours, il parla à ces jeunes soldats sur la force chrétienne, sujet qu'il avait souvent traité en chaire, et aussi sur la sainte Vierge : « O mes jeunes amis, leur dit-il en terminant, permettez-moi de vous donner ce nom, que justifie ma tendre admiration pour vous, et peut-être aussi dans vos cœurs quelque affection pour moi, c'est à vous qu'il appartient de vous montrer en tout les modèles du soldat chrétien ; je ne dis point par la valeur, je n'ai rien là-dessus à vous apprendre, je dis par toutes les fortes et laborieuses vertus de la vie militaire, et par toute la générosité et la pureté d'une vie chrétienne. Vous êtes heureux, oui, heureux, à un âge où tant de jeunes gens ne savent que faire de leur temps et le perdent tristement dans l'inaction des grandes villes et d'indignes plaisirs, vous êtes heureux d'avoir pu donner votre jeunesse à une grande cause, par un dévouement qui sera l'honneur éternel de votre vie. Oh ! j'aime à voir sur vos jeunes poitrines, en grand nombre, les signes de la valeur ; j'aime à voir en quelques-uns de nobles cicatrices ; j'aime surtout à me représenter dans les âmes de tous les sentiments de la vraie piété, et spécialement, Messieurs, de la piété envers la très sainte Vierge ; car je dois y revenir en terminant : oui, la dévotion envers Marie, c'est par excellence la dévotion des jeunes guerriers : par je ne sais quelle amabilité, quelle douceur, quelle candeur, quelle tendresse pure qui respire dans la Vierge sainte, la dévotion envers Marie sied bien à la jeunesse ; et par les idées de force et de victoire qui se rattachent à ce nom glorieux, elle sied bien à des guerriers. »

En dehors de ces actes et de ces discours, son séjour à Rome fut un vrai pèlerinage. A peine arrivé, M. le duc Salviati lui ayant dit qu'il y avait ce jour-là même un *Salut* à Saint-Pierre, il s'y rendit, sans presque se donner le temps de secouer la poussière du voyage. Il vit, en effet, Pie IX agenouillé au milieu des cardinaux, devant l'autel du Saint-Sacrement, dans cette attitude de piété qui était si touchante à voir ; il entendit chanter le *Tu es Petrus* ; puis, après le *Salut*, s'avançant lentement dans la vaste nef, et, arrivé à la confession de l'Apôtre, levant les yeux sur la coupole rayonnante, nous l'entendîmes, pénétré d'une émotion profonde, s'écrier : « Et c'est bien là qu'ils veulent venir!... » C'est cette même émotion qui, le saisissant de nouveau, avec plus de puissance encore, à Saint-André de la Vallée, lui arracha ce cri qui entraîna les premiers applaudissements de l'auditoire.

Dès le lendemain, il alla dire sa messe à Sainte-Marie-Majeure, dans la chapelle des Borghèse, puis il fit le pèlerinage des sept basiliques. Il ne se passait presque pas de jour qu'il n'allât visiter quelque sanctuaire ou quelque lieu fameux : la prison Mamertine, un des lieux de Rome qui l'émouvait le plus; quelquefois le Colysée ou les catacombes; Saint-Philippe de Néri, le Gésu; surtout, en face du Quirinal, la petite chapelle des *Sacramentate*, dont les chants suaves et les pieux Saluts le touchaient profondément.

Un jour, avec quelques amis, M. et M$^{me}$ Cochin, M. Ampère, M$^{me}$ Ozanam, sa fille et sa mère, après avoir visité au mont Celius l'antique couvent de saint Grégoire, grand Pape, dont il admirait le génie et les vertus, — avec quel accent il rappelait ces paroles du Saint Pontife sur les jeunes esclaves saxons : *Non angli, sed angeli!* — il alla faire sur la voie Appienne, jusqu'au tombeau de Cecilia Metella, et plus loin encore, une promenade qui fut pleine d'intérêt. M. Ampère savait par cœur la voie Appienne : ces vieux Romains drapés dans leur toge, qui nous regardaient passer, il les connaissait tous, et, sans même relire les inscriptions de ces tombeaux, il nous les interprétait de mémoire; sur l'un d'eux, et pour rendre un hommage délicat à la foi chrétienne, il fit lire à l'évêque le doute touchant la vie future : *Si sint Di Manes!* Mais à un certain endroit, ce fut l'évêque qui tint la conversation. On avait parlé de saint Paul qui avait passé là et foulé les mêmes blocs peut-être que nous foulions nous-mêmes. S'animant à ce souvenir : « Mon ami, nous dit-il, donnez-moi votre *Nouveau Testament;* » et trouvant immédiatement la page qu'il voulait, il se mit à la lire et à la commenter avec une extraordinaire éloquence. Les paroles qui jaillirent alors de son âme sont celles à peu près qu'il dit à Saint-André de la Vallée quelques jours plus tard :

« Quel est cet autre Oriental qui arrive par cette voie Appienne où a passé tout le vieux monde? Le voyez-vous à Pouzzoles, debout sur la poupe du navire, portant avec lui l'Évangile et la fortune du monde, jetant de là un regard impatient sur l'Italie? Il s'avance jusqu'à ce *Forum Appi* et ces *Tres tabernas* qui sont là encore ; là il rencontre les chrétiens de Rome venus au-devant de lui, et consolé, fortifié par leur affection, car dans sa poitrine d'apôtre il portait un cœur d'homme, et le texte sacré remarque que son cœur avait besoin de confiance, il en prit, *accepit fiduciam*, et, remerciant Dieu, il marcha en avant, à travers ces fastueux tombeaux que nous voyons encore et les temples des faux dieux, vers cette grande Rome qu'il venait conquérir à Jésus-Christ. C'est Paul, l'apôtre des nations, qui vient finir à Rome par le martyre cette grande carrière apostolique commencée à Damas. »

M. Ampère était d'autant plus ému qu'il admirait beaucoup saint Paul et qu'il avait composé sur cet apôtre un poème encore inédit. Le soir, chez M. Cochin, ayant consenti à lire un long fragment de ce poème, il causa à l'évêque une de ces émotions que celui-ci était si prompt à ressentir, et qui ne venait pas ici seulement de la poésie, mais d'une région supérieure encore. Cet ami d'Ozanam, cet homme honnête et sincère, en route depuis quelque temps vers la foi, n'y était pas encore arrivé : « Vous avez fait tant de bien à M. Ampère, lui écrivait le lendemain M. Cochin, que je me permets de lui écrire quatre lignes pour lui dire que vous voulez le remercier sans témoins. Il y a là le talent du poète, mais aussi le travail d'une âme ; s'il voit que vous avez éprouvé plus qu'une émotion littéraire, si vous le lui dites avec votre exquise délicatesse qui sait toucher sans pousser, il sera ému, et Dieu fera le reste. » Le plaisir que l'évêque causa ce jour-là à M. Ampère, M. Ampère le lui rendit lorsque, après la cérémonie de la canonisation des martyrs japonais, l'apercevant sous le péristyle de Saint-Pierre, il alla à lui et lui dit avec émotion, en lui prenant les deux mains : « Monseigneur, soyez tranquille, ce que nous venons de voir est divin. »

Nous ne pouvons pas ne pas mentionner au moins les rapports qui s'établirent, pendant ce séjour à Rome, entre lui et le jeune roi et la jeune reine de Naples, lesquels recevaient de Pie IX, au palais Farnèse, l'hospitalité que Pie IX avait trouvée autrefois à Gaëte. Sa sympathie était profonde pour ces royales infortunes, et vive aussi son admiration pour ce que la jeune reine avait montré, pendant le siège, de courage chevaleresque, et il aimait à citer d'elle ce mot : « C'était si beau, Gaëte! » Il s'ensuivit des rapports spirituels qui n'ont pas dû rester stériles pour l'âme de la jeune et infortunée reine, mais qui sont le secret de Dieu.

Son désir eût été, en retournant en France, de passer par Lorrette, et de faire un pèlerinage à Castelfidardo; mais les journaux italiens étaient si pleins de menaces contre lui qu'on crut prudent de l'y faire renoncer. Il reprit la mer, qui l'éprouva beaucoup : fatigué, d'ailleurs, de tous ces labeurs de Rome, il voulut, avant de se replonger dans le travail à Orléans, chercher, à Lacombe et à Menthon, comme toujours, la retraite pour son âme, et pour ses forces le repos. Les commérages des journaux, après comme pendant le séjour des évêques à Rome, allaient leur train. On débitait sur lui, en particulier, mille choses fantastiques. « On dit dans les journaux, lui écrivait M. Cochin, que vous avez dîné chez M. de la Vallette; on vous fait parler, aller, agir, dans des correspondances ridicules; le *Constitutionnel* a été jusqu'à donner textuellement le discours que vous auriez prononcé en bénissant la caserne de M$^{gr}$ de Mérode (c'est le Pape qui avait béni cette caserne, et il n'y avait pas eu de discours du tout) », en ajoutant : « J'étais présent à cette allocution. » Comme on se moquerait de ces gens-là, si on avait un journal pour leur répondre. »

En somme, l'effet de la réunion de Rome avait été très grand. « M. Thiers, M. Cousin, comme M. de Montalembert, lui écrivait M. Cochin, sont très contents. Cette démonstration de la puissance, de l'union, de l'étendue de l'Église, a beaucoup frappé. On sent que l'heure des funérailles d'un vivant si vivant et si colossal n'est pas venue. Les événements suivront leur cours; mais Dieu vient d'illuminer le pouvoir spirituel d'un rayon qui éblouit les plus malveillants. Vous avez grandi, beaucoup grandi. On sait ce que vous avez fait, ce que vous avez empêché. C'est le moment de ménager vos forces, car jamais votre autorité n'a été plus grande. »

Mais parut, les 4 et 5 juillet, dans la *Patrie*, un récit qui fit beaucoup de bruit. M. Cochin lui écrivit de nouveau : « Le Plessis, 7 juillet 1862. Il n'est pas douteux pour moi que ces articles sont la paraphrase, et souvent la copie textuelle des dépêches de M. de Bellune qu'il m'a montrées à Rome... Il y a du vrai, avec beaucoup de faux, et vous y êtes tellement mis à part que l'on dira que cela vient de vous, et qu'on s'en servira longtemps contre vous... Le récit sera cru jusqu'à un démenti, dont vos collègues vous sauront gré, ainsi que Rome, si je ne me trompe. » Quelques jours après, M. Cochin insistait encore : « Je viens de passer deux jours à Paris, et ce que j'y ai entendu me fait croire de nouveau et plus fort qu'un mot de réponse à la *Patrie* est attendu et désirable. Il vous restituera nettement votre vraie situation : très français à l'étranger, très libre en France, très évêque partout. »

Mais, pour le moment, l'évêque, goûtant la paix des montagnes, auprès d'amis bons et fidèles, la tête nue sous le ciel bleu et sous les ombrages, tenait trop haut son âme pour l'abaisser à ces discussions. Sur les sommets élevés les fumées n'incommodent pas; on voit leurs vapeurs noirâtres monter un peu, s'agiter, puis s'évanouir. Vues de haut, les injures de la terre paraissent de même infiniment petites. Les grandes émotions rendent indulgent; les grandes admirations, quand il faut redescendre à ce qui est mesquin, transforment la colère en pitié. Il dédaignait, mais surtout il plaignait ceux qui n'avaient pas compris ce qui s'était fait à Rome, qui cherchaient des ombres dans des flots de lumière, et ne recueillaient de l'histoire que la trompeuse anecdote.

Mais, tout à coup, lui arriva à Menthon, du ministre des cultes, M. Rouland, une lettre fort inattendue. Bien que, dans ce qu'il avait fait à Rome, il n'eût eu en vue que l'intérêt et la dignité de l'Église, sans aucune pensée de flatter personne, le gouvernement impérial lui avait su gré de ses efforts patriotiques; l'Empereur ne se cachait pas pour dire que le plus français des évêques, à Rome, avait été l'évêque d'Orléans, et il blâmait M$^{gr}$ Morlot de ne l'avoir pas assez soutenu. Voici la lettre de M. Rouland :

« Paris, le 8 juillet 1862. Monseigneur, dans les graves questions qui viennent de s'agiter à Rome, il y avait à défendre contre des doctrines exagérées les grandes et sages traditions de l'Église, s'associant pour le diriger au mouvement légitime des temps et des idées. Il y avait aussi un acte de justice à accomplir, en proclamant la loyale protection dont la France et l'Empereur ont donné tant de preuves à la religion et au Saint-Père. Vous avez soutenu cette double cause avec autant de sincérité que d'énergie, et comme il convenait à l'un des plus éminents prélats de l'épiscopat français. Sa Majesté a daigné me charger, Monseigneur, de vous exprimer sa vive satisfaction et ses remerciements. Permettez-moi d'ajouter combien je suis heureux de remplir cette mission auprès de Votre Grandeur. Agréez, etc. »

M. Rouland caractérisait à sa manière la protection impériale : un prélat ambitieux eût pu lire bien des choses entre les lignes de cette lettre; et si l'évêque à qui elle était adressée eût été de ceux qui, selon une parole malheureuse, veulent *arriver*, ce n'eût pas été difficile ce jour-là. Et avant même d'avoir répondu, il apprit que les fonctionnaires avaient reçu l'ordre de venir chez lui, dès son retour. On était impatient, évidemment, de sortir de l'impasse où l'on s'était mis; on espérait probablement plus encore. Grand fut l'étonnement de l'évêque en recevant cette lettre. « Je n'ai rien fait à Rome, écrivit-il à M. Cochin, que ce que j'ai fait depuis trois ans. J'y ai servi l'Église et mon pays comme je les ai toujours servis, comme je les servirai toujours. Ma ligne de conduite n'a pas changé et ne saurait changer, parce que c'est celle que me dictent ma conscience et le sentiment des périls que court la société encore plus que l'Église. »

En se promenant sur la terrasse de Menthon, la lettre du ministre à la main, l'évêque médita sa réponse. Une grande promenade au rocher de la Forclaz avait été décidée pour le lendemain : là, au pied de la Tournette et des montagnes qui ferment l'horizon vers le fond du lac, tout ce beau lac, avec Annecy au loin sous son regard, il lut cette réponse, pour recueillir tous les avis : M. Sauzet et Mgr l'évêque de Grenoble se trouvaient là; la conscience de rester digne, en gardant toutes les convenances, le remplit d'une joie qui rendit plus agréable encore la promenade sur le lac qui termina cette journée, et pendant laquelle il écouta, ravi, la belle poésie de Lamartine, intitulée *le Lac*, que M. Sauzet disait de mémoire, et comme il savait dire. M. Cochin fut consulté aussi sur l'opportunité d'une réponse. Et voici quel fut son avis : « Hier encore à Paris, un conseiller d'État me disait : « La femme d'un de mes collègues tient de M. Rouland que l'évêque d'Orléans est entièrement réconcilié avec le Gouvernement. » Vous voyez ce qu'on répand. Je suis donc bien d'avis d'une réponse. Elle me paraît indispensable à l'honneur et à la prudence. » La réponse partit, et bien que la cessation de la mise en interdit de l'évêque, antérieure à cette réponse, soit qualifiée par M. le préfet du Loiret de *réconciliation officielle de l'évêque d'Orléans avec le gouvernement*[1], bien que M. le préfet ajoute, avec la même légèreté : « Cette réconciliation fut le signal de la paix générale; tous les évêques suivirent, montrant bien ainsi que Mgr Dupanloup était réellement le chef de cette opposition qui avait si longtemps inquiété le gouvernement, » rien n'était changé dans sa résolution inébranlable de défendre jusqu'au bout, avec la même énergie et la même indépendance, la souveraineté pontificale[2].

---

1. *L'État et le clergé*, p. 65.
2. On s'y trompa si peu que le lendemain même de son arrivée, l'*Orléanais* que rédigeait M. A. Godou, et qui défendait la cause du Pape, fut supprimé. Sur quoi M. Cochin écrivait à l'évêque : « On ne m'ôtera pas de l'esprit que la politique de M. Rouland soit de vous embrasser trop fort. »

## CHAPITRE XVIII.

Il rentra à Orléans dans la nuit du samedi 26 juillet, pour éviter toute démonstration ; et le lendemain, malgré « une terrible fatigue, » il exposait à sa cathédrale, devant une foule immense, ce qui s'était fait et dit à Rome, le sens et la portée de ces grandes manifestations. Il écrivit ensuite ce discours qui est une des plus belles effusions de son âme d'évêque : l'amour de l'Église et du Pape y déborde. « Finissez, lui avait écrit M. Cochin, par un appel aux cœurs, car vous devez être las de guerroyer et de châtier. Le grand défaut de certains documents, c'est de ne pas contenir un sourire, une larme, un espoir. Mettez un peu d'azur, comme vous le voulez, dans ce ciel sombre. » Sous le titre de : *Souvenirs de Rome*, ce discours, ainsi que ceux qui avaient été prononcés à Marino et à Saint-André de la Vallée, et aussi l'Adresse des évêques et l'Allocution du Pape, fut envoyé à son clergé, avec une lettre, où il répondait de haut aux bruits répandus par la presse, et reprenait aux yeux de tous sa véritable attitude, sa réelle physionomie.

Deux brefs, venus de Rome à peu de distance l'un de l'autre, l'un du 4 septembre en réponse à l'envoi du discours prononcé à la cathédrale, l'autre du 6 novembre, à l'occasion de l'envoi des *Souvenirs de Rome*, attestèrent hautement les sentiments de Pie IX pour l'évêque d'Orléans : « ... Nous avons eu, disait le Saint Père, pour très agréable ce nouveau témoignage de votre affection. Nous connaissons *votre éminente vertu et piété, votre insigne dévouement pour nous et pour le Saint-Siège*, et nous savons *combien vous avez à cœur la cause sacrée de l'Église, de la vérité et de la justice.* »

Mais cette Lettre à son clergé, dans laquelle il essayait en effet de mettre « un peu d'azur sur ce ciel sombre, » était à peine achevée qu'il lui fallait de nouveau jeter le cri d'alarme. Garibaldi reparaissait, avec des appels sauvages : « Rome ou la mort ! » Et des troupes piémontaises se concentraient sur les frontières romaines. Et dans les journaux, même français, des plans de toute sorte s'étalaient, nous indiquant les voies et moyens pour sortir de Rome. Sous forme de *Post-scriptum* à la Lettre au clergé, l'évêque d'Orléans poussa un cri éloquent et puissant. C'est comme un jet de lave brûlante :

« ... Qu'y a-t-il donc ici? Je demande quel est le vrai du complot?

» Est-ce le flot qui monte ? Est-ce la révolution qui déborde et emporte le Piémont ? Peut-être. On s'y attendait ; et en tout cas, si ce moment n'est pas venu encore, il viendra...

» Est-ce chez les hommes du pays de Machiavel un calcul plus habile et profond, pour créer des nécessités à leur profit et placer la France entre une duperie et une épouvante ?

» Qui peut trouver étranges ceux qui le craignent ? Qui peut avoir oublié la grande tromperie du Piémont en 1860 ? Ne sait-on pas qu'alors la complicité tacite de la connivence avait précédé la comédie des désaveux? Et n'a-t-on pas quelque raison de soupçonner qu'aujourd'hui comme alors à la comédie des désaveux pourrait bien succéder la confraternité des armes et la communauté des bénéfices ? »

Il poursuivait, avec cette ardeur et cette flamme, perçant à jour toutes les combinaisons mises en avant, invoquant la raison politique, piquant au vif l'honneur français. La honte en effet eût été trop manifeste. Cette fois, une parole ferme fut dite à l'Italie, et l'aventure vint finir ignominieusement à Aspromonte. On imaginera un moyen plus honnête de quitter Rome.

Puis l'évêque reprit, sous les ombrages de la Chapelle, ses occupations accoutumées, bénissant Dieu de ce qu'il lui avait été permis de faire, et de ce que, au milieu de tant d'agitations et de labeurs, « les exercices de piété avaient toujours été sauvés ».

## CHAPITRE XIX

Lacombe et Menthon
L'évêque d'Orléans à la montagne
Épisode : Baptême d'une jeune Anglaise à Lacombe

Qu'on nous permette de faire une halte au milieu de ces récits, et de regarder un peu le militant évêque sous un autre aspect, non chez lui et au milieu de ses accablements, mais au contraire là où les affaires ne le pouvaient ressaisir, au loin, à la montagne : peut-être cette diversion ne sera-t-elle pas sans quelque charme. La fraîcheur de l'oasis est douce après les sables brûlants.

C'est l'ordre de la nature que la nuit succède au jour : le repos est la condition du labeur. C'était une nécessité impérieuse pour ce grand travailleur de s'accorder périodiquement quelque relâche. « Votre soleil a-t-il encore un regard et votre lac un sourire? écrivait-il un jour à ses hôtes de Menthon. Pour moi, je travaille quatorze heures par jour, et regarde de temps en temps vers le ciel pour savoir où est le vrai repos. »

Nous avons dit comment, en 1849, il connut Menthon. En 1850, la Savoie et le Dauphiné furent sacrifiés à Rome; mais l'année suivante, il put se donner la joie d'y retourner avec l'abbé Gratry. « Je me propose, écrivait-il avant de partir, d'aller beaucoup à pied dans la montagne; j'ai besoin de cet air-là. » Dès lors, son choix fut définitivement arrêté. « J'ai là, écrivit-il au retour, mes plans de voyage tout tracés. » A partir de ce moment Menthon et Lacombe devinrent ses lieux de repos privilégiés. « J'ai trouvé de nouveau, écrit-il à M. du Boys, Lacombe, un lieu incomparable; » et à M$^{me}$ de Menthon : « Nous ne tarissions guère avec M. Gratry sur ce beau pays. J'ai toujours les regards tournés, depuis ce temps, vers ces montagnes, vers ce beau lac et vers ce vieux château. J'y reviendrai, si Dieu le permet, et avec joie. » Qu'y cherchait-il ? Avec la douceur d'une incomparable amitié, le délassement après la fatigue, la paix après la lutte, le silence après le bruit, la solitude après la foule, le renouvellement de ses forces après leur entier épuisement, et pour son âme enfin, « la sérénité dans la hauteur. »

Nous connaissons Lacombe et Menthon, mais pas encore la vie qu'il menait là. Voici quelles étaient ses journées. Après sa longue oraison qu'il faisait en se promenant de grand matin sur la terrasse de l'un et l'autre château, l'âme élevée d'elle-même à Dieu par ces grands aspects, et après sa messe, qu'il disait toujours, à Menthon, dans l'oratoire de Saint-Bernard, le reste de la matinée était consacré au travail. C'est ainsi qu'il se reposait, dans le travail et la prière : ce qu'il apportait avec lui de papiers était prodigieux. L'après-midi, il s'accordait quelques moments de douce causerie avec ses hôtes, soit à l'ombre des vieux marronniers, à Menthon, soit dans la grande allée, à Lacombe, et quelquefois près de la Vierge du Précipice[1]; puis il dictait les lettres les plus pressées, et partait pour la montagne, porté, dans les dernières années sur un petit âne, qu'un enfant tenait par la bride, et qu'on appelait le prie-Dieu de l'évêque, parce que pendant ce temps-là, abrité de son vaste et légendaire parapluie, il récitait tranquillement son bréviaire et faisait sa lecture spirituelle. Après quoi il mettait pied à terre, et marchait à fatiguer les plus intrépides. « Quel bonheur, disait-il, de dominer toutes ces hauteurs, de posséder cet immense horizon ! » Quelquefois la beauté de ces scènes lui arrachait une exclamation : « *Montes exultastis sicut arietes*, » s'écriait-il souvent, en apercevant du haut de quelque sommet ces collines

---

1. On appelait ainsi une petite statue de la sainte Vierge placée dans le creux d'un vieil arbre qui pendait sur un précipice. Chaque jour on y allait faire une petite prière. On ne passait jamais devant sans s'y agenouiller.

étagées sur des collines au pied des grandes Alpes! Du reste, il admirait tout de la montagne : la fleur, la source, le torrent, la gorge profonde et le précipice; les chaumières éparses çà et là, et les troupeaux paissants, *in reductâ valle mugientium errantes greges*, comme il disait avec Horace; la verdure des châtaigniers au printemps, et leurs teintes rougeâtres en automne; les sombres sapins; plus haut et plus loin les grandes chaînes, les rochers sauvages, les neiges éternelles. « Depuis ma course au sommet des montagnes, avec ces deux chers enfants[1], écrivait-il à M$^{me}$ de Menthon, j'ai fait tant de choses dans la plaine, que ce temps me paraît un siècle. En vérité, si la montagne n'était d'Orléans qu'à une journée de chemin de fer, elle me verrait trop souvent, tantôt pour y admirer les primevères et les violettes du printemps, et tantôt ces jolies petites fleurs d'automne qui sont comme le dernier sourire de la nature à la fin d'un beau jour. Mais il y a quelque chose de meilleur que tout cela dans la montagne, c'est Dieu qu'on y retrouve si présent. »

Nul n'a mieux senti que lui la présence de Dieu dans la nature. « Que Dieu est bon! Que Dieu est grand! » ce mot venait sans cesse à ses lèvres. Sur ces sommets, il se sentait plus près du ciel et plus loin des hommes, de leurs agitations, de leurs bassesses, qu'il prenait alors en grande pitié. « Parmi les choses de la terre, écrivait-il aimablement, il n'y a guère que les montagnes qui ne descendent jamais de leur élévation. » Il y trouvait, « l'air plus pur, le ciel plus ouvert, Dieu lui-même plus familier! » Quel désir il éprouvait parfois d'y planter sa tente! Mais une voix, la voix de l'Église, la voix des âmes, la voix de nos détresses et de nos besoins, le rappelait : « Je serais bien ingrat envers le col de Tamiers, écrivait-il un jour à M. de Menthon, si je ne m'en souvenais comme d'une des plus délicieuses courses de ma vie. Hélas! on voudrait bien habiter dans la sérénité de ces hauteurs, et goûter la paix dans cette belle lumière. On dirait vo-

---

[1]. M. René et M$^{lle}$ Marie de Menthon, neveu et nièce de M$^{me}$ de Menthon.

lontiers comme saint Pierre : « *Bonum est nos hic esse*, c'est bien bon d'être là ! » Mais le bon Dieu nous répond par ces belles paroles de saint Augustin : « *In monte requiescere cupiebas :* tu voudrais te reposer sur la montagne ; *descende laborare ;* non, descends au travail, à la peine ; *prædica veritatem*, prêche la vérité ; *habe caritatem*, aie la charité, *et sic pervenies ad æternitatem*, et tu arriveras ainsi à l'éternité, *ubi invenies securitatem*, où tu trouveras la sécurité... »

Était-il seul, car il y avait des moments où il aimait cette solitude, il allait, priant, chantant ses chers cantiques du catéchisme, « *cantat amor!* » tout entier à ses souvenirs, à la pensée de Dieu, de l'Église et des âmes ; quelquefois, s'arrêtant tout à coup, pour noter, avec ce crayon taillé par les deux bouts dont son bréviaire était muni, sur ces feuilles blanches que ce même bréviaire portait aussi toujours, et qu'il renouvelait soigneusement, soit le projet d'une lettre à une âme dont il était préoccupé, lettre qu'il dictait au retour ou le lendemain, soit le plan de quelque instruction pastorale ou de quelque écrit polémique, soit une pensée qui avait saisi son esprit en incessante activité ; fidèle à ce conseil de M. de Maistre, qu'il faut savoir « fixer l'éclair. »

Mais, le plus souvent, quelques amis l'accompagnaient. On aimait à choisir, pour la lecture, les sites les plus pittoresques et à donner comme cadre aux belles œuvres de l'homme les belles œuvres de Dieu : Bossuet, Dante, Shakespeare, Corneille, Gœthe ou Schiller, s'harmonisaient bien avec ces sublimes aspects. Tout entier chez lui aux affaires et à d'austères travaux, la montagne lui rouvrait quelque peu les grands horizons littéraires. Quelquefois, au contraire, c'était une œuvre contemporaine, utile à connaître, qu'on lisait. Survenait-il une pluie, une grange isolée, d'où s'exhalait l'odeur saine du foin fraîchement coupé, offrait son abri[1].

Telles étaient les promenades de chaque jour ; il y avait

---

1. Mlle Netty du Boys a tracé ce tableau avec plus de détails et un très grand charme dans son écrit *Les derniers jours de Mgr l'évêque d'Orléans*.

des excursions et des ascensions plus vaillantes. On partait dès le matin, si l'on était à Lacombe, pour les Cascades de Boulon; ou pour le lac du Crozet, glacé encore au mois de juillet; ou bien, si l'on était à Menthon, pour le sommet du Lanfon, d'où la vue est si belle, ou pour la Forclaz, ce rocher qui domine si hardiment le lac : on déjeunait sur l'herbe, au bord d'une fontaine, à l'ombre des vieux sapins, ou dans un chalet. Rien ne soulageait plus sa tête fatiguée que ces courses, qui lui mettaient, comme il disait, « l'esprit au large. » A Menthon, ce grand char de côté qui venait prendre au retour, à une certaine distance, les promeneurs, était quelquefois bien secourable.

Il a dit que Lacombe et Menthon tenaient « une place dans sa vie. » Rien de moins semblable cependant que ces lieux où il se complaisait tant. Mais : « Ne les comparons pas, disait-il, admirons-les : ils sont tous deux admirables. » Quant à Lacombe :

« J'ai goûté plus que jamais ce beau lieu, écrivait-il un jour, la veille de son départ, son élévation au-dessus de toutes les basses régions, sa grandeur, les magnificences de Dieu, les matinées et les soirées admirables, la paix et la douceur de la solitude. Rien n'est plus beau que cette grande allée par ce beau soleil et ce vent frais : la paix y est profonde et splendide... C'est un palais de fraîcheur et de verdure au milieu des plus grandes scènes de la nature... Dieu y paraît si bon et si grand! » Tous les lieux d'alentour : Crebarnou, Greppa, Prélong, la Grange de la Forêt, Saint-Agnès, Laval, Saint-Meurys, le Martinet, le mas Larie, toutes ces cimes, tous ces hameaux l'ont vu ; tous ces sentiers, doux ou abruptes, lui étaient familiers ; il s'y orientait comme un homme de la montagne, merveilleusement ; entrant dans les chaumières, s'asseyant sur la chaise de paille, sur le banc rustique ou sur le tronc coupé d'un vieil arbre, disant à ces braves gens de bonnes paroles, leur laissant un petit souvenir. Le voyant si simple, savaient-ils qu'il était si grand? Ils sentaient du moins qu'il était bon, et ils l'aimaient. Que de preuves de sa bonté et de son amour des âmes, qui se retrouvait là comme partout, pourrions-nous citer ! C'est lui qui fit ériger en paroisse Saint-Meurys, pour épargner aux bons habitants de ce village le long trajet qu'ils avaient à fournir jusqu'à l'église de Lacombe ; et M<sup>lle</sup> Netty du Boys a raconté, dans une page délicieuse[1], la course qu'il fit un jour au loin dans la montagne pour administrer, en l'absence du curé, une pauvre femme, tandis que, ne le voyant pas revenir et ne sachant où il était allé, M. du Boys l'attendait dans une extrême inquiétude.

Ce que ces courses lui disaient à l'âme, c'est à lui qu'il le faut demander ; nous prenons au hasard dans ses notes :

« 10 octobre 1852 : Course magnifique par le Martinet, et ces hauteurs, et jusqu'au fond de ces montagnes ; il y eut, sur le bord de ce torrent, des passages incomparables : un surtout ; le charme ne peut aller plus loin... Comme Dieu est présent en ces beaux lieux ! Quelle consolation de le sentir si près et soi si loin du monde ! »

Un autre jour : « Admirable course à Laval. Le retour par le bois Peloux ; cette vue, cette délicieuse route, cette ombre si fraîche ; puis ces hauteurs et ce chemin par les pelouses, et dans ce bois Fontanella, si solitaire ; puis ces prés, ces maisons isolées, et la découverte de ces hautes montagnes, de ces neiges, de ces glaciers sur nos têtes, tout cela fut ravissant. »

Une autre fois encore : « Dernière matinée. Ces ascensions du matin, à pied, à âne, priant, admirant, ont une grande douceur. Cette montée jusqu'aux Bossons par cette fraîcheur délicieuse ; ce retour le long du torrent ; ces eaux si pures et si vives, ces herbes odorantes, ces ombrages si touffus et si brillants... que tout cela était doux à voir ! »

Lacombe, c'était la montagne ; Menthon, c'était de plus la Savoie, et la Savoie c'étaient tous ces souvenirs qui faisaient

---

1. *Les derniers jours de M<sup>gr</sup> Dupanloup.*

déborder son âme de reconnaissance pour Dieu. « Je revois toujours ce lac et ces montagnes de mon enfance avec plaisir, » écrivait-il à M. de Menthon. Un autre jour : « Bonne arrivée hier à Menthon ; ce matin sur la terrasse, en regard d'Annecy, douce impression du *Dominum qui fecit nos, venite adoremus*; doux et délicieux regard sur ce beau pays où Dieu m'a créé. » La colline du Cher qui semble couper en deux le lac ; Talloires et cette anse profonde où les eaux de ce beau lac sont si bleues ; au-dessus, sur la colline, Saint-Germain, si aimé de saint François de Sales, et où le saint avait rêvé de se retirer un jour : « Si Dieu l'a pour agréable, je laisserai le poids du jour et de la chaleur à notre coadjuteur, et pendant ce temps-là, avec mon chapelet et ma plume, je servirai Dieu et l'Église ; ici les bonnes pensées me tomberont drues et menues comme les neiges qui tombent en hiver ; » Bluffy, qui lui fit tant plaisir un jour à découvrir dans ce repli mystérieux, au pied des grands rochers ; Alex, berceau du célèbre évêque d'Annecy, Mgr Jean d'Arenthon, qu'il admirait tant ; et par delà une des montagnes qui dominent Menthon, Thorens, berceau de son cher saint : que de fois il y a porté ses pas ! Il rayonnait aussi à l'entour, et les hôtes des châteaux voisins, M. le comte de Villette, M. le comte de Thiollaz, M. le comte de Roussi de Sales, M. le baron d'Yvoire, d'autres encore, étaient heureux de le recevoir tour à tour et de le visiter. Il voyait beaucoup aussi l'évêque d'Annecy, et les prêtres les plus distingués de son clergé[1] ; et les bons curés de la montagne avec lesquels il avait une joie particulière à se rencontrer.

Mais il ne faisait pas un seul séjour à Menthon sans aller revoir près d'Annecy, sur les bords du lac, cette Puya, où

---

1. Entre autres MM. Magnin, qui succéda à Mgr Rendu ; Ruffin, auteur de la *Vie de Mgr Rey*; Poncet, Grobel, Brasier, Favre. Celui-ci, petit-neveu, pensons-nous, du président Favre, l'ami de saint François de Sales, s'était bâti, de l'autre côté du lac, sur le coteau, tout près de la petite chapelle de Notre-Dame-Auxiliatrice, une habitation, un peu originale, qu'il avait appelée *Colmire*. L'évêque s'y trouvant un jour avec M. de Menthon et quelques ecclésiastiques d'Annecy, improvisa sur cette maison ce distique joyeux :

*Mira* domus, *miri* colles, *mirissimus* hospes :
Omnes *mirantur* moenia *mira* loci.

de cinq à sept ans il avait habité, et rien de moins banal que ces visites; un sentiment profond, et c'est pourquoi il y allait toujours seul, l'y poussait, le sentiment des bienfaits de Dieu, cette action de grâces en permanence dans son âme. Écoutons-le :

« 24 septembre 1851. Promenade solitaire à la Puya; délicieuse... Comme la confiance renaît toujours là, au milieu de l'attendrissement, de la vue claire de la bonté de Dieu, du souvenir présent de ses incroyables bienfaits et de la reconnaissance sensible... Moments trop courts! Il faudrait passer là tout le temps que demanderaient ces souvenirs... et la grâce de Dieu ; y réfléchir sans précipitation, sans efforts... Je trouve là les deux émotions les plus douces et les plus vives : la plus belle nature et la plus douce grâce. »

« 6 octobre 1856. Messe bonne et douce à Saint-François de Sales ; de là bonne course à la Puya ; je n'étais pas pressé, je goûtai chaque chose en paix.

» Je suis monté jusqu'à ces sapins ; puis à ces maisons si paisibles : je me reposai dans cette grange, sur ces feuilles de chênes et de châtaigniers ; je redescendis à la maison de la Françon, et, de là, à Notre-Dame-Auxiliatrice : j'ai bien prié, et baisé la pierre de la petite chapelle... C'est un lieu admirable, d'où je repasse d'un coup d'œil toutes les bontés de Dieu... Ce beau lac, ces montagnes, ce beau ciel, Annecy au fond ; plus loin, la France... De là, course toujours chère à cette chaumière (celle qu'il habitait), à ces pauvres gens que j'étonne, et qui ne savent pas les secrets de mon âme, et quels lointains et ineffaçables souvenirs me viennent là au cœur. »

Ce sentiment éclatait plus encore peut-être à Saint-Félix, où il s'arrêtait aussi toujours avec une émotion qui, dès qu'il approchait de ce lieu, que de fois nous l'avons vu ! inondait de larmes son visage.

Mais il n'avait jamais visité, dans les Bauges, Saint-François, la première paroisse de son oncle, celle où allait sa mère. L'année qui suivit sa réception à l'Académie française, alors qu'il était comme à l'apogée de sa renommée et des honneurs, dans un sentiment de la plus profonde humilité, il voulut se donner le spectacle de ce lieu, et faire revivre pour son cœur tous ces souvenirs. Dans une station sur la route, au Châtelard, il s'informa de tout, et en particulier s'il y avait encore là une famille Dumas, famille patriarcale, où sa mère était reçue. Mais écoutons-le encore lui-même :

« Enfin je découvre Saint-François, son église, son presbytère. Pauvre mère ! Quels lointains souvenirs... Elle y alla, il y a quarante-sept ans, pour la dernière fois, faire ses adieux à son oncle. Ce départ pour Paris dut attrister celui-ci ; mais le bon Dieu avait ses desseins ; et me menait où il voulait... A Saint-Sulpice... pour ma première communion !... et la suite...

» Ma mère venait là avec joie ; c'est le seul souvenir dont je lui aie ouï parler avec épanouissement. Au fait, c'est le seul lieu où elle ait été heureuse en ce monde... aimée... recueillie... Son oncle, frère de sa mère, bon, compatissant, généreux, vif, spirituel, plein de foi, lui faisait grand bien à l'âme et au cœur... Elle lui confiait toutes ses peines... Quelles douces et longues conversations ils avaient ensemble !... Il l'encourageait, la consolait des ennuis que lui donnait l'intérieur et l'irréligion de ma tante... Là, elle était délivrée d'Annecy... et de ses tristesses.

» Puis, la famille Dumas... si respectable ; ces relations si douces, si honorables, si gaies... On l'aimait beaucoup... Je me représentais tout cela... Elle, de sa croisée, regardant cette belle vallée, la belle et verdoyante montagne en face,... descendant et montant... Avec quelles douces pensées elle partait, faisait la route !... On lui envoyait un cheval... Je la conduisais un peu. J'allais au-devant d'elle, au retour... Mon oncle la reconduisait...

» ... Je dis là un bon bréviaire, avec grande et profonde douceur... priant pour tous ceux par qui Dieu m'a fait mes premiers biens...

» *Domine, spes mea à juventute meâ...* Seigneur vous êtes mon espoir dès ma jeunesse : Comme c'est vrai ! *In te cantatio mea semper :* c'est vous qui devez être toujours l'objet de mes cantiques. Voilà bien ce qui doit être ! *Ego sum vermis et non homo :* je suis un ver de terre, non un homme, et *abectio plebis,* un pauvre fils du peuple : Voilà bien où j'en étais ; mais :

» C'est vous qui m'avez appelé au jour. *In te projectus sum ex utero :* du sein de ma mère, j'ai été jeté entre vos bras...

» Puis, après avoir dit et redit ces admirables paroles, j'ai commencé l'office de saint Euverte, mon saint prédécesseur... Voilà le miracle, et cette incroyable transformation ! *Elegit ipsum Dominus ab omni viventi !* Dieu l'a choisi entre tous les êtres vivants. Quelle élection fut la mienne !...

» ... Puis, après un déjeuner paisible dans cette chère cure de Saint-François, » il ajoute, et nous ne supprimerons pas ce détail, qui peint si bien la simplicité de ses goûts et la vivacité de ses impressions d'enfance, « avec de bons œufs sur le plat, de la crème et des poires, avec les goûts d'autrefois... je redescendis par la route que suivait ma mère... C'est très marqué...

» Et je m'en allai seul, avec mes pensées ;... avec Dieu... et ma pauvre mère... »

Il baisait la terre et la poussière à Paris, après ses sermons dans les grandes chaires et ses éloquentes leçons à la Sorbonne ; évêque, arrivé aux premiers honneurs de l'Église et des Lettres, il éteignait le bruit des applaudissements et de la gloire en se plongeant ainsi dans l'humilité des souvenirs ; et, comme il n'avait plus cette mère pour lui faire de cette gloire un triomphe, il lui en faisait un dans son cœur, en recherchant, avec cette filiale tendresse, ses traces lointaines et chéries, dans le plus pieux des pèlerinages.

Ainsi donc, ces travaux et ces luttes d'une vie si agissante et militante à la surface, n'empêchaient pas qu'il y eût, au fond de cette âme, ces sources cachées et débordantes de poésie, de tendresse et de piété. De tout cela ses hôtes jouissaient pleinement, car nulle part peut-être il n'était plus lui-même qu'à la montagne, et ne laissait mieux voir son âme dans ses dernières et limpides profondeurs : simple, quelquefois jusqu'à la naïveté, affectueux et bon, doux, aimable et souriant; et tout à coup, retrouvant ses grands élans, nous dirions volontiers ses coups d'aile, qui l'emportaient sur les hauteurs.

Une active vie d'esprit animait ces deux châteaux et redoublait d'intensité quand arrivait l'évêque. Se rencontrait d'ordinaire à Menthon l'érudit baron d'Eckstein, qui recevait là dans sa vieillesse une noble hospitalité, et qui la payait par les agréments de son esprit et de sa conversation. Hommes et choses, il savait tout; et peignait les hommes et jugeait les choses avec une verve incisive, originale, intarissable. Soit à Menthon, soit à Lacombe, manquait rarement d'accourir de Lyon M. Sauzet, homme qu'on eût bien défini par ces trois mots bel esprit, bon esprit, grand esprit. L'évêque de Grenoble, Mgr Ginoulhiac, très ami de M. Du Boys et de l'évêque d'Orléans, savant théologien et causeur spirituel, était également fort assidu. Sur cette terrasse de Menthon, dans cette grande allée de Lacombe, que d'entretiens, de discussions du plus vif intérêt, sur les plus hautes questions! Là, à Lacombe, un jour, M. Rio, un de ces amis qu'il y attirait, — combien en attirait-il de la sorte, ecclésiastiques ou laïques, dans ce lieu hospitalier[1]! lut un livre entier de son *Art chrétien* encore inédit, et M. Sauzet bien souvent quelque beau chapitre du grand ouvrage qu'il préparait sur le code civil, et qui mal-

---

1. Pour ne parler que des ecclésiastiques, le P. Lacordaire y est venu avec lui. Nous y avons vu l'abbé Gratry, M. l'abbé Debeauvais, Mgr de Marguerie, évêque d'Autun, et M. l'abbé Thomas, aujourd'hui évêque de la Rochelle, Mgr Ramadié, archevêque d'Alby, le P. A. Perraud, aujourd'hui évêque d'Autun, M. l'abbé Turinaz, aujourd'hui évêque de Nancy, M. l'abbé Cotton, aujourd'hui évêque de Valence, alors successeur à la cure de la cathédrale, à Grenoble, du saint abbé Gérin, confesseur de l'évêque d'Orléans; et qui venait là aussi; etc., etc. Partout où cet évêque allait, il attirait, il devenait un centre.

heureusement n'est pas encore publié. Lacombe surtout était comme un centre, un foyer intellectuel : nous dirions presque un atelier. Il passait là un souffle qui allumait dans les esprits une flamme généreuse. Là, comme partout, excitateur infatigable, l'évêque poussait chacun dans sa voie, et animait aux nobles travaux. Qu'il y travailla aussi lui-même, tout en s'y reposant!

Voilà pour la vie d'esprit : mais le cœur et l'âme avaient aussi leurs moments réservés. Là, Dieu lui donna, et pendant tant d'années, les vraies et pures joies d'une amitié qu'on rencontre bien rarement sur la terre. Qu'il goûtait — c'était l'heure de ses plus précieuses intimités — ces soirées si délicieuses sur la terrasse de Lacombe, quand le ciel était pur et brillant d'étoiles, et que le silence descendait peu à peu sur la vallée! Souvent alors, après avoir récité, en marchant à grands pas, son rosaire, il venait s'asseoir là, près de ses hôtes et ses amis, et, la conversation prenant d'elle-même ce cours, il avait, sur les choses de l'âme et de Dieu, de ces mots simples, profonds, lumineux et chaleureux, que chacun emportait dans son cœur comme un trésor; et on s'inclinait plus heureux, après la prière dite en commun dans la petite chapelle, sous sa main bénissante.

Et de plus, il ne manquait pas de mettre à profit ces voyages pour opérer, comme toujours, l'œuvre des âmes. C'est dans ce but qu'il se plaisait, avant d'arriver là où il était attendu, à faire de petites haltes chez quelques chrétiennes familles où sa présence et ses conseils étaient pour plusieurs âmes des bienfaits : à Champvieux, chez M$^{lles}$ de Montbriant, deux fidèles et généreuses enfants de son catéchisme de Saint-Hyacinthe; chez M. le marquis de Vaulserre; chez M. le comte de Thiollaz, à Alby, près Saint-Félix : là était une digne amie de M$^{me}$ de Menthon, M$^{me}$ de Thiollaz, femme admirable, trop tôt ravie à ses nombreux enfants : à quelle hauteur de vertu il éleva aussi cette âme!

Nous avons déjà dit quel secours M$^{me}$ de Menthon trouvait dans sa direction; malgré son généreux élan, il lui fallait cet appui. Toute nature souffre de ses propres dons, parce que, à côté, dans notre imparfaite humanité, il y a les lacunes, et quiconque entreprend sérieusement sur soi-même cette œuvre de transformation qui est la vraie vie et vertu chrétiennes, connaîtra la lutte, avec ses inévitables alternatives, de sécheresses et de dilatations, de tristesses et de saintes joies, d'ombres et de clartés, de reculs et de progrès, de fatigue et de courage. De loin, il suivait tout, parce que, avec une confiance sans limites, elle mettait tout sous ses yeux; mais, si lumineuses que fussent les lettres qu'il lui écrivait, répondant quelquefois à ses divers états d'âme, nous disait-elle un jour, avant même qu'elle les eût manifestés, combien était secourable sa présence! Lui, à Menthon, c'était la lumière immédiate, la ferveur renouvelée, la marche en avant, assurée pour longtemps. Et ce n'était pas elle seulement qui éprouvait le bienfait de sa présence; il y avait là autour d'elle d'autres âmes dont il s'occupait aussi, on peut le dire, paternellement.

A Lacombe, de même, Dieu fit plus d'une fois par lui des choses admirables. Là, un jour, il retrouva un de ses enfants du catéchisme, celui dont il a raconté l'histoire[1], ce petit enfant de douze ans, qu'on lui amena dans une voiture à quatre chevaux, et qui commença par lui dire : « Il faut d'abord que vous sachiez, Monsieur, que je suis, moi, un athée. » Le catéchisme avait eu vite raison du petit incrédule. Cependant, la première communion n'avait pas empêché les écarts de la jeunesse; la foi s'en était allée, la fortune aussi. Les vicissitudes de sa vie l'avaient conduit à Grenoble. Ayant appris qu'il était là, l'évêque voulut le revoir : quelques conversations lui suffirent pour tout réveiller dans cette conscience où il avait déposé des germes qui y dormaient oubliés. Quand, après avoir communié à la petite chapelle de Lacombe, dont il ne pouvait plus s'arracher, le converti en sortit enfin, on trouva baignée de ses larmes la place qu'il avait occupée. Il fit la mort d'un prédestiné.

---

1. *Entretiens sur le catéchisme.*

Disons en terminant un mot de cette jeune anglaise, Harriett Shilletto, « pauvre petite colombe effarouchée par l'erreur, et venant à tire d'ailes s'abattre sur les créneaux de Lacombe, où l'attendait ce grand aigle de Dieu, pour l'emporter jusqu'au ciel ? » C'est en ces termes qu'un des témoins de ce « miracle de grâce et d'amour[1], » — volontiers nous empruntons de nouveau cette expression de l'abbé Gerbet, — en parlait longtemps après ; âme candide et pure, mais portant au fond d'elle-même une souffrance, des aspirations auxquelles son incomplète religion séparée ne donnait pas satisfaction. Il la rencontra pendant une tournée pastorale, dans une famille où elle était institutrice. Elle éprouvait, à la pensée de se trouver en présence du grand champion du pape, à la fois de la frayeur et de l'attrait. Il ne lui fit que quelques questions : « Savez-vous bien pourquoi vous n'êtes pas catholique ? — Êtes-vous bien sûre d'être dans la vérité chrétienne, vous qui avez tant varié ? — Pouvez-vous effacer de l'Evangile le *Tu es Petrus ?* » C'était en 1862, il allait partir pour Rome, où Pie IX avait convoqué l'épiscopat catholique ; ces simples questions suscitèrent en elle des réflexions qu'elle n'avait jamais faites. Un mot retentissait sans cesse à son oreille. « Tu es Pierre, et sur cette pierre je bâtirai mon Église. » Puis, elle comparait cette sécurité tranquille des catholiques dans une foi immuable avec cette mobilité incessante de la réforme. « Nous allons toujours, disait-elle, mais où ? Au catholicisme peut-être, d'où nous sommes sortis. Lui, il demeure sur la pierre qui le porte, toujours le même ; nous, qu'étions-nous hier, et que serons-nous demain ? »

Ses angoisses s'exprimèrent dans une lettre que l'évêque, déjà en route pour Rome, reçut à Paris. De Paris, de Marseille encore, de Rome même, car les plus grandes affaires de l'Église ne pouvaient lui faire oublier une âme, il lui répondit. Il suivait, sans le précipiter, le travail qui se faisait en elle ; attendant ce qu'il appelait la maturité de

---

1. Lettre de M. Mollière, un des hôtes habituels de Lacombe, à M. du Boys

l'œuvre divine : il n'argumentait pas, mais lui ouvrait les grands horizons catholiques, et surtout la faisait beaucoup prier, car au point où elle était arrivée, c'était moins un effort de l'esprit qu'un élan de cœur et surtout une touche de la grâce qui pouvait briser ses dernières entraves.

Le jour de la Pentecôte, cette grâce lui vint : elle tombe à genoux, comme frappée d'un vif coup de lumière : la voilà catholique dans son cœur : l'évêque reçut cette nouvelle à Rome; mais ce fut à Lacombe, où il s'était arrêté au retour, comme nous l'avons dit, que deux longues lettres d'elle lui dirent tout. La beauté de l'unité, et surtout, plus encore que la vérité totale, l'amour total dont l'Église a le trésor, voilà le coup de lumière qui l'a éclairée. « L'Église a l'Eucharistie, disait-elle, don total de Dieu à l'homme; l'Église enfante la virginité, don total de l'homme à Dieu ! Je crois qu'il y a la plus grande vérité là où il y a le plus grand amour. » L'évêque poussait des exclamations en lisant ces lettres : ses hôtes en furent aussi dans l'admiration. La fallait-il laisser plus longtemps à la porte de l'Église? Non; il fit un signe, et elle partit pour Lacombe. On l'y accueillit comme une fille et comme une sœur. L'évêque lui demanda de faire une petite retraite préparatoire. Tout en elle trahissait la plus profonde et douce joie : ses paroles, qu'on ne peut redire, ses silences, son recueillement en entendant la messe, ses larmes coulant à travers ses paupières baissées. Il ne lui restait plus ni hésitation, ni trouble; elle marchait vers Dieu avec une sérénité toujours plus radieuse : c'était comme une aurore grandissante. « Je suis déjà si heureuse, disait-elle, que sera-ce après ? »

La petite chapelle fut parée comme pour une fête. Elle contint assez son émotion pendant l'abjuration et le baptême; mais quand approcha le moment de la communion, son cœur éclata : puis le calme se fit, sa tête s'inclina sur ses épaules, ses yeux se fermèrent : son visage paraissait comme transfiguré par l'extase. « Où étais-je donc? demandait-elle plus tard : Dans le ciel? » C'était bien comme quelque chose des joies célestes que Dieu lui faisait goûter. Son bonheur pendant les jours qui suivirent est inexprimable.

Où est-elle aujourd'hui, cette généreuse enfant? L'amour de la patrie anglaise ayant grandi dans son âme avec l'amour de Dieu, une inspiration héroïque la conduisit dans un couvent de Clarisses de son pays. Elle est là, depuis vingt ans, sous la bure, pieds nus, s'immolant, hostie vivante, dans la pénitence et la prière, pour la conversion de l'Angleterre.

# CHAPITRE XX

TEMPS D'ARRÊT DANS LA QUESTION ROMAINE
(*Suite*)
Visite de l'évêque d'Orléans à la Roche-en-Breny
Pèlerinage à la Sainte-Baume
Panégyrique de saint Martin

**LUTTE EN FAVEUR DE LA CHARITÉ CHRÉTIENNE**

Lettre en faveur des ouvriers rouennais. — Lettre aux *Débats*
Mandements sur la charité, et sur saint Vincent de Paul et ses œuvres
Le volume intitulé *la Charité chrétienne et ses œuvres*
Lettre sur l'esclavage
Lettres sur la Pologne. — Polémique avec M. Quinet

**DÉFENSE DE LA FOI**

*Avertissement à la jeunesse et aux pères de famille*
M. Littré écarté de l'Académie française
M. Taine évincé du prix de l'Académie
Fondation de l'Académie de Sainte-Croix
*Lettre sur les études qui conviennent aux hommes du monde*
Fondation des *Annales Orléanaises*
Lettre sur les élections : Appel comme d'abus
Discours de M. de Montalembert au congrès de Malines
Allocution de l'évêque d'Orléans pour la prise d'habit de M$^{lle}$ de Montalembert
1862-1863

Nous avons laissé l'évêque d'Orléans, revenu de Rome, à la Chapelle, s'occupant paisiblement de ses travaux et de ses œuvres pendant le temps d'arrêt que subissait manifestement la question romaine. M. Drouyn de Lhuys venait d'être appelé aux affaires. Peut-être, « effrayé de son œuvre[1], » l'Empereur cherchait-il à s'arrêter. Toutefois, si la circulaire par laquelle le nouveau ministre expliqua ses vues avait un bon côté, qui était de mettre Turin sur la sellette, en cessant d'y mettre Rome, que c'était humble, quand on s'appelait la France ! Rappeler ses promesses, ses conseils, ses ordres, avouer que le tout avait été stérile, quelle humiliation, sous des dehors de

---

[1]. *Les quatre ministères de M. Drouyn de Lhuys*, par M. le comte B. d'Harcourt.

sagesse ! Et il faut ajouter que les nouvelles promesses étaient bien affaiblies par le souvenir d'un tel passsé. Et, au fond, à quoi se réduisaient-elles ? A arrêter, non à faire reculer le Piémont. « Le clergé serait bien naïf, écrivait à l'évêque d'Orléans M. Cochin, s'il se hâtait d'être enchanté, comme il en a, je crois, bien envie. » Mais qu'y faire? L'œil incessamment tourné vers Rome, l'évêque d'Orléans attendait, prêt à pousser le cri d'alarme au premier péril.

On conçoit combien, après les événements de Rome, et dans une telle situation des choses, M. de Montalembert et lui désiraient se retrouver. « J'ai, écrivait l'évêque d'Orléans à son ami, dès son arrivée à Lacombe, le 26 juin 1862, un extrême désir et un extrême besoin de vous voir. Malheureusement je suis au dernier degré de la fatigue. » M. de Montalembert s'empressa de lui répondre : « Que vous êtes bon d'avoir bien voulu penser à moi ! Il est littéralement vrai que j'allais vous écrire au moment où votre lettre m'est arrivée ce matin. Il me semble que ma voix vous aurait manqué au milieu du concert d'éloges dont vous devez être un peu assourdi. J'ai du moins l'amour-propre de croire que vous vous seriez aperçu de mon silence. Mon cœur, vous le savez, incline beaucoup plus du côté des vaincus que des triomphateurs ; ceux-ci, en général, me laissent froid et défiant ; mais votre triomphe est, avant tout, celui de l'Église, de la vérité et de l'honneur. C'est pourquoi j'en jouis sans réserve et sans défiance aucune. D'ailleurs il vous serait exclusivement personnel que j'en jouirais encore parce que je vous aime sincèrement et vivement. Ai-je besoin de vous dire à quel point j'ai vécu avec vous depuis deux mois, et avec quel intense intérêt j'ai suivi chacun de vos pas et recueilli chaque accent de votre voix, dans les récits haineux du *Temps* français, du *Times* anglais, et autres feuilles... »

Ce que M. de Montalembert ajoute montre combien leur affection allait croissant toujours. « Je suis étonné que mon affection pour vous ait grandi et augmenté avec les années au lieu de diminuer. Je ne sais pourquoi l'on dit que le cœur se refroidit en vieillissant. Je ne m'en aperçois pas le moins du monde. J'aime beaucoup moins de choses et de gens qu'autrefois; mais jamais je n'ai mieux et plus aimé ce qui a survécu, dans les affections de ma jeunesse, aux naufrages et aux injures du temps. »

Et voici en quels termes l'évêque d'Orléans répondait à ces effusions : « Quant à mon inclination pour vous retrouver, elle est égale à cette profonde tendresse de cœur que j'ai toujours eue pour vous, que les ans et les orages ne font qu'accroître, et qui devient depuis quelque temps une sorte de fièvre relativement à vos Moines d'Occident, pour lesquels il faut absolument que je vous revoie à fond. Je ne puis pas m'attiédir là-dessus. »

Et vers la fin de cette année il lui disait encore : « Vous m'écriviez il y a quelques jours de prier pour vous au pied de la crèche, et d'y demander au bon Dieu la patience au milieu de tant de choses qui vous aigrissent et vous révoltent, et à bon droit sans aucun doute.

» La grâce que vous souhaitez est certainement le vœu le plus ardent de ma religieuse et fraternelle affection pour vous ; mais il est évident que, cette grâce, vous la trouverez abondante dans votre fidélité à votre travail.

» Voilà pourquoi je souhaite tant vous y voir plongé et baigné dans un bain de lumière, de douceur et de paix.

» Souvenez-vous du bien que vous a fait sainte Elisabeth de Hongrie. Donnez-vous autant que possible les mêmes biens et les mêmes bénédictions... Voilà mes vœux, la bonne année que je vous demande à vous-même pour vous-même, et pour tant d'âmes auxquelles votre livre sera un vrai bien. »

Mais M. de Montalembert allait partir pour l'Angleterre, afin précisément d'y étudier sur place ces grands Moines dont il écrivait l'histoire. A son retour, il se donna la joie d'une visite à Orléans. Les deux amis purent à loisir s'entretenir sous les ombrages de la Chapelle. Cette journée laissa à l'auteur des Moines « des souvenirs aussi profonds que doux. »

« J'ai été, écrit-il à son ami, et suis encore plus touché que je ne puis le dire de votre sollicitude si généreuse, si désintéressée, si persévérante pour mon pauvre livre. J'ai été aussi très ému par le récit que vous m'avez fait des grands événements de Rome, auxquels vous avez pris une part si glorieuse. »

Plongé pendant les mois d'août et de septembre dans son ouvrage sur la Haute Education intellectuelle, et des travaux diocésains, dont nous traiterons spécialement, l'évêque d'Orléans éprouva bientôt une telle fatigue qu'un peu de repos devint absolument nécessaire : un voyage à la Roche-en-Breny, et un lointain pèlerinage à la Sainte-Baume, furent décidés. M. de Montalembert voulait que l'évêque lui donnât le plus long séjour possible. « Dans les circonstances où nous sommes, lui écrivait-il, et en présence de tout ce qui se prépare contre Rome, nous avons besoin de nous concerter. Nous causerons aussi un peu, ajoutait-il, de mon fatigant livre, et subsidiairement de mon âme à laquelle je vois que vous vous intéressez en ami et en évêque. Songez que nous sommes tous les deux sur le déclin de la vie ; il nous reste bien peu de jours à passer ainsi l'un avec l'autre dans une communauté de sentiments qui a commencé il y a bientôt quarante ans (1826), qui a traversé bien des épreuves, et qui est pour moi un bonheur et une vraie gloire. Je suis bien sûr aussi qu'elle ne vous est pas indifférente. »

L'évêque quitta Orléans le 5 octobre. Après quelques jours très doux passés chez M. le comte Jaubert, et une station à Nevers, pour y visiter d'admirables reliques de sainte Jeanne de Chantal : son cœur, et le pauvre lit sur lequel elle est morte, et la mitre de laine filée par elle pour saint François de Sales ; après avoir pris en passant à Azy M. Cochin, et visité à Saulières la belle-sœur de celui-ci, M$^{me}$ de Saint-Maur, qu'il occupait à un travail sur sainte Thérèse, il arrivait le 9 octobre à la Roche. M. Foisset se hâta d'y accourir; M. de Falloux également. Le prince de Broglie, récemment élu à l'Académie française, était attendu aussi : il ne put qu'envoyer à ses amis son futur discours de réception. Tous ces hommes, serviteurs éprouvés de l'Eglise, et qui presque tous avaient été frappés en combattant pour le Saint Père, n'étaient préoccupés, ne parlaient que de l'Église et du Pape, de son affreuse situation actuelle et de ses périls futurs. L'évêque fut tout à tous : à M. Cochin, qui put avoir avec lui de longues conversations intimes, dont plus tard il lui écrivait : « Quel attendrissant souvenir j'ai remporté de la Roche! Soyez-en encore béni, Monseigneur! » à M. Foisset, qui pensait alors à écrire la vie du P. Lacordaire, et qu'il encouragea vivement dans ce travail, lui conseillant de pratiquer enfin, avec une fermeté inexorable, le *clauso ostio*[1] ; à M. de Montalembert surtout, qui put se donner tout à son aise la joie de ces tête-à-tête si désirés. Il y eut, le jour du départ, un touchant spectacle : ils voulurent tous communier de la main de l'évêque leur ami, et comme les temps étaient mauvais, promettre à Dieu dans leur conscience de combattre jusqu'à la fin pour sa cause. Déjà M. Cochin s'était avancé pour recevoir la communion, quand l'évêque, ému lui-même, eut l'inspiration de leur adresser quelques paroles. Cela dura à peine quelques minutes. Puis tous communièrent.

Quel témoin de cette scène eût pu penser qu'une chose si intime, si simple, si édifiante, que toutes les convenances et tous les respects auraient dû protéger, serait traînée un jour dans la polémique, travestie en complot ténébreux, et que ces hommes seraient à cette occasion couverts d'injures devant l'Église! Il en fut ainsi cependant.

Dix ans après l'événement, en 1871, lorsque l'évêque d'Orléans fut envoyé comme député à l'Assemblée nationale souveraine, et qu'on prêtait à M. Thiers l'intention de nommer ambassadeur à Rome M. Cochin, pour amoindrir l'autorité de l'évêque d'Orléans à l'Assemblée et soulever des nuages autour de M. Cochin, on imagina de révéler au monde ce qu'on appela « le complot, » et, comme on disait encore, « les mystères » de la Roche-en-Breny; » mystères dont l'évêque d'Orléans avait

---

1. Le travail, *porte close*.

été « le président. » On dit que ce jour-là s'était formée « une coalition, » était née « une secte, » « une coterie misérable, » une secte de catholiques « selon Cavour! » et la pieuse allocution de l'évêque fut présentée comme « le manifeste de la secte; » manifeste qu'on voulait d'abord, mais qu'on n'osait plus publier. Et de nouveau, en 1874, alors que M. de Broglie, après la chute, trop tardive, de M. Thiers, était président du Conseil, on essaya de nouveau contre lui de la même arme félone[1].

Eh bien, voici le texte de cette courte allocution, tel que M. Cochin le dicta, immédiatement après la messe, à M$^{me}$ Cochin : Nous l'insérons ici pour que la lumière enfin soit faite sur des accusations plus d'une fois encore renouvelées :

« Messieurs... Je sens bien que dans mon cœur je vous donne un autre nom; mais il ne s'agit pas ici de moi qui ne suis rien. Il y en a ici un autre qui est tout; qui est au milieu de nous, et qui vous dit : Vous êtes mes amis. *Vos estis amici mei.*

» Oui, vous êtes mes amis, parce que vous avez persévéré avec moi dans les épreuves : *Permansistis mecum in tentationibus meis.* Ma cause est la vôtre; vous avez combattu, vous avez supporté, pour moi; depuis longtemps, aujourd'hui, toujours.

» Et celui qui est votre ami, Messieurs, est aussi votre maître; et comme me le disait hier l'un de vous, avec l'accent d'une foi profonde et d'une âme libre : Il est, après tout, le seul maître. Vous avez raison, a-t-il dit à ses apôtres, lorsque vous m'appelez maître; je le suis en effet : *Vocatis me Magistrum, et bene dicitis, sum etenim.*

» Celui qui vous commande vous aime, et ces deux qua-

---

[1]. Et celui qui écrit ces lignes ayant été invité alors à faire dans le *Correspondant* le récit sincère de ce qu'il avait vu et entendu, cela ne suffit pas à arrêter « cette orgie de haine, » comme a dit M. de Falloux : il fallut que l'évêque d'Orléans lui-même, pour en finir, déclarât ces accusations un tissu de calomnies. On répondit qu'on ne « retirait rien. »

lités de maître et d'ami rendent son service à la fois le plus doux et le plus impérieux qui soit au monde.

» En ce moment solennel et touchant où il va descendre en personne dans vos âmes, ranimez donc votre foi et votre amour.

» Si la parole d'un homme d'honneur est entièrement conforme à ses actes, s'il fait ce qu'il dit sans jamais mentir, combien donc la parole de Dieu ne doit-elle pas encore être plus absolument vraie, plus immédiatement efficace ! Non seulement il fait ce qu'il dit, mais il peut ce qu'il veut.

» Vous allez donc recevoir son corps et son sang, son âme, sa divinité, tout lui-même.

» Écoutez bien sa voix. Il vous dit d'être fidèles et charitables ; d'être patients : patients envers les hommes, patients envers les événements, parce que les uns et les autres sont dans ses mains, qu'il atteint son but avec force et suavité, mais par des voies qui ne sont pas les nôtres, et avec des délais qui ne sont pas à la mesure de notre si courte vie !

» Soyez pieux ; unis à Dieu par la pensée et l'amour : ne laissez pas le trouble extérieur, même lorsqu'il est causé par le désir de servir Dieu, envahir ce fond de votre âme où vous devez l'adorer et le servir de plus en plus.

» Je prie pour vous. Priez aussi pour moi, qui ai tant à combattre et qui suis si faible. Et que ce Dieu, dont vous voulez être à jamais les vrais amis et les généreux serviteurs, vous bénisse, vous, vos amis, et toutes ces chères âmes qui vous entourent et qui prient tous les jours pour vous. »

Les voilà ces « mystères » cette « coalition ; » le voilà « ce manifeste, » ce manifeste « d'une secte ; » d'une « coterie misérable ; » cette « pièce » qu'on voulait, qu'on n'ose plus publier ! Il est bien question, là, de tout ce qu'on a imaginé à cette occasion, de séparation de l'Église et de l'État, de catholicisme « selon Cavour ! » et le reste. Ah ! sans doute, les plus délicats respects et toutes les pudeurs de l'âme auraient dû couvrir et protéger ces choses de la conscience et de la vie privée. Mais certaines passions ne s'arrêtent devant rien, et ne désarment jamais[1].

L'âme livrée à de bien autres pensées, l'évêque d'Orléans, rejoint par M. l'abbé Debeauvais à Montbard, continua sa route vers la Sainte-Baume : le parfum de Madeleine, respiré dans le beau livre du P. Lacordaire, récemment publié, l'attirait. Le P. Lacordaire était mort et l'évêque d'Orléans ne manquera pas, quand son disciple et son ami, le R. P. Chocarne, en écrira la vie, de rendre à cette grande mémoire un splendide hommage. Sa *Sainte Madeleine* à la main, il s'en allait visiter les lieux où l'on dit que cette vénérable amie du Sauveur a vécu pendant vingt ans dans la pénitence et la prière. On sait que, d'après une tradition, consignée dans le Bréviaire romain, Lazare et ses deux sœurs, Marthe et Marie-Madeleine, avec deux compagnons, saint Trophime et saint Maximin, abandonnés sur une barque sans rames, furent poussés mystérieusement à travers la Méditerranée vers la Provence, dont ils devinrent les premiers apôtres. Le P. Chocarne fut son guide vers la grotte de Madeleine : « J'ai fait, dit l'évêque d'Orléans, beaucoup de pèlerinages dans ma vie ; je n'en ai jamais fait

1. Une inscription commémorative de ce souvenir avait été quelques mois après, et à l'insu même de la plupart de ceux qui s'étaient trouvés là, placée par M. de Montalembert dans cette chapelle, pour faire pendant à une autre inscription rappelant que le P. Lacordaire aussi avait célébré la messe dans ce même oratoire. M. de Montalembert y avait inséré sa formule à lui, l'Église libre dans la patrie libre. Mais 1° cette formule est la sienne ; jamais l'évêque d'Orléans ne s'en est servi ; 2° elle n'est pas *née* ce jour-là, elle était depuis longtemps connue, et 3° M. de Montalembert avait expliqué déjà, dans ses célèbres lettres à M. de Cavour, en quel sens, bien opposé à celui de M. de Cavour, il l'entendait. Néanmoins, au moment où ces lignes s'impriment, un pamphlet vient de paraître, intitulé : *Nouveaux débats théologues*, dans lequel le fantôme de la Roche-en-Breny est sans cesse agité. On y lit, entre autres calomnies, que *tous les catholiques* de la Roche-en-Breny voulaient *la séparation de l'Église et de l'État*. Qui ne sait que l'évêque d'Orléans, en particulier, était le plus concordataire des évêques ? — Et dans une récente histoire ecclésiastique destinée aux séminaires, il est dit que la formule devint ce jour-là *le lien d'une association militante*. Bonnes gens, à ce point serfs d'un journal, et étudiant là, pour l'enseigner au jeune clergé, l'histoire de l'Église !

aucun avec un intérêt plus profond, plus saisissant. » Et il écrivit à M. de Montalembert : « J'ai été charmé de la Sainte-Baume et de Saint-Maximin, et de cette admirable fécondité et postérité du P. Lacordaire. C'est l'œuvre d'une grande vertu. » Et il prit feu, comme il était inévitable, pour ce que les Dominicains faisaient là, la restauration des lieux saints de Provence. Cette émotion vaudra à cette œuvre deux discours dont nous parlerons en leur lieu.

A Marseille, où il s'arrêta quelques jours, les catholiques éminents de cette ville, MM. Armand, Olive, Bergasse, Prou-Gaillard, etc., l'accueillirent avec grand empressement. M$^{gr}$ Cruice le fit assister à la pose de la première pierre de son séminaire, et il prononça, à cette occasion, un éloquent discours. Il visita avec bonheur les belles œuvres de jeunesse, qui sont l'honneur et le salut de cette ville. Il était de retour à Orléans, la veille de la Toussaint, et aussitôt, pour se reposer, il s'accablait de confessions. Quinze jours après, en présence de six évêques, et pour aider le vénérable archevêque de Tours dans l'œuvre courageuse entreprise par lui, la restauration de la basilique du Thaumaturge des Gaules, il prêchait à Tours le panégyrique de saint Martin. C'est ainsi qu'il atteignait l'année 1863 : « formidable année, a-t-il écrit, comme fatigue de tête, et complication de travaux et d'œuvres. »

Ce fut la lutte pour la charité chrétienne, commencée déjà par sa polémique contre la circulaire de M. de Persigny, qui le ressaisit tout d'abord. Une crise pesait sur notre industrie cotonnière. Telle est, dans ce grand mouvement des relations créées par les progrès mêmes de la civilisation moderne, l'étroite solidarité des hommes et des choses, qu'une guerre éclatant à deux mille lieues de notre pays, aux extrémités du continent américain, avait chez nous des contre-coups terribles ; le coton brut, c'est-à-dire la matière première manquant, cent mille ouvriers rouennais se trouvaient sans travail et sans pain. Cette détresse émut son cœur, et sa voix fit écho à celle du vénérable archevêque de Rouen pour provoquer les largesses des fidèles : « Monseigneur, lui écrivit le Cardinal-Archevêque, je viens de lire votre *Lettre en faveur des pauvres ouvriers rouennais*, et j'éprouve le besoin de vous exprimer immédiatement toute ma reconnaissance et la leur ; je n'ai pu pousser qu'un cri, mais la charité vous a inspiré l'allocution la plus pathétique que j'aie jamais lue. »

Cette lettre remua la France et accéléra partout la souscription qui, jusque-là, marchait lentement. Le *Siècle*, qui avait toujours sur le cœur son procès perdu et sa haine du Pape, crut être plaisant et malin en disant que la quête pour le denier de saint Pierre ayant produit à la cathédrale d'Orléans « douze cents francs, on espérait bien que celle en faveur des pauvres ouvriers rouennais ne serait pas moins abondante. » L'évêque, pour l'honneur de son diocèse et de la charité catholique, crut devoir relever cette épigramme ; il écrivit au journal voltairien : « Ce n'est pas douze cents francs, c'est quatorze mille francs que vous deviez dire. Quant à l'espérance que vous exprimez, relativement à la quête que j'ai résolu de faire pour les pauvres ouvriers de Rouen, je connais assez mes diocésains pour être sûr à l'avance de ce qu'ils feront. » Il ne se trompait pas. Avant de parcourir lui-même les rangs pressés des fidèles, il monta en chaire ; mais ayant fait lire déjà sa grande lettre le dimanche précédent, il ne dit que quelques mots :

« Un roi de France disait un jour à ses compagnons d'armes : « Je suis votre roi, vous êtes Français ; voilà l'ennemi, marchons ! » Et moi je vous dis : Je suis votre évêque, vous êtes chrétiens ; nous n'avons pas d'ennemis, mais des frères qui souffrent, volons à leur secours !... »

La quête dépassa quinze mille francs ; le diocèse lui en envoya de plus vingt-cinq mille, sans compter les nombreux dons en nature. Mais ce n'était pas assez d'avoir remué son diocèse et la France par sa magnifique lettre, et donné une impulsion puissante à la souscription : il eut la pensée de faire représenter, par les élèves de son petit séminaire, au profit des ouvriers rouennais, les *Perses* d'Eschyle. A cette représentation, toute la société orléanaise assista, ainsi que beaucoup de notabilités étrangères, parmi lesquelles plusieurs Grecs, touchés d'entendre dans l'exil, à six cents lieues de leur patrie, l'un des immortels chefs-d'œuvre de leur langue. La quête, là, produisit encore trois mille francs, qui furent immédiatement transmis à Rouen. Les élèves du petit séminaire de Rouen remercièrent l'évêque d'Orléans par une belle pièce de vers grecs. Mais quand le diocèse d'Orléans sera lui-même désolé par la terrible inondation de 1866, à la première nouvelle du désastre, le Cardinal-Archevêque de Rouen, dans un élan de son grand cœur, enverra immédiatement, et avant toute souscription, dix mille francs à l'éloquent avocat des ouvriers rouennais. Voilà nos évêques.

Il était loin de s'attendre à ce que cet appel à la charité trouverait des contradicteurs : le *Journal des Débats*, cependant, en prit occasion d'attaquer à fond la charité catholique et son interprète. Il reprocha à l'évêque d'Orléans d'avoir proclamé la misère « nécessaire et d'institution divine; » il déclara l'aumône « un mauvais remède. » « Ce mot d'aumône, écrivait-il, choque et révolte cent mille ouvriers qui demandent à leurs concitoyens aide et appui. » Et, bien au-dessus de l'aumône évangélique, il mettait « un idéal social où l'aumône deviendrait de moins en moins nécessaire, » « une législation chaque jour plus sensée et plus libre, » qui fournirait « le moyen d'accroître la prospérité publique, de pourvoir, au nom du seul intérêt social et par le seul jeu du mécanisme social, aux catastrophes publiques. » Cette attaque contre ce qui est le plus bel apanage du christianisme, la charité, blessa l'évêque au cœur ; elle heurtait, du reste, par un des côtés les plus considérables, la grande thèse qui consiste à soutenir l'harmonie, et non pas l'opposition, du christianisme avec les grandes choses de la nature humaine, avec l'économie politique comme avec les autres sciences. Profonde légèreté de l'esprit français ! Car, enfin, que faisait-il, ce journal grave et conservateur ? Il conspirait, sans le vouloir, avec les hommes qui cherchent un point d'appui dans les passions subversives, et qui, eux, en attaquant l'Église, savent bien ce qu'ils font. L'évêque se décida donc à répondre aux *Débats*, et, dans une lettre courte, mais vive et saisissante, il démontra l'inanité de ces attaques, basées sur de purs sophismes : sur une fausse notion de la charité catholique, dont l'aumône n'est qu'une face; sur une fausse notion de l'économie politique elle-même, qui, bien entendue, n'est que la charité chrétienne dans les lois; et sur un oubli trop cruel du fait actuel de la misère, et de la nécessité présente et pressante de la secourir, en attendant la réalisation des promesses de la science économique, que la charité catholique hâte de tous ses vœux et de toutes ses influences, loin de l'entraver. « Je ne suis pas un savant, disait-il, dans cette *Lettre aux Débats*, je ne suis pas un économiste; je suis un ministre de Jésus-Christ : laissez-moi tout à mon ministère, et si je choque vos théories, ne vous scandalisez pas de mes compassions. Vous raisonnerez demain; mais on souffre, on pleure, on a faim aujourd'hui! Je tends, même à ceux qui raisonnent, la main pour ceux qui versent des larmes. Je ne blâme pas la science, mais je suis la pitié. Science, je te laisse disserter; mais laisse-moi agir, parler, intercéder pour ceux qui souffrent... » Comme toujours, on posait, par ignorance de la religion, l'antagonisme là où il y a l'harmonie.

« Aux singulières attaques dont la charité chrétienne est l'objet depuis quelque temps, je sens, disait-il, en terminant sa lettre aux *Débats*, le besoin de rappeler quelque jour tout ce grand enseignement. » Il y fut obligé presque aussitôt comme malgré lui. On lui écrivait de tous les côtés; on lui faisait des objections; on lui posait des questions; on lui envoyait des brochures traitant d'économie politique et sociale, et on lui demandait son avis. « Hélas! écrivait-il à un ami, il n'est que trop évident pour moi que nous nous endormons, et que, de toute part, on mine le sol sous nos pieds. Ce n'est plus seulement la vérité, c'est la vertu chrétienne dont on ne veut plus. Oh! qu'il y a à faire! et quelle tristesse de se sentir seul! Bon gré mal gré, je suis jeté dans tout cela, assailli de lettres sur tout cela : il m'est impossible, absolument impossible d'en rester là (25 janvier 1863). » Il fut donc amené, par cette nécessité de situation, à faire, après la lettre en faveur des ouvriers rouennais et la lettre aux *Débats*, son mandement de Carême sur la charité au point de vue chrétien. Il fit celui de l'année suivante sur *Saint Vincent de Paul et ses œuvres*.

Mais cela ne lui suffit pas encore ; il voulait aller plus au fond de la question qu'il n'avait pu faire dans des mandements, et il méditait un volume spécial sur ce grand sujet. Les temps modernes ont posé des problèmes, et amené, sur l'attitude de l'Église en face des inventions ingénieuses du crédit et des revendications ouvrières, des questions dans l'étude desquelles il regrettait que le clergé et les catholiques, que lui-même ne fussent pas entrés plus profondément. « Je suis tristement préoccupé, écrivait-il encore, de toute cette question de la charité. Je ne puis m'y refuser, car elle me poursuit non seulement dans les lettres de ceux qui m'interrogent, me posent des questions, m'adressent leurs systèmes imprimés ou manuscrits, mais surtout dans les livres et les journaux, où l'on attaque la doctrine de l'Église, et qu'on m'adresse, afin que je dise quelque chose. » « Les volumes, disait-il dans une autre lettre, et les brochures me pleuvent sur le paupérisme et sur les salaires... Avec la nature de mon esprit, j'ai faim et soif de savoir le vrai et le dernier mot sur tout cela. »

Là aussi, selon lui, il y avait, comme en politique, comme en philosophie, comme en toutes choses du reste, une grande distinction à faire entre ce qui est ou n'est pas de foi ; entre des théories qui pourraient n'être que des erreurs économiques et sociales, et des systèmes qui seraient en opposition véritable avec la doctrine chrétienne ; et un grand péril à ses yeux serait d'établir entre nos dogmes et des idées même fausses en ces matières, une incompatibilité qui n'existerait pas, parce que, de la sorte, on fait à l'Église gratuitement des ennemis ; ou de soutenir au nom de la religion des institutions qui ont pu avoir dans le passé leurs avantages, sans être pour cela ni partie intégrante de christianisme, ni applicables aux temps modernes, parce que, par là encore on met le christianisme où il n'est pas; on l'implique dans des querelles qui ne sont pas les siennes. Il voulait que, tout en combattant les ambitions injustes et coupables, on prêtât aussi l'oreille aux légitimes aspirations. Bref, l'Église, pensait-il, avait à prendre, en face de ces redoutables questions, une attitude à la fois prudente et ferme ; laissant aux hommes de ce temps la liberté de leurs recherches et de leurs essais, tant qu'ils ne touchent pas à son domaine, mais intervenant résolument toutes les fois que les dogmes ou la morale du christianisme, comme il advenait pour la charité, sont méconnus et attaqués : car alors, et le critérium est infaillible, les économistes et les réformateurs font fausse route. Quant à la charité, inspiratrice de tous les progrès dans le passé, elle est assez féconde pour provoquer toutes les améliorations dans l'avenir. Tel était l'esprit qui planait sur ce volume.

Voici quel en était le plan : D'abord une introduction développant les points de vue et les objections modernes sur cette question ; puis, pour y répondre, une exposition de doctrine sur ce qu'est la charité ; ensuite, l'histoire de ce que la charité a fait dans le monde ; mais avant ce tableau historique, et pour le faire mieux ressortir, un autre tableau, celui du monde païen sous ce rapport. M. Cochin fut saisi du contraste : « C'est, lui écrivait-il, après l'avoir lu, le jour après la nuit, le paradis après l'enfer. » M. Cochin demanda que la conclusion fût pleine de sérénité. « De plus en plus vous grandissez, lui disait-il, vous montez, vos ailes s'étendent dans un air plus pur, vous regardez de plus haut et vos paroles portent plus loin. Laissez les colères effarouchées. Le clergé n'a pas besoin qu'on amplifie l'ennemi, il n'en a que trop peur. Amplifiez la beauté de la cause à défendre, et les devoirs des défenseurs. C'est là votre but. » C'est ce qui donna à l'évêque l'idée de tout terminer d'une façon originale, par quelques pages très remarquables sur un livre considérable qui venait de paraître, et traitait du point de vue révolutionnaire toutes ces questions, les *Misérables*, de M. Victor Hugo ; ouvrage que M. du Boys, dans le dernier voyage de l'évêque à Lacombe, lui avait fait connaître. Tel est ce volume.

Il ne s'éloignait pas « vers d'autres rives » en écrivant, dans le cours de ce travail, sa *Lettre sur l'Esclavage*. Cette question, qui avait déchaîné cette guerre américaine, dont les contre-coups avaient produit chez nous la crise de l'industrie cotonnière, le poursuivait aussi, et à bon droit ; car il n'y avait pas moins de quatre millions d'esclaves aux États-Unis, et de deux millions dans le reste de l'Amérique. Le dimanche de la Passion, le jour où l'étendard de la croix est arboré dans nos temples, à la vue de ce signe sacré de délivrance et de salut, cette pensée saisit vivement son âme : Jésus-Christ est mort sur la croix pour délivrer les hommes, et il y a des hommes qui sont encore sur la croix, il y a six millions d'esclaves sur des terres chrétiennes ! Mais que pouvait-il pour eux ? Rien, sinon ceci : Quand depuis deux ans le sang coulait, crier : Paix ! Justice ! Charité ! et demander des prières pour que de ces guerres sanglantes sortît au moins l'affranchissement chrétien des hommes. Sous l'émotion de ces pensées, il data du Vendredi Saint suivant une *Lettre* éloquente *sur l'esclavage* où, sans exagération doctrinale, sans immixtion aussi dans la politique, il poussait un cri d'affranchissement qui dut retentir jusqu'en Amérique[1].

Et la Pologne, qui en ce moment-là même tentait un nouvel et héroïque effort pour revivre, pouvait-elle le trouver indifférent ? La Pologne ! douloureuse et magnanime question ! La politique a beau la passer à l'ordre du jour ; la justice l'y retient, et Dieu l'y remet sans relâche. M. de Montalembert avait ouvert son âme, et écrit ces pages émouvantes : *Une nation en deuil*. Tout à coup une provocation directe arriva au clergé : M. Quinet l'interpella sur cette question dans un

---

1. Cette lettre se trouve aussi à la fin du volume sur la Charité.

écrit intitulé : *Adresse au clergé catholique.* Fallait-il dédaigner cet appel du grand écrivain révolutionnaire, du grand ennemi de l'Église, au risque de laisser croire que le clergé ne savait rien dire que pour les biens temporels de l'Église, mais que quand la justice saignait, il dormait; et que les Polonais n'avaient de vrais amis que les hommes de la révolution? Il se pouvait que M. Quinet fût sincère, qu'il y eût là un mouvement du cœur, un aveu. Quand un homme se met dans l'attitude de la prière, faut-il l'écraser? Mais il était plus probable que M. Quinet suppliait pour pouvoir dire : « On les prie pour les peuples, et ils n'entendent pas : Pologne, ne crois plus aux prêtres, ils sont sourds et muets pour toi. » En outre, l'immense danger des Polonais était de se laisser envahir par le Mazzinisme et de déshonorer ainsi leur cause aux yeux des honnêtes gens qu'elle touche encore. Il fallait conjurer les deux périls. L'évêque d'Orléans se décida donc à répondre à M. Quinet. « Bien que je sois pris d'une grande lassitude d'âme, écrivait-il (14 mars 1863), à cause de tous les entraînements ou de toutes les nécessités qui me font sortir du silence et de la paix dont j'ai par-dessus tout besoin, j'avoue qu'une réponse à la provocation de M. Quinet me paraît nécessaire. J'ai d'ailleurs été personnellement provoqué de divers côtés. »

M. Quinet essaya de répondre. Il était manifestement battu; mais il insistait sur un détail : l'évêque avait cité comme de lui d'odieuses paroles qui, en réalité, appartenaient à Marnix de Sainte-Aldegonde. On eut beau dire à l'évêque que la plainte était insignifiante, puisque M. Quinet avait fait siennes les paroles en question, et avait exprimé pour son propre compte les mêmes pensées : dans sa loyauté polémique, il ne voulut répliquer qu'après avoir eu sous les yeux le volume même de M. Quinet, et ne l'ayant pas trouvé à Paris, il envoya un de ses amis le chercher en Belgique. Sa réplique acheva de confondre M. Quinet. Et il eut dans cette polémique le dernier mot [1].

---

1. « Comme c'est bon, nous disait à ce propos en riant M. Cochin, d'avoir fait dire aux ouvriers de Paris : *Quinet qui cale!* » — Ces deux lettres se trouvent aussi à la fin du volume sur la Charité.

Non, jamais l'Eglise n'a abandonné cette cause, et quand M. Quinet osait l'accuser d'avoir « au dernier siècle, abattu le cœur de la Pologne », l'évêque d'Orléans n'avait qu'à faire parler les faits : « Si j'ouvre l'histoire du dernier siècle, je vois que le Pape Clément XIII écrivait, le 30 avril 1767, au roi de France, au roi d'Espagne, à l'empereur d'Allemagne, en faveur de la Pologne; que Clément XIV recommandait encore cette grande cause le 7 septembre 1774, quinze jours avant de paraître devant Dieu; que vingt fois, entendez-le bien, dans des documents publics et solennels, ces deux papes, *seuls* en Europe, ont protesté avec toute l'énergie que donne la foi, la charité, l'amour de la justice, contre l'iniquité de la conquête et du partage. » Pie IX protesta à son tour, en termes admirables. Certes, nous n'avons pas la présomption de dire que sans l'évêque d'Orléans il ne l'eût pas fait; mais il nous appartient de constater qu'après sa polémique avec Quinet, l'évêque prit la respectueuse liberté d'écrire des lettres pressantes au Saint Père pour appeler son attention sur l'opportunité d'un tel acte. « On verrait, disait-il dans une de ces lettres, l'incendie des cœurs. » Il ne manqua pas de profiter de cette occasion pour mettre lui-même son diocèse en prières pour la Pologne[1]; et l'année suivante, 6 août 1864, saisissant l'occasion d'un appel adressé au clergé français par des prêtres polonais, sollicité d'ailleurs lui-même directement, il plaida de nouveau devant la France cette noble cause.

L'année suivante encore il invoquait la charité orléanaise en faveur des pauvres réfugiés polonais, pour lesquels le prédicateur du carême à sa cathédrale, le P. A. Perraud, avait éloquemment parlé. Un concert eut lieu à l'évêché, et fut suivi d'une quête qui produisit trois mille francs : sans compter un magnifique anneau d'or orné d'une émeraude, le plus beau que possédât l'évêque, et qui fut trouvé dans la bourse d'une des dames quêteuses.

1. *Lettre de Mgr l'évêque d'Orléans au clergé de son diocèse ordonnant des prières pour la Pologne*, 23 septembre 1863. — *Œuvres choisies*, 2ᵉ série, t. I. p. 279.

Quelqu'un pourtant, parmi ses amis, regretta cette intervention en faveur de la Pologne, ce fut M. Thiers. Placé, comme toujours, au point de vue français et pratique, M. Thiers avait plus peur alors de l'Allemagne que de la Russie, et il ne croyait pas d'ailleurs que la Pologne pût se relever sans une guerre générale, et il n'en voulait pas. L'opinion de M. Thiers importait trop pour que l'évêque d'Orléans n'essayât pas de s'en expliquer avec lui : il lui écrivit donc une lettre dans laquelle, sans disserter sur les intérêts changeants de la politique et sur ses mobiles alliances, il exposait à l'homme d'Etat son point de vue d'évêque dans cette question : « Nous sommes ici-bas pour crier toutes les fois que la justice est trop audacieusement violée ; pour être battus avec elle, et sans regarder au delà : laissant aux hommes politiques à déterminer ce qui est pratique, nous proclamons bien haut ce qui est moral. Ah ! ne nous contestez pas ce rôle ; la justice a si peu de défenseurs en ce monde ! »

Au reste, la Pologne et l'Irlande n'étaient pas ses seules clientes. Tout grand désastre émouvait son cœur et lui arrachait des cris. Nous l'entendions tout à l'heure plaider pour les esclaves, pour les pauvres ouvriers sans travail et sans pain, nous l'avons entendu, nous l'entendrons encore parler pour ses diocésains inondés, et plus tard pressurés par la guerre. Il a élevé la voix pour les habitants de la Galice désolés par la famine, pour la Guadeloupe jonchée de ruines par un affreux tremblement de terre ; pour la Syrie, pour les pauvres maronites, et il recueillit après les massacres dans son séminaire deux petits fils de l'émir Beschir ; pour l'Algérie envahie par des nuées de sauterelles qui ne laissaient après elle que le désert[1] : Que d'accents éloquents la charité a fait jaillir de son âme !

Mais il fallait défendre la foi en même temps que la charité. Il avait terminé une de ses lettres à M. Quinet par ces paroles :

1. *Œuvres choisies*, 1re série, t. III, p. 259 ; 2e série, t. VI ; *Annales Orléanaises*, t. 6, p. 219.

« Dans les temps où nous vivons il y a contre nous des attaques encore plus tristes. Vous, vous ne vous en prenez qu'à l'Eglise, il est vrai avec une bien grande irritation; mais il y en a d'autres dont la haine et la folie s'attaquent à Dieu même, et qui n'ont pas comme vous pour excuse les amertumes de l'exil, qui sont en France et y sont florissants. »

C'est qu'en effet il était occupé depuis quelque temps, quand vint le saisir cette polémique avec M. Quinet et cette démonstration nécessaire en faveur de la Pologne, d'une grande lutte, à laquelle non plus il n'avait pu se soustraire. Puisqu'il était de l'Académie, les choses de l'Académie ne pouvaient le laisser indifférent, et il y avait là aussi à servir puissamment les intérêts religeux. Or il venait de se produire à l'Académie une candidature, désastreuse à ses yeux, et qu'il fallait à tout prix écarter, la candidature de M. Littré. Non certes à cause du personnage lui-même, qui était honorable, mais à cause de ses doctrines et de tout l'ensemble de la situation religieuse. Depuis quelques années, l'impiété faisait parmi nous silencieusement son chemin. Peu de gens s'en doutaient. Quant à lui, depuis longtemps il apercevait le danger. Déjà, en 1857, il écrivait à M. de Montalembert : « J'arrive de Paris le cœur fort triste : car tous les maux qu'il était facile de prévoir, et que j'avais annoncés au Souverain Pontife, il y a trois ans, se déclarent d'une manière effrayante. » Et trois jours après, s'expliquant sur ces maux : « C'est, disait-il, la haine du saint-siège, c'est l'impiété voltairienne, et quelque chose de pire encore en fait d'impiété, dont j'ai voulu parler. » Et bientôt après, en effet, un jeune philosophe écrivait : « L'idée de Dieu est en péril[1]. » On n'en vivait pas moins dans une trompeuse sécurité. Il est plus commode d'ignorer certaines choses que de les voir; mais lui, sentinelle vigilante, il voyait, parce qu'il regardait.

Qu'était-ce que M. Littré? En dehors des écoles et du public savant, cet écrivain était encore peu connu; M. de Montalem-

---

[1]. M. Caro commençait par ces mots un des premiers articles par lesquels il s'est fait connaître.

bert lui-même n'avait guère lu de lui que quatre articles, fort sérieux, sur ses *Moines d'Occident;* c'était cependant le chef d'une école très dangereuse, qui, dédaignée tant que régnait M. Cousin et la philosophie spiritualiste, avait fait néanmoins de rapides progrès dans la jeunesse des écoles, à cause de ses prétentions scientifiques, et parmi les ouvriers à cause de ses affinités avec les doctrines révolutionnaires, et des conséquences socialistes formellement déduites par cet écrivain.

Le positivisme, en effet, n'est pas autre chose, malgré les dénégations peu philosophiques de l'école, que l'athéisme et le matérialisme sous des apparences scientifiques. L'étude des ouvrages de ce candidat donna le frisson à l'évêque; il ne s'était pas encore trouvé en face de négations aussi crues et décidées, et de déductions aussi vigoureuses et aussi rigoureuses, étant donné le point de départ. Et ce qui l'émut encore plus, ce fut de voir que M. Littré n'était pas seul; d'autres écrivains surgissaient, qui arrivaient par des méthodes différentes au même résultat, et ruinaient toute foi, non seulement chrétienne, mais rationnelle dans les esprits. Tels étaient M. Renan, que des écrits récents avaient mis en grande lumière, M. Renan, chose cruelle pour l'évêque, son ancien élève au petit séminaire de Saint-Nicolas, et un jeune écrivain plein de talent et d'audace, M. Taine, qui venait de faire une entrée brillante et bruyante dans la littérature par une attaque ouverte contre les philosophes spiritualistes. En de telles circonstances surtout, appeler aux premiers honneurs de l'esprit français l'apôtre du matérialisme, de l'athéisme et du socialisme, dresser à de telles doctrines un tel piédestal, parut à l'évêque d'Orléans un scandale et un désastre. D'autant plus que par la brèche que ferait M. Littré tous les autres passeraient.

Mais comment écarter de l'Académie un écrivain qui, d'autre part, avait des titres littéraires incontestables? car dans sa vaste encyclopédie d'études M. Littré avait embrassé la philologie aussi, et nul ne connaissait aussi à fond l'histoire de la langue française : l'Académie n'avait-elle pas besoin d'un tel érudit pour son œuvre éternelle, son dictionnaire? De plus, quelle apparente intolérance dans une telle exclusion, et comment y entraîner des littérateurs à esprit large, tels que les membres de l'Académie française? Et si l'évêque échouait dans cette tentative, que devenait son prestige et sa grande autorité à l'Académie? Aussi, tous les amis de l'évêque furent-ils effrayés quand il leur annonça l'intention de publier un écrit pour écarter de l'Académie M. Littré. « L'autre soir, lui écrivit M. Cochin, j'étais à la place Saint-Georges[1], et il a été beaucoup question de la candidature de M. Littré. Le succès est certain. Il importe de ne pas le colorer davantage, et en faire un évènement. M. Thiers est ardent pour. Il dit qu'il ne faut pas briser le pacte de tolérance dont l'Académie est la représentation vivante; que le candidat est nécessaire au dictionnaire; que sa vie est grave, son caractère pur; qu'on ne comprendrait pas contre lui des scrupules qui n'ont pas été opposés à des vaudevillistes libertins; qu'il faut laisser passer, en votant contre, si l'on veut, mais sans crier, tempêter, etc. Je vous redis ces choses parce qu'il y a là vraiment une situation bien délicate. »

Les objections furent plus fortes encore quand ils eurent vu l'écrit sous sa forme première : l'évêque l'avait conçu, non comme une réfutation, mais comme une exposition, une mise au pilori de ces capitales erreurs, contre lesquelles la raison du genre humain a prononcé. « On ne sait pas, disait-il, ce qu'est M. Littré; nul ne prend la peine de lire et de regarder. Voyez, M. de Montalembert lui-même ne le connaît pas. L'Académie ne sait pas ce qu'elle fait en le nommant, il faut que je le lui dise. Qui le lui dira, si moi, évêque, je ne le fais pas? » Il y avait là, pour lui, un devoir impérieux d'honneur et de conscience, et de plus une admirable occasion de pousser un grand cri et d'avertir. La raison française, autant que la foi, lui paraissaient, selon l'expression de M. Caro, en péril. C'est pourquoi, et pour n'avoir pas l'air de combattre un homme,

---

1. C'est-à-dire chez M. Thiers.

mais des idées, il avait donné à l'écrit une portée plus générale, et signalait, avec M. Littré et l'école positiviste, d'autres écoles sous les noms de MM. Renan et Taine, et aussi, mais nous avouons n'avoir pas bien compris pourquoi, à cause de son importance secondaire, M. Ch. Maury. Et convaincu qu'il suffirait de montrer « le monstre, » comme il disait, c'est-à-dire l'athéisme, le matérialisme, le socialisme, il s'était borné d'abord à une simple exhibition de textes, dont il n'avait pris que les mots décisifs. Mais sous cette forme l'écrit manquait d'ampleur et de lumière. Un écrivain comme M. Renan, par exemple, ondoyant et nuancé, ne se laisse pas facilement résumer en une phrase, un mot. On le fit sentir à l'évêque qui, courageusement, refondit son travail. « Si je m'obstine à ce triste travail, écrivit-il alors à M. Cochin, c'est que je ne crois pas avoir en ce moment de plus impérieux devoir à remplir sur la terre. Mais je crois comme vous, comme notre ami de la rue du Bac[1], que cet *Avertissement* ne doit paraître que s'il est *souverain*. Si donc, après avoir fait tout ce que je puis, je ne suis pas parvenu à ce *souverain*, je renonce de grand cœur à ce que j'aurai fait, et le reste regardera le bon Dieu. »

L'écrit, sous sa forme nouvelle, parut d'une portée tout autre, et M. Cochin lui-même lui écrivit : « C'est différent ; c'est ample, plein, fort, serein, pressant ; je comprends maintenant que cela devient digne de vous. » Il n'en persistait pas moins à conjurer l'évêque de ne le publier qu'après l'élection. « Vous n'empêcherez pas, disait-il, M. Littré, et vous aurez l'air de n'agir que pour cela ; vous serez oublié après son succès, tandis que vous empêcheriez M. Renan, ce qui est bien plus important, avant même qu'il soit candidat. M. Berryer, à qui vous m'aviez dit de parler de l'élection, et à qui je n'ai pas cru indiscret, sachant comme vous l'aimez et comme il vous aime, de parler de votre projet, est du même avis. *Avant*, c'est une manœuvre tardive et impuissante ; *après*, c'est un

---

[1] M. de Montalembert.

blâme solennel, un acte d'évêque, un garde-à-vous sur des noms plus dangereux. »

Sur ces entrefaites, M. Cousin, revenu de Cannes tout exprès pour ce vote important, courut sur-le-champ chez l'évêque, rue Monsieur. On l'avait alors à peu près décidé à ne publier qu'après l'élection. « Après! s'écria M. Cousin, en levant ses grands bras, Monseigneur, après! » Et il se mit à développer éloquemment toutes les fortes raisons qui, selon lui, militaient pour que l'écrit fût publié avant. Quand M. Cousin sortit, l'évêque était radieux. « Voyez, nous dit-il, ce que c'est qu'un esprit philosophique! M. Cousin entend mieux que tous ces littérateurs la question des doctrines : il voit bien que le spiritualisme est ici en cause autant que le christianisme; et que la liberté de conscience ne doit arrêter personne, car chacun est bien maître de son vote et libre de servir ses idées. Figurez-vous qu'il m'a fait douze arguments pour me démontrer qu'il fallait publier, non après l'élection, mais avant. »

Qu'on ne s'étonne pas de ce rôle de M. Cousin, et de ces rapports entre le philosophe et l'évêque. Comme dans la question romaine, M. Cousin était conséquent ici avec ses doctrines. Il y avait longtemps, du reste, qu'il voyait venir ces négations radicales qui allaient saper les vérités de raison non moins que les dogmes de foi. « On verra, on verra, s'écriait-il souvent, si c'est moi que les catholiques doivent traiter en ennemi, et quelles seront bientôt les attaques dont ils ne soupçonnent même pas le caractère. » Si alors l'illustre philosophe n'était pas encore avec nous, il était en marche vers nous. En 1854, préparant une nouvelle édition de son livre : *Du Vrai, du Beau et du Bien*, résumé de sa philosophie, il s'aidait des conseils d'un prêtre que l'évêque d'Orléans lui avait indiqué : celui-ci espéra même un moment qu'il en enverrait à l'évêché d'Orléans les épreuves. Le livre parut, pur sinon de tout rationalisme, du moins de toute formule panthéistique; si bien que le philosophe écrivait avec confiance au directeur de l'École des Carmes, M. l'abbé Cruice, en lui en adressant un exemplaire : « Mon Dieu peut porter la Trinité chrétienne. »

Et : « Si vous aimez la patrie et la liberté, disait-il dans la préface de ce livre, fuyez ce qui les a perdues. Loin de vous cette triste philosophie qui vous prêche le matérialisme et l'athéisme comme des doctrines nouvelles destinées à régénérer le monde; elles tuent, il est vrai, mais elles ne régénèrent point. N'écoutez pas ces esprits superficiels qui se donnent comme de profonds penseurs, parce que, après Voltaire, ils ont découvert des difficultés dans le christianisme; vous, mesurez vos progrès en philosophie par la tendre vénération que vous ressentirez pour la religion de l'Évangile. » Ainsi parlait ce philosophe que poursuivait déjà de ses sarcasmes une jeune école d'athéisme.

Était-il opportun, en ce moment, — qu'on nous pardonne cette digression, nécessaire pour expliquer cette commune intervention de Mgr Dupanloup et de l'ancien chef de de l'éclectisme, — était-il opportun d'infliger une condamnation personnelle à l'homme qui tenait ce langage, et à propos d'erreurs assez connues pour n'avoir pas besoin d'être de nouveau signalées? « N'oublions pas les torts, les erreurs, les défauts de M. Cousin, j'y consens, mais à la condition de ne pas oublier non plus ce spectacle d'un adversaire du christianisme devenant, après les leçons de l'expérience et dans la plénitude de ses facultés, un ami du christianisme, s'en exprimant sans affectation, sans respect humain, occupé sans cesse, comme du plus grand objet de l'intelligence humaine, de Dieu et de la religion, trop sincère pour se laisser pousser au-delà de ce qu'il pensait de bonne foi, mais trop courageux pour ne pas mépriser l'impopularité répandue sur la religion, pour ne pas revendiquer même et porter gaîment sa part de cette impopularité injuste? » L'évêque d'Orléans était complètement dans ces pensées; mais d'autres poussaient de toutes leurs forces à une mise à l'Index. Ce zèle était-il aussi pur qu'on le disait? N'y avait-il pas là-dessous, pour quelques-uns, un ressouvenir de la loi abhorrée de 1850, dont M. Cousin était l'un des auteurs? pour d'autres, une façon de se consoler des condamnations récemment portées contre des doctrines philosophiques dont ils ne s'étaient pas assez défendus, ce traditionalisme excessif qui n'allait à rien moins qu'à nier la raison, et, par suite, à ruiner l'apologétique par sa base[1]? Et, de plus, en frappant M. Cousin, n'espérait-on pas en frapper d'autres indirectement, et qu'il en rejaillirait quelque chose sur ces catholiques amis de M. Cousin à l'Académie, et avec lesquels on était alors en si vive guerre? Oh! qu'il faut prendre garde que des passions humaines ne se mêlent à notre prétendu zèle!

Quoi qu'il en soit, l'évêque d'Orléans était pleinement, avec Mgr Sibour et M. l'abbé Maret, pour qu'on épargnât à cet homme illustre une flétrissure d'un profit douteux, d'un fâcheux effet certain sur cette âme et sur beaucoup d'autres, sur cette multitude immense qu'il appelait les hommes de frontière, c'est-à-dire ces hommes qui, sans avoir fait le dernier pas, inclinent vers nous, qu'on peut rapprocher encore par la charité, mais repousser à jamais par la violence. L'Église, du reste, n'avait-elle pas assez d'ennemis pour qu'on ne lui en créât pas à plaisir, assez de luttes pour qu'on n'écartât pas les auxiliaires? Averti, M. de Falloux se hâta d'écrire à Rome pour faire sentir les inconvénients de cette rigueur. On lui répondit que la condamnation était déjà formulée à l'Index, mais qu'elle était entre les mains de Pie IX; que Pie IX ne s'était pas encore prononcé, et que si l'on s'adressait au Pape lui-même, on avait chance d'être écouté. L'évêque d'Orléans et M. de Falloux demandèrent aussitôt à M. Cousin d'écrire lui-même une lettre au Pape; M. Cousin y consentit sans aucune résistance. La lettre, remise par lui en double à M. de Falloux, a été publiée par celui-ci, après la mort du philosophe, dans le recueil des lettres de Mme Swetchine[2]. Il nous appartenait de constater la part qui revient, dans ce fait, honorable pour l'Église, à l'évêque d'Orléans.

1. Nous faisons allusion ici aux propositions que Rome fit souscrire en 1855 à l'un des chefs du traditionalisme, l'honorable M. Bonnetty.
2. *Lettres de Mme Swetchine*, t. III.

Donc, après avoir entendu M. Cousin, ce fut fini, et l'évêque songea non plus à délibérer, mais à agir. Son activité fut prodigieuse; visites multipliées, discussions, lettres pressantes, il ne négligea rien; la veille de l'élection, tous les académiciens qui lui paraissaient n'avoir pas de parti-pris, et susceptibles d'être convaincus, reçurent la brochure avec une lettre, calculée d'après la tournure d'esprit de chacun d'eux. Il y en eut que cette brochure, lue pendant la nuit même, renversa : ils ne savaient pas un mot de ce que leur apprenait l'évêque. Il échoua pourtant auprès de M. Thiers, qui songeait à sa future candidature au Corps législatif, et ne voulait pas la compromettre, et auprès de M. Patin, qui prétendait que l'Académie ne pouvait se passer de M. Littré pour le dictionnaire.

C'est alors que l'évêque d'Orléans eut avec M. Thiers, sur l'athéisme, une conversation mémorable. En nous la racontant, il fondait en larmes. « Comment peut-on, disait M. Thiers, être athée? Est-ce qu'il n'y a pas un calcul évident dans le monde?... Donc il y a un calculateur... sublime!... Mais Dieu n'est pas seulement grand et puissant, il est bon. » Et, se détournant, et regardant une gravure : « Voyez, disait-il, Monseigneur, comme c'est beau une gravure ! Il y manque pourtant quelque chose, la couleur. Eh bien ! Dieu aurait pu ne faire aussi du monde qu'une gravure : il en a fait un tableau. » Et poursuivant : « Oui, disait-il, Dieu est bon, et je l'aime. Et si la lumière me manque encore pour le servir selon toute la vérité, priez pour qu'il me l'envoie quelque jour. » Et l'évêque répondait : « Oui, continuez à l'aimer, à le chercher, à le prier. Il éclaire toujours qui en est digne. » « Que cette âme serait belle si elle était chrétienne ! » écrivait l'évêque, ému, à un ami.

Le plus malheureux de tous était l'excellent M. Ampère, qui se débattait entre son affection pour l'évêque, qu'il était désolé de contrister, et son principe de liberté de conscience, qu'il craignait de sacrifier. Un curieux échange de lettres eut lieu à cette occasion entre l'évêque et l'honnête académicien, qui, au second tour de scrutin, abandonna M. Littré. En fin de compte, l'athéisme n'entra pas à l'Académie : l'évêque d'Orléans, ce jour-là, lui barra le passage.

Les clameurs qui s'élevèrent contre lui dans la presse à cette occasion sont inouïes. Ce que nous allons dire fera voir une fois de plus combien on s'expose à juger mal les grandes âmes quand on écoute les accusations passionnées de ceux qui, ne les connaissant pas et n'étant pas à leur hauteur, ne peuvent que les abaisser en leur prêtant leurs propres pensées. L'âme d'un vrai et grand évêque, la voilà ; elle transpire dans la lettre suivante que, après la séance où M. Littré avait été écarté, il crut devoir lui écrire, et dont la beauté n'a d'égale que sa sincérité :

« Paris, jeudi soir, 23 mai 1863. Monsieur, si vous me rendez justice, vous croirez à la sincérité du mouvement qui me porte à vous écrire. Je n'ai pas voulu que cette journée prît fin sans que je vous eusse exprimé quelle tristesse il m'en reste et quels sentiments partagent mon âme.

» Ne croyez pas que cette tristesse ait pour cause les accusations qui s'élèvent contre moi. Je les avais prévues et ne ferai rien pour les détourner. Il me suffit de ne pas les mériter.

» Mais je suis triste, monsieur, en pensant à vous, en me disant qu'il m'a fallu combattre un homme dont les qualités méritent mon hommage, blesser un homme que je voudrais toucher, augmenter l'affliction de ceux qui vous aiment. Laissez-moi vous tendre la main, laissez-moi vous prier de ne pas délaisser, à cause des souvenirs de ce jour, la religieuse recherche du vrai dans ces capitales questions qui sont le suprême intérêt de toute vie humaine. Ce noble labeur est bien au-dessus de tout le reste.

» Souffrez donc, monsieur, que j'invoque ardemment ce Dieu en qui j'adore notre commun Père, afin qu'il vous éclaire sur ce qui est la vérité et sur la fragilité de vos doutes, afin qu'il vous manifeste aussi, permettez-moi de l'ajouter, la pureté de mes intentions et la sincérité de l'estime que je conserve pour votre caractère.

» Agréez, monsieur, tous mes respects.

» F., évêque d'Orléans. »

Et, ayant fait contre les dangereuses doctrines, qui malheureusement se personnifiaient dans cet homme honnête et sincère, ce que sa conscience lui avait imposé, l'évêque se promit à lui-même, et se tint parole, de ne plus jamais prononcer dans aucune polémique le nom de M. Littré.

L'effet de l'écrit sur le public fut considérable. Estimant ces doctrines jugées par la conscience du genre humain, il ne discutait pas, il exposait et réprouvait; de même que le phare indique l'écueil, il montrait, quelles que fussent les routes parcourues, au bout de tous ces systèmes, le même abîme. En un mot, selon le titre de son écrit, il *avertissait*. Et il s'étonnait d'être le seul à avertir :

« Il y a pourtant des philosophes en France! s'écriait-il en terminant; est-ce que la saine raison, non plus que la vraie liberté, ne trouveront plus de défenseurs parmi nous? Est-ce qu'on me laissera parler seul?

» Car enfin, c'est la raison que je défends plus encore que la religion; la raison, la philosophie, qu'on abandonne à vos coups.

» Eh bien! oui, je parlerai pour elle, puisque nul ne parle; et c'est aux philosophes, aux spiritualistes, à vos amis, à vos admirateurs, à vos collègues, aux magistrats, que je dirai : Quoi! vous vous laissez dérober le peu qui vous reste, Dieu, l'âme, la distinction du bien et du mal! Il faut qu'un prêtre parle pour vous! Ce n'est pas tant mon Église, c'est votre maison qu'on dévaste; c'est le principe de vos lois, le sujet de vos livres, le fond de vos doctrines, la protection de votre foyer, les mœurs de vos enfants!

» Ah! certes, je le sens, en finissant : oui, j'ai bien fait. Je suis évêque, non pour me reposer, mais pour avertir ceux qui ont besoin d'être avertis. »

Il n'avait, hélas! que trop raison, et l'impiété, dont tout favorisait l'explosion, grandissait toujours; sur ce nouveau champ de combat, l'infatigable et intrépide évêque sera forcé de descendre encore souvent.

Quelques jours après la publication de cet *Avertissement*, il écrivait à M. Cochin : « J'aurais bien des choses touchantes à vous raconter sur les suites de mon *Avertissement*. Je sais d'ailleurs positivement que ces quatre Messieurs s'étant réunis M. Littré a dit, comme il me l'a écrit : « L'évêque d'Orléans a fait ce qu'il a cru son devoir. Ses convictions ne sont pas les miennes, mais je n'ai rien à lui répondre parce que je ne puis rien démontrer. » M. Renan aurait fait entendre que j'étais le seul auquel il ne lui fût pas possible de faire réponse comme il le voudrait; sur ce, il paraît que les deux autres, quoique très animés, se sont décidés, pour le moment du moins, à ne rien faire. Mais la bénédiction spirituelle répandue à cette occasion sur un grand nombre d'âmes est vraiment admirable. »

L'année suivante, l'évêque d'Orléans eut à soutenir à l'Académie une autre lutte non moins délicate : un des écrivains signalés par lui, M. Taine, avait présenté au jugement de l'illustre assemblée un travail considérable de critique littéraire, son histoire de la littérature anglaise : c'était chose ardue encore que d'empêcher un tel livre, soutenu d'ailleurs par de puissants patrons, au sein de l'Académie française, d'être couronné. Mais le devoir était le même que pour la candidature de M. Littré : le courageux évêque n'hésita pas. Lorsque plus tard le même écrivain, par un autre important ouvrage, entrera dans une voie meilleure, nous verrons l'évêque d'Orléans s'empresser de lui rendre hommage : tant il est vrai que, dans ses polémiques, il poursuivait les idées, non les personnes.

Ce fut une discussion mémorable dans les annales de l'Académie que celle du 12 mai 1864. Après un rapport, modèle de pénétrante analyse, et de fine sagacité, M. Villemain concluait en ces termes :

« La commission a donc pensé que l'ouvrage de M. Taine, considérable par l'étendue des recherches, l'importance du sujet dans son ensemble, le mérite éminent de quelques parties, était hors de comparaison; et qu'en blâmant quelques fausses théories de l'auteur, on pouvait honorer d'une récompense son vaste et savant travail. Elle a pensé que ces fausses et dangereuses théories, ces tendances matérialistes d'une philosophie étrangère, il les discrédite souvent lui-même par les démentis qu'il leur donne en raisonnements et en exemples, et qu'ainsi reste une œuvre abondante en idées, et d'un style expressif, non sans quelque monotonie, mais avec une force souvent originale... La commission propose donc, sans dissentiment, et avec les réserves qu'elle a exprimées, de décerner le prix Bodin à M. Taine. »

C'est dans ces conditions que s'ouvrait le débat. M. Cousin prit le premier la parole et fit ressortir éloquemment le danger des doctrines professées par l'auteur, et le tort qu'aurait l'Académie en leur donnant le prestige qui rejaillirait sur elles de la récompense accordée au livre qui les renferme.

On lui répondit que, partant de théories fausses et dangereuses, l'auteur a souvent retracé des tableaux vrais et salutairement instructifs : il fait ressortir la puissance des principes dont il méconnaît l'origine, et rend hommage à ces purs sentiments, à ce besoin de la vertu et de l'idéal, à ce platonisme chrétien, que menacent les tristes théories adoptées par lui. On a sous les yeux un livre honnête, avec de mauvaises opinions; un vaste et savant travail, où, en dépit de quelques graves erreurs philosophiques, la vérité morale est attestée dans puissance indestructible. N'est-ce pas pour l'Académie l'occasion d'être forte en se défendant même d'une prévention bien fondée, et de récompenser le talent, tout en repoussant les erreurs?

Peu importe, répliqua M. Cousin, que l'auteur ait quelques moments de saine justice, telle approbation d'un écrivain reli-

## CHAPITRE XX.

gieux, telle sévérité sur Byron ; ce sont des contradictions éparses et secondaires. Le bien est dans l'accessoire ; le mal est dans les principes. Et ces principes, opposés à la spiritualité, à la dignité de l'homme, l'auteur les expose avec un contentement glorieux. Il ne s'en humilie pas. Il s'en vante. En cela l'ouvrage est triste et de fâcheux exemple. Il n'appelle pas une récompense que, par des scrupules moins fondés qu'ils ne le sont aujourd'hui, l'Académie a détournée d'œuvres bien autrement célèbres.

Un membre de la commission insista sur l'esprit général de cette histoire de la littérature anglaise. Le but de l'auteur, c'est l'histoire de la société. Et on ne peut nier que, malgré l'erreur de sa propre philosophie, il ne montre comment le respect du bon sens et du sens moral a prévalu dans la société anglaise. Ce fait est la leçon du livre. Les mauvaises théories en sont l'accident. Un prix de l'Académie n'est pas l'adoption d'un ouvrage dans toutes ses parties. Malgré les sophismes contre quelques grandes vérités, l'impression générale du livre de M. Taine n'est contraire à la morale ni dans l'intention ni dans l'effet produit sur les esprits.

On le voit, nul à l'Académie n'osait prendre la défense des doctrines de l'auteur, mais on combattait habilement pour faire couronner l'ouvrage. Ce fut alors que l'évêque d'Orléans intervint. Il avait apporté avec lui les trois gros volumes de M. Taine dont il avait fait une étude à fond ; il dit qu'il concevait la diversité des opinions exprimées sur un ouvrage qui lui semblait un tissu de contradictions. Il n'est presque aucune assertion qu'on ne puisse tirer des paroles de l'auteur, selon le point de vue que l'on se propose : négation de Dieu, admiration du sentiment religieux ; apothéose de la matière et éloge des sentiments nobles et désintéressés ; négation de l'être moral et progrès social indéfiniment rêvé. Il y a cependant un fond sérieux qui domine dans ces contradictions, et qu'on s'accorde à reconnaître, c'est la persistance dans le fatalisme et le matérialisme. L'auteur l'a exprimé une première fois par ces mots : « Le vice et la vertu sont des produits comme le vitriol et le sucre; » et il y ajoute ce que le rapporteur de la commission a justement noté, et tant d'autres scandales d'opinion et de langage qui vont jusqu'à l'annonce d'une nouvelle morale et d'une nouvelle religion à espérer pour l'avenir.

Telles sont, comme l'a reconnu le rapport de la commission, les bases de l'ouvrage, nonobstant les démentis que ces théories absurdes reçoivent de bien des exemples et de bien des noms cités par l'auteur. En cela l'ouvrage n'est pas seulement inconséquent : et ce n'est pas ici la perversité qu'on accuse; c'est l'étourderie; c'est une préoccupation de quelques idées fausses, de quelques inexplicables formules, fermant les yeux à l'évidence morale, et aboutissant au matérialisme le plus provocateur.

Ce fut alors qu'il produisit ses citations, dont l'effet fut terrible; après quoi, et appuyé sur une telle base, il déclara qu'il ne concevait de correctif et de contrepoids à ces erreurs que le blâme complet et le désaveu. Que l'auteur ait loué çà et là les sentiments honnêtes et la bonne morale d'un écrivain, cela ne justifie pas ses attaques contre l'essence même et les conditions de toute morale. Celui qui proteste ainsi contre ce livre peut invoquer seulement cette morale littéraire, ce goût du beau et de l'honnête, dont l'Académie est dépositaire. Il aime à se rappeler en ce moment que, dans une autre occasion, il a défendu, contre un zèle sincère, mais aveugle, l'usage des classiques païens, dont la doctrine, imparfaite sans doute, n'offre rien de semblable à ce qu'on relève ici. Il n'approuvait pas que l'amour de vérités plus pures proscrivît ce que la raison avait reçu d'une première tradition divine et de la conscience humaine développée chez de grands peuples. Mais ici, où il voit des erreurs systématiquement rétrogrades, des retours volontaires au matérialisme le plus réprouvé par la sagesse antique, il n'admet pas l'indulgence, et ne peut que repousser des théories si fausses en soi et si dangereuses pour la jeunesse.

Après ce discours, les opinions se heurtent encore, mais l'impression faite par l'évêque d'Orléans est visible dans la suite de la discussion. Bref, l'Académie, par treize voix contre onze, décida qu'elle s'abstiendrait. Cette victoire, remportée dans le huis-clos d'une séance académique, n'en est pas moins mémorable.

Le péril que l'impiété faisait courir à la jeunesse n'était pas le seul à ses yeux; il y en avait un autre, qui rendait plus redoutable encore le premier : la faiblesse générale des études; puis les études faites, l'oisiveté intellectuelle. Un esprit mal armé contre les sophismes partout répandus, comment résistera-t-il? Mais, aujourd'hui, la jeunesse, comment est-elle armée pour traverser cette crise de la foi? Ces chers jeunes gens à qui M. de Montalembert disait, avec un poète :

*Donnez-moi vos vingt ans, si vous n'en faites rien!*

Qu'en faisaient-ils? Rien, en effet, la plupart du temps. Quelle déperdition lamentable de facultés, de talents et de vies! Même les hommes qui font quelque chose, qui ont une carrière, tirent-ils d'eux-mêmes tout ce qu'ils devraient donner? Préoccupé de ces pensées, et pour combattre ces deux périls, l'évêque d'Orléans fit deux choses [1] : d'abord, il eut l'inspiration de créer, dans sa ville épiscopale, une académie, c'est-à-dire un actif foyer d'études et de travaux. Non qu'Orléans manquât de sociétés savantes; Orléans est une ville lettrée; mais à côté de sa Société Archéologique et des autres, il y avait place encore pour une Société, moins spéciale, plus ouverte, embrassant

---

1. Il en fit aussi une troisième : il chargea un des prêtres les plus instruits du diocèse d'Orléans, M. l'abbé Rocher, de faire une nouvelle édition des principaux apologistes du dix-septième siècle : Pascal, Fénelon, Bossuet, Bourdaloue, Massillon, Leibnitz, Bacon, Euler, etc. ; convaincu que, pour affermir la croyance aux vérités fondamentales : Dieu, l'âme, la loi morale, la vie future, rien n'est meilleur encore aujourd'hui que la lecture de ces chefs-d'œuvre. L'édition parut en effet chez Mame, avec une belle lettre de lui en tête. Il engagea aussi un de ses amis, M. le vicomte Ch. de Caqueray, à faire sous ce titre : *Le Credo de Bossuet*, un ouvrage analogue à celui qu'il avait lui-même extrait autrefois des œuvres de Fénelon.

dans son large programme des matières variées, et surtout ayant un esprit non seulement chrétien, mais apologétique. Il fut compris : une élite de jeunes gens et d'hommes distingués répondit à son appel; il offrit pour lieu des séances son évêché, et comme la Société nouvelle naissait à l'ombre pour ainsi dire de sa cathédrale, il lui en donna le nom : il l'appela l'Académie de Sainte-Croix; il en accepta la présidence honoraire, l'inaugura lui-même, dans un discours élevé et délicat où l'évêque et l'académicien se faisaient sentir au même degré ; puis il la laissa aller elle-même. Un préfet intelligent, venu après les mesquines tracasseries dont nous avons dit tout à l'heure quelques mots, M. Dureau, lui obtint les autorisations nécessaires; et depuis bientôt vingt ans qu'elle existe, par les travaux lus dans son sein, et par les volumes qu'elle a déjà publiés, elle fait honneur à la ville qui la possède et à l'évêque qui l'a créée.

En même temps, pour lui donner l'impulsion, en lui ouvrant des horizons et des vues, et surtout, dans une pensée plus large, pour secouer, dans une portion trop nombreuse de nos contemporains, cette torpeur intellectuelle qui le faisait gémir, il adressa au Président de la jeune Académie, M. F. Baguenault de Puchesse, une série de *Lettres sur les études qui conviennent aux hommes du monde*. Le succès de ces lettres le surprit lui-même et le consola. Il sentit qu'il avait touché à une plaie vive et répondu à un besoin profond. Du reste, il stimulait de tous côtés les jeunes gens de talent qu'il connaissait, pour les décider à étudier et à écrire. « Entre nous, disait-il à M. de Montalembert, en lui demandant un livre, c'est pour faire faire un travail que je voudrais voir publier dans le *Correspondant* par A. de G., jeune homme, entendez-le bien, tout à fait à part, s'il ne reste pas en route. » C'était pour empêcher tant de jeunes gens à part de rester en route qu'il écrivait ces lettres; conjurant M. Cochin, M. de Montalembert, d'autres amis encore, de les revoir avec le dernier soin. « Je vous en prie, voyez à fond mes *hommes du monde* et à tous les points de vue, écrivait-il à M. de Montalembert en lui annonçant une nouvelle édition de ce travail ; songez que vous travaillerez là pour les âmes, et qu'il n'y a rien de meilleur que ce qu'on fait pour elles. » Retravaillées, développées, elles deviendront, nous le verrons, un volume, et le couronnement de son grand ouvrage de l'éducation. Nous en dirons à ce moment notre pensée.

Ce fut cette même année aussi qu'il fonda à Orléans, sous le nom d'*Annales religieuses*, une utile revue destinée, non seulement à renseigner sur les faits religieux, mais encore à conserver tous les souvenirs qui intéressent le diocèse : véritable histoire de l'Église d'Orléans, écrite jour par jour ; entre les mains d'un prêtre de mérite, elle prospéra et devint un signal ; il en existait alors quelques-unes à peine en France ; les *Annales religieuses* d'Orléans en firent surgir de tous côtés ; il y en a maintenant dans tous nos diocèses.

Ces occupations-là étaient vraiment selon son cœur, et ce n'était que contraint et forcé par les événements qu'il se décidait à rentrer dans les luttes publiques. Nous avons dit où en était la question romaine. La discussion au Corps législatif, au mois de février 1863, avait été remarquable. Quatre-vingt-onze députés refusèrent de s'associer, dans l'*Adresse*, à des paroles de blâme contre le Saint-Père. Les élections qui devaient avoir lieu cette année, en de telles conjonctures, étaient d'une capitale importance. M. Thiers se mettait résolument sur les rangs. M. Berryer hésitait. Après un voyage à Orléans, et une conversation avec l'évêque dans le jardin de l'évêché, il n'hésita plus. Mais l'évêque ne put décider M. Sauzet. « J'ai dit à M. Thiers, répliquait l'ancien président de la Chambre des députés, l'auteur du récent et beau livre *Rome devant l'Europe*, à l'évêque qui le pressait : « Vous ne pouvez pas ajouter à votre gloire, mais vous pouvez ajouter à vos services. » Quant à lui, il s'obstina à ne pas rentrer dans la vie publique. M. de Montalembert posa sa candidature à la fois dans le Doubs et dans la Bretagne, mais, chose lamentable à dire, avec l'appui douteux des catholiques. On écrivait de

Saint-Brieuc à M. de Montalembert : « Le haut clergé vous est sourdement, mais violemment hostile. Beaucoup de prêtres des campagnes sont gagnés et passent à l'ennemi. On leur a dit et ils répètent à l'envi que vous êtes de l'école de La Mennais, et que vous finirez comme lui. La crédulité des uns égale la félonie des autres. Il reste cependant une saine partie du clergé qui est inébranlable. Un abbé me disait tout à l'heure que, dans la ville épiscopale, où il y a beaucoup de prêtres, tous, à l'exception de cinq ou six, vous sont acquis. Si vous pouviez avoir de M$^{gr}$ Dupanloup une lettre quelconque qu'on insérerait dans la *Foi bretonne*, ce serait immense. »

Mais il y avait plus et mieux à faire qu'une lettre en faveur d'un candidat, c'était un acte en faveur de toutes les candidatures favorables au Pape. Il était évident que le pouvoir les combattrait avec acharnement. On était aux beaux jours de la candidature officielle ; et le devoir électoral est malheureusement un de ceux qui sont le moins compris en France. Les catholiques étaient tièdes et divisés. L'*Union* laissait entrevoir tous les jours qu'il fallait s'abstenir. Leur seul organe alors, *le Monde*, car l'*Ami de la religion* avait cessé d'exister, n'avait, à proprement parler, adopté aucune candidature, et poussait mollement au scrutin. Evidemment, un écrit de l'évêque d'Orléans pouvait avoir sur les élections une influence considérable et empêcher probablement que le Pape fût sans défenseurs dans cette assemblée qui devait durer six ans ; six ans pendant lesquels la Papauté, la liberté, la société seraient en question ! Comme ici l'intérêt religieux dominait évidemment l'intérêt politique, l'intervention des évêques paraissait légitime autant que désirable. Mais comment l'obtenir d'eux ? Et eux, comment intervenir ? Un acte individuel, même du plus écouté des évêques, eût été trop discuté ; une voix isolée, quelle qu'elle fût, courait risque de se perdre dans le vide. L'évêque d'Orléans ne redoutait pas le péril, mais il voulait des adhésions. Il en espéra. Une lettre fut donc écrite, vive, pressante, expliquant le péril et la faute de l'abstention, secouant l'inertie, humiliant l'indifférence, intéressant les consciences, bref, poussant énergiquement les électeurs aux urnes. Cette lettre, faite pour une situation donnée, n'est cependant pas un simple écrit de circonstance; elle demeure toujours opportune, car l'abstention est trop souvent le tort et le malheur des honnêtes gens, en France et ailleurs. La lettre écrite, immédiatement des envoyés la portèrent à six des évêques les plus considérables et les plus considérés. Aucun d'eux ne refusa de s'y associer [1]. Ce n'était pas une lettre pastorale, les sept évêques ne s'adressaient pas à leurs diocésains, mais à leurs concitoyens. Le droit qui ne pourrait être dénié à sept citoyens français quelconques, d'avoir une pensée sur une question d'intérêt général, d'avoir la même, et de le dire tout haut, ils crurent l'avoir aussi. Le pouvoir en jugea autrement; il eut la faiblesse d'avoir peur de cette intervention, et il en appela au conseil d'État comme d'abus. L'archevêque de Tours, Mgr Guibert, dans une lettre d'une gravité, d'une clarté, d'une logique suprêmes, démontra le droit des évêques. Mais en vain. Dans l'arsenal des vieilles lois gallicanes et des lois révolutionnaires, on exhuma les textes qu'on voulut, et l'abus fut prononcé. Mais qui se trouva atteint devant l'opinion publique par cette sentence? Ce ne furent pas les sept évêques.

M. de Montalembert ne fut pas élu, et il eut la douleur de lire, dans le plus écouté des journaux religieux, que les catholiques n'avaient rien à regretter dans les élections qui venaient d'avoir lieu.

Combien les catholiques belges, vers le même temps, se montraient-ils plus expérimentés dans la vie publique et dans la pratique de la liberté!

Ce fut cette année 1863 qu'ils organisèrent le premier de

---

[1] Cette lettre était signée de N. N. les archevêques et évêques de Cambrai, Tours, Rennes, Metz, Nantes, Orléans et Chartres.

ces fameux Congrès destinés à exciter partout le zèle des catholiques, et à les maintenir debout dans la lutte. Invité à ce Congrès, l'évêque d'Orléans ne crut pas sa présence là nécessaire, et il déclina l'invitation ; d'autant plus que ses amis, MM. de Montalembert, de Broglie et Cochin devaient s'y rendre. « Cette affaire de Malines, lui écrivait M. de Montalembert, m'accable et me désole. J'ai résisté tant que j'ai pu ; je n'ai cédé qu'aux plus fatigantes instances, venues de tous les côtés à la fois, et de toute sorte d'amis qui ne manqueront pas de blâmer ce que j'aurai dit et fait là-bas, après m'avoir aiguillonné. Je m'arrache malgré moi de mon silence. Vous connaissez cela par expérience et vous me plaindrez. »

L'apparition du vieil athlète de l'Église, qui bravait, pour se rendre à Malines, un mal opiniâtre, fut saluée par des applaudissements extraordinaires. On était avide d'entendre cette voix depuis trop longtemps réduite au silence. Il parla deux fois, et sur la question la plus palpitante : sur la liberté, sa grande cause. Alors que la souveraineté temporelle du Pape, sauvée en 1849 par une assemblée libre, était livrée et perdue depuis 1859 par le pouvoir personnel, et en face des défections de tant de catholiques, qui avaient abandonné le terrain sur lequel ils avaient autrefois combattu et vaincu, il y avait, selon le grand orateur qui, lui, se flattait d'être resté toujours semblable à lui-même, *qualis ab incœpto*, d'utiles vérités à rappeler, de nécessaires leçons à donner. Puisqu'une profonde division s'était faite parmi les catholiques, non sur la foi, quiconque ne la professe pas tout entière n'appartient plus à l'Église, mais là où les dissentiments peuvent se produire, sur la politique, sur les principes de conduite, sur l'attitude à tenir vis-à-vis des libertés et des sociétés modernes, il estimait indispensable de s'expliquer hautement, franchement, courageusement, devant cette grande assemblée. Son discours suscita des applaudissements enthousiastes. M. de Broglie et M. Cochin obtinrent aussi un grand succès. « Vous voulez des nouvelles vraies de Malines, écrivait M. Cochin à l'évêque d'Orléans :

L'assemblée a été magnifique, la foi éclatante, la liberté dominante et acclamée, Montalembert hardi, bouillant, admirable, le prince de Broglie charmant, Melun touchant, et l'on m'a accordé à moi-même une ovation exagérée; le cardinal de Malines et les évêques belges, à merveille, pleins de paternité, de tact; mais je crains, je vous avoue, qu'on n'écrive à Rome contre les manifestes de notre ami. »

M. de Montalembert avait les mêmes craintes. Chose étrange! tandis que les journaux hostiles à l'Église représentaient le Congrès de Malines comme une assemblée de réactionnaires, voulant ramener le moyen âge, une certaine presse catholique, en Belgique et en France, dénonçait le discours de M. de Montalembert comme un attentat qui avait affligé tous les catholiques, et n'avait été loué que par les libres penseurs.

« Le succès, écrivait M. de Montalembert à l'évêque d'Orléans, a été considérable et incontesté *sur place;* la jeunesse surtout y répondait avec un enthousiasme frénétique et presque unanime; mais nos adversaires, incapables de répondre, n'en prennent pas moins leur revanche, en Belgique comme en France, et surtout à Rome, puisqu'ils restent seuls maîtres du terrain par la presse. Tout ce beau feu s'éteindra faute d'un journal pour l'entretenir. J'ai trouvé dans le cardinal Wiseman le même antagonisme que vous avez rencontré chez lui, à Rome, l'année dernière, *Si parva licet componere magnis.* En revanche, le cardinal Sterckx (l'archevêque de Malines) m'a dit : « Vous aviez beau dire que vous ne vouliez pas faire de théologie, vous avez parlé en parfait théologien. »

Non, il n'avait pas parlé en théologien, ni surtout en parfait théologien; mais en orateur, en politique, en laïque. Un théologien eût été plus rigoureux dans la position des questions, et les précisions nécessaires. En ces matières, si complexes et si délicates, où la thèse relative côtoie de si près la thèse absolue, là surtout les mots mal définis sont périlleux, et les distinctions indispensables pas toujours assez explicites.

Sa formule, l'Église libre dans l'État libre, déjà vengée par lui, mais travestie par M. de Cavour, effrayait certains catholiques, et a besoin en effet d'être expliquée et comprise. L'évêque d'Orléans ne l'a jamais employée. Et enfin, il avait touché en passant certains points d'histoire qu'il est difficile d'éclairer à fond dans un discours. Les paroles prononcées par lui à Malines furent donc dénigrées et dénoncées à Rome. Sans doute, Rome, gardienne de la doctrine, ne peut surveiller de trop près de pareilles discussions. Mais, malheureusement, à côté de la science calme et désintéressée, il y a place à Rome, comme partout, à autre chose, et la bonne foi des théologiens romains peut quelquefois être d'autant plus facilement surprise, qu'ayant eux-mêmes plus d'impartialité, ils peuvent par là même se tenir moins en garde contre des passions qu'ils ne partagent point.

D'autres angoisses étaient venues vers le même temps à M. de Montalembert du côté où il les attendait le moins. « Il faut me plaindre, écrivait-il à l'évêque d'Orléans, de bien autre chose; et me consoler, si c'est possible, du sacrifice le plus douloureux, le plus intime et le plus *imprévu* qui m'ait jamais été imposé.

» Catherine, que vous connaissez si bien, Catherine, la joie et la lumière de ma vie, de toute notre maison, est au noviciat du Sacré-Cœur depuis six semaines !

» Rien n'a pu la retenir : ce coup de foudre a éclaté sur ma tête et dans mon cœur, au lendemain de ma défaite électorale, sans que rien, absolument rien au monde, ait pu me le faire soupçonner. Rien non plus ne me l'explique encore. Pour toute justification, elle m'a apporté cette page de l'Introduction des *Moines d'Occident* où il est dit que la vie monastique n'est pas l'asile des âmes malades ou souffrantes.

» Je n'ai pas même pu obtenir un délai de trois mois : quinze jours après la première lueur de cette catastrophe, elle a été consommée : *Statim relictis retibus* CUM PATRE *secuti sunt eum !!!* Elle nous a quittés pour toujours le 21 juin; et depuis lors elle n'a pas laissé entrevoir la moindre hésitation; huit jours après son entrée à Conflans, elle écrivait déjà : « Je ne crains plus rien à présent quant à la certitude de ma vocation ; » et depuis lors, elle n'a pas varié. Elle dit dans sa dernière lettre : « La joie de ma vocation grandit tous les jours : aussi le *Magnificat* devient ma plus chère prière. »

» Je suis pris dans mes propres filets. Personne ne comprendra ma douleur; personne ne me plaindra (pas même vous), ayant quatre filles, d'en avoir donné une au cloître! Et cependant mes larmes ne cessent de couler depuis que j'ai su ce qui m'attendait : ces vieilles larmes qui ne touchent ni n'intéressent personne, bien qu'elles soient tout autrement cuisantes et légitimes que toutes celles qu'on pleure sur les douleurs de la jeunesse. »

Il souhaita qu'au moins l'évêque d'Orléans présidât à ce sacrifice; à un tel désir de son ami, celui-ci ne pouvait se refuser. Quand vint après le temps du postulat le jour fixé pour la prise d'habit, l'évêque d'Orléans revenant de Lacombe, ils se rencontrèrent à Montbard, et firent route ensemble dans le même wagon jusqu'à Paris : il y avait quelque chose de poignant à voir M. de Montalembert, dans sa conversation pleine de verve comme toujours, passer incessamment de l'une de ses préoccupations à l'autre, de sa fille à son discours, de Conflans à Rome, du sacrifice qu'il acceptait au coup qu'il redoutait. Le lendemain, 26 octobre, eut lieu la prise d'habit, « le premier pas décisif, comme disait cette généreuse jeune fille, vers ses noces célestes. » L'évêque, assisté de l'abbé Perreyve et de celui qui écrit ces lignes, parla avec une grande émotion devant cette victime radieuse d'un divin holocauste, et ce père et cette mère baignés de pleurs. Quelques semaines après, M. Cochin lui écrivait : « J'ai passé deux jours chez Montalembert : quelle émotion persistante dans ce cœur de père! quelle source intarissable de larmes, sans plainte pourtant ! Il est comme un héros, fier d'une victoire, mais blessé, et dont le sang ne s'arrête pas. M$^{me}$ de Montalembert est plus ferme, non moins touchante. Leur fille monte et s'élève chaque jour, offrant pour réponse à des rêves sur la vie de Jésus (allusion au roman panthéiste de M. Renan que M. de Montalembert avait flétri au congrès de Malines) *Jésus en vie !* Il est là : *Magister vocat.* »

Les sacrifices les plus agréables à Dieu ne sont pas ceux qui coûtent le moins de larmes.

## CHAPITRE XXI

Septième voyage de l'évêque d'Orléans à Rome
Travaux divers au retour
Discours sur le feu sacré
Discours pour l'inauguration des eaux à Orléans
Discours pour l'œuvre des Lieux Saints de Provence
Grand discours au congrès de Malines
1863-1864

Plus l'évêque d'Orléans combattait pour l'Église, et plus il éprouvait le besoin de correspondre à la grâce de cette élection par un plus grand amour de Dieu et par une plus parfaite sainteté de vie. Dans cette pensée, il songeait à réaliser un projet qu'il avait souvent formé, à savoir un pèlerinage au pays de cette sainte Thérèse pour laquelle il avait une si particulière admiration et dévotion. Mais tout à coup, et précisément le jour de sainte Thérèse, 15 octobre, à Lacombe, il lui vint à sa messe, pour Rome, « une lumière simple, avec une douceur, une paix, une sérénité, une certitude, presque une tendresse ». Et que lui inspirait cette lumière ? D'aller, non pas en Espagne, mais à Rome, et cela pour le même motif qui l'attirait au berceau de sainte Thérèse, et pour une autre raison encore. « Je sentais, dit-il, qu'au fond ce serait pour moi le lieu du rafraîchissement, de la lumière et de la paix. Cette atmosphère me reposait de loin. Jamais impression ne fut plus inattendue et plus sensible, plus persévérante. Je sentais que Dieu voulait ce voyage, me le faisait faire. A une inspiration de haute sanctification pour mon âme se mêlait la vue du bien nécessaire et possible ; le besoin de résumer toutes mes pensées et de les dire. Tout cela fut évident pour moi. »

Trois ans auparavant, ayant été amené à faire admirablement dans quelques âmes d'élite l'œuvre de Dieu, il écrivait : « O mon Dieu ! est-ce là une récompense du peu que j'ai fait pour vous? » Qui eût pu lire, au moment où il partait pour Rome, dans son âme, eût pressenti dès lors, au travail extraordinaire de sanctification qui va s'opérer en lui, que Dieu le préparait de nouveau à de grandes choses.

Depuis Florence, il éprouvait, en cheminant vers Rome, des impressions comme celle-ci : « Journées bénies, et de douces prières, de doux et profonds sentiments d'amour de Dieu. Comme c'était sensible ! comme je fus et me sentais pris doucement, et comme enveloppé de ces bons sentiments là, tout le long de la route, tandis que la voiture m'emportait. Je répétais les paroles de saint Paul : *Si quelqu'un n'aime pas, qu'il soit anathème !* Et ces autres : *Je suis à celui que j'aime, et il est à moi !* Et encore : *La pureté fait approcher de Dieu !* Toutes ces divines paroles me saisissaient, m'enivraient, je n'avais jamais rien éprouvé de pareil ; c'était un transport, la dilatation d'un cœur illuminé. » Il se disait aussi, pensant à quelques âmes dont le souvenir le suivait, et qu'il ne croyait pas assez fidèles, des choses comme celle-ci : « N'y aura-t-il donc sur la terre point d'âmes qui aient de la grandeur pour Dieu, qui veuillent faire quelque chose pour Dieu !... »

Voilà dans quelles dispositions il arrivait à Rome. « Je viens, écrivait-il le lendemain, uniquement chercher ici le bien de mon âme, et le bien de l'Église. Et aussi de quelques âmes, si Dieu l'indique. Pour tout cela, faire ici beaucoup de pèlerinages, visiter les lieux saints : les saints ! l'atmosphère des saints ! respirer le parfum des saints ! aller de temps à autre dire la messe à leurs autels. Tous les jours un salut chanté, soit aux quarante heures, soit aux *Sacramentate*. Avant tout, cela va sans dire, exercices de piété inviolables et prolongés. »

Et en effet dès le lendemain de son arrivée, il commençait ces pèlerinages. A Sainte-Marie-Majeure: « Quelle douceur, s'écrie-t-il, quelle lumière, quelle atmosphère, quelle splendeur de ces grands sanctuaires! On y entre comme dans la joie du ciel! » A Saint-Paul : « C'est là qu'il faut retremper mon âme, et prendre mon dernier élan. » A Sainte-Cécile : « J'ai vu ce corps si vénérable et si pur, cette victime virginale du plus sublime amour, étendue, immolée, et dans le triomphe si doux, si délicieux de sa basilique, au milieu des lis et des roses, des parfums et des chants sacrés, et de tout ce peuple, après quinze siècles, — en même temps que triomphante au ciel : c'est saisissant, ineffable. » A Saint-Jérôme de la Charité, couvent bâti sur l'emplacement de la maison de sainte Paule, le souvenir de cette sainte et de sa fille sainte Eustochium, de Marcella, de Mélanie, de toutes les nobles femmes qu'animait aux grandes vertus chrétiennes saint Jérôme, il n'est pas moins profondément attendri : « Ces sanctuaires, écrit-il, pénètrent le cœur très doucement, comme d'un parfum. On se sent, je me sentais là comme enveloppé de sainteté. Toutes ces grandes et saintes âmes me semblaient errer autour de moi et me bénir... J'ai prié là pour tant d'âmes à qui je ne fais pas tout le bien qu'il faudrait. »

Voilà comment il visita, pendant tout le temps qu'il fut à Rome, les sanctuaires romains.

« Ce que Dieu fit et mit alors dans mon cœur, a-t-il écrit, est admirable. Il ouvrit mon cœur, le dilata et l'attendrit ; puis dans cet attendrissement, il mit son amour, admirablement. Comme cela est évident aujourd'hui ! De ma vie je n'avais eu de tels sentiments. Quelle grâce ! »

Il trouvait « douceur et confiance extrême à redire avec saint Paul: *Dissolvi, et esse cum Christo!* Je ne désire pas autre chose. Mais je ne désire pas assez cela. Je crains trop. Il faudrait aimer, et que l'amour chassât la crainte. Et sentir que Notre-Seigneur est tout pour moi : MON AMI ! Qu'il m'a fait son prêtre, tout ! Et ne désirer qu'une chose : être avec lui, et en attendant travailler pour lui ; et pour les âmes qui lui sont chères ; et pour son Église, qui en a un si grand besoin! mais avec un détachement et un désintéressement personnel entier, dans une dépendance constante de Notre-Seigneur. Cela m'avait amené en si peu de temps au plus pur et plus sublime amour, et à un tel sentiment de la bonté et de la miséricorde divine, que tout le reste était oublié...

» C'est toujours l'amour de Notre-Seigneur, ajoute-t-il, qui décide tout. C'est lui qu'il faut aimer, et les âmes pour lui, et l'Église pour lui. Et un jour il me dira : Oui, viens te reposer sur mon cœur; tu as travaillé pour moi, pour mon Église, pour les âmes qui me sont chères. *Super pauca fuisti fidelis, intra in gaudium domini tui.* »

Il écrit encore : « Hier aux *Sacramentate* quelle impression de grâce ! Quelle joie de revoir Notre-Seigneur sur son trône ! Je lui disais et redisais : Vous êtes bon ! Vous êtes bon ! Ç'a été une action d'une puissance infinie : sensiblement, j'étais dompté et broyé sous sa main ; mais aussi une action d'une bonté infinie, pour me faire les plus grandes grâces, me donner les plus belles lumières, toucher, ouvrir mon cœur. A confesse, le P. de Villefort me dit : « Dieu veut votre âme tout entière. » Ce sont des grâces comme je n'en ai jamais eu. Avec quel respect, avec quelle délicatesse il faut suivre de telles grâces ! »

A la fin de cette année, en décembre, relisant ses notes de chaque jour, il écrivait en marge : « Quel bon temps j'ai passé là ! Quelle application à Dieu, chaque jour, depuis le départ jusqu'au retour, avec cette grâce de Notre-Seigneur présent à mon âme, et de son saint amour inondant mon cœur ! »

Et comme il était pratique, effectif en fait de piété comme en toutes choses, il conclut à des résolutions précises : nous n'en voulons citer ici que celles qui se rapportent à l'amour des âmes, sa sainte passion, que cette sorte d'explosion d'amour pour Dieu dilatait aussi admirablement dans son cœur :

« Il faut éviter absolument avec les âmes les hauteurs, les

duretés, les irritations. — Ne jamais les abandonner, une fois reçues de Dieu : jamais. — Être attentif à la grâce de Dieu dans les âmes : les écouter; les accents, les cris divins qui s'en échappent. Capital, capital! Je n'écoute pas assez, je n'entends pas! C'est mépriser les accents de l'Esprit divin, ses gémissements inénarrables, moi qui devrais les inspirer. — Oh! la compassion pour les âmes! pour les âmes faibles, égarées, pécheresses, et revenant toujours; pour les cœurs qui souffrent; pour toutes les souffrances des cœurs; pour les mères! — Et cependant ne pas s'attacher, même aux âmes; du moins sensiblement. S'attendre à tout de leur part, et accepter tous les calices. — Le bon Dieu semble me faire cette grâce, de la charité simple, douce, pure. »

Il comptait, nous le voyions tout à l'heure, parmi les motifs subsidiaires de son voyage, « le bien de quelques âmes, si Dieu l'indiquait ». Dieu l'indiqua, en effet, et son zèle sacerdotal eut ample matière à s'exercer. Se trouvaient en ce moment à Rome un certain nombre de familles françaises connues de lui à des degrés divers : les de Menthon, venus pour visiter leur nièce, $M^{me}$ de Maistre, dont le mari était officier supérieur dans l'armée pontificale; les de Caraman, de Richemont, Benoît d'Azy, Gautier, de Saint-André, d'autres encore. Parmi les Romains et les Romaines qui lui témoignaient le plus d'empressement étaient les divers membres de la famille Borghèse : la Princesse mère, le prince et la princesse Marc-Antoine : de leurs nombreux enfants il s'occupa paternellement; l'un d'eux, le jeune Félix, qui était son filleul, devait faire sa première communion; l'évêque traça lui-même le plan de cette préparation importante; il donna de précieux conseils pour l'éducation des autres : le prince et la princesse Aldobrandini; le duc et la duchesse Salviati; le duc et la duchesse de Sora, fille aînée du prince Borghèse; M. et $M^{me}$ de Charette. Nous le voyons encore en relations fréquentes avec la princesse Rospigliosi, le marquis et la marquise de Rende, Napolitains qui étaient venus se réfugier à Orléans, et qui se trouvaient alors à Rome; la princesse d'Arsoli, surtout le Roi et la Reine de Naples, qui lui accordaient, depuis 1862, une grande confiance.

On désirait vivement l'entendre ; il condescendit à ce désir : en conséquence une retraite fut organisée au *Gesu*, et il prêcha dans cette belle église, la seconde semaine de carême, en face d'un auditoire composé de personnes de toute nation, de toutes croyances, et qui allait croissant à chaque sermon, toute une retraite. Cette prédication laissa, chez ceux qui eurent le bonheur de la suivre, de profonds souvenirs.

Mais, en même temps que *le bien de son âme, et de quelques âmes, si Dieu l'indiquait*, il venait chercher aussi à Rome *le bien de l'Église*. C'est à quoi il donna la plus grande part de son temps. Il vit beaucoup de cardinaux et de prélats, qui furent tous pour lui pleins de déférence ; plusieurs généraux d'Ordres ; souvent le cardinal Antonelli, et le Saint-Père. Ainsi qu'il se l'était proposé, il dit tout au Saint-Père ; toutes ses pensées, toutes ses craintes, toutes ses espérances, soit sur la situation politique du Saint-Siège, soit sur la situation intérieure de l'Église. « Que mes points de vue soient acceptés ou non, du moins, écrit-il, après un de ces entretiens, je n'aurai pas été *Canis mutus*. »

Une affaire particulière qui l'occupa beaucoup à Rome, ce fut celle de M. de Montalembert et de ses discours à Malines. Sans doute, malgré leur intime liaison d'âme, et leur confraternité d'armes dans les grandes luttes, ils différaient d'idées sur plus d'un point. En politique, leurs opinions étaient loin d'être identiques. Leur attitude en face du coup d'Etat n'avait pas été la même. Sur les questions libérales, et dans ces discours mêmes, M. de Montalembert, homme politique, allait plus loin que l'évêque d'Orléans. En histoire aussi ils n'étaient pas toujours d'accord. Raison de plus pour le courageux évêque de ne point abandonner son ami aux animosités qui, en abusant de quelques-unes de ses paroles, et en exagérant ses doctrines, le poursuivaient à ce moment-là si âprement. « Les passions, écrivait-il à M. Cochin, ne peuvent pas être plus ardentes contre lui qu'elles ne le sont. Je parle des passions belges, françaises et anglaises. » Ce spectacle causa à l'évêque d'Orléans une profonde tristesse. Ces divisions entre catholiques, alors que l'union, pour défendre Rome et la religion menacées, lui semblait si désirable, le désolaient; car cet homme de guerre était bien plus encore un homme de paix; et voici comment il s'ouvrait sur tout cela avec le cardinal Antonelli, en lui offrant son *Avertissement à la jeunesse et aux pères de famille* :

« ... Sans doute, disait-il au cardinal, il est pénible d'avoir combattre des hommes aussi profondément égarés que ceux dont j'ai dû démasquer ici les erreurs; mais il est, si je l'ose dire, plus pénible encore d'avoir à lutter contre ceux avec lesquels on voudrait ne faire qu'un cœur et qu'une âme pour la défense de l'Église.

» Ces divisions, dont votre Éminence gémissait avec moi, sont vraiment déplorables.

» Qu'espérer de l'avenir si, tandis que l'Église est attaquée de toutes parts, on semble, dans notre propre camp, en France, en Belgique, en Angleterre, en Allemagne, et ailleurs encore, prendre plaisir à se déchirer, à se flétrir, à se décourager les uns les autres ? » (Rome, 20 janvier 1864.)

Pie IX était loin de décourager l'évêque d'Orléans. « Le Saint-Père, écrivait encore celui-ci à M. Cochin, m'a répété hier que si l'on faisait quelque chose, il ne serait en rien question de lui (Montalembert). » Pie IX, en effet, et depuis longtemps, bien avant les discours de Malines, songeait à faire quelque chose, mais contre les ennemis, non contre les amis. Toutefois l'évêque d'Orléans crut devoir écrire au Saint-Père une longue note en faveur de celui que Pie IX lui-même avait félicité de ses combats pour la liberté de l'Église, l'appelant un *bon soldat de Jésus-Christ*[1], et qui n'avait jamais varié dans ses opinions. M. de Montalembert de son côté adressa à Rome un mémoire explicatif de sa pensée. Le résultat définitif fut que

---

1. Lettre autographe de Pie IX à M. de Montalembert.

les adversaires de M. de Montalembert n'obtinrent pas de Rome ce qu'ils réclamaient contre les discours de Malines. Mais, on le conçoit, grandes devaient être les tristesses de M. de Montalembert en ce moment, trahi dans les élections par une fraction de catholiques, éprouvé dans sa tendresse paternelle par le sacrifice de sa fille, et poursuivi à Rome même, lui le grand athlète de Rome. L'évêque d'Orléans sentait cela ; nous allons voir tout à l'heure quels accents il tirera de son cœur pour consoler et soutenir son ami.

Il conclut aussi à Rome des affaires importantes pour son diocèse ; nous en parlerons ailleurs. En tout cela, son ami, Mgr Place, alors auditeur de Rote à Rome, lui fut d'un doux et précieux secours.

Nous ne voulons pas nous étendre sur tous les incidents de ce voyage ; mais il y en a deux que nous nous reprocherions d'oublier.

En même temps que l'évêque d'Orléans, s'étaient rendus à Rome, de tous les pays catholiques, un grand nombre de pèlerins. L'idée leur vint, et fut imitée dans la suite chaque année, de faire une adresse au Pape. Un comité, où figuraient deux pairs d'Angleterre, lord Campden et lord Stafford, un membre de la Chambre des communes, M. Monsell, aujourd'hui lord Imly, le comte de Mérode, le prince polonais Sapicha, les ducs italiens Scotti et Maddaloni, d'autres étrangers considérables de tous les pays, se constitua. Il confia l'honneur de rédiger l'adresse à un jeune ami de Mgr Dupanloup, depuis peu son diocésain, et dont le nom avait marqué déjà dans les luttes pour le Saint-Siège, M. Hilaire de Lacombe. Présentée au Pape dans la salle du Consistoire, au milieu d'une immense assemblée, l'adresse de M. de Lacombe, par l'élévation, le tact politique, la mesure, l'éloquence, obtint l'unanime approbation. Mgr Dupanloup en eut une grande joie.

Il y aurait aussi quelque ingratitude à ne pas mentionner l'enthousiasme exceptionnel des jeunes Irlandais de la

Propagande envers l'évêque d'Orléans. Il avait eu la gracieuseté de leur faire remettre à tous un exemplaire de son discours pour l'Irlande. Ils lui offrirent en retour un chef-d'œuvre de la typographie romaine, un magnifique bréviaire en un seul volume, sorti des presses de la Chambre apostolique, avec deux adresses, l'une en latin, l'autre en français, où leur cœur d'Irlandais parlait bien son langage.

Il voulut être de retour à Orléans pour inaugurer la grande retraite pascale des hommes, cette œuvre qui lui tenait tant à cœur. Arrivé le vendredi 18 mars, il voyait le lendemain tout son clergé autour de lui. Saluant son retour au nom de tous, le doyen du Chapitre, M. Desbrosses, lui disait dans son Adresse : « ... C'est à vos grands travaux que nous devons la réputation de notre Église; vous pouvez encore faire beaucoup, Monseigneur, mais à la condition de ne pas trop faire. » « Pourvu toutefois, dit aimablement l'évêque dans sa réponse, que vous me permettiez de n'en pas faire moins que le clergé orléanais, si laborieux et si zélé. » Le soir, toute la société orléanaise se pressait à l'évêché. Les *Annales* avaient annoncé qu'il parlerait le lendemain à sa cathédrale : l'auditoire fut immense. Ce qui déborda de son âme dans ce discours, ce fut ce qui la remplissait, ce qu'il avait puisé au tombeau des saints dans ce long pèlerinage, fait, nous l'avons vu, « pour une profonde et définitive sanctification : » *le feu sacré*[1]. Et certes chacun, après ces brûlantes paroles, eût pu dire aussi : *Nonne cor nostrum ardens erat in nobis, dum loqueretur?* Et chacun des soirs de cette retraite il voulut parler encore à ses diocésains.

Il se donna dans ce discours une joie de cœur, ce fut de rendre un hommage public à M. de Montalembert, par une éloquente allusion à la vocation de sa fille. Car son affection pour ce noble ami grandissait avec les épreuves : celles du corps,

---

1. Voy. ce discours dans le volume des *Œuvres oratoires*, nouvelle série des *Œuvres choisies*.

qui vont devenir plus accablantes; celles de l'âme, qui seront aussi plus amères; plus il le voit sur la croix, plus il l'aime, mais comme un évêque tel que lui sait aimer : son âme! son âme à sanctifier, à purifier sous le feu de ces douleurs, voilà le trait qui va de plus en plus éclater à nos yeux dans cette sacerdotale amitié. Délicat dans les moindres détails, il choisit le Vendredi Saint, pour lui faire arriver, le jour même de Pâques, la lettre suivante :

« Orléans, 25 mars 1864. Mon cher ami, il n'y a pas de jours dans cette semaine, je dirai avec vérité pas une heure, où je n'aie pensé à vous et voulu vous écrire. Les accablements de mon retour, les prédications, les confessions, les affaires, en un mot les devoirs de chaque jour et de chaque heure pendant cette sainte semaine, m'ont fait des obstacles absolument insurmontables...

» Mais ce soir Vendredi Saint je rencontre quelques moments de liberté et j'en profite pour venir mettre mon âme plus près de la vôtre et vous dire combien vous m'avez profondément ému et édifié dans cette suprême épreuve de votre foi et de votre dévouement (le sacrifice de sa fille). Le calme et la douceur que j'ai vus sur vos lèvres et dans votre cœur m'ont attaché à vous plus que jamais. Depuis cette douloureuse journée, il me semble que la bénédiction de Dieu est sur vous sensiblement. Je me suis donné la joie de m'en souvenir à mon retour dans ma cathédrale devant une immense assemblée. Je vous enverrai cela pour vous distraire. La vérité est que, depuis ce sacrifice vous êtes devenu à mes yeux un vrai ami de Dieu. Ne croyez pas que je vous fasse ici aucune phrase; j'en aurais horreur, et je ne vous dis que ce qui est pour moi la simple vérité. » Touchant ensuite les autres tristesses de son ami : « Il m'arriva, ajoutait-il, pendant mon séjour à Rome, au milieu d'une peine très vive, en entendant chanter les litanies de la sainte Vierge, et ces paroles : *Causa nostræ lætitiæ*, d'éprouver une douceur d'une profondeur et d'une simplicité extrême dans un sentiment que j'exprimai par ces mots, lesquels je transcris pour vous :

« ... Sentiment très vif que la vraie joie, c'est d'être trahi, d'avoir le cœur foulé aux pieds... » Si, comme je l'espère, comme je vous en conjure, vous vous remettez courageusement, chrétiennement, et la croix dans le cœur, à votre grande étude trop longtemps interrompue, vous verrez si Dieu n'est pas avec vous, ô mon ami, ô le vrai ami de mon âme, le vrai ami de Celui qui a voulu nous faire savoir de son cœur que lui aussi *Cœpit pavere et tœdere et contristari, et mœstus esse, et tristis usque ad mortem...*

» ... Laissez-moi donc vous embrasser pour cette belle fête de Pâques avec toute la tendresse d'un cœur que Dieu vous a donné depuis longtemps, depuis cette Roche-Guyon de si chère mémoire, que rien ne peut séparer de vous, et qui vous dit maintenant avec les derniers sentiments et les derniers regards d'une vie qui s'en va à son terme : A Dieu ! et que ce soit à jamais entre nous, comme le voulait saint Paul entre les amis de Jésus-Christ : *Ad convivendum, et commoriendum !* »

« Votre lettre du Vendredi Saint, lui répondit M. de Montalembert, m'a fait un bien que je ne saurais dire. Oh ! je vous en conjure, écrivez-moi souvent ainsi ! » Il lui fallait, à ce grand cœur si éprouvé, cet autre cœur « où, disait l'illustre malade dans une nouvelle lettre, il m'a été donné de lire plus d'une fois, où j'ai trouvé des trésors de charité et d'indulgence comme de généreuse fierté, et où j'aime à me réfugier par la pensée lorsque je succombe aux poignantes douleurs dont le mien est traversé. »

« Je n'ai vraiment pas grand mérite à ce que j'ai fait, lui répondit l'évêque ; car l'inclination de mon cœur y est très forte, et me le rend trop facile.

» La vérité est que votre âme m'est profondément chère devant Dieu, et dans ce sentiment que j'éprouve pour vous, laissez-moi vous le dire, l'affection de l'ami n'est pas seule ; il s'y joint aussi la reconnaissance de l'évêque pour les grands services rendus par vous à l'Église ; de l'évêque et du compagnon d'armes.

» Et c'est ce qui me fait encore plus désirer pour votre âme ce qui doit être le couronnement de toute cette grande vie militante, la grande force qui viendrait de la grande fidélité à Dieu.»

Ainsi donc, le consoler, le soutenir, surtout le sanctifier dans ces épreuves, voilà ce à quoi l'évêque, son ami, va désormais s'appliquer, avec une persistance, une énergie, une tendresse, un zèle épiscopal, qui, si nous pouvions dire ici ces choses avec le détail qu'elles comportent, inclineraient, nous en avons la certitude, dans l'admiration et le respect pour ces deux grandes âmes, pour cette noble amitié, jusqu'à leurs adversaires implacables eux-mêmes.

Après les fêtes de Pâques, l'évêque d'Orléans partit pour sa tournée pastorale. Des splendeurs de Rome à la simplicité des villages orléanais, le contraste était grand, et n'en fut que plus doux à son âme. Il se sentait heureux dans ces presbytères de campagne, avec ces prêtres bons et zélés. « Quelle bonne nuit, écrit-il, au lendemain d'une de ces confirmations, j'ai passée sous cet humble toit, chez ce bon et excellent curé! Quel mérite ont ces hommes-là! » Ses instructions pastorales avaient porté leurs fruits; les confirmations étaient admirables : la foi, la piété des populations, malgré cette triste guerre faite à la religion et au Pape, le touchaient profondément. « Quelle expression, écrit-il, de tous ces visages, d'enfants, de jeunes filles, de mères! et même de ces hommes! Quelle douce et pure gravité! quel respect! quelle noble simplicité! en réalité, quelles vraies belles âmes! Comme j'admire ces bons prêtres qui font éclore ainsi, dans un petit coin inconnu de la terre, toutes ces vertus! »

Cette tournée achevée, il rentra à Orléans, et se remit paisiblement à ses travaux diocésains et à ses livres, mais à travers encore quelles diversions! Le sermon sur le feu sacré avait été prêché le 20 mars, il prêcha le 19 avril sur sainte Madeleine, le 7 mai pour l'inauguration des fontaines publiques à Orléans, le 1er juin à Notre-Dame à l'occasion de la consécration de cette basilique, le 12 juin à sa cathédrale pour la fête du Sacré-Cœur. La lettre sur la Pologne, que nous avons déjà mentionnée, fut écrite le 6 août. Il parla le 31 août à Malines. Un mot seulement des principaux de ces discours.

Depuis son pèlerinage à la Sainte-Baume, il avait donné aux promoteurs de l'œuvre des Lieux Saints de Provence des espérances qu'il tenait à réaliser ; il avait promis 30 000 francs. Pour les trouver, il laissa s'organiser, chez M$^{me}$ la duchesse Pozzo di Borgo, une réunion, où s'empressa d'accourir l'élite de la haute société parisienne. Il devait simplement venir y raconter son pèlerinage; mais un tel sujet ayant saisi toute son âme et fait jaillir la source de ses habituelles pensées, cette causerie se trouva être un sermon dans un salon, et des plus éloquents qu'il ait prononcés. « L'alliance adorable de la bonté divine et de la faiblesse humaine, le retour à la vertu par le repentir, c'est-à-dire ce qui remue et attendrit le plus profondément Dieu et les hommes, » il trouva, pour exprimer ces saintes choses, les accents les plus pénétrants. C'est dans ce discours qu'il s'écriait : « Oh! les âmes, il n'y a qu'elles qui soient aimables et admirables ici-bas ; il n'y a qu'elles qui soient vraiment belles, et quels que soient leurs malheurs et même à cause de leurs malheurs, d'un intérêt incomparable. Non, il n'y a pas d'intérêt plus profond et plus attachant que de lire là, d'y étudier, d'y saisir ce qui se remue dans ces profondeurs, les émotions fugitives ou durables, les impressions soudaines, les nobles inspirations, les élans généreux, soit qu'on regarde dans l'âme candide et naïve d'un enfant, soit quand Dieu permet de pénétrer une de ces âmes troublées, orageuses, dont sainte Thérèse a dit qu'une seule était tout un monde. Oh! étudier de telles âmes, chercher là le feu sacré qui est dans toute créature, en rallumer l'étincelle cachée et l'y voir resplendir enfin, c'est un moment inexprimable et dont je bénis Dieu de m'avoir quelquefois, dans ma vie, donné la profonde douceur. »

Deux ans plus tard, le 1$^{er}$ février 1866, à Marseille même, dans l'église de Saint-Joseph, il célébrera de nouveau, en termes non moins éloquents, « sainte Madeleine, le modèle de la pénitence et le chef-d'œuvre de la miséricorde divine ».

Le discours pour la bénédiction des eaux lui fut demandé par la ville d'Orléans. Des travaux d'art admirables venaient d'être exécutés pour que le Loiret, « ce fils mystérieux de la Loire, » envoyât ses eaux à Orléans par-dessus le fleuve; l'inauguration de ces nouvelles fontaines fut faite à la veille des fêtes de Jeanne d'Arc avec grande solennité. On demanda à l'évêque d'Orléans de les bénir et d'ajouter à l'éclat de la fête celui de sa parole. Il voulut bien y consentir, mais à son tour il exigea et il obtint, non sans peine, une modification au bronze de ces fontaines, qu'il voulait plus respectueux de la dignité des mœurs orléanaises; ce sacrifice eut sa compensation : le discours de l'évêque ravit ses diocésains.

Mais sa grande œuvre oratoire de cette année, ce fut son discours de Malines. Ce second Congrès importait extrêmement aux catholiques belges, engagés dans les luttes les plus vives. Ils le voulaient aussi éclatant que le premier, mais plus en dehors des questions qui auraient pu amener des divisions. On insistait d'autant plus pour que l'évêque d'Orléans y allât, que ses amis, MM. de Montalembert, de Broglie et Cochin, paraissaient décidés à ne pas s'y rendre. « On me sollicite beaucoup de Belgique pour y aller, écrivait-il le 30 juillet à M. Cochin; le cardinal Sterckx m'a écrit la lettre la plus pressante et la plus aimable. C'est, je l'avoue, ce qui me touche le plus. Il m'en coûte toujours de laisser un brave homme sur la brèche. » M. de Montalembert le pressait aussi vivement, le voyant d'ailleurs, disait-il, tout à fait en veine : ses trois discours sur le feu, l'eau et la Madeleine avaient révélé son talent oratoire sous une nouvelle face, « avec une flexibilité, une grâce, un entrain, une jeunesse, » dont, en effet, chacun avait été frappé.

« Chaque jour, lui écrivit-il, (la lettre est du 5 août), me confirme dans la pensée que vous avez là une grande mission à remplir; moins grande sans doute que celle que vous avez providentiellement remplie à Rome en 1862, mais dans le même genre. Il s'agit moins de ce que vous direz, que de ce que vous empêcherez. Allez donc...; nos amis, l'excellent Adolphe Dechamps en tête, vous accueilleront avec des transports de sympathie. Ce Dechamps est un homme du premier mérite, avec lequel il importe que vous vous entendiez à fond, comme avec le cardinal de Malines. »

Néanmoins il hésitait toujours beaucoup. « Je suis de moins en moins incliné vers Malines, écrivait-il encore le 16 août à un ami. Je sens bien ce que j'y pourrais faire de bien, mais je n'ai pas la moindre vue de ce que je pourrais dire. » Le cardinal lui proposa pour sujet de discours l'enseignement populaire. Il était là en plein sur son terrain, et ce sujet, tout en lui faisant éviter les questions délicates, l'introduisait au vif des controverses contemporaines avec l'impiété. On le pressait donc de plus en plus. « Le scrutin, lui écrivait M. Cochin, donne à nos amis de Belgique un dessous, mais ce n'est pas une déroute; ils sont cinquante-sept contre soixante-deux. Plût à Dieu qu'il en fût ainsi partout! Il faut y aller prêcher la paix et l'énergie, vous et vos confrères; pas nous, qui sentons trop la poudre. » Il lui écrivait encore, le 22 août : « Vous ferez un bien immense : pacification des esprits en Belgique, marche en avant dans la question populaire la plus exploitée contre nous; et enfin un sacrifice de plus offert à Dieu. » Il insistait encore dans une lettre écrite presque à la veille de l'ouverture du Congrès... « Les pauvres Belges tendent les bras et poussent des cris. Dites-leur que vous arrivez, et ce sera comme si le soleil se levait sur eux. » Parce que ce vaillant évêque ne refusait jamais le labeur et la lutte, quand il y voyait un devoir, certaines gens, qui jugent sans savoir, ont pu parfois penser qu'il avait le goût de se mettre en avant. On voit ici ce qu'il en est. Sa personne pour lui n'était rien : ses causes étaient tout. Il se décida donc, et se mit à préparer et à ordonner son discours : il était temps.

Le dimanche soir, 28 août, il allait coucher à Paris. Le

lendemain, M. Cochin lui apportait quelques notes : « Vous mettrez le feu, lui disait-il avec son charmant esprit, à mes brins de paille. » L'évêque partit pour la Belgique, méditant en wagon son discours. Le 30, il arrivait à Malines, chez le vénérable cardinal. Le Congrès était ouvert. « Viendra-t-il ? » c'était ce que chacun se demandait. Tout à coup un frémissement agite l'assemblée : « Le voilà ! » En effet, il apparaissait, donnant le bras au vénérable cardinal. Ce furent soudain des applaudissements inexprimables auxquels se mêlaient les cris de *Vive l'évêque d'Orléans !* Le président, M. le baron de Gerlache, interrompit la lecture du rapport, pour lui souhaiter la bienvenue :

« Oh ! quelle grande voix que la vôtre, Monseigneur, quelle grande voix dans l'Église catholique ! Quel grand défenseur de toutes les saintes causes nous saluons en vous ! Tous les sentiments qui intéressent la religion, l'humanité, trouvent en vous un organe courageux, éloquent. Nous sommes heureux de vous voir parmi nous. Soyez le bienvenu ! (*Applaudissements.*) Nous espérons que votre Grandeur voudra bien adresser quelques paroles à cette assemblée si avide de les recevoir et d'acclamer avec enthousiasme le prélat qui illustre d'une manière si éclatante le siège épiscopal d'Orléans. »

A une telle invitation, à une telle impatience de toute cette grande assemblée, il ne pouvait pas ne pas répondre. Montant donc les degrés de l'estrade, il dit :

« Messieurs, je suis profondément touché de l'accueil que vous voulez bien me faire, d'autant plus qu'il ne m'est pas difficile de me désintéresser personnellement d'une telle bienveillance. Ma personne ici n'est rien. En m'applaudissant, vous applaudissez un évêque de l'Église catholique et de la France. Vous m'accueillez avec un tel cœur, parce que vous aimez Jésus-Christ et son Église. (*Applaudissements prolongés.*)

» Vous me saluez parce que je suis un frère de vos saints évêques, un frère respectueux de votre vénérable, courageux et patriotique cardinal (*Applaudissements*) dont la présence au milieu de vous, vous honore, vous protège et vous touche. (*Tonnerre d'applaudissements.*)

» Vous me saluez parce que je suis Français, fils d'un noble pays dont vous parlez la langue, dont vous comprenez si bien la gloire. Vous saluez en moi mon père qui est Jésus-Christ, ma mère qui est la sainte Église, mes frères et ma nation. Merci. (*Applaudissements.*)

» Et moi aussi, si vous me permettez de vous le dire, je vous aime... J'aime la Belgique, un peuple nouveau, plus solide peut-être que les peuples anciens, un peuple croyant plus libre que les anciens, un peuple laborieux, plus en progrès que les anciens, grâce à un roi prudent, à des lois sages et à des mœurs chrétiennes. La loi, le roi, la foi : vous avez le bonheur d'être une nation qui repose encore sur ces trois choses tant ébranlées. (*Applaudissements.*)

» Dans la Belgique, j'aime les catholiques, et, malgré de grandes affaires et de grandes fatigues, j'ai été heureux de leur offrir un témoignage de ma religieuse affection, précisément parce qu'ils n'ont pas été aussi heureux qu'ils auraient dû l'être. Si vous aviez été de tous points vainqueurs, j'aurais béni et applaudi de loin; je ne serais peut-être pas venu. Je suis d'ailleurs venu avec joie, car l'heure de l'adversité est l'heure des enseignements salutaires, des résolutions généreuses et des amitiés fidèles. »

Le lendemain, 31 août, il prononça son discours : porté en quelque sorte par ce sujet, qui lui allait de tous points, et par l'immense faveur de l'auditoire, il traita cette vaste question de l'enseignement populaire, avec une ampleur, une verve, une originalité, des saillies d'esprit inattendues, saisissantes, s'élevant graduellement jusqu'à la magnifique explosion oratoire de la fin. Pendant plus de deux heures, il tint cette immense assemblée suspendue à ses lèvres, dans un enthousiasme croissant et inexprimable. Il y eut un incident charmant. Craignant de se laisser entraîner : « Rassurez-vous, dit-il, car j'ai là une montre... » « Enlevez la montre ! » cria-t-on. Et aussitôt un jeune membre du bureau l'enleva, au milieu de l'hilarité universelle.

L'embarras est extrême devant ce discours : on ne peut tout

citer, on voudrait ne rien omettre. L'orateur vole, en quelque sorte, de l'un à l'autre des grands aspects que ce sujet si complexe amène : surtout la gratuité, l'obligation et la laïcité de l'enseignement, formule si vivement agitée alors contre nous dans les loges maçonniques, et de là dans les journaux révolutionnaires et voltairiens, et triomphante, hélas! aujourd'hui. Nul, disait-il, n'a plus fait que l'Église pour l'enseignement des peuples; nul ne fait plus encore aujourd'hui. Elle ne craint pas la gratuité de l'enseignement, elle l'a inventée; ni la laïcité, puisqu'elle veut la concurrence; et ici, il rappelait ce qu'a fait la loi de 1850 pour l'enseignement populaire, et rendait aux bons instituteurs laïques un hommage qu'il faut n'avoir jamais lu ou avoir oublié pour prétendre qu'il ne leur était point favorable. Mais si la laïcité, c'est l'enseignement sans religion, et si l'enseignement obligatoire, c'est l'école obligatoire, oh! alors, nous n'en voulons pas. Et il disait pourquoi; et avec les traits du plus acéré bon sens, ou de la plus éloquente indignation. Or c'est bien cela qu'ils veulent : enseignement laïque, c'est-à-dire sans religion; enseignement obligatoire, c'est-à-dire école obligatoire; en d'autres termes « la perversion substituée à la conversion ». Amené ainsi à cette odieuse guerre faite à la religion, il laissait enfin éclater son âme en des accents incomparables. Qu'on nous laisse citer au moins les dernières paroles :

« Soldats, rappelez-vous qu'on doit aimer son drapeau, d'autant plus qu'il est attaqué et criblé! O mon pays, ô France, dit le soldat, comme je t'aime, depuis que je me suis battu pour toi! O drapeau percé, noirci, déchiré, comme je te presse sur mon cœur! Et nous, sachons redire : O vertu, ô conscience, ô religion, ô foi chrétienne, ô probité, ô justice, ô église de Jésus-Christ, ô Rome, ô successeur de Pierre, comme je vous aime, car j'ai souffert pour vous! »

Interrompu cent fois par des salves d'applaudissements, il fut presque porté en triomphe à sa sortie.

Chemin faisant, dans ce discours, il donnait aussi des leçons aux catholiques, tantôt calmant des inquiétudes, tantôt ouvrant des horizons, tantôt prêchant l'union et la concorde.

Par exemple, à propos du progrès matériel dont certains s'effrayent : « Il y a partout, nous essayerions en vain de nous le dissimuler, un mouvement vers le progrès matériel. Pour moi, je ne le maudis pas, ce progrès; je ne suis pas envoyé pour maudire ce qui honore l'esprit de l'homme et sa puissance sur la matière... Mais tous les hommes d'expérience en conviendront avec moi, pour suivre le progrès et le gouverner convenablement, il faut le bien comprendre. J'ajoute que pour ne pas succomber à ses tentations, qui sont redoutables, il faut un sens moral plus fort que jamais. »

A propos de la société moderne, autre épouvantail : « J'entends souvent parler de la société moderne, et il est certains hommes qui s'épouvantent à ce nom. Mais enfin, Messieurs, est-ce que chaque siècle nouveau n'est pas un siècle moderne? Qu'y a-t-il donc à faire? S'effrayer? Non. La vérité et le bon sens, c'est qu'il faut voir dans son temps, dans son siècle, ce qu'il y a de bon, ce qu'il y a de mal ; l'étudier avec intelligence et avec amour; et dévouer sa vie, s'il le faut, à éclairer les esprits, à sauver les âmes. Quant à moi, je le confesse, je ne puis me résoudre à perdre la tête devant un mot, et rêver la fin du monde, parce qu'il y a une société moderne. »

L'avertissement suivant n'était pas moins grave : « Nous tous, qui que nous soyons, catholiques de tous les pays, au nom de Jésus-Christ, entre nous, s'il est possible, point d'excès, point de faiblesses, point d'imprudences, point de divisions. L'Évangile nous dit : Aimez vos frères comme vous-mêmes ; s'il le faut, plus que vous-mêmes : la vérité seule plus encore!... Ne substituons jamais les opinions aux principes, ne changeons pas en question vitale les querelles de ménage. Plus les temps sont mauvais, plus il est nécessaire de nous serrer tous comme un bataillon sacré autour de l'arche menacée, unanimes, n'ayant qu'un cœur et qu'une âme. Oh! que nous aurions été forts, si cette unanimité n'avait jamais été troublée! »

Il y avait donc deux choses dans ce discours : de vives lumières jetées sur une importante question ; et un esprit large et généreux, soufflé à une grande assemblée catholique.

La gravure placée en tête de ce volume le représente prononçant ce discours[1]. Il avait soixante-deux ans : il y a bien là ses traits, et beaucoup de leur expression quand il parlait. Le front est large ; sous l'orbite profond des yeux le regard paraît allumé ; les lèvres sont frémissantes : mais ce que cette gravure ne laisse pas soupçonner de ce regard, c'est, quoique l'azur de l'un des yeux fût voilé, son extrême limpidité, et de ces lèvres, leur doux et gracieux sourire, quand il était au repos. La taille est un peu au-dessus de l'ordinaire. La pose a de la majesté. La tête, toute libre, toute dégagée, rappelle le fameux :

*Os homini sublime dedit, cœlumque tueri*
*Jussit...*

C'est bien l'*Os sublime :* jamais ni ce visage, ni ce regard ne se sont inclinés en bas, sauf dans l'adoration, qui est encore

---

1. La photographie sur laquelle a été faite cette gravure est celle qui, quoique imparfaite encore, nous restitue le mieux l'évêque d'Orléans. L'artiste belge auquel on la doit, M. Tuerlinck, prit la peine de venir s'installer un long temps dans cette ville. Celle de Mouret, qui le représente en rochet et en mozette, avait une vraie valeur ; elle date des premières années de son épiscopat. Celle de Franck, prise à Viroflay, a trop grossi le visage, et la pose est peu gracieuse. Celle de l'abbé Godefroy, où il est debout, disant son bréviaire, et dans toute la simplicité de sa tenue, a un grand mérite d'exactitude et de vérité. Celles de Disdéri étaient assez réussies, mais ne le montrent, une seule exceptée, que dans des groupes. Le célèbre graveur Martinet ne l'avait vu qu'une fois, à table, à La Chapelle, et assez ennuyé de se voir ainsi observé et étudié : l'expression de son visage dans cette gravure, placée par lui-même en tête de ses *Œuvres choisies*, et assez ressemblante, est immobile et dure, fausse par conséquent. Dans l'œuvre, d'ailleurs belle, de M° de Bourges, l'expression manque au contraire de fermeté. Les miniatures de M"" la comtesse de Montmarin sont précieuses : elles ont de la vie, du charme et de la fidélité : mais enfin, nous n'avons rien qui nous conserve pleinement cette si noble et si expressive physionomie.

elle-même une élévation dans sa profondeur. *Os sublime :* dans ce mouvement si naturel le cou apparait toujours ; le menton accentué, presque carré, se dessine et se relève ; la bouche est d'une finesse rare ; le nez droit, accusé, aux ailes mobiles et parlantes ; les pommettes un peu saillantes, colorées d'un incarnat brillant et plein de sève ; la chevelure, autrefois abondante et souple, était rare alors, presque toute blanche, et d'une teinte douce qui contrastait avec la vigueur du teint, et donnait au visage une sorte d'auréole argentée et lumineuse.

L'ensemble est profondément attrayant.

Le soir même du jour où il avait prononcé ce discours mémorable il alla se reposer de ce succès à Houlay, chez M. le sénateur de Man, beau-père d'un de ses diocésains, M. Maxime de la Rocheterie. Au sein de cette chrétienne famille son âme, consciente du bien qu'elle faisait à d'autres âmes, était plus à l'aise encore qu'au milieu de cette brillante et bruyante assemblée. Il revint ensuite à Malines, pour la clôture du Congrès ; là un toast lui fut adressé, auquel il répondit avec un à-propos plein de grâce ; et à peine en wagon, il se hâta d'écrire ces simples lignes à M. de Montalembert : « 7 septembre 1864. Mon ami, je respire enfin, et c'est à vous que j'écris ces premiers mots possibles du chemin de fer. Dieu a béni mon laborieux voyage, et j'espère avoir fait quelque bien. Ce qui m'a le plus touché, et ce que je tiens à vous dire, ce n'est pas seulement les applaudissements dont j'ai vu et fait couvrir moi-même votre nom ; c'est surtout le plaisir qu'on avait à réunir nos deux noms jusque dans le toast final que j'ai dû accepter au moment de mon départ. Et maintenant, où en êtes-vous ? faites-le-moi savoir de suite. Je veux vous faire revoir les épreuves de cet immense et malheureux discours, qu'il a fallu écrire au vol. Je tiens à ce que vous le revoyiez sévèrement. C'est le moins que vous me devez. *Vale, ora, et ama, ut ait et exoptat S. Augustinus.* »

Simple et modeste, et comme s'il n'eût rien fait, il revint à

Orléans, reprendre ses travaux interrompus, et aussi ses directions; car en conséquence de ses résolutions de Rome, il se donnait plus que jamais aux âmes, et tout cet été il fit faire à La Chapelle de nombreuses retraites, recevant les hommes et les jeunes gens chez lui, et établissant les dames chez les sœurs du voisinage. Nous comptons plus de trente personnes cette année — la liste en a été conservée par lui-même, — qui firent ainsi, successivement ou simultanément, ces exercices sous sa direction.

Mais tout à coup éclate sur le Pape comme un coup de foudre : la Convention du 15 septembre.

## CHAPITRE XXII

TROISIÈME PHASE DE LA QUESTION ROMAINE : LA PHASE DIPLOMATIQUE
La Convention du 15 septembre et l'Encyclique du 8 décembre
Brochure de l'évêque d'Orléans
Cet écrit est approuvé par l'épiscopat du monde entier
et par le Souverain Pontife
1864-1865

« Rappelé aux affaires dans les derniers mois de 1862, et chargé de pourvoir en Italie aux embarras d'un état de choses qu'il n'avait pas contribué à établir, M. Drouyn de Lhuys, a écrit un diplomate, ne pouvait avoir naturellement d'autre point de départ que cet état de choses; sa tâche était d'en amoindrir les conséquences.... Du côté de la France, il y avait un désir très réel d'enrayer un mouvement qui avait dépassé toutes les prévisions [1]. »

Que le mouvement italien eût dépassé toutes les prévisions, c'est ce qu'il est impossible d'admettre; ou alors on était bien imprévoyant. En 1859, depuis plusieurs années que le Piémont nourrissait ses projets, qui les pouvait ignorer? Qui nous prouvera aussi que l'expédition de Garibaldi en Sicile et à Naples s'est préparée à l'insu du gouvernement français, et que ce gouvernement a fait ce qu'il pouvait pour arrêter, soit l'aventurier, soit Cavour et Cialdini? Quelles que soient nos préférences et nos fidélités politiques, ne faussons pas l'histoire. Mais que, au point où on avait laissé aller les choses, et à l'approche des élections, on eût en France, vers la fin de 1862, « un désir très réel d'enrayer le mouvement, » soit. Restera à savoir si le moyen adopté, le *modus vivendi* admis, la Convention, était un gage sérieux offert aux catholiques.

---

1. *Les quatre ministères de M. Drouyn de Lhuys*, par M. le comte B. d'Harcourt, p. 150, 152.

En attendant l'évêque d'Orléans voulut profiter de l'arrivée aux affaires d'un homme tel que M. Drouyn de Lhuys pour faire parvenir par lui plus haut peut-être de salutaires avertissements sur cette guerre que le gouvernement faisait au clergé en punition de sa fidélité au Pape; et une note sur cette importante matière fut remise, par l'entremise officieuse de M. de Corcelles, au ministre des affaires étrangères. Averti secrètement, non combattu publiquement, le gouvernement n'avait aucun prétexte pour ne pas mettre à profit des conseils qui étaient dans son intérêt autant que dans celui de l'Église[1].

Cependant, disions-nous, l'Empire négociait secrètement avec le Piémont. Les négociations aboutirent à une Convention par laquelle la France et le Piémont, disposant du Pape sans le Pape, stipulaient le départ des troupes françaises de Rome, le transfert de la capitale de Victor-Emmanuel à Florence, moyennant l'engagement pris par le Piémont de ne point attaquer ni laisser attaquer Rome par la force; et enfin la faculté reconnue au Pape de se refaire une armée, qui toutefois ne pût dégénérer en menace pour l'Italie. Le Piémont d'ailleurs se réservait expressément l'emploi des *moyens moraux* pour se faire ouvrir les portes de Rome. Quand on lut à l'évêque d'Orléans cette convention signée par MM. Drouyn de Lhuys, Nigra et Pepoli, un glaive froid alla jusqu'à son âme. Sa première pensée fut de pousser un cri d'indignation. Mais le fait était accompli : il crut plus sage d'attendre ce que dirait Rome, et aussi quels commentaires seraient donnés de cet acte à la tribune italienne.

Pie IX garda vis-à-vis de la France une attitude passive et résignée.

Mais tout à coup vint de Rome un coup de foudre aussi, l'*Encyclique* et le *Syllabus* du 8 décembre, de tous les actes qu'avait accomplis jusqu'ici Pie IX un des plus hardis et des plus considérables.

Depuis longtemps le Pape y songeait. Déjà, en 1862, les

---

1. Voyez cette note aux *Pièces justificatives.*

évêques présents à Rome avaient reçu un catalogue (syllabus) des erreurs contemporaines, formulé en soixante et une propositions, chacune accompagnée de la censure qui lui convenait[1]. L'évêque d'Orléans avait examiné avec le dernier soin ces soixante et une propositions, et avait transmis au Saint-Père par l'intermédiaire du cardinal Antonelli, d'abord des observations d'ensemble sur ce projet, puis des observations relatives à chacune des soixante et une propositions. Il témoignait, dans ses observations, sa surprise de ce que, ayant sous sa main, à Rome, tant et de si savants théologiens, le Pape, au lieu d'un projet d'origine romaine, avait soumis aux évêques un catalogue emprunté presque mot à mot au mandement d'un évêque français, Mgr l'évêque de Perpignan. Et selon la loi qu'il s'était faite de dire toujours sa pensée tout entière au Saint-Siège, surtout lorsqu'il avait l'honneur d'être consulté, il crut aussi de son devoir d'annoncer au cardinal l'orage que ne manquerait pas de soulever, dans les tristes temps où nous sommes, un tel acte, laissant au chef de l'Église le soin de décider, dans ses lumières supérieures, s'il fallait ou non l'affronter. Prêt du reste non seulement à accepter, mais à défendre au besoin ce que le Pape jugerait bon de faire.

Les soixante et une propositions furent complètement mises de côté, mais le Pape deux ans plus tard se décida à autre chose; et comme il avait dans le cours de son long pontificat, en des actes de nature diverse, porté sur les erreurs contemporaines de nombreuses condamnations, le catalogue qu'il fit dresser vers la fin de l'année 1864, fut extrait de ces actes mêmes, et communiqué par lui aux évêques de la catholicité avec une Encyclique. C'était, au moment où le pouvoir temporel échappait de ses mains, l'affirmation la plus haute de souveraineté spirituelle.

Les clameurs, comme l'avait prévu l'évêque d'Orléans,

---

1. Et même « en 1853, Pie IX avait établi une congrégation spéciale avec mission de préparer une bulle contre les erreurs philosophiques modernes ». — *Vie de Mgr Gerbet*, t. III, p. 167.

furent effroyables; ce fut, ainsi qu'il l'a dit lui-même énergiquement, « un abominable hallali de tous les aboyeurs de la presse contre ce vieillard désarmé. » Elle s'abattit tout entière sur cet acte, à la fois avec des cris de joie et de fureur; de joie, car elle considérait que c'était là une faute immense qui, définitivement, isolait et perdait la Papauté; de fureur, car c'était à ses yeux une audacieuse déclaration de guerre à la société moderne. Le gouvernement impérial lui-même affecta de comprendre ainsi les documents pontificaux, et il fit défense aux évêques, leurs interprètes officiels, de les expliquer aux fidèles, tandis qu'il les laissait en proie à tous les commentaires d'une presse incompétente et ennemie; et on vit des évêques déférés au conseil d'État pour les avoir lus dans la chaire de leur cathédrale[1]. Bien plus, il ne recula pas devant l'acte le plus grave : il les déclara « contraires à nos institutions fondamentales ». C'était, manifestement, justifier d'avance l'abandon déjà stipulé de Rome. Et pour comble de tristesse, certains organes catholiques, joignant leurs exagérations à celles de la presse ennemie, semblaient expliquer comme elle l'*Encyclique* et le *Syllabus*. Étreints entre ces interprétations excessives venues des deux points extrêmes de l'opinion, les catholiques étouffaient littéralement.

L'évêque d'Orléans n'hésita pas un seul instant, et il eut alors son inspiration la plus haute, son coup d'œil stratégique le plus clairvoyant : ce fut de défendre et d'attaquer en même temps, et, dans le même écrit, d'écraser la Convention et de venger l'Encyclique. Le travail se faisait attendre, car il était considérable et fait avec le dernier soin, et les regards se tournaient vers lui avec angoisse. Quoi! cette voix, qui ne faisait jamais défaut dans le péril, va-t-elle rester muette? « Est-ce qu'Achille s'est retiré sous sa tente? » demandait, non sans quelque ironie, un ministre à un évêque[2]. Non certes; mais il avait voulu choisir son heure pour parler. L'intervalle entre

---

1. Le cardinal archevêque de Besançon et l'évêque de Moulins.
2. Lettre de M#gr# l'évêque d'Amiens à l'évêque d'Orléans.

les débats du Parlement italien et l'ouverture des Chambres françaises lui avait paru le moment le plus favorable. Lorsqu'il eut complètement terminé son œuvre, nous nous souvenons de l'avoir vu entrer un soir dans notre chambre, grave, ému, les deux mains réunies devant sa poitrine; et, après un moment de silence: « Mon ami, nous dit-il, je crois qu'il faut bénir Dieu. Cela marche comme un torrent. J'espère que pour les âmes sincères la lumière sera faite. » Comme un torrent, c'est l'expression même dont se servira l'archevêque de Lyon, lui appliquant, dans la lettre qu'il lui écrira sur cet ouvrage, le mot de Tacite sur Aper: *Quo impetu, quo torrente defendit*. Lorsque, le samedi 23 janvier 1865, les journaux de Paris jetèrent dans la capitale et emportèrent dans toute la France l'introduction, le public, on peut le dire, fut enlevé.

A cause des délais légaux, l'écrit ne pouvait être mis en vente que le mardi à midi, l'évêque n'ayant pas craint de le retirer le samedi soir du parquet pour y ajouter une note très importante, le tableau comparatif des journaux auxquels, depuis l'ouverture de la question romaine, l'autorisation avait été accordée ou refusée: pendant ce délai, c'est-à-dire le lendemain dimanche, le lundi, et le mardi dans la matinée, les dépêches télégraphiques tombaient comme une pluie de tous les points de la France chez le libraire. Livré au public le mardi à midi, à deux heures il n'en restait plus, et le magasin du libraire était encombré d'une foule compacte qui refluait encore des deux côtés de la rue de Tournon, mais à l'impatience de laquelle il était impossible de satisfaire. Une nouvelle composition fut faite sur-le-champ, et deux presses fonctionnèrent nuit et jour. En peu de semaines, trente-quatre éditions de cet écrit furent écoulées, quoique tous les journaux l'eussent en totalité ou en partie reproduit, et nonobstant les éditions populaires que l'évêque permit d'en faire, à qui voulut[1]. Si nous

---

1. Sans parler des traductions qui en furent faites en toutes les langues. A Florence, par exemple, il en parut à la fois trois traductions italiennes, qui furent sur-le-champ épuisées. — *Lettre de l'archevêque de Florence à l'évêque d'Orléans*.

mentionnons ce fait, unique peut-être, c'est pour signaler l'émotion extraordinaire de l'opinion publique. Et on le conçoit. Quelles questions ! Est-il vrai que Rome est définitivement livrée par une Convention dérisoire ? Chose plus capitale, est-il vrai que Rome a définitivement rompu avec la liberté, avec la civilisation, avec la société moderne ? Une réponse arrivait enfin à ces deux questions, de l'évêque le plus écouté de France.

La première partie traitait donc de la Convention. « La discussion sur la Convention, lui écrivit aussitôt après l'avoir lue M. le duc de Noailles, est un chef-d'œuvre de polémique où rien ne manque, la clarté, la précision, les faits, les preuves, le mouvement, la rapidité, l'élévation. La France ne vous lira pas sans émotion et sans que son honneur frémisse. »

Aujourd'hui que les faits ont prononcé, comment un diplomate qui compte a-t-il pu, nous ne dirons pas plaider les circonstances atténuantes en faveur de M. Drouyn de Lhuys, nous les accordons volontiers, mais essayer de réhabiliter à un degré quelconque cette Convention ?

Elle traitait du Pape sans le Pape ; elle confiait la garde de Rome, à qui ? Sans phrases, sans déclamation, un historique lumineux, une condensation rapide et puissante des faits, montrait, ce qu'on oubliait, on oublie si vite en France, ce qu'on ne savait pas, ce que les journaux officieux et officiels n'avaient pas dit, mais ce que l'évêque d'Orléans savait, lui, à fond, comment et par quelles odieuses voies cette unification italienne s'était opérée. Et les traités, notre parole, si souvent répétée, la sienne, notre co-contractant qu'en avait-il fait ? Son programme proclamé, Rome capitale, y renonçait-il ? Florence, était-ce, oui ou non, pour lui, une capitale définitive ou une capitale provisoire ? l'abandon de Rome, ou une dernière étape vers Rome ? Si nous avions entendu, nous, une chose, il en avait entendu, lui, une autre ; nous avions écrit en français, il ava  traduit en italien. Les équivoques, les lacunes, les fissures de cette Convention, par lesquelles les armées mêmes du Piémont pourraient passer, tout cela était dévoilé, non avec des mots, mais avec des documents, des textes irrécusables, dans une argumentation nette et rapide ; le style de l'évêque d'Orléans, comme une épée, jetait des éclairs. Dupes ou complices, l'alternative était inévitable. Bref, la Convention était littéralement mise en pièces. Et en temps utile, si le gouvernement français eût voulu être éclairé. Mais il ne voulait qu'une chose: quitter Rome, le Pape devenant... ce qu'il plairait à Dieu ! disent formellement les dépêches[1]. Mais vous, gouvernements, la solution de la Providence enlève-t-elle quoi que ce soit à vos responsabilités ?

Ah ! si le gouvernement avec lequel on traitait eût été la vraie Italie ! Mais au moment où cette Convention était signée, il était certain qu'elle serait violée. Et deux fois elle l'a été ; par les bandes d'abord ; puis, au lendemain de nos revers, par le gouvernement italien lui-même. Poussée par ce qu'on a appelé sa « fièvre de croissance », l'Italie a voulu aller jusqu'au bout. Eh bien, aujourd'hui l'expérience est faite. Rome capitale n'est pas une solution. La coexistence du Pape et du roi à Rome est reconnue anormale. Que reste-t-il à l'Italie désabusée, aux Italiens enfin éclairés sur leurs véritables intérêts ? Ils le voient, ils le savent : la voix de leurs plus éminents citoyens le leur a assez dit. Puissent-ils avoir la sagesse et le courage de le faire !

Mais l'Encyclique ne vient-elle pas justifier la Convention : l'Encyclique, « suprême défi jeté au monde moderne par la Papauté qui s'en va[2] ? »

---

1. « Le gouvernement de l'empereur ne saurait, en réclamant l'accomplissement sans réserve de stipulations qu'il a signées se porter garant pas plus de l'état actuel des choses en Italie que de la perpétuité du pouvoir temporel de la Papauté. La solution de ces grandes questions est aux mains de la Providence. » — Dépêche de M. Drouyn de Lhuys à M. le baron de Malaret. 15 octobre 1864.

2. Le *Siècle*.

Avant de saisir corps à corps ce grief, l'évêque d'Orléans exposait quelques considérations préliminaires.

Étrange contradiction! on déclarait l'Encyclique attentatoire à la constitution de l'empire, et on laissait tous les journaux la publier! On la livrait aux commentaires incompétents des écrivains laïques, et on défendait aux évêques, interprètes légitimes, de l'expliquer! Aussi que de contre sens et de contre bon sens! L'évêque en faisait une énumération incroyable.

Il aurait fallu se référer aux documents d'où les propositions condamnées étaient extraites pour savoir exactement en quel sens elles avaient été censurées. Mais c'est ce qu'on ne faisait pas.

En somme on ne s'attachait qu'à quelques-unes des propositions du *Syllabus*, qui ont trait à la société moderne.

Mais d'abord, société moderne, civilisation moderne, libéralisme, autant de mots vastes et vagues, et non définis : il faut les définir et voir ce qui s'y cache. Ne peut-il pas s'y cacher aussi l'erreur et le mal, la négation antichrétienne, et l'oppression de l'Église? Il y a donc une distinction, un départ nécessaire à faire en des choses si complexes. Tel était le principe général de solution que l'évêque posait.

Prenant alors l'une après l'autre toutes ces libertés, il y appliquait cette distinction, et, à cette lumière, toutes les accusations entassées contre les documents pontificaux s'évanouissaient comme des ombres.

Et d'abord *la liberté philosophique*. Vous dites que le Pape condamne la raison. Mais il a condamné ceux qui parmi nous ont voulu y porter atteinte ; il a proclamé, dans les actes les plus solennels, la commune origine de la raison et de la foi, et leur accord nécessaire dans leur distinction essentielle[1]. Il ne condamne, parce que c'est antichrétien, et même antiphilosophique, que l'omnipotence absolue et la souveraineté de la

---

1. Par les propositions de 1855 contre le traditionalisme exagéré.

raison, qui est, implicitement, la négation de Dieu même et de l'Église.

« Savez-vous ce que le Pape fait ici? Il fait ce que l'Église a fait toujours : il défend tout ensemble la raison et la foi; la raison contre les sophistes et la foi contre les impies.

» Qui ne le sait? Il y a aujourd'hui des sophistes qui retournent la logique, la raison contre elle-même, et posent comme axiome fondamental la formule même de l'absurde, l'identité du vrai et du faux, du oui et du non : le nierez-vous?

» Voilà ceux que le Pape condamne.

» Il y a aujourd'hui de prétendus philosophes qui ne proclament pas seulement la légitimité, mais l'omnipotence, la liberté sans limites et la souveraineté absolue de la raison ; qui ne disent pas seulement : La raison est quelque chose; mais : La raison est tout, et la foi n'est rien.

» Voilà ceux encore que le Pape condamne... »

Passant au *progrès*, à la *civilisation*, l'Évêque reproduisait la même distinction nécessaire et péremptoire. « Et il était, ajoutait-il, d'autant plus facile de la faire, cette distinction, que le Pape l'avait faite assez clairement dans l'acte pontifical lui-même auquel cette proposition du *Syllabus* se réfère... » En effet, le Pape condamne *un certain progrès*, qui n'en est pas un, *une certaine civilisation*, qui n'est qu'une décadence. Mais le vrai progrès, des sciences, des arts, des lettres, de l'industrie, des mœurs, des lois, tout ce qui, en un mot, constitue cette chose complexe, une civilisation, une société, rien, non rien dans l'Encyclique et le *Syllabus* ne le réprouve ni ne l'entrave. Quand donc vous nous demandez, d'une façon absolue, vous qui avez fait la rupture, de nous réconcilier avec ces choses, que voulez-vous dire?

« Vous nous parlez de progrès, de libéralisme et de civilisation, comme si nous étions des barbares et ne savions pas un mot de tout cela; mais ces mots sublimes que vous dénaturez, c'est nous qui vous les avons appris, qui vous en avons donné le vrai sens, et mieux encore, la réalité sincère. Chacun de ces mots a eu, malgré vous, et conserve encore et conservera à jamais, un sens parfaitement chrétien ; et le jour où ce sens périrait, ce jour-là périrait aussi tout libéralisme sincère, toute civilisation véritable. »

La *liberté de conscience*, que de manières erronées encore d'entendre ce mot ! S'il implique l'indifférentisme doctrinal, l'égalité en soi du vrai et du faux, l'Église ne doit-elle pas réprouver une erreur si manifeste ? Et si l'on entend cette liberté en ce sens que la conscience, comme tout à l'heure la raison, est souveraine, supérieure à la loi divine, n'est-ce pas là placer l'homme au-dessus de Dieu ? Et si, en conséquence, on fait de la liberté des cultes un droit absolu, un principe, partout et toujours applicable, n'est-ce pas là encore une négation implicite de la Souveraineté de Dieu, et du Christianisme, divine institution ; et l'Église peut-elle ne la pas condamner ?

Non, le vrai et le faux ne sont pas même chose, et la loi de Dieu domine la conscience de l'homme, et le Christianisme, fait divin, s'impose en droit à tous. En d'autres termes, la conscience est *libre*, mais *obligée;* en face de la vérité, comme en face du devoir, l'homme est *obligé;* en face du Christianisme, l'homme est *obligé*. Entendre donc la liberté de conscience comme l'affranchissement de tout lien de conscience, erreur ; en déduire la liberté illimitée des cultes comme un principe, un idéal obligatoire, autre erreur. L'individu peut trouver, dans son ignorance et sa bonne foi, une *excuse*, une *tolérance*, non un *droit primordial, antérieur, absolu*. Voilà la vraie doctrine. Et de plus, quand, en fait, dans un pays l'unité doctrinale a été brisée, sur ce *fait* on peut établir *un droit politique*. Et c'est pourquoi, une institution, une constitution où la liberté des cultes est inscrite, non, le Pape ne la condamne pas nécessairement. Bien plus, cette liberté des cultes, il la pratique lui-même !

Mais elle n'est pas pour lui l'idéal.

« Il y a pour le Pape et pour l'Église un autre idéal, et il ne faut jamais leur demander de transformer en vérités absolues des nécessités relatives, d'ériger des faits regrettables, des divisions malheureuses, mais tolérées, en principes dogmatiques. Non, l'idéal du Pape et de l'Église, ce n'est pas l'anarchie, c'est l'harmonie des intelligences ; ce n'est pas la division, c'est l'unité des âmes...

» Cela veut-il dire que notre foi, nous voulons vous l'imposer par la violence, et vous forcer à croire ? Pas le moins monde... » Mais cela ne veut pas dire non plus « que l'Église, à qui l'on dénie tout aujourd'hui, n'a pas, comme toute société, son droit de défense, sa discipline canonique, son autorité coercitive ;... que l'Église doit demeurer absolument sans force pour se défendre elle-même et ses enfants contre les attaques de l'impiété ;... que s'il y a eu, dans le cours des siècles, ou que s'il y a encore quelques régions dans le monde où la la loi de l'Église est devenue, par suite de l'unité de foi et l'accord des volontés entre les citoyens, la loi civile même, et où l'Etat s'est fait l'évêque extérieur et le protecteur des saints Canons, là l'État et l'Église ont agi sans droit... Non, non, nous n'avons rien de sérieux à désavouer dans le passé, rien à craindre dans l'avenir : nous serons de notre temps, mais nous ne désavouerons pas les grands siècles chrétiens. »

De même pour les *libertés politiques*, la grande distinction revient : Comment les comprenez-vous? Là encore, quels que puissent être les dissentiments théoriques : et qui donc a le droit de nous imposer ses théories? sur le terrain des faits, de la pratique, de la politique, et cela suffit, nous pouvons nous entendre. Sans doute on peut donner pour base aux constitutions des déclarations de principes, vraies ou erronées ; c'est l'affaire de ceux qui dogmatiseraient ici ; mais en soi, les constitutions valent, politiquement, ce qu'elles valent ; elles ne sont pas des hérésies. Des thèses ne sont pas des lois ; des lois ne sont pas des thèses. La question est de savoir si les catholiques peuvent accepter, comme lois, ou doivent nécessairement combattre les libertés politiques modernes. Eh bien, considérées comme des lois, comme des institutions que les nécessités d'un pays ou d'un temps peuvent amener, quelle parole du *Syllabus* ou de l'Encyclique les condamne? Aucune. Et, si on veut aller au fond des choses :

« Y a-t-il réellement une forme de gouvernement que l'Église repousse? Non, l'Église est catholique, c'est-à-dire de tous les temps et de tous les lieux. Et elle ne demande qu'une chose : remplir sa mission, et vivre en paix avec tous les gouvernements du monde. C'est pourquoi, méconnaissant sa pensée sur ce point comme sur tant d'autres, on nous fait ici des reproches si contradictoires, et tour à tour on nous accuse tantôt d'être incompatibles avec les gouvernements, et tantôt d'être les complices de tous les pouvoirs.

» La vérité est que l'Église n'est inféodée par sa nature à aucune forme de gouvernement, et les accepte tous, pourvu qu'ils soient justes; ce qui ne veut pas dire assurément qu'elle voit avec indifférence les peuples bien ou mal gouvernés, et qu'elle interdit à ses enfants le patriotisme.

» Mais tous les gouvernements ont des formes changeantes, et l'Église ne s'inféode à aucun, parce qu'elle est éternelle et universelle.

» Tous les gouvernements sont relatifs et imparfaits. Il y a longtemps que l'on dispute parmi les hommes sur la meilleure forme de gouvernement... L'Église habite des régions supérieures à ces discussions : républiques, monarchies, empires, elle n'entre pas dans ces questions; toutes ces diverses formes politiques sont laissées au libre choix de ses enfants; j'ose dire qu'il n'y a pas à cet égard d'esprit plus libéral que le sien.

» Et c'est ce qui rend si admirable cette unité supérieure des âmes qu'elle a su créer dans la plus entière liberté, pardessus toutes les divisions et toutes les disputes humaines, l'unité toute morale des croyances. Soyez de toutes les formes politiques que vous voudrez, de tous les pays et de tous les régimes sociaux que vous voudrez, l'unité catholique vous reste ouverte. Il y a, depuis dix-huit siècles, le spectacle de cette grande unité dans le monde. C'est divin. »

La discussion achevée, pour relever, comme il disait, le moral des troupes, l'évêque terminait par quelques pages pleines de courage et d'espérance, qu'il avait intitulées *Sursum corda*.

Tel était, dans ses grandes lignes, cet écrit. L'effet sur ceux du dehors, comme sur les catholiques, fut immense. Assurément, ces vastes questions n'étaient pas épuisées dans ces pages rapides, mais les solutions aux difficultés, du moins les principes de solution, étaient là; et, toutes les exagérations, toutes les vaines accusations anéanties, toute cette poussière tombée, l'Encyclique brilla de sa vraie lumière. Confondus, les journaux, qui se voyaient arracher cette proie, n'essayèrent pas même de discuter. Ils n'eurent qu'une réponse : L'évêque d'Orléans a « transfiguré » l'Encyclique : eux qui l'avaient défigurée; et à l'appui de cette réponse qu'un seul argument : l'interprétation de certaines feuilles catholiques. « Vous avez pour alliés, lui disait le *Siècle*, des organes moins habiles sans doute que Votre Grandeur, mais qui ont du moins le mérite d'une rude franchise. Nous avons reproduit dans cette feuille des extraits qui réfutent vos commentaires. »

Voici, en effet, les textes que le *Siècle* opposait à l'évêque d'Orléans : « ... La civilisation moderne, c'est la fin de la civilisation chrétienne... On a avec raison comparé le libéralisme au manichéisme... Tout libéral étant partisan du libéralisme tombe nécessairement sous la réprobation de l'Encyclique. La condamnation du libéralisme impose à tout catholique l'obligation de ne plus se dire libéral... Il y aurait duperie à distinguer entre le *bon* et le *mauvais* libéralisme. EN AUCUN SENS un catholique *ne peut être* ni se dire *libéral...* »

Aussi, quand parut l'écrit de l'évêque d'Orléans, sans le nommer, le même organe écrivit ceci : « Il y a des chrétiens timides qui contestent cette opportunité (des documents pontificaux), et des chrétiens habiles qui essayent d'en atténuer la portée. » Sur quoi le *Journal des Débats*, un de ceux que l'évêque d'Orléans avait le plus malmenés dans son écrit, s'empressa-t-il de dire qu'il y avait parmi les catholiques deux partis, les *sincères* et les *habiles*, et que l'évêque d'Orléans s'entendait *à demi-mot avec le cardinal Antonelli*. Ici l'honneur était en cause. Immédiatement une vive réponse arriva au *Journal des Débats*. Sous le feu de l'ennemi, on ne tire pas sur ses propres troupes : l'évêque d'Orléans avait en effet négligé à dessein les opinions extrêmes qu'on lui opposait et qui le désolaient : opinions individuelles et sans autorité. Il les écartait encore dans sa réponse aux *Débats* :

« Vous n'obtiendrez pas un mot de moi sur nos divisions. Est-ce qu'il en peut être question en effet dans ce moment ?

» Le souverain Pontife parle à l'Église tout entière : gardien universel de la foi qui est une, il n'attaque ni les lois, ni les institutions de notre pays ; il ne s'occupe pas des opinions libres qui peuvent diviser les hommes, il ne descend pas aux petites querelles ; gardien de la pure charité, il ne songe qu'à unir, qu'à éclairer ses enfants ; il n'a voulu ni nommer ni exalter personne. Le Pape ne songe qu'au triomphe de la vérité et au bien des âmes...

» J'ai dit, Monsieur, la simple vérité. Mes collègues l'ont dite avant moi, chacun dans la forme qui lui a convenu, entre les étroites limites qui lui étaient imposées... L'Épiscopat est unanime, le Saint-Père nous approuve, la France nous comprend. »

Néanmoins, le dissentiment signalé subsistait, parce qu'en effet, depuis la scission politique amenée par le coup d'État et l'empire[1], il y avait, on ne le sait que trop, parmi nous « deux camps en conflit sous le même drapeau, deux conduites diamétralement opposées au service de la même cause[2] ». Parmi les catholiques, les uns, fidèles à eux-mêmes, procla-

---

1. C'est en effet le 26 décembre 1851, quelques jours après la proclamation du premier plébiscite, que l'*Univers* a publié le fameux article, longuement cité par M. Foisset (*Vie du P. Lacordaire*, t. II, p. 194), et qui, bafouant solennellement les libertés constitutionnelles renversées par le coup d'État, consomma entre les deux fractions de catholiques la rupture.
2. M. de Falloux, *le Parti catholique*.

maient, comme ils l'avaient toujours fait, qu'il n'existe « aucune incompatibilité entre les vérités immuables de l'ancienne religion, et ce qu'il y a de légitime dans la société moderne »; et, comme le disait l'évêque d'Orléans à Malines, « qu'il faut voir dans son temps, dans son siècle, *ce qu'il y a de bon, ce qu'il y a de mal*, l'étudier avec intelligence et amour, et dévouer sa vie, s'il le faut, à éclairer les esprits, à sauver les âmes ». On peut dire que, — sauf les exagérations qui ont pu échapper accidentellement à tel ou tel, et dont ceux-là seuls demeurent responsables qui les ont commises, *cuique suum*, — on peut dire que la formule exacte de ces catholiques a été donnée par la *Civiltà cattolica* dans un texte célèbre, bien souvent cité par l'évêque d'Orléans : « Les libertés modernes, *considérées comme des institutions appropriées aux conditions et aux nécessités de tels ou tels peuples*, les catholiques peuvent » non pas seulement les accepter, mais « les aimer et les défendre. Et ils font une œuvre bonne et utile quand ils les emploient le plus efficacement qu'ils peuvent au service de la vérité et de la justice[1] ».

De l'autre école, à laquelle M. de Montalembert reprochait « la plus éclatante palinodie que l'histoire moderne ait à enregistrer », nous citions tout à l'heure les formules : *La civilisation moderne, c'est la fin de la civilisation chrétienne. En aucun sens un catholique ne peut être ni se dire libéral*, etc. Après donc avoir tant acclamé les libertés[2], elle déclarait « que

---

1. Ils peuvent aussi, s'ils ne les aiment pas, les combattre : mais au nom d'une politique, bonne ou mauvaise ; pas au nom des dogmes. Posée comme elle l'est par la *Civiltà*, — et l'évêque d'Orléans ne l'a jamais posée autrement : nous le démontrerons quand nous serons arrivé à l'époque de sa vie où l'on a osé incriminer sur ce point sa doctrine ; ou plutôt, par ce que nous avons déjà cité de lui nous l'avons démontré — la question n'est plus qu'une affaire d'opinion politique, d'appréciation et de conduite ; très importante néanmoins ; car il s'agit de savoir laquelle des deux attitudes adoptées par les catholiques vis-à-vis des institutions modernes sert le mieux ou compromet le plus les intérêts de l'Église ; laquelle peut lui concilier les sympathies des hommes, ou attirer sur elle les plus formidables impopularités. Si l'illusion libérale en politique peut avoir ses dangers, l'illusion illibérale aussi peut être fatale à l'Église et à un pays.

2. Voyez quelques-uns des textes, t. 1er de cet ouvrage, p. 348.

les chartes constitutionnelles ne sont que la profession publique du mensonge, et que chercher des garanties contre le pouvoir est en politique ce qu'est en géométrie la quadrature du cercle. Ç'a été là pendant dix ans — M. de Montalembert écrivait cela en 1861 — la prédication quotidienne et bruyante d'un oracle docilement écouté et religieusement admiré[1]. »

M. Foisset, un autre combattant de ces luttes, ajoute à ce tableau ce trait de plus, que cet oracle, « pour faire taire toute contradiction, mit ses contradicteurs au ban de l'opinion catholique; » et pour cela imagina « l'incompatibilité fondamentale » des gouvernements modernes avec la religion catholique ; leurs institutions politiques furent déclarées « une hérésie », et les catholiques restés fidèles aux libertés publiques « furent appelés des sectaires... On ne saurait trop le faire remarquer, ajoute M. Foisset, la question d'orthodoxie n'est venue qu'après coup et assez tard, en vue d'écraser au nom de l'Église un dissentiment tout politique[2]. »

On en était là quand survint la guerre d'Italie. La leçon fut cruelle pour l'écrivain qui, en 1855 encore, un an avant le

---

1. Préface des Œuvres complètes de M. de Montalembert. — Les catholiques allemands ont tenu de nos jours un autre langage : « Nous ne vendrons pas nos libertés civiles pour acheter nos libertés religieuses. Cette dernière est notre droit, qu'on nous la rende. En attendant, nous défendrons nos libertés civiles. La perte des libertés civiles entraîne toujours après elle la perte de la liberté religieuse ». Ainsi parlait un des chefs des catholiques allemands, M. Schorlemer-Alst. Et M. Windthorst : « Dans les questions politiques, nous continuerons d'agir d'après notre ferme et profonde conviction ; nous continuerons de lever bien haut le drapeau des libertés civiles, ce que personne malheureusement ne fait plus. Non, vous non plus, Messieurs les progressistes, vous n'avez pas le courage de combattre pour la liberté ! Quant à nous, nous combattrons pour la liberté, alors même que nous serions seuls, et je suis convaincu que nous sortirons vainqueurs de cette lutte. » Cité par l'auteur de l'Église et l'État au concile du Vatican, t. II, p. 511. Cet écrivain ajoute : « Voilà le langage qui donne aux catholiques allemands la force de lutter contre M. de Bismarck, et de le tenir en échec. »

2. Vie du Père Lacordaire, par M. Foisset, t. II, p. 260. — C'était faire soi-même ce qu'on reprochait aux autres ; passer à rebours de l'hypothèse à la thèse, et condamner au nom de l'Église ce que l'Église ne condamne pas. Rien de plus dangereux.

Congrès de Paris et le Memorandum de M. de Cavour, disait : « Les principes de 89 s'en vont, et les empereurs catholiques reviennent [1]; » et qui, moins de quinze jours avant les paroles de l'empereur à M. de Hübner, prélude de la guerre d'Italie, écrivait : « Qui dira combien d'âmes vont à l'empereur, parce que l'empereur va à Dieu ? » Après la guerre d'Italie, en janvier 1860, son journal fut supprimé, mais pour reparaître peu de temps après sous un autre nom, avec tous ses rédacteurs, sauf lui. A cette occasion surgit entre les catholiques tant combattus par cet écrivain la question de savoir s'il n'y avait pas lieu à lui donner un public témoignage d'intérêt, et à essayer une réconciliation. M. Cochin en particulier était de cet avis. Mais M. de Falloux tout au contraire opinait pour qu'on protestât hautement contre ce qu'il appelait le mensonge de cette suppression. L'évêque d'Orléans fut d'avis qu'on s'en tînt simplement au silence, et voici les raisons qu'il en donnait à M. de Montalembert :

« Il faut pardonner toute injure personnelle ; mais ce n'est pas la question, et nul de vous d'ailleurs ne s'y refuse, n'hésite un moment.

» La question est de savoir s'il faut oublier dix années d'aberrations et d'indignités, qui ont fait plus de mal à l'Église et au Saint-Siège que dix années de vertus et de souffrances n'en pourront réparer. La question est de savoir s'il faut du jour au lendemain paraître oublier, en servant l'Église, les principes les plus élémentaires de la prudence humaine et chrétienne. La question est de savoir s'il faut du jour au lendemain paraître oublier, je ne dis pas tout ce qu'on a souffert, mais tout ce qu'on a cru vrai, tout ce qu'on a dit, tout ce qu'on a fait, tout ce qu'on a écrit. C'est en ce sens que je trouve engagé pour vous ici, et au plus haut degré, ce qui se nomme la sincérité et la moralité des actions hu-

---

1. Ce qu'il y avait de plus singulier, c'est que l'empereur dont on parlait ainsi prétendait hautement que les principes de 89 étaient la base de son pouvoir : si bien que quand le *Syllabus* parut, il le fit déclarer contraire à la Constitution de l'empire.

maines. C'est en ce sens que c'est ici une question de vérité et d'honneur, et pas une question de charité. Tout pour la charité, tout pour ce qu'elle demande ; mais rien contre la vérité.

» Je vous demande pardon de vous dire tout cela, à vous qui le sentez aussi bien que moi ; mais je tenais, pour moi-même, à vous dire les principes et les raisons précises sur lesquelles j'appuie l'avis formel que j'exprimais hier. »

Non, certes, leurs adversaires n'avaient pas désarmé, et ni l'Encyclique, ni le *Syllabus* ne changèrent cet état de choses : les deux fractions de catholiques gardèrent leurs positions ; les illibéraux, voulant triompher personnellement, s'acharnant contre les autres, prétendant qu'ils étaient frappés par les documents pontificaux, déclarant le mot *libéralisme* erroné dans tous les sens, condamné dans toutes ses acceptions possibles ; les autres, n'acceptant pas avec moins de soumission la parole du Saint-Père, mais ne reconnaissant point leurs doctrines dans les propositions censurées, et réprouvant absolument ces erreurs au sens du souverain pontife. « Dans tout ce qui nous regarde, écrivait M. de Montalembert lui-même à M. l'abbé Besson, aujourd'hui évêque de Nîmes, il ne s'agit que de politique et non de théologie. Ni moi, ni aucun de mes amis n'avons jamais soutenu les thèses absolues que condamne le *Syllabus*[1]. » De son côté, la grande revue romaine, la *Civiltà cattolica*, à la date du 14 février 1865, disait des catholiques belges de cette nuance qu'ils avaient rendu devant Dieu et devant les hommes « un solennel témoignage de leur dévouement à l'autorité du Saint-Siège et de leur docilité à son enseignement. Ce qui, à vrai dire, ajoutait la *Civiltà*, *n'a pas dû leur être le moins du monde difficile*, attendu que *l'Encyclique n'atteint en rien la Constitution belge, ni les droits et les devoirs des citoyens belges, ni leurs légitimes libertés politiques*[2]. »

---

1. *Vie du cardinal Matthieu*, par Mgr Besson, évêque de Nîmes.
2. L'Enciclica non offende punto la constituzione Belga, nè i diritti e i doveri dé citadini di colà, nè le legitime loro libertà politiche. — « J'ai vu M. Dechamps et le charmant Laforêt qui va à Rome pour les affaires de son Université, écrivait M. de Montalembert à l'évêque d'Orléans ; tous deux m'ont dit que vous aviez sauvé en Belgique la situation des catholiques. »

En face de ces divergences, une question donc se pose : Où est l'interprétation vraie de l'Encyclique et du *Syllabus?* En voici deux absolument contradictoires; celle-ci d'abord : « La civilisation moderne, c'est la fin de la civilisation chrétienne... Il y aurait duperie à distinguer entre le *bon* et le *mauvais* libéralisme... Tout libéral tombe *nécessairement* sous la réprobation de l'Encyclique... *En aucun sens* un catholique ne peut être ni se dire *libéral...* » Et cette autre : « Vous nous parlez de progrès, de libéralisme et de civilisation... Mais *ces mots sublimes*, que vous dénaturez, c'est nous qui vous les avons appris, qui vous en avons donné le vrai sens, et mieux encore, la réalité sincère. Chacun de ces mots *a eu* malgré vous, *et conserve encore*, et conservera à jamais, *un sens parfaitement chrétien...* »

Eh bien, laquelle de ces deux interprétations est la vraie? Oui ou non, l'évêque d'Orléans a-t-il *transfiguré* l'Encyclique et fait « un antisyllabus » ? Les juges compétents ont-ils dit cela? Son interprétation est-elle opposée ou conforme à celle de ses collègues? A-t-il été blâmé ou approuvé par l'épiscopat et par Rome?

Or voici ce qui s'est produit, et jamais peut-être, dans l'histoire de l'Église, semblable manifestation ne s'est faite autour d'un acte épiscopal, jamais peut-être pareilles approbations n'ont été données à l'écrit quelconque d'un évêque. M$^{gr}$ Dupanloup lui-même, un jour, à la tribune, se trouvant en face d'un adversaire qui lui opposait l'interprétation contradictoire à la sienne, pour en conclure que l'Église condamnait la société moderne, a confondu l'accusation par ces invincibles témoignages[1].

Tout d'abord le nonce apostolique à Paris, M$^{gr}$ Chigi, s'empressa de lui écrire :

« Paris, 26 janvier 1865. Monseigneur, je viens de lire votre

---

1. Réponse à M. Challemel-Lacour.

magnifique travail sur la Convention du 15 septembre et sur l'Encyclique du 8 décembre, et j'en suis ravi... Je ne puis finir, Monseigneur, sans vous exprimer toute ma reconnaissance pour cette nouvelle preuve que vous venez de donner à l'Église et au Saint-Siège de votre zèle et de votre dévouement, et pour le puissant appui que vous apportez de nouveau et si à propos à la cause du Saint-Père. »

Quelques jours après, un prince de la Cour romaine, le cardinal Caterini, un des grands promoteurs du *Syllabus*, lui écrivait de Rome : « ... J'estime cet écrit un chef-d'œuvre, une œuvre d'or... »

Et quant à l'Épiscopat : « Tous les évêques, avec leur chef, vous applaudiront, Monseigneur, » lui écrivait un évêque. Et en effet, cet écrit, qu'un cardinal appelait un *chef-d'œuvre*, une *œuvre d'or*, voici un évêque belge, Mgr Dechamps, aujourd'hui cardinal archevêque de Malines, qui l'appelle « un monument impérissable », et qui félicite l'auteur « de l'immense bien qu'il a fait »; un évêque allemand, l'évêque de Fulda, le proclame « un monument historique qui doit passer à la postérité », et auquel « soit en ce qui touche la Convention, soit en ce qui regarde l'Encyclique, il adhère de tout son cœur »; un évêque oriental le nomme « le monument de ce siècle », et déclare qu'il « s'associe pleinement à toutes les assertions émises dans cet écrit ». De Mayence l'illustre Mgr Ketteler lui fait écrire que cette publication est « un véritable événement; un témoignage entendu et compris par des millions de lecteurs ». Un évêque italien, l'archevêque de Spolète, l'appelle « un livre providentiel »; celui qui devait être Léon XIII, l'archevêque de Pérouse, salue à cette occasion l'évêque d'Orléans comme « le défenseur et le soutien du Saint-Siège », et il lui offre « ses congratulations avec celles de tout l'univers ». « Le changement que cet écrit a opéré dans l'opinion publique, lui écrit l'archevêque de Gênes, est immense. » « Il a réduit au silence le libéralisme maçonnique, s'écrie l'évêque de Liège, et relevé notre jeunesse catholique. » « Vous avez dit, sur la Convention et sur l'Encyclique, lui écrit le cardinal archevêque de Rouen, M$^{gr}$ de Bonnechose, tout ce que je voulais dire. » Le vénérable archevêque de Tours, aujourd'hui cardinal archevêque de Paris, lui dit : « Vous avez rendu bien des services à l'Église depuis que vous êtes évêque; celui-ci est le plus grand. » « L'Église a besoin de vous, » s'écrie dans son enthousiasme l'évêque d'Amiens ; l'archevêque de Bourges, M$^{gr}$ de la Tour d'Auvergne, « applaudit de tout son cœur à cet immense succès ». « Jamais évêque, en ce siècle, ne rendit à l'Église un plus grand service », s'écrie l'évêque de Laval. L'évêque de Saint-Dié, M$^{gr}$ Caverot, aujourd'hui cardinal archevêque de Lyon, proclame « admirable cette défense de l'Encyclique » ; et il ajoute : « Au reste, nous comptions sur vous, et nous étions sûrs que notre vaillant champion ne nous ferait pas défaut. » « Cet écrit, selon un autre évêque français, répand la lumière sur les ténèbres que l'on a entassées. » « Il aura, s'écrie un autre évêque, dissipé bien des préjugés, et empêché bien des malheurs. » « Il donne, déclare l'archevêque de Munich, le sens vrai des thèses du *Syllabus*. » « Il met, selon l'évêque de Fribourg-en-Brisgau, l'Encyclique et le *Syllabus* dans leur vraie lumière. » Un autre évêque » approuve entièrement tous les sentiments et toutes les idées de l'auteur ». L'évêque de Para au Brésil, traduit, et insère dans une lettre pastorale « cette magnifique défense de l'acte pontifical ». « On éprouve, écrit un autre prélat, l'archevêque de Lisbonne, admiration pour l'ouvrage, vénération pour l'auteur, adhésion pour les doctrines qu'il soutient. » Un autre : « Tous les catholiques, les évêques surtout, sont tenus de demander à Dieu qu'il conserve longtemps à son Église un si puissant défenseur. » « L'Église a besoin de lui. »

Or combien d'évêques parlent de la sorte? SIX CENT TRENTE. Nous disons : SIX CENT TRENTE.

Nous avons entre les mains le recueil de ces lettres. Elles viennent de la France et de l'Italie; de la Belgique et de la Hollande; de l'Irlande et de l'Angleterre; de l'Espagne et du Portugal; de la Suisse, de l'Autriche, de la

Hongrie, de tous les pays allemands; de la Grèce, de l'Amérique du Sud, des États-Unis, du Canada; de la Syrie, de l'Asie Mineure, de tout l'Orient : de Beyrouth, Césarée, Constantinople, Mossoul, et des îles les plus lointaines de l'Océanie [1].

Nous le répétons : quel acte épiscopal a jamais reçu pareille adhésion de l'Épiscopat?

Et un écrit loué de la sorte par les évêques du monde entier serait, comme on n'a pas craint de l'écrire, une trahison de la doctrine, une altération sacrilège des actes pontificaux, « un *antisyllabus!* » Les évêques du monde entier n'y entendent donc rien ! Et l'acte du Pape était donc à vos yeux bien compromettant, si « le plus grand service », selon l'expression de l'archevêque de Tours, qu'un évêque ait pu rendre à l'Église a été, non de faire éclater le sens de cet acte, mais de l'atténuer et de l'énerver ?

Les félicitations du souverain Pontife vinrent couronner ces témoignages inouïs.

Et en effet, dès le 4 février le Pape adressait à l'évêque d'Orléans un bref. Que dit ce bref ? L'évêque d'Orléans a parlé le dernier des évêques de France : a-t-il tenu un langage opposé à celui de ses collègues ? Tout au contraire : le Saint-Père le loue d'avoir mêlé sa voix à celle de ces courageux évêques, lesquels, dit-il, ont défendu nos droits et condamné aussi les erreurs réprouvées par nous ; et cela « au sens du souverain Pontife ».

« ... Il me semblait déjà entendre votre voix se mêler à la généreuse voix de vos frères qui, presque tous, avec une fermeté et une liberté toute sacerdotale, ont affirmé les droits essentiels du Saint-Siège et de l'Épiscopat méconnus, et prémuni les fidèles confiés à leurs soins contre les erreurs condamnées par nous, et réprouvé ces erreurs *au sens où nous les avons réprouvées nous-même.* Aussi avons-nous été charmé de l'écrit dans lequel, après avoir rappelé avec éloges les intrépides

---

1. Voyez quelques extraits de ces lettres aux *Pièces justificatives.*

## CHAPITRE XXII.

protestations de vos frères dans l'Épiscopat, vous déclarez *vous y associer de tout cœur...*[1]. »

Si l'évêque d'Orléans a parlé comme ses collègues, quoique avec plus d'éclat, et si ceux-ci ont parlé comme le Pape, donc l'évêque d'Orléans aussi!

Le Pape, en terminant ce long bref, le remercie encore de son écrit, et se déclare *assuré* que cet évêque, dans ses explications ultérieures de l'acte pontifical, sera *d'autant plus dans le sens vrai de cet acte qu'il en a réfuté avec plus d'énergie les interprétations erronées*[2].

Ceux qui prétendent que l'écrit loué par le Pape dans ce bref était pourtant un énervement, une trahison de la parole du Pape[3], ont voulu voir dans ces dernières paroles une réserve désapprobative, qu'en effet ils auraient souhaitée. Mais c'est mettre le bref en opposition flagrante avec lui-même, et prêter à Pie IX un rôle indigne d'un Pape.

L'évêque d'Orléans ne pouvait pas avoir deux doctrines contraires, une en confondant les fausses interprétations, une autre en développant les documents pontificaux. Et si, dans un écrit que le monde entier devait lire, il avait altéré et défiguré la doctrine du Pape, voilà ce que le Pape aurait dû lui dire, non sans égard sans doute, mais clairement, et non pas subrepticement en quelque sorte; voilà l'avertissement qu'il fallait donner à l'évêque prévaricateur et au monde trompé par lui : mais, au contraire, le Pape, après l'avoir comblé d'éloges, lui dit : Continuez, « *et vous serez, j'en suis sûr, un interprète d'autant plus fidèle du*

---

1. Ita de tuâ in Nos observantiâ et dilectione sentimus ut... jam Nobis audire videremur vocem tuam nobilibus commixtam vocibus fratrum tuorum qui... fideles sibi creditos præmonere curabant de periculo errorum à Nobis damnatorum, eosque se execrare profitebantur, et eodem plane sensu quo à Nobis fuerant reprobati... — Bref du 4 février 1865.

2. *Gratum itaque tibi significamus animum Nostrum*, pro certo habentes te, pro zelo quo religionis et veritatis causam tueri soles, eo accuratius traditurum esse populo tuo germanam nostrarum litterarum sententiam, quo vehementius calumniosas interpretationes explosisti.

3. C'est encore répété dans un volume qu'on vient de publier sous ce titre : *Nouveaux débats théologiques*.

*Syllabus et de l'Encyclique que vous en avez été un plus éloquent vengeur.* » Est-ce un démenti et une réfutation de son propre écrit qu'il lui demande? Non: c'est qu'il a reconnu que les doctrines professées dans cet écrit sont conformes aux doctrines de l'Encyclique et du *Syllabus*. On attaque Pie IX lui-même plus que l'évêque d'Orléans par ces subtilités passionnées.

Non, le bref ne contient aucune réserve désapprobative des doctrines exposées par l'évêque d'Orléans: « Rebelle aux voix qui voulaient lui imposer l'ingratitude avec le silence, Pie IX a béni dans l'arène son vaillant défenseur [1] »; et c'était, non pas le blâmer, mais l'approuver encore, que de l'encourager à de nouveaux combats.

Il est donc démontré, d'une façon irréfragable, que l'interprétation de l'Encyclique et du *Syllabus* par l'évêque d'Orléans est la vraie, qu'elle est pleinement conforme à la pensée du Pape et de tout l'épiscopat.

Mais voici l'irrécusable argument qui sort de là :

D'une part, il faut, dirons-nous, aux esprits extrêmes, abandonner enfin des imputations qui ne peuvent plus désormais être de bonne foi, et ne plus parler jamais ici d'altération de doctrine et d'*antisyllabus*. Il faut mettre de côté aussi ces commentaires exagérés, qui débordent et faussent les textes.

Vous n'avez pas, dirons-nous d'autre part aux adversaires des actes pontificaux, essayé une réfutation quelconque des explications données par l'évêque d'Orléans; c'était donc avouer implicitement que si l'Encyclique et le *Syllabus* ont le sens qu'il leur a donné, on peut s'entendre et vivre avec l'Église. Eh bien, voici que les évêques du monde entier acclament son explication, que le nonce apostolique donne le signal, que le Saint-Père confirme tout par son bref. Donc vous vous êtes trompés, et il y a eu là un grand malentendu. Donc il faut renoncer à faire de l'Encyclique et du *Syllabus* une accusation contre l'Église, il faut bannir à jamais de

---

1. Lettre à l'auteur des *Nouveaux débats*, par l'abbé Chapon.

votre polémique, si vous êtes sincères, ce vain épouvantail. Civilisation moderne, société contemporaine, non, le Pape ne réprouve rien de vos nobles aspirations, de vos légitimes progrès, de vos utiles conquêtes. C'est vous qui avez rompu avec l'Église, et non pas l'Église avec vous. Elle ne condamne que vos erreurs et vous défend contre vous-même. Elle vous éclaire, elle vous appelle, elle vous tend les bras. Voilà la vérité.

Léon XIII du reste l'a déclaré, en des termes qui faisaient tressaillir l'évêque d'Orléans, lorsque nous les lui lisions à Hyères : « Quelle est cette civilisation moderne que l'Église condamne ?... C'est une civilisation qui veut se substituer au christianisme, et nous ravir avec lui tous les biens dont nous a enrichis son action... Ce n'est pas la civilisation véritable, issue comme une fleur et un fruit de la racine du christianisme, qui a été condamnée par le Saint-Père, mais bien cette civilisation qui n'en a que le nom, et qui est l'ennemie implacable de la civilisation véritable[1]. »

M<sup>gr</sup> Dupanloup et Léon XIII, sur cette capitale question, sont donc d'accord. Quand l'archevêque de Pérouse, à propos de cette interprétation du *Syllabus*, écrivait à l'évêque d'Orléans : « Vous êtes le défenseur et le soutien du Saint-Siège, » et lui offrait « ses congratulations avec celles de tout l'univers[2]. » il portait déjà dans sa pensée les immortelles Lettres pastorales sur l'*Église et la civilisation*, qui firent pousser ce cri à l'évêque d'Orléans enthousiasmé : « Voilà, voilà la vraie doctrine. »

---

1. Lettre pastorale de M<sup>gr</sup> Pecci, archevêque de Pérouse, sur l'*Église et la Civilisation*. 1877-1878.
2. Voyez aux *Pièces justificatives*.


FIN DU DEUXIÈME VOLUME

# PIÈCES JUSTIFICATIVES

## N° 1

**Page 14**

*Extrait d'un rapport au Pape. — Vues de l'évêque d'Orléans sur l'organisation d'une administration diocésaine.*

1° Quand je suis arrivé dans ce diocèse, je me suis demandé à moi-même : De quoi suis-je chargé? Quelle œuvre ai-je à faire?

Je me suis répondu : L'œuvre du salut des âmes.

Œuvre immense, par sa nature, par son étendue, au-dessus des forces humaines, surtout des miennes.

2° J'ai donc dû me chercher, me créer des secours, des collaborateurs, des conseillers.

Et mon premier soin a donc été de constituer mon administration, mon conseil;

De fortifier mon cœur et ma tête;

De me donner des yeux, des mains et des pieds.

3° Eu égard à ma faiblesse et à l'immensité de l'œuvre, j'ai cru devoir me donner des conseillers et des vicaires généraux nombreux, et qui pussent suffire à l'œuvre.

Et cela n'a pas été trop.

Car, si cela a été assez, et pas trop, pour la sagesse du conseil et la prudence des décisions,

Cela n'a pas été assez pour l'action et l'exécution des choses décidées.

Nous ne suffisons pas à ce qu'il serait important de faire en beaucoup de circonstances.

N° 2

**Page 198**

*Lettre de l'évêque d'Orléans au ministre des cultes.*

Nous donnons ici la pièce suivante comme témoignage de sa sollicitude épiscopale, et de démarches qui, pour avoir été secrètes, n'en étaient pas moins actives et fécondes. Combien de lettres de cette nature n'a-t-il pas écrites pendant son long épiscopat! Celle-ci du reste est, on le sentira, d'un intérêt encore présent.

Le soir même du jour où était arrivé l'accident dont nous parlons page 198[1], l'évêque d'Orléans, sans perdre un instant, écrivit donc au ministre des cultes la lettre que voici :

Orléans, 15 août 1863.— Monsieur le Ministre, c'est sous la vive impression d'un accident des plus graves arrivé dans ma cathédrale que je prends la liberté d'écrire à Votre Excellence.

Aujourd'hui même, quinze août, pendant qu'à l'occasion de la fête de l'empereur, et en présence de toutes les autorités civiles et militaires, nous chantions le *Te Deum*, des pierres énormes, se détachant d'une des tours, sont venues se briser sur le pavé. Heureusement, la foule alors était réunie tout entière dans l'église, mais quelques minutes plus tard, tout le peuple passait là, ainsi que le cortège des fonctionnaires retournant à la Préfecture, et le plus affreux malheur changeait en jour de deuil un tel jour.

J'ai cru devoir avertir Votre Excellence d'un accident qui a ému d'autant plus vivement la ville d'Orléans, que ce n'est pas la première fois qu'un fait pareil se produit. De temps en temps, des pierres tombent de différentes parties de cet édifice, dont la restauration et la consolidation ont été beaucoup trop longtemps négligées ; et il y a là un danger perpétuel pour les habitants d'Orléans.

La vérité est, Monsieur le Ministre, que la belle cathédrale d'Orléans est à l'extérieur dans un état lamentable : une commission qui l'a visitée l'année dernière, l'avait si bien compris, qu'ordre immédiat fut donné d'enlever toutes les pierres qui menaçaient ruine :

---

1. C'est une faute d'impression qui nous a fait placer cet accident en 1861.

démolitions qui ont donné à notre cathédrale mutilée le plus triste aspect, et n'ont pas empêché ce nouveau et si grave accident de se produire aujourd'hui.

J'ose espérer, Monsieur le Ministre, que les faits dont j'ai l'honneur d'entretenir Votre Excellence appelleront votre haute sollicitude, et que notre cathédrale, abandonnée depuis un si long temps, recevra enfin les secours dont l'urgence ne saurait être trop démontrée, puisqu'il y va, non seulement de la conservation nécessaire d'un des plus beaux édifices religieux de France, mais de la sécurité et de la vie même des Orléanais.

## N° 3

**Page 279**

*Témoignages adressés à l'évêque d'Orléans à l'occasion de ses premiers écrits sur la question romaine.*

Quatre énormes volumes in-quarto renferment celles de ces lettres que l'évêque d'Orléans avait conservées et réunies. — Le quatrième cependant ne contient que des injures et des menaces. — Les quelques extraits que nous allons en citer ici montreront, mieux que toutes les paroles, à quel degré ces écrits remuaient les cœurs. On y entendra pour ainsi dire crier les âmes.

Ces lettres lui venaient de tous les points de l'horizon. Mais nous ne citerons aucune lettre d'évêque. Nous écarterons de même les lettres venues de l'étranger, de l'Italie surtout, et qui ne sont pas les moins enthousiastes. Nous ne voulons montrer ici que le battement des cœurs français.

On remarquera, à côté de noms illustres, des noms obscurs et inconnus; on verra que les simples fidèles n'étaient pas moins émus et transportés que le clergé.

Monseigneur, le comte de Blacas vient de m'apporter une lettre qui, bien qu'elle me soit personnellement adressée, n'a d'autre objet que d'exprimer une vive adhésion à votre éloquente protestation. J'ai l'ordre de vous la communiquer.

Le général comte de SAINT-PRIEST.

Monseigneur, votre éloquente et courageuse protestation a relevé la dignité de l'épiscopat et réveillé l'opinion religieuse trop assoupie...

De Barante.

Monseigneur, Je veux joindre mon élan de cœur à cet immense flot de sympathies et de reconnaissance qui de toutes parts est monté jusqu'à vous...

Sauzet.

L'éloquente et généreuse protestation ne sera perdue, ni pour l'Église, ni pour le monde...

Changarnier.

Monseigneur, j'ai différé l'honneur de vous répondre, mais je vous relisais. Votre seconde lettre ajoute encore à votre première et généreuse défense de la Papauté. Vous joignez ici la persuasion au cri véhément du cœur. Puisse votre voix être écoutée, votre exemple suivi ! Ne louez pas trop trop seulement, Monseigneur, ce que vous surpassez. Je n'ai d'autre mérite que d'avoir satisfait à un devoir, et encouru bien des injures, en disant la vérité, devant la force et le préjugé...

Villemain.

Permettez-moi, Monseigneur, de vous exprimer bien à la hâte l'admiration que m'inspire votre dernière brochure. Vous nous avez tous vengés... Je ne sais dans quelle crise nous entrons : mais vous aurez cette fois encore le mérite de vous être jeté hardiment dans cette voie obscure, et d'y entraîner bon gré mal gré tous les timides...

Prince A. de Broglie.

Monseigneur et très vénéré confrère, j'ai besoin de vous renouveler par écrit l'hommage de l'admiration et du dévouement que vos glorieuses luttes inspirent à tout cœur français et chrétien. Je suis de ceux qui se rangent humblement, mais avec une foi inébranlable, sous la bannière que vous portez avec tant de courage et que vous défendez avec tant d'éloquence...

Victor de Laprade.

Permettez-moi de mettre à vos pieds l'hommage d'une profonde et respectueuse admiration. Ce n'est pas seulement en mon nom que j'ose vous offrir ce modeste tribut ; c'est au nom de toute une famille provençale qui entendait lire hier soir cette nouvelle et si éloquente protestation...

Autran.

Ce n'est pas seulement une protestation et une réfutation qui ont retenti aux oreilles des sourds et qui ont éclairé les aveugles; c'est un grand acte au milieu de cet abaissement général des esprits.

Si la conscience doit être réveillée de ce long sommeil, elle le sera par vos religieuses et éloquentes paroles.

Religion et liberté, morale et dignité humaine, respect des principes sacrés et des droits publics, vous avez su, Monseigneur, en faire vibrer les sentiments dans les âmes françaises...

Gauthier DE RUMILLY, *ancien député, ancien conseiller d'État.*

Votre Grandeur ne s'était pas trompée en prévoyant qu'on invoquerait le fait accompli. Je ne puis vous dire ma douleur en voyant l'empereur, pour lequel j'ai un attachement si profond, persévérer dans la voie de sa lettre à Edgar Ney... Votre écrit, modéré autant que courageux, n'a soulevé que par les vérités qu'il contenait ce débordement d'outrages...

Comte CAFFARELLI, *député.*

Cet excellent volume (*La souveraineté pontificale*) clôt, pour le moment, la belle lutte que vous venez de soutenir et la couronne dignement...

Duc DE NOAILLES.

Votre parole fortifie et console toutes les âmes catholiques, remue les sentiments généreux, enflamme les courages...

Comte DE QUATREBARBES.

Je n'ai point l'honneur d'être connu de vous personnellement, mais permettez-moi de vous parler des sentiments d'admiration qu'inspirent vos écrits au clergé et aux chrétiens fidèles du pays que j'habite...

DE BENGY-PUYVALLÉE.

Je ne puis m'empêcher de vous dire combien votre protestation m'a ému. Je me la suis fait relire quatre fois et toujours avec une admiration croissante...

D<sup>r</sup> CRUVELHIER.

Il est des temps si pleins de misères, que l'esprit a besoin de s'épancher avec les âmes fortes, afin d'y raffermir ses convictions. J'ai lu tout ce que vous avez publié pour la défense du Saint-Siège, et le fidèle a bondi d'orgueil en comptant dans ses rangs un pareil défenseur..

REBOUL, de Nîmes.

Mes sentiments de haute admiration vous sont acquis depuis longtemps ; mais permettez-moi de vous en adresser de nouveau l'assurance en ce moment où mon esprit et mon cœur sont tout occupés de vos grandes luttes...

INGRES.

Pau. — Nous nous adressons à vous, Monseigneur, pour vous assurer que vos nobles paroles ont retenti dans nos cœurs béarnais...

*Suivent vingt-six signatures.*

Luçon (Vendée). — Monseigneur, en tombant aux champs de bataille de la Vendée pour la défense de la religion et de l'Église, nos pères nous ont légué un dévouement inaltérable à la Papauté, cette royauté suprême qui délivra l'Europe du servage et fonda la civilisation du monde...

Nous n'avons point renié cet héritage de nos saints martyrs; nous vénérons tout ce qu'ils ont vénéré... C'est pour cela, Monseigneur, que notre vieux sang vendéen s'est ému profondément aux magnifiques accents de votre parole inspirée.

Noble et généreux athlète, vous n'avez pas souci des applaudissements de la foule, nous le savons ; mais nous savons aussi combien sont douces au cœur de l'apôtre ces ardentes sympathies des âmes fidèles...

Honneur à vous, Monseigneur, honneur à vous! car rien n'aura manqué à votre gloire ; non rien ! pas même la tourbe des insulteurs gagés que Rome païenne plaçait sur le passage des triomphateurs...

*Suivent vingt-huit signatures.*

Poitiers. — Monseigneur, Dieu qui permet que son Église soit persécutée lui suscite aux jours de l'épreuve d'intrépides défenseurs. Vous êtes, Monseigneur, un de ces généreux champions de la foi. Vous renouvelez au dix-neuvième siècle l'héroïsme des Athanase et des Hilaire.

L'histoire dira qu'à vous revient l'honneur d'avoir confondu des premiers ces docteurs de mensonge qui, sous le prétexte d'accroître la puissance spirituelle du Saint-Père se proposent de le dépouiller de son pouvoir temporel et de l'asservir.

Nous tenons, Monseigneur, à exprimer à Votre Grandeur, les sentiments d'admiration que nous inspirent votre éloquence, l'ardeur de votre zèle...

*Suivent soixante-douze signatures.*

Saint-Brieuc.—Monseigneur, lorsque les félicitations les plus respectueuses et les plus sympathiques sont adressées de toutes parts à Votre Grandeur, des Bretons fidèles aux traditions de leur pays ne sauraient vous laisser ignorer combien ils ont été heureux de vous voir défendre ce qui leur est le plus cher, la religion dans toute son indépendance, la vérité dans toute sa franchise...

*Suivent quarante signatures.*

La France catholique tout entière a applaudi à vos admirables écrits.

Dieu a éclairé le cœur de vos juges, et vous sortez triomphant de la lutte. Qu'il nous soit permis, Monseigneur, de nous réjouir avec vous de votre victoire...

*Au nom de plusieurs catholiques,*

C. ORIONI.

Excusez un inconnu, Monseigneur, s'il prend la liberté de vous adresser l'expression de ses sentiments ; mais je ne puis résister au désir de vous exprimer mon admiration et ma reconnaissance...

Comte DE LAUNOY DE BEAUREPAIRE, *officier supérieur en retraite.*

Votre cœur et vos lèvres ont le secret des paroles émouvantes... Heureux ceux de nos maîtres qui, par le droit du génie, sont appelés à défendre la noble cause qui en ce moment se personnifie en vous...

LESPINASSE, *avocat.*

Je n'aurai jamais sans doute l'occasion de vous voir, mais je veux que vous sachiez combien d'âmes vous avez ranimées, combien de cœurs battent à l'unisson du vôtre...

CH. MAZERON, *avocat à Montluçon.*

Votre réponse à la brochure de M. la Guéronnière n'est pas une polémique : c'est un événement...

F. BILLOT, *avocat à Arles.*

Le ciel en soit béni ! Au succès de cette grande cause demeure attaché le nom de celui qui sera à jamais l'une des gloires de l'Épiscopat français...

HÉRAT, *élève en droit de la Faculté de Paris.*

Respectueuse adhésion et sentiments de profonde reconnaissance d'un catholique inconnu de votre grandeur...

Marquis de M<small>ONTCALM</small>-G<small>OZON</small>.

Courage, généreux athlète! Courage, infatigable défenseur de l'Église et de la société! Ne cessez point de couvrir la Papauté de votre puissante parole...

J<small>ULES</small> P<small>OLO</small>, *agriculteur à Gorges, près Clisson.*

Les poésies adressées à l'évêque d'Orléans formeraient des volumes; nous n'en citerons qu'une seule, autorisé d'ailleurs que nous y sommes formellement par l'auteur; elle est jeune, et n'en vaut que mieux. Elle se réfère à son procès :

> Oui, Dupanloup, ta ferme et stoïque défense
> Dans l'ombre du collège a passé jusqu'à nous,
> Et les mâles accents de ta fière éloquence
> Ont soufflé dans nos cœurs ton généreux courroux.
>
> Que tu dis vrai surtout : « Dans ces jours de querelles,
> Pourquoi des Gallicans et des Ultramontains ?
> Pourquoi des factions dans les rangs des fidèles ?
> Ne portons tous qu'un nom : Catholiques romains. »
>
> Nous avons trop cherché la fausse indépendance :
> Ne soyons qu'un troupeau sous un même pasteur.
> Les timides brebis, dès que le loup s'élance,
> Se serrent en tremblant près de leur défenseur.
> . . . . . . . . . . . . . . . . .
> Oui, nous t'avons compris, âmes jeunes encore !
> Lé siècle qui s'élève, instruit par vos leçons,
> Aime, respecte, et sait que le respect honore :
> Monseigneur, espérez — puisque nous grandissons.

Si la parole de l'évêque d'Orléans faisait vibrer à ce degré les cœurs chez les simples laïques, quel n'était pas son retentissement dans l'âme de nos bons prêtres, si dévoués au Saint-Père !

Du coin d'un diocèse de la Rochelle, c'est pour moi un besoin et un devoir de vous adresser l'hommage de mon enthousiaste admiration...
AUBERT, *curé*.

Merci ! merci ! au bon Dieu, et à son secrétaire...
*Un desservant.*

Hier, en la fête de saint Thomas de Cantorbéry, je me disais : Oh ! puisse Dieu nous donner un Thomas de Cantorbéry !... Le soir même, je lisais votre réponse au perfide pamphlet, et je me disais : Dieu a exaucé ma prière !...
*Le Curé archiprêtre de Commercy et neuf autres prêtres.*

C'est à Notre-Dame-des-Ermites, où je faisais un pèlerinage, que j'ai lu votre protestation. Mon premier mouvement a été de me répandre en actions de grâces aux pieds de l'auguste Mère...
MAFFRE, *missionnaire diocésain d'Alby.*

Je viens de lire votre trois fois admirable *lettre à un ami*. Merci, Monseigneur, merci, du fond de mon cœur catholique ! Merci, au nom de mes nombreux amis catholiques de Lyon !...
P. A. M. HERMANN, *Supérieur des Carmes à Lyon.*

C'est notre devoir à nous, clergé du second ordre, de nous grouper autour des défenseurs des droits du Saint-Siège, et surtout autour de vous, Monseigneur, qui êtes le premier de nos apologistes...
TARARE. *Suivent sept signatures.*

J'envie votre sort ; j'admire votre grande âme, et je me prosterne à vos genoux pour baiser vos pieds. Le cœur des catholiques vous est acquis : celui du clergé doit vous être consacré...
P. VILENY, *prêtre du diocèse de Toulouse.*

Puisse ce témoignage de mes sentiments vous être agréable ! Ce sont ceux du monde catholique. Tout ce qu'il y a ici de prêtres snisses et français les partage...
TARBY, *curé de Vaufrey (Doubs).*

Au milieu des tristesses du présent et des angoisses de l'avenir, c'est pour nous une grande consolation de voir que Dieu a suscité, dans votre personne, un nouveau Athanase à son Église...

*Des prêtres réunis pour une cérémonie religieuse,* du canton de Sarrebourg, de Phalsbourg, et (nom illisible)...

*Suivent seize signatures.*

Le quatrième volume, qui renferme les injures et les menaces, offre un autre genre d'intérêt : ce serait une démonstration en faveur de la Souveraineté Pontificale par l'absurde et l'odieux. On y toucherait du doigt l'affinité, tant de fois signalée par l'évêque d'Orléans, entre l'impiété et la démagogie. On y verrait aussi les ravages d'une certaine presse dans ces pauvres âmes françaises. On y pourrait mesurer enfin l'étendue de la faute politique commise par l'empire, en déchaînant ainsi, avec les passions irréligieuses, les passions anarchiques.

N° 4

**Page 314**

*Procès avec le Siècle.*

1° Réponse de l'évêque d'Orléans à l'adresse de M. Sevin-Mareau, ancien maire d'Orléans.

Je ne puis être que touché, Messieurs, de votre grande bonté, et des vœux si sympathiques que vous voulez bien m'offrir.

Je n'en suis pas surpris ; car depuis que la Providence m'a envoyé à Orléans et fait Orléanais, j'ai toujours senti que mon cœur battait près du vôtre ; et je le sens à cette heure avec une douceur plus vive que jamais.

Je suis touché particulièrement des paroles que vient de m'adresser au nom de tous, votre digne interprète, avec cette voix éloquente, émue, et, qu'il me soit permis de le dire, peut-être trop amie de votre évêque. Vous avez tous remarqué avec moi l'élévation et la pénétration d'intelligence avec laquelle il a défini, d'une manière si claire et si précise, le véritable caractère de la grande et sainte cause que je soutiens, selon la mesure de mes forces, et ne faisant en cela que mon simple et humble devoir.

Oui, Messieurs, c'est le pouvoir spirituel du Souverain Pontife que j'ai voulu défendre dans sa souveraineté temporelle, parce que e suis convaincu, comme vous l'êtes tous, et comme l'exprimait si bien M. Sevin, que, dans le dessein de Dieu, le pouvoir temporel a été providentiellement uni au pouvoir spirituel, dans l'intérêt de tous les catholiques du monde entier. Et voilà pourquoi je défends l'un et l'autre, et l'un pour l'autre.

La liberté religieuse des catholiques a pour condition la liberté du Pape; et cette liberté, cette indépendance doit être souveraine, sauf les temps héroïques de la persécution et du martyre; tous les plus grands esprits l'ont pensé comme vous et moi; et le bon sens le dicte également à tous.

*Pourquoi*, demandait récemment un Anglais à un Irlandais, *pourquoi votre Pape doit-il être Roi? — Parce qu'il ne peut être sujet*, répondit l'Irlandais, *et qu'il n'y a pas de milieu*. C'est évident.

Non : le Pape ne peut être le sujet de personne; parce que nous pourrions craindre tous de l'être avec lui, dans nos âmes et consciences. Cette noble tête couronnée de la tiare sacrée ne doit être courbée sous le joug d'aucun monarque. Il lui faut une souveraineté indépendante. Les hommes les moins favorables à l'autorité temporelle du Saint-Siège, ceux-là mêmes chez qui des préjugés déplorables avaient obscurci la droiture naturelle et la pureté des lumières de la foi, ont rendu hommage à cette vérité. Je pourrais citer ici les aveux des protestants et des incrédules sur ce point. Je citerai, du moins, une simple parole d'un savant magistrat, le président Hénault; elle est d'un bon sens qui saisit : « *Le Pape*, dit-il, *a à répondre dans l'univers à tous ceux qui y commandent; et par conséquent aucun ne doit lui commander.* »

Bossuet, Fénelon, Fleury, tous les plus saints et les plus illustres évêques, tous les plus grands publicistes, les plus grands historiens parlent le même langage. La vérité est que les plus généreux caractères ont compris que l'asservissement du Pontife romain serait leur propre asservissement, et qu'il était bon, pour l'indépendance générale de l'esprit humain et la liberté des consciences, qu'il y eût sur la terre une puissance spirituelle indépendante, dont la courageuse résistance puisse faire entendre du moins une parole libre, aux jours des grands périls de la liberté commune. La France s'en est félicitée au commencement de ce siècle; et si le patriarcat moscovite et le patriarcat grec avaient gardé quelque chose de cette liberté, je ne sais si l'esprit humain et si l'esprit chrétien ne s'en féliciteraient pas à Constantinople et à Moscou.

Encore une fois, Messieurs, laissez-moi vous remercier d'avoir si bien compris mes sentiments et mes pensées : dans la lutte où je soutiens cette grande cause, je ne pouvais rencontrer un encouragement plus puissant et plus doux.

2° Réponse de l'évêque d'Orléans à l'adresse du chapitre :

Messieurs, je suis profondément touché de la démarche que vous voulez bien faire auprès de moi.

J'en suis touché pour moi-même, pour l'Église, et aussi pour vous.

Pour moi-même : comment ne serais-je pas touché et reconnaissant de ce témoignage unanime d'une si cordiale affection et d'un dévouement si sincère ?

J'en suis plus touché encore pour l'Église. Au fond, Messieurs, et vous l'avez bien compris, c'est sa cause que je soutiens; c'est pour la défense de ses droits que je suis entré dans la lutte. Je ne puis donc être insensible, lorsque je sens battre dans vos cœurs, et retentir dans la voix émue de votre digne et éloquent organe, les sentiments qui vous animent, et vous font vous serrer en ce moment autour de votre évêque, comme votre évêque, avec l'Épiscopat tout entier, s'est pressé autour de son Chef suprême.

J'en suis touché aussi pour vous : c'est un secret ignoré des âmes vulgaires, mais que les cœurs généreux ont su comprendre, — et à ce titre, Messieurs, vous l'avez tous compris, — que c'est surtout au jour de l'épreuve qu'il est beau de montrer son dévouement et son amour pour l'Église. Vous l'avez fait, Messieurs, et avec une unanimité qui vous honore et qui m'est chère.

Soyez-en bénis. Il était aussi bien digne de vous de protester énergiquement contre l'outrage qu'on vous a fait par d'inqualifiables appels au dissentiment et à la désunion.

Sur ce point, je ne vous dirai qu'un mot : je sais qu'à Orléans les hommes les plus honorables, et parmi vous les prêtres les plus expérimentés et les plus graves, désirent que je ne comparaisse pas, et que je me laisse juger par défaut. J'ai reçu, à cet égard, de nombreuses manifestations, et des conseils dont j'apprécie la haute et religieuse délicatesse; mais j'avoue que, sauf des circonstances que je ne prévois pas, je suis dans une pensée contraire; et la solidarité intime qui est ici entre vos sentiments et les miens, et qui doit être toujours entre l'évêque et le vénérable presbytère qui l'entoure, me porte à vous communiquer en ce moment les sérieux motifs de ma détermination.

Je ne mérite pas d'ailleurs tout ce que vous voulez bien me dire En défendant les droits de l'Église et du Saint-Siège, je n'ai fait que remplir un simple devoir; mais vous connaissant comme je vous connais, je ne suis pas surpris que mes faibles paroles aient trouvé écho dans vos âmes.

Quant au procès qui m'est intenté, je vous remercie des vœux que vous venez m'offrir.

Sans doute, j'aurais pu ne pas comparaître : j'aurais pu décliner la compétence, ou refuser l'audience, et cela pour de simples et fortes raisons.

Et d'abord, j'aurais pu décliner la compétence, en affirmant, ce qui est la vérité, que j'ai agi et parlé comme évêque.

J'ai agi, j'ai parlé comme évêque, car c'est à un évêque que je répondais; c'est un évêque, et un évêque de mon siège, dont on m'opposait la vie et les actes, et cela dans une cause dont les intérêts et les principes importent au plus haut degré à l'Église, aux évêques et au Chef suprême de l'épiscopat.

J'ai agi, j'ai parlé comme évêque, et comme évêque d'Orléans.

Sans doute, j'ai adressé ma réponse à un journaliste; mais j'y étais forcé par la contrainte, par la situation qui nous est faite; car d'un côté il est interdit aux journaux de reproduire ceux de nos actes qui touchent à la question romaine; et de l'autre, le journaliste auquel j'adressais ma réponse avait publié contre moi un acte épiscopal, émané d'Orléans même, et l'avait propagé dans toute la France. Dès le lendemain, le *Siècle* et d'autres journaux le publiaient et l'envoyaient à des milliers de lecteurs.

Si je n'avais adressé ma réponse qu'aux curés de mon diocèse, il est évident que je ne répondais pas; je laissais subsister contre l'Église et contre la cause que je devais défendre la fausse autorité d'une pièce et d'un nom, sur lesquels on me provoquait directement.

Pour défendre l'Église comme évêque, et remplir mon devoir particulier, comme évêque d'Orléans, je n'avais d'autre moyen que d'adresser ma réponse au journaliste qui l'a reçue : cela est de toute évidence; cela était de toute justice.

J'aurais donc pu décliner la compétence.

Je ne la décline pas, et pour les mêmes raisons que je ne refuse pas l'audience.

Je pourrais me laisser juger par défaut, parce que c'est un droit pour tous. Je le pourrais particulièrement ici, parce que l'audience est pour moi sans publicité suffisante, et que, destiné à entendre accuser ma cause, laquelle est bien supérieure à ma personne, et à voir publier la sentence, sans que ma défense ait le même privilège, je regrette profondément que la manifestation de la vérité et de la justice ne soit pas plus parfaite, en ce cas du moins, et en ce point essentiel pour ma cause.

Mais je ne refuse pas plus l'audience que je ne décline la compétence, parce qu'avant tout j'accepte le droit commun de mon pays, et j'honore ses juges. J'ai été conduit à me servir, pour la défense de l'Église, des moyens de la société moderne : la parole et la presse; et je suis de ceux qui, tant qu'il reste un terrain légal, quelque étroit et même quelque dangereux qu'il puisse être, y entrent pour la défense de leur cause, et n'en sortent pas pour la défense de leur personne.

Je n'accepte d'ailleurs ici aucune discussion sur le droit et les convenances des évêques; je n'engage en rien leur cause; je ne crée aucun précédent contre eux, et leurs droits enfin ne peuvent être en rien ici débattus en ma personne; car, si je suis prêt à subir tout débat, c'est sur l'usage que j'ai fait, non du droit des évêques, mais du droit des citoyens.

3° Lettres de quelques évêques :

Parmi les nombreux témoignages que les évêques de France donnèrent à l'évêque d'Orléans à l'occasion de son procès, nous citerons simplement les extraits suivants :

*Lettre de M$^{gr}$ l'évêque de Metz :*

Metz, le 20 mars 1860. Monseigneur, vous ne doutez pas de la joie que j'ai ressentie en apprenant votre acquittement; mais mon cœur d'évêque et d'ami a besoin de vous l'exprimer.

Il est vrai, Monseigneur, qu'une condamnation eût été pour vous un nouveau titre d'honneur, *vous vous seriez réjoui d'avoir été trouvé digne de souffrir un outrage pour le nom de Jésus-Christ.* Mais l'arrêt qui vous a rendu justice est un triomphe pour la cause de l'Église et des grands principes que vous défendez si noblement et l'applaudissement que cet arrêt excite chez tous les gens de bien est un témoignage consolant du réveil de la foi catholique et de l'attachement au Saint-Siège, qui ont encore, nous le voyons, de si profondes racines dans notre chère patrie...

*Lettre de M$^{gr}$ l'évêque de Nantes.*

Nantes, le 25 mars 1860. Mon cher Seigneur, mon Chapitre réuni à l'occasion de ma fête m'a exprimé le désir de vous offrir l'expression de sa sympathique admiration pour le courage et le talent avec lesquels vous avez défendu, au milieu des anxiétés présentes, une cause chère à tous nos cœurs. J'ai applaudi à sa catholique pensée, et je suis heureux de vous transmettre son adresse signée par tous les chanoines titulaires et honoraires présents à Nantes.

Déjà ils avaient appris avec joie que je vous avais écrit, au nom de mon clergé comme au mien, une lettre de fraternelle adhésion, lettre qui devait vous être remise pendant ces glorieux débats; mais maintenant ils tiennent à vous dire la part qu'ils prennent au triomphe que l'Église remporte en votre personne...

### Lettre de M<sup>gr</sup> l'évêque de Moulins.

Moulins, le 21 mars 1860. Monseigneur, si la surprise ajoute à la joie, il ne manque rien à la mienne. A la vérité, l'issue de votre affaire ne pouvait être que glorieuse pour vous. Cependant elle pouvait se terminer aussi d'une manière propre à affliger vos amis, et je n'osais plus attendre de la justice humaine l'exemple qu'elle vient de donner.

Je serais désolé de venir le dernier vous en marquer mon bonheur, et il est juste qu'ayant été un des premiers à la peine, je n'arrive pas trop tard à la récompense. Croyez, Monseigneur, que vous me trouverez toujours à l'avant-garde toutes les fois qu'il s'agira de prendre part à ce qui vous concerne, et de vous témoigner avec quel fraternel respect j'ai l'honneur d'être, etc.

### Lettre de M<sup>gr</sup> l'évêque de Nîmes.

Nîmes, le 22 mars 1860. Monseigneur, vous ne doutez pas, je l'espère, de l'ardent intérêt avec lequel j'ai suivi les débats où vous venez d'être engagé; veuillez ne pas douter davantage du bonheur vec lequel j'ai accueilli la nouvelle de votre triomphe. C'est une victoire glorieuse pour vous; c'est en même temps un succès précieux pour l'épiscopat tout entier. Votre cause était la nôtre; si vous aviez succombé, nous succombions avec vous. Le journalisme impie et grossier aurait le droit désormais inattaquable de nous jeter au front l'insulte et la calomnie. Grâce au dénouement de votre procès, nos droits sont maintenus et nous gardons pour la polémique un dernier débris de liberté. C'est au prix de vos douleurs que vous nous avez assuré ce privilège; mais vous avez conquis une place d'honneur dans l'estime et la reconnaissance des catholiques, noble prélude des hommages et de la vénération que l'avenir ne manquera pas de décerner à votre mémoire...

### Lettre de M<sup>gr</sup> l'évêque d'Amiens.

En tournée pastorale, le 22 mars 1860. Monseigneur, j'ai besoin de dire à Votre Grandeur quelle part j'ai prise à tous les événements qui l'ont si vivement agitée dans ces derniers temps. J'étais avec vous sur ce banc, Monseigneur, où l'Église tout entière était assise avec vous. — Je ne comprenais pas comment on pouvait vous condamner; mais on assiste à des spectacles si étranges, que je n'étais pas sûr de vous voir acquitté. — Ce n'est pas pour Votre Grandeur cependant que cet acquittement m'a réjoui, c'est pour le tribunal qui l'a décrété; et il faut le dire, pour le pays, qui l'a accueilli avec une satisfaction si vive. J'avoue que j'ai rarement prié d'aussi bon cœur que le jour où vous étiez là.

D'innombrables lettres de prêtres et de laïques arrivèrent aussi à l'évêque d'Orléans à l'occasion de ce procès. Nous n'en voulons citer ici qu'une seule. Nous l'avouons, elle a mouillé nos yeux de larmes quand nous l'avons rencontrée tout à coup, non pas dans les trois gros volumes in-4° qui forment le dossier de ce procès, mais dans l'un des quatre autres dont nous avons donné des extraits ci-dessus.

Ainsi donc, qui l'eût suivi, ce glorieux évêque, après sa messe, le matin du dimanche qui sépara les plaidoiries du prononcé de l'arrêt, l'eût vu se rendre silencieusement : Où? A Issy. Et pourquoi ? La lettre suivante va nous l'apprendre. Il y arrivait pendant l'office de la communauté, et pensait bien n'être aperçu de personne. Mais non, quelqu'un le vit :

Monseigneur, que j'ai été tenté hier de me précipiter à votre rencontre, pour baiser cette main avec laquelle Dieu combat! car, seul peut-être de toute notre communauté, je vous avais aperçu. Mais, je me suis fait violence, de peur de troubler vos pieuses stations à nos chapelles. J'ai seulement envoyé ouvrir celle de Lorette, ordinairement fermée pendant nos offices...

E. MARÉCHAL, *Supérieur du Séminaire d'Issy*.

Intrépide et pieux évêque !

N° 5

**Page 454.**

NOTE *adressée à M. de Corcelles pour être placée sous les*

*yeux de M. Drouyn de Lhuys, ministre des affaires étrangères.*

Le document que voici montrera comment l'évêque d'Orléans, tout en se jetant courageusement dans les luttes publiques nécessaires, ne négligeait pas la voie plus pacifique, utile quelquefois, à la condition de n'être pas seule employée, des remontrances secrètes, des avertissements sincères. On y verra aussi avec quel soin il suivait la marche des choses et quelle sentinelle vigilante il était du camp d'Israël. — Assurément le gouvernement impérial a été singulièrement dépassé dans la guerre où il s'engageait alors ; mais ses partisans sérieux pourront voir là dans quelles voies, plus funestes encore à lui-même qu'à l'Église, sa malheureuse politique en Italie le jetait.

Orléans, le ... 1862. Monsieur, je vous ai dit l'autre jour, en traversant Paris, la peine profonde que mes collègues dans l'épiscopat et moi-même nous éprouvons depuis quelques années au sujet de l'animosité violente, de la guerre cachée, quelquefois sous des apparences de légalité, mais cependant vive et manifeste jusqu'à la maladresse, quelquefois jusqu'au scandale, qui nous est faite par trois ministres : le ministre de l'intérieur, le ministre des cultes et le garde des sceaux.

Cette guerre se révèle depuis trois ans surtout par une suite de mesures hostiles, de tracasseries vexatoires, de circulaires profondément blessantes, où l'intention d'humilier, d'entraver l'Église et de maltraiter le clergé est aussi visible qu'impolitique.

Vous m'avez demandé de vous indiquer les actes ministériels où nous voyons éclater cette hostilité systématique ; rien n'est plus facile.

Je vais placer sous vos yeux les dates et les titres des principaux de ces documents officiels, et vous pourrez sans peine, en les lisant dans le *Moniteur*, vous convaincre des blessures odieuses que de tels actes et de telles paroles, répétés avec une suite et une persistance singulières, et, on le dirait pour quelques-uns, avec je ne sais quelle satisfaction personnelle, sont de nature à faire au clergé.

Assurément si on veut, de parti pris, aliéner au gouvernement tout l'épiscopat français, on ne saurait mieux faire.

Il suffit de jeter un coup d'œil sur la suite et l'ensemble de ces documents pour y saisir immédiatement les caractères que je signale.

Les uns sont relatifs à la liberté de l'Église, les autres à la liberté de la charité, les autres à la liberté de l'enseignement religieux ou à l'existence des congrégations religieuses ; c'est-à-dire que sur toute la ligne nous sommes en quelque sorte traqués et poursuivis.

1° Ainsi, au mois d'octobre 1859, tandis que la polémique des journaux anticatholiques franchissait librement toutes les bornes que la prudence avait prescrites jusque-là, attaquait de toutes parts le Souverain Pontife avec la dernière violence, et demandait nettement la destruction de son pouvoir, le ministre de l'intérieur interdisait aux journaux de publier les mandements des évêques.

2° Bientôt après la circulaire du ministre de l'intérieur du 17 *février* 1860, au milieu des déclamations ardentes de la presse irréligieuse contre le clergé, osait bien dire de son côté que de petites brochures calomnieuses *étaient publiées par centaines de mille dans* LES ÉGLISES, etc., et que la *chaire même se faisait l'écho de ces calomnies;* et c'est ainsi qu'un ministre, chargé de veiller à la paix publique, à l'honneur et à la sécurité des citoyens, accusait publiquement, *indignement*, aux yeux du pays entier, le clergé de France et donnait raison aux clameurs menaçantes de nos ennemis.

3° Et à la même époque, le 1er avril 1860, lorsque toutes les passions se déchaînaient contre le Pape, au moment même où toutes les accusations les plus calomnieuses étaient lancées contre lui, une note insérée au *Moniteur* annonçait, pour la première fois depuis longues années, l'intention d'user des entraves apportées par l'article 20 de la loi du 18 germinal an X, aux relations du Souverain Pontife avec les évêques et même avec les simples fidèles.

4° En novembre de la même année, à l'époque même où le Saint-Père, après la brutale invasion des Piémontais, était aux abois et à la mendicité, plusieurs circulaires de M. le ministre de l'intérieur et de M. le ministre des cultes mettaient à l'œuvre du denier de Saint-Pierre des entraves qu'aucun autre pays catholique ni même protestant n'avait songé à mettre.

5° Le 10 novembre de la même année paraissait une circulaire de M. le ministre de l'intérieur soumettant, dans les termes les plus blessants, à l'obligation *du timbre et du dépôt les mandements épiscopaux et les lettres pastorales,* ne dissimulant pas la satisfaction particulière qu'on éprouvait à infliger à tous les évêques le triple contrôle et la souveraine censure de la préfecture, du parquet, du timbre, et avant tout des imprimeurs, et à constituer ces diverses autorités juges du caractère de nos instructions pastorales.

6° Mais tout cela n'était rien encore, si on le compare à la circulaire de M. le garde des sceaux du 17 avril 1861, adressée à MM. les procureurs généraux près les cours impériales sur les *pénalités* édictées contre les membres du clergé, circulaire dans laquelle M. le garde des sceaux, s'inspirant du souvenir des plus tristes époques, menaçait le clergé, aux applaudissements de la presse impie, et faisait arriver à nos oreilles, prêtres et évêques, les mots d'emprisonnement et de déportation, et ne sous-entendait qu'un mot, la mort.

Et veuillez remarquer que toutes ces menaces étaient affichées à la porte de nos églises, dans le *Moniteur des Communes :* admirable moyen de retrouver l'amour et l'estime du clergé.

Il y aurait ici les choses les plus graves à dire sur l'incroyable abus de pouvoir d'un ministre qui ose bien ainsi, préventivement, dénoncer à la haine et au mépris de leurs concitoyens toute une classe de Français.

Que diraient les comptables de l'armée si M. le ministre des finances, dans une circulaire affichée à toutes les casernes, rappelait à ces comptables toutes les pénalités auxquelles ils sont soumis s'ils malversent et concussionnent ?

7° Quant à la circulaire de M. le ministre de l'intérieur, du 16 *octobre* 1861, elle est célèbre. L'injure qu'elle a faite à la charité catholique en l'associant à la franc-maçonnerie, en calomniant indignement les membres les plus honorables du conseil de Saint-Vincent-de-Paul, et décapitant une des œuvres les plus chères à l'Église, me dispense d'en parler. Si M. le ministre a voulu frapper au cœur tous les catholiques, il y a réussi.

8° La circulaire de M. le ministre des cultes, du 1er *décembre* 1861, relative au *détournement de mineurs par les communautés religieuses*, est assurément encore une des accusations les plus fausses et les plus odieuses, à l'aide desquelles un ministre des cultes ait jamais essayé, sous aucun régime, de fournir abondante pâture aux attaques les plus passionnées des journaux impies.

9° Qui pourrait encore ne pas apercevoir l'esprit d'hostilité évidente contre l'enseignement religieux, dans lequel est conçue la circulaire du même ministre des cultes, du 13 *mai* 1861, relative aux *nominations d'instituteurs et d'institutrices primaires*, et aux INSTITUTEURS-ADJOINTS ? Qui ne voit le soin extrême que le ministre apporte à interpréter dans le sens le plus défavorable à l'Église et le plus contraire à l'esprit du législateur, les dispositions de la loi ? Qui ne voit même que, notamment par rapport aux instituteurs-adjoints, qui ne peuvent être nommés, selon la circulaire, dans une école communale laïque ou CONGRÉGANISTE sans l'AGRÉMENT DU PRÉFET, la circulaire donne à la loi une interprétation intolérable ?

En effet, le commentaire sur la loi d'enseignement, n° 108, contient sur ce sujet les paroles suivantes : « Ce n'est pas avec tel membre d'une association religieuse, pris comme individu, que la loi met l'autorité en rapport, mais avec l'association entière. Agir autrement, *ce serait briser la hiérarchie de ces associations*. Ce n'est donc pas tel ou tel frère que l'autorité accepte, mais un membre de telle association, et les supérieurs conservent la libre disposition de ses sujets, sauf à prévenir en cas de changement..... *Cela s'est toujours passé ainsi*, même sous la législation antérieure. Ou il faut se passer des bienfaits des instituts religieux, ou il faut accepter ces conditions *nécessaires à leur bonne organisation.* »

Eh bien, la circulaire contredit formellement ces paroles.

10° N'est-ce pas manifestement cette même tendance d'hostilité, achée sous le voile d'une trompeuse légalité, qui inspira la conduite de M. le ministre des cultes, lorsque dans un conflit élevé entre un conseil municipal du département d'Ille-et-Vilaine, qui demandait expressément des frères, et le préfet qui, contrairement à ce vœu, s'obstina à vouloir nommer un instituteur laïque, M. le ministre décida en faveur de M. le préfet, et cela contrairement à la loi de 1850, et aux précédentes circulaires?

Il est vrai, la loi de 1854, modifiant le décret du 9 mars 1852, substitue le préfet au recteur dans la nomination de l'instituteur; mais la circulaire du 3 avril 1852, expliquant le décret du 9 mars, disait formellement que le recteur choisissait *selon le vœu exprimé par le conseil municipal*.

Je sais bien que la pétition de Mgr l'archevêque de Rennes a été écartée au Sénat par la question préalable, mais le talent d'un ministre entraînant le vote d'une assemblée, n'empêche pas l'étonnement des esprits et les profondes inquiétudes jetées dans tout le clergé et dans les âmes religieuses par de telles tendances et de telles interprétations données à la loi par un ministre des cultes.

11° Je m'abstiens de rappeler ici, bien que ces faits soient assez significatifs, l'autorisation légale retirée illégalement, sur la demande du même ministre, à la maison de la *Sainte-Union* de Douai, à laquelle le conseil municipal de cette ville avait rendu itérativement et à l'unanimité un si éclatant hommage; non plus que les débats publics engagés entre M. le ministre des cultes et Mgr l'évêque d'Arras; débats provoqués par le ministre lui-même, et qui sont peut-être une des choses qui ont le plus servi à le déconsidérer.

Je ne parle pas non plus du retentissement donné à des affaires judiciaires, dans un but de manifeste et profonde malveillance.

12° Enfin, toutes les tendances que je signale apparaissent avec une sorte de luxe et d'âpreté visible sous la légalité et l'habileté de langage, dans la circulaire du 10 avril 1862, de M. le ministre des cultes à MM. les préfets, relative aux *dons et legs faits aux fabriques, et à l'instruction de diverses affaires d'intérêt religieux.*

Là toutes les plus odieuses précautions, toutes les prévoyances les plus soupçonneuses des vieilles lois contre nous, contre notre enseignement, notre action, notre charité, notre plus simple influence, sont reprises et précisées avec un soin bizarre de détail et, je le dirai, avec ce regard clairvoyant d'une haine subalterne qui va à tout.

C'est ici que le ministre, par exemple, rappelle entre autres que le soin et le soulagement des pauvres n'est pas l'attribution et le devoir du clergé, mais de la commune.

Il y a une chose dont je suis bien sûr, c'est que l'empereur n'a pas lu cette circulaire qui est, en vingt pages in-folio, un des réseaux d'oppression et d'entraves les plus complets et les plus odieux que depuis soixante ans on ait essayé de jeter sur l'Église.

Ma mémoire ne me rappelle rien de pareil et d'aussi haineusement calculé.

Dans cette circulaire, les défiances contre la probité même des Évêques sont à peine dissimulées.

Mais c'est assez, Monsieur, il faut finir cette triste nomenclature qui est loin d'être complète. J'achève donc et je résume ma pensée.

Quoi qu'il en soit, à un certain point de vue de MM. les ministres, de ces instructions et de ces circulaires si détaillées et si liées entre elles, données aux préfets, je dis qu'il est impossible de ne point voir là un enchaînement, des tendances, un système d'hostilité organisée, et de persécution persévérante.

Il est facile de comprendre, dans la pratique, combien d'entraves et de vexations, le zèle des administrations locales fait naître chaque jour de ces circulaires et instructions ministérielles.

La vérité est que cette guerre qui nous est faite ainsi sur tant de points, et de tant de manières, est souverainement impolitique et ne peut qu'entretenir au sein du clergé les plus graves défiances et une profonde irritation.

Je me suis borné à vous citer quelques-uns des actes officiels pour vous y faire saisir le déplorable système dont j'ai parlé. Le peu que j'ai dit suffit abondamment pour prouver que quelques-uns des ministres de l'empereur jettent, contrairement, je n'en doute pas, à ses intentions, son gouvernement dans une marche funeste, qui ne pourrait avoir pour effet que l'entière et irrémédiable désaffection du clergé.

Ce que je dis est si vrai, Monsieur, et les Évêques en sont si pénétrés, qu'un mémoire étendu et collectif sur ce sujet se préparait : la

nomination d'un nouveau ministre des affaires étrangères et les espérances qu'elle a fait naître ont seules ajourné l'exécution de ce projet.
Croyez, Monsieur, à tous mes dévoués et fidèles sentiments.

L'évêque d'Orléans, dans cette note, ne disait pas tout. Il ne parle que de la désaffection du clergé et des catholiques; mais plus tard, dans des écrits provoqués par l'explosion de cette impiété dont cette guerre faite au clergé favorisait les progrès, il ira plus au fond des choses, et donnera à l'empire les plus graves avertissements : il lui montrera, hélas! et il n'a été que trop prophète! le péril social venant, et inévitablement, à la suite du péril religieux.

N° 6

**Page 439.**

*Enthousiasme des élèves irlandais de la Propagande pour l'évêque d'Orléans.*

Voici la dédicace qu'ils avaient mise en tête de ce chef-d'œuvre; nous regrettons de n'en pouvoir reproduire la magnifique calligraphie :

FELICI. A. P. DUPANLOUP
Episcopo. Aurelianensi. Pervigilantissimo.
Augusti. PII IX. Sacrorum. Jurium.
PROPUGNATORI. INVICTISSIMO.
Hiberniæque. Miserias.
Magno. Corde. Eloquentique. Sermone.
Orbi. Pandenti.
HUJUS. COLL. URB. DE PROP. FIDE.
ALUMNI. HIBERNI
Hoc tenue obsequii.
ac
Reverentiæ. Pignus.
TANTO. VIRO.
Unanimiter. Offerunt.
Dicantque.

Voici maintenant un fragment de l'adresse latine :

... Quid de Te, tam eximio, tamque glorioso in toto terrarum orbe, lumine dicendum est? Quid de tam illustri, quem Deus hisce nostris temporibus Ecclesiæ suæ suscitavit, defensore?...

... Etenim amplitudo Tua non timuit propugnaculum domûs Israel se constituer; et verbi gladium vibrans, existi tanquam leo ad fortiter pugnandum... Idcirco non peribit nomen tuum; ad te generationes venturæ respicient...

... Certi pariter sumus ab Hibernis omnibus, per universum orbem a solis ortu usque ad occasum dispersis, venerari nomen tuum...

Et voici un fragment de l'adresse française :

... Peut-être un Irlandais même n'écrirait pas avec tant d'émotion et de sympathie pour son pays bien-aimé...
... Pour nous, soit que la providence de nouveau nous appelle à l'Ile des Saints, au milieu du peuple *apôtre et martyr*, pour soutenir l'apostolat de Patrice, soit que notre vocation nous envoie au delà des mers, dans les villes lointaines de l'Amérique, de l'Afrique et de l'Australie, partout nous suivra le souvenir du grand évêque qui a tant aimé l'Irlande, du défenseur intrépide et immortel de l'Église et du Saint-Siége...

N° 7

**Page 444.**

*Congrès de Malines.*

L'impression produite par le discours de l'évêque d'Orléans à Malines ressortira avec naïveté et vérité dans la page suivante du *Journal de Bruxelles*, citée par *le Monde* (4 septembre 1864) :

L'assemble générale du congrès catholique a été splendide aujourd'hui. Elle a duré trois heures, trois heures qui se sont écoulées comme par enchantement. Depuis le début jusqu'à la fin, ce n'a été qu'une émotion, provoquée par le plus étonnant et le plus admirable des orateurs, par M$^{gr}$ Dupanloup. Quel homme et quelle puissance d'intelligence! N'était le devoir, qui réclame de moi un aperçu de cette mémorable et émouvante séance, je briserais ma plume pour ne pas m'exposer à faire pâlir la plus magnifique des pages oratoires en essayant d'en présenter l'analyse. Analyser l'illustre évêque d'Orléans! mais c'est là une tâche impossible! Par où prendre ce logicien sans égal, cet orateur nerveux, puissant et concis à la fois, ce peintre hors ligne, ce géant de la parole et de la plume? Il parle comme les grands orateurs, et il raconte comme les génies prédestinés. Tout est réuni dans l'illustre évêque d'Orléans : la facilité de l'élocution, la sublimité du langage, les aparté merveilleux qui étonnent, la familiarité d'expression qui subjugue, la majesté et la justesse du geste, la poésie et la grandeur des idées unies à la hardiesse des images. Encore une fois quel homme, et quel orateur!

M<sup>gr</sup> Dupanloup est monté sur l'estrade et a prononcé debout l'exorde de son discours. C'est un orateur simple et vrai dans le pathétique comme il est naturel, piquant et spirituel dans le genre familier. Après son exorde, qui a été grand de force, magique d'expression et profond par la pensée, l'éminent orateur s'est assis à la table du bureau et a continué son discours sous forme de causerie; mais quelle causerie! L'incomparable évêque a tenu suspendu à ses lèvres, pendant plus de trois heures, son nombreux auditoire, ému, fasciné; pendant plus de trois heures il a parlé de l'instruction populaire avec un art infini, avec un cœur d'où débordait l'amour du prochain, avec une science et un sentiment de foi qui défient toutes les comparaisons. Il n'est pas une parole de sa magnifique conférence qui ne représente une idée, qui ne soit une réfutation écrasante des sophismes des libéraux, à qui M<sup>gr</sup> Dupanloup donne, comme M. le comte Félix de Mérode, dont il a rappelé le glorieux souvenir, le nom de libérâtres. Ce ne sont pas des libéraux, mais bien des libérâtres, ceux qui n'ont pour tout principe que de démolir sans rien édifier.

La péroraison du grand orateur a été sublime de grandeur, d'élévation et de majesté. Jamais nous n'avons entendu rien de plus magistral, de plus saisissant ni de plus profond. Encore une fois, quel homme! quel génie et quel orateur! C'est par ces mots que nous voulons terminer cette ébauche d'analyse, bien insuffisante et bien incomplète, nous sommes les premiers à le reconnaître. Mais nos lecteurs pourront se rattraper en lisant dans un de nos prochains suppléments le discours *in extenso* de M<sup>gr</sup> d'Orléans.

N'oublions pas de dire que M. Dechamps et M<sup>gr</sup> d'Orléans se sont donné, aux applaudissements de l'assemblée, une fraternelle accolade.

# EXTRAITS

Des SIX CENT TRENTE LETTRES adressées à l'évêque d'Orléans à l'occasion de son écrit sur la Convention et sur l'Encyclique, par l'Épiscopat du monde entier [1].

### ÉVÊQUES FRANÇAIS

*Lettre de Mgr l'archevêque de Tours* (aujourd'hui cardinal archevêque de Paris). — « Tours, 2 février 1865. Je sens le besoin, Monseigneur, de vous féliciter, de vous remercier et de vous dire toute mon admiration. Vous avez rendu beaucoup de services à l'Église depuis que vous êtes évêque; celui-ci est le plus grand de tous. Votre écrit a opéré un véritable revirement dans l'opinion de toute une classe de laïques trompés par les mauvais journaux. Que Dieu garde longtemps à son Église un défenseur si puissant. »

*Lettre du cardinal archevêque de Rouen.* — « Rouen, le 28 janvier 1865. ...Au point de vue humain et égoïste, je pourrais avoir quelque regret, car vous avez écrit *tout ce que je voulais dire*, et sur la Convention et sur l'Encyclique, et vous l'avez mieux dit. De plus, vous y avez ajouté beaucoup de preuves et de considérations qui m'auraient échappé, dont je n'avais pas les éléments, ou que je n'aurais pas su exposer comme vous... Il n'importe, pourvu que le bien se fasse *et que la cause de l'Église soit efficacement défendue*. Recevez de nouveau, mon cher et vénéré collègue, nos félicitations

---

1. Deux évêques français seulement, tout en comblant d'éloges l'écrit, ont fait les observations que voici : Mgr Plantier pensait que la seconde partie aurait pu être « plus complète » ; Mgr l'archevêque de Toulouse avouait, entre l'évêque d'Orléans et lui, « quelques nuances ». Dans les autres lettres, nous n'en avons trouvé qu'une, celle d'un évêque italien, qui fît la même observation que Mgr Plantier. Les lettres de tous les autres évêques sont, comme on en pourra juger par ces extraits pris au hasard, enthousiastes.

de ce que Dieu vous a fait *l'insigne faveur de défendre ainsi sa cause...* »

*Lettre du cardinal archevêque de Lyon.* — « Lyon, le 10 avril 1865. ...Je m'associe à tous les applaudissements qui vous sont justement prodigués. Je suis encore sous le charme de tout ce que j'ai trouvé dans vos pages, d'utile, d'éloquent, de raisonnable... En lisant votre brochure, je ne pouvais m'empêcher de vous appliquer ce passage de Tacite dans son dialogue des orateurs : *Quo torrente, quo impetu defendit.* Je viens de lire la lettre que Sa Sainteté vous a adressée. Elle est la juste récompense de votre zèle... »

*Lettre de Mgr l'archevêque de Bourges.* — « Bourges, le 12 février 1865. ...Si je n'ai pas envoyé plus tôt mes félicitations à Votre Grandeur sur la manière *si énergique et si brillante* dont vous avez défendu les actes du Saint-Siège, c'est que j'attendais une occasion, et c'est pour moi une vraie joie de vous dire que j'applaudis de tout cœur à votre immense succès. »

*Lettre de Mgr l'archevêque de Rennes.* — « Rennes, le 19 février 1865. ...Je ne puis que répéter à Votre Grandeur ce qu'elle entend dire de toutes parts, à savoir : qu'elle a fait non seulement une belle œuvre, mais, ce qui est bien plus encore pour un évêque, une bonne œuvre, *dont les résultats auront été immenses* pour le bien de la sainte Église dans les circonstances graves où elle se trouve... »

*Lettre de Mgr l'archevêque de Sens.* — « Sens, 13 février 1865. ...Quel succès! Dieu en soit béni. A lui la gloire, et à vous aussi l'honneur. C'est un immense service que vous avez rendu à la sainte Église... »

*Lettre de Mgr l'évêque de Carcassonne.* — « Carcassonne, le 11 avril 1865. ...Il importait qu'une voix comme la vôtre affirmât hautement les principes de vie que le Souverain Pontife a si magnifiquement rappelés, et l'immense retentissement de vos paroles a montré que la vérité n'était pas sans écho dans les cœurs. Pour ma part, Monseigneur, je vous remercie et vous félicite... »

*Lettre de Mgr l'évêque de Troyes.* — « Troyes, le 9 février 1865. ...Je recevais avant-hier, d'un de nos conseillers généraux de l'Aube, membre de l'ambassade à Rome, une lettre dans laquelle il me disait que le Saint-Père lui avait parlé de cet ouvrage dans les termes d'une vive approbation, et que cet écrit était destiné à dissiper le terrible malentendu qui venait d'agiter pendant trop longtemps les esprits et les consciences. »

*Lettre de Mgr l'évêque de Laval.* — « Laval, 10 février 1865. ...Je viens de lire votre écrit à tête reposée. Soyez-en béni, Monseigneur. Jamais évêque, en ce siècle, ne rendit un plus grand service à l'Église. Merci, mille fois merci. »

*Lettre de Mgr l'évêque d'Amiens.* — « Amiens, le 10 février 1865. ...Si je n'ai pas encore remercié Votre Grandeur, je l'ai mille fois bénie. Évêque, je dois mieux sentir et plus apprécier qu'un autre le service que vous venez de rendre à l'Église, et, votre ami, permettez-moi de le dire, je dois aussi en être plus fier... Il y en a qui auraient voulu que vous fussiez accablé sous ce coup, et c'est vous qui avez empêché qu'ils n'en fussent écrasés eux-mêmes... Que Dieu vous conserve, vous fortifie, et vous *garde*. L'Église a besoin de vous. »

*Lettre de Mgr l'évêque de Saint-Brieuc.* — « Saint-Brieuc, 9 février 1865. ...Toute la partie qui regarde l'Encyclique mérite la reconnaissance de tous les vrais amis de l'Église, et votre admirable succès, que la Providence ne donne pas toujours à ses défenseurs, aura répandu dans l'Europe entière votre parole émue, dissipé bien des préjugés, et empêché bien des malheurs... »

### ÉVÊQUES BELGES

*Lettre de Mgr l'évêque de Liège.* — « Liège, le 11 août 1865. ...Je m'étais empressé de lire, dès qu'elles ont paru, ces magnifiques pages que vous consacrez à expliquer deux grands actes... J'ai cru que je pouvais me dispenser de vous exprimer mon admiration, ce sentiment étant celui de tant de millions de catholiques qui ont lu, qui ont dévoré votre livre, et la presse religieuse de l'Europe s'en étant fait l'organe. Mais je me reproche de ne vous avoir pas témoigné ma reconnaissance pour ce nouveau et signalé service rendu à la cause qui nous est commune. Je viens réparer cette faute et vous remercier. Votre ouvrage a exercé une influence aussi grande en Belgique qu'en France. Notre libéralisme maçonnique a été réduit au silence; notre jeunesse catholique, saisie d'une vaine crainte à la lecture de l'Encyclique, s'est redressée à la lecture de votre livre... La lettre si belle que le Saint-Père vous a écrite n'a pas échappé à mon attention. Je comprends que l'évêque attache plus de prix à cet auguste suffrage que l'écrivain au merveilleux succès de son œuvre... »

*Lettre du cardinal archevêque de Malines.* — « Malines, le 30 janvier 1865... Je vous prie d'agréer mes plus vives félicitations sur ce magnifique travail qui obtient un succès si légitime et si universel, et qui relève d'une manière si éclatante l'Église et la Papauté. Veuille Dieu vous accorder une bien grande récompense pour les services inappréciables que vous ne cessez de rendre au Saint-Siège Apostolique, et pour lesquels tous les catholiques vous garderont une éternelle reconnaissance. »

*Lettre de Mgr l'évêque de Namur* (aujourd'hui cardinal archevêque de Malines) du 30 janvier et du 6 juillet 1865. — « ... Je vous félicite de tout cœur de votre travail sur l'Encyclique. C'est fait de main de maître, comme on dit. Tout le monde veut le lire. Je viens d'en demander cent exemplaires à Bruxelles : j'en ferai cadeau à mes séminaristes. » — « Je vous félicite de l'immense bien qu'il a fait. C'est un monument impérissable de votre zèle. Toute l'Église vous en doit de la reconnaissance. »

### ÉVÊQUES ANGLAIS

*Lettre de Mgr l'évêque de Beverley.* — « Springfield House Leeds, 14 août 1865. ... J'ai lu cet écrit avec autant de plaisir que de profit, intrépide et docte défenseur de l'Église et de ses droits.

» Je n'oublierai jamais les jours que nous avons eu le bonheur de passer à Rome en 1862, et je me rappelle une circonstance du premier consistoire où je me trouvai pour un moment à côté de Votre Grandeur. Son Éminence le cardinal Barnabo lui présentait des félicitations en disant : « Oh ! Monseigneur, vous êtes un de nos héros. » Votre Grandeur a répondu : « Un de nos zéros. » Son Éminence avait raison, et moi j'ai bien apprécié l'humilité de la réponse... »

*Lettre de Mgr l'évêque de Plimouth.* — « Plimouth, 18 juillet 1865. ... Je me réjouis avec Votre Grandeur du prodigieux succès de son écrit, et du bien qu'il a fait, je puis dire, dans tout le monde. Un évêque est heureux, Monseigneur, de voir les vrais principes si noblement vengés par un de ses frères, et les bassesses de la politique humaine flétries avec tant de force. La reconnaissance de l'Épiscopat tout entier vous est acquise pour un si grand service rendu à l'Église.... »

### ÉVÊQUES ITALIENS

*Lettre de Mgr l'archevêque de Gênes.* — « Gênes, le 2 juillet 1865. ... Je me réjouis avec tout l'Épiscopat et tous les bons catholiques de voir cette publication à sa 34e édition. Le bien qu'elle a fait partout, le changement qu'elle a opéré dans l'opinion est immense. Vous avez contribué plus que tout autre à arrêter ce torrent d'incriminations passionnées et iniques qui se déversait contre la papauté... »

*Lettre de M<sup>gr</sup> l'archevêque de Florence.* — « Florence, le 18 juin 1865. A peine votre opuscule *la Convention du 15 septembre et l'Encyclique du 8 décembre* eut-il paru, que je m'empressai de l'acquérir, et je lus avec le plus grand plaisir, à cause de l'ardent amour pour l'Église qu'il respire, et de la force invincible des arguments, et de cette clarté d'idées, et de cette impétuosité de style, qui faisait dire à un de mes amis, homme d'un esprit fort disingué : « Quand on lit l'évêque d'Orléans, on croit entendre la trompette » guerrière, et assister à une bataille... » Trois traductions italiennes en ont été publiées à Florence, et sur-le-champ épuisées... » — Traduit de l'italien.

*Lettre de M<sup>gr</sup> l'évêque de Padoue.* — « Padoue, le 26 juillet 1865 .... Toutes mes félicitations à l'intrépide auteur de tant d'ouvrage publiés pour la défense de la vérité et de la justice ; toutes mes congratulations pour le grand succès de cette œuvre, pour l'approbation qu'elle a obtenue du Saint-Père, et de tous ceux qui désirent le triomphe de l'Église et du Saint-Siège... » — Traduit de l'italien.

*Lettre de M<sup>gr</sup> l'archevêque de Spolète.* — « Spolète, le 18 août 1865. ... Votre écrit classique et monumental sur la Convention et sur l'Encyclique vous place au rang des plus grands apologistes de l'Église... Je ne m'étonne pas qu'un livre aussi providentiel ait fait le tour du monde, qu'il ait été traduit dans toutes les langues ; la main de Dieu qui vous l'inspirait vous chargea de son œuvre, et Votre Grandeur peut être bien certaine que rien n'est plus spontané et plus sincère que les éloges et la reconnaissance que tous les catholiques du monde vous prodiguent... »

*Lettre de M<sup>gr</sup> l'archevêque de Pérouse* (Léon XIII). — « Pérouse, le (pas de date) octobre 1865. ... Cet ouvrage, qui a rencontré les applaudissements des catholiques et qui a fait tant de bruit en Europe, est bien digne de votre doctrine, Monseigneur, qui êtes le défenseur et le soutien du Saint-Siège persécuté et combattu si furieusement dans notre malheureux siècle. Veuillez donc, Monseigneur, accueillir mes congratulations avec celles de tout l'univers... »

### ÉVÊQUES ESPAGNOLS ET PORTUGAIS

*Saint-Jacques de Compostelle*, 26 juin 1865. — « ...Cet écrit est un de ceux qui plus vous honorent, et je crois qu'il a fait beaucoup de bien... Je n'y trouve rien qui ne soit entièrement conforme aux dogmes du catholicisme... »

*Tarragone*, 22 juin 1865. — « ...Je remplis un devoir des plus agréables à un évêque en félicitant Votre Grandeur pour l'éminent service fait en même temps à l'Église et à la société. Nous en avons ici en Catalogne deux éditions en espagnol... »

*Barcelone*, 18 juillet 1865. — « ...L'écrit est non seulement une défense de l'Église et du Saint-Siège, mais encore une apologie du droit public religieux du catholicisme, et je lui donne volontiers mon suffrage... »

*Porto*, 6 octobre 1865. — « ...Ce serait offenser votre modestie que d'en faire l'éloge, et ce serait chose superflue, puisque la prodigieuse extraction (*sic* : publicité) de cet écrit est la preuve la plus décisive de son mérite. Inutile de vous dire, Monseigneur, que j'embrasse et que je suis la doctrine que vous y défendez avec autant d'énergie que d'éloquence...

» Sentinelle de la vigne du Seigneur, vous apparaissez sur la brèche en tous ses périls comme un vaillant athlète... »

*Lisbonne*, le 19 septembre 1865. — « ...Votre nom, Monseigneur, si connu, même à l'étranger, votre zèle pastoral si éclairé, ont rehaussé le mérite de votre excellent travail, qui n'a pas tardé à être traduit dans la belle langue du Camoëns, et je suis convaincu qu'il a produit dans tous ceux qui l'ont lu le même effet que j'ai éprouvé moi-même en le lisant, c'est-à-dire : Admiration pour l'ouvrage, vénération pour l'auteur, adhésion pour les doctrines qu'il soutient... »

### ÉVÊQUES SUISSES, ALLEMANDS, ETC.

*Genève*, le 5 février 1865 (Mgr Mermillod). — « Monseigneur et vénéré Père, je n'ose vous fatiguer de mes lettres ; je sais et j'ai vu ces flots qui vous assiègent de toutes parts, et plus que saint François de Sales vous pourriez dire : « Ce ne sont pas quelques eaux, mais des torrents que mes affaires. » ...Mais je ne puis me taire plus longtemps ; j'ai besoin de vous dire qu'à Genève, où j'ai répandu votre incomparable écrit, protestants et catholiques l'ont lu avec admiration. Je sais qu'à Vienne et à Rome il a eu les mêmes succès et les mêmes applaudissements. Hier encore l'*Unita* de Turin disait : *si puo dire con verita che la Roma papale fa plauso al stupendo scritto.* Je vous répète, Monseigneur, les paroles de saint Jérôme que je vous disais à votre retraite pastorale : *Hilarium de prœlio revertentem Ecclesia complexa est.* Toute l'Église vous acclame et vous bénit... »

*Mayence,* 30 juillet 1865. — « L'absence de Mgr l'évêque de Mayence me procure l'honneur, Monseigneur, de vous écrire par ordre de Sa Grandeur... Il serait inutile de dire avec quel plaisir, ou plutôt avec quels sentiments d'admiration et de bonheur Sa Grandeur a lu votre écrit, dont l'apparition a été, sans contredit, un véritable événement, et par lequel il a été donné à Votre Grandeur de flétrir, avec un courage et un art incomparables, le mensonge et la trahison, et de donner à la vérité un témoignage entendu et compris par des millions de lecteurs. Certes, si les maux qui menacent l'Église et le Saint-Père peuvent encore être arrêtés, une grande partie du mérite en appartiendra à Votre Grandeur... »
Lenning, vicaire général et doyen du chapitre de la cathédrale.

*Munich,* 22 juin 1865. — « ...Votre écrit a dépassé mon attente. Avec un savoir admirable vous démasquez les ennemis du Saint-Siège, vous vengez les droits de l'Église, et vous donnez le vrai sens des thèses du *Syllabus* (*et qui verus syllabi thesium sit sensus exposuisti*). — Traduction du latin.

*Spire,* le 3 juillet 1864. — « ...J'ai lu avec toute l'attention ce livre si mémorable, qui traite les questions les plus graves de notre temps avec une sagesse, une énergie, et une conséquence (logique) admirable... »

*Augsbourg,* le 24 juillet 1865. — « ...Tout enchanté de la lecture de cet écrit, j'ai chargé sans retard un journaliste d'ici de le traduire... Votre Grandeur pourrait donc juger par là quel grand intérêt j'ai pris d'abord à un ouvrage entièrement qualifié de faire époque. Toute l'Allemagne catholique, qui offre depuis longtemps son admiration, sa plus profonde vénération à Votre Grandeur, n'a reçu par cet écrit qu'une nouvelle occasion de célébrer le zèle fervent, les lumières invincibles, la magnanimité inébranlable d'un des plus éminents évêques de l'univers... »

*Eichstadt,* 22 septembre 1865. — « ...Je ne pourrais pas exprimer les sentiments de joie, d'admiration et de consolation, que m'a inspirés la lecture d'un livre qui défend avec autant de savoir que de courage les droits et la liberté du Saint-Siège et de la société chrétienne... Vos paroles, adressées à l'univers, accueillies par toutes

*Fulda*, 7 juillet 1865. — « ...C'est vraiment un livre d'or ; dès son apparition d'universels applaudissements l'accueillirent. Pour moi, *à chaque page de cet écrit*, soit en ce qui touche la Convention, soit en ce qui regarde l'Encyclique, *j'adhère de tout cœur...* Je l'ai fait déposer dans la bibliothèque de mon séminaire de clercs : c'est un monument historique qui doit passer à la postérité... » — Traduit du latin.

*Limbourg*, 29 juillet 1865. — « ...Il conviendrait peu si je voulais ajouter aux louanges qui sont justement dues et données de tout le monde à cette œuvre écrite avec autant de sagesse que de franchise. Je me permets seulement de constater que *j'approuve entièrement* TOUS *les sentiments et idées* que Votre Grandeur y a si clairement énoncées et si noblement défendues... »

*Fribourg en Brisgau*, 31 décembre 1865. — « ...Quant à l'Encyclique du Souverain Pontife, vous l'exposez avec tant d'éclat (*tam præclare exposuisti*), vous confondez par des raisons si victorieuses l'ignorance ou la mauvaise foi des adversaires, que vous avez bien mérité de l'Église universelle. Vous avez donné le vrai sens de ce monument pontifical, l'Encyclique et le *Syllabus* (*recto sensu intellectum*), vous les avez mis par votre interprétation dans leur vraie lumière (*veritatis luce illustratum*)... » — Traduit du latin.

*Laibach*, le 17 août 1865. — « ...Quant à l'Encyclique... tout le monde catholique vous applaudira pour avoir montré incontestablement que le Pape ne condamne pas ce qu'il y a de bon sens dans le progrès, de vraiment utile dans la civilisation moderne, de vraiment libéral et chrétien dans le libéralisme. Outre cela, tous les fils de l'Église dévoués à leur commune mère vous rendront grâces de ce que vous avez rappelé et remis sous les yeux de la France émue, l'acte mémorable où Pie IX lui-même, en 1855, s'est exprimé explicitement sur les droits, l'origine et la valeur de la raison humaine... Le Pape n'outrage pas la raison par l'Encyclique ; il défend plutôt la raison contre les sophistes et la foi contre les impies... »

ÉVÊQUES ORIENTAUX

*Archevêque grec-melchite-catholique d'Alep et Séleucie.* — « J'ai lu avec un extrême plaisir votre très docte écrit, et je le regarde comme le monument de ce siècle. Je m'associe pleinement à toutes les assertions émises par vous dans cet écrit; je me conforme en tout à sa doctrine; j'en apprécie toutes les sages pensées... »

*Patriarchat de Jérusalem, Beirouth*, le 28 avril 1865. — « Inutile de vous exprimer, Monseigneur, quelle satisfaction et quel bonheur m'a fait éprouver la lecture de cet admirable écrit... Continuez, continuez avec énergie, à combattre les guerres du Seigneur... »

*Mossoul*, 9 octobre 1866. — « J'ai lu cet écrit avec la plus grande attention et le plus grand charme, et je ne puis m'empêcher de vous dire mon admiration et ma reconnaissance pour une œuvre où Votre Grandeur a défendu si noblement et si fortement le Saint-Siège et l'Église catholique. L'épiscopat catholique est heureux d'avoir trouvé en vous un si digne organe (*e degnissimo organo*) de sa doctrine et de ses sentiments. La France, qui a tant de titres de gloire, doit se féliciter de n'avoir jamais manqué de donner à l'Église et à la société des hommes éminents par le mérite et le talent. » — Traduit de la traduction italienne.

### ÉVÊQUES D'AMÉRIQUE

*Évêché of Sandwich Canada West*, 3 juillet 1865.— « Permettez-moi d'ajouter ma faible voix au magnifique concert d'éloges qu' s'élève de toutes les parties du monde chrétien pour féliciter Votre Grandeur de l'incomparable succès de son ouvrage... Je l'ai lu et relu sans me lasser d'en admirer l'actualité, l'irrésistible logique, la clarté, la concision, les touchants élans d'un cœur d'évêque comprimés par une modération pleine de dignité et de sagesse, enfin tout cet ensemble de mâles beautés qui en font un ouvrage unique pour le fond et pour la forme.

» Cet écrit sera comme une révélation pour une multitude de braves gens bien intentionnés, parmi les protestants comme parmi les catholiques, qui n'ont guère d'autre opinion que celle de leurs journaux...

» Votre triomphe, Monseigneur, est le triomphe de la vérité, de la justice, de l'ordre : il est plus particulièrement le triomphe de la France catholique parlant avec tant de force et d'éloquence par la bouche de l'illustre évêque d'Orléans.

» Il me semble que la France catholique est en droit de vous dire ce qui fut dit un jour à l'Ange de l'École : *Bene scripsisti de me*... »

*Natchez, Mississipi*, 16 novembre 1865. — « ...Ç'a toujours été avec beaucoup de plaisir que j'ai lu vos écrits; mais celui de *la Con-*

*vention du* 15 *septembre et l'Encyclique du* 8 *décembre,* je l'ai lu avec un intérest (*sic*) tout particulier, et j'ai la douce confiance que la traduction en anglais qui vient de paraître aux États-Unis va circuler dans tout le pays et produire les fruits que vous avez en vue : *Il est temps que le monde entier voie les choses comme elles sont.* Votre ouvrage ne contribuera pas peu à ouvrir les yeux du publique (*sic*). »

*Saint-Louis,* le 9 août 1865. — « ... Les nombreux écrits que Votre Grandeur a donnés au public en défense du Saint-Siège, et spécialement l'explication claire et convaincante que vous venez de donner de la lettre encyclique du Saint-Père, ont rendu votre nom cher aux cathololiques de tous les pays. »

*Cincinnati,* 1ᵉʳ juillet 1865. — « Monseigneur, ainsi que le Saint-Père, la France, et tous les catholiques de l'univers, nous aussi d'Amérique, nous avons à cœur de remercier Votre Grandeur de son admirable écrit : *la Convention du* 15 *septembre et l'Encyclique du* 8 *décembre.* Nous l'avons publié dans notre revue hebdomadaire, *le Catholic Telegraph,* et nous allons en donner une édition en brochure, qui vous donnera, Monseigneur, des milliers de lecteurs, et à l'Église des milliers de défenseurs. Plusieurs journaux catholiques des États-Unis l'ont publié, et votre nom et vos mérites sont publiés partout... »

*Porto Rico,* le 9 août 1865. — « ...Un exemplaire traduit en espagnol m'ayant été envoyé de Madrid, je l'ai lu avec autant de respect que d'admiration. J'y ai vu confirmer la haute renommé (*sic*) que vous avez acquise partout... Continuez, continuez, Monseigneur, je vous en conjure au nom du catholicisme, la glorieuse mission que vous vous êtes imposée, ou plutôt que le ciel vous a confiée. Puisque vous avez reçu des talents aussi privilégiés, votre devoir est de les employer au profit de l'Église... »

(*Nom illisible*) *Antilles anglaises,* 8 septembre 1865. — « ...Le monde entier, on peut le dire, a retenti du bruit de cette publication, et il serait difficile de peser les limites du bien qui peut en sortir... Pas une seule proposition de votre écrit à laquelle je ne sois prêt à souscrire. Il dissipera bien des erreurs et bien des préjugés... »

*République Equatoriale.* — « ...Non seulement j'approuve votre écrit, et j'en confirme la doctrine, mais encore ma pensée est qu'on ne saurait trop le répandre; et e bénis Dieu qui vous a donné,

pour défendre la justice et la vérité, un tel talent, un tel courage... »
Traduit du latin.

*Para*, le 14 novembre 1865. — « ...J'ai adressé à mes diocésains une lettre pastorale dans laquelle j'ai intercalé une traduction de votre magnifique défense de l'acte pontifical. Pardonnez-moi, Monseigneur, mais je crus ne pouvoir mieux faire que d'adopter ainsi solennellement ce travail... »

*Buffalo*, le 10 juillet 1865. — « ... Votre nom retentit par toute la terre, et moi je ne suis que le premier évêque d'un diocèse dont le nom même prouve que les bêtes sauvages naguère y ont demeuré. Il est vrai que les buffles sont maintenant loin de Buffalo...

» Depuis longtemps j'admire les écrits de Votre Grandeur ; pour mes discours et mes pastorales ils m'ont été souvent très utiles ; mais surtout *la Convention du 15 septembre et l'Encyclique du 8 décembre* ...» Dieu a béni cet ouvrage, et il bénira le cœur et la main d'où il sortit. Des évêques par toute la terre se sont fait l'écho de vos « Thoughts that breath, and words that burn ».

» *J'adopte toutes vos idées*, et je désire me placer près de vous pour soutenir la cause de Dieu et de son Église.

» Je prends la liberté de vous envoyer ma dernière pastorale. *Partout les évêques qui se dévouent au centre de l'unité catholique ont, comme vous le voyez, besoin de citer l'illustre évêque d'Orléans.* »

# TABLE DES MATIÈRES

## DU TOME DEUXIÈME

### CHAPITRE PREMIER

#### Mgr DUPANLOUP ÉVÊQUE D'ORLÉANS — PREMIÈRE ANNÉE D'ÉPISCOPAT

| | |
|---|---|
| La ville et le diocèse d'Orléans........................... | 1 |
| Première lettre pastorale................................. | 3 |
| Premier mandement de Carême sur la loi.................. | 9 |
| Sa parole : son premier sermon à Noël.................... | 10 |
| Son action : étonnement des Orléanais devant cette activité.... | 11 |
| Mais, d'abord, il observe et étudie........................ | 12 |
| Il constitue son administration : ses collaborateurs pendant son long épiscopat................................. | 14 |
| Première circulaire au clergé : questionnaire pour aider à son enquête................................. | 16 |
| A travers ces travaux diocésains les affaires publiques le réclament : la loi non encore votée de 1850 ; le conseil supérieur de l'instruction publique ; le comité pour la défense de la liberté religieuse ; l'*Ami de la religion*................ | 17 |
| Ses absorptions à Paris : Mme de Gontaut................. | 21 |
| Douloureuse maladie des yeux : son Carême interrompu...... | 22 |
| Séjour, après Pâques, à la Chapelle : ce qu'était ce lieu....... | 24 |
| L'évêque d'Orléans y achève et publie le premier volume de son ouvrage sur l'Éducation........................... | 26 |
| Puis il fait un voyage *ad limina apostolorum*............... | 27 |

| | |
|---|---:|
| Ses entretiens avec Pie IX et le cardinal Antonelli............ | 28 |
| Lettre au cardinal Antonelli ; note pour le Saint-Père......... | 29 |
| Le Pape le nomme prélat assistant au trône pontifical........ | 32 |
| on présent au Chapitre de Saint-Pierre ; reconnaissance du Chapitre............................................... | 32 |
| Excursion avec les jeunes princes Borghèse dans l'Italie méridionale................................................. | 32 |
| Ses résolutions à son retour dans son diocèse............... | 34 |

## CHAPITRE II

SON ŒUVRE PASTORALE — PRINCIPES GÉNÉRAUX DE SON ADMINISTRATION
LES VICAIRES GÉNÉRAUX, LES DOYENS

| | |
|---|---:|
| Le Jubilé lui est une occasion de souffler à tous le zèle : consolants résultats de ce Jubilé à Orléans et dans le diocèse... | 35 |
| Principes de son administration — Division du diocèse en archidiaconés et en doyennés — Pourquoi il voulait de nombreux grands vicaires..................................... | 38 |
| Comment il comprend les fonctions des doyens............. | 39 |
| Instructions qu'il leur adresse........................... | 40 |
| Visites archidiaconales et décanales ; rapports des archidiacres à l'évêque, des doyens aux archidiacres — Commissions diverses — Règlements sur tout cela..................... | 41 |
| Ses principes pour le placement et le déplacement des prêtres, et sur l'amovibilité et l'inamovibilité..................... | 43 |
| Ses vues sur le placement des jeunes prêtres en particulier, et sur les devoirs des curés à leur égard, et réciproquement ; sa pratique quant au maintien de la discipline ; ses avertissements préalables..................................... | 47 |
| Sa fermeté tempérée par sa bonté : combien il aimait ses prêtres. | 48 |
| Spécialement les prêtres âgés et infirmes et les prêtres malades : il double les ressources de la caisse de retraite............ | 49 |

## CHAPITRE III

SON ŒUVRE PASTORALE (*suite*) — RETRAITES PASTORALES ET SYNODES
— CONFIRMATIONS ET VISITES DES PAROISSES — ŒUVRE DES
RETRAITES PAROISSIALES ET DES MISSIONS DIOCÉSAINES

| | |
|---|---:|
| Grand but qu'il se propose : la transformation chrétienne de son diocèse................................................ | 50 |

Et d'abord la sanctification de son clergé.................... 51
Il institue deux retraites pastorales au lieu d'une : combien il tenait à ce qu'on y fût fidèle........................... 52
Sa parole pendant ces retraites............................ 53
Synodes et statuts synodaux............................. 53
La visite pastorale : comment il la conçoit, et pourquoi il a fait coïncider avec la confirmation...................... 54
Pourquoi il préfère la méthode de confirmation dans chaque paroisse à la méthode de confirmation au chef-lieu........ 55
Grands travaux de l'évêque d'Orléans pour organiser et réglementer à fond tout le détail d'une confirmation............ 57
Institution capitale : la retraite paroissiale ou la mission préparatoire ; stratégie de ces missions..................... 58
Il se donne cent missions par an dans le diocèse d'Orléans.... 59
Attention de l'évêque d'Orléans à tout observer et noter...... 60
Compte rendu de la paroisse à l'évêque : réponse de l'évêque ; crucifix et médailles donnés par l'évêque : ses pensées à ce sujet.................................................. 64
Quelle simplicité il demandait dans la réception à lui faite par les curés.............................................. 65
Résultats consolants de tant de labeurs..................... 66

## CHAPITRE IV

### DE QUELQUES POINTS DE DISCIPLINE SPÉCIALEMENT CHERS A L'ÉVÊQUE D'ORLÉANS

Le *Status animarum* : ce que c'est ; ses avantages ; insistance de l'évêque d'Orléans sur ce point....................... 68
La vie commune entre les curés et les vicaires ; ses avantages ; prudence et fermeté de l'évêque d'Orléans dans cette institution................................................. 70
Sollicitudes particulières de l'évêque d'Orléans pour les jeunes prêtres............................................... 73
Soins de l'évêque d'Orléans pour augmenter le nombre des cures et des vicariats................................... 75
Et en même temps celui des prêtres........................ 76
Questions adressées par lui à ses prêtres : usage qu'il fait de leurs réponses...................................... 78
Comment il stimulait le zèle sacerdotal..................... 79

## CHAPITRE V

SON ŒUVRE PASTORALE (*suite*) — SES PREMIÈRES PRÉDICATIONS A LA CATHÉDRALE

Son zèle à annoncer la parole de Dieu : empressement des Orléanais pour l'entendre .................................... 82
Il reprend en 1851 les prédications interrompues par la maladie en 1850.......................................... 83
Quelques citations............................................. 84
Un trait, non pas nouveau, mais plus éclatant de son éloquence depuis qu'il était évêque : accent encore plus apostolique, parce que plus paternel................................. 85
Ses délicatesses en chaire................................... 86
Son amour des âmes, vrai foyer de son éloquence............ 89
Octave du Saint-Sacrement en 1852........................... 90
Ses homélies en 1853 : avec quel art il lisait............... 91
Nouvelles homélies en 1854 : ses efforts pour faire chanter le peuple......................................................... 92
Mémorable Carême de 1858 : sermons du dimanche.......... 92
Conférences aux hommes pendant la semaine : d'abord à la chapelle de l'Officialité, puis à la petite église de Saint-Pierre, puis à la cathédrale........................................... 95
Fondation de la retraite paschale des hommes............... 97
Féconds résultats de sa parole............................... 98

## CHAPITRE VI

SON ŒUVRE PASTORALE (*suite*) — RÉNOVATION DES CATÉCHISMES ; TRANSFORMATION DES PETITS SÉMINAIRES

Médiocre état des catéchismes à l'arrivée de l'évêque d'Orléans. 99
Son plan : former d'abord des catéchistes ; élèves du Grand Séminaire employés à cette œuvre......................... 99
Puis reformer les catéchistes à la cathédrale, et étendre ensuite la réforme à toute la ville et au diocèse.................. 100
Vers la fin de 1850, il se décide à agir ; ses entretiens avec les vicaires de sa cathédrale pour leur révéler l'œuvre......... 101

Tous les catéchismes transportés à l'Officialité............... 102
Ouverture du catéchisme de persévérance : enthousiasme des jeunes filles et des parents.............................. 103
Académie de Saint-Félix et petit catéchisme................. 104
Transformation du catéchisme de semaine.................. 104
Diffusion de la nouvelle méthode : active correspondance de l'évêque avec les curés................................. 105
Rénovation des séminaires : deux buts à atteindre : 1° augmenter le nombre des élèves; pour cela, création des bourses et des concours....................................... 106
Agrandissement du Petit Séminaire de la Chapelle.......... 107
Succursale à Orléans du Petit Séminaire ; développement de cette œuvre................................................ 108
2° Tranformer le personnel : l'évêque d'Orléans a la pensée de créer une congrégation ; il contribue à la résurrection de l'Oratoire........................................... 109
Application du règlement du Petit Séminaire de Saint-Nicolas : relèvement des études, de la discipline et de la piété....... 111
Opposition de l'évêque d'Orléans à la bifurcation ; sa défense des classiques........................................ 113
Ses fréquentes visites à son Petit Séminaire................. 115
Son attention à former les maîtres : fragments de sa correspondance avec l'un d'eux.................................. 116
Réputation du Petit Séminaire de la Chapelle : représentation de tragédies grecques : grand succès ; but de l'évêque en cela................................................. 121

## CHAPITRE VII

### SON ŒUVRE PASTORALE (*suite*) — INCIDENTS A TRAVERS CES TRAVAUX

Démêlés de l'archevêque de Paris avec l'abbé Combalot : Lettre de l'évêque d'Orléans à celui-ci...................... 124
Agressions de l'*Univers* contre l'évêque d'Orléans à propos des classiques.......................................... 128
Dans quel sage milieu s'était tenu l'évêque d'Orléans........ 128
Son mandement en réponse aux attaques de l'*Univers*........ 130
Adhésions qu'il rencontre dans cette lutte.................. 133
Réponse de l'*Univers*.................................... 135
Lettre de l'évêque d'Orléans au nonce pour rétablir l'état vrai de la question..................................... 136

Déclaration, en quatre articles, présentée à la signature des évêques.................................................... 138
Un grand nombre signent; quelques-uns refusent............ 139
Lettre de M<sup>gr</sup> Parisis à M. Veuillot; réponse de celui-ci; l'évêque d'Orléans se contente de faire notifier la déclaration à M. Veuillot.......................................... 160
Renaissance l'année suivante de la question du journalisme religieux; ordonnance de l'archevêque de Paris contre l'*Univers*................................................. 141
Appel à Rome de M. Veuillot............................. 142
Lettre du secrétaire des Lettres latines, M<sup>gr</sup> Fioramenti, à M. Veuillot............................................ 143
L'Encyclique *Inter multiplices* met fin à la controverse...... 146

## CHAPITRE VIII

### SON ŒUVRE PASTORALE (*suite*) — ÉPISODE : RÉCEPTION A L'ACADÉMIE FRANÇAISE

Réputation de l'évêque d'Orléans encore augmentée par l'éclat des dernières luttes..................................... 145
Sympathies pour lui à l'Académie française................ 146
Précédents. Pourquoi l'Église a sa place naturelle à l'Académie française......................................... 147
Lettre de M. le duc de Noailles à l'évêque d'Orléans......... 148
M<sup>gr</sup> de Quélen son véritable prédécesseur à l'Académie française.................................................. 148
Lettre de l'évêque d'Orléans au secrétaire perpétuel......... 149
Séance du 9 novembre 1854 : discours de l'évêque d'Orléans.. 150
Réponse de M. de Salvandy.............................. 156

## CHAPITRE

### SON ŒUVRE PASTORALE (*suite*) — CINQUIÈME VOYAGE A ROME, POUR LA PROCLAMATION DU DOGME DE L'IMMACULÉE CONCEPTION — RÉTABLISSEMENT DES GRADES THÉOLOGIQUES, ETC.

Après sa réception à l'Académie, l'Évêque d'Orléans part pour Rome.................................................. 161
Importante circulaire, avant son départ, relativement au rétablissement dans son diocèse de la liturgie romaine......... 163

Après la définition, grande lettre pastorale sur le dogme de l'Immaculée Conception.................................... 163
Grandes fêtes religieuses à Orléans........................ 163
Il rapporte de Rome un indult l'autorisant à conférer les deux premiers grades théologiques........................ 167
Instruction à son clergé, suivie de règlements relatifs aux études ecclésiastiques................................. 168
La salle des Thèses au Grand Séminaire : Argumentations théologiques...................................... 172
Travaux mis au concours................................. 173
Remise solennelle des diplômes........................... 174
Prêtres orléanais reçus docteurs à Rome................... 175
Institution du cas de conscience.......................... 175
ndult relatif à son Chapitre............................. 176

## CHAPITRE X

### SON ŒUVRE PASTORALE (*suite*) — RESTAURATION SPIRITUELLE DES PAROISSES

Zèle de l'évêque d'Orléans pour relever le culte du Saint-Sacrement dans son diocèse............................ 178
Statuts synodaux relatifs à cette dévotion................. 179
Institution de l'Adoration perpétuelle : sa générosité à cette occasion envers sa cathédrale........................ 180
Les sept lampes devant l'autel du Saint-Sacrement........... 181
Splendeur du Mois de Marie à la cathédrale................ 182
Impulsion donnée par l'évêque d'Orléans aux bonnes œuvres dans son diocèse................................... 183
Comment il savait encourager le zèle : Lettre à M$^{me}$ la vicomtesse d'Hardouineau................................... 185
Paroles de l'évêque d'Orléans à la mort de M. de Champvallins........................................... 186
L'évêque d'Orléans appelle les Dames du Sacré-Cœur à Orléans. 187
Propagation des Sœurs dans les campagnes.................. 188
La Congrégation des Sœurs de Saint-Aignan, fondée par l'évêque d'Orléans.................................. 189
Introduction à Orléans des Petites Sœurs des Pauvres........ 190
Des Sœurs de l'Immaculée Conception...................... 191
Des religieuses de Notre-Dame-de-Charité-du-Bon-Pasteur..... 192
Sollicitudes de l'évêque d'Orléans pour ses communautés..... 192

## CHAPITRE XI

### SON ŒUVRE PASTORALE (*suite*) — RESTAURATION MATÉRIELLE DES PAROISSES

La cathédrale de Sainte-Croix : sa beauté et ses détresses..... 193
L'évêque d'Orléans répare la sacristie..................... 194
Les onze chapelles de l'abside; celles des Fonts et de Saint-Joseph........................................................ 194
Le Chemin de Croix monumental et les nouvelles orgues; les vitraux du sanctuaire............................................ 196
Le grand tapis; les nouveaux bancs d'œuvre; le chauffage.... 197
Reconstruction de la flèche............................... 198
L'évêque d'Orléans sauve de la ruine et fait réparer magnifiquement Saint-Euverte........................................ 198
Et la superbe basilique de Saint-Benoît, et la petite église byzantine de Germigny............................................ 200
Restauration de Notre-Dame de Cléry...................... 200
Émulation parmi les curés du diocèse : une statistique des églises et des presbytères rebâtis ou restaurés en dix ans... 201
Institution du Comité consultatif......................... 202
Grand développement donné à l'Œuvre des tabernacles....... 203

## CHAPITRE XII

### JEANNE D'ARC ET L'ÉVÊQUE D'ORLÉANS

Harmonies entre l'évêque d'Orléans et Jeanne d'Arc......... 204
Comment il a été amené à prononcer son panégyrique : ses véritables opinions politiques.................................. 205
Mais le prêtre en lui domine tout; c'est pourquoi il ne fut jamais un homme d'opposition politique.............................. 206
Son attitude réservée et digne après le Coup d'État......... 207
Sa lettre au Président................................... 208
Sa lettre pastorale sur *la liberté de l'Église* au lendemain de la proclamation de l'Empire........................................ 209
Vive approbation de M. de Montalembert................... 211
Enthousiasme et illibéralisme de certains catholiques : L'évêque d'Orléans encourage la réorganisation du *Correspondant*... 212

Attaques contre l'évêque d'Orléans à l'occasion de ce qu'on appela calomnieusement l'intrigue d'Angerville........... 213
Convenance de ses rapports avec les autorités locales, surtout avec les magistrats.................................... 214
M. le Premier Président est chargé de l'inviter à prononcer le panégyrique de Jeanne d'Arc........................ 217
Lettre M. de Vauzelles à l'évêque d'Orléans................. 218
Extraordinaire succès de ce discours........................ 221

## CHAPITRE XIII

### LA VIE DE M. ACARIE — DEUX NOUVEAUX VOLUMES DU GRAND OUVRAGE DE L'ÉDUCATION — APPRÉCIATION DE CET OUVRAGE

La vie de M. Acarie, œuvre du grand directeur d'âmes...... 225
Origine de ce travail....................................... 226
Sa portée morale et chrétienne............................. 227
Analyse, livre par livre, des deux premiers volumes de l'*Éducation*............................................. 228
Réponse à de vaines attaques : si l'évêque d'Orléans fait trop grande la part de la religion dans l'éducation............. 234
S'il est vrai que son éducation ne soit pas assez française et nationale............................................... 236

## CHAPITRE XIV

### DIVERS ÉCRITS ET DISCOURS DE CIRCONSTANCE

Lettre sur la mort de M<sup>gr</sup> Sibour....................... 241
Discours à la Madeleine en faveur de l'œuvre des tabernacles : haute portée de ce discours............................... 242
Obsèques du P. de Ravignan : improvisation admirable de l'évêque d'Orléans....................................... 246
Sa simplicité et son oubli de soi-même après ce grand succès. 249
Ce discours recueilli par M. Cochin : quelques mots sur cet ami de l'évêque d'Orléans.................................. 250
Inondation de 1856 : mandement par télégraphe de l'évêque d'Orléans : sa charité envers les inondés.................. 251
Réparation de la grotte de Saint-Mesmin : érection de la croix

de Mici : discours de l'évêque d'Orléans pour la bénédiction de la grotte et de la croix...... 252
Discours pour la bénédiction de la chapelle du collège de Combrée...... 254

## CHAPITRE XV

LUTTES POUR LA SOUVERAINETÉ PONTIFICALE — PREMIÈRE PÉRIODE : LES PROMESSES ET LES DÉMENTIS DES FAITS

Paroles inattendues de l'empereur à M. de Hübner : une guerre entre la France et l'Autriche apparaît à l'horizon... 256
Incertitude de l'opinion publique : avertissement de M. de Falloux sur les conséquences révolutionnaires de la guerre...... 257
Conférences de l'évêque d'Orléans à son clergé sur les catéchismes...... 258
Sa fatigue ne lui permet pas de prêcher le Carême...... 259
Réflexions sur la fin de sa vie...... 261
La guerre éclate : voyage en Savoie et en Dauphiné...... 262
Les victoires succèdent aux victoires et les révolutions aux révolutions...... 263
Préliminaires de Villafranca, et traité de Zurich, : ce traité devient lettre morte...... 264
De retour à la Chapelle, l'évêque d'Orléans fonde à son Petit Séminaire les cours supérieurs...... 265
Il publie une lettre pastorale sur la Paix, et une autre sur nos expéditions dans l'extrême Orient...... 266
Un peu plus tard une autre sur la reconnaissance que l'Europe doit au Christianisme...... 271
Comédie de suffrage universel en Italie : silence et oppression des âmes en France...... 272

## CHAPITRE XVI

LUTTES POUR LA SOUVERAINETÉ PONTIFICALE — PREMIÈRE PÉRIODE (suite) PROTESTATION ET ÉCRITS DIVERS DE L'ÉVÊQUE D'ORLÉANS

Tout à coup l'évêque d'Orléans publie une protestation...... 275
Prodigieux retentissement de cette protestation...... 278

M. de Montalembert fait écho à sa voix : il est traduit en police correctionnelle.................................... 281
Les catholiques sont debout : beauté morale de cette lutte de la raison et de la justice désarmées contre la force et l'iniquité triomphantes......................................................... 282
On parle d'un congrès : apparition d'une mystérieuse brochure intitulée *le Pape et le Congrès*........................ 283
Soudaine et terrible réfutation de la brochure par l'évêque d'Orléans................................................. 284
Lettre de l'empereur au Pape, lui proposant l'abandon volontaire de ses provinces annexées : réfutation de la lettre impériale par l'évêque d'Orléans.................... 288
Le *Correspondant* publie quatre articles à la fois sur la question romaine.................................................. 290
Nos auxiliaires dans cette lutte : l'évêque d'Orléans décide M. Villemain à écrire sa belle brochure : *La France, l'Empire et la Papauté*........................................ 291
Paroles de M. Cousin à l'évêque d'Orléans.................... 292
Sympathies de MM. Guizot et Thiers pour la cause du Pape... 293
Election du P. Lacordaire à l'Académie : influence de l'évêque d'Orléans sur la brochure publiée par le Père............. 294
M$^{gr}$ Rousseau opposé à l'évêque d'Orléans : foudroyante réponse de celui-ci........................................... 295
On lui intente un procès : incident à propos de M$^{gr}$ Raillon ; réponse à M. Malroguier : issue glorieuse de ce procès..... 302
Sermon à Saint-Roch sur les salles d'asile : prodigieux auditoire. 307
Publication du volume sur *la Souveraineté pontificale*....... 318
Admirable bref de Pie IX à l'évêque d'Orléans................ 322

## CHAPITRE XVII

### LUTTES POUR LA SOUVERAINETÉ PONTIFICALE (suite)
### SECONDE PHASE DE LA LUTTE : LES INVASIONS

Comment se forme l'armée pontificale......................... 324
En même temps, un des premiers, l'évêque d'Orléans organise le denier de Saint-Pierre....................................... 326
Mensonges et audacieuse agression de M. de Cavour.......... 327
Bataille de Castelfidardo...................................... 327
Sur-le-champ l'évêque d'Orléans ordonne un service pour les victimes, et en prononce l'oraison funèbre.................. 328

TABLE DES MATIÈRES. 525

Il se remet à son grand ouvrage sur l'éducation : Diversions de toute nature : *Lettre à M. le vicomte de la Guéronnière* en réponse à sa brochure *Rome la France et l'Italie*......... 331
Publication des *Moines d'Occident* : détails sur cet ouvrage, et sur l'intimité de l'évêque d'Orléans avec l'auteur : grand travail de l'évêque d'Orléans sur cet ouvrage dans *le Correspondant*........................................ 332
Discours à Saint-Roch en faveur de l'Irlande ............... 337
Discours sur l'agriculture : l'évêque d'Orléans mis en interdit par le gouvernement dans sa ville épiscopale : embarras où cette mesure met le gouvernement lui-même............. 340
Conférences aux mères chrétiennes....................... 346
Circulaire de M. de Persigny en faveur de la franc-maçonnerie et contre la société de Saint-Vincent-de-Paul : défense de cette société par l'évêque d'Orléans..................... 348
Panégyrique de M<sup>gr</sup> Menjaud, archevêque de Bourges........ 352
Publication de la première série des *Œuvres choisies*....... 353

## CHAPITRE XVIII

TEMPS D'ARRÊT DANS LA QUESTION ROMAINE — VOYAGE DE L'ÉVÊQUE D'ORLÉANS A ROME POUR LA CANONISATION DES MARTYRS JAPONAIS

Pie IX réunit à Rome l'épiscopat catholique : extraordinaire popularité à Rome de l'évêque d'Orléans................. 357
Solennités religieuses à Saint-Jean-de-Latran............... 358
La canonisation des martyrs japonais à Saint-Pierre......... 359
Les évêques ont la pensée de faire une adresse au Saint-Père : part que prend à cet acte l'évêque d'Orléans............. 360
Son magnifique discours à Saint-André de la Vallée en faveur des églises d'Orient................................... 362
Et trois jours avant, allocution aux zouaves à Marino........ 363
Piété de l'évêque d'Orléans à Rome; quelques incidents : M. Cochin, M. Ampère et l'évêque d'Orléans............. 364
Etranges commentaires de la presse sur l'évêque d'Orléans : lettre de M. Rouland à l'évêque; réponse de celui-ci...... 368
Au retour, grand discours à la Cathédrale................. 370
Publication des *Souvenirs de Rome* : brefs du Pape......... 71
Lettre au clergé orléanais : *Post-scriptum* sur Garibaldi..... 732

## CHAPITRE XIX

### LACOMBE ET MENTHON — L'ÉVÊQUE D'ORLÉANS A LA MONTAGNE

Adoption, par l'évêque d'Orléans, à partir de 1851, de Lacombe et de Menthon comme lieux de repos.................... 373
Quelles étaient là ses journées : prière et travail, le matin ; l'après-midi, promenades à la montagne................. 374
Combien il sentait Dieu dans la nature..................... 375
Détails sur Lacombe....................................... 377
Et sur Menthon........................................... 379
Pieux pèlerinage à la première paroisse de son oncle, pour y suivre les traces de sa mère............................. 380
Active vie d'esprit à Lacombe et à Menthon................. 381
Douceur de ces amitiés.................................... 384
Son amour des âmes, là comme partout...................... 385
Épisodes : deux conversions ; baptême d'une jeune Anglaise à Lacombe................................................. 386

## CHAPITRE XX

### TEMPS D'ARRÊT DANS LA QUESTION ROMAINE (*suite*) — LUTTES EN FAVEUR DE LA CHARITÉ — DÉFENSE DE LA FOI

M. Drouin de Lhuys est appelé aux affaires : vérité de la situation..................................................... 389
M. de Montalembert chez l'évêque d'Orléans................. 390
L'évêque d'Orléans à la Roche-en-Breny..................... 391
Et à la Sainte-Baume...................................... 396
Lettre de l'évêque d'Orléans en faveur des pauvres ouvriers rouennais............................................... 398
Le *Journal des Débats* attaque cette lettre ; réponse de l'évêque d'Orléans....................................... 399
La question de la charité le poursuit : ses deux mandements sur cette question ; son volume *la Charité chrétienne et ses œuvres*................................................. 400
Lettre sur l'esclavage.................................... 402
M. Quinet interpelle le clergé catholique sur la Pologne. Lettres de l'évêque d'Orléans à M. Quinet...................... 403

TABLE DES MATIÈRES. 527

| | |
|---|---|
| L'évêque d'Orléans avocat de toutes les causes généreuses... | 404 |
| Autre lutte. Candidature de M. Littré à l'Académie française. Pourquoi l'évêque d'Orléans veut combattre cette candidature.................. | 405 |
| Objections à la brochure qu'il veut publier............ | 407 |
| Insistance de M. Cousin. L'évêque d'Orléans se décide à publier son *Avertissement à la jeunesse et aux pères de famille*................ | 413 |
| M. Thiers fidèle à M. Littré. Entretien de l'évêque avec M. Thiers sur l'athéisme................ | 414 |
| M. Littré n'est pas élu. Lettre de l'évêque d'Orléans à M. Littré................. | 415 |
| L'évêque d'Orléans empêche M. Taine d'être couronné par l'Académie française................ | 417 |
| Il fonde à Orléans l'Académie de Sainte-Croix............ | 421 |
| Il publie les *Lettres aux hommes du monde*............ | 422 |
| Il crée les *Annales orléanaises*................ | 423 |
| Sa Lettre sur les élections, signée par sept évêques ; déclaration d'abus................. | 425 |
| Le premier congrès de Malines. Discours de M. de Montalembert : l'évêque préside la prise d'habit de sa fille......... | 426 |

## CHAPITRE XXI

### VOYAGE A ROME DE L'ÉVÊQUE D'ORLÉANS — DISCOURS DIVERS
### LE CONGRÈS DE MALINES.

| | |
|---|---|
| L'évêque d'Orléans part pour Rome : dans quelle pensées.... | 433 |
| Son admirable piété à Rome................ | 434 |
| Son dévouement aux âmes. Prédications au Gèsu.......... | 435 |
| Ses entretiens avec le Pape et le cardinal Antonelli ; son entremise en faveur de M. de Montalembert. — Deux incidents... | 438 |
| A son retour, discours à sa cathédrale sur le feu sacré..... | 439 |
| Ses lettres à M. de Montalembert ; caractère de plus en plus sacerdotal de son affection pour cet illustre ami........ | 440 |
| Discours divers : discours sur sainte Madeleine.......... | 442 |
| Et sur les eaux................. | 443 |
| Grand discours au congrès de Malines : ovation extraordinaire................ | 444 |
| Portrait de l'évêque d'Orléans à Malines............ | 449 |

## CHAPITRE XXII

TROISIÈME PHASE DE LA QUESTION ROMAINE, LA PHASE DIPLOMATIQUE — LA CONVENTION DU 15 SEPTEMBRE ET L'ENCYCLIQUE DU 8 DÉCEMBRE — L'ÉCRIT DE L'ÉVÊQUE D'ORLÉANS APPROUVÉ PAR L'ÉPISCOPAT DU MONDE ENTIER.

| | |
|---|---|
| M. Drouin de Lhuys cherche un *modus vivendi* : l'évêque d'Orléans profite de sa présence au ministère pour faire arriver au gouvernement une note importante.................... | 453 |
| La Convention du 15 septembre......................... | 454 |
| L'Encyclique et le *Syllabus* : origine des 61 propositions de 1862................................................ | 454 |
| Appréhensions de l'évêque d'Orléans; sa lettre au cardinal Antonelli............................................. | 455 |
| Sa résolution immédiate de défendre les actes pontificaux..... | 456 |
| Analyse de la première partie de sa brochure................ | 457 |
| Et de la seconde : son principe général de solution : comment il en fait l'application aux questions particulières........... | 460 |
| Extraordinaire retentissement de son écrit.................. | 462 |
| Interprétation exagérée de certains catholiques : les journaux hostiles en triomphent; lettre de l'évêque d'Orléans au *Journal des Débats*......................................... | 463 |
| Dissentiment entre les catholiques : les libéraux et les illibéraux................................................... | 465 |
| Pourquoi, en 1860, ils ne se réunissent pas................. | 470 |
| L'évêque d'Orléans a-t-il *transfiguré* l'Encyclique ?.......... | 471 |
| Témoignages du Nonce et du cardinal Caterini............... | 472 |
| L'épiscopat entier acclame son écrit....................... | 473 |
| Le Pape le comble d'éloges dans un bref................... | 475 |
| CONCLUSION............................................ | 476 |
| PIÈCES JUSTIFICATIVES................................... | 477 |

FIN DE LA TABLE DU TOME DEUXIÈME

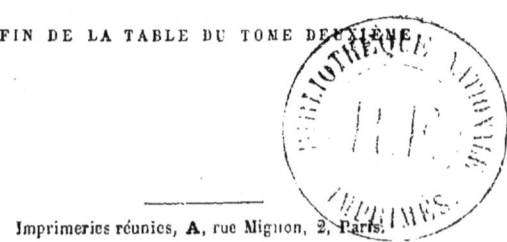

Imprimeries réunies, A, rue Mignon, 2, Paris.

www.ingramcontent.com/pod-product-compliance
Lightning Source LLC
Chambersburg PA
CBHW051409230426
43669CB00011B/1822